会计工作手册

(第二版)

深圳市会计协会　编

中国财经出版传媒集团
中国财政经济出版社
北京

图书在版编目（CIP）数据

会计工作手册/深圳市会计协会编. ——2版. ——北京：中国财政经济出版社，2023.11
ISBN 978-7-5223-2547-7

Ⅰ.①会… Ⅱ.①深… Ⅲ.①会计实务－手册 Ⅳ.①F233-62

中国国家版本馆CIP数据核字（2023）第199105号

责任编辑：王 飚	责任印制：张 健
封面设计：孙俪铭	责任校对：张 凡

会计工作手册（第二版）
KUAIJI GONGZUO SHOUCE（DIERBAN）

中国财政经济出版社 出版

URL：http://www.cfeph.cn
E-mail：cfeph@cfeph.cn

（版权所有 翻印必究）

社址：北京市海淀区阜成路甲28号 邮政编码：100142
营销中心电话：010-88191522
天猫网店：中国财政经济出版社旗舰店
网址：https://zgczjjcbs.tmall.com
北京密兴印刷有限公司印刷 各地新华书店经销
成品尺寸：185mm×260mm 16开 39印张 1 100 000字
2023年11月第2版 2023年11月北京第1次印刷
定价：168.00元
ISBN 978-7-5223-2547-7
（图书出现印装问题，本社负责调换，电话：010-88190548）
本社图书质量投诉电话：010-88190744
打击盗版举报热线：010-88191661 QQ：2242791300

编委会

主　　　任：徐少春　成放晴　王继中
执 行 主 任：章顺文
执行副主任：苏　洋　张顺和
副　　主　任：（按姓氏笔画为序）
　　　　　　王文金　王晓奕　王航军　韦传军　邓红玉　甘莉莉　乔宗利
　　　　　　刘怀建　李小雄　李从文　李建伟　李昱春　李　瑶　何　晴
　　　　　　张天成　张晓琴　陈　玮　周笑波　郑　刚　赵文宇　胡译丹
　　　　　　胡翔群　钟小南　钟志文　侯　涛　黄天朗　黄　宇　黄　培
　　　　　　董尤东　舒　鸿　温洁瑜　谢珍贵　戴敬明
委　　　员：（按姓氏笔画为序）
　　　　　　丁为众　马　兆　马章根　王　兴　王苏生　王苏荣　王建华
　　　　　　王　珏　王剑铭　王　超　韦俊松　毛咏梅　方小琳　邓冬梅
　　　　　　甘立芳　叶庆良　田　宇　白俊仁　曲　扬　吕　瑶　吕　燕
　　　　　　朱大华　朱建军　朱培卿　刘世超　刘　杰　刘　维　闫晓锋
　　　　　　关兴鹏　江　鹏　汤卫忠　孙忠诚　严冬霞　苏自申　李爱花
　　　　　　李　涛　李　琦　李　婷　杨世华　杨　光　杨光东　杨剑平
　　　　　　肖千山　肖　凌　肖静华　何　飞　余衍飞　汪健飞　沈雪英
　　　　　　张心亮　张永刚　张光柳　张志辉　张锦龙　张　磊　陈武林
　　　　　　陈　雨　陈　虎　陈春莲　陈惠劼　卓静华　罗　捷　岳章标
　　　　　　周中国　周润南　周　晨　郑　涵　单　慧　屈先富　郝　博
　　　　　　荣德义　胡亚萍　胡　荇　胡翔群　柳玉荣　侯佳静　俞　浩
　　　　　　袁义军　袁　冶　栗红建　夏美华　凌　平　高　勇　唐小平
　　　　　　黄　伟　黄俊武　黄韵敏　龚　民　梁　倩　蒋晓军　雷冬梅
　　　　　　廖作为　廖　钧　熊晓建　颜志元　潘明华

专 家 顾 问：胡国斌　戴　毅　伍秀琼　张奕炎　张美秀　张代平　方　中
　　　　　　区锦英　袁修庭　万美娜　范德平　赖凌翔　孟　平　孙洪军
　　　　　　邱进军　陈　斌　吴　文　张志忠

总　策　划：成放晴
执 行 策 划：章顺文
主　　　编：成放晴　章顺文　王继中　张顺和
副 　主 　编：（排名不分先后）
　　　　　　董尤东　钟小南　周笑波　胡翔群　王晓奕　赵文宇　区锦英
　　　　　　陈红霞　成旱雨
主要编写人员：成放晴　章顺文　王继中　张顺和　董尤东　钟小南　周笑波
　　　　　　胡翔群　王晓奕　赵文宇　区锦英　陈红霞　成旱雨　黄楚娟
其他编写人员：尹西丽　卢艳芳　沈伟璇　黄　媛　杨凯熙　张　芳　吕　瑶

编写使用说明

《会计工作手册》(第二版)在第一版的基础上进行补充、删减、更新和完善后编辑而成,汇集了我国现行及经典的会计法律、法规和制度,还汇集了现行的财务、税务、审计和评估等相关法规制度,是会计领域的大型工具用书。

本书的编写全面贯彻党的二十大精神,以习近平新时代中国特色社会主义思想为指导,坚持实事求是的原则,使本书成为会计工作的法规政策依据和具体操作指南,一册在手财会及相关政策全有,满足广大从事财会和相关工作及会计考试评价人员的实际需求。

本书编写的基本原则:一是全面覆盖,全面收录财务会计、税务、审计、评估等领域的法规制度政策;二是突出重点,除了将现行会计法规制度编辑入书,其他领域的则将重要的法律法规制度编辑入书;三是更新完善,编入最新出台的财会、税务、审计、评估等法规制度,更新和删除原会计工作手册(第一版)的旧内容;四是简化简便,尽量减少书本篇幅和内容,将会计工作手册(第一版)中不重要和应用少的内容采用索引方式查询,并标明具体查询方式,以方便会计工作者携带;五是减少成本,通过减少减化篇幅内容,降低成本和价格。

本书分为十五部分,主要内容和使用方法如下:

第一部分　重要会计法规制度。包括以前出版的重要的、经典的会计法规制度,全文编入。

第二部分　最新会计法规制度。《会计工作手册》(第一版)截稿日(2019年3月31日)以后出台的新制度,全文编入;2019年3月31日以前的会计法规制度(包括《会计工作手册》第一版中"最新会计法规制度"部分内容)分别编入后面各章节。

第三部分　企业会计准则。企业会计准则——基本准则全文在第一部分编入,具体准则只全文编入2019年3月31日后新出台的内容,其他部分内容采取索引方式编入,可到财政部网站(会计司子网站)、财政部会计准则委员会网站、会计新时代网站、深圳市会计协会网站查找。关于企业会计准则应用指南的具体内容,财政部主要以出版物形式发布。2006年版及2014年至2018年修订的应用指南均收录在《会计工作手册》(第一版)中,也可以在会计新时代网站、深圳市会计协会网站上查询(包括2019年以后发布的应用指南)。

第四部分　企业内部控制制度。《会计工作手册》(第一版)截稿日(2019年3月31日)以后出台的新内控制度,全文编入。其他部分内容采取索引方式编入,可到财政部网站(会计司子网站)、会计新时代网站、深圳市会计协会网站查询。

第五部分　行政事业单位内部控制制度。《会计工作手册》(第一版)截稿日(2019年3月31日)以后出台的新内控制度,全文编入。其他部分内容采取索引方式编入,可到财政部网站(会计司子网站)、会计新时代网站、深圳市会计协会网站查询。

第六部分　管理会计制度。《会计工作手册》(第一版)截稿日(2019年3月31日)以后出台的新制度内容篇幅较多,故采用索引方式编入。其他部分内容采取索引方式编入,可到财政部网站(会计司子网站)、会计新时代网站、深圳市会计协会网站查询。

第七部分　政府会计准则和制度。政府会计准则——基本准则全文编入,具体准则、制度解释、应用指南及法规制度只全文编入2019年3月31日以后新出台的内容,其他内容采取索引方式编入，可到财政部网站（会计司子网站）、会计新时代网站、深圳市会计协会网站查询。

第八部分　会计人员管理和会计监督。《会计工作手册》（第一版）截稿日（2019年3月31日）以后新出台的相关法规制度，全文编入。其他部分内容采取索引方式编入，可到财政部网站（会计司子网站）、财政部网站（监督评价局子网站）、会计新时代网站、深圳市会计协会网站查询。

第九部分　注册会计师行业管理。《会计工作手册》（第一版）截稿日（2019年3月31日）以后新出台的相关法规制度，全文编入。其他部分内容采取索引方式编入，可到财政部网站（会计司子网站）、中国注册会计师协会网站、会计新时代网站、深圳市会计协会网站查询。

第十部分　其他财会法规制度。《会计工作手册》（第一版）截稿日（2019年3月31日）以后新出台的其他法规制度中，重要并内容较少的全文编入，相对不重要或内容篇幅较多的，采用索引方式编入。其他部分内容采取索引方式编入，可到财政部网站（会计司子网站）、会计新时代网站、深圳市会计协会网站查询。

第十一部分　相关税务政策。《会计工作手册》（第一版）截稿日（2019年3月31日）以后新出台的法规制度，全文编入。其他部分内容采取索引方式编入，可到国家税务总局网站、财政部网站（税政司子网站）（关税司子网站）、会计新时代网站、深圳市会计协会网站查询。

第十二部分　相关审计政策。《会计工作手册》（第一版）截稿日（2019年3月31日）以后新出台的法规制度，全文编入。其他部分内容采取索引方式编入，可到审计署网站、会计新时代网站、深圳市会计协会网站查询。

第十三部分　相关资产评估政策。《会计工作手册》（第一版）没有此部分内容，《会计工作手册》（第二版）新增，资产评估法规制度，全文编入。

第十四部分　主要财会及相关事项服务指南。部分财会及相关服务事项因每年都有新变化，采取索引简化形式不录入具体内容，可到财政部和相关省市财政厅局等网站查询，其他财会及相关服务事项内容全文录入。

第十五部分　主要文件索引。由于本书篇幅有限，不能将所有的财会、税务、审计、评估及相关文件全部编入正文，为了保证本书的全面性，采用将未列入本书的内容以索引方式收录，便于使用者参考查询。具体内容可到相关网站，主要包括中国政府网站、财政部网站（会计司子网站）、国家税务总局网站、审计署网站、中国注册会计师协会网站、中国资产评估协会网站、各省市政务服务网站、会计新时代网站、深圳市会计协会网站等查询。

总之，使用本工具书时，应首先查看目录找到需要查阅内容的章节，再查看本使用说明对应该章节的查阅方法，即可查看到具体内容。即：重要、经典和最新的法规制度可直接在本书中全文阅读，其他内容可在本书第一版相关章节或索引标明的相关网站中查阅。

CONTENTS 目 录

第一部分 重要会计法规制度

1. 中华人民共和国会计法 3
2. 中华人民共和国注册会计师法 9
3. 企业财务会计报告条例 14
4. 企业会计准则——基本准则 20
5. 会计基础工作规范 24
6. 会计改革与发展"十四五"规划纲要 35
7. 会计专业技术人员继续教育规定 45
8. 会计人员管理办法 49
9. 会计档案管理办法 51
10. 会计师事务所执业许可和监督管理办法 56

第二部分 最新会计法规制度

1. 中共中央办公厅 国务院办公厅印发《关于进一步加强财会监督工作的意见》 69
2. 关于印发《会计人员职业道德规范》的通知 73
3. 关于印发《会计人员继续教育专业科目指南（2022年版）》的通知 75
4. 关于印发《会计师事务所一体化管理办法》的通知 80
5. 关于印发《会计师事务所监督检查办法》的通知 84
6. 关于印发《会计信息化发展规划（2021—2025年）》的通知 89
7. 关于印发《会计行业人才发展规划（2021—2025年）》的通知 98
8. 关于加大审计重点领域关注力度控制审计风险进一步有效识别财务舞弊的通知 106
9. 关于加强会计师事务所执业管理切实提高审计质量的实施意见 113
10. 关于印发《会计师事务所从事证券服务业务备案管理办法》的通知 116
11. 关于印发《〈民间非营利组织会计制度〉若干问题的解释》的通知 120
12. 关于规范电子会计凭证报销入账归档的通知 125
13. 关于印发境外会计组织申请明确业务主管单位办事指南的通知 126
14. 关于印发《事业单位成本核算基本指引》的通知 128
15. 关于加强国家统一的会计制度贯彻实施工作的指导意见 133
16. 关于印发《企业数据资源相关会计处理暂行规定》的通知 136

17. 事业单位财务规则 ……………………………………………………………………… 142
18. 行政单位财务规则 ……………………………………………………………………… 148

第三部分 企业会计准则

一、企业会计准则——基本准则 …………………………………………………………… 157
二、《企业会计准则》（具体准则）及应用指南 …………………………………………… 158
1. 企业会计准则第 1 号——存货 ………………………………………………………… 158
   《企业会计准则第 1 号——存货》应用指南 ………………………………………… 158
2. 企业会计准则第 2 号——长期股权投资（2014） …………………………………… 158
   《企业会计准则第 2 号——长期股权投资》应用指南（2014） …………………… 158
3. 企业会计准则第 3 号——投资性房地产 ……………………………………………… 159
   《企业会计准则第 3 号——投资性房地产》应用指南 ……………………………… 159
4. 企业会计准则第 4 号——固定资产 …………………………………………………… 159
   《企业会计准则第 4 号——固定资产》应用指南 …………………………………… 159
5. 企业会计准则第 5 号——生物资产 …………………………………………………… 160
   《企业会计准则第 5 号——生物资产》应用指南 …………………………………… 160
6. 企业会计准则第 6 号——无形资产 …………………………………………………… 160
   《企业会计准则第 6 号——无形资产》应用指南 …………………………………… 160
7. 企业会计准则第 7 号——非货币性资产交换（2019） ……………………………… 161
   《企业会计准则第 7 号——非货币性资产交换》应用指南（2019） ……………… 164
8. 企业会计准则第 8 号——资产减值 …………………………………………………… 164
   《企业会计准则第 8 号——资产减值》应用指南 …………………………………… 164
9. 企业会计准则第 9 号——职工薪酬（2014） ………………………………………… 164
   《企业会计准则第 9 号——职工薪酬》应用指南（2014） ………………………… 164
10. 企业会计准则第 10 号——企业年金基金 …………………………………………… 165
    《企业会计准则第 10 号——企业年金基金》应用指南 …………………………… 165
11. 企业会计准则第 11 号——股份支付 ………………………………………………… 165
    《企业会计准则第 11 号——股份支付》应用指南 ………………………………… 165
12. 企业会计准则第 12 号——债务重组（2019） ……………………………………… 166
    《企业会计准则第 12 号——债务重组》应用指南（2019） ……………………… 169
13. 企业会计准则第 13 号——或有事项 ………………………………………………… 169
    《企业会计准则第 13 号——或有事项》应用指南 ………………………………… 169
14. 企业会计准则第 14 号——收入（2017 年修订） …………………………………… 169
    《企业会计准则第 14 号——收入》应用指南（2018） …………………………… 169
15. 企业会计准则第 15 号——建造合同 ………………………………………………… 170
16. 企业会计准则第 16 号——政府补助（2017 年修订） ……………………………… 170

《企业会计准则第 16 号——政府补助》应用指南（2018）·················· 170
17. 企业会计准则第 17 号——借款费用 ·························· 170
　　《企业会计准则第 17 号——借款费用》应用指南 ·················· 171
18. 企业会计准则第 18 号——所得税 ··························· 171
　　《企业会计准则第 18 号——所得税》应用指南 ···················· 171
19. 企业会计准则第 19 号——外币折算 ·························· 171
　　《企业会计准则第 19 号——外币折算》应用指南 ·················· 171
20. 企业会计准则第 20 号——企业合并 ·························· 172
　　《企业会计准则第 20 号——企业合并》应用指南 ·················· 172
21. 企业会计准则第 21 号——租赁（2018 年修订） ·················· 173
　　《企业会计准则第 21 号——租赁》应用指南（2019） ················ 184
22. 企业会计准则第 22 号——金融工具确认和计量（2017 年修订） ·········· 184
　　《企业会计准则第 22 号——金融工具确认和计量》应用指南（2018） ······ 184
23. 企业会计准则第 23 号——金融资产转移（2017 年修订） ·············· 184
　　《企业会计准则第 23 号——金融资产转移》应用指南（2018） ·········· 185
24. 企业会计准则第 24 号——套期会计（2017 年修订） ················ 185
　　《企业会计准则第 24 号——套期会计》应用指南（2018） ············· 185
25. 企业会计准则第 25 号——保险合同（2020） ···················· 186
26. 企业会计准则第 26 号——再保险合同 ························· 205
27. 企业会计准则第 27 号——石油天然气开采 ······················ 205
　　《企业会计准则第 27 号——石油天然气开采》应用指南 ··············· 205
28. 企业会计准则第 28 号——会计政策、会计估计变更和差错更正 ·········· 205
　　《企业会计准则第 28 号——会计政策、会计估计变更和差错更正》应用指南 ···· 206
29. 企业会计准则第 29 号——资产负债表日后事项 ··················· 206
30. 企业会计准则第 30 号——财务报表列报（2014 年修订） ············· 206
　　《企业会计准则第 30 号——财务报表列报》应用指南（2014） ·········· 206
31. 企业会计准则第 31 号——现金流量表 ························· 207
　　《企业会计准则第 31 号——现金流量表》应用指南 ················· 207
32. 企业会计准则第 32 号——中期财务报告 ······················· 207
33. 企业会计准则第 33 号——合并财务报表（2014 年修订） ············· 207
　　《企业会计准则第 33 号——合并财务报表》应用指南（2014） ·········· 208
34. 企业会计准则第 34 号——每股收益 ·························· 208
　　《企业会计准则第 34 号——每股收益》应用指南 ·················· 208
35. 企业会计准则第 35 号——分部报告 ·························· 208
　　《企业会计准则第 35 号——分部报告》应用指南 ·················· 208
36. 企业会计准则第 36 号——关联方披露 ························· 209
37. 企业会计准则第 37 号——金融工具列报（2017 年修订） ············· 209

《企业会计准则第 37 号——金融工具列报》应用指南（2018） ……………… 209

38. 企业会计准则第 38 号——首次执行企业会计准则 ………………………… 209

　　《企业会计准则第 38 号——首次执行企业会计准则》应用指南 …………… 210

39. 企业会计准则第 39 号——公允价值计量（2014） ………………………… 210

　　《企业会计准则第 39 号——公允价值计量》应用指南（2014） …………… 210

40. 企业会计准则第 40 号——合营安排（2014） ……………………………… 210

　　《企业会计准则第 40 号——合营安排》应用指南（2014） ………………… 211

41. 企业会计准则第 41 号——在其他主体中权益的披露（2014） …………… 211

　　《企业会计准则第 41 号——在其他主体中权益的披露》应用指南（2014） … 211

42. 企业会计准则第 42 号——持有待售的非流动资产、处置组和终止经营（2017） …… 211

　　《企业会计准则第 42 号——持有待售的非流动资产、处置组和终止经营》
　　应用指南（2018） …………………………………………………………… 212

三、会计科目和主要账务处理 …………………………………………………… 213

四、企业会计准则——解释公告 ………………………………………………… 214

1. 企业会计准则解释第 1 号 …………………………………………………… 214
2. 企业会计准则解释第 2 号 …………………………………………………… 214
3. 企业会计准则解释第 3 号 …………………………………………………… 214
4. 企业会计准则解释第 4 号 …………………………………………………… 214
5. 企业会计准则解释第 5 号 …………………………………………………… 215
6. 企业会计准则解释第 6 号 …………………………………………………… 215
7. 企业会计准则解释第 7 号 …………………………………………………… 215
8. 企业会计准则解释第 8 号 …………………………………………………… 215
9. 企业会计准则解释第 9 号——关于权益法下有关投资净损失的会计处理 …… 216
10. 企业会计准则解释第 10 号——关于以使用固定资产产生的收入为基础的
　　折旧方法 ……………………………………………………………………… 216
11. 企业会计准则解释第 11 号——关于以使用无形资产产生的收入为基础的
　　摊销方法 ……………………………………………………………………… 216
12. 企业会计准则解释第 12 号——关于关键管理人员服务的提供方与接受方
　　是否为关联方 ………………………………………………………………… 217
13. 企业会计准则解释第 13 号 ………………………………………………… 218
14. 企业会计准则解释第 14 号 ………………………………………………… 220
15. 企业会计准则解释第 15 号 ………………………………………………… 224
16. 企业会计准则解释第 16 号 ………………………………………………… 226

第四部分　企业内部控制制度

一、企业内部控制基本规范 ……………………………………………………… 231

二、关于印发《企业内部控制配套指引》的通知···237
(一)企业内部控制应用指引···238
1. 企业内部控制应用指引第1号——组织架构··238
2. 企业内部控制应用指引第2号——发展战略··238
3. 企业内部控制应用指引第3号——人力资源··238
4. 企业内部控制应用指引第4号——社会责任··238
5. 企业内部控制应用指引第5号——企业文化··238
6. 企业内部控制应用指引第6号——资金活动··239
7. 企业内部控制应用指引第7号——采购业务··239
8. 企业内部控制应用指引第8号——资产管理··239
9. 企业内部控制应用指引第9号——销售业务··239
10. 企业内部控制应用指引第10号——研究与开发···239
11. 企业内部控制应用指引第11号——工程项目···240
12. 企业内部控制应用指引第12号——担保业务···240
13. 企业内部控制应用指引第13号——业务外包···240
14. 企业内部控制应用指引第14号——财务报告···240
15. 企业内部控制应用指引第15号——全面预算···240
16. 企业内部控制应用指引第16号——合同管理···241
17. 企业内部控制应用指引第17号——内部信息传递···241
18. 企业内部控制应用指引第18号——信息系统···241
(二)企业内部控制评价指引···242
(三)企业内部控制审计指引···245
三、上市公司内部控制··250
1. 关于深交所主板与中小板合并后原中小板上市公司实施企业内部控制规范
   体系的通知···250
2. 关于进一步提升上市公司财务报告内部控制有效性的通知·······································251

第五部分 行政事业单位内部控制制度

1. 关于印发《行政事业单位内部控制规范(试行)》的通知···257
2. 关于全面推进行政事业单位内部控制建设的指导意见···266
3. 行政事业单位内部控制报告管理制度(试行)···269
4. 关于开展2022年度行政事业单位内部控制报告编报工作的通知·····································272
5. 关于开展行政事业单位内部控制基础性评价工作的通知···274
6. 扎实推进企业和行政事业单位内部控制建设为推进国家治理体系和治理能力
   现代化提供重要支撑···277

第六部分 管理会计制度

一、关于全面推进管理会计体系建设的指导意见·················283
二、管理会计基本指引······························286
三、管理会计应用指引······························289
（一）关于管理会计的相关文件························289
1. 关于印发《管理会计应用指引第 100 号——战略管理》等 22 项管理会计应用
   指引的通知···································289
2. 关于印发《管理会计应用指引第 202 号——零基预算》等 7 项管理会计应用
   指引的通知···································290
3. 关于印发《管理会计应用指引第 204 号——作业预算》等 5 项管理会计应用
   指引的通知···································291
（二）管理会计应用指引····························292
1. 管理会计应用指引第 100 号——战略管理···············292
2. 管理会计应用指引第 101 号——战略地图···············292
3. 管理会计应用指引第 200 号——预算管理···············292
4. 管理会计应用指引第 201 号——滚动预算···············292
5. 管理会计应用指引第 300 号——成本管理···············292
6. 管理会计应用指引第 301 号——目标成本法··············293
7. 管理会计应用指引第 302 号——标准成本法··············293
8. 管理会计应用指引第 303 号——变动成本法··············293
9. 管理会计应用指引第 304 号——作业成本法··············293
10. 管理会计应用指引第 400 号——营运管理··············293
11. 管理会计应用指引第 401 号——本量利分析············294
12. 管理会计应用指引第 402 号——敏感性分析············294
13. 管理会计应用指引第 403 号——边际分析··············294
14. 管理会计应用指引第 500 号——投融资管理············294
15. 管理会计应用指引第 501 号——贴现现金流法···········294
16. 管理会计应用指引第 502 号——项目管理··············295
17. 管理会计应用指引第 600 号——绩效管理··············295
18. 管理会计应用指引第 601 号——关键绩效指标法··········295
19. 管理会计应用指引第 602 号——经济增加值法···········295
20. 管理会计应用指引第 603 号——平衡计分卡············295
21. 管理会计应用指引第 801 号——企业管理会计报告········296
22. 管理会计应用指引第 802 号——管理会计信息系统········296
23. 管理会计应用指引第 202 号——零基预算··············296
24. 管理会计应用指引第 203 号——弹性预算··············296

25. 管理会计应用指引第503号——情景分析 ……………………………………… 296
26. 管理会计应用指引第504号——约束资源优化 …………………………… 297
27. 管理会计应用指引第604号——绩效棱柱模型 …………………………… 297
28. 管理会计应用指引第700号——风险管理 ………………………………… 297
29. 管理会计应用指引第701号——风险矩阵 ………………………………… 297
30. 管理会计应用指引第204号——作业预算 ………………………………… 297
31. 管理会计应用指引第404号——内部转移定价 …………………………… 298
32. 管理会计应用指引第405号——多维度盈利能力分析 …………………… 298
33. 管理会计应用指引第702号——风险清单 ………………………………… 298
34. 管理会计应用指引第803号——行政事业单位 …………………………… 298
四、管理会计行业调研报告及案例 ……………………………………………… 299
1. 管理会计行业调研报告及案例（第一辑） ……………………………… 299
2. 管理会计行业调研报告及案例（第二辑） ……………………………… 300
3. 管理会计行业调研报告及案例（第三辑） ……………………………… 301
4. 管理会计行业调研报告及案例（第四辑） ……………………………… 302
5. 管理会计行业调研报告及案例（第五辑） ……………………………… 303

第七部分 政府会计准则和制度

一、政府会计准则——基本准则 ………………………………………………… 307
二、政府会计准则——具体准则 ………………………………………………… 312
1. 政府会计准则第1号——存货 …………………………………………… 312
2. 政府会计准则第2号——投资 …………………………………………… 312
3. 政府会计准则第3号——固定资产 ……………………………………… 312
4. 政府会计准则第4号——无形资产 ……………………………………… 312
5. 政府会计准则第5号——公共基础设施 ………………………………… 313
6. 政府会计准则第6号——政府储备物资 ………………………………… 313
7. 政府会计准则第7号——会计调整 ……………………………………… 313
8. 政府会计准则第8号——负债 …………………………………………… 313
9. 政府会计准则第9号——财务报表编制和列报 ………………………… 314
10. 政府会计准则第10号——政府和社会资本合作项目合同 …………… 315
三、政府会计准则制度解释 ……………………………………………………… 319
1. 政府会计准则制度解释第1号 …………………………………………… 319
2. 政府会计准则制度解释第2号 …………………………………………… 324
3. 政府会计准则制度解释第3号 …………………………………………… 329
4. 政府会计准则制度解释第4号 …………………………………………… 332
5. 政府会计准则制度解释第5号 …………………………………………… 337

6. 政府会计准则制度解释第6号 340
四、政府会计准则具体准则应用指南 343
1.《政府会计准则第3号——固定资产》应用指南 343
2.《政府会计准则第10号——政府和社会资本合作项目合同》应用指南 344
五、政府会计制度 350
1. 关于贯彻实施政府会计准则制度的通知 350
2. 政府会计制度——行政事业单位会计科目和报表 353
3. 财政部会计司有关负责人就印发《政府会计制度——行政事业单位会计科目和报表》答记者问 354
4. 关于印发《财政总会计制度》的通知 360

第八部分 会计人员管理和会计监督

1. 关于印发《会计行业人才发展规划（2021—2025年）》的通知 363
2. 关于印发《会计人员管理办法》的通知 363
3. 关于印发《会计专业技术人员继续教育规定》的通知 364
4. 关于印发《全国会计领军人才培养工程发展规划》的通知 365
5. 关于深化会计人员职称制度改革的指导意见 366
6. 财政部门实施会计监督办法 371
7. 关于加强会计人员诚信建设的指导意见 379
8. 关于对会计领域违法失信相关责任主体实施联合惩戒的合作备忘录 381
9. 关于进一步加强财会监督工作的意见 385
10. 关于印发《会计人员职业道德规范》的通知 385
11. 关于加大审计重点领域关注力度控制审计风险进一步有效识别财务舞弊的通知 385

第九部分 注册会计师行业管理

1. 财政部关于修改《会计师事务所执业许可和监督管理办法》等2部部门规章的决定 389
2. 关于加强注册会计师行业监管有关事项的通知 391
3. 关于调整完善注册会计师行业有关行政管理事项的通知 393
4. 关于印发《其他专业资格人员担任特殊普通合伙会计师事务所合伙人暂行办法》的通知 394
5. 关于印发《关于推动有限责任会计师事务所转制为合伙制会计师事务所的暂行规定》的通知 397
6. 财政部关于修改《注册会计师注册办法》的决定 401
7. 关于印发《注册会计师行业诚信建设纲要》的通知 409

8. 关于加强新时代注册会计师行业人才工作的指导意见 415
9. 关于印发《国有企业、上市公司选聘会计师事务所管理办法》的通知 422
10. 深圳经济特区注册会计师条例 426

第十部分 其他财会法规制度

1. 会计档案管理办法 429
2. 关于印发《民间非营利组织会计制度》的通知 429
3. 关于印发《代理记账行业协会管理办法》的通知 444
4. 关于印发《工会会计制度》的通知 448
5. 财政部关于修改《代理记账管理办法》等2部部门规章的决定 449
6. 关于印发《〈民间非营利组织会计制度〉若干问题的解释》的通知 455
7. 关于印发《农民专业合作社会计制度》的通知 455
8. 关于印发《农村集体经济组织会计制度》的通知 456

第十一部分 相关税务政策

1. 中华人民共和国个人所得税法 459
2. 中华人民共和国个人所得税法实施条例 465
3. 国务院关于印发《个人所得税专项附加扣除暂行办法》的通知 465
4. 国务院关于提高个人所得税有关专项附加扣除标准的通知 470
5. 国家税务总局关于贯彻执行提高个人所得税有关专项附加扣除标准政策的公告 471
6. 国家税务总局关于修订发布《个人所得税专项附加扣除操作办法（试行）》的公告 472
7. 关于个人所得税法修改后有关优惠政策衔接问题的通知 477
8. 中华人民共和国增值税暂行条例 481
9. 中华人民共和国企业所得税法（2018年修订） 485
10. 中华人民共和国企业所得税法实施条例 491

第十二部分 相关审计政策

1. 中华人民共和国审计法（2021） 495
2. 中华人民共和国国家审计准则 501
3. 中华人民共和国审计法实施条例 501

第十三部分 相关资产评估政策

1. 中华人民共和国资产评估法 505

2. 财政部关于印发《资产评估基本准则》的通知 ... 511
3. 资产评估行业财政监督管理办法 ... 516
4. 国有资产评估管理办法 ... 524
5. 企业并购投资价值评估指导意见 ... 528
6. 国有资产评估违法行为处罚办法 ... 533

第十四部分　主要财会及相关事项服务指南

1. 会计人员职称评价基本标准条件 ... 537
2. 会计专业技术资格考试报考主要程序 ... 537
3. 注册会计师全国统一考试办法（征求意见稿） ... 538
4. 会计师事务所设立申报程序 ... 540
5. 注册会计师注册办法 ... 540
6. 主要财政会计管理部门 ... 541
7. 全国主要会计及相关网站 ... 542
8. 全国主要会计类公众号 ... 543
9. 全国主要财经类出版社 ... 544
10. 全国主要财会类刊物 ... 545
11. 全国主要财会类报纸 ... 546
12. 全国主要财会类社会组织 ... 547
13. 国际及中国香港主要财会类社会组织 ... 548
14. 最新全国会计师事务所排名 ... 549
15. 最新全国律师事务所排名 ... 552
16. 最新全国资产评估机构排名 ... 555
17. 最新全国税务师事务所排名 ... 558
18. 全国财经类高校名单 ... 561
19. 全国著名会计软件公司 ... 563

第十五部分　主要文件索引

1. 财会文件索引 ... 567
2. 税务文件索引 ... 579
3. 审计文件索引 ... 598
4. 评估文件索引 ... 605

后记 ... 607

第一部分

重要会计法规制度

第一部分　重要会计法规制度

1. 中华人民共和国会计法

（1985年1月21日第六届全国人民代表大会常务委员会第九次会议通过　根据1993年12月29日第八届全国人民代表大会常务委员会第五次会议《关于修改〈中华人民共和国会计法〉的决定》第一次修正　1999年10月31日第九届全国人民代表大会常务委员会第十二次会议修订　根据2017年11月4日第十二届全国人民代表大会常务委员会第三十次会议《关于修改〈中华人民共和国会计法〉等十一部法律的决定》第二次修正）

第一章　总　则

第一条　为了规范会计行为，保证会计资料真实、完整，加强经济管理和财务管理，提高经济效益，维护社会主义市场经济秩序，制定本法。

第二条　国家机关、社会团体、公司、企业、事业单位和其他组织（以下统称单位）必须依照本法办理会计事务。

第三条　各单位必须依法设置会计账簿，并保证其真实、完整。

第四条　单位负责人对本单位的会计工作和会计资料的真实性、完整性负责。

第五条　会计机构、会计人员依照本法规定进行会计核算，实行会计监督。

任何单位或者个人不得以任何方式授意、指使、强令会计机构、会计人员伪造、变造会计凭证、会计账簿和其他会计资料，提供虚假财务会计报告。

任何单位或者个人不得对依法履行职责、抵制违反本法规定行为的会计人员实行打击报复。

第六条　对认真执行本法，忠于职守，坚持原则，作出显著成绩的会计人员，给予精神的或者物质的奖励。

第七条　国务院财政部门主管全国的会计工作。

县级以上地方各级人民政府财政部门管理本行政区域内的会计工作。

第八条　国家实行统一的会计制度。国家统一的会计制度由国务院财政部门根据本法制定并公布。

国务院有关部门可以依照本法和国家统一的会计制度制定对会计核算和会计监督有特殊要求的行业实施国家统一的会计制度的具体办法或者补充规定，报国务院财政部门审核批准。

中国人民解放军总后勤部可以依照本法和国家统一的会计制度制定军队实施国家统一的会计制度的具体办法，报国务院财政部门备案。

第二章　会计核算

第九条　各单位必须根据实际发生的经济业务事项进行会计核算，填制会计凭证，登记会计账簿，编制财务会计报告。

任何单位不得以虚假的经济业务事项或者资料进行会计核算。

第十条　下列经济业务事项，应当办理会计手续，进行会计核算：

（一）款项和有价证券的收付；

（二）财物的收发、增减和使用；

（三）债权债务的发生和结算；

（四）资本、基金的增减；

（五）收入、支出、费用、成本的计算；

（六）财务成果的计算和处理；

（七）需要办理会计手续、进行会计核算的其他事项。

第十一条 会计年度自公历1月1日起至12月31日止。

第十二条 会计核算以人民币为记账本位币。

业务收支以人民币以外的货币为主的单位，可以选定其中一种货币作为记账本位币，但是编报的财务会计报告应当折算为人民币。

第十三条 会计凭证、会计账簿、财务会计报告和其他会计资料，必须符合国家统一的会计制度的规定。

使用电子计算机进行会计核算的，其软件及其生成的会计凭证、会计账簿、财务会计报告和其他会计资料，也必须符合国家统一的会计制度的规定。

任何单位和个人不得伪造、变造会计凭证、会计账簿及其他会计资料，不得提供虚假的财务会计报告。

第十四条 会计凭证包括原始凭证和记账凭证。

办理本法第十条所列的经济业务事项，必须填制或者取得原始凭证并及时送交会计机构。

会计机构、会计人员必须按照国家统一的会计制度的规定对原始凭证进行审核，对不真实、不合法的原始凭证有权不予接受，并向单位负责人报告；对记载不准确、不完整的原始凭证予以退回，并要求按照国家统一的会计制度的规定更正、补充。

原始凭证记载的各项内容均不得涂改；原始凭证有错误的，应当由出具单位重开或者更正，更正处应当加盖出具单位印章。原始凭证金额有错误的，应当由出具单位重开，不得在原始凭证上更正。

记账凭证应当根据经过审核的原始凭证及有关资料编制。

第十五条 会计账簿登记，必须以经过审核的会计凭证为依据，并符合有关法律、行政法规和国家统一的会计制度的规定。会计账簿包括总账、明细账、日记账和其他辅助性账簿。

会计账簿应当按照连续编号的页码顺序登记。会计账簿记录发生错误或者隔页、缺号、跳行的，应当按照国家统一的会计制度规定的方法更正，并由会计人员和会计机构负责人（会计主管人员）在更正处盖章。

使用电子计算机进行会计核算的，其会计账簿的登记、更正，应当符合国家统一的会计制度的规定。

第十六条 各单位发生的各项经济业务事项应当在依法设置的会计账簿上统一登记、核算，不得违反本法和国家统一的会计制度的规定私设会计账簿登记、核算。

第十七条 各单位应当定期将会计账簿记录与实物、款项及有关资料相互核对，保证会计账簿记录与实物及款项的实有数额相符、会计账簿记录与会计凭证的有关内容相符、会计账簿之间相对应的记录相符、会计账簿记录与会计报表的有关内容相符。

第十八条 各单位采用的会计处理方法，前后各期应当一致，不得随意变更；确有必要变更的，应当按照国家统一的会计制度的规定变更，并将变更的原因、情况及影响在财务会计报告中说明。

第十九条 单位提供的担保、未决诉讼等或有事项，应当按照国家统一的会计制度的规定，在财务会计报告中予以说明。

第二十条 财务会计报告应当根据经过审核的会计账簿记录和有关资料编制，并符合本法和国家统一的会计制度关于财务会计报告的编制要求、提供对象和提供期限的规定;其他法律、行政法规另有规定的,从其规定。

财务会计报告由会计报表、会计报表附注和财务情况说明书组成。向不同的会计资料使用者提供的财务会计报告,其编制依据应当一致。有关法律、行政法规规定会计报表、会计报表附注和财务情况说明书须经注册会计师审计的,注册会计师及其所在的会计师事务所出具的审计报告应当随同财务会计报告一并提供。

第二十一条 财务会计报告应当由单位负责人和主管会计工作的负责人、会计机构负责人(会计主管人员)签名并盖章;设置总会计师的单位,还须由总会计师签名并盖章。

单位负责人应当保证财务会计报告真实、完整。

第二十二条 会计记录的文字应当使用中文。在民族自治地方,会计记录可以同时使用当地通用的一种民族文字。在中华人民共和国境内的外商投资企业、外国企业和其他外国组织的会计记录可以同时使用一种外国文字。

第二十三条 各单位对会计凭证、会计账簿、财务会计报告和其他会计资料应当建立档案,妥善保管。会计档案的保管期限和销毁办法,由国务院财政部会同有关部门制定。

第三章 公司、企业会计核算的特别规定

第二十四条 公司、企业进行会计核算,除应当遵守本法第二章的规定外,还应当遵守本章规定。

第二十五条 公司、企业必须根据实际发生的经济业务事项,按照国家统一的会计制度的规定确认、计量和记录资产、负债、所有者权益、收入、费用、成本和利润。

第二十六条 公司、企业进行会计核算不得有下列行为:

(一)随意改变资产、负债、所有者权益的确认标准或者计量方法,虚列、多列、不列或者少列资产、负债、所有者权益;

(二)虚列或者隐瞒收入,推迟或者提前确认收入;

(三)随意改变费用、成本的确认标准或者计量方法,虚列、多列、不列或者少列费用、成本;

(四)随意调整利润的计算、分配方法,编造虚假利润或者隐瞒利润;

(五)违反国家统一的会计制度规定的其他行为。

第四章 会计监督

第二十七条 各单位应当建立、健全本单位内部会计监督制度。单位内部会计监督制度应当符合下列要求:

(一)记账人员与经济业务事项和会计事项的审批人员、经办人员、财物保管人员的职责权限应当明确,并相互分离、相互制约;

(二)重大对外投资、资产处置、资金调度和其他重要经济业务事项的决策和执行的相互监督、相互制约程序应当明确;

(三)财产清查的范围、期限和组织程序应当明确;

(四)对会计资料定期进行内部审计的办法和程序应当明确。

第二十八条 单位负责人应当保证会计机构、会计人员依法履行职责,不得授意、指使、强令会计机构、会计人员违法办理会计事项。

会计机构、会计人员对违反本法和国家统一的会计制度规定的会计事项，有权拒绝办理或者按照职权予以纠正。

第二十九条 会计机构、会计人员发现会计账簿记录与实物、款项及有关资料不相符的，按照国家统一的会计制度的规定有权自行处理的，应当及时处理；无权处理的，应当立即向单位负责人报告，请求查明原因，作出处理。

第三十条 任何单位和个人对违反本法和国家统一的会计制度规定的行为，有权检举。收到检举的部门有权处理的，应当依法按照职责分工及时处理；无权处理的，应当及时移送有权处理的部门处理。收到检举的部门、负责处理的部门应当为检举人保密，不得将检举人姓名和检举材料转给被检举单位和被检举人个人。

第三十一条 有关法律、行政法规规定，须经注册会计师进行审计的单位，应当向受委托的会计师事务所如实提供会计凭证、会计账簿、财务会计报告和其他会计资料以及有关情况。

任何单位或者个人不得以任何方式要求或者示意注册会计师及其所在的会计师事务所出具不实或者不当的审计报告。

财政部门有权对会计师事务所出具审计报告的程序和内容进行监督。

第三十二条 财政部门对各单位的下列情况实施监督：

（一）是否依法设置会计账簿；

（二）会计凭证、会计账簿、财务会计报告和其他会计资料是否真实、完整；

（三）会计核算是否符合本法和国家统一的会计制度的规定；

（四）从事会计工作的人员是否具备专业能力、遵守职业道德。

在对前款第（二）项所列事项实施监督，发现重大违法嫌疑时，国务院财政部门及其派出机构可以向与被监督单位有经济业务往来的单位和被监督单位开立账户的金融机构查询有关情况，有关单位和金融机构应当给予支持。

第三十三条 财政、审计、税务、人民银行、证券监管、保险监管等部门应当依照有关法律、行政法规规定的职责，对有关单位的会计资料实施监督检查。

前款所列监督检查部门对有关单位的会计资料依法实施监督检查后，应当出具检查结论。有关监督检查部门已经作出的检查结论能够满足其他监督检查部门履行本部门职责需要的，其他监督检查部门应当加以利用，避免重复查账。

第三十四条 依法对有关单位的会计资料实施监督检查的部门及其工作人员对在监督检查中知悉的国家秘密和商业秘密负有保密义务。

第三十五条 各单位必须依照有关法律、行政法规的规定，接受有关监督检查部门依法实施的监督检查，如实提供会计凭证、会计账簿、财务会计报告和其他会计资料以及有关情况，不得拒绝、隐匿、谎报。

第五章　会计机构和会计人员

第三十六条 各单位应当根据会计业务的需要，设置会计机构，或者在有关机构中设置会计人员并指定会计主管人员；不具备设置条件的，应当委托经批准设立从事会计代理记账业务的中介机构代理记账。

国有的和国有资产占控股地位或者主导地位的大、中型企业必须设置总会计师。总会计师的任职资格、任免程序、职责权限由国务院规定。

第三十七条 会计机构内部应当建立稽核制度。

出纳人员不得兼任稽核、会计档案保管和收入、支出、费用、债权债务账目的登记工作。

第三十八条 会计人员应当具备从事会计工作所需要的专业能力。

担任单位会计机构负责人（会计主管人员）的，应当具备会计师以上专业技术职务资格或者从事会计工作三年以上经历。

本法所称会计人员的范围由国务院财政部门规定。

第三十九条 会计人员应当遵守职业道德，提高业务素质。对会计人员的教育和培训工作应当加强。

第四十条 因有提供虚假财务会计报告，做假账，隐匿或者故意销毁会计凭证、会计账簿、财务会计报告，贪污，挪用公款，职务侵占等与会计职务的有关违法行为被依法追究刑事责任的人员，不得再从事会计工作。

第四十一条 会计人员调动工作或者离职，必须与接管人员办清交接手续。

一般会计人员办理交接手续，由会计机构负责人（会计主管人员）监交；会计机构负责人（会计主管人员）办理交接手续，由单位负责人监交，必要时主管单位可以派人会同监交。

第六章　法律责任

第四十二条 违反本法规定，有下列行为之一的，由县级以上人民政府财政部门责令限期改正，可以对单位并处三千元以上五万元以下的罚款；对其直接负责的主管人员和其他直接责任人员，可以处二千元以上二万元以下的罚款；属于国家工作人员的，还应当由其所在单位或者有关单位依法给予行政处分：

（一）不依法设置会计账簿的；

（二）私设会计账簿的；

（三）未按照规定填制、取得原始凭证或者填制、取得的原始凭证不符合规定的；

（四）以未经审核的会计凭证为依据登记会计账簿或者登记会计账簿不符合规定的；

（五）随意变更会计处理方法的；

（六）向不同的会计资料使用者提供的财务会计报告编制依据不一致的；

（七）未按照规定使用会计记录文字或者记账本位币的；

（八）未按照规定保管会计资料，致使会计资料毁损、灭失的；

（九）未按照规定建立并实施单位内部会计监督制度或者拒绝依法实施的监督或者不如实提供有关会计资料及有关情况的；

（十）任用会计人员不符合本法规定的。

有前款所列行为之一，构成犯罪的，依法追究刑事责任。

会计人员有第一款所列行为之一，情节严重的，五年内不得从事会计工作。

有关法律对第一款所列行为的处罚另有规定的，依照有关法律的规定办理。

第四十三条 伪造、变造会计凭证、会计账簿，编制虚假财务会计报告，构成犯罪的，依法追究刑事责任。

有前款行为，尚不构成犯罪的，由县级以上人民政府财政部门予以通报，可以对单位并处五千元以上十万元以下的罚款；对其直接负责的主管人员和其他直接责任人员，可以处三千元以上五万元以下的罚款；属于国家工作人员的，还应当由其所在单位或者有关单位依法给予撤职直至开除的行政处分；其中的会计人员，五年内不得从事会计工作。

第四十四条 隐匿或者故意销毁依法应当保存的会计凭证、会计账簿、财务会计报告，构成犯罪的,依法追究刑事责任。

有前款行为,尚不构成犯罪的,由县级以上人民政府财政部门予以通报,可以对单位并处五千元以上十万元以下的罚款;对其直接负责的主管人员和其他直接责任人员,可以处三千元以上五万元以下的罚款;属于国家工作人员的,还应当由其所在单位或者有关单位依法给予撤职直至开除的行政处分;其中的会计人员,五年内不得从事会计工作。

第四十五条 授意、指使、强令会计机构、会计人员及其他人员伪造、变造会计凭证、会计账簿,编制虚假财务会计报告或者隐匿、故意销毁依法应当保存的会计凭证、会计账簿、财务会计报告,构成犯罪的,依法追究刑事责任;尚不构成犯罪的,可以处五千元以上五万元以下的罚款;属于国家工作人员的,还应当由其所在单位或者有关单位依法给予降级、撤职、开除的行政处分。

第四十六条 单位负责人对依法履行职责、抵制违反本法规定行为的会计人员以降级、撤职、调离工作岗位、解聘或者开除等方式实行打击报复,构成犯罪的,依法追究刑事责任;尚不构成犯罪的,由其所在单位或者有关单位依法给予行政处分。对受打击报复的会计人员,应当恢复其名誉和原有职务、级别。

第四十七条 财政部门及有关行政部门的工作人员在实施监督管理中滥用职权、玩忽职守、徇私舞弊或者泄露国家秘密、商业秘密,构成犯罪的,依法追究刑事责任;尚不构成犯罪的,依法给予行政处分。

第四十八条 违反本法第三十条规定,将检举人姓名和检举材料转给被检举单位和被检举人个人的,由所在单位或者有关单位依法给予行政处分。

第四十九条 违反本法规定,同时违反其他法律规定的,由有关部门在各自职权范围内依法进行处罚。

第七章 附　则

第五十条 本法下列用语的含义:

单位负责人,是指单位法定代表人或者法律、行政法规规定代表单位行使职权的主要负责人。

国家统一的会计制度,是指国务院财政部门根据本法制定的关于会计核算、会计监督、会计机构和会计人员以及会计工作管理的制度。

第五十一条 个体工商户会计管理的具体办法,由国务院财政部门根据本法的原则另行规定。

第五十二条 本法自2000年7月1日起施行。

2. 中华人民共和国注册会计师法

（1993年10月31日第八届全国人民代表大会常务委员会第四次会议通过 1993年10月31日中华人民共和国主席令第十三号公布 1994年1月1日起施行）

第一章 总 则

第一条 为了发挥注册会计师在社会经济活动中的鉴证和服务作用，加强对注册会计师的管理，维护社会公共利益和投资者的合法权益，促进社会主义市场经济的健康发展，制定本法。

第二条 注册会计师是依法取得注册会计师证书并接受委托从事审计和会计咨询、会计服务业务的执业人员。

第三条 会计师事务所是依法设立并承办注册会计师业务的机构。注册会计师执行业务，应当加入会计师事务所。

第四条 注册会计师协会是由注册会计师组成的社会团体。中国注册会计师协会是注册会计师的全国组织，省、自治区、直辖市注册会计师协会是注册会计师的地方组织。

第五条 国务院财政部门和省、自治区、直辖市人民政府财政部门，依法对注册会计师、会计师事务所和注册会计师协会进行监督、指导。

第六条 注册会计师和会计师事务所执行业务，必须遵守法律、行政法规。

注册会计师和会计师事务所依法独立、公正执行业务，受法律保护。

第二章 考试和注册

第七条 国家实行注册会计师全国统一考试制度。注册会计师全国统一考试办法，由国务院财政部门制定，由中国注册会计师协会组织实施。

第八条 具有高等专科以上学校毕业的学历或者具有会计或者相关专业中级以上技术职称的中国公民，可以申请参加注册会计师全国统一考试；具有会计或者相关专业高级技术职称的人员，可以免予部分科目的考试。

第九条 参加注册会计师全国统一考试成绩合格，并从事审计业务工作二年以上的，可以向省、自治区、直辖市注册会计师协会申请注册。

除有本法第十条所列情形外，受理申请的注册会计师协会应当准予注册。

第十条 有下列情形之一的，受理申请的注册会计师协会不予注册：

（一）不具有完全民事行为能力的；

（二）因受刑事处罚，自刑罚执行完毕之日起至申请注册之日止不满五年的；

（三）因在财务、会计、审计、企业管理或者其他经济管理工作中犯有严重错误受行政处罚、撤职以上处分，自处罚、处分决定之日起至申请注册之日止不满二年的；

（四）受吊销注册会计师证书的处罚，自处罚决定之日起至申请注册之日止不满五年的；

（五）国务院财政部门规定的其他不予注册的情形的。

第十一条 注册会计师协会应当将准予注册的人员名单报国务院财政部门备案。国务院财政部门发现注册会计师协会的注册不符合本法规定的，应当通知有关的注册会计师协会撤销注册。

注册会计师协会依照本法第十条的规定不予注册的，应当自决定之日起十五日内书面通知申请人。申请人有异议的，可以自收到通知之日起十五日内向国务院财政部门或者省、自治区、直辖市人民政府财政部门申请复议。

第十二条　准予注册的申请人，由注册会计师协会发给国务院财政部门统一制定的注册会计师证书。

第十三条　已取得注册会计师证书的人员，除本法第十一条第一款规定的情形外，注册后有下列情形之一的，由准予注册的注册会计师协会撤销注册，收回注册会计师证书：

（一）完全丧失民事行为能力的；

（二）受刑事处罚的；

（三）因在财务、会计、审计、企业管理或者其他经济管理工作中犯有严重错误受行政处罚、撤职以上处分的；

（四）自行停止执行注册会计师业务满一年的。

被撤销注册的当事人有异议的，可以自接到撤销注册、收回注册会计师证书的通知之日起十五日内向国务院财政部门或者省、自治区、直辖市人民政府财政部门申请复议。

依照第一款规定被撤销注册的人员可以重新申请注册，但必须符合本法第九条、第十条的规定。

第三章　业务范围和规则

第十四条　注册会计师承办下列审计业务：

（一）审查企业会计报表，出具审计报告；

（二）验证企业资本，出具验资报告；

（三）办理企业合并、分立、清算事宜中的审计业务，出具有关的报告；

（四）法律、行政法规规定的其他审计业务。

注册会计师依法执行审计业务出具的报告，具有证明效力。

第十五条　注册会计师可以承办会计咨询、会计服务业务。

第十六条　注册会计师承办业务，由其所在的会计师事务所统一受理并与委托人签订委托合同。

会计师事务所对本所注册会计师依照前款规定承办的业务，承担民事责任。

第十七条　注册会计师执行业务，可以根据需要查阅委托人的有关会计资料和文件，查看委托人的业务现场和设施，要求委托人提供其他必要的协助。

第十八条　注册会计师与委托人有利害关系的，应当回避；委托人有权要求其回避。

第十九条　注册会计师对在执行业务中知悉的商业秘密，负有保密义务。

第二十条　注册会计师执行审计业务，遇有下列情形之一的，应当拒绝出具有关报告：

（一）委托人示意其作不实或者不当证明的；

（二）委托人故意不提供有关会计资料和文件的；

（三）因委托人有其他不合理要求，致使注册会计师出具的报告不能对财务会计的重要事项作出正确表述的。

第二十一条　注册会计师执行审计业务，必须按照执业准则、规则确定的工作程序出具报告。

注册会计师执行审计业务出具报告时，不得有下列行为：

（一）明知委托人对重要事项的财务会计处理与国家有关规定相抵触，而不予指明；

（二）明知委托人的财务会计处理会直接损害报告使用人或者其他利害关系人的利益，而予以隐瞒或者作不实的报告；

（三）明知委托人的财务会计处理会导致报告使用人或者其他利害关系人产生重大误解，而不予指明；

（四）明知委托人的会计报表的重要事项有其他不实的内容，而不予指明。

对委托人有前款所列行为，注册会计师按照执业准则、规则应当知道的，适用前款规定。

第二十二条　注册会计师不得有下列行为：

（一）在执行审计业务期间，在法律、行政法规规定不得买卖被审计单位的股票、债券或者不得购买被审计单位或者个人的其他财产的期限内，买卖被审计单位的股票、债券或者购买被审计单位或者个人所拥有的其他财产；

（二）索取、收受委托合同约定以外的酬金或者其他财物，或者利用执行业务之便，谋取其他不正当的利益；

（三）接受委托催收债款；

（四）允许他人以本人名义执行业务；

（五）同时在两个或者两个以上的会计师事务所执行业务；

（六）对其能力进行广告宣传以招揽业务；

（七）违反法律、行政法规的其他行为。

第四章　会计师事务所

第二十三条　会计师事务所可以由注册会计师合伙设立。

合伙设立的会计师事务所的债务，由合伙人按照出资比例或者协议的约定，以各自的财产承担责任。合伙人对会计师事务所的债务承担连带责任。

第二十四条　会计师事务所符合下列条件的，可以是负有限责任的法人：

（一）不少于三十万元的注册资本；

（二）有一定数量的专职从业人员，其中至少有五名注册会计师；

（三）国务院财政部门规定的业务范围和其他条件。

负有限责任的会计师事务所以其全部资产对其债务承担责任。

第二十五条　设立会计师事务所，由省、自治区、直辖市人民政府财政部门批准。

申请设立会计师事务所，申请者应当向审批机关报送下列文件：

（一）申请书；

（二）会计师事务所的名称、组织机构和业务场所；

（三）会计师事务所章程，有合伙协议的并应报送合伙协议；

（四）注册会计师名单、简历及有关证明文件；

（五）会计师事务所主要负责人、合伙人的姓名、简历及有关证明文件；

（六）负有限责任的会计师事务所的出资证明；

（七）审批机关要求的其他文件。

第二十六条　审批机关应当自收到申请文件之日起三十日内决定批准或者不批准。

省、自治区、直辖市人民政府财政部门批准的会计师事务所，应当报国务院财政部门备案。国务院财政部门发现批准不当的，应当自收到备案报告之日起三十日内通知原审批机关重新审查。

第二十七条　会计师事务所设立分支机构，须经分支机构所在地的省、自治区、直辖市人民政府财政部门批准。

第二十八条 会计师事务所依法纳税。

会计师事务所按照国务院财政部门的规定建立职业风险基金，办理职业保险。

第二十九条 会计师事务所受理业务，不受行政区域、行业的限制；但是，法律、行政法规另有规定的除外。

第三十条 委托人委托会计师事务所办理业务，任何单位和个人不得干预。

第三十一条 本法第十八条至第二十一条的规定，适用于会计师事务所。

第三十二条 会计师事务所不得有本法第二十二条第（一）项至第（四）项、第（六）项、第（七）项所列的行为。

第五章 注册会计师协会

第三十三条 注册会计师应当加入注册会计师协会。

第三十四条 中国注册会计师协会的章程由全国会员代表大会制定，并报国务院财政部门备案；省、自治区、直辖市注册会计师协会的章程由省、自治区、直辖市会员代表大会制定，并报省、自治区、直辖市人民政府财政部门备案。

第三十五条 中国注册会计师协会依法拟订注册会计师执业准则、规则，报国务院财政部门批准后施行。

第三十六条 注册会计师协会应当支持注册会计师依法执行业务，维护其合法权益，向有关方面反映其意见和建议。

第三十七条 注册会计师协会应当对注册会计师的任职资格和执业情况进行年度检查。

第三十八条 注册会计师协会依法取得社会团体法人资格。

第六章 法律责任

第三十九条 会计师事务所违反本法第二十条、第二十一条规定的，由省级以上人民政府财政部门给予警告，没收违法所得，可以并处违法所得一倍以上五倍以下的罚款；情节严重的，并可以由省级以上人民政府财政部门暂停其经营业务或者予以撤销。

注册会计师违反本法第二十条、第二十一条规定的，由省级以上人民政府财政部门给予警告；情节严重的，可以由省级以上人民政府财政部门暂停其执行业务或者吊销注册会计师证书。

会计师事务所、注册会计师违反本法第二十条、第二十一条的规定，故意出具虚假的审计报告、验资报告，构成犯罪的，依法追究刑事责任。

第四十条 对未经批准承办本法第十四条规定的注册会计师业务的单位，由省级以上人民政府财政部门责令其停止违法活动，没收违法所得，可以并处违法所得一倍以上五倍以下的罚款。

第四十一条 当事人对行政处罚决定不服的，可以在接到处罚通知之日起十五日内向作出处罚决定的机关的上一级机关申请复议；当事人也可以在接到处罚决定通知之日起十五日内直接向人民法院起诉。

复议机关应当在接到复议申请之日起六十日内作出复议决定。当事人对复议决定不服的，可以在接到复议决定之日起十五日内向人民法院起诉。复议机关逾期不作出复议决定的，当事人可以在复议期满之日起十五日内向人民法院起诉。

当事人逾期不申请复议，也不向人民法院起诉，又不履行处罚决定的，作出处罚决定的机关可以申请人民法院强制执行。

第四十二条 会计师事务所违反本法规定，给委托人、其他利害关系人造成损失的，应当依法承担赔偿责任。

第七章　附　则

第四十三条　在审计事务所工作的注册审计师，经认定为具有注册会计师资格的，可以执行本法规定的业务，其资格认定和对其监督、指导、管理的办法由国务院另行规定。

第四十四条　外国人申请参加中国注册会计师全国统一考试和注册，按照互惠原则办理。

外国会计师事务所需要在中国境内临时办理有关业务的，须经有关的省、自治区、直辖市人民政府财政部门批准。

第四十五条　国务院可以根据本法制定实施条例。

第四十六条　本法自1994年1月1日起施行。1986年7月3日国务院发布的《中华人民共和国注册会计师条例》同时废止。

3. 企业财务会计报告条例

中华人民共和国国务院令第287号

现公布《企业财务会计报告条例》，自2001年1月1日起施行。

总理　朱镕基
2000年6月21日

第一章　总　则

第一条　为了规范企业财务会计报告，保证财务会计报告的真实、完整，根据《中华人民共和国会计法》，制定本条例。

第二条　企业（包括公司，下同）编制和对外提供财务会计报告，应当遵守本条例。

本条例所称财务会计报告，是指企业对外提供的反映企业某一特定日期财务状况和某一会计期间经营成果、现金流量的文件。

第三条　企业不得编制和对外提供虚假的或者隐瞒重要事实的财务会计报告。

企业负责人对本企业财务会计报告的真实性、完整性负责。

第四条　任何组织或者个人不得授意、指使、强令企业编制和对外提供虚假的或者隐瞒重要事实的财务会计报告。

第五条　注册会计师、会计师事务所审计企业财务会计报告，应当依照有关法律、行政法规以及注册会计师执业规则的规定进行，并对所出具的审计报告负责。

第二章　财务会计报告的构成

第六条　财务会计报告分为年度、半年度、季度和月度财务会计报告。

第七条　年度、半年度财务会计报告应当包括：

（一）会计报表；

（二）会计报表附注；

（三）财务情况说明书。

会计报表应当包括资产负债表、利润表、现金流量表及相关附表。

第八条　季度、月度财务会计报告通常仅指会计报表，会计报表至少应当包括资产负债表和利润表。国家统一的会计制度规定季度、月度财务会计报告需要编制会计报表附注的，从其规定。

第九条　资产负债表是反映企业在某一特定日期财务状况的报表。资产负债表应当按照资产、负债和所有者权益（或者股东权益，下同）分类分项列示。其中，资产、负债和所有者权益的定义及列示应当遵循下列规定：

（一）资产，是指过去的交易、事项形成并由企业拥有或者控制的资源，该资源预期会给企业带来经济利益。在资产负债表上，资产应当按照其流动性分类分项列示，包括流动资产、长期投资、固定资产、无形资产及其他资产。银行、保险公司和非银行金融机构的各项资产有特殊性的，按照其性质分类分项列示。

（二）负债，是指过去的交易、事项形成的现时义务，履行该义务预期会导致经济利益流出企业。在资产负债表上，负债应当按照其流动性分类分项列示，包括流动负债、长期负债等。银行、保险公司和非银行金融机构的各项负债有特殊性的，按照其性质分类分项列示。

（三）所有者权益，是指所有者在企业资产中享有的经济利益，其金额为资产减去负债后的余额。在资产负债表上，所有者权益应当按照实收资本（或者股本）、资本公积、盈余公积、未分配利润等项目分项列示。

第十条 利润表是反映企业在一定会计期间经营成果的报表。利润表应当按照各项收入、费用以及构成利润的各个项目分类分项列示。其中，收入、费用和利润的定义及列示应当遵循下列规定：

（一）收入，是指企业在销售商品、提供劳务及让渡资产使用权等日常活动中所形成的经济利益的总流入。收入不包括为第三方或者客户代收的款项。在利润表上，收入应当按照其重要性分项列示。

（二）费用，是指企业为销售商品、提供劳务等日常活动所发生的经济利益的流出。在利润表上，费用应当按照其性质分项列示。

（三）利润，是指企业在一定会计期间的经营成果。在利润表上，利润应当按照营业利润、利润总额和净利润等利润的构成分类分项列示。

第十一条 现金流量表是反映企业一定会计期间现金和现金等价物（以下简称现金）流入和流出的报表。现金流量表应当按照经营活动、投资活动和筹资活动的现金流量分类分项列示。其中，经营活动、投资活动和筹资活动的定义及列示应当遵循下列规定：

（一）经营活动，是指企业投资活动和筹资活动以外的所有交易和事项。在现金流量表上，经营活动的现金流量应当按照其经营活动的现金流入和流出的性质分项列示；银行、保险公司和非银行金融机构的经营活动按照其经营活动特点分项列示。

（二）投资活动，是指企业长期资产的购建和不包括在现金等价物范围内的投资及其处置活动。在现金流量表上，投资活动的现金流量应当按照其投资活动的现金流入和流出的性质分项列示。

（三）筹资活动，是指导致企业资本及债务规模和构成发生变化的活动。在现金流量表上，筹资活动的现金流量应当按照其筹资活动的现金流入和流出的性质分项列示。

第十二条 相关附表是反映企业财务状况、经营成果和现金流量的补充报表，主要包括利润分配表以及国家统一的会计制度规定的其他附表。

利润分配表是反映企业一定会计期间对实现净利润以及以前年度未分配利润的分配或者亏损弥补的报表。利润分配表应当按照利润分配各个项目分类分项列示。

第十三条 年度、半年度会计报表至少应当反映两个年度或者相关两个期间的比较数据。

第十四条 会计报表附注是为便于会计报表使用者理解会计报表的内容而对会计报表的编制基础、编制依据、编制原则和方法及主要项目等所做的解释。会计报表附注至少应当包括下列内容：

（一）不符合基本会计假设的说明；

（二）重要会计政策和会计估计及其变更情况、变更原因及其对财务状况和经营成果的影响；

（三）或有事项和资产负债表日后事项的说明；

（四）关联方关系及其交易的说明；

（五）重要资产转让及其出售情况；

（六）企业合并、分立；

（七）重大投资、融资活动；

（八）会计报表中重要项目的明细资料；

（九）有助于理解和分析会计报表需要说明的其他事项。

第十五条 财务情况说明书至少应当对下列情况作出说明：

（一）企业生产经营的基本情况；

（二）利润实现和分配情况；

（三）资金增减和周转情况；

（四）对企业财务状况、经营成果和现金流量有重大影响的其他事项。

第三章　财务会计报告的编制

第十六条 企业应当于年度终了编报年度财务会计报告。国家统一的会计制度规定企业应当编报半年度、季度和月度财务会计报告的，从其规定。

第十七条 企业编制财务会计报告，应当根据真实的交易、事项以及完整、准确的账簿记录等资料，并按照国家统一的会计制度规定的编制基础、编制依据、编制原则和方法。

企业不得违反本条例和国家统一的会计制度规定，随意改变财务会计报告的编制基础、编制依据、编制原则和方法。

任何组织或者个人不得授意、指使、强令企业违反本条例和国家统一的会计制度规定，改变财务会计报告的编制基础、编制依据、编制原则和方法。

第十八条 企业应当依照本条例和国家统一的会计制度规定，对会计报表中各项会计要素进行合理的确认和计量，不得随意改变会计要素的确认和计量标准。

第十九条 企业应当依照有关法律、行政法规和本条例规定的结账日进行结账，不得提前或者延迟。年度结账日为公历年度每年的12月31日；半年度、季度、月度结账日分别为公历年度每半年、每季、每月的最后一天。

第二十条 企业在编制年度财务会计报告前，应当按照下列规定，全面清查资产、核实债务：

（一）结算款项，包括应收款项、应付款项、应交税金等是否存在，与债务、债权单位的相应债务、债权金额是否一致；

（二）原材料、在产品、自制半成品、库存商品等各项存货的实存数量与账面数量是否一致，是否有报废损失和积压物资等；

（三）各项投资是否存在，投资收益是否按照国家统一的会计制度规定进行确认和计量；

（四）房屋建筑物、机器设备、运输工具等各项固定资产的实存数量与账面数量是否一致；

（五）在建工程的实际发生额与账面记录是否一致；

（六）需要清查、核实的其他内容。

企业通过前款规定的清查、核实，查明财产物资的实存数量与账面数量是否一致、各项结算款项的拖欠情况及其原因、材料物资的实际储备情况、各项投资是否达到预期目的、固定资产的使用情况及其完好程度等。企业清查、核实后，应当将清查、核实的结果及其处理办法向企业的董事会或者相应机构报告，并根据国家统一的会计制度的规定进行相应的会计处理。

企业应当在年度中间根据具体情况，对各项财产物资和结算款项进行重点抽查、轮流清查或者定期清查。

第二十一条 企业在编制财务会计报告前，除应当全面清查资产、核实债务外，还应当完成下列工作：

（一）核对各会计账簿记录与会计凭证的内容、金额等是否一致，记账方向是否相符；

（二）依照本条例规定的结账日进行结账，结出有关会计账簿的余额和发生额，并核对各会计账簿之间的余额；

（三）检查相关的会计核算是否按照国家统一的会计制度的规定进行；

（四）对于国家统一的会计制度没有规定统一核算方法的交易、事项，检查其是否按照会计核算的一般原则进行确认和计量以及相关账务处理是否合理；

（五）检查是否存在因会计差错、会计政策变更等原因需要调整前期或者本期相关项目。

在前款规定工作中发现问题的，应当按照国家统一的会计制度的规定进行处理。

第二十二条 企业编制年度和半年度财务会计报告时，对经查实后的资产、负债有变动的，应当按照资产、负债的确认和计量标准进行确认和计量，并按照国家统一的会计制度的规定进行相应的会计处理。

第二十三条 企业应当按照国家统一的会计制度规定的会计报表格式和内容，根据登记完整、核对无误的会计账簿记录和其他有关资料编制会计报表，做到内容完整、数字真实、计算准确，不得漏报或者任意取舍。

第二十四条 会计报表之间、会计报表各项目之间，凡有对应关系的数字，应当相互一致；会计报表中本期与上期的有关数字应当相互衔接。

第二十五条 会计报表附注和财务情况说明书应当按照本条例和国家统一的会计制度的规定，对会计报表中需要说明的事项作出真实、完整、清楚的说明。

第二十六条 企业发生合并、分立情形的，应当按照国家统一的会计制度的规定编制相应的财务会计报告。

第二十七条 企业终止营业的，应当在终止营业时按照编制年度财务会计报告的要求全面清查资产、核实债务、进行结账，并编制财务会计报告；在清算期间，应当按照国家统一的会计制度的规定编制清算期间的财务会计报告。

第二十八条 按照国家统一的会计制度的规定，需要编制合并会计报表的企业集团，母公司除编制其个别会计报表外，还应当编制企业集团的合并会计报表。

企业集团合并会计报表，是指反映企业集团整体财务状况、经营成果和现金流量的会计报表。

第四章 财务会计报告的对外提供

第二十九条 对外提供的财务会计报告反映的会计信息应当真实、完整。

第三十条 企业应当依照法律、行政法规和国家统一的会计制度有关财务会计报告提供期限的规定，及时对外提供财务会计报告。

第三十一条 企业对外提供的财务会计报告应当依次编定页数，加具封面，装订成册，加盖公章。封面上应当注明：企业名称、企业统一代码、组织形式、地址、报表所属年度或者月份、报出日期，并由企业负责人和主管会计工作的负责人、会计机构负责人（会计主管人员）签名并盖章；设置总会计师的企业，还应当由总会计师签名并盖章。

第三十二条 企业应当依照企业章程的规定，向投资者提供财务会计报告。

国务院派出监事会的国有重点大型企业、国有重点金融机构和省、自治区、直辖市人民政府派出监事会的国有企业，应当依法定期向监事会提供财务会计报告。

第三十三条 有关部门或者机构依照法律、行政法规或者国务院的规定，要求企业提供部分或者全部财务会计报告及其有关数据的，应当向企业出示依据，并不得要求企业改变财务会计报告有关数据的会计口径。

第三十四条 非按照法律、行政法规或者国务院的规定，任何组织或者个人不得要求企业提供部分或者全部财务会计报告及其有关数据。

违反本条例规定，要求企业提供部分或者全部财务会计报告及其有关数据的，企业有权拒绝。

第三十五条 国有企业、国有控股的或者占主导地位的企业，应当至少每年一次向本企业的职工代表大会公布财务会计报告，并重点说明下列事项：

（一）反映与职工利益密切相关的信息，包括：管理费用的构成情况，企业管理人员工资、福利和职工工资、福利费用的发放、使用和结余情况，公益金的提取及使用情况，利润分配的情况以及其他与职工利益相关的信息；

（二）内部审计发现的问题及纠正情况；

（三）注册会计师审计的情况；

（四）国家审计机关发现的问题及纠正情况；

（五）重大的投资、融资和资产处置决策及其原因的说明；

（六）需要说明的其他重要事项。

第三十六条 企业依照本条例规定向有关各方提供的财务会计报告，其编制基础、编制依据、编制原则和方法应当一致，不得提供编制基础、编制依据、编制原则和方法不同的财务会计报告。

第三十七条 财务会计报告须经注册会计师审计的，企业应当将注册会计师及其会计师事务所出具的审计报告随同财务会计报告一并对外提供。

第三十八条 接受企业财务会计报告的组织或者个人，在企业财务会计报告未正式对外披露前，应当对其内容保密。

第五章　法律责任

第三十九条 违反本条例规定，有下列行为之一的，由县级以上人民政府财政部门责令限期改正，对企业可以处3000元以上5万元以下的罚款；对直接负责的主管人员和其他直接责任人员，可以处2000元以上2万元以下的罚款；属于国家工作人员的，并依法给予行政处分或者纪律处分：

（一）随意改变会计要素的确认和计量标准的；

（二）随意改变财务会计报告的编制基础、编制依据、编制原则和方法的；

（三）提前或者延迟结账日结账的；

（四）在编制年度财务会计报告前，未按照本条例规定全面清查资产、核实债务的；

（五）拒绝财政部门和其他有关部门对财务会计报告依法进行的监督检查，或者不如实提供有关情况的。

会计人员有前款所列行为之一，情节严重的，由县级以上人民政府财政部门吊销会计从业资格证书。

第四十条 企业编制、对外提供虚假的或者隐瞒重要事实的财务会计报告，构成犯罪的，依法追究刑事责任。

有前款行为，尚不构成犯罪的，由县级以上人民政府财政部门予以通报，对企业可以处5000元以上10万元以下的罚款；对直接负责的主管人员和其他直接责任人员，可以处3000元以上5万元以下的罚款；属于国家工作人员的，并依法给予撤职直至开除的行政处分或者纪律处分；对其中的会计人员，情节严重的，并由县级以上人民政府财政部门吊销会计从业资格证书。

第四十一条 授意、指使、强令会计机构、会计人员及其他人员编制、对外提供虚假的或者隐瞒重要事实的财务会计报告，或者隐匿、故意销毁依法应当保存的财务会计报告，构成犯罪的，依法追究刑事责任；尚不构成犯罪的，可以处5000元以上5万元以下的罚款；属于国家工作人员的，并依法给予降级、撤职、开除的行政处分或者纪律处分。

第四十二条 违反本条例的规定，要求企业向其提供部分或者全部财务会计报告及其有关数据的，由县级以上人民政府责令改正。

第四十三条 违反本条例规定，同时违反其他法律、行政法规规定的，由有关部门在各自的职权范围内依法给予处罚。

第六章 附 则

第四十四条 国务院财政部门可以根据本条例的规定，制定财务会计报告的具体编报办法。

第四十五条 不对外筹集资金、经营规模较小的企业编制和对外提供财务会计报告的办法，由国务院财政部门根据本条例的原则另行规定。

第四十六条 本条例自2001年1月1日起施行。

4. 企业会计准则——基本准则

中华人民共和国财政部令第76号

（2006年2月15日财政部令第33号公布，自2007年1月1日起施行 2014年7月23日根据《财政部关于修改〈企业会计准则——基本准则〉的决定》修改）

第一章 总 则

第一条 为了规范企业会计确认、计量和报告行为，保证会计信息质量，根据《中华人民共和国会计法》和其他有关法律、行政法规，制定本准则。

第二条 本准则适用于在中华人民共和国境内设立的企业（包括公司，下同）。

第三条 企业会计准则包括基本准则和具体准则，具体准则的制定应当遵循本准则。

第四条 企业应当编制财务会计报告（又称财务报告，下同）。财务会计报告的目标是向财务会计报告使用者提供与企业财务状况、经营成果和现金流量等有关的会计信息，反映企业管理层受托责任履行情况，有助于财务会计报告使用者作出经济决策。

财务会计报告使用者包括投资者、债权人、政府及其有关部门和社会公众等。

第五条 企业应当对其本身发生的交易或者事项进行会计确认、计量和报告。

第六条 企业会计确认、计量和报告应当以持续经营为前提。

第七条 企业应当划分会计期间，分期结算账目和编制财务会计报告。

会计期间分为年度和中期。中期是指短于一个完整的会计年度的报告期间。

第八条 企业会计应当以货币计量。

第九条 企业应当以权责发生制为基础进行会计确认、计量和报告。

第十条 企业应当按照交易或者事项的经济特征确定会计要素。会计要素包括资产、负债、所有者权益、收入、费用和利润。

第十一条 企业应当采用借贷记账法记账。

第二章 会计信息质量要求

第十二条 企业应当以实际发生的交易或者事项为依据进行会计确认、计量和报告，如实反映符合确认和计量要求的各项会计要素及其他相关信息，保证会计信息真实可靠、内容完整。

第十三条 企业提供的会计信息应当与财务会计报告使用者的经济决策需要相关，有助于财务会计报告使用者对企业过去、现在或者未来的情况作出评价或者预测。

第十四条 企业提供的会计信息应当清晰明了，便于财务会计报告使用者理解和使用。

第十五条 企业提供的会计信息应当具有可比性。

同一企业不同时期发生的相同或者相似的交易或者事项，应当采用一致的会计政策，不得随意变更。确需变更的，应当在附注中说明。

不同企业发生的相同或者相似的交易或者事项，应当采用规定的会计政策，确保会计信息口径一致、相互可比。

第十六条 企业应当按照交易或者事项的经济实质进行会计确认、计量和报告，不应仅以交易或者事项的法律形式为依据。

第十七条 企业提供的会计信息应当反映与企业财务状况、经营成果和现金流量等有关的所有重要交易或者事项。

第十八条 企业对交易或者事项进行会计确认、计量和报告应当保持应有的谨慎，不应高估资产或者收益、低估负债或者费用。

第十九条 企业对于已经发生的交易或者事项，应当及时进行会计确认、计量和报告，不得提前或者延后。

第三章 资 产

第二十条 资产是指企业过去的交易或者事项形成的、由企业拥有或者控制的、预期会给企业带来经济利益的资源。

前款所指的企业过去的交易或者事项包括购买、生产、建造行为或其他交易或者事项。预期在未来发生的交易或者事项不形成资产。

由企业拥有或者控制，是指企业享有某项资源的所有权，或者虽然不享有某项资源的所有权，但该资源能被企业所控制。

预期会给企业带来经济利益，是指直接或者间接导致现金和现金等价物流入企业的潜力。

第二十一条 符合本准则第二十条规定的资产定义的资源，在同时满足以下条件时，确认为资产：

（一）与该资源有关的经济利益很可能流入企业；

（二）该资源的成本或者价值能够可靠地计量。

第二十二条 符合资产定义和资产确认条件的项目，应当列入资产负债表；符合资产定义、但不符合资产确认条件的项目，不应当列入资产负债表。

第四章 负 债

第二十三条 负债是指企业过去的交易或者事项形成的、预期会导致经济利益流出企业的现时义务。

现时义务是指企业在现行条件下已承担的义务。未来发生的交易或者事项形成的义务，不属于现时义务，不应当确认为负债。

第二十四条 符合本准则第二十三条规定的负债定义的义务，在同时满足以下条件时，确认为负债：

（一）与该义务有关的经济利益很可能流出企业；

（二）未来流出的经济利益的金额能够可靠地计量。

第二十五条 符合负债定义和负债确认条件的项目，应当列入资产负债表；符合负债定义、但不符合负债确认条件的项目，不应当列入资产负债表。

第五章 所有者权益

第二十六条 所有者权益是指企业资产扣除负债后由所有者享有的剩余权益。

公司的所有者权益又称为股东权益。

第二十七条 所有者权益的来源包括所有者投入的资本、直接计入所有者权益的利得和损失、留存收益等。

直接计入所有者权益的利得和损失，是指不应计入当期损益、会导致所有者权益发生增减变动的、与所有者投入资本或者向所有者分配利润无关的利得或者损失。

利得是指由企业非日常活动所形成的、会导致所有者权益增加的、与所有者投入资本无关的经济利益的流入。

损失是指由企业非日常活动所发生的、会导致所有者权益减少的、与向所有者分配利润无关的经济利益的流出。

第二十八条 所有者权益金额取决于资产和负债的计量。

第二十九条 所有者权益项目应当列入资产负债表。

第六章 收 入

第三十条 收入是指企业在日常活动中形成的、会导致所有者权益增加的、与所有者投入资本无关的经济利益的总流入。

第三十一条 收入只有在经济利益很可能流入从而导致企业资产增加或者负债减少且经济利益的流入额能够可靠计量时才能予以确认。

第三十二条 符合收入定义和收入确认条件的项目，应当列入利润表。

第七章 费 用

第三十三条 费用是指企业在日常活动中发生的、会导致所有者权益减少的、与向所有者分配利润无关的经济利益的总流出。

第三十四条 费用只有在经济利益很可能流出从而导致企业资产减少或者负债增加且经济利益的流出额能够可靠计量时才能予以确认。

第三十五条 企业为生产产品、提供劳务等发生的可归属于产品成本、劳务成本等的费用，应当在确认产品销售收入、劳务收入等时，将已销售产品、已提供劳务的成本等计入当期损益。

企业发生的支出不产生经济利益的，或者即使能够产生经济利益但不符合或者不再符合资产确认条件的，应当在发生时确认为费用，计入当期损益。

企业发生的交易或者事项导致其承担了一项负债而又不确认为一项资产的，应当在发生时确认为费用，计入当期损益。

第三十六条 符合费用定义和费用确认条件的项目，应当列入利润表。

第八章 利 润

第三十七条 利润是指企业在一定会计期间的经营成果。利润包括收入减去费用后的净额、直接计入当期利润的利得和损失等。

第三十八条 直接计入当期利润的利得和损失，是指应当计入当期损益、会导致所有者权益发生增减变动的、与所有者投入资本或者向所有者分配利润无关的利得或者损失。

第三十九条 利润金额取决于收入和费用、直接计入当期利润的利得和损失金额的计量。

第四十条 利润项目应当列入利润表。

第九章　会计计量

第四十一条　企业在将符合确认条件的会计要素登记入账并列报于会计报表及其附注（又称财务报表，下同）时，应当按照规定的会计计量属性进行计量，确定其金额。

第四十二条　会计计量属性主要包括：

（一）历史成本。在历史成本计量下，资产按照购置时支付的现金或者现金等价物的金额，或者按照购置资产时所付出的对价的公允价值计量。负债按照因承担现时义务而实际收到的款项或者资产的金额，或者承担现时义务的合同金额，或者按照日常活动中为偿还负债预期需要支付的现金或者现金等价物的金额计量。

（二）重置成本。在重置成本计量下，资产按照现在购买相同或者相似资产所需支付的现金或者现金等价物的金额计量。负债按照现在偿付该项债务所需支付的现金或者现金等价物的金额计量。

（三）可变现净值。在可变现净值计量下，资产按照其正常对外销售所能收到现金或者现金等价物的金额扣减该资产至完工时估计将要发生的成本、估计的销售费用以及相关税费后的金额计量。

（四）现值。在现值计量下，资产按照预计从其持续使用和最终处置中所产生的未来净现金流入量的折现金额计量。负债按照预计期限内需要偿还的未来净现金流出量的折现金额计量。

（五）公允价值。在公允价值计量下，资产和负债按照市场参与者在计量日发生的有序交易中，出售资产所能收到或者转移负债所需支付的价格计量。

第四十三条　企业在对会计要素进行计量时，一般应当采用历史成本，采用重置成本、可变现净值、现值、公允价值计量的，应当保证所确定的会计要素金额能够取得并可靠计量。

第十章　财务会计报告

第四十四条　财务会计报告是指企业对外提供的反映企业某一特定日期的财务状况和某一会计期间的经营成果、现金流量等会计信息的文件。

财务会计报告包括会计报表及其附注和其他应当在财务会计报告中披露的相关信息和资料。会计报表至少应当包括资产负债表、利润表、现金流量表等报表。

小企业编制的会计报表可以不包括现金流量表。

第四十五条　资产负债表是指反映企业在某一特定日期的财务状况的会计报表。

第四十六条　利润表是指反映企业在一定会计期间的经营成果的会计报表。

第四十七条　现金流量表是指反映企业在一定会计期间的现金和现金等价物流入和流出的会计报表。

第四十八条　附注是指对在会计报表中列示项目所做的进一步说明，以及对未能在这些报表中列示项目的说明等。

第十一章　附　则

第四十九条　本准则由财政部负责解释。

第五十条　本准则自2007年1月1日起施行。

5. 会计基础工作规范

中华人民共和国财政部令第98号

（根据2019年3月14日《财政部关于修改〈代理记账管理办法〉等2部部门规章的决定》修改）

第一章 总 则

第一条 为了加强会计基础工作，建立规范的会计工作秩序，提高会计工作水平，根据《中华人民共和国会计法》的有关规定，制定本规范。

第二条 国家机关、社会团体、企业、事业单位、个体工商户和其他组织的会计基础工作，应当符合本规范的规定。

第三条 各单位应当依据有关法规、法规和本规范的规定，加强会计基础工作，严格执行会计法规制度，保证会计工作依法有序地进行。

第四条 单位领导人对本单位的会计基础工作负有领导责任。

第五条 各省、自治区、直辖市财政厅（局）要加强对会计基础工作的管理和指导，通过政策引导、经验交流、监督检查等措施，促进基层单位加强会计基础工作，不断提高会计工作水平。

国务院各业务主管部门根据职责权限管理本部门的会计基础工作。

第二章 会计机构和会计人员

第一节 会计机构设置和会计人员配备

第六条 各单位应当根据会计业务的需要设置会计机构；不具备单独设置会计机构条件的，应当在有关机构中配备专职会计人员。

事业行政单位会计机构的设置和会计人员的配备，应当符合国家统一事业行政单位会计制度的规定。

设置会计机构，应当配备会计机构负责人；在有关机构中配备专职会计人员，应当在专职会计人员中指定会计主管人员。

会计机构负责人、会计主管人员的任免，应当符合《中华人民共和国会计法》和有关法律的规定。

第七条 会计机构负责人、会计主管人员应当具备下列基本条件：

（一）坚持原则，廉洁奉公；

（二）具备会计师以上专业技术职务资格或者从事会计工作不少于三年；

（三）熟悉国家财经法律、法规、规章和方针、政策，掌握本行业业务管理的有关知识；

（四）有较强的组织能力；

（五）身体状况能够适应本职工作的要求。

第八条 没有设置会计机构或者配备会计人员的单位，应当根据《代理记账管理办法》的规定，委托会计师事务所或者持有代理记账许可证书的代理记账机构进行代理记账。

第九条　大、中型企业、事业单位、业务主管部门应当根据法律和国家有关规定设置总会计师。总会计师由具有会计师以上专业技术资格的人员担任。

总会计师行使《总会计师条例》规定的职责、权限。

总会计师的任命（聘任）、免职（解聘）依照《总会计师条例》和有关法律的规定办理。

第十条　各单位应当根据会计业务需要配备会计人员，督促其遵守职业道德和国家统一的会计制度。

第十一条　各单位应当根据会计业务需要设置会计工作岗位。

会计工作岗位一般可分为：会计机构负责人或者会计主管人员，出纳，财产物资核算，工资核算，成本费用核算，财务成果核算，资金核算，往来结算，总账报表，稽核，档案管理等。开展会计电算化和管理会计的单位，可以根据需要设置相应工作岗位，也可以与其他工作岗位相结合。

第十二条　会计工作岗位，可以一人一岗、一人多岗或者一岗多人。但出纳人员不得兼管稽核、会计档案保管和收入、费用、债权债务账目的登记工作。

第十三条　会计人员的工作岗位应当有计划地进行轮换。

第十四条　会计人员应当具备必要的专业知识和专业技能，熟悉国家有关法律、法规、规章和国家统一会计制度，遵守职业道德。

会计人员应当按照国家有关规定参加会计业务的培训。各单位应当合理安排会计人员的培训，保证会计人员每年有一定时间用于学习和参加培训。

第十五条　各单位领导人应当支持会计机构、会计人员依法行使职权；对忠于职守，坚持原则，作出显著成绩的会计机构、会计人员，应当给予精神的和物质的奖励。

第十六条　国家机关、国有企业、事业单位任用会计人员应当实行回避制度。

单位领导人的直系亲属不得担任本单位的会计机构负责人、会计主管人员。会计机构负责人、会计主管人员的直系亲属不得在本单位会计机构中担任出纳工作。

需要回避的直系亲属为：夫妻关系、直系血亲关系、三代以内旁系血亲以及配偶亲关系。

第二节　会计人员职业道德

第十七条　会计人员在会计工作中应当遵守职业道德，树立良好的职业品质、严谨的工作作风，严守工作纪律，努力提高工作效率和工作质量。

第十八条　会计人员应当热爱本职工作，努力钻研业务，使自己的知识和技能适应所从事工作的要求。

第十九条　会计人员应当熟悉财经法律、法规、规章和国家统一会计制度，并结合会计工作进行广泛宣传。

第二十条　会计人员应当按照会计法规、法规和国家统一会计制度规定的程序和要求进行会计工作，保证所提供的会计信息合法、真实、准确、及时、完整。

第二十一条　会计人员办理会计事务应当实事求是、客观公正。

第二十二条　会计人员应当熟悉本单位的生产经营和业务管理情况，运用掌握的会计信息和会计方法，为改善单位内部管理、提高经济效益服务。

第二十三条　会计人员应当保守本单位的商业秘密。除法律规定和单位领导人同意外，不能私自向外界提供或者泄露单位的会计信息。

第二十四条　财政部门、业务主管部门和各单位应当定期检查会计人员遵守职业道德的情况，并作为会计人员晋升、晋级、聘任专业职务、表彰奖励的重要考核依据。

会计人员违反职业道德的，由所在单位进行处理。

第三节　会计工作交接

第二十五条　会计人员工作调动或者因故离职，必须将本人所经管的会计工作全部移交给接替人员。没有办清交接手续的，不得调动或者离职。

第二十六条　接替人员应当认真接管移交工作，并继续办理移交的未了事项。

第二十七条　会计人员办理移交手续前，必须及时做好以下工作：

（一）已经受理的经济业务尚未填制会计凭证的，应当填制完毕。

（二）尚未登记的账目，应当登记完毕，并在最后一笔余额后加盖经办人员印章。

（三）整理应该移交的各项资料，对未了事项写出书面材料。

（四）编制移交清册，列明应当移交的会计凭证、会计账簿、会计报表、印章、现金、有价证券、支票簿、发票、文件、其他会计资料和物品等内容；实行会计电算化的单位，从事该项工作的移交人员还应当在移交清册中列明会计软件及密码、会计软件数据磁盘（磁带等）及有关资料、实物等内容。

第二十八条　会计人员办理交接手续，必须有监交人负责监交。一般会计人员交接，由单位会计机构负责人、会计主管人员负责监交；会计机构负责人、会计主管人员交接，由单位领导人负责监交，必要时可由上级主管部门派人会同监交。

第二十九条　移交人员在办理移交时，要按移交清册逐项移交；接替人员要逐项核对点收。

（一）现金、有价证券要根据会计账簿有关记录进行点交。库存现金、有价证券必须与会计账簿记录保持一致。不一致时，移交人员必须限期查清。

（二）会计凭证、会计账簿、会计报表和其他会计资料必须完整无缺。如有短缺，必须查清原因，并在移交清册中注明，由移交人员负责。

（三）银行存款账户余额要与银行对账单核对，如不一致，应当编制银行存款余额调节表调节相符，各种财产物资和债权债务的明细账户余额要与总账有关账户余额核对相符；必要时，要抽查个别账户的余额，与实物核对相符，或者与往来单位、个人核对清楚。

（四）移交人员经管的票据、印章和其他实物等，必须交接清楚；移交人员从事会计电算化工作的，要对有关电子数据在实际操作状态下进行交接。

第三十条　会计机构负责人、会计主管人员移交时，还必须将全部财务会计工作、重大财务收支和会计人员的情况等，向接替人员详细介绍。对需要移交的遗留问题，应当写出书面材料。

第三十一条　交接完毕后，交接双方和监交人员要在移交注册上签名或者盖章。并应在移交注册上注明：单位名称，交接日期，交接双方和监交人员的职务、姓名，移交清册页数以及需要说明的问题和意见等。

移交清册一般应当填制一式三份，交接双方各执一份，存档一份。

第三十二条　接替人员应当继续使用移交的会计账簿，不得自行另立新账，以保持会计记录的连续性。

第三十三条　会计人员临时离职或者因病不能工作且需要接替或者代理的，会计机构负责人、会计主管人员或者单位领导人必须指定有关人员接替或者代理，并办理交接手续。

临时离职或者因病不能工作的会计人员恢复工作的，应当与接替或者代理人员办理交接手续。

移交人员因病或者其他特殊原因不能亲自办理移交的，经单位领导人批准，可由移交人员委托他人代办移交，但委托人应当承担本规范第三十五条规定的责任。

第三十四条 单位撤销时，必须留有必要的会计人员，会同有关人员办理清理工作，编制决算。未移交前，不得离职。接收单位和移交日期由主管部门确定。

单位合并、分立的，其会计工作交接手续比照上述有关规定办理。

第三十五条 移交人员对所移交的会计凭证、会计账簿、会计报表和其他有关资料的合法性、真实性承担法律责任。

第三章 会计核算

第一节 会计核算一般要求

第三十六条 各单位应当按照《中华人民共和国会计法》和国家统一会计制度的规定建立会计账册，进行会计核算，及时提供合法、真实、准确、完整的会计信息。

第三十七条 各单位发生的下列事项，应当及时办理会计手续、进行会计核算：

（一）款项和有价证券的收付；

（二）财物的收发、增减和使用；

（三）债权债务的发生和结算；

（四）资本、基金的增减；

（五）收入、支出、费用、成本的计算；

（六）财务成果的计算和处理；

（七）其他需要办理会计手续、进行会计核算的事项。

第三十八条 各单位的会计核算应当以实际发生的经济业务为依据，按照规定的会计处理方法进行，保证会计指标的口径一致、相互可比和会计处理方法的前后各期相一致。

第三十九条 会计年度自公历1月1日起至12月31日止。

第四十条 会计核算以人民币为记账本位币。

收支业务以外国货币为主的单位，也可以选定某种外国货币作为记账本位币，但是编制的会计报表应当折算为人民币反映。

境外单位向国内有关部门编报的会计报表，应当折算为人民币反映。

第四十一条 各单位根据国家统一会计制度的要求，在不影响会计核算要求、会计报表指标汇总和对外统一会计报表的前提下，可以根据实际情况自行设置和使用会计科目。

事业行政单位会计科目的设置和使用，应当符合国家统一事业行政单位会计制度的规定。

第四十二条 会计凭证、会计账簿、会计报表和其他会计资料的内容和要求必须符合国家统一会计制度的规定，不得伪造、变造会计凭证和会计账簿，不得设置账外账，不得报送虚假会计报表。

第四十三条 各单位对外报送的会计报表格式由财政部统一规定。

第四十四条 实行会计电算化的单位，对使用的会计软件及其生成的会计凭证、会计账簿、会计报表和其他会计资料的要求，应当符合财政部关于会计电算化的有关规定。

第四十五条 各单位的会计凭证、会计账簿、会计报表和其他会计资料，应当建立档案，妥善保管。会计档案建档要求、保管期限、销毁办法等依据《会计档案管理办法》的规定进行。

实行会计电算化的单位，有关电子数据、会计软件资料等应当作为会计档案进行管理。

第四十六条 会计记录的文字应当使用中文，少数民族自治地区可以同时使用少数民族文字。中国境内的外商投资企业、外国企业和其他外国经济组织也可以同时使用某种外国文字。

第二节 填制会计凭证

第四十七条 各单位办理本规范第三十七条规定的事项，必须取得或者填制原始凭证，并及时送交会计机构。

第四十八条 原始凭证的基本要求是：

（一）原始凭证的内容必须具备：凭证的名称；填制凭证的日期；填制凭证单位名称或者填制人姓名；经办人员的签名或者盖章；接受凭证单位名称；经济业务内容；数量、单价和金额。

（二）从外单位取得的原始凭证，必须盖有填制单位的公章；从个人取得的原始凭证，必须有填制人员的签名或者盖章。自制原始凭证必须有经办单位领导人或者其指定的人员签名或者盖章。对外开出的原始凭证，必须加盖本单位公章。

（三）凡填有大写和小写金额的原始凭证，大写与小写金额必须相符。购买实物的原始凭证，必须有验收证明。支付款项的原始凭证，必须有收款单位和收款人的收款证明。

（四）一式几联的原始凭证，应当注明各联的用途，只能以一联作为报销凭证。

一式几联的发票和收据，必须用双面复写纸（发票和收据本身具备复写纸功能的除外）套写，并连续编号。作废时应当加盖"作废"戳记，连同存根一起保存，不得撕毁。

（五）发生销货退回的，除填制退货发票外，还必须有退货验收证明；退款时，必须取得对方的收款收据或者汇款银行的凭证，不得以退货发票代替收据。

（六）职工公出借款凭据，必须附在记账凭证之后。收回借款时，应当另开收据或者退还借据副本，不得退还原借款收据。

（七）经上级有关部门批准的经济业务，应当将批准文件作为原始凭证附件。如果批准文件需要单独归档的，应当在凭证上注明批准机关名称、日期和文件字号。

第四十九条 原始凭证不得涂改、挖补。发现原始凭证有错误的，应当由开出单位重开或者更正，更正处应当加盖开出单位的公章。

第五十条 会计机构、会计人员要根据审核无误的原始凭证填制记账凭证。

记账凭证可以分为收款凭证、付款凭证和转账凭证，也可以使用通用记账凭证。

第五十一条 记账凭证的基本要求是：

（一）记账凭证的内容必须具备：填制凭证的日期；凭证编号；经济业务摘要；会计科目；金额；所附原始凭证张数；填制凭证人员、稽核人员、记账人员、会计机构负责人、会计主管人员签名或者盖章。收款和付款记账凭证还应当由出纳人员签名或者盖章。

以自制的原始凭证或者原始凭证汇总表代替记账凭证的，也必须具备记账凭证应有的项目。

（二）填制记账凭证时，应当对记账凭证进行连续编号。一笔经济业务需要填制两张以上记账凭证的，可以采用分数编号法编号。

（三）记账凭证可以根据每一张原始凭证填制，或者根据若干张同类原始凭证汇总填制，也可以根据原始凭证汇总表填制。但不得将不同内容和类别的原始凭证汇总填制在一张记账凭证上。

（四）除结账和更正错误的记账凭证可以不附原始凭证外，其他记账凭证必须附有原始凭证。如果一张原始凭证涉及几张记账凭证，可以把原始凭证附在一张主要的记账凭证后面，并在其他记账凭证上注明附有该原始凭证的记账凭证的编号或者附原始凭证复印机。

一张复始凭证所列支出需要几个单位共同负担的，应当将其他单位负担的部分，开给对方原始凭证分割单，进行结算。原始凭证分割单必须具备原始凭证的基本内容：凭证名称、填制凭证日期、填制凭证单位名称或者填制人姓名、经办人的签名或者盖章、接受凭证单位名称、经济业务内容、数量、单价、金额和费用分摊情况等。

（五）如果在填制记账凭证时发生错误，应当重新填制。

已经登记入账的记账凭证，在当年内发现填写错误时，可以用红字填写一张与原内容相同的记账凭证，在摘要栏注明"注销某月某日某号凭证"字样，同时再用蓝字重新填制一张正确的记账凭证，注明"订正某月某日某号凭证"字样。如果会计科目没有错误，只是金额错误，也可以将正确数字与错误数字之间的差额，另编一张调整的记账凭证，调增金额用蓝字，调减金额用红字。发现以前年度记账凭证有错误的，应当用蓝字填制一张更正的记账凭证。

（六）记账凭证填制完经济业务事项后，如有空行，应当自金额栏最后一笔金额数字下的空行处至合计数上的空行处划线注销。

第五十二条 填制会计凭证，字迹必须清晰、工整，并符合下列要求：

（一）阿拉伯数字应当一个一个地写，不得连笔写。阿拉伯金额数字前面应当书写货币币种符号或者货币名称简写和币种符号。币种符号与阿拉伯金额数字之间不得留有空白。凡阿拉伯数字前写有币种符号的，数字后面不再写货币单位。

（二）所有以元为单位（其他货币种类为货币基本单位，下同）的阿拉伯数字，除表示单价等情况外，一律填写到角分；无角分的，角位和分位可写"00"，或者符号"——"；有角无分的，分位应当写"0"，不得用符号"——"代替。

（三）汉字大写数字金额如零、壹、贰、叁、肆、伍、陆、柒、捌、玖、拾、佰、仟、万、亿等，一律用正楷或者行书体书写，不得用0、一、二、三、四、五、六、七、八、九、十等简化字代替，不得任意自造简化字。大写金额数字到元或者角为止的，在"元"或者"角"字之后应当写"整"字或者"正"字；大写金额数字有分的，分字后面不写"整"或者"正"字。

（四）大写金额数字前未印有货币名称的，应当加填货币名称，货币名称与金额数字之间不得留有空白。

（五）阿拉伯金额数字中间有"0"时，汉字大写金额要写"零"字；阿拉伯数字金额中间连续有几个"0"时，汉字大写金额中可以只写一个"零"字；阿拉伯数字金额元位是"0"，或者数字中间连续有几个"0"、元位也是"0"但角位不是"0"时，汉字大写金额可以只写一个"零"字，也可以不写"零"字。

第五十三条 实行会计电算化的单位，对于机制记账凭证，要认真审核，做到会计科目使用正确，数字准确无误。打印出的机制记账凭证要加盖制单人员、审核人员、记账人员及会计机构负责人、会计主管人员印章或者签字。

第五十四条 各单位会计凭证的传递程序应当科学、合理，具体办法由各单位根据会计业务需要自行规定。

第五十五条 会计机构、会计人员要妥善保管会计凭证。

（一）会计凭证应当及时传递，不得积压。

（二）会计凭证登记完毕后，应当按照分类和编号顺序保管，不得散乱丢失。

（三）记账凭证应当连同所附的原始凭证或者原始凭证汇总表，按照编号顺序，折叠整齐，按期装订成册，并加具封面，注明单位名称、年度、月份和起讫日期、凭证种类、起讫号码，由装订人在装订线封签外签名或者盖章。

对于数量过多的原始凭证，可以单独装订保管，在封面上注明记账凭证日期、编号、种类，同时在记账凭证上注明"附件另订"和原始凭证名称及编号。

各种经济合同、存出保证金收据以及涉外文件等重要原始凭证，应当另编目录，单独登记保管，并在有关的记账凭证和原始凭证上相互注明日期和编号。

（四）原始凭证不得外借，其他单位如因特殊原因需要使用原始凭证时，经本单位会计机构负责人、会计主管人员批准，可以复制。向外单位提供的原始凭证复制件，应当在专设的登记簿上登记，并由提供人员和收取人员共同签名或者盖章。

（五）从外单位取得的原始凭证如有遗失，应当取得原开出单位盖有公章的证明，并注明原来凭证的号码、金额和内容等，由经办单位会计机构负责人、会计主管人员和单位领导人批准后，才能代作原始凭证。如果确实无法取得证明的，如火车、轮船、飞机票等凭证，由当事人写出详细情况，由经办单位会计机构负责人、会计主管人员和单位领导人批准后，代作原始凭证。

第三节　登记会计账簿

第五十六条　各单位应当按照国家统一会计制度的规定和会计业务的需要设置会计账簿。会计账簿包括总账、明细账、日记账和其他辅助性账簿。

第五十七条　现金日记账和银行存款日记账必须采用订本式账簿。不得用银行对账单或者其他方法代替日记账。

第五十八条　实行会计电算化的单位，用计算机打印的会计账簿必须连续编号，经审核无误后装订成册，并由记账人员和会计机构负责人、会计主管人员签字或者盖章。

第五十九条　启用会计账簿时，应当在账簿封面上写明单位名称和账簿名称。在账簿扉页上应当附启用表，内容包括：启用日期、账簿页数、记账人员和会计机构负责人、会计主管人员姓名，并加盖名章和单位公章。记账人员或者会计机构负责人、会计主管人员调动工作时，应当注明交接日期、接办人员或者监交人员姓名，并由交接双方人员签名或者盖章。

启用订本式账簿，应当从第一页到最后一页顺序编定页数，不得跳页、缺号。使用活页式账页，应当按账户顺序编号，并须定期装订成册。装订后再按实际使用的账页顺序编定页码。另加目录，记明每个账户的名称和页次。

第六十条　会计人员应当根据审核无误的会计凭证登记会计账簿。登记账簿的基本要求是：

（一）登记会计账簿时，应当将会计凭证日期、编号、业务内容摘要、金额和其他有关资料逐项记入账内，做到数字准确、摘要清楚、登记及时、字迹工整。

（二）登记完毕后，要在记账凭证上签名或者盖章，并注明已经登账的符号，表示已经记账。

（三）账簿中书写的文字和数字上面要留有适当空格，不要写满格；一般应占格距的二分之一。

（四）登记账簿要用蓝黑墨水或者碳素墨水书写，不得使用圆珠笔（银行的复写账簿除外）或者铅笔书写。

（五）下列情况，可以用红色墨水记账：

1. 按照红字冲账的记账凭证，冲销错误记录；
2. 在不设借贷等栏的多栏式账页中，登记减少数；
3. 在三栏式账户的余额栏前，如未印明余额方向的，在余额栏内登记负数余额；
4. 根据国家统一会计制度的规定可以用红字登记的其他会计记录。

（六）各种账簿按页次顺序连续登记，不得跳行、隔页。如果发生跳行、隔页，应当将空行、空页划线注销，或者注明"此行空白""此页空白"字样，并由记账人员签名或者盖章。

（七）凡需要结出余额的账户，结出余额后，应当在"借或贷"等栏内写明"借"或者"贷"等字样。没有余额的账户，应当在"借或贷"等栏内写"平"字，并在余额栏内用""表示。

现金日记账和银行存款日记账必须逐日结出余额。

（八）每一账页登记完毕结转下页时，应当结出本页合计数及余额，写在本页最后一行和下页第一行有关栏内，并在摘要栏内注明"过次页"和"承前页"字样；也可以将本页合计数及金额只写在下页第一行有关栏内，并在摘要栏内注明"承前页"字样。

对需要结计本月发生额的账户，结计"过次页"的本页合计数应当为自本月初起至本页末止的发生额合计数；对需要结计本年累计发生额的账户，结计"过次页"的本页合计数应当为自年初起至本页末止的累计数；对既不需要结计本月发生额也不需要结计本年累计发生额的账户，可以只将每页末的余额结转次页。

第六十一条 账簿记录发生错误，不准涂改、挖补、刮擦或者用药水消除字迹，不准重新抄写，必须按照下列方法进行更正：

（一）登记账簿时发生错误，应当将错误的文字或者数字划红线注销，但必须使原有字迹仍可辨认；然后在划线上方填写正确的文字或者数字，并由记账人员在更正处盖章。对于错误的数字，应当全部划红线更正，不得只更正其中的错误数字。对于文字错误，可只划去错误的部分。

（二）由于记账凭证错误而使账簿记录发生错误，应当按更正的记账凭证登记账簿。

第六十二条 各单位应当定期对会计账簿记录的有关数字与库存实物、货币资金、有价证券、往来单位或者个人等进行相互核对，保证账证相符、账账相符、账实相符。对账工作每年至少进行一次。

（一）账证核对。核对会计账簿记录与原始凭证、记账凭证的时间、凭证字号、内容、金额是否一致，记账方向是否相符。

（二）账账核对。核对不同会计账簿之间的账簿记录是否相符，包括：总账有关账户的余额核对，总账与明细账核对，总账与日记账核对，会计部门的财产物资明细账与财产物资保管和使用部门的有关明细账核对等。

（三）账实核对。核对会计账簿记录与财产等实有数额是否相符。包括：现金日记账账面余额与现金实际库存数相核对；银行存款日记账账面余额定期与银行对账单相核对；各种财物明细账账面余额与财物实存数额相核对；各种应收、应付款明细账账面余额与有关债务、债权单位或者个人核对等。

第六十三条 各单位应当按照规定定期结账。

（一）结账前，必须将本期内所发生的各项经济业务全部登记入账。

（二）结账时，应当结出每个账户的期末余额。需要结出当月发生额的，应当在摘要栏内注明"本月合计"字样，并在下面通栏划单红线。需要结出本年累计发生额的，应当在摘要栏内注明"本年累计"字样，并在下面通栏划单红线；12月末的"本年累计"就是全年累计发生额。全年累计发生额下面应当通栏划双红线。年度终了结账时，所有总账账户都应当结出全年发生额和年末余额。

（三）年度终了，要把各账户的余额结转到下一会计年度，并在摘要栏注明"结转下年"字样；在下一会计年度新建有关会计账簿的第一行余额栏内填写上年结转的余额，并在摘要栏注明"上年结转"字样。

第四节 编制财务报告

第六十四条 各单位必须按照国家统一会计制度的规定，定期编制财务报告。

财务报告包括会计报表及其说明。会计报表包括会计报表主表、会计报表附表、会计报表附注。

第六十五条 各单位对外报送的财务报告应当根据国家统一会计制度规定的格式和要求编制。单位内部使用的财务报告，其格式和要求由各单位自行规定。

第六十六条 会计报表应当根据登记完整、核对无误的会计账簿记录和其他有关资料编制，做到数字真实、计算准确、内容完整、说明清楚。

任何人不得篡改或者授意、指使、强令他人篡改会计报表的有关数字。

第六十七条 会计报表之间、会计报表各项目之间，凡有对应关系的数字，应当相互一致。本期会计报表与上期会计报表之间有关的数字应当相互衔接。如果不同会计年度会计报表中各项目的内容和核算方法有变更的，应当在年度会计报表中加以说明。

第六十八条 各单位应当按照国家统一会计制度的规定认真编写会计报表附注及其说明，做到项目齐全，内容完整。

第六十九条 各单位应当按照国家规定的期限对外报送财务报告。

对外报送的财务报告，应当依次编写页码，加具封面，装订成册，加盖公章。封面上应当注明：单位名称，单位地址，财务报告所属年度、季度、月度，送出日期，并由单位领导人、总会计师、会计机构负责人、会计主管人员签名或者盖章。

单位领导人对财务报告的合法性、真实性负法律责任。

第七十条 根据法律和国家有关规定应当对财务报告进行审计的，财务报告编制单位应当先行委托注册会计师进行审计，并将注册会计师出具的审计报告随同财务报告按照规定的期限报送有关部门。

第七十一条 如果发现对外报送的财务报告有错误，应当及时办理更正手续。除更正本单位留存的财务报告外，并应同时通知接受财务报告的单位更正。错误较多的，应当重新编报。

第四章　会计监督

第七十二条 各单位的会计机构、会计人员对本单位的经济活动进行会计监督。

第七十三条 会计机构、会计人员进行会计监督的依据是：

（一）财经法律、法规、规章；

（二）会计法律、法规和国家统一会计制度；

（三）各省、自治区、直辖市财政厅（局）和国务院业务主管部门根据《中华人民共和国会计法》和国家统一会计制度制定的具体实施办法或者补充规定；

（四）各单位根据《中华人民共和国会计法》和国家统一会计制度制定的单位内部会计管理制度；

（五）各单位内部的预算、财务计划、经济计划、业务计划等。

第七十四条 会计机构、会计人员应当对原始凭证进行审核和监督。

对不真实、不合法的原始凭证，不予受理。对弄虚作假、严重违法的原始凭证，在不予受理的同时，应当予以扣留，并及时向单位领导人报告，请求查明原因，追究当事人的责任。

对记载不准确、不完整的原始凭证，予以退回，要求经办人员更正、补充。

第七十五条 会计机构、会计人员对伪造、变造、故意毁灭会计账簿或者账外设账行为，应当制止和纠正；制止和纠正无效的，应当向上级主管单位报告，请求作出处理。

第七十六条 会计机构、会计人员应当对实物、款项进行监督，督促建立并严格执行财产清查制度。发现账簿记录与实物、款项不符时，应当按照国家有关规定进行处理。超出会计机构、会计人员职权范围的，应当立即向本单位领导报告，请求查明原因，作出处理。

第七十七条 会计机构、会计人员对指使、强令编造、篡改财务报告行为，应当制止和纠正；制止和纠正无效的，应当向上级主管单位报告，请求处理。

第七十八条 会计机构、会计人员应当对财务收支进行监督。

（一）对审批手续不全的财务收支，应当退回，要求补充、更正。

（二）对违反规定不纳入单位统一会计核算的财务收支，应当制止和纠正。

（三）对违反国家统一的财政、财务、会计制度规定的财务收支，不予办理。

（四）对认为是违反国家统一的财政、财务、会计制度规定的财务收支，应当制止和纠正；制止和纠正无效的，应当向单位领导人提出书面意见请求处理。

单位领导人应当在接到书面意见起十日内作出书面决定，并对决定承担责任。

（五）对违反国家统一的财政、财务、会计制度规定的财务收支，不予制止和纠正，又不向单位领导人提出书面意见的，也应当承担责任。

（六）对严重违反国家利益和社会公众利益的财务收支，应当向主管单位或者财政、审计、税务机关报告。

第七十九条　会计机构、会计人员对违反单位内部会计管理制度的经济活动，应当制止和纠正；制止和纠正无效的，向单位领导人报告，请求处理。

第八十条　会计机构、会计人员应当对单位制定的预算、财务计划、经济计划、业务计划的执行情况进行监督。

第八十一条　各单位必须依照法律和国家有关规定接受财政、审计、税务等机关的监督，如实提供会计凭证、会计账簿、会计报表和其他会计资料以及有关情况，不得拒绝、隐匿、谎报。

第八十二条　按照法律规定应当委托注册会计师进行审计的单位，应当委托注册会计师进行审计，并配合注册会计师的工作，如实提供会计凭证、会计账簿、会计报表和其他会计资料以及有关情况，不得拒绝、隐匿、谎报，不得示意注册会计师出具不当的审计报告。

第五章　内部会计管理制度

第八十三条　各单位应当根据《中华人民共和国会计法》和国家统一会计制度的规定，结合单位类型和内容管理的需要，建立健全相应的内部会计管理制度。

第八十四条　各单位制定内部会计管理制度应当遵循下列原则：

（一）应当执行法律、法规和国家统一的财务会计制度。

（二）应当体现本单位的生产经营、业务管理的特点和要求。

（三）应当全面规范本单位的各项会计工作，建立健全会计基础，保证会计工作的有序进行。

（四）应当科学、合理，便于操作和执行。

（五）应当定期检查执行情况。

（六）应当根据管理需要和执行中的问题不断完善。

第八十五条　各单位应当建立内部会计管理体系。主要内容包括：单位领导人、总会计师对会计工作的领导职责；会计部门及其会计机构负责人、会计主管人员的职责、权限；会计部门与其他职能部门的关系；会计核算的组织形式等。

第八十六条　各单位应当建立会计人员岗位责任制度。主要内容包括：会计人员的工作岗位设置；各会计工作岗位的职责和标准；各会计工作岗位的人员和具体分工；会计工作岗位轮换办法；对各会计工作岗位的考核办法。

第八十七条　各单位应当建立账务处理程序制度。主要内容包括：会计科目及其明细科目的设置和使用；会计凭证的格式、审核要求和传递程序；会计核算方法；会计账簿的设置；编制会计报表的种类和要求；单位会计指标体系。

第八十八条　各单位应当建立内部牵制制度。主要内容包括：内部牵制制度的原则；组织分工；出纳岗位的职责和限制条件；有关岗位的职责和权限。

第八十九条 各单位应当建立稽核制度。主要内容包括：稽核工作的组织形式和具体分工；稽核工作的职责、权限；审核会计凭证和复核会计账簿、会计报表的方法。

第九十条 各单位应当建立原始记录管理制度。主要内容包括：原始记录的内容和填制方法；原始记录的格式；原始记录的审核；原始记录填制人的责任；原始记录签署、传递、汇集要求。

第九十一条 各单位应当建立定额管理制度。主要内容包括：定额管理的范围；制定和修订定额的依据、程序和方法；定额的执行；定额考核和奖惩办法等。

第九十二条 各单位应当建立计量验收制度。主要内容包括：计量检测手段和方法；计量验收管理的要求；计量验收人员的责任和奖惩办法。

第九十三条 各单位应当建立财产清查制度。主要内容包括：财产清查的范围；财产清查的组织；财产清查的期限和方法；对财产清查中发现问题的处理办法；对财产管理人员的奖惩办法。

第九十四条 各单位应当建立财务收支审批制度。主要内容包括：财务收支审批人员和审批权限；财务收支审批程序；财务收支审批人员的责任。

第九十五条 实行成本核算的单位应当建立成本核算制度。主要内容包括：成本核算的对象；成本核算的方法和程序；成本分析等。

第九十六条 各单位应当建立财务会计分析制度。主要内容包括：财务会计分析的主要内容；财务会计分析的基本要求和组织程序；财务会计分析的具体方法；财务会计分析报告的编写要求等。

第六章 附　则

第九十七条 本规范所称国家统一会计制度，是指由财政部制定或者财政部与国务院有关部门联合制定，或者经财政部审核批准的在全国范围内统一执行的会计规章、准则、办法等规范性文件。

本规范所称会计主管人员，是指不设置会计机构、只在其他机构中设置专职会计人员的单位行使会计机构负责人职权的人员。

本规范第三章第二节和第三节关于填制会计凭证、登记会计账簿的规定，除特别指出外，一般适用于手工记账。实行会计电算化的单位，填制会计凭证和登记会计账簿的有关要求，应当符合财政部关于会计电算化的有关规定。

第九十八条 各省、自治区、直辖市财政厅（局）、国务院各业务主管部门可以根据本规范的原则，结合本地区、本部门的具体情况，制定具体实施办法，报财政部备案。

第九十九条 本规范由财政部负责解释、修改。

第一百条 本规范自公布之日起实施。1984年4月24日财政部发布的《会计人员工作规则》同时废止。

6. 会计改革与发展"十四五"规划纲要

为科学规划、全面指导"十四五"时期的会计改革与发展，根据《中共中央关于制定国民经济和社会发展第十四个五年规划和二〇三五年远景目标的建议》《中华人民共和国国民经济和社会发展第十四个五年规划和2035年远景目标纲要》《财政"十四五"规划》（财综〔2021〕38号）和《国务院办公厅关于进一步规范财务审计秩序促进注册会计师行业健康发展的意见》（国办发〔2021〕30号）有关精神，我们制定了本规划纲要。

一、面临的形势与挑战

（一）"十三五"时期会计改革与发展回顾

"十三五"时期是会计改革与发展推陈出新、成果丰硕、具有重要意义的五年，《会计改革与发展"十三五"规划纲要》（财会〔2016〕19号）确定的各项任务基本完成，为会计工作进入新的高质量发展阶段打下坚实基础。

——会计法治建设成效显著。《中华人民共和国会计法》《中华人民共和国注册会计师法》修订取得阶段性进展，《会计档案管理办法》（财政部国家档案局令第79号）、《会计师事务所执业许可和监督管理办法》（财政部令第89号）等4项部门规章修订并有效实施，《财政部关于加强国家统一的会计制度贯彻实施工作的指导意见》（财会〔2019〕17号）等16项规范性文件相继出台，会计人员诚信建设扎实推进，良法促进发展保障善治的会计法治环境正在逐步形成。

——政府会计改革全面推进。从无到有，包括1项基本准则、10项具体准则及2项应用指南、1项统一的政府会计制度和3项解释在内的具有中国特色的政府会计准则制度体系基本建成并稳步实施，为深化权责发生制政府综合财务报告制度改革夯实制度基础，为开展政府信用评级、加强资产负债管理、改进政府绩效监督考核、防范财政风险等提供支撑。

——企业会计标准持续完善。坚持与国际财务报告准则持续趋同的总基调，收入、金融工具等11项具体准则及5项准则解释修订印发并得到有效实施，建立企业会计准则实施机制以积极回应并解决会计准则实施中的技术问题，为助力供给侧结构性改革、服务经济社会和资本市场健康发展提供高质量会计信息支持。

——社会审计标准更加健全。保持与国际审计准则、国际会计师职业道德守则的持续动态趋同，修订33项注册会计师审计准则以及会计师事务所质量管理准则、注册会计师职业道德守则，完成注册会计师审计报告改革，推动会计师事务所建立健全质量管理体系，大力提升注册会计师执业质量和职业道德水平。

——会计职能转型实现突破。着眼于服务各类单位提高内部管理水平和风险防范能力，管理会计指引体系基本建成并得到广泛应用，内部控制建设防风险、防舞弊的作用日益显现，电子会计凭证应用全面推开，统一的会计数据标准更加健全，会计职能实现从传统的算账、记账、核账、报账向价值管理、资本运营、战略决策辅助等职能持续转型升级。

——会计人才素质明显提升。会计人才培养方式持续创新，职称制度改革深入推进，人员队伍结构持续向好，具备初、中、高级资格会计人员分别达到670.20万人、242.02万人和20.57万人，重点人才培养工程陆续推出，高端人才培养力度持续加大，为行业改革与发展提供人才保障。

——会计服务市场更加繁荣。以无纸化、"零跑路"为重点，持续深化会计领域"放管服"改革，积极打造更友好的营商环境。大力倡导质量优先发展，狠抓服务质量整治，会计审计业监管不断加强，会计审计工作质量得到有效改善。注册会计师行业收入年均增长率超过10%，代理记账行业收入年均增长率达到31%，会计服务市场活力得到充分激发。

——对外交流合作不断深化。全面参与会计国际标准的制定和重要会计国际机构治理，不断增强我国在会计国际规则制定的话语权，会计合作写入金砖国家领导人厦门宣言，"一带一路"国家会计准则合作论坛成功举办，双边、多边会计合作进展显著，我国在会计领域的国际影响力得到显著提升。

在肯定会计改革与发展取得成绩的同时，应当正视会计工作中存在的问题和不足，主要表现在会计审计标准体系建设仍需加强、会计服务市场管理仍需创新、会计审计工作质量仍需提升、高端人才供给仍显不足、法治建设仍有差距、数字化转型仍需加快，这些问题需要在"十四五"时期通过制度创新、体制优化、机制变革切实加以解决。

（二）"十四五"时期会计改革与发展面临的形势与挑战

"十四五"时期是会计工作实现高质量发展的关键时期，会计作为宏观经济管理和市场资源配置的基础性工作，在我国全面深化改革和深度融入经济全球化的进程中，面临难得的发展机遇，同时也面临着诸多挑战。

——从国际看，一方面，世界正经历百年未有之大变局，国际形势的不稳定性不确定性明显增加。新冠肺炎疫情大流行影响广泛深远，经济全球化遭遇逆流，外部环境面临深刻而复杂的变化，将会深刻影响现有国际会计秩序。另一方面，和平与发展仍然是时代主题，人类命运共同体深入人心，多边主义仍是国际关系主流，全球经贸往来频繁，跨境资本流动规模增加，跨境会计、审计合作及监管面临新的挑战。

——从国内看，一方面，我国已开启了向第二个百年奋进的新征程，经济增长已由高速增长阶段转向高质量发展阶段，制度优势和治理优势不断凸显，市场配置资源的决定性作用显著增强，公平的营商环境持续优化，宏观经济政策不断完善，宏观治理手段不断丰富。会计信息在经济发展、营商环境优化和宏观经济决策方面发挥着越来越重要的作用。另一方面，随着新一轮科技革命和产业变革深入发展，经济转型升级和创新发展中新的商业模式层出不穷，将深刻影响会计政策的发展与走向，会计工作在职能职责、组织方式、处理流程、工具手段等方面发生着重大而深刻的变化，挑战与机遇并存。

面对这些新情况、新问题、新挑战、新机遇，要求会计法治、会计标准不断健全完善、有效实施，要求会计人员持续提升素质、加速转型，要求会计管理部门继续转变观念、创新管理、改进方法，在认真总结过去五年会计工作成绩经验基础上，准确把握新发展阶段、深入贯彻新发展理念、加快构建新发展格局，助推会计工作运用新技术、融入新时代、实现新突破，扎实推进会计改革与发展各项工作，助力国家治理体系和治理能力现代化。

二、总体要求

（一）指导思想

"十四五"时期，会计改革与发展的指导思想是：深入学习贯彻习近平新时代中国特色社会主义思想和党的十九大以及十九届二中、三中、四中、五中、六中全会精神，增强"四个意识"、坚定"四个自信"、做到"两个维护"，紧紧围绕服务经济社会发展大局和财政管理工作全局，立足新发展阶段、贯彻新发展理念、构建新发展格局，以推动高质量发展为主题，以深化供给侧结构性改革为主线，以改革创新为根本动力，以维护市场经济秩序和公众利益为根本目的，统筹国内国际两个大局，牢牢把握会计审计标准制定和实施"两个重点"、切实抓好行业和人才队伍"两个管理"、持续强化法治化和数字化"两个支撑"、努力实现会计职能对内对外"两个拓展"，积极推动我国会计事业取得新成绩、实现新跨越，为推进国家治理体系和治理能力现代化，实现社会主义现代化和第二个百年奋斗目标作出新的更大贡献。

（二）基本原则

——坚持党的领导。坚持党对会计改革与发展的全面领导，完善党领导下会计管理工作的制度机制，提高会计工作贯彻新发展理念、服务构建新发展格局的能力和水平，为实现会计改革与发展目标任务提供根本政治保证。

——坚持依法治理。坚持强化会计法治建设，按照科学立法、民主立法原则，持续推动会计立法、普法、执法工作，建立健全会计法律制度体系，加强会计监督、加大违法惩处力度、加快推进职业道德建设，有效发挥法治固根本、强根基、利长远的保障作用。

——坚持创新变革。贯彻新发展理念，不断推进会计管理制度创新，推动会计管理体制机制变革，破解会计管理工作中的重点难点问题，破除会计改革与发展中的制度性障碍，持续推动会计事业健康有序发展。

——坚持融合发展。坚持将会计工作摆到经济社会发展大局和财政管理工作全局中去布局、去谋划，以数字化技术为支撑，推动会计工作与国家宏观经济管理工作、单位经营管理活动深度融合，充分发挥会计工作基础性服务功能，不断提高会计工作服务经济社会发展的效能。

——坚持开放包容。坚持开放、包容、普惠、平衡、共赢的发展原则，践行习近平总书记"构建人类命运共同体"重要思想，统筹国内国际两个大局，深度参与会计领域国际治理和国际标准制定，持续加强会计领域国际交流与合作，不断提高我国在会计领域的国际话语权和影响力。

（三）总体目标

"十四五"时期，会计改革与发展的总体目标是：主动适应我国经济社会发展客观需要，会计审计标准体系建设得到持续加强，会计审计业发展取得显著成效，会计人员素质得到全面提升，会计法治化、数字化进程取得实质性成果，会计基础性服务功能得到充分发挥，以实现更高质量、更加公平、更可持续的发展，更好服务我国经济社会发展大局和财政管理工作全局。

——会计审计标准更加科学。会计准则体系、管理会计指引体系、内部控制规范体系、会计信息化标准体系以及注册会计师职业准则体系等各类会计审计标准体系得到进一步完善，对基层会计实务工作的指导更加精准，对标准实施情况的跟踪反应机制更加及时高效，切实推动各类标准体系得到有效实施。

——会计审计业实现高质量发展。会计审计领域"放管服"改革进一步深化，会计审计秩序进一步规范，执业环境得到明显改善，服务能力和水平持续提升，行业信誉度不断增强，跨部门、多维度的行业监管体制机制进一步健全，监管合力进一步增强，国际化发展步伐进一步加快，培育出一批具有国际竞争力的会计服务机构，在持续推进更高水平的对外开放中发挥积极作用。

——人才队伍结构持续优化。以经济发展需求和行业发展趋势为导向，建立健全分层次、分类型的会计人才能力框架体系，持续创新会计人才培养方式方法，持续改进会计人才评价体系和评价手段，持续丰富会计人员继续教育内容，推动会计人员专业技能和职业道德素养全面提升，会计人才结构更加优化、会计人才队伍不断壮大。

——会计法治更具约束刚性。推动加快修订《中华人民共和国会计法》《中华人民共和国注册会计师法》，同步加强相关配套规章制度立法工作，切实提高立法工作质量和水平。贯彻实施国家统一的会计制度的刚性要求和法律约束得到强化，会计监督体系更加健全有效，会计监督执法力量得到充实，会计监督检查方式得到丰富，执法必严、违法必究的法治氛围不断浓厚，为经济平稳运行和市场健康发展提供有效法治保障。

——会计职能实现拓展升级。以数字化技术为支撑，以推动会计审计工作数字化转型为抓手，健全完善各种数据标准和安全使用规范，形成对内提升单位管理水平和风险管控能力、对外服务财政管理和宏观经济治理的会计职能拓展新格局。

三、主要任务

（一）持续推动会计审计标准体系高质量建设与实施

1. 持续完善企业会计准则体系的建设与实施。

全面梳理并修订我国企业会计准则体系，明晰体系内各层级准则制度的框架和内容。加强企业会计准则前瞻性研究，主动应对新经济、新业态、新模式的影响，积极谋划会计准则未来发展方向。紧密跟踪国际财务报告准则项目进展和国内实务发展，找准企业会计准则国际趋同和解决我国实际问题之间的平衡点和结合点，更好地促进我国企业创新和经济高质量发展。根据国内实务发展和国际趋同需要，定期更新准则汇编、应用指南汇编，研究制定企业会计准则解释，研究修订会计科目和报表格式。整合社会多方力量参与企业会计准则制定的研究工作，加强企业会计准则与监管、税收等政策的协调，增强企业会计准则制定的针对性和适用性。健全完善适用于中小型企业的会计准则体系。加强会计准则委员会的建设，充分发挥会计准则委员会在企业会计准则制定中的作用。

完善企业会计准则制度执行的运行框架，加强企业会计准则实施前模拟测试，建立适合我国的企业会计准则实施评估机制，确保企业会计准则体系的有效运行。优化企业会计准则实施快速反应机制，及时跟踪企业会计准则实施情况，进一步建立健全企业会计准则实施问题收集渠道，做好上市公司财报分析工作，加强企业会计准则应用案例、实施问答等实务指导，及时回应市场关切。继续发挥由政府监管部门、企业、会计师事务所、理论学者等多方参与的企业会计准则实施机制的作用，探索建立常态化联合解决问题机制，加强信息共享与沟通，提高企业会计准则执行效果。

2. 继续深化政府及非营利组织会计改革。

根据政府会计改革与发展需要，继续健全完善政府会计准则制度体系并推进全面有效实施。全面系统梳理政府会计准则制度体系并确立体系维护机制。加强对自然资源资产、文物文化资产、政府收入等政府会计问题的研究，制定有关政府会计具体准则。研究制定公立医院、高等学校、科学事业单位成本核算具体指引，扎实推进事业单位开展成本核算，研究行政单位成本核算相关问题。按年度制定发布政府会计准则制度解释，进一步明确准则制度中的相关规定。适时出台有关实施通知，进一步加强公共基础设施政府会计核算。加强对政府会计准则制度的宣传和培训，强化政府会计准则制度应用案例、实施问答等实务指导，及时回应和解决政府会计准则制度实施中的问题。健全完善政府会计准则制度建设与实施机制，积极发挥相关机制作用，推进政府会计准则制度全面有效实施。

适应非营利组织改革发展需要，修订完善非营利组织会计制度。修订发布工会会计制度及相关新旧衔接规定。适时修订民间非营利组织会计制度。加强对非营利组织会计制度的宣传和培训，推进相关会计制度全面有效实施。

进一步建立健全基金（资金）类会计标准，更好地满足相关改革发展需要。研究制定机关事业单位职业年金基金相关业务会计处理规定。配合相关基金（资金）管理改革需要，研究修订或制定相关基金（资金）类会计核算办法。加强对基金（资金）会计制度的宣传和培训，推进相关会计制度全面有效实施。

3. 不断完善和有效实施注册会计师职业准则体系。

与时俱进完善注册会计师职业准则体系，充分发挥其对注册会计师专业服务的规范和引领作用。深入研究新技术对注册会计师行业服务手段、服务质量、服务效率和服务风险的影响，制定或修订风险评估、会计估计审计、集团审计、温室气体排放鉴证、特殊目的审计、服务机构鉴证、商定程序等注册会计师执业准则。

紧密跟踪注册会计师职业准则的实施情况，指导会计师事务所建立健全质量管理体系，积极发挥技术咨询作用，及时回应行业关切。做好注册会计师审计实务指南和问题解答工作，提高会计师事务所理解和执行注册会计师职业准则的能力。持续完善注册会计师职业道德守则，加强审计职业道德体系建设，强化注册会计师职业道德准则的贯彻实施，筑牢执业道德底线，稳固诚信执业生命线。

（二）全面推动会计审计业高质量发展

1. 依法整治行业秩序。

坚持系统思维、点面结合、综合施策，加强会计师事务所审计秩序整顿规范，紧抓质量提升主线，守住诚信操守底线，筑牢法律法规红线。建立健全监管合作机制，实现财会监督与其他监督有机贯通、协同发力。加强对会计师事务所与企业串联违规造假行为的惩戒，对弄虚作假、配合企业蒙骗监管部门和投资者的会计师事务所和注册会计师严惩重罚。严肃查处违法违规行为并曝光典型案例，着力整肃会计师事务所无证经营、网络售卖审计报告、注册会计师挂名执业、注册会计师超出胜任能力执业等行业乱象。按照"双随机、一公开"原则，加强代理记账机构及其从事代理记账业务情况的监督检查，坚决依法惩处代理记账机构违法违规行为。

2. 强化行业日常管理。

全面深化"放管服"改革，推动简政放权纵深发展。贯彻落实行政审批制度改革和简政放权要求，积极推进会计师事务所及其分所和代理记账机构执业许可行政审批制度改革，切实做好自贸区"证照分离"改革试点工作，进一步简化会计师事务所、注册会计师、代理记账机构审批业务流程、便利申请手续。探索建立审计报告数据单一来源制度，推动实现全国范围"一码通"。加强会计师事务所股东（合伙人）新增退出备案管理。调整完善市场禁入措施，积极推动改善执业环境，稳定会计师事务所发展预期。坚持问题导向，规范会计资料、审计底稿出境，保障会计审计数据安全。多措并举，进一步激发现代会计服务业市场主体活力。

充分发挥注册会计师协会、代理记账行业协会等社会组织自我服务、自律管理作用，加强行业协会管理，加强财政部门对行业协会的监督、指导，促进行业协会健康有序发展，做好相关行业的成长发展与监督约束。完善现代会计服务业政府行政管理、行业自律管理相互协调、相互配合、相互支撑的监管格局，加强行政监管队伍建设和能力建设，推动行政管理部门间的跨部门监管信息共享、共用，形成监管合力。

3. 优化行业执业环境。

推动建立质量导向的会计师事务所选聘机制，着力解决注册会计师行业恶性竞争问题。完善会计师事务所风险保障机制，采取建立风险保障基金和注册会计师执业责任保险等方式，督促会计师事务所提升风险防御能力。加强会计师事务所一体化管理，出台一体化管理办法，建立可衡量、可比较的指标体系，引导会计师事务所在人员调配、财务安排、业务承接、技术标准和信息化建设方面实行统一管理。推动注册会计师行业、代理记账行业电子证照的应用推广，实现电子证照跨地区、跨部门共享和全国范围内互信互认。继续推动解决合伙制会计师事务所取消地域名问题，促进会计师事务所跨地域发展。支持中西部经济欠发达地区会计审计业发展。

4. 提升行业服务能力。

结合大、中、小型会计师事务所特点，每年从一体化管理、信息化管理、"专精特"发展等方面树立典型示范，推广先进经验。着力培育一批国内领先、国际上有影响力的会计师事务所，助力更多自主品牌会计师事务所走向世界，积极打造注册会计师行业国际合作交流平台，服务中国经济参与和融入全球经济发展。创新继续教育方式，围绕专业胜任能力、职业技能、职业价值、职业道德等重点，丰富完善教育内容。充分利用信息技术手段，切实提高培训效果，持续保持和强化注册会计师专业胜任能力和职业道德操守，促进审计质量提升。

（三）培养造就高水平会计人才队伍

1. 健全会计人才评价体系。

探索建立以诚信评价、专业评价、能力评价为维度的会计人才综合评价体系，引导和教育广大会计人员诚信执业、提升能力。完善会计专业技术资格考试评价制度，做好会计专业技术资格考试和评审工作，充分发挥会计人才评价的导向作用。推动会计专业技术资格考试与注册会计师等职业资格考试科目互认、与会计专业学位研究生教育相互衔接，畅通各类会计人员流动、提升的渠道。

2. 提高会计人员继续教育质量。

以经济发展需求和行业发展趋势为导向，以能力框架为指引，制定会计人员继续教育专业科目指南。修订中国注册会计师胜任能力指南。丰富继续教育内容和方式。积极推进继续教育信息化平台建设和应用。

3. 抓好会计人才培养重大工程。

重点做好企业总会计师、行政事业单位财务负责人、会计师事务所合伙人等高端财会人才培训培养工作。继续做好国际化高端会计人才培养工程、会计名家培养工程等长期人才培养项目。组织开展会计人才能力框架研究工作。健全会计人才使用机制，加强会计人才库建设，使高端会计人才更好服务于会计事业改革与经济社会发展。积极支持各地区、各部门因地制宜开展高端会计人才培养使用工作。

4. 推动学科发展和学历教育改革。

构建适应经济发展、产业结构调整、新技术革命和国家治理能力现代化等新形势的会计学科专业体系。配合教育部门深化会计学历教育改革，依托部分高校，聚焦直接影响会计学科专业建设的关键因素，从师资、课程、教材、教学内容与教学方式和实践基地等方面进行教改研究和探索。按照"产、学、研"一体化发展思路，优化会计学历教育人才培养结构，完善会计应用型人才培养机制。积极推进设立会计博士专业学位，完善会计专业学位体系，加强核心课程教材建设和会计专业学位教育质量认证，持续提升会计专业学位研究生培养质量。

5. 加强会计人才培养基地建设。

充分发挥国家会计学院、会计行业组织（团体）在会计人才培养上的重要作用。积极推动国家会计学院"国际一流、中国特色"学院建设，支持国家会计学院开展高端财会人才培养、会计专业研究生教育、新型财经智库建设、财经国际交流合作等。加强国家会计学院建设发展情况的定期评价工作。加强对会计行业组织（团体）的指导和监督，支持其加强会员管理，开展会员培训。鼓励和引导高校、科研院所、企业等参与会计人才培养，共同提高会计人员能力水平。

（四）全面推进会计法治建设

1. 加快完善会计法治体系。

推动加快修订《中华人民共和国会计法》《中华人民共和国注册会计师法》及其配套规章制度，落实会计审计工作的主体责任，丰富行政监管手段，畅通单位内外部会计监督衔接渠道，加大对违法行为的惩处力度，完善民事责任承担机制，为持续推动会计审计工作法治化、规范化奠定制度基础。引导社会各方面广泛参与会计立法，在立法过程中同步推进释法宣法普法工作。创新运用多种方式开展会计普法教育，加强对新出台法律法规规章的解读，指导督促会计人员掌握法规制度、依法开展会计审计工作。通过立法普法，完善会计法治体系，构建科学立法、严格执法、公正司法、全民守法的会计法治体系。

2. 切实加强会计执法检查。

围绕深化财会监督的要求，依法加大对上市公司、国有企业、金融企业等实体及相关会计师事务所检查力度，加大对违法违规行为的行政处罚力度和公开曝光力度。优化执法检查机制，统一执法标准、统筹执法计划、统合执法力量，提升执法检查的专业性、权威性。进一步强化部门协作机制，避免重复多头检查，切实做到有法必依、执法必严、违法必究。

3. 持续推进会计诚信建设。

深入开展会计诚信教育，将会计职业道德作为会计人才培养、评价、继续教育的重要内容，推动财会类专业教育加强职业道德课程建设，不断提升会计人员诚信素养。加强会计诚信机制建设，依托会计管理信息平台，实现跨层级、跨部门、跨系统数据互联互通。加强会计诚信体系建设，全面建立会计行业信用记录，继续完善守信联合激励和失信联合惩戒机制。根据国家有关规定，加强对于诚实守信、忠于职守、坚持原则、作出显著成绩的会计人员的表彰奖励工作。加大会计诚信宣传力度，加强会计诚信文化建设，把法律规范和道德规范结合起来，以道德滋养法治精神，加强德治与法治的衔接与贯通，营造全行业守法、合规、诚信的向善向上氛围。

（五）切实加快会计审计数字化转型步伐

1. 积极推动会计工作数字化转型。

做好会计工作数字化转型顶层设计。修订《企业会计信息化工作规范》，将会计信息化工作规范的适用范围从企业扩展至行政事业单位，实现会计信息化对单位会计核算流程和管理的全面覆盖。加强会计数据标准体系建设，研究制定涵盖输入、处理和输出等会计核算和管理全流程、各阶段的统一的企业会计数据标准。进一步健全对企业业务全流程数据的收集、治理、分析和利用机制，推动统一的企业会计数据标准应用。探索建立跨平台、结构化的会计数据共享机制。制定、试点并逐步推广电子凭证会计数据标准，推动电子会计凭证开具、接收、入账和归档全程数字化和无纸化。推动企业将内控制度和流程嵌入信息系统，推动行政事业单位借助信息化手段确保内部控制制度有效实施，推动地方试点乡镇街道等基层行政单位借助信息化手段提升内部控制。研究信息化新技术应用于会计基础工作、管理会计实践、财务会计工作和单位财务会计信息系统建设。

2. 积极推动审计工作数字化转型。

鼓励会计师事务所积极探索注册会计师审计工作数字化转型。大力推进函证数字化工作，加快推进函证集约化、规范化、数字化进程。积极推进函证数字化试点工作，制定、完善函证业务、数据等标准，加快函证电子化平台建设并规范、有序、安全运行，利用信息技术手段解决函证不实等问题，以提升审计效率效果、防范金融风险。研究制定注册会计师审计数字化转型相关指引，鼓励会计师事务所依法依规利用数字化审计技术。

3. 积极推动会计管理工作数字化转型。

优化全国统一会计人员管理服务平台，持续采集更新会计人员信息，完善会计人员信用信息，有效发挥平台社会服务功能，提高会计人员管理效率。完善财政会计行业管理系统，加大会计师事务所信息披露力度，满足企事业单位选聘会计师事务所信息需求。升级全国代理记账机构管理系统，积极探索依托信息化手段，实现对行业发展状况的实时动态跟踪，完善对代理记账机构的信用信息公示，提升事中事后监管效能。稳步推进会计行业管理信息化建设，发挥会计数据标准的作用，打通不同平台之间的数据接口，运用会计管理大数据，为提升国家治理体系和治理能力现代化提供数据支撑。

（六）大力推动会计职能拓展

1. 推动会计职能对内拓展。

加强对企业管理会计应用的政策指导、经验总结和应用推广，推进管理会计在加速完善中国特色现代企业制度、促进企业有效实施经营战略、提高管理水平和经济效益等方面发挥积极作用。加强管理会计在行政事业单位的政策指导、经验总结和应用推广，为行政事业单位提升内部治理水平作出有益探索。全面修订完善内部控制规范体系，有针对性地加强内部控制规范的政策指导和监督检查，强化上市公司、国有企业、行政事业单位建立并有效实施内部控制的责任，为各类单位加强内部会计监督、有效开展风险防控、确保财务报告真实完整夯实基础。贯彻绿色发展理念，按照国家落实"碳达峰、碳中和"目标的政策方针和决策部署，加强可持续报告准则的研究，适时推动建立我国可持续报告制度。

2. 推动会计职能对外拓展。

服务政府预算管理、资产管理、债务管理、绩效管理等需要，推动有关各方加强对政府会计信息的分析应用，为提升政府部门财务管理水平和财政可持续性提供信息支撑。服务宏观经济管理需要，推动企业财务数据的有效分析运用，为财政部门及相关方面评估国家宏观经济运行和财政税收政策效果、做好相关政策决策等提供信息支撑。服务政府监管需要，探索企业财务报表数据共享试点，以会计数据库为基础，开发分析模型，分阶段形成非现场监管能力，支持会计准则高质量实施、审计质量提升以及其他监管工作，为会计监管数字化提供支撑。服务企业可持续发展需要，探索、总结、推广现代会计服务业在推动社会价值创造中的实践经验，及时总结推广数据增信缓解中小微企业融资难、融资贵等会计改革创新成果，充分发挥会计职能在市场资源配置中的作用，为企业创新发展提供支撑。

（七）全面参与会计国际治理

1. 深度参与国际会计标准制定。

全面参与企业会计准则国际治理体系建设，实现在企业会计准则国际治理体系各个层级中有中方代表参与、在双边多边会计交流合作国际场合中反映中国声音、在支撑参与国际治理的各项基础能力建设工作中夯实制度基础，建立健全并严格执行准则项目研究报告制度、国际会计人才培养制度和涉外人员管理协同制度，有效提升参与企业会计准则国际治理能力。积极参与国际公共部门会计准则制定。

全面系统梳理会计国际治理层级，科学研究确立各层级参与策略，不断加大参与力度。全面参与国际财务报告准则基金会监督委员会、受托人、国际会计准则理事会、咨询委员会等治理层、核心技术层和战略层的各项事务，及时就会计国际治理体系改革重大问题加强协调沟通。加强国际会计技术前瞻性研究，广泛动员力量，积极发挥会计准则委员会作用，形成"目标统领、工作统筹、力量统合、口径统一"的整体工作格局。通过国际会计准则理事会解释委员会、会计准则咨询论坛、新兴经济体工作组及相关咨询工作组、全球主要会计学术组织等，多层次多渠道深度参与国际财务报告准则制定，密切跟踪国际可持续准则制定相关工作进展，充分发挥中方代表作用，在重大会计技术议题上阐明中方观点，影响国际准则制定。

2. 持续深化多边双边会计交流合作。

积极发展全球会计领域伙伴关系，不断扩大会计国际交流合作范围。持续深化《"一带一路"国家关于加强会计准则合作的倡议》下的会计交流合作，提升"一带一路"国家准则建设和实施能力，定期召开合作论坛会议，相互宣传本国会计准则、法规和监管政策等，共同探索解决会计准则建设实施过程中面临的问题，更好地支持"一带一路"建设，实现互利共赢。充分利用亚洲—大洋洲会计准则制定机构组、世界准则制定机构会议、会计准则制定机构国际论坛、中日韩三国会计准则制定机构、国际会计师联合会、亚太会计师联合会等多边机制，协调立场，发挥参与技术研究、引领议题讨论等作用。继续推进与其他国家或地区会计准则制定机构的多边双边合作交流，争取支持，为我国企业会计准则建设和国际趋同创造有利环境。

3. 稳妥推进会计服务市场双向开放。

秉持平等互利、合作共赢的原则，积极开展会计服务市场开放谈判，全面落实《关于建立更紧密经贸关系的安排》(CEPA)、《海峡两岸经济合作框架协议》(ECFA)，积极参与自由贸易区、自由贸易港建设。继续加强与其他国家或地区的会计审计跨境监管合作，在互相尊重主权和法律尊严的前提下，寻求灵活务实的跨境监管合作途径和方式，降低监管成本，提高监管效率。

4. 研究资本市场开放相关会计审计政策。

适应资本市场开放要求，持续研究制定境外机构在华投融资会计审计标准适用政策。巩固与欧盟、英国、俄罗斯、中国香港会计准则等效成果。稳步推进中国—瑞士等会计审计准则等效互认磋商，加快推进中国—俄罗斯和中国—英国等审计准则等效互认磋商。

（八）加强会计理论和实务研究

1. 组织会计理论攻关。

围绕会计改革与发展重点任务开展前瞻性、战略性研究。围绕会计法规制度建设、会计工作转型发展等主题开展重大项目、重点课题研究，加快推出系列成果，切实促进学术成果转化应用，为有关政策的制定完善和有效实施提供科学论证和决策参考。

2. 完善理论研究机制。

完善学术年会、专题研讨、专门论坛等学术活动机制，创新理论研究成果的转化应用机制，优化期刊选稿用稿、论文评选呈报、人才选拔推荐等学术评价机制，加强对政策导向和实务工作相关问题的研究，建立各级各类会计学会及其所属机构分工合作的学术工作机制，逐步形成以中国会计学会为引领，服务全国、协同高效的会计理论研究体系，结合会计改革发展进程组织开展案例研究，讲好中国故事。

3. 深化国际学术交流。

充分发挥中国会计学会、国家会计学院等在深化会计国际学术交流中的平台作用，有效运用"一带一路"财经发展研究中心等国际合作机制，配合国家对外开放发展战略开展学术交流合作，更好地服务于经贸往来和资本流动。

四、保障措施

（一）加强组织领导

要结合本规划纲要的内容，重点抓好《会计信息化发展规划（2021—2025年）》《会计行业人才发展规划（2021—2025年）》和《注册会计师行业发展规划（2021—2025年）》三项子规划的编制实施，积极推动重点改革发展任务落地见效。各级财政部门和中央有关主管部门要重视和加强会计管理工作，统筹规划，组织协调，确保规划纲要的有效落实；指导、督促会计管理机构、会计行业组织、会计学会等加强协作、抓好落实，共同推进会计管理工作，促进本地区（部门）会计管理工作水平不断迈上新台阶。各地区（部门）应当积极推动规划纲要中重大的会计改革与发展举措与本地区（部门）的国民经济和社会发展"十四五"规划、财政"十四五"规划的有效衔接，充分发挥会计在推动经济社会发展中的基础性服务功能。有条件的地区（部门），可以结合实际研究制定本地区（部门）会计"十四五"规划或配套政策措施，确保有关重大会计改革任务如期完成、取得实效。

（二）健全会计管理机构

各级财政部门要高度重视会计管理机构和队伍建设，进一步健全会计管理机构，充实会计管理队伍，落实会计管理经费，为会计改革与发展提供重要的组织、人力资源和资金保障。各级会计管理机构要增强服务意识，用好工作联系点制度，抓好窗口建设，进一步提升会计管理工作效能和服务质量。

（三）积极营造良好社会氛围

各级财政部门和中央有关部门应当采取多种形式，广泛宣传规划纲要的基本内容，广泛宣传"十四五"时期会计改革与发展的目标任务，争取社会各界对会计改革与发展的理解、重视、支持，为全面深化会计改革与发展营造良好的社会氛围。

（四）建立健全考核检查机制

各级财政部门和中央有关部门要对规划纲要确定的目标任务进行分解，并督促落实。要定期检查、评估纲要的落实情况，针对存在问题及时采取有效措施，确保规划纲要确定的各项目标任务落到实处、取得实效。

附录：

"十四五"时期会计改革与发展指标

指标	2025 年	属性
注册会计师行业规模		
（1）注册会计师行业从业人员数量	40 万人	预期性
（2）有国际竞争力影响力的会计师事务所数量	10 家	预期性
（3）注册会计师行业年收入规模	1900 亿元	预期性
代理记账行业规模		
（4）代理记账机构执业人数	30 万人	预期性
（5）代理记账机构数量	7.5 万家	预期性
（6）代理记账行业年收入规模	300 亿元	预期性
会计人员队伍规模		
（7）具备初级资格会计人员数量	>900 万人	预期性
（8）具备中级资格会计人员数量	>300 万人	预期性
（9）具备高级资格会计人员数量	>25 万人	预期性
高端人才培养数量		
（10）国际化高端人才数量	150 人	预期性
（11）会计名家数量	15 人	预期性
（12）大中型企业总会计师、行政事业单位财务负责人年均培训人数	3600 人	预期性
（13）会计师事务所合伙人年培训人数	1000 人	预期性

7. 会计专业技术人员继续教育规定

财会〔2018〕10号

第一章 总 则

第一条 为了规范会计专业技术人员继续教育，保障会计专业技术人员合法权益，不断提高会计专业技术人员素质，根据《中华人民共和国会计法》和《专业技术人员继续教育规定》（人力资源和社会保障部令第25号），制定本规定。

第二条 国家机关、企业、事业单位以及社会团体等组织（以下称单位）具有会计专业技术资格的人员，或不具有会计专业技术资格但从事会计工作的人员（以下简称会计专业技术人员）继续教育，适用本规定。

第三条 会计专业技术人员继续教育应当紧密结合经济社会和会计行业发展要求，以能力建设为核心，突出针对性、实用性，兼顾系统性、前瞻性，为经济社会和会计行业发展提供人才保证和智力支持。

第四条 会计专业技术人员继续教育工作应当遵循下列基本原则：

（一）以人为本，按需施教。会计专业技术人员继续教育面向会计专业技术人员，引导会计专业技术人员更新知识、拓展技能、完善知识结构、全面提高素质；

（二）突出重点，提高能力。把握会计行业发展趋势和会计专业技术人员从业基本要求，引导会计专业技术人员树立诚信理念、提高职业道德和业务素质，全面提升专业胜任能力；

（三）加强指导，创新机制。统筹教育资源，引导社会力量参与继续教育，不断丰富继续教育内容，创新继续教育方式，提高继续教育质量，形成政府部门规划指导、社会力量积极参与、用人单位支持配合的会计专业技术人员继续教育新格局。

第五条 用人单位应当保障本单位会计专业技术人员参加继续教育的权利。

会计专业技术人员享有参加继续教育的权利和接受继续教育的义务。

第六条 具有会计专业技术资格的人员应当自取得会计专业技术资格的次年开始参加继续教育，并在规定时间内取得规定学分。

不具有会计专业技术资格但从事会计工作的人员应当自从事会计工作的次年开始参加继续教育，并在规定时间内取得规定学分。

第二章 管理体制

第七条 财政部负责制定全国会计专业技术人员继续教育政策，会同人力资源和社会保障部监督指导全国会计专业技术人员继续教育工作的组织实施，人力资源和社会保障部负责对全国会计专业技术人员继续教育工作进行综合管理和统筹协调。

除本规定另有规定外，县级以上地方人民政府财政部门、人力资源和社会保障部门共同负责本地区会计专业技术人员继续教育工作。

第八条 新疆生产建设兵团按照财政部、人力资源和社会保障部有关规定，负责所属单位的会计专业技术人员继续教育工作。中共中央直属机关事务管理局、国家机关事务管理局（以下统称中央主管单位）按照财政部、人力资源和社会保障部有关规定，分别负责中央在京单位的会计专业技术人员继续教育工作。

第三章　内容与形式

第九条　会计专业技术人员继续教育内容包括公需科目和专业科目。

公需科目包括专业技术人员应当普遍掌握的法律法规、政策理论、职业道德、技术信息等基本知识，专业科目包括会计专业技术人员从事会计工作应当掌握的财务会计、管理会计、财务管理、内部控制与风险管理、会计信息化、会计职业道德、财税金融、会计法律法规等相关专业知识。

财政部会同人力资源和社会保障部根据会计专业技术人员能力框架，定期发布继续教育公需科目指南、专业科目指南，对会计专业技术人员继续教育内容进行指导。

第十条　会计专业技术人员可以自愿选择参加继续教育的形式。会计专业技术人员继续教育的形式有：

（一）参加县级以上地方人民政府财政部门、人力资源和社会保障部门，新疆生产建设兵团财政局、人力资源社会保障局，中共中央直属机关事务管理局、国家机关事务管理局（以下统称继续教育管理部门）组织的会计专业技术人员继续教育培训、高端会计人才培训、全国会计专业技术资格考试等会计相关考试、会计类专业会议等；

（二）参加会计继续教育机构或用人单位组织的会计专业技术人员继续教育培训；

（三）参加国家教育行政主管部门承认的中专以上（含中专，下同）会计类专业学历（学位）教育；承担继续教育管理部门或行业组织（团体）的会计类研究课题，或在有国内统一刊号（CN）的经济、管理类报刊上发表会计类论文；公开出版会计类书籍；参加注册会计师、资产评估师、税务师等继续教育培训；

（四）继续教育管理部门认可的其他形式。

第十一条　会计专业技术人员继续教育采用的课程、教学方法，应当适应会计工作要求和特点。同时，积极推广网络教育等方式，提高继续教育教学和管理的信息化水平。

第四章　学分管理

第十二条　会计专业技术人员参加继续教育实行学分制管理，每年参加继续教育取得的学分不少于90学分。其中，专业科目一般不少于总学分的2/3。

会计专业技术人员参加继续教育取得的学分，在全国范围内当年度有效，不得结转以后年度。

第十三条　参加本规定第十条规定形式的继续教育，其学分计量标准如下：

（一）参加全国会计专业技术资格考试等会计相关考试，每通过一科考试或被录取的，折算为90学分；

（二）参加会计类专业会议，每天折算为10学分；

（三）参加国家教育行政主管部门承认的中专以上会计类专业学历（学位）教育，通过当年度一门学习课程考试或考核的，折算为90学分；

（四）独立承担继续教育管理部门或行业组织（团体）的会计类研究课题，课题结项的，每项研究课题折算为90学分；与他人合作完成的，每项研究课题的课题主持人折算为90学分，其他参与人每人折算为60学分；

（五）独立在有国内统一刊号（CN）的经济、管理类报刊上发表会计类论文的，每篇论文折算为30学分；与他人合作发表的，每篇论文的第一作者折算为30学分，其他作者每人折算为10学分；

（六）独立公开出版会计类书籍的，每本会计类书籍折算为90学分；与他人合作出版的，每本会计类书籍的第一作者折算为90学分，其他作者每人折算为60学分；

（七）参加其他形式的继续教育，学分计量标准由各省、自治区、直辖市、计划单列市财政厅（局）（以下称省级财政部门）、新疆生产建设兵团财政局会同本地区人力资源和社会保障部门、中央主管单位制定。

第十四条 对会计专业技术人员参加继续教育情况实行登记管理。

用人单位应当对会计专业技术人员参加继续教育的种类、内容、时间和考试考核结果等情况进行记录，并在培训结束后及时按照要求将有关情况报送所在地县级以上地方人民政府财政部门、新疆生产建设兵团财政局或中央主管单位。

省级财政部门、新疆生产建设兵团财政局、中央主管单位应当建立会计专业技术人员继续教育信息管理系统，对会计专业技术人员参加继续教育取得的学分进行登记，如实记载会计专业技术人员接受继续教育情况。

继续教育登记可以采用以下方式：

（一）会计专业技术人员参加继续教育管理部门组织的继续教育和会计相关考试，县级以上地方人民政府财政部门、新疆生产建设兵团财政局或中央主管单位应当直接为会计专业技术人员办理继续教育事项登记；

（二）会计专业技术人员参加会计继续教育机构或用人单位组织的继续教育，县级以上地方人民政府财政部门、新疆生产建设兵团财政局或中央主管单位应当根据会计继续教育机构或用人单位报送的会计专业技术人员继续教育信息，为会计专业技术人员办理继续教育事项登记；

（三）会计专业技术人员参加继续教育采取上述（一）（二）以外其他形式的，应当在年度内登录所属县级以上地方人民政府财政部门、新疆生产建设兵团财政局或中央主管单位指定网站，按要求上传相关证明材料，申请办理继续教育事项登记；也可持相关证明材料向所属继续教育管理部门申请办理继续教育事项登记。

第五章　会计继续教育机构管理

第十五条 会计继续教育机构必须同时符合下列条件：
（一）具备承担继续教育相适应的教学设施，面授教育机构还应有相应的教学场所；
（二）拥有与承担继续教育相适应的师资队伍和管理力量；
（三）制定完善的教学计划、管理制度和其他相关制度；
（四）能够完成所承担的继续教育任务，保证教学质量；
（五）符合有关法律法规的规定。

应当充分发挥国家会计学院、会计行业组织（团体）、各类继续教育培训基地（中心）等在开展会计专业技术人员继续教育方面的主渠道作用，鼓励、引导高等院校、科研院所等单位参与会计专业技术人员继续教育工作。

第十六条 会计继续教育机构应当认真实施继续教育教学计划，向社会公开继续教育的范围、内容、收费项目及标准等情况。

第十七条 会计继续教育机构应当按照专兼职结合的原则，聘请具有丰富实践经验、较高理论水平的业务骨干和专家学者，建立继续教育师资库。

第十八条 会计继续教育机构应当建立健全继续教育培训档案，根据考试或考核结果如实出具会计专业技术人员参加继续教育的证明，并在培训结束后及时按照要求将有关情况报送所在地县级以上地方人民政府财政部门、新疆生产建设兵团财政局或中央主管单位。

第十九条 会计继续教育机构不得有下列行为：

（一）采取虚假、欺诈等不正当手段招揽生源；

（二）以会计专业技术人员继续教育名义组织旅游或者进行其他高消费活动；

（三）以会计专业技术人员继续教育名义乱收费或者只收费不培训。

第六章 考核与评价

第二十条 用人单位应当建立本单位会计专业技术人员继续教育与使用、晋升相衔接的激励机制，将参加继续教育情况作为会计专业技术人员考核评价、岗位聘用的重要依据。

会计专业技术人员参加继续教育情况，应当作为聘任会计专业技术职务或者申报评定上一级资格的重要条件。

第二十一条 继续教育管理部门应当加强对会计专业技术人员参加继续教育情况的考核与评价，并将考核、评价结果作为参加会计专业技术资格考试或评审、先进会计工作者评选、高端会计人才选拔等的依据之一，并纳入其信用信息档案。

对未按规定参加继续教育或者参加继续教育未取得规定学分的会计专业技术人员，继续教育管理部门应当责令其限期改正。

第二十二条 继续教育管理部门应当依法对会计继续教育机构、用人单位执行本规定的情况进行监督。

第二十三条 继续教育管理部门应当定期组织或者委托第三方评估机构对所在地会计继续教育机构进行教学质量评估，评估结果作为承担下年度继续教育任务的重要参考。

第二十四条 会计继续教育机构发生本规定第十九条行为，继续教育管理部门应当责令其限期改正，并依法依规进行处理。

第七章 附 则

第二十五条 中央军委后勤保障部会计专业技术人员继续教育工作，参照本规定执行。

第二十六条 省级财政部门、新疆生产建设兵团财政局可会同本地区人力资源和社会保障部门根据本规定制定具体实施办法，报财政部、人力资源和社会保障部备案。

中央主管单位可根据本规定制定具体实施办法，报财政部、人力资源和社会保障部备案。

第二十七条 本规定自2018年7月1日起施行。财政部2013年8月27日印发的《会计人员继续教育规定》（财会〔2013〕18号）同时废止。

8. 会计人员管理办法

财会〔2018〕33号

第一条 为加强会计人员管理，规范会计人员行为，根据《中华人民共和国会计法》及相关法律法规的规定，制定本办法。

第二条 会计人员，是指根据《中华人民共和国会计法》的规定，在国家机关、社会团体、企业、事业单位和其他组织（以下统称单位）中从事会计核算、实行会计监督等会计工作的人员。

会计人员包括从事下列具体会计工作的人员：

（一）出纳；

（二）稽核；

（三）资产、负债和所有者权益（净资产）的核算；

（四）收入、费用（支出）的核算；

（五）财务成果（政府预算执行结果）的核算；

（六）财务会计报告（决算报告）编制；

（七）会计监督；

（八）会计机构内会计档案管理；

（九）其他会计工作。

担任单位会计机构负责人（会计主管人员）、总会计师的人员，属于会计人员。

第三条 会计人员从事会计工作，应当符合下列要求：

（一）遵守《中华人民共和国会计法》和国家统一的会计制度等法律法规；

（二）具备良好的职业道德；

（三）按照国家有关规定参加继续教育；

（四）具备从事会计工作所需要的专业能力。

第四条 会计人员具有会计类专业知识，基本掌握会计基础知识和业务技能，能够独立处理基本会计业务，表明具备从事会计工作所需要的专业能力。

单位应当根据国家有关法律法规和本办法有关规定，判断会计人员是否具备从事会计工作所需要的专业能力。

第五条 单位应当根据《中华人民共和国会计法》等法律法规和本办法有关规定，结合会计工作需要，自主任用（聘用）会计人员。

单位任用（聘用）的会计机构负责人（会计主管人员）、总会计师，应当符合《中华人民共和国会计法》《总会计师条例》等法律法规和本办法有关规定。

单位应当对任用（聘用）的会计人员及其从业行为加强监督和管理。

第六条 因发生与会计职务有关的违法行为被依法追究刑事责任的人员，单位不得任用（聘用）其从事会计工作。

因违反《中华人民共和国会计法》有关规定受到行政处罚五年内不得从事会计工作的人员，处罚期届满前，单位不得任用（聘用）其从事会计工作。

本条第一款和第二款规定的违法人员行业禁入期限，自其违法行为被认定之日起计算。

第七条 单位应当根据有关法律法规、内部控制制度要求和会计业务需要设置会计岗位，明确会计人员职责权限。

　　第八条　县级以上地方人民政府财政部门、新疆生产建设兵团财政局、中央军委后勤保障部、中共中央直属机关事务管理局、国家机关事务管理局应当采用随机抽取检查对象、随机选派执法检查人员的方式，依法对单位任用（聘用）会计人员及其从业情况进行管理和监督检查，并将监督检查情况及结果及时向社会公开。

　　第九条　依法成立的会计人员自律组织，应当依据有关法律法规和其章程规定，指导督促会员依法从事会计工作，对违反有关法律法规、会计职业道德和其章程的会员进行惩戒。

　　第十条　各省、自治区、直辖市、计划单列市财政厅（局），新疆生产建设兵团财政局，中央军委后勤保障部、中共中央直属机关事务管理局、国家机关事务管理局可以根据本办法制定具体实施办法，报财政部备案。

　　第十一条　本办法自2019年1月1日起施行。

9.会计档案管理办法

中华人民共和国财政部　国家档案局令第79号

《会计档案管理办法》已经财政部部务会议、国家档案局局务会议修订通过,现将修订后的《会计档案管理办法》公布,自2016年1月1日起施行。

中华人民共和国财政部部长　楼继伟
国家档案局局长　李明华
2015年12月11日

会计档案管理办法

第一条 为了加强会计档案管理，有效保护和利用会计档案，根据《中华人民共和国会计法》《中华人民共和国档案法》等有关法律和行政法规，制定本办法。

第二条 国家机关、社会团体、企业、事业单位和其他组织（以下统称单位）管理会计档案适用本办法。

第三条 本办法所称会计档案是指单位在进行会计核算等过程中接收或形成的，记录和反映单位经济业务事项的，具有保存价值的文字、图表等各种形式的会计资料，包括通过计算机等电子设备形成、传输和存储的电子会计档案。

第四条 财政部和国家档案局主管全国会计档案工作，共同制定全国统一的会计档案工作制度，对全国会计档案工作实行监督和指导。

县级以上地方人民政府财政部门和档案行政管理部门管理本行政区域内的会计档案工作，并对本行政区域内会计档案工作实行监督和指导。

第五条 单位应当加强会计档案管理工作，建立和完善会计档案的收集、整理、保管、利用和鉴定销毁等管理制度，采取可靠的安全防护技术和措施，保证会计档案的真实、完整、可用、安全。

单位的档案机构或者档案工作人员所属机构（以下统称单位档案管理机构）负责管理本单位的会计档案。单位也可以委托具备档案管理条件的机构代为管理会计档案。

第六条 下列会计资料应当进行归档：

（一）会计凭证，包括原始凭证、记账凭证；

（二）会计账簿，包括总账、明细账、日记账、固定资产卡片及其他辅助性账簿；

（三）财务会计报告，包括月度、季度、半年度、年度财务会计报告；

（四）其他会计资料，包括银行存款余额调节表、银行对账单、纳税申报表、会计档案移交清册、会计档案保管清册、会计档案销毁清册、会计档案鉴定意见书及其他具有保存价值的会计资料。

第七条 单位可以利用计算机、网络通信等信息技术手段管理会计档案。

第八条 同时满足下列条件的，单位内部形成的属于归档范围的电子会计资料可仅以电子形式保存，形成电子会计档案：

（一）形成的电子会计资料来源真实有效，由计算机等电子设备形成和传输；

（二）使用的会计核算系统能够准确、完整、有效接收和读取电子会计资料，能够输出符合国家标准归档格式的会计凭证、会计账簿、财务会计报表等会计资料，设定了经办、审核、审批等必要的审签程序；

（三）使用的电子档案管理系统能够有效接收、管理、利用电子会计档案，符合电子档案的长期保管要求，并建立了电子会计档案与相关联的其他纸质会计档案的检索关系；

（四）采取有效措施，防止电子会计档案被篡改；

（五）建立电子会计档案备份制度，能够有效防范自然灾害、意外事故和人为破坏的影响；

（六）形成的电子会计资料不属于具有永久保存价值或者其他重要保存价值的会计档案。

第九条 满足本办法第八条规定条件，单位从外部接收的电子会计资料附有符合《中华人民共和国电子签名法》规定的电子签名的，可仅以电子形式归档保存，形成电子会计档案。

第十条 单位的会计机构或会计人员所属机构（以下统称单位会计管理机构）按照归档范围和归档要求，负责定期将应当归档的会计资料整理立卷，编制会计档案保管清册。

第十一条 当年形成的会计档案，在会计年度终了后，可由单位会计管理机构临时保管一年，再移交单位档案管理机构保管。因工作需要确需推迟移交的，应当经单位档案管理机构同意。

单位会计管理机构临时保管会计档案最长不超过三年。临时保管期间，会计档案的保管应当符合国家档案管理的有关规定，且出纳人员不得兼管会计档案。

第十二条 单位会计管理机构在办理会计档案移交时，应当编制会计档案移交清册，并按照国家档案管理的有关规定办理移交手续。

纸质会计档案移交时应当保持原卷的封装。电子会计档案移交时应当将电子会计档案及其元数据一并移交，且文件格式应当符合国家档案管理的有关规定。特殊格式的电子会计档案应当与其读取平台一并移交。

单位档案管理机构接收电子会计档案时，应当对电子会计档案的准确性、完整性、可用性、安全性进行检测，符合要求的才能接收。

第十三条 单位应当严格按照相关制度利用会计档案，在进行会计档案查阅、复制、借出时履行登记手续，严禁篡改和损坏。

单位保存的会计档案一般不得对外借出。确因工作需要且根据国家有关规定必须借出的，应当严格按照规定办理相关手续。

会计档案借用单位应当妥善保管和利用借入的会计档案，确保借入会计档案的安全完整，并在规定时间内归还。

第十四条 会计档案的保管期限分为永久、定期两类。定期保管期限一般分为10年和30年。

会计档案的保管期限，从会计年度终了后的第一天算起。

第十五条 各类会计档案的保管期限原则上应当按照本办法附表执行，本办法规定的会计档案保管期限为最低保管期限。

单位会计档案的具体名称如有同本办法附表所列档案名称不相符的，应当比照类似档案的保管期限办理。

第十六条 单位应当定期对已到保管期限的会计档案进行鉴定，并形成会计档案鉴定意见书。经鉴定，仍需继续保存的会计档案，应当重新划定保管期限；对保管期满，确无保存价值的会计档案，可以销毁。

第十七条 会计档案鉴定工作应当由单位档案管理机构牵头，组织单位会计、审计、纪检监察等机构或人员共同进行。

第十八条 经鉴定可以销毁的会计档案，应当按照以下程序销毁：

（一）单位档案管理机构编制会计档案销毁清册，列明拟销毁会计档案的名称、卷号、册数、起止年度、档案编号、应保管期限、已保管期限和销毁时间等内容；

（二）单位负责人、档案管理机构负责人、会计管理机构负责人、档案管理机构经办人、会计管理机构经办人在会计档案销毁清册上签署意见；

（三）单位档案管理机构负责组织会计档案销毁工作，并与会计管理机构共同派员监销。监销人在会计档案销毁前，应当按照会计档案销毁清册所列内容进行清点核对；在会计档案销毁后，应当在会计档案销毁清册上签名或盖章。

电子会计档案的销毁还应当符合国家有关电子档案的规定，并由单位档案管理机构、会计管理机构和信息系统管理机构共同派员监销。

第十九条 保管期满但未结清的债权债务会计凭证和涉及其他未了事项的会计凭证不得销毁，纸质会计档案应当单独抽出立卷，电子会计档案单独转存，保管到未了事项完结时为止。

单独抽出立卷或转存的会计档案，应当在会计档案鉴定意见书、会计档案销毁清册和会计档案保管清册中列明。

第二十条 单位因撤销、解散、破产或其他原因而终止的，在终止或办理注销登记手续之前形成的会计档案，按照国家档案管理的有关规定处置。

第二十一条 单位分立后原单位存续的，其会计档案应当由分立后的存续方统一保管，其他方可以查阅、复制与其业务相关的会计档案。

单位分立后原单位解散的，其会计档案应当经各方协商后由其中一方代管或按照国家档案管理的有关规定处置，各方可以查阅、复制与其业务相关的会计档案。

单位分立中未结清的会计事项所涉及的会计凭证，应当单独抽出由业务相关方保存，并按照规定办理交接手续。

单位因业务移交其他单位办理所涉及的会计档案，应当由原单位保管，承接业务单位可以查阅、复制与其业务相关的会计档案。对其中未结清的会计事项所涉及的会计凭证，应当单独抽出由承接业务单位保存，并按照规定办理交接手续。

第二十二条 单位合并后原各单位解散或者一方存续其他方解散的，原各单位的会计档案应当由合并后的单位统一保管。单位合并后原各单位仍存续的，其会计档案仍应当由原各单位保管。

第二十三条 建设单位在项目建设期间形成的会计档案，需要移交给建设项目接受单位的，应当在办理竣工财务决算后及时移交，并按照规定办理交接手续。

第二十四条 单位之间交接会计档案时，交接双方应当办理会计档案交接手续。

移交会计档案的单位，应当编制会计档案移交清册，列明应当移交的会计档案名称、卷号、册数、起止年度、档案编号、应保管期限和已保管期限等内容。

交接会计档案时，交接双方应当按照会计档案移交清册所列内容逐项交接，并由交接双方的单位有关负责人负责监督。交接完毕后，交接双方经办人和监督人应当在会计档案移交清册上签名或盖章。

电子会计档案应当与其元数据一并移交，特殊格式的电子会计档案应当与其读取平台一并移交。档案接受单位应当对保存电子会计档案的载体及其技术环境进行检验，确保所接收电子会计档案的准确、完整、可用和安全。

第二十五条 单位的会计档案及其复制件需要携带、寄运或者传输至境外，应当按照国家有关规定执行。

第二十六条 单位委托中介机构代理记账的，应当在签订的书面委托合同中，明确会计档案的管理要求及相应责任。

第二十七条 违反本办法规定的单位和个人，由县级以上人民政府财政部门、档案行政管理部门依据《中华人民共和国会计法》《中华人民共和国档案法》等法律法规处理处罚。

第二十八条 预算、计划、制度等文件材料，应当执行文书档案管理规定，不适用本办法。

第二十九条 不具备设立档案机构或配备档案工作人员条件的单位和依法建账的个体工商户，其会计档案的收集、整理、保管、利用和鉴定销毁等参照本办法执行。

第三十条 各省、自治区、直辖市、计划单列市人民政府财政部门、档案行政管理部门，新疆生产建设兵团财务局、档案局，国务院各业务主管部门，中国人民解放军总后勤部，可以根据本办法制定具体实施办法。

第三十一条 本办法由财政部、国家档案局负责解释,自2016年1月1日起施行。1998年8月21日财政部、国家档案局发布的《会计档案管理办法》(财会字〔1998〕32号)同时废止。

附表:
1. 企业和其他组织会计档案保管期限表(略)
2. 财政总预算、行政单位、事业单位和税收会计档案保管期限表(略)

10. 会计师事务所执业许可和监督管理办法

2019年1月2日中华人民共和国财政部令第97号

（2017年8月20日财政部令第89号公布 根据《财政部关于修改〈会计师事务所执业许可和监督管理办法〉等2部部门规章的决定》修改）

第一章 总 则

第一条 为规范会计师事务所及其分所执业许可，加强对会计师事务所的监督管理，促进注册会计师行业健康发展，根据《中华人民共和国注册会计师法》（以下简称《注册会计师法》）、《中华人民共和国合伙企业法》《中华人民共和国公司法》等法律、行政法规，制定本办法。

第二条 财政部和省、自治区、直辖市人民政府财政部门（以下简称省级财政部门）对会计师事务所和注册会计师进行管理、监督和指导，适用本办法。

第三条 省级财政部门应当遵循公开、公平、公正、便民、高效的原则，依法办理本地区会计师事务所执业许可工作，并对本地区会计师事务所进行监督管理。

财政部和省级财政部门应当加强对会计师事务所和注册会计师的政策指导，营造公平的会计市场环境，引导和鼓励会计师事务所不断完善内部治理，实现有序发展。

省级财政部门应当推进网上政务，便利会计师事务所执业许可申请和变更备案。

第四条 会计师事务所、注册会计师应当遵守法律、行政法规，恪守职业道德，遵循执业准则、规则。

第五条 会计师事务所、注册会计师依法独立、客观、公正执业，受法律保护，任何单位和个人不得违法干预。

第六条 会计师事务所可以采用普通合伙、特殊普通合伙或者有限责任公司形式。

会计师事务所从事证券服务业务和经法律、行政法规规定的关系公众利益的其他特定业务，应当采用普通合伙或者特殊普通合伙形式，接受财政部的监督。

第二章 会计师事务所执业许可的取得

第七条 会计师事务所应当自领取营业执照之日起60日内，向所在地的省级财政部门申请执业许可。

未取得会计师事务所执业许可的，不得以会计师事务所的名义开展业务活动，不得从事《注册会计师法》第十四条规定的业务（以下简称注册会计师法定业务）。

第八条 普通合伙会计师事务所申请执业许可，应当具备下列条件：

（一）2名以上合伙人，且合伙人均符合本办法第十一条规定条件；

（二）书面合伙协议；

（三）有经营场所。

第九条 特殊普通合伙会计师事务所申请执业许可，应当具备下列条件：

（一）15名以上由注册会计师担任的合伙人，且合伙人均符合本办法第十一条、第十二条规定条件；

（二）60名以上注册会计师；

（三）书面合伙协议；

（四）有经营场所；

（五）法律、行政法规或者财政部依授权规定的其他条件。

第十条 有限责任会计师事务所申请执业许可，应当具备下列条件：

（一）5名以上股东，且股东均符合本办法第十一条规定条件；

（二）不少于人民币30万元的注册资本；

（三）股东共同制定的公司章程；

（四）有经营场所。

第十一条 除本办法第十二条规定外，会计师事务所的合伙人（股东），应当具备下列条件：

（一）具有注册会计师执业资格；

（二）成为合伙人（股东）前3年内没有因为执业行为受到行政处罚；

（三）最近连续3年在会计师事务所从事审计业务且在会计师事务所从事审计业务时间累计不少于10年或者取得注册会计师执业资格后最近连续5年在会计师事务所从事审计业务；

（四）成为合伙人（股东）前3年内没有因欺骗、贿赂等不正当手段申请会计师事务所执业许可而被省级财政部门作出不予受理、不予批准或者撤销会计师事务所执业许可的决定；

（五）在境内有稳定住所，每年在境内居留不少于6个月，且最近连续居留已满5年。

因受行政处罚、刑事处罚被吊销、撤销注册会计师执业资格的，其被吊销、撤销执业资格之前在会计师事务所从事审计业务的年限，不得计入本条第一款第三项规定的累计年限。

第十二条 不符合本办法第十一条第一款第一项和第三项规定的条件，但具有相关职业资格的人员，经合伙协议约定，可以担任特殊普通合伙会计师事务所履行内部特定管理职责或者从事咨询业务的合伙人，但不得担任首席合伙人和执行合伙事务的合伙人，不得以任何形式对该会计师事务所实施控制。具体办法另行制定。

第十三条 普通合伙会计师事务所和特殊普通合伙会计师事务所应当设立首席合伙人，由执行合伙事务的合伙人担任。

有限责任会计师事务所应当设立主任会计师，由法定代表人担任，法定代表人应当是有限责任会计师事务所的股东。

首席合伙人（主任会计师）应当符合下列条件：

（一）在境内有稳定住所，每年在境内居留不少于6个月，且最近连续居留已满10年；

（二）具有代表会计师事务所履行合伙协议或者公司章程授予的管理职权的能力和经验。

第十四条 会计师事务所应当加强执业质量控制，建立健全合伙人（股东）、签字注册会计师和其他从业人员在执业质量控制中的权责体系。

首席合伙人（主任会计师）对会计师事务所的执业质量负主体责任。审计业务主管合伙人（股东）、质量控制主管合伙人（股东）对会计师事务所的审计业务质量负直接主管责任。审计业务项目合伙人（股东）对组织承办的具体业务项目的审计质量负直接责任。

第十五条 注册会计师担任会计师事务所的合伙人（股东），涉及执业关系转移的，该注册会计师应当先在省、自治区、直辖市注册会计师协会（以下简称省级注册会计师协会）办理从原会计师事务所转出的手续。若为原会计师事务所合伙人（股东）的，还应当按照有关法律、行政法规，以及合伙协议或者公司章程的规定，先办理退伙或者股权转让手续。

第十六条 会计师事务所的名称应当符合国家有关规定。未经同意，会计师事务所不得使用包含其他已取得执业许可的会计师事务所字号的名称。

第十七条 申请会计师事务所执业许可,应当向其所在地的省级财政部门提交下列材料:

(一)会计师事务所执业许可申请表;

(二)会计师事务所合伙人(股东)执业经历等符合规定条件的材料;

(三)拟在该会计师事务所执业的注册会计师情况汇总表;

(四)统一社会信用代码。

合伙人(股东)是境外人员或移居境外人员的,还应当提交符合本办法第十一条第一款第五项、第十三条第三款第一项条件的材料及承诺函。

因合并或者分立新设会计师事务所的,申请时还应当提交合并协议或者分立协议。

申请人应当对申请材料内容的真实性、准确性、完整性负责。

第十八条 省级财政部门应当对申请人提交的申请材料进行审查。对申请材料不齐全或者不符合法定形式的,应当当场或者在接到申请材料后5日内一次性告知申请人需要补正的全部内容。对申请材料齐全、符合法定形式,或者申请人按照要求提交全部补正申请材料的应当受理。受理申请或者不予受理申请,应当向申请人出具加盖本行政机关专用印章和注明日期的书面凭证。

省级财政部门受理申请的,应当将申请材料中有关会计师事务所名称以及合伙人(股东)执业资格及执业时间等情况在5日内予以公示。

第十九条 省级财政部门应当通过财政会计行业管理系统对申请人有关信息进行核对,并自受理申请之日起30日内作出准予或者不予会计师事务所执业许可的决定。

第二十条 省级财政部门作出准予会计师事务所执业许可决定的,应当自作出准予决定之日起10日内向申请人出具准予行政许可的书面决定、颁发会计师事务所执业证书,并予以公告。准予许可决定应当载明下列事项:

(一)会计师事务所的名称和组织形式;

(二)会计师事务所合伙人(股东)的姓名;

(三)会计师事务所首席合伙人(主任会计师)的姓名;

(四)会计师事务所的业务范围。

第二十一条 省级财政部门作出准予会计师事务所执业许可决定的,应当自作出准予决定之日起30日内将准予许可决定报财政部备案。

财政部发现准予许可不当的,应当自收到准予许可决定之日起30日内通知省级财政部门重新审查。

省级财政部门重新审查后发现申请人不符合本办法规定的申请执业许可的条件的,应当撤销执业许可,并予以公告。

第二十二条 省级财政部门作出不予会计师事务所执业许可决定的,应当自作出决定之日起10日内向申请人出具书面决定,并通知工商行政管理部门。

书面决定应当说明不予许可的理由,并告知申请人享有依法申请行政复议或者提起行政诉讼的权利。

会计师事务所执业许可申请未予准许,企业主体继续存续的,不得从事注册会计师法定业务,企业名称中不得继续使用"会计师事务所"字样,申请人应当自收到不予许可决定之日起20日内办理工商变更登记。

第二十三条 会计师事务所的合伙人(股东)应当自会计师事务所取得执业证书之日起30日内办理完成转入该会计师事务所的手续。

注册会计师在未办理完成转入手续以前,不得在拟转入的会计师事务所执业。

第二十四条 会计师事务所应当完善职业风险防范机制,建立职业风险基金,办理职业责任保险。具体办法由财政部另行制定。

特殊普通合伙会计师事务所的合伙人按照《合伙企业法》等法律法规的规定及合伙协议的约定，对会计师事务所的债务承担相应责任。

第三章　会计师事务所分所执业许可的取得

第二十五条　会计师事务所设立分支机构应当依照本办法规定申请分所执业许可。

第二十六条　会计师事务所分所的名称应当采用"会计师事务所名称+分支机构所在行政区划名+分所"的形式。

第二十七条　会计师事务所应当在人事、财务、业务、技术标准、信息管理等方面对其设立的分所进行实质性的统一管理，并对分所的业务活动、执业质量和债务承担法律责任。

第二十八条　会计师事务所申请分所执业许可，应当自领取分所营业执照之日起60日内，向分所所在地的省级财政部门提出申请。

第二十九条　申请分所执业许可的会计师事务所，应当具备下列条件：

（一）取得会计师事务所执业许可3年以上，内部管理制度健全；

（二）不少于50名注册会计师（已到和拟到分所执业的注册会计师除外）；

（三）申请设立分所前3年内没有因为执业行为受到行政处罚。

跨省级行政区划申请分所执业许可的，会计师事务所上一年度业务收入应当达到2000万元以上。

因合并或者分立新设的会计师事务所申请分所执业许可的，其取得会计师事务所执业许可的期限，可以从合并或者分立前会计师事务所取得执业许可的时间算起。

第三十条　会计师事务所申请分所执业许可，该分所应当具备下列条件：

（一）分所负责人为会计师事务所的合伙人（股东），并具有注册会计师执业资格；

（二）不少于5名注册会计师，且注册会计师的执业关系应当转入分所所在地省级注册会计师协会；由总所人员兼任分所负责人的，其执业关系可以不作变动，但不计入本项规定的5名注册会计师；

（三）有经营场所。

第三十一条　会计师事务所申请分所执业许可，应当向分所所在地的省级财政部门提交下列材料：

（一）分所执业许可申请表；

（二）会计师事务所合伙人会议或者股东会作出的设立分所的书面决议；

（三）注册会计师情况汇总表（会计师事务所和申请执业许可的分所分别填写）；

（四）分所统一社会信用代码；

（五）会计师事务所对该分所进行实质性统一管理的承诺书，该承诺书由首席合伙人（主任会计师）签署，并加盖会计师事务所公章。

跨省级行政区划申请分所执业许可的，还应当提交上一年度会计师事务所业务收入情况。

第三十二条　省级财政部门审批分所执业许可的程序比照本办法第十八条至第二十二条第二款的规定办理。

会计师事务所跨省级行政区划设立分所的，准予分所执业许可的省级财政部门还应当将准予许可决定抄送会计师事务所所在地的省级财政部门。

省级财政部门作出不予分所执业许可决定的，会计师事务所应当自收到不予许可决定之日起

20日内办理该分所的工商注销手续。

第四章 会计师事务所及其分所的变更备案和执业许可的注销

第三十三条 会计师事务所下列事项发生变更的，应当自作出决议之日起20日内向所在地的省级财政部门备案；涉及工商变更登记的，应当自办理完工商变更登记之日起20日内向所在地的省级财政部门备案：

（一）会计师事务所的名称；

（二）首席合伙人（主任会计师）；

（三）合伙人（股东）；

（四）经营场所；

（五）有限责任会计师事务所的注册资本。

分所的名称、负责人或者经营场所发生变更的，该会计师事务所应当同时向会计师事务所和分所所在地的省级财政部门备案。

第三十四条 会计师事务所及其分所变更备案的，应当提交变更事项情况表，以及变更事项符合会计师事务所和分所执业许可条件的材料。

第三十五条 会计师事务所及其分所变更名称的，应当同时向会计师事务所和分所所在地的省级财政部门交回原会计师事务所执业证书或者分所执业证书，换取新的会计师事务所执业证书或者分所执业证书。

省级财政部门应当将会计师事务所及其分所的名称变更情况予以公告。

第三十六条 会计师事务所跨省级行政区划迁移经营场所的，应当在办理完迁入地工商登记手续后10日内向迁入地省级财政部门备案，并提交会计师事务所跨省级行政区划迁移表和合伙人（股东）情况汇总表。

迁入地省级财政部门应当在收到备案材料后10日内，及时核实该会计师事务所有关情况，收回原会计师事务所执业证书，换发新的会计师事务所执业证书，并予以公告，同时通知迁出地省级财政部门。

迁出地省级财政部门收到通知后，将该会计师事务所迁移情况予以公告。

第三十七条 迁入地省级财政部门应当对迁入的会计师事务所持续符合执业许可条件的情况予以审查。未持续符合执业许可条件的，责令其在60日内整改，未在规定期限内整改或者整改期满仍未达到执业许可条件的，由迁入地省级财政部门撤销执业许可，并予以公告。

第三十八条 跨省级行政区划迁移经营场所的会计师事务所设有分所的，会计师事务所应当在取得迁入地省级财政部门换发的执业证书后15日内向其分所所在地的省级财政部门备案，并提交新的执业证书信息。分所所在地省级财政部门应当收回原分所执业证书，换发新的分所执业证书。

第三十九条 会计师事务所未在规定时间内办理迁出和迁入备案手续的，由迁出地省级财政部门自发现之日起15日内公告该会计师事务所执业许可失效。

第四十条 省级财政部门应当在受理申请的办公场所将会计师事务所、会计师事务所分所申请执业许可的条件、变更、注销等应当提交的材料目录及要求、批准的程序及期限予以公示。

第四十一条 会计师事务所发生下列情形之一的，省级财政部门应当办理会计师事务所执业许可注销手续，收回会计师事务所执业许可证书：

（一）会计师事务所依法终止的；

（二）会计师事务所执业许可被依法撤销、撤回或者执业许可证书依法被吊销的；

（三）法律、行政法规规定的应当注销执业许可的其他情形。

会计师事务所分所执业许可注销的，比照本条第一款规定办理。

会计师事务所或者分所依法终止的，应当自办理工商注销手续之日起10日内，告知所在地的省级财政部门。

第四十二条 会计师事务所执业许可被依法注销，企业主体继续存续的，不得从事注册会计师法定业务，企业名称中不得继续使用"会计师事务所"字样，并应自执业许可被注销之日起10日内，办理工商变更登记。

分所执业许可被依法注销的，应当自注销之日起20日内办理工商注销手续。

第四十三条 省级财政部门应当将注销会计师事务所或者分所执业许可的有关情况予以公告，并通知工商行政管理部门。

第四十四条 会计师事务所及其分所在接受财政部或者省级财政部门（以下简称省级以上财政部门）检查、整改及整改情况核查期间，不得办理以下手续：

（一）首席合伙人（主任会计师）、审计业务主管合伙人（股东）、质量控制主管合伙人（股东）和相关签字注册会计师的离职、退伙（转股）或者转所；

（二）跨省级行政区划迁移经营场所。

第五章 监督检查

第四十五条 省级以上财政部门依法对下列事项实施监督检查：

（一）会计师事务所及其分所持续符合执业许可条件的情况；

（二）会计师事务所备案事项的报备情况；

（三）会计师事务所和注册会计师的执业情况；

（四）会计师事务所的风险管理和执业质量控制制度建立与执行情况；

（五）会计师事务所对分所实施实质性统一管理的情况；

（六）法律、行政法规规定的其他监督检查事项。

第四十六条 省级以上财政部门依法对会计师事务所实施全面或者专项监督检查。

省级以上财政部门对会计师事务所进行监督检查时，可以依法对被审计单位进行延伸检查或者调查。财政部门开展其他检查工作时，发现被检查单位存在违规行为而会计师事务所涉嫌出具不实审计报告及其他鉴证报告的，可以由省级以上财政部门延伸检查相关会计师事务所。

省级以上财政部门在开展检查过程中，可以根据工作需要，聘用一定数量的专业人员协助检查。

第四十七条 在实施监督检查过程中，检查人员应当严格遵守财政检查工作的有关规定。

第四十八条 财政部应当加强对省级财政部门监督、指导会计师事务所和注册会计师工作的监督检查。

省级财政部门应当按照财政部要求建立信息报告制度，将会计师事务所和注册会计师发生的重大违法违规案件及时上报财政部。

第四十九条 省级以上财政部门在开展会计师事务所监督检查时，要采取随机抽取检查对象、随机选派执法检查人员并及时公开抽查情况和查处结果。

省级以上财政部门结合会计师事务所业务分布、质量控制和内部管理等情况，分类确定对会计师事务所实施监督检查的频次和方式，建立定期轮查制度和随机抽查制度。

第五十条 省级以上财政部门应当将发生以下情形的会计师事务所列为重点检查对象,实施严格监管:

(一) 审计收费明显低于成本的;

(二) 会计师事务所对分所实施实质性统一管理薄弱的;

(三) 以向委托人或者被审计单位有关人员、中间人支付回扣、协作费、劳务费、信息费、咨询费等不正当方式承揽业务的;

(四) 有不良执业记录的;

(五) 被实名投诉或者举报的;

(六) 业务报告数量明显超出服务能力的;

(七) 被非注册会计师实际控制的;

(八) 需要实施严格监管的其他情形。

第五十一条 会计师事务所应当在出具审计报告及其他鉴证报告后30日内,通过财政会计行业管理系统报备签字注册会计师、审计意见、审计收费等基本信息。

会计师事务所应当在出具审计报告后60日内,通过财政会计行业管理系统报备其出具的年度财务报表审计报告,省级财政部门不得自行增加报备信息,不得要求会计师事务所报送纸质材料,并与注册会计师协会等实行信息共享。

第五十二条 省级以上财政部门可以对会计师事务所依法进行实地检查,或者将有关材料调到本机关或者检查人员办公地点进行核查。

调阅的有关材料应当在检查工作结束后1个月内送还并保持完整。

第五十三条 省级以上财政部门在实施监督检查过程中,有权要求会计师事务所和注册会计师说明有关情况,调阅会计师事务所工作底稿及相关资料,向相关单位和人员调查、询问、取证和核实有关情况。

第五十四条 会计师事务所和注册会计师应当接受省级以上财政部门依法实施的监督检查,如实提供中文工作底稿及相关资料,不得拒绝、延误、阻挠、逃避检查,不得谎报、隐匿、销毁相关证据材料。

会计师事务所或者注册会计师有明显转移、隐匿有关证据材料迹象的,省级以上财政部门可以对证据材料先行登记保存。

第五十五条 对会计师事务所和注册会计师的违法违规行为,省级以上财政部门依法作出行政处罚决定的,应当自作出处罚决定之日起10日内将相关信息录入财政会计行业管理系统,并及时予以公告。

第五十六条 会计师事务所应当于每年5月31日之前,按照财政部要求通过财政会计行业管理系统向所在地的省级财政部门报备下列信息:

(一) 持续符合执业许可条件的相关信息;

(二) 上一年度经营情况;

(三) 内部治理及会计师事务所对分所实施实质性统一管理情况;

(四) 会计师事务所由于执行业务涉及法律诉讼情况。

会计师事务所与境外会计师事务所有成员所、联系所或者业务合作关系的,应当同时报送相关信息,说明上一年度与境外会计师事务所合作开展业务的情况。

会计师事务所在境外发展成员所、联系所或者设立分支机构的,应当同时报送相关信息。

会计师事务所跨省级行政区划设有分所的,应当同时将分所有关材料报送分所所在地的省级财政部门。

第五十七条 省级财政部门收到会计师事务所按照本办法第五十六条的规定报送的材料后,应当对会计师事务所及其分所持续符合执业许可条件等情况进行汇总,于6月30日之前报财政部,并将持续符合执业许可条件的会计师事务所及其分所名单及时予以公告。

第五十八条 会计师事务所未按照本办法第五十一条、第五十六条规定报备的,省级以上财政部门应当责令限期补交报备材料、约谈首席合伙人(主任会计师),并视补交报备材料和约谈情况组织核查。

第五十九条 会计师事务所及其分所未能持续符合执业许可条件的,会计师事务所应当在20日内向所在地的省级财政部门报告,并在报告日后60日内自行整改。

省级财政部门在日常管理、监督检查中发现会计师事务所及其分所未持续符合执业许可条件的,应当责令其在60日内整改。

整改期满,会计师事务所及其分所仍未达到执业许可条件的,由所在地的省级财政部门撤销执业许可并予以公告。

第六十条 会计师事务所和注册会计师必须按照执业准则、规则的要求,在实施必要的审计程序后,以经过核实的审计证据为依据,形成审计意见,出具审计报告,不得有下列行为:

(一)在未履行必要的审计程序,未获取充分适当的审计证据的情况下出具审计报告;

(二)对同一委托单位的同一事项,依据相同的审计证据出具不同结论的审计报告;

(三)隐瞒审计中发现的问题,发表不恰当的审计意见;

(四)为被审计单位编造或者伪造事由,出具虚假或者不实的审计报告;

(五)未实施严格的逐级复核制度,未按规定编制和保存审计工作底稿;

(六)未保持形式上和实质上的独立;

(七)违反执业准则、规则的其他行为。

第六十一条 注册会计师不得有下列行为:

(一)在执行审计业务期间,在法律、行政法规规定不得买卖被审计单位的股票、债券或者不得购买被审计单位或者个人的其他财产的期限内,买卖被审计单位的股票、债券或者购买被审计单位或者个人所拥有的其他财产;

(二)索取、收受委托合同约定以外的酬金或者其他财物,或者利用执行业务之便,谋取其他不正当利益;

(三)接受委托催收债款;

(四)允许他人以本人名义执行业务;

(五)同时在两个或者两个以上的会计师事务所执行业务;

(六)同时为被审计单位编制财务会计报告;

(七)对其能力进行广告宣传以招揽业务;

(八)违反法律、行政法规的其他行为。

第六十二条 会计师事务所不得有下列行为:

(一)分支机构未取得执业许可;

(二)对分所未实施实质性统一管理;

(三)向省级以上财政部门提供虚假材料或者不及时报送相关材料;

(四)雇用正在其他会计师事务所执业的注册会计师,或者允许本所人员以他人名义执行业务,或者明知本所的注册会计师在其他会计师事务所执业而不予制止;

(五)允许注册会计师在本所挂名而不在本所执行业务,或者明知本所注册会计师在其他单位从事获取工资性收入的工作而不予制止;

（六）借用、冒用其他单位名义承办业务；

（七）允许其他单位或者个人以本所名义承办业务；

（八）采取强迫、欺诈、贿赂等不正当方式招揽业务，或者通过网络平台或者其他媒介售卖注册会计师业务报告；

（九）承办与自身规模、执业能力、风险承担能力不匹配的业务；

（十）违反法律、行政法规的其他行为。

第六章　法律责任

第六十三条　会计师事务所或者注册会计师违反法律法规及本办法规定的，由省级以上财政部门依法给予行政处罚。

违法情节轻微，没有造成危害后果的，省级以上财政部门可以采取责令限期整改、下达监管关注函、出具管理建议书、约谈、通报等方式进行处理。

第六十四条　会计师事务所采取隐瞒有关情况、提供虚假材料等手段拒绝提供申请执业许可情况的真实材料的，省级财政部门不予受理或者不予许可，并对会计师事务所和负有责任的相关人员给予警告。

会计师事务所采取欺骗、贿赂等不正当手段获得会计师事务所执业许可的，由省级财政部门予以撤销，并对负有责任的相关人员给予警告。

第六十五条　会计师事务所及其分所已办理完工商登记手续但未在规定时间内申请执业许可的，以及违反本办法第二十二条第三款、第三十二条第三款、第四十二条规定的，由省级财政部门责令限期改正，逾期不改正的，通知工商行政管理部门依法进行处理，并予以公告，对其执行合伙事务合伙人、法定代表人或者分所负责人给予警告，不予办理变更、转所手续。

第六十六条　会计师事务所有下列情形之一的，由省级以上财政部门责令限期改正，逾期不改正的可以按照本办法第六十三条第二款的规定进行处理：

（一）未按照本办法第二十三条规定办理转所手续的；

（二）分所名称不符合本办法第二十六条规定的；

（三）未按照本办法第三十三条至三十五条第一款规定办理有关变更事项备案手续的。

第六十七条　会计师事务所违反本办法第六十条第一项至第四项规定的，由省级以上财政部门给予警告，没收违法所得，可以并处违法所得1倍以上5倍以下的罚款；情节严重的，可以由省级以上财政部门暂停其执业1个月到1年或者吊销执业许可。

会计师事务所违反本办法第六十条第五项至第七项规定，情节轻微，没有造成危害后果的，按照本办法第六十三条第二款的规定进行处理；情节严重的，由省级以上财政部门给予警告，没收违法所得。

第六十八条　会计师事务所违反本办法第二十四条、第六十二条第二项至第十项规定的，由省级以上财政部门责令限期整改，未按规定期限整改的，对会计师事务所给予警告，有违法所得的，可以并处违法所得1倍以上3倍以下罚款，最高不超过3万元；没有违法所得的，可以并处以1万元以下的罚款。对会计师事务所首席合伙人（主任会计师）等相关管理人员和直接责任人员可以给予警告，情节严重的，可以并处1万元以下罚款；涉嫌犯罪的，移送司法机关，依法追究刑事责任。

第六十九条　会计师事务所违反本办法第四十四条、第五十四条规定的，由省级以上财政部门对会计师事务所给予警告，可以并处1万元以下的罚款；对会计师事务所首席合伙人（主任会计师）等相关管理人员和直接责任人员给予警告，可以并处1万元以下罚款。

第七十条　注册会计师违反本办法第六十条第一项至第四项规定的，由省级以上财政部门给予警告；情节严重的，可以由省级以上财政部门暂停其执行业务1个月至1年或者吊销注册会计师证书。

注册会计师违反本办法第六十条第五项至第七项规定的，情节轻微，没有造成危害后果的，按照本办法第六十三条第二款的规定进行处理；情节严重的，由省级以上财政部门给予警告。

第七十一条　注册会计师违反本办法第六十一条规定，情节轻微，没有造成危害后果的，按照本办法第六十三条第二款的规定进行处理；情节严重的，由省级以上财政部门给予警告，有违法所得的，可以并处违法所得1倍以上3倍以下的罚款，最高不超过3万元；没有违法所得的，可以并处以1万元以下罚款。

第七十二条　法人或者其他组织未获得执业许可，或者被撤销、注销执业许可后继续承办注册会计师法定业务的，由省级以上财政部门责令其停止违法活动，没收违法所得，可以并处违法所得1倍以上5倍以下的罚款。

会计师事务所违反本办法第六条第二款规定的，适用前款规定处理。

第七十三条　会计师事务所或者注册会计师违反本办法的规定，故意出具虚假的审计报告、验资报告，涉嫌犯罪的，移送司法机关，依法追究刑事责任。

第七十四条　省级以上财政部门在作出较大数额罚款、暂停执业、吊销注册会计师证书或者会计师事务所执业许可的决定之前，应当告知当事人有要求听证的权利；当事人要求听证的，应当按规定组织听证。

第七十五条　当事人对省级以上财政部门审批和监督行为不服的，可以依法申请行政复议或者提起行政诉讼。

第七十六条　省级以上财政部门的工作人员在实施审批和监督过程中，滥用职权、玩忽职守、徇私舞弊或者泄露国家秘密、商业秘密的，按照《公务员法》等国家有关规定追究相应责任；涉嫌犯罪的，移送司法机关，依法追究刑事责任。

第七章　附　则

第七十七条　本办法所称"注册会计师"是指中国注册会计师；所称"注册会计师执业资格"是指中国注册会计师执业资格。

本办法所称"以上""以下"均包括本数或者本级。本办法规定的期限以工作日计算，不含法定节假日。

第七十八条　具有注册会计师执业资格的境外人员可以依据本办法申请担任会计师事务所合伙人（股东）。

其他国家或者地区对具有该国家或者地区注册会计师执业资格的中国境内居民在当地设立会计师事务所、担任会计师事务所合伙人（股东）或者执业有特别规定的，我国可以采取对等管理措施。

第七十九条　本办法施行前已经取得的会计师事务所及其分所执业许可继续有效，发生变更事项的，其变更后的情况应当符合本办法的规定。

会计师事务所申请转制为普通合伙或者特殊普通合伙会计师事务所的，转制办法另行制定。

第八十条　注册会计师协会是由会计师事务所和注册会计师组成的社会团体，依照《注册会计师法》履行相关职责，接受财政部和省级财政部门的监督、指导。

第八十一条　本办法自2017年10月1日起施行。财政部2005年1月18日发布的《会计师事务所审批和监督暂行办法》（财政部令第24号）同时废止。

第二部分

最新会计法规制度

1. 中共中央办公厅 国务院办公厅印发《关于进一步加强财会监督工作的意见》

国务院公报2023年第6号

近日，中共中央办公厅、国务院办公厅印发了《关于进一步加强财会监督工作的意见》，并发出通知，要求各地区各部门结合实际认真贯彻落实。

《关于进一步加强财会监督工作的意见》全文如下。

财会监督是依法依规对国家机关、企事业单位、其他组织和个人的财政、财务、会计活动实施的监督。近年来，财会监督作为党和国家监督体系的重要组成部分，在推进全面从严治党、维护中央政令畅通、规范财经秩序、促进经济社会健康发展等方面发挥了重要作用，同时也存在监督体系尚待完善、工作机制有待理顺、法治建设亟待健全、监督能力有待提升、一些领域财经纪律亟需整治等问题。为进一步加强财会监督工作，更好发挥财会监督职能作用，现提出如下意见。

一、总体要求

（一）指导思想

以习近平新时代中国特色社会主义思想为指导，深入贯彻党的二十大精神，完整、准确、全面贯彻新发展理念，加快构建新发展格局，着力推动高质量发展，更好统筹发展和安全，坚持以完善党和国家监督体系为出发点，以党内监督为主导，突出政治属性，严肃财经纪律，健全财会监督体系，完善工作机制，提升财会监督效能，促进财会监督与其他各类监督贯通协调，推动健全党统一领导、全面覆盖、权威高效的监督体系。

（二）工作要求

——坚持党的领导，发挥政治优势。坚持加强党的全面领导和党中央集中统一领导，把党的领导落实到财会监督全过程各方面，确保党中央、国务院重大决策部署有效贯彻落实。

——坚持依法监督，强化法治思维。按照全面依法治国要求，健全财经领域法律法规和政策制度，加快补齐法治建设短板，依法依规开展监督，严格执法、严肃问责。

——坚持问题导向，分类精准施策。针对重点领域多发、高发、易发问题和突出矛盾，分类别、分阶段精准施策，强化对公权力运行的制约和监督，建立长效机制，提升监督效能。

——坚持协同联动，加强贯通协调。按照统筹协同、分级负责、上下联动的要求，健全财会监督体系，构建高效衔接、运转有序的工作机制，与其他各类监督有机贯通、相互协调，形成全方位、多层次、立体化的财会监督工作格局。

（三）主要目标

到2025年，构建起财政部门主责监督、有关部门依责监督、各单位内部监督、相关中介机构执业监督、行业协会自律监督的财会监督体系；基本建立起各类监督主体横向协同，中央与地方纵向联动，财会监督与其他各类监督贯通协调的工作机制；财会监督法律制度更加健全，信息化水平明显提高，监督队伍素质不断提升，在规范财政财务管理、提高会计信息质量、维护财经纪律和市场经济秩序等方面发挥重要保障作用。

二、进一步健全财会监督体系

（四）加强党对财会监督工作的领导

各级党委要加强对财会监督工作的领导，保障党中央决策部署落实到位，统筹推动各项工作有序有效开展。各级政府要建立财会监督协调工作机制，明确工作任务、健全机制、完善制度，加强对下级财会监督工作的督促和指导。

（五）依法履行财会监督主责

各级财政部门是本级财会监督的主责部门，牵头组织对财政、财务、会计管理法律法规及规章制度执行情况的监督。加强预算管理监督，推动构建完善综合统筹、规范透明、约束有力、讲求绩效、持续安全的现代预算制度，推进全面实施预算绩效管理。加强对行政事业性国有资产管理规章制度、政府采购制度实施情况的监督，保障国有资产安全完整，规范政府采购行为。加强对财务管理、内部控制的监督，督促指导相关单位规范财务管理，提升内部管理水平。加强对会计行为的监督，提高会计信息质量。加强对注册会计师、资产评估和代理记账行业执业质量的监督，规范行业秩序，促进行业健康发展。

（六）依照法定职责实施部门监督

有关部门要依法依规强化对主管、监管行业系统和单位财会监督工作的督促指导。加强对所属单位预算执行的监督，强化预算约束。按照职责分工加强对政府采购活动、资产评估行业的监督，提高政府采购资金使用效益，推动资产评估行业高质量发展。加强对归口财务管理单位财务活动的指导和监督，严格财务管理。按照会计法赋予的职权对有关单位的会计资料实施监督，规范会计行为。

（七）进一步加强单位内部监督

各单位要加强对本单位经济业务、财务管理、会计行为的日常监督。结合自身实际建立权责清晰、约束有力的内部财会监督机制和内部控制体系，明确内部监督的主体、范围、程序、权责等，落实单位内部财会监督主体责任。各单位主要负责人是本单位财会监督工作第一责任人，对本单位财会工作和财会资料的真实性、完整性负责。单位内部应明确承担财会监督职责的机构或人员，负责本单位经济业务、财会行为和会计资料的日常监督检查。财会人员要加强自我约束，遵守职业道德，拒绝办理或按照职权纠正违反法律法规规定的财会事项，有权检举单位或个人的违法违规行为。

（八）发挥中介机构执业监督作用

会计师事务所、资产评估机构、税务师事务所、代理记账机构等中介机构要严格依法履行审计鉴证、资产评估、税收服务、会计服务等职责，确保独立、客观、公正、规范执业。切实加强对执业质量的把控，完善内部控制制度，建立内部风险防控机制，加强风险分类防控，提升内部管理水平，规范承揽和开展业务，建立健全事前评估、事中跟踪、事后评价管理体系，强化质量管理责任。持续提升中介机构一体化管理水平，实现人员调配、财务安排、业务承接、技术标准、信息化建设的实质性一体化管理。

（九）强化行业协会自律监督作用

注册会计师协会、资产评估协会、注册税务师协会、银行业协会、证券业协会等要充分发挥督促引导作用，促进持续提升财会信息质量和内部控制有效性。加强行业诚信建设，健全行业诚信档案，把诚信建设要求贯穿行业管理和服务工作各环节。进一步加强行业自律监管，运用信用记录、警示告诫、公开曝光等措施加大惩戒力度，完善对投诉举报、媒体质疑等的处理机制，推动提升财会业务规范化水平。

三、完善财会监督工作机制

（十）加强财会监督主体横向协同

构建财政部门、有关部门、各单位、中介机构、行业协会等监督主体横向协同工作机制。各级财政部门牵头负责本级政府财会监督协调工作机制日常工作，加强沟通协调，抓好统筹谋划和督促指导；税务、人民银行、国有资产监管、银行保险监管、证券监管等部门积极配合、密切协同。建立健全部门间财会监督政策衔接、重大问题处理、综合执法检查、监督结果运用、监督线索移送、监督信息交流等工作机制，形成监督合力，提升监督效能。建立部门与行业协会联合监管机制，推动行政监管与自律监管有机结合。相关中介机构要严格按照法律法规、准则制度进行执业，并在配合财会监督执法中提供专业意见。中介机构及其从业人员对发现的违法违规行为，应及时向主管部门、监管部门和行业协会报告。各单位应配合依法依规实施财会监督，不得拒绝、阻挠、拖延，不得提供虚假或者有重大遗漏的财会资料及信息。

（十一）强化中央与地方纵向联动

压实各有关方面财会监督责任，加强上下联动。国务院财政部门加强财会监督工作的制度建设和统筹协调，牵头组织制定财会监督工作规划，明确年度监督工作重点，指导推动各地区各部门各单位组织实施。县级以上地方政府和有关部门依法依规组织开展本行政区域内财会监督工作。国务院有关部门派出机构依照法律法规规定和上级部门授权实施监督工作。地方各级政府和有关部门要畅通财会监督信息渠道，建立财会监督重大事项报告机制，及时向上一级政府和有关部门反映财会监督中发现的重大问题。

（十二）推动财会监督与其他各类监督贯通协调

建立健全信息沟通、线索移送、协同监督、成果共享等工作机制。开展财会监督要自觉以党内监督为主导，探索深化贯通协调有效路径，加强与巡视巡察机构协作，建立重点监督协同、重大事项会商、线索移交移送机制，通报财会监督检查情况，研究办理巡视巡察移交的建议；加强与纪检监察机关的贯通协调，完善财会监督与纪检监察监督在贯彻落实中央八项规定精神、纠治"四风"、整治群众身边腐败和不正之风等方面要求贯通协调机制，加强监督成果共享，发现党员、监察对象涉嫌违纪或职务违法、职务犯罪的问题线索，依法依规及时移送纪检监察机关；发挥财会监督专业力量作用，选派财会业务骨干参加巡视巡察、纪委监委监督检查和审查调查。强化与人大监督、民主监督的配合协同，完善与人大监督在提高预算管理规范性、有效性等方面贯通协调机制。增强与行政监督、司法监督、审计监督、统计监督的协同性和联动性，加强信息共享，推动建立健全长效机制，形成监督合力。畅通群众监督、舆论监督渠道，健全财会监督投诉举报受理机制，完善受理、查处、跟踪、整改等制度。

四、加大重点领域财会监督力度

（十三）保障党中央、国务院重大决策部署贯彻落实

把推动党中央、国务院重大决策部署贯彻落实作为财会监督工作的首要任务。聚焦深化供给侧结构性改革，做好稳增长、稳就业、稳物价工作，保障和改善民生，防止资本无序扩张，落实财政改革举措等重大部署，综合运用检查核查、评估评价、监测监控、调查研究等方式开展财会监督，严肃查处财经领域违反中央宏观决策和治理调控要求、影响经济社会健康稳定发展的违纪违规行为，确保党中央政令畅通。

（十四）强化财经纪律刚性约束

加强对财经领域公权力行使的制约和监督，严肃财经纪律。聚焦贯彻落实减税降费、党政机关过紧日子、加强基层保基本民生保工资保运转工作、规范国库管理、加强资产管理、防范债务风险等重点任务，严肃查处财政收入不真实不合规、违规兴建楼堂馆所、乱设财政专户、违规处置资产、违规新增地方政府隐性债务等突出问题，强化通报问责和处理处罚，使纪律真正成为带电的"高压线"。

（十五）严厉打击财务会计违法违规行为

坚持"强穿透、堵漏洞、用重典、正风气"，从严从重查处影响恶劣的财务舞弊、会计造假

案件，强化对相关责任人的追责问责。加强对国有企业、上市公司、金融企业等的财务、会计行为的监督，严肃查处财务数据造假、出具"阴阳报告"、内部监督失效等突出问题。加强对会计信息质量的监督，依法严厉打击伪造会计账簿、虚构经济业务、滥用会计准则等会计违法违规行为，持续提升会计信息质量。加强对会计师事务所、资产评估机构、代理记账机构等中介机构执业质量监督，聚焦行业突出问题，加大对无证经营、挂名执业、违规提供报告、超出胜任能力执业等违法违规行为的整治力度，强化行业日常监管和信用管理，坚决清除害群之马。

五、保障措施

（十六）加强组织领导

各地区各有关部门要强化组织领导，加强协同配合，结合实际制定具体实施方案，确保各项工作任务落地见效。将财会监督工作推进情况作为领导班子和有关领导干部考核的重要内容；对于贯彻落实财会监督决策部署不力、职责履行不到位的，要严肃追责问责。

（十七）推进财会监督法治建设

健全财会监督法律法规制度，及时推动修订预算法、会计法、注册会计师法、资产评估法、财政违法行为处罚处分条例等法律法规。健全财政财务管理、资产管理等制度，完善内部控制制度体系。深化政府会计改革，完善企业会计准则体系和非营利组织会计制度，增强会计准则制度执行效果。

（十八）加强财会监督队伍建设

县级以上财政部门应强化财会监督队伍和能力建设。各单位应配备与财会监督职能任务相匹配的人员力量，完善财会监督人才政策体系，加强财会监督人才培训教育，分类型、分领域建立高层次财会监督人才库，提升专业能力和综合素质。按照国家有关规定完善财会监督人才激励约束机制。

（十九）统筹推进财会监督信息化建设

深化"互联网+监督"，充分运用大数据和信息化手段，切实提升监管效能。依托全国一体化在线政务服务平台，统筹整合各地区各部门各单位有关公共数据资源，分级分类完善财会监督数据库，推进财会监督数据汇聚融合和共享共用。构建财会领域重大风险识别预警机制。

（二十）提升财会监督工作成效

优化监督模式与方式方法，推动日常监督与专项监督、现场监督与非现场监督、线上监督与线下监督、事前事中事后监督相结合，实现监督和管理有机统一。加大对违法违规行为的处理处罚力度，大幅提高违法违规成本，推动实施联合惩戒，依法依规开展追责问责。加强财会监督结果运用，完善监督结果公告公示制度，对违反财经纪律的单位和人员，加大公开曝光力度，属于党员和公职人员的，及时向所在党组织、所在单位通报，发挥警示教育作用。

（二十一）加强宣传引导

加强财会监督法律法规政策宣传贯彻，强化财会从业人员执业操守教育。在依法合规、安全保密等前提下，大力推进财会信息公开工作，提高财会信息透明度。鼓励先行先试，强化引领示范，统筹抓好财会监督试点工作。加强宣传解读和舆论引导，积极回应社会关切，充分调动各方面积极性，营造财会监督工作良好环境。

2.关于印发《会计人员职业道德规范》的通知

财会〔2023〕1号

各省、自治区、直辖市、计划单列市财政厅（局），新疆生产建设兵团财政局，中直管理局财务管理办公室，国管局财务管理司，中央军委后勤保障部财务局：

  为贯彻落实党中央、国务院关于加强社会信用体系建设的决策部署，推进会计诚信体系建设，提高会计人员职业道德水平，根据《中华人民共和国会计法》《会计基础工作规范》，财政部研究制定了《会计人员职业道德规范》（以下简称《规范》），现予印发。

  各地财政部门、中央有关主管单位应当组织开展形式多样的学习活动，充分利用各类媒体平台，大力宣传《规范》精神，帮助广大会计人员全面理解《规范》内容，准确把握《规范》提出的要求，将有关要求落实到具体会计工作中，使其成为广大会计人员普遍认同和自觉践行的行为准则；应当推动高校财会类专业加强职业道德教育，将《规范》要求有机融入教学内容；应当指导用人单位加强会计人员职业道德教育，将遵守职业道德情况作为评价、选用会计人员的重要标准。

附件：会计人员职业道德规范

财政部
2023年1月12日

附件：

会计人员职业道德规范

一、坚持诚信，守法奉公。牢固树立诚信理念，以诚立身、以信立业，严于律己、心存敬畏。学法知法守法，公私分明、克己奉公，树立良好职业形象，维护会计行业声誉。

二、坚持准则，守责敬业。严格执行准则制度，保证会计信息真实完整。勤勉尽责、爱岗敬业，忠于职守、敢于斗争，自觉抵制会计造假行为，维护国家财经纪律和经济秩序。

三、坚持学习，守正创新。始终秉持专业精神，勤于学习、锐意进取，持续提升会计专业能力。不断适应新形势新要求，与时俱进、开拓创新，努力推动会计事业高质量发展。

3. 关于印发《会计人员继续教育专业科目指南（2022年版）》的通知

财会〔2022〕35号

各省、自治区、直辖市、计划单列市财政厅（局），新疆生产建设兵团财政局，中直管理局财务管理办公室，国管局财务管理司，中央军委后勤保障部财政局：

为深入实施科教兴国战略、人才强国战略，全面提升会计人员继续教育质量，不断提高会计人员能力素质和专业水平，根据《会计专业技术人员继续教育规定》（财会〔2018〕10号）、《会计改革与发展"十四五"规划纲要》（财会〔2021〕27号）等有关要求，财政部制定了《会计人员继续教育专业科目指南（2022年版）》，现予印发，自2023年1月1日起施行。本指南将根据会计改革发展情况和实务需要，适时调整更新。

附件：会计人员继续教育专业科目指南（2022年版）

财政部
2022年12月22日

附件：

会计人员继续教育专业科目指南（2022年版）

第一条 为深入实施科教兴国战略、人才强国战略，全面提升会计人员继续教育质量，不断提高会计人员能力素质和专业水平，根据《会计专业技术人员继续教育规定》（财会〔2018〕10号）、《会计改革与发展"十四五"规划纲要》（财会〔2021〕27号）等有关要求，制定本指南。

第二条 本指南主要用于指导县级以上地方人民政府财政部门，新疆生产建设兵团财政局，中直管理局、国管局（以下统称继续教育管理部门）组织开展会计人员继续教育工作。

中央军委后勤保障部组织开展会计人员继续教育工作，继续教育学习内容可以参照本指南执行。

用人单位自行组织会计人员继续教育培训的，学习内容参照本指南执行。

第三条 会计人员继续教育内容分为公需科目和专业科目。本指南主要明确会计人员继续教育专业科目及其重点学习内容。会计人员继续教育公需科目内容另行制定。

第四条 会计人员继续教育专业科目分为专业通识知识、专业核心知识和专业拓展知识三个类别。

第五条 专业通识知识包括会计职业道德、会计法治、会计改革与发展三个科目。

会计职业道德科目的重点学习内容主要是会计职业道德与诚信体系建设有关内容。会计法治科目的重点学习内容主要是会计法律法规、部门规章及会计管理、监督有关制度文件。会计改革与发展科目的重点学习内容主要是新时期会计改革与发展、新中国会计发展沿革有关内容。

第六条 专业核心知识包括企业财务会计、政府及非营利组织会计、农村会计、管理会计、内部控制、财务管理、税收实务、会计信息化八个科目。

企业财务会计科目的重点学习内容主要是企业会计准则、小企业会计准则有关内容。政府及非营利组织会计科目的重点学习内容主要是政府会计准则制度、非营利组织及基金类会计制度有关内容。农村会计科目的重点学习内容主要是农村会计制度有关内容。管理会计科目的重点学习内容主要是管理会计理论与应用有关内容。内部控制科目的重点学习内容主要是内部控制理论与应用有关内容。财务管理科目的重点学习内容主要是财务管理理论与应用有关内容。税收实务科目的重点学习内容主要是税收法律法规制度和实务应用有关内容。会计信息化科目的重点学习内容主要是会计数据标准应用、数字技术在会计与财务工作中的应用有关内容。

专业核心知识的重点学习内容中，应当包括当年新制定修订或实施的会计准则制度、管理会计指引、内部控制制度、税收法律法规制度等内容。

第七条 专业拓展知识包括可持续信息披露、审计基础、金融基础、财经相关法规、其他财会财经热点五个科目。

可持续信息披露科目的重点学习内容主要是可持续披露准则及相关热点问题有关内容。审计基础科目的重点学习内容主要是审计的基本理论、程序和方法有关内容。金融基础科目的重点学习内容主要是金融风险防范、金融科技与监管有关内容。财经相关法规科目的重点学习内容主要是与会计工作相关的财政金融领域、公司治理领域和其他领域的法律法规。其他财会财经热点科目的重点学习内容主要是会计与财务前沿问题和财税体制改革热点问题有关内容。

第八条 结合会计人员工作岗位和会计职称层级，会计人员继续教育专业科目重点学习内容分为初级学习内容、中级学习内容、高级学习内容。

初级学习内容主要适用于在一线从事会计基础工作的人员，或具有初级会计职称的人员。中级学习内容主要适用于管理单位会计工作的中层管理人员、会计主管人员，或具有中级会计职称的人员。高级学习内容主要适用于管理单位会计工作的高层管理人员，或具有副高级、正高级会计职称的人员。

会计人员结合自身工作岗位、会计职称层级等，选择相应层级的学习内容，也可以根据自身工作学习需要，拓展学习其他层级的学习内容。

第九条 继续教育管理部门应当根据继续教育工作的特点，不断优化组织方式和教学方法，强化实务指导，加大案例教学，鼓励区分继续教育对象所在单位类型和行业领域，设置具体课程，不断提高继续教育的针对性和实效性。

第十条 本指南自2023年1月1日起施行。

附表：会计人员继续教育专业科目重点学习内容

附表：

会计人员继续教育专业科目重点学习内容

类型	专业科目 科目	序号	子科目	初级学习内容	中级学习内容	高级学习内容
专业通识知识	会计职业道德	1	会计职业道德与诚信体系建设	商业伦理与会计职业道德、信用建设与会计诚信、严重会计失信行为、财务造假与会计舞弊典型案例分析等。		
专业通识知识	会计法治	2	会计法律法规制度	会计法、注册会计师法、总会计师条例、企业财务会计报告条例等会计法律法规，有关会计基础工作、会计人员管理、会计服务市场监管、财会监督等部门规章、制度文件。		
专业通识知识	会计改革与发展	3	新时代我国会计改革与发展	会计改革与发展"十四五"规划纲要及系列解读，会计信息化发展规划（2021—2025年）、会计行业人才发展规划（2021—2025年）、注册会计师行业发展规划（2021—2025年）等。		
专业通识知识	会计改革与发展	4	新中国会计发展沿革	会计史，我国会计准则制度演进与经验启示等。		
专业核心知识	企业财务会计	5	企业会计准则	我国企业会计准则体系概况，当年新制定修订或实施的企业会计准则。		
专业核心知识	企业财务会计	5	企业会计准则	企业会计准则基本准则，企业常见业务的会计处理；企业产品成本核算。	企业会计准则具体准则、准则解释及会计处理规定的应用。	具体企业会计政策的分析、判断及企业会计准则具体准则的综合运用。
专业核心知识	企业财务会计	6	小企业会计准则	小企业常见业务的会计处理。		
专业核心知识	政府及非营利组织会计	7	政府会计准则制度	我国政府会计准则制度体系概况，当年新制定修订或实施的政府会计准则制度。		
专业核心知识	政府及非营利组织会计	7	政府会计准则制度	政府会计准则基本准则，行政事业单位常见业务的会计处理；事业单位成本核算基本指引。	政府会计准则具体准则、政府会计制度、准则制度解释及会计处理规定的应用，事业单位成本核算具体指引。	政府会计准则制度的综合运用。
专业核心知识	政府及非营利组织会计	7	政府会计准则制度		政府综合财务报告编制、部门预决算编制、行政事业单位预算执行分析。	
专业核心知识	政府及非营利组织会计	8	非营利组织及基金类会计制度	民间非营利组织的会计核算、工会的会计核算、社会保险基金等基金（资金）的会计核算。		
专业核心知识	农村会计	9	农村会计制度	农民专业合作社的会计核算、农村集体经济组织的会计核算。		
专业核心知识	管理会计	10	管理会计理论与应用	我国管理会计体系概况，业财融合实践，当年新制定修订或实施的管理会计指引。		
专业核心知识	管理会计	10	管理会计理论与应用	管理会计基本指引，管理会计指引体系概况。	管理会计应用指引，管理会计典型案例分析。	管理会计工具与方法的综合运用。

续表

类型	专业科目 科目	序号	子科目	初级学习内容	中级学习内容	高级学习内容
专业核心知识	内部控制	11	内部控制理论与应用	我国内部控制体系概况，当年新制定修订或实施的内部控制有关制度。		
				企业内部控制基本规范，小企业内部控制规范；行政事业单位内部控制基础知识。	企业内部控制应用指引、评价指引；行政事业单位内部控制规范与报告管理制度。	企业、行政事业单位内部控制体系建设，内部控制应用指引、评价指引的综合应用。
	财务管理	12	财务管理理论与应用	企业财务管理基础知识，行政事业单位财务制度和资产管理基础知识。	企业筹资管理、投资管理、营运资金管理、财务报表分析等实践运用；行政事业单位财务制度和资产管理制度。	财务管理知识在企业、行政事业单位的综合应用。
	税收实务	13	税收法律法规制度与实务应用	我国税收法律体系概况，当年新制定修订或实施的税收法律法规制度。		
				主要税种基本知识，税收征收管理。	流转税、所得税等税种重点难点问题，税务与会计相关问题。	税收知识在企业、行政事业单位的综合运用及税收规划与管理；国际税收法律法规及征管实践；税务违法失信典型案例分析。
	会计信息化	14	会计数据标准应用	会计数据标准介绍及在企业、行政事业单位中的应用。		
		15	数字技术在会计与财务工作中的应用	会计信息化、数字化相关制度，数字技术在会计与财务工作中的应用，预算管理一体化。		
专业拓展知识	可持续信息披露	16	可持续信息披露研究动态	可持续披露准则相关情况，环境、社会与公司治理（ESG）信息披露专题及相关热点问题。		
	审计基础	17	审计基础知识	审计的基本理论、程序和方法等基础知识及相关热点问题。		
	金融基础	18	金融基础知识	金融风险防范、金融科技与监管、数字金融、国际金融等基础知识及相关热点问题。		
	财经相关法规	19	财政金融法律法规	国有资产管理、预算、证券、保险、政府采购等领域的法律制度，票据法律制度等。		
		20	公司治理法律法规	公司、合伙企业、个人独资、外商投资企业等不同企业类别法律制度，破产法律制度等。		
		21	其他法律法规	民法典中与经济业务事项相关的法律知识等。		
	其他财会财经热点	22	会计与财务前沿问题	会计国际治理体系、国际会计准则最新发展、商业模式创新与会计变革、智能财务与共享中心建设、"双碳"政策与会计行业发展等热点会计与财务问题。		
		23	财税体制改革热点问题	财税体制改革背景、历程与展望，财税体制改革相关理论，财税体制改革主要内容等。		

注：本指南对专业科目的划分只作为指导继续教育管理部门组织开展会计人员继续教育时进行课程归类、确定课程内容。

4. 关于印发《会计师事务所一体化管理办法》的通知

财会〔2022〕12号

各省、自治区、直辖市财政厅（局），深圳市财政局，新疆生产建设兵团财政局，各会计师事务所：

为贯彻落实《国务院办公厅关于进一步规范财务审计秩序促进注册会计师行业健康发展的意见》（国办发〔2021〕30号）有关要求，加强会计师事务所内部治理，提高质量管理水平，根据《中华人民共和国注册会计师法》《会计师事务所执业许可和监督管理办法》（财政部令第97号文件修改发布），我们制定了《会计师事务所一体化管理办法》，现予印发，自2022年10月1日起执行。

执行中如有问题，请及时反馈我部。

附件：会计师事务所一体化管理办法

财政部
2022年5月12日

附件：

会计师事务所一体化管理办法

第一章 总 则

第一条 为了提高会计师事务所一体化管理水平，强化内部治理，促进审计质量提升，根据《中华人民共和国注册会计师法》《会计师事务所执业许可和监督管理办法》（财政部令第97号文件修改发布），制定本办法。

第二条 会计师事务所一体化管理，是指会计师事务所在人员管理、财务管理、业务管理、技术标准和质量管理、信息化建设等方面，建立并有效实施实质统一的管理体系。

第三条 会计师事务所应对设立的分支机构、内设部门、业务团队进行一体化管理。

第四条 会计师事务所应当建立健全一体化管理制度体系并确保有效实施，在合伙协议（公司章程）中明确一体化管理要求。首席合伙人（主任会计师）对会计师事务所实行一体化管理负主要责任。

第五条 财政部和省级（含深圳市、新疆生产建设兵团）财政部门（以下统称省级以上财政部门）将会计师事务所一体化管理情况作为对会计师事务所监督检查的重要内容，有效开展会计师事务所一体化管理水平综合评价，督促会计师事务所通过提升一体化管理水平提高审计质量。

第二章 基本要求

第六条 会计师事务所应当建立实施统一的人员管理制度，制定统一的人员聘用、定级、晋升、业绩考核、薪酬、培训等方面的政策与程序并确保有效执行。会计师事务所的人员业绩考核、晋升和薪酬政策应当坚持以质量为导向，将质量因素作为人员考评、晋升和薪酬的重要因素。

第七条 设立分支机构的会计师事务所应当对分支机构负责人和质量管理负责人、财务负责人等关键管理人员实施统一委派、监督和考核，在全所范围内实施统一的人力资源调度和配置。

第八条 会计师事务所应当实施统一的财务管理制度，制定统一的业务收费、预算管理、资金管理、费用和支出管理、会计核算、利润分配、职业风险补偿机制并确保有效执行。业务收费应当以项目工时预算和人员级差费率为基础，严禁不正当低价竞争。

职业风险补偿机制，是指会计师事务所应对职业风险建立的制度、程序，包括职业责任保险购买、职业风险基金提取与使用等。

第九条 会计师事务所应当坚持以质量为导向，对合伙人实施业绩评价、考核晋升和利润分配。会计师事务所应当实施统一的合伙人业绩考核政策与标准，确保全体合伙人在统一的"利润池"中分配，禁止以费用报销代替利润分配，不得以承接和执行业务的收入或利润作为首要指标，禁止"各自为政""分灶吃饭"。

"各自为政""分灶吃饭"是指分支机构、业务分部、业务团队或合伙人给会计师事务所上交管理费后，其余业务收入自行分配的行为。

第十条 会计师事务所应当实施统一的业务管理制度，制定统一的客户与业务风险评估分类标准、业务承接与保持、业务执行、独立性与职业道德管理、报告签发、印章管理等方面的政策与程序并确保有效执行。会计师事务所应当为每个审计项目投入充足的资源，保证不同层级员工工作负荷合理适当。

第十一条 会计师事务所应当实行矩阵式管理，即结合所服务客户的行业特点和业务性质，以及本会计师事务所分支机构的地域分布，对业务团队进行专业化设置，以团队专业能力的匹配度为依据分派业务。

第十二条 会计师事务所应当实施统一的技术标准与量管理制度，制定项目咨询、意见分歧解决、项目质量复核、项目质量检查、质量管理缺陷识别与整改等方面的政策与程序并确保有效执行。技术标准应当依据有关法律法规和注册会计师执业准则制定并统一施行。注册会计师应当按照本所统一的技术标准执行业务并出具报告。

第十三条 会计师事务所应当明确项目质量复核人员资格条件并建立合格人员清单，确保项目质量复核人员独立于项目组，并在全所范围内统一委派项目质量复核人员。

质量复核人员的人选，以及相关人员的业绩考评、晋升与薪酬不受被复核或检查的项目组的干预或影响。

会计师事务所应当统一安排质量检查抽取的项目和执行质量检查的人员。

第十四条 会计师事务所应当统一开展信息系统的规划、建设、运行与维护，通过持续有效的投入，维护信息系统的安全性、实用性，以信息技术手段提高审计作业效率与质量，提升独立性与职业道德管理水平，保障一体化管理体系有效实施。

第十五条 会计师事务所信息系统核心功能或子系统包括但不限于：审计作业管理、工时管理、客户管理、人力资源管理、独立性与职业道德管理、电子邮件、会计核算与财务管理等。会计师事务所的系统服务器应当架设在境内，数据信息应当在境内存储，并符合国家安全保密等规定。

会计师事务所应当持续增强信息化管理能力，服务一体化管理和治理决策。

第三章 评价与检查

第十六条 会计师事务所应当定期按照本办法的规定和会计师事务所一体化管理评估指标具体评分标准进行自我评价，形成自评报告。会计师事务所首席合伙人（主任会计师）应当对自评报告的真实性、准确性、完整性负责，并按照年度报备工作有关要求于每年5月31日前向所在地省级财政部门报送。

会计师事务所一体化管理评估指标具体评分标准由财政部另行制定。

第十七条 省级以上财政部门、注册会计师协会在对会计师事务所监督检查、自律检查过程中，应当对会计师事务所一体化管理情况进行检查，按照本办法的规定和会计师事务所一体化管理评估指标具体评分标准对会计师事务所一体化管理情况进行评价。省级以上财政部门和注册会计师协会应加强信息共享、开展联合监管，避免对会计师事务所一体化管理情况重复检查评价。

第十八条 会计师事务所、注册会计师应当配合省级以上财政部门和注册会计师协会的检查评价，如实提供工作底稿、相关资料及电子数据，不得拒绝、延误、阻挠、逃避检查，不得谎报、隐匿、销毁相关证据材料。

第十九条 会计师事务所一体化管理情况自评结果和省级以上财政部门及注册会计师协会检查评价结果以适当方式向社会公开。一体化管理情况检查评价过程中发现的会计师事务所违法违规问题，依法予以处理处罚。

第四章 评价结果运用

第二十条 会计师事务所应当将一体化管理的自评结果和检查评价结果作为一体化管理整改

提升的重要依据，认真做好自查自纠和检查整改工作，不断提升一体化管理水平。会计师事务所不得将一体化管理评价结果用于广告、宣传、营销等商业目的。

第二十一条 进一步完善会计师事务所综合排名机制，将一体化管理检查评估结果作为排名的重要依据，引导会计师事务所依法加强内部管理。

第二十二条 会计师事务所一体化管理检查评价结果作为财政部门审批会计师事务所分支机构的依据，并作为监管部门配置监管资源、确定检查方式等的参考。

第二十三条 省级以上财政部门及其工作人员，在会计师事务所一体化检查评价工作中，违反规定存在滥用职权、玩忽职守、徇私舞弊等违法违规行为的，依法追究相应责任。

第五章　附　则

第二十四条 本办法由财政部负责解释，自2022年10月1日起施行。

5.关于印发《会计师事务所监督检查办法》的通知

财办〔2022〕23号

各省、自治区、直辖市财政厅（局），深圳市财政局，新疆生产建设兵团财政局，财政部各地监管局，各会计师事务所：

为贯彻落实《国务院办公厅关于进一步规范财务审计秩序促进注册会计师行业健康发展的意见》（国办发〔2021〕30号），切实加强会计师事务所监管，根据《中华人民共和国注册会计师法》、《会计师事务所执业许可和监督管理办法》（财政部令第97号）等有关规定，我们制定了《会计师事务所监督检查办法》，现予印发，自2022年7月1日起施行。

执行中如有问题，请及时反馈我部（监督评价局、会计司）。

附件：会计师事务所监督检查办法

财政部
2022年4月29日

附件：

会计师事务所监督检查办法

第一章 总 则

第一条 为加强财会监督，进一步规范注册会计师行业管理，持续提升注册会计师审计质量，有效发挥注册会计师审计鉴证作用，根据《中华人民共和国注册会计师法》《中华人民共和国会计法》《国务院办公厅关于进一步规范财务审计秩序促进注册会计师行业健康发展的意见》（国办发〔2021〕30号）、《会计师事务所执业许可和监督管理办法》（财政部令第97号），制定本办法。

第二条 财政部及各地监管局和省级（含深圳市、新疆生产建设兵团）财政部门（以下统称省级以上财政部门）对会计师事务所开展监督检查，按照《中华人民共和国注册会计师法》《会计师事务所执业许可和监督管理办法》（财政部令第97号）和本办法的规定执行。

省级以上财政部门监督检查的方式、程序等按照《财政部门监督办法》（财政部令第69号）、《财政检查工作办法》（财政部令第32号）、《财政部门实施会计监督办法》（财政部令第10号）等规定执行。

第三条 财政部负责组织、指导、统筹全国会计师事务所监督检查工作，加强对省级财政部门监督、指导会计师事务所和注册会计师工作的监督检查。

省级财政部门按照本办法的规定，负责对本行政区域内会计师事务所进行监督检查。

第四条 省级以上财政部门应当健全重点检查和日常监管相结合的会计师事务所监管机制，随机抽取检查对象，随机选派执法人员，及时公开抽查情况和查处结果，严格依法行政，确保监督检查的公平、公正、公开。

第五条 财政部建设注册会计师行业统一监管平台，为备案的审计报告赋予验证码，在全国范围内推广使用。

省级以上财政部门应当通过统一监管平台办理注册会计师行业审批备案等管理业务，发放会计师事务所和注册会计师电子证照，接受会计师事务所业务报备，通过监管大数据分析等方式，对会计师事务所和注册会计师执业行为加强日常监测，提高监管的及时性和精准性。

省级以上财政部门应当在统一监管平台上公开会计师事务所的组织形式、人员规模、行政处理处罚、行业惩戒、一体化管理、省级以上财政部门表彰荣誉等信息，供社会公众查询，增强会计师事务所透明度，强化行业诚信约束。

第六条 省级财政部门按照财政部的规定建立信息报告制度，及时上报会计师事务所监督检查及处理处罚情况、会计师事务所和注册会计师重大违法违规案件。

第七条 省级以上财政部门在监督检查工作中，应当加强与相关监管机构的工作协同，统筹做好监管工作，形成监管合力。

第八条 注册会计师协会依法对注册会计师的任职资格和执业情况进行年度检查并接受财政部和同级财政部门的指导和监督。

第二章 监督检查的分级分类

第九条 财政部各地监管局根据财政部授权监督检查其监管区域内会计师事务所从事证券服务业务和经法律、行政法规规定的关系公众利益的其他特定业务的执业质量，以及上述业务涉及的注册会计师执业情况。

第十条 省级财政部门负责监督检查本行政区域内会计师事务所从事除第九条之外业务的执业质量、注册会计师执业情况，以及执业许可条件、一体化管理、独立性保持、信息安全、职业风险防范等情况。

第十一条 对符合下列条件之一的会计师事务所，原则上每年检查一次。

（一）上年度合计为100家（含）以上的中央企业（按国资委公布的央企名录，下同）、中央金融企业（按财政部公布的中央金融企业名录，下同）、境内上市公司（不含新三板，下同）等单位提供年报审计服务的会计师事务所；

（二）上年度业务收入超过10亿元的会计师事务所；

（三）上年末注册会计师数量超过1000人的会计师事务所；

（四）其他有重大影响的会计师事务所。

第十二条 对符合下列条件之一的会计师事务所，原则上每三年检查一次。

（一）上年度合计为50家以上、100家以下的中央企业、中央金融企业、境内上市公司等单位提供年报审计服务的会计师事务所；

（二）上年度业务收入5亿元以上、10亿元以下的会计师事务所；

（三）上年末注册会计师数量为500人以上、1000人以下的会计师事务所。

第十三条 对新备案从事证券服务业务的会计师事务所，自其首次承接上市公司审计业务起，原则上前三年内每年检查一次，此后每五年检查一次，如符合第十一条、第十二条规定的，按照第十一条、第十二条规定执行。

第十四条 对本办法第十一条、第十二条、第十三条之外的会计师事务所，原则上每五年检查一次。

第十五条 省级以上财政部门应当将存在下列情形的会计师事务所列为重点检查对象，加大检查力度：

（一）因执业行为被投诉或举报，且经核属实的；

（二）因执业行为五年内（检查当年按一年计算）受到两次（含）以上行政处罚的；

（三）以不正当竞争方式承揽业务，或审计收费明显低于合理成本的；

（四）审计报告数量、被审计单位规模与会计师事务所和注册会计师的执业能力、承担风险能力不相称，且明显超出服务能力的；

（五）未按规定进行报备的。

第十六条 省级以上财政部门可采取全面检查或专项检查方式，对会计师事务所开展检查。省级以上财政部门检查会计师事务所时，可延伸检查相关被审计单位的会计信息质量。

省级以上财政部门发现单位违反会计法律法规导致会计信息质量失真的，可延伸检查为其出具相关审计报告的会计师事务所。

第十七条 省级财政部门可以组织设区的市级以上地方人民政府财政部门开展会计师事务所监督检查，由省级财政部门作出处理处罚决定。

第三章 监督检查的重点内容

第十八条 省级以上财政部门重点对会计师事务所执业质量、执业许可条件、一体化管理、独立性保持、信息安全、职业风险防范，以及注册会计师执业情况等进行监督检查。

第十九条 省级以上财政部门对会计师事务所执业质量开展监督检查，应当重点检查会计师事务所是否存在下列违法违规行为：

（一）在未履行必要的审计程序，未获取充分适当的审计证据的情况下出具审计报告；

（二）除纠正错误审计意见重新出具审计报告以外，对同一委托单位的同一事项，依据相同的审计证据出具不同结论的审计报告；

（三）隐瞒审计中发现的问题，发表不恰当的审计意见；

（四）为被审计单位编造或伪造事由，出具虚假或不实的审计报告；

（五）未对被审计单位舞弊迹象或异常情况保持职业怀疑；

（六）从事证券服务业务未依法依规进行备案；

（七）违反执业准则、规则的其他行为。

第二十条 省级以上财政部门对会计师事务所执业质量开展监督检查，应当重点关注会计师事务所是否针对审计高风险领域采取以下措施：

（一）进驻被审计单位前，通过市场、媒体、分析师、监管部门网站、前任注册会计师等多方渠道，收集企业财务、经营等方面的风险信息，进行风险分析研判，形成客户风险分析和应对报告；

（二）进驻被审计单位后，对相应风险点强化审计程序、扩大抽查比例、增加审计证据，有效防范和控制审计风险，提升审计质量。

第二十一条 省级财政部门对会计师事务所执业许可条件情况开展监督检查，应当重点检查以下内容：

（一）合伙人（有限责任会计师事务所为股东，下同）是否符合任职条件；

（二）合伙人人数是否符合条件；

（三）合伙人信息是否与工商登记一致；

（四）注册会计师人数是否符合条件；

（五）是否存在允许其他单位、其他单位团队或个人挂靠在本所，以本所名义承办业务的情形；

（六）是否存在借用、冒用其他会计师事务所名义承办业务的情形；

（七）是否存在会计师事务所、合伙人或注册会计师发生变更、终止等情况未按规定备案的情形；

（八）是否存在被非注册会计师实际控制的情形；

（九）是否存在违反注册会计师行业管理政策的其他行为。

第二十二条 省级财政部门对会计师事务所一体化管理情况开展监督检查，应当按照会计师事务所一体化管理有关规定，对会计师事务所人员管理、财务管理、业务管理、技术标准和质量管理、信息化建设等方面情况进行检查。

第二十三条 省级财政部门对会计师事务所及其从业人员独立性保持情况开展监督检查，应当重点检查以下内容：

（一）是否同时为被审计单位提供可能损害其独立性且未采取有效应对措施的非鉴证业务；

（二）审计收费是否采取或有收费方式，如，被审计单位根据审计意见类型、是否能够实现上市、发债等支付部分或全部审计费用；

（三）项目组人员（含项目合伙人，下同）、质量复核人员是否与被审计单位董事、高级管理人员存在主要近亲属关系以及其他可能损害其独立性的利害关系；

（四）项目组人员、质量复核人员是否存在索取、收受被审计单位合同约定以外的酬金或其他财物的行为；

（五）项目组人员、质量复核人员是否持有被审计单位股票；

（六）项目组人员、质量复核人员是否兼任被审计单位董事、监事或高管；

（七）是否未按规定轮换有关审计人员。

第二十四条　省级财政部门对会计师事务所信息安全情况开展监督检查，应当重点检查以下内容：

（一）存储业务工作、被审计单位资料的数据服务器和信息技术应用服务器是否架设在中国境内，是否设置安全隔离或备份；

（二）对本条第（一）项所列服务器的访问以及相关数据调用是否在法定期限内保存清晰完整的日志；

（三）审计数据保存是否符合国家保密工作规定及被审计单位信息保密要求；

（四）是否建立审计工作底稿出境涉密筛查制度及程序；

（五）是否对境外网络成员所或合作所访问会计师事务所信息系统设有隔离、限制、权限管理等措施。

第二十五条　省级财政部门对会计师事务所职业风险防范情况开展监督检查，应当重点检查以下内容：

（一）职业风险基金计提、使用情况；

（二）职业责任保险购买、赔付情况。

第二十六条　省级财政部门应当加强对本行政区域内未经批准承办《中华人民共和国注册会计师法》第十四条规定的注册会计师业务的单位和个人的检查，并依法予以处罚。

第四章　附　则

第二十七条　省级以上财政部门根据本办法对会计师事务所及其注册会计师进行监督检查，对于存在违法违规行为的会计师事务所及相关注册会计师，应当依法作出处理处罚。

第二十八条　省级以上财政部门工作人员在监督检查过程中，滥用职权、玩忽职守、徇私舞弊或泄露国家秘密、商业秘密的，按照《中华人民共和国公务员法》等国家有关规定追究相应责任；涉嫌犯罪的，依法移送有关机关处理。

第二十九条　本办法所称执业，是指注册会计师执行《中华人民共和国注册会计师法》第十四条规定的业务。

第三十条　本办法由财政部负责解释，自2022年7月1日起施行。

6.关于印发《会计信息化发展规划（2021—2025年）》的通知

财会〔2021〕36号

国务院有关部委、有关直属机构，各省、自治区、直辖市、计划单列市财政厅（局），新疆生产建设兵团财政局，财政部各地监管局，有关单位：

为科学规划、全面指导"十四五"时期会计信息化工作，根据《会计改革与发展"十四五"规划纲要》（财会〔2021〕27号）的总体部署，我部制定了《会计信息化发展规划（2021—2025年）》。现印发你们，请认真贯彻执行。

各地区、各部门制定的本地区（部门）的会计信息化发展规划或实施方案及进展情况，请及时报我部（会计司）。

附件：会计信息化发展规划（2021—2025年）

财政部
2021年12月30日

附件：

会计信息化发展规划（2021—2025年）

为科学规划"十四五"时期会计信息化工作，指导国家机关、企业、事业单位、社会团体和其他组织（以下统称单位）应用会计数据标准，推进会计数字化转型，支撑会计职能拓展，推动会计信息化工作向更高水平迈进，根据《中华人民共和国国民经济和社会发展第十四个五年规划和2035年远景目标纲要》《财政"十四五"规划》和《会计改革与发展"十四五"规划纲要》有关精神，制定本规划。

一、面临的形势与挑战

（一）"十三五"时期会计信息化工作回顾

——会计信息化建设有序推进，夯实了会计转型升级基础。各单位积极推进会计信息化建设，部分单位实现了会计核算的集中和共享处理，推动会计工作从传统核算型向现代管理型转变。单位内部控制嵌入信息系统的程度不断提升，为实施精准有效的内部会计监督奠定了基础。

——业财融合程度逐步加强，提升了单位经营管理水平。会计信息系统得到普遍推广应用，为单位会计核算工作提供了有力保障。企业资源计划（ERP）逐步普及，促进了会计信息系统与业务信息系统的初步融合，有效提升了单位服务管理效能和经营管理水平。

——新一代信息技术得到初步应用，推动了会计工作创新发展。大数据、人工智能、移动互联、云计算、物联网、区块链等新技术在会计工作中得到初步应用，智能财务、财务共享等理念以及财务机器人等自动化工具逐步推广，优化了会计机构组织形式，拓展了会计人员工作职能，提升了会计数据的获取和处理能力。

——电子会计资料逐步推广，促进了会计信息深度应用。企业会计准则通用分类标准持续修订完善，在国资监管、保险监管等领域有效实施；修订《会计档案管理办法》，出台电子会计凭证报销入账归档相关规定，推动电子会计资料普遍推广，促进了会计信息的深度应用。

在会计信息化工作取得一定成效的同时，还应当正视存在的问题和不足，主要表现在：会计信息化发展水平不均衡，部分单位会计信息系统仅满足传统会计核算需要，未能对业务和管理形成支撑和驱动，业财融合程度有待进一步加强；有些行业和单位仍存在"信息孤岛"现象，会计数据未能有效共享，无法充分发挥会计数据作用；会计数据标准尚未完全统一，制约了会计数字化转型进程，未能对会计、审计工作起到应有的支撑作用；对会计信息安全的实践和理论研究不够，会计信息化工作的创新发展受到制约；社会合力推进会计信息化的氛围不浓，会计信息化对会计职能拓展的支撑不够有力；会计信息化资金投入和人才培养不足。这些问题需要在"十四五"时期切实加以解决。

（二）"十四五"时期会计信息化工作面临的形势与挑战

——经济社会数字化转型全面开启。随着大数据、人工智能等新技术创新迭代速度加快，经济社会数字化转型全面开启，对会计信息化实务和理论提出了新挑战，也提供了新机遇。运用新技术推动会计工作数字化转型，需要加快解决标准缺失、制度缺位、人才缺乏等问题。

——单位业财融合需求更加迫切。一方面，业务创新发展和新技术创新迭代不断提出新的业财融合需求；另一方面，多数单位业财融合仍处于起步或局部应用阶段，推动业财深度融合的需求较为迫切。

——会计数据要素日益重要。随着数字经济和数字社会发展，数据已经成为五大生产要素之一。会计数据要素是单位经营管理的重要资源。通过将零散的、非结构化的会计数据转变为聚合的、结构化的会计数据要素,发挥其服务单位价值创造功能,是会计工作实现数字化转型的重要途径。进一步提升会计数据要素服务单位价值创造的能力是会计数字化转型面临的主要挑战。

——会计数据安全风险不容忽视。随着基于网络环境的会计信息系统的广泛应用,会计数据在单位内部、各单位之间共享和使用,会计数据传输、存储等环节存在数据泄露、篡改及损毁的风险,会计信息系统和会计数据安全风险不断上升,需要采取有效的防范措施。

二、总体要求

(一)指导思想

以习近平新时代中国特色社会主义思想为指导,全面贯彻党的十九大和十九届历次全会精神,立足新发展阶段,完整、准确、全面贯彻新发展理念,构建新发展格局,推动高质量发展,紧紧围绕服务经济社会发展大局和财政管理工作全局,积极支持加快数字化发展、建设数字中国,提升会计信息化水平,推动会计数字化转型,构建形成国家会计信息化发展体系,充分发挥会计信息在服务宏观经济管理、政府监管、会计行业管理、单位内部治理中的重要支撑作用。

(二)基本原则

——立足大局、服务发展。准确把握全球信息化脉搏和趋势,贯彻落实国家有关信息化、数字化、智能化发展战略部署,服务我国经济社会发展、财政管理工作、会计管理工作和单位会计数字化转型。

——问题导向、精准发力。直面"十三五"期间会计信息化发展中的痛点难点问题,充分把握新时代会计数字化转型的新形势、新机遇,集中力量解决会计信息化进程中面临的重点难点问题。

——统筹谋划、分步实施。坚持系统化发展理念,注重统筹谋划、合理布局,坚持重点突破、分步实施,逐步建立会计信息化可持续协调发展的长效机制。

——鼓励创新、包容共享。以技术和管理创新为动力,鼓励社会各方在符合相关法律、法规和制度的前提下,利用新一代信息技术开展各种会计信息化应用探索,促进会计信息化工作创新发展。

——稳妥有序、确保安全。在全国会计信息化水平仍不均衡的条件下,推动各地区、各部门根据不同发展阶段实际需要,有序开展会计信息化建设。加强会计信息安全风险防范,确保我国会计信息系统总体安全。

(三)总体目标

"十四五"时期,我国会计信息化工作的总体目标是:服务我国经济社会发展大局和财政管理工作全局,以信息化支撑会计职能拓展为主线,以标准化为基础,以数字化为突破口,引导和规范我国会计信息化数据标准、管理制度、信息系统、人才建设等持续健康发展,积极推动会计数字化转型,构建符合新时代要求的国家会计信息化发展体系。

——会计数据标准体系基本建立。结合国内外会计行业发展经验以及我国会计数字化转型需要,会同相关部门逐步建立健全覆盖会计信息系统输入、处理、输出等各环节的会计数据标准,形成较为完整的会计数据标准体系。

——会计信息化制度规范持续完善。落实《中华人民共和国会计法》等国家相关法律法规的新要求,顺应会计工作应用新技术的需要,完善会计信息化工作规范、软件功能规范等配套制度规范,健全会计信息化安全管理制度和安全技术标准。

——会计数字化转型升级加快推进。加快推动单位会计工作、注册会计师审计工作和会计管理工作数字化转型。鼓励各部门、各单位探索会计数字化转型的实现路径,运用社会力量和市场机制,逐步实现全社会会计信息化应用整体水平的提升。

——会计数据价值得到有效发挥。提升会计数据的质量、价值与可用性，探索形成服务价值创造的会计数据要素，有效发挥会计数据在经济资源配置和单位内部管理中的作用，支持会计职能对内对外拓展。

——会计监管信息实现互通共享。通过数据标准、信息共享机制和信息交换平台等方面的基础建设，在安全可控的前提下，初步实现监管部门间会计监管数据的互通和共享，提升监管效率，形成监管合力。

——会计信息化人才队伍不断壮大。完善会计人员信息化方面能力框架，丰富会计人员信息化继续教育内容，创新会计信息化人才培养方式，打造懂会计、懂业务、懂信息技术的复合型会计信息化人才队伍。

三、主要任务

（一）加快建立会计数据标准体系，推动会计数据治理能力建设

统筹规划、制定和实施覆盖会计信息系统输入、处理和输出等环节的会计数据标准，为会计数字化转型奠定基础。

——在输入环节，加快制定、试点和推广电子凭证会计数据标准，统筹解决电子票据接收、入账和归档全流程的自动化、无纸化问题。到"十四五"时期末，实现电子凭证会计数据标准对主要电子票据类型的有效覆盖。

——在处理环节，探索制定财务会计软件底层会计数据标准，规范会计核算系统的业务规则和技术标准，并在一定范围进行试点，满足各单位对会计信息标准化的需求，提升相关监管部门获取会计数据生产系统底层数据的能力。

——在输出环节，推广实施企业财务报表会计数据标准，推动企业向不同监管部门报送的各种报表中的会计数据口径尽可能实现统一，降低编制及报送成本、提高报表信息质量，增强会计数据共享水平，提升监管效能。

（二）制定会计信息化工作规范和软件功能规范，进一步完善配套制度机制

推动修订《中华人民共和国会计法》，为单位开展会计信息化建设、推动会计数字化转型提供法制保障。完善会计信息化工作规范和财务软件功能规范，规范信息化环境下的会计工作，提高财务软件质量，为会计数字化转型提供制度支撑。探索建立会计信息化工作分级分类评估制度和财务软件功能第三方认证制度，督促单位提升会计信息化水平，推动会计数据标准全面实施。

（三）深入推动单位业财融合和会计职能拓展，加快推进单位会计工作数字化转型

通过会计信息的标准化和数字化建设，推动单位深入开展业财融合，充分运用各类信息技术，探索形成可扩展、可聚合、可比对的会计数据要素，提升数据治理水平。夯实单位应用管理会计的数据基础，助推单位开展个性化、有针对性的管理会计活动，加强绩效管理，增强价值创造力。完善内部控制制度的信息化配套建设，推动内部控制制度有效实施。推动乡镇街道等基层单位运用信息化手段，提升内部控制水平。发挥会计信息化在单位可持续报告编报中的作用，加强社会责任管理。

（四）加强函证数字化和注册会计师审计报告防伪等系统建设，积极推进审计工作数字化转型

围绕注册会计师行业审计数据采集、审计报告电子化、行业管理服务数据、电子签章与证照等领域，构建注册会计师行业数据标准体系。鼓励会计师事务所积极探索全流程的智能审计作业平台及辅助工具，逐步实现远程审计、大数据审计和智能审计。大力推进审计函证数字化工作，制定、完善审计函证业务规范和数据标准，加快函证集中处理系统建设，鼓励函证数字平台发展和规范、有序、安全运行。探索建立审计报告单一来源制度，推动实现全国范围"一码通"，从源头上治理虚假审计报告问题。

（五）优化整合各类会计管理服务平台，切实推动会计管理工作数字化转型

优化全国统一的会计人员管理服务平台，完善会计人员信用信息，有效发挥平台的监督管理和社会服务作用。构建注册会计师行业统一监管信息平台，加强日常监测，提升监管效率和水平，加大信息披露力度。升级全国代理记账机构管理系统，实现对行业发展状况的实时动态跟踪，完善对代理记账机构的奖惩信息公示，提升事中事后监管效能。系统重塑会计管理服务平台，稳步推进会计行业管理信息化建设，运用会计行业管理大数据，为国家治理体系和治理能力现代化提供数据支撑。

（六）加速会计数据要素流通和利用，有效发挥会计信息在服务资源配置和宏观经济管理中的作用

以会计数据标准为抓手，支持各类票据电子化改革，推进企业财务报表数字化，推动企业会计信息系统数据架构趋于一致，制定实施小微企业会计数据增信标准，助力缓解融资难、融资贵问题，促进会计数据要素的流通和利用，发挥会计信息在资源配置中的支撑作用。利用大数据等技术手段，加强会计数据与相关数据的整合分析，及时反映宏观经济总体运行状况及发展趋势，为财政政策、产业发展政策以及宏观经济管理决策提供参考，发挥会计信息对宏观经济管理的服务作用。

（七）探索建立共享平台和协同机制，推动会计监管信息的互通共享

积极推动会计数据标准实施，在安全可控的前提下，探索建立跨部门的会计信息交换机制和共享平台。到"十四五"时期末，初步实现各监管部门在财务报表数据层面和关键数据交换层面上的数据共享和互认，基本实现财务报表数据的标准化、结构化和单一来源，有效降低各监管部门间数据交换和比对核实的成本，提升监管效能。

（八）健全安全管理制度和安全技术标准，加强会计信息安全和跨境会计信息监管

坚持积极防御、综合防范的方针，在全面提高单位会计信息安全防护能力的同时，重点保障各部门监管系统中会计信息的安全。针对不同类型的单位，建立健全会计信息分级分类安全管理制度、安全技术标准和监控体系，加强对会计信息系统的审计，建立信息安全的有效保障机制和应急处理机制。探索跨境会计信息监管标准、方法和路径，防止境内外有关机构和个人通过违法违规和不当手段获取、传输会计信息，切实保障国家信息安全。

（九）加强会计信息化人才培养，繁荣会计信息化理论研究

各单位要加强复合型会计信息化人才培养，高等院校要适当增加会计信息化课程内容的比重，加大会计信息化人才培养力度。在会计人员能力框架、会计专业技术资格考试大纲、会计专业高等和职业教育大纲中增加对会计信息化和会计数字化转型的能力要求。推动理论界研究会计数字化转型的理论与实践、机遇与挑战、安全与伦理等基础问题，研究国家会计数据管理体系等重大课题，开展会计信息化应用案例交流，形成一批能引领时代发展的会计信息化研究成果。

四、实施保障

（一）强化组织领导，明确职责分工

财政部要加强与中央有关主管部门的统筹协调，建立健全运行高效、职能明确、分工清晰的会计信息化工作机制，实现政策制定和政策实施的联动协调，形成推进合力。有条件的地区（部门）可以结合实际，制定本地区（部门）的会计信息化发展规划或实施方案，切实将规划各项任务落到实处。注册会计师协会要以行业信息化战略为引领，指导和推动会计师事务所数字化转型，推进行业高质量发展。充分发挥全国会计信息化标准化技术委员会的作用，加快制定会计信息化国家标准。

（二）精心推动实施，形成工作合力

单位负责人是本单位会计信息化工作的第一责任人，总会计师（或分管财务会计工作负责人）和财务会计部门要落实分管责任和具体责任。各单位要结合实际需要，制定会计信息化工作方案，加强组织实施和经费保障，切实推动本单位会计信息化工作。代理记账机构要积极探索会计资源共享服务理念，探索打造以会计数据为核心的数据聚合平台，支持中小微企业会计数据价值创造。财务软件和相关咨询行业要切实加强对会计信息化系列软件产品的研发，探索新技术在会计信息化工作中的具体应用，积极助力会计数字化转型。中国会计学会等专业学会协会和理论界要加强会计信息化最新理论研究，为会计数字化转型提供智力支持。

（三）加强监督考核，确保落地见效

各级财政部门和中央有关主管部门要对规划确定的目标任务进行细化分解，明确进度，落实责任，加强对会计信息化建设的指导、督促与落实。要定期检查、评估规划的落实情况，推广先进经验，针对存在问题及时采取有效措施，确保会计信息化规划确定的各项目标任务落到实处、取得实效。

附件：
1. 国家会计信息化发展体系图
2. 会计数据标准体系图
3. "十四五"时期会计信息化发展指标表

附件1：

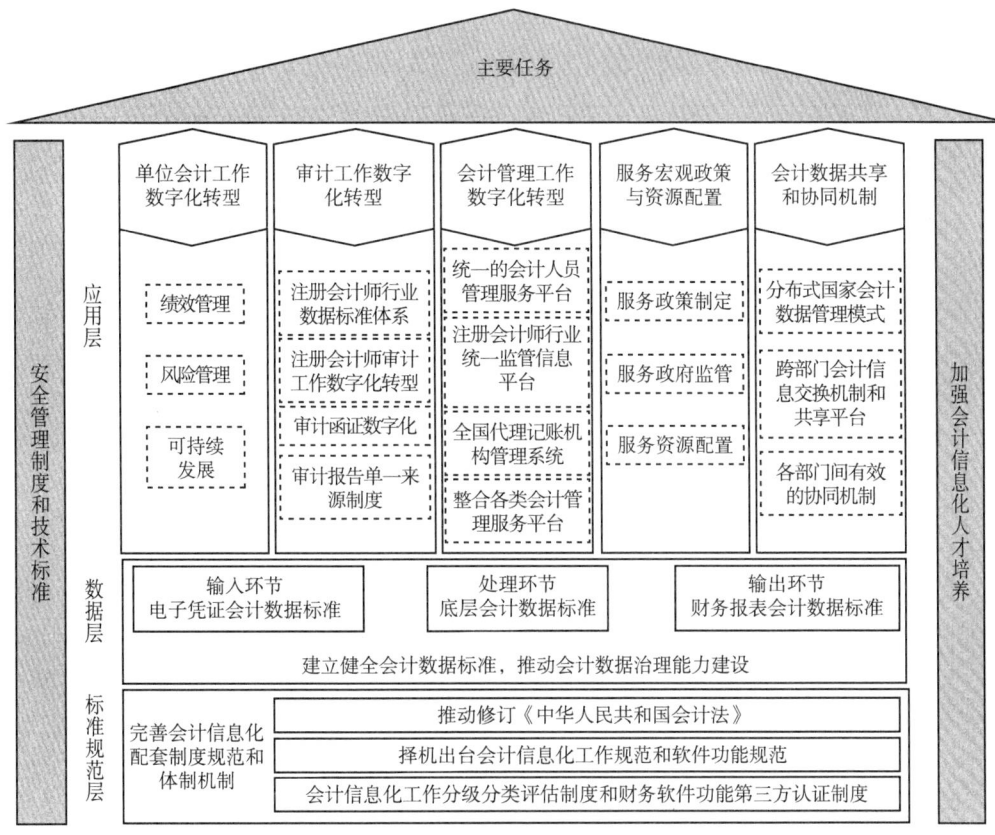

国家会计信息化发展体系图

附件2：

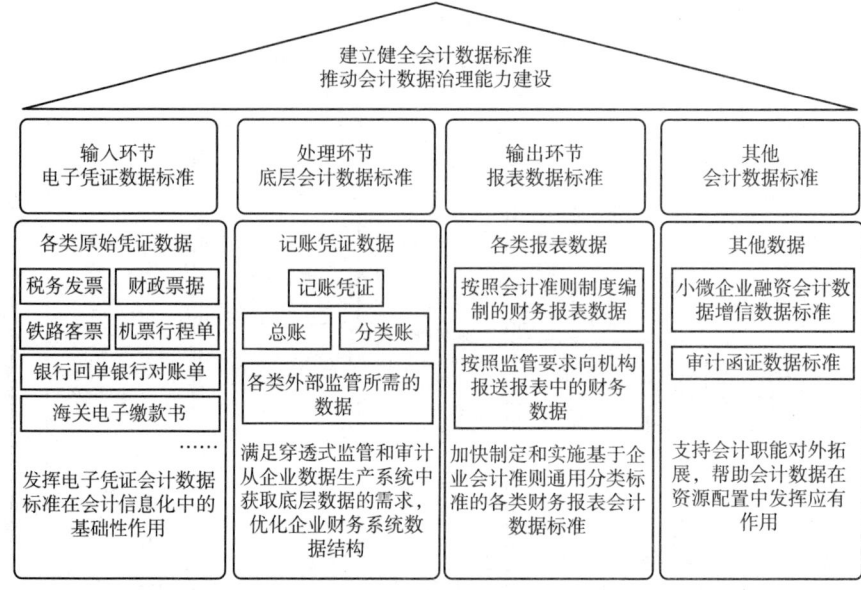

会计数据标准体系图

附件3：

"十四五"时期会计信息化发展指标表

指标	指标值	属性
1. 应用电子凭证会计数据标准的原始凭证类型占有原始凭证类型的比例	50%	预期性
2. 应用电子凭证会计数据标准的单位数量占非手工会计核算单位数量的比例	50%	预期性
3. 数字化银行函证数量占所有银行函证数量的比例	60%	预期性
4. 纳入审计报告防伪系统的审计报告数量占所有审计报告数量的比例	100%	预期性

7. 关于印发《会计行业人才发展规划（2021—2025年）》的通知

财会〔2021〕34号

国务院有关部委、有关直属机构，各省、自治区、直辖市、计划单列市财政厅（局），新疆生产建设兵团财政局，财政部各地监管局，有关单位：

根据《会计改革与发展"十四五"规划纲要》（财会〔2021〕27号）的总体部署，我部制定了《会计行业人才发展规划（2021—2025年）》，现印发你们，请认真贯彻执行。

各地区、各有关部门制定的本地区（部门）会计人才发展规划或配套政策措施及实施进展情况，请及时报我部会计司。

附件：会计行业人才发展规划（2021—2025年）

财政部
2021年12月23日

附件：

会计行业人才发展规划（2021—2025年）

为深入实施新时代人才强国战略，培养造就高素质专业化会计人才队伍，为高质量发展提供人才支撑，根据《中华人民共和国国民经济和社会发展第十四个五年规划和2035年远景目标纲要》《财政"十四五"规划》和《会计改革与发展"十四五"规划纲要》有关精神，结合会计人才工作实际，制定本规划。

一、发展情况和面临形势

（一）会计人才发展情况

会计人才是我国人才队伍的重要组成部分，是维护市场经济秩序、促进经济社会发展、推动会计改革发展的重要力量。《会计行业中长期人才发展规划（2010—2020年）》实施以来，财政部门会同相关部门加快完善会计人才各项制度，有效实施会计人才培养重大工程，积极营造会计人才发展良好环境，会计人才规模有序增长、人才结构不断优化、人才竞争力明显提升，会计人才在推动各单位提高现代化管理水平、引导社会资源合理配置、保障社会公众利益、维护国家经济安全和市场经济秩序中发挥了重要作用。一是会计人才建设各项制度不断健全。制定出台《会计人员管理办法》《会计专业技术人员继续教育规定》《中国注册会计师继续教育制度》《关于深化会计人员职称制度改革的指导意见》《关于加强会计人员诚信建设的指导意见》等，修订印发《全国会计专业技术资格无纸化考试考务规则》《全国会计专业技术资格考试评卷工作规则》等。二是会计人才队伍规模不断壮大。通过加强会计专业技术资格管理、注册会计师资格管理，有序推进会计人员、注册会计师继续教育和能力评价工作，加强会计学历教育和师资队伍建设，我国会计人才队伍规模稳步增长，整体素质明显提升。截至2020年底，我国共有670.20万人取得初级会计专业技术资格，242.02万人取得中级会计专业技术资格，20.57万人通过高级会计专业技术资格考试；我国注册会计师行业从业人员近40万人，会计师事务所合伙人（股东）3.6万人；在开设本科以上学历教育的高校及科研单位中从事会计教学科研工作的人员超过1.3万人。三是会计人才培养重大工程成效显著。实施一系列会计人才培养项目，加强对企业总会计师、行政事业单位财务负责人、会计师事务所合伙人、会计教学科研人才和国际化高端会计人才的培养，发挥高端会计人才的引领辐射作用，带动和推进各级各类会计人才队伍建设。截至2020年底，共有1802人入选全国高端会计人才培养工程，毕业1071人；实施大中型企事业单位总会计师素质提升工程，培训6.7万人次；实施国际化高端会计人才培养工程，招收90名学员；实施会计名家培养工程，70人入选，39人获得"会计名家"称号；全国会计硕士专业学位研究生培养单位从最初的24家发展到269家，已累计招生超过12万人，授予学位超过8万人。四是会计人才发展环境不断改善。会计职能作用得到有效发挥，国家级会计人才培养基地加快建设，区域重点会计人才支持政策相继推出，增设正高级会计师，会计职业发展空间进一步拓展。

（二）"十四五"时期会计人才发展面临的形势

"十四五"时期是我国全面建成小康社会、实现第一个百年奋斗目标之后，乘势而上开启全面建设社会主义现代化国家新征程、向第二个百年奋斗目标进军的第一个五年，会计人才工作面临新的机遇和挑战。

从机遇看，一是我国已转入高质量发展阶段，加快构建以国内大循环为主体、国内国际双循环相互促进的新发展格局，推进国家治理体系和治理能力现代化，将促使广大会计人才在挖掘经济增长潜能、优化经济结构，加强财会监督、防范化解重大风险，提升会计服务业发展能级和竞争力，推动经济社会持续健康发展等方面发挥更大作用。二是我国将深入实施新时代人才强国战略，加快建设世界重要人才中心和创新高地，深化人才发展体制机制改革，加快建立以创新价值、能力、贡献为导向的人才评价体系，全方位培养、引进、用好人才，将为我国会计人才干事创业营造更加积极的政策环境。

从挑战看，一是以信息技术、数字技术、人工智能为代表的新一轮技术革命催生了新产业、新业态、新模式，对会计理论、会计职能、会计组织方式、会计工具手段等产生了重大而深远的影响，需要会计理论工作者加强会计基础理论研究，推动我国会计理论创新发展；需要会计实务工作者深入应用新技术，推动会计审计工作数字化转型；需要会计管理工作者加强会计数据相关标准建设，推动会计数据资源开发利用。二是我国会计人才队伍区域发展差异较大，结构性失衡问题仍然存在，中西部地区会计人才队伍整体素质有待提高，基层行政事业单位会计力量亟需增强，高端会计人才仍然缺乏，难以满足高质量发展对创新型、复合型、国际化人才的要求。

二、总体要求

（一）指导思想

以习近平新时代中国特色社会主义思想为指导，深入贯彻党的十九大和十九届历次全会精神，增强"四个意识"、坚定"四个自信"、做到"两个维护"，全面贯彻习近平总书记关于新时代人才工作新理念新战略新举措，立足新发展阶段，贯彻新发展理念，服务构建新发展格局，推动高质量发展，坚持党管人才，坚持正确政治方向，坚持人才引领发展，加大人才发展投入，构建科学规范、开放包容、运行高效的会计人才培养体系，建立以诚信评价、专业评价、能力评价为维度的会计人才综合评价体系，形成识才爱才敬才用才的良好环境和政策优势，推动我国会计人才战略思维提升、创新能力发展、数字智能转型，提升我国会计人才教育培养综合实力和会计人才资源竞争优势，为全面建设社会主义现代化国家提供有力人才保障。

（二）基本原则

——坚持党管人才。坚持党对会计人才工作的全面领导，强化党组织领导和把关作用，全方位培养、引进、用好会计人才，突出会计人才政治能力建设，引导广大会计人才矢志爱国奉献、勇于创新创造。

——坚持立德树人。将立德树人作为会计人才教育培养的根本任务，弘扬社会主义核心价值观，加强会计法治教育、诚信自律教育、职业精神培育和专业能力建设，增强责任意识，提高担当本领，打造德才兼备、以德为先的会计人才队伍。

——强化顶层设计。围绕构建新发展格局和推动质量变革、效率变革、动力变革目标，有效整合会计人才政策措施，理顺政府、市场、社会、用人主体关系，明确各自功能定位，构建梯次分明、定位清晰、科学合理的会计人才发展工作体系。

——聚焦高端群体。面向经济主战场、面向国家重大战略需求，培养高层次会计人才，重点加强企业总会计师、行政事业单位财务负责人、会计师事务所合伙人、会计教学科研人才、国际化会计人才的培养，突出点上聚焦、以点带面、高端引领。

——注重整体提升。加大基层会计人才培养力度，重视青年人才培养，加强人才梯队建设，构建包括继续教育和学历教育等在内的终身学习培养体系，形成分层次、分类型、差异化的会计人才培养长效机制。

——加强协同推进。政府部门强化组织领导、政策支持、投入保障，激发高校、科研院所、企事业单位、社会团体和机构等参与会计人才建设工作的积极性和活力，构建政府、社会、市场协同推进的会计人才发展大格局。

（三）发展目标

"十四五"时期，通过深化改革，会计人才发展体制机制改革取得突破性进展，会计人才培养、评价、使用体系更加健全，会计人才创新活力充分激发，会计职业发展环境更加优化，会计人才对我国经济社会发展的支撑作用明显增强。

——会计人才结构不断优化，人才布局与经济社会发展更加协调。会计人才资源总量稳步增长，会计人才分布、层次和类别等结构更趋合理，中西部地区会计人才素质明显提升，行政事业单位会计人才队伍不断充实，高端会计人才数量比"十三五"期末增长35%，建设一批高水平会计人才高地和高层次会计人才聚集平台，在会计理论前沿领域有一批开拓者，在主要会计国际组织有一批决策参与者和专家团队，在企业、行政事业单位、会计师事务所的关键岗位有一批核心骨干力量。

——会计教育培养体系不断健全，人才培养效能显著提升。以提升职业素养、创新能力为重点，完善会计专业技术资格考试和职称评审、注册会计师考试、继续教育、学历教育等；优化会计人员教育培养布局结构，基本形成各级财政部门、用人单位、高校和科研院所、行业协会等共同参与的开放、协同、联动的会计人员终身学习教育培训体系，不断提高会计人才队伍的能力素质和整体水平，促进各级各类会计人才认真履行岗位职责、规范执行财经法规、有效维护社会主义市场经济秩序。

——会计人才评价体系不断完善，人才评价作用有效发挥。围绕新时代推进高质量发展对会计工作的新要求，完善会计人才评价标准，突出评价职业道德、能力素质和工作业绩，充分发挥会计专业技术资格考试评价在会计人才评价方面的重要作用，促进评价结果与会计人才培养、使用相结合。

——会计人才使用机制不断创新，人才使用效能明显提升。加强与组织部门、人才主管部门、用人单位联动，推动会计人才信息整合、数据共享，积极为会计人才拓展事业和实现价值提供机会、条件和平台，促进会计人才有效流动和优化配置，充分发挥会计人才在经济业务、经营活动、监督管理等业务关口的作用。

三、主要任务

（一）加强会计诚信建设

诚信是会计职业道德的重要内容，也是对会计行业的最基本要求。要加强会计法治建设，为会计诚信建设提供法律保障。通过修订会计法律制度、制定会计人员职业道德规范，修订完善注册会计师职业道德守则等，强化会计诚信意识，支持会计人员依法履职尽责，保护会计人员合法权益；完善会计法律责任体系，提高会计违法成本。要建立涵盖事前、事中和事后全过程的会计诚信体系，建立会计人员信用信息管理制度，规范信用信息归集、评价、利用，探索诚信积分管理机制，健全会计人员守信联合激励和失信联合惩戒机制，加强与有关部门合作，实现信用信息的互换、互通和共享，将会计人员信用信息作为会计人才选拔、培养、评价、使用的重要依据。支持会计相关行业协会建立健全信用承诺制度，加强行业自律。要加强会计法治教育、会计诚信教育和思政教育，将会计职业道德作为会计人才培养教育的重要内容，推动财会类专业教育加强职业道德和课程思政建设。要加大会计诚信宣传，组织开展先进会计工作者评选表彰，健全评选表彰机制，宣传先进事迹，鼓励会计人才主动担负起时代赋予的使命责任；加强对典型失信案例的警示教育。

（二）构建会计人才能力框架

会计人才能力框架是从事会计工作或履行会计相关岗位职责应具备的能力和要求的组合，包括知识、技能、价值观等。以经济发展需求和行业发展趋势为导向，遵循人才成长规律，把握会计职业特点，针对不同层次、不同类别的会计人才分别构建能力框架，强化对会计信息化能力的要求，推动各级各类会计人才适应会计工作数字化转型。以能力框架为指引，制定会计人员继续教育科目指南，修订中国注册会计师胜任能力指南，构建高端会计人才培养核心课程体系，积极引导广大会计人员根据职业发展要求，持续加强能力建设，推动会计工作更好地服务高质量发展。

（三）健全会计人才评价体系

会计人才评价是会计人才发展体制机制的重要部分，是会计人才资源开发管理和使用的前提。探索建立以诚信评价、专业评价、能力评价为维度的会计人才综合评价体系，充分发挥会计人才评价对会计人才教育培养的导向作用，促进广大会计人员提升能力、诚信执业。完善会计专业技术资格考试评价制度，修订会计专业技术资格考试大纲，加强会计专业技术资格考试组织实施管理，探索推进初级会计专业技术资格考试一年多考。加大对高级和正高级会计专业技术资格评审工作的指导力度，向艰苦边远地区适当放宽评审标准。研究会计专业技术资格考试、评审与注册会计师等职业资格考试科目互认、与会计专业学位研究生教育衔接的机制、与高端会计人才培养衔接的机制，减少重复评价，畅通各类会计人才流动、提升的渠道。

（四）完善继续教育管理体制机制

开展继续教育是建设高素质专业化会计人才队伍的基础性战略性工作。紧密结合经济社会和会计行业发展要求，以能力建设为核心，完善继续教育制度，丰富继续教育内容，创新继续教育方式，突出继续教育的针对性、差异化、实用性和前瞻性，持续提高继续教育质量。充分利用云计算、大数据、虚拟现实、人工智能等新技术，推进继续教育信息化平台建设和应用，提供标准统一、内容规范、质量优秀的会计人员继续教育课程和注册会计师胜任能力全要素模块课程，开展继续教育师资库建设。将继续教育完成情况作为参加会计人才评价、会计人才选拔、先进会计工作者评选的重要依据。加强对继续教育机构的指导和监督，鼓励继续教育机构提供优质继续教育课程资源。各地财政部门应加强对本地区基层会计人员继续教育的管理。各业务主管部门、用人单位应支持和保障会计人员、注册会计师参加继续教育。会计人员、注册会计师应主动适应岗位需要和职业发展要求完成继续教育，不断完善知识结构，增强创新能力，提高专业水平。

（五）加强高端会计人才培训培养

健全高端会计人才培训培养的有关制度安排，重点对大中型企业总会计师、行政事业单位财务负责人、会计师事务所合伙人等高端财会群体及其后备人员进行培训培养。完善以职业需求为导向、以实践能力为重点的高端会计人才培训培养模式，课上讲授与课下研讨相结合，课堂教学与现场教学相结合，线上培训与线下培训相结合，增强培训的实践性和实用性。财政部重点对中央单位和省级单位开展培训，设置短期培训和长期培训两个类别，短期培训聚焦岗位能力培训，长期培训着重加强中青年人才培养，有关培训资源将适当向艰苦边远地区倾斜。鼓励和支持各地财政部门加强对本地区单位重点群体的培训，并注重加强对本地区中小企业、民营企业、基层行政事业单位财务负责人和财政总预算会计以及代理记账机构负责人的培训。财政部推动全国高端会计人才培养纳入国家高端人才培养体系，各地财政部门应推动本地区高端会计人才培养纳入本级政府高端人才培养体系。各业务主管部门和用人单位应根据行业发展需求，有针对性地培养本行业、本领域、本单位的高端会计人才和涉外会计人才。各用人单位应鼓励和支持会计人员参加培训，并提供必要保障。

（六）推进会计学科专业体系建设

会计学科专业是会计人才培养的基础和载体。构建适应经济发展、产业结构调整、新技术革命、国家治理体系和治理能力现代化等新形势的会计学科专业体系，积极推进论证会计学一级学科申报和建设。把握数字化、网络化、智能化融合发展的契机，促进会计学科与其他学科的交叉融合。适当增加政府会计、管理会计、会计信息化相关课程内容的比重。财政部门配合教育部门深化会计学历教育改革，依托部分高校，聚焦直接影响会计学科专业体系建设的关键因素，从师资、课程、教材、教学内容、教学方式和实践基地等方面进行以战略思维、业财融合、数字智能为导向的教改研究和探索，推动产学研一体化发展。增强会计职业教育适应性，进一步完善培养机制。加强会计基础理论研究，争做国际学术前沿并行者乃至领跑者，开展战略性、全局性、前瞻性问题研究，创新科研组织模式，建立重点研究基地，打造一批新型高校智库，为重大会计政策制定提供支持。

（七）提升会计专业学位研究生教育质量

会计专业学位研究生教育主要培养具有较强专业能力、职业素养和创新思维的应用型会计人才。财政部会同国家教育主管部门、人才主管部门，面向会计行业当前及未来人才重大需求，开展会计硕士专业学位核心课程建设、教材建设、教学案例库建设和教育质量认证等工作；积极推进会计硕士专业学位教育与会计专业技术中级资格的衔接；积极推进设立会计博士专业学位，完善会计专业学位体系；优化跨院校的教师、学生之间的交流沟通学习平台，推进培养单位与实务部门在课程建设、实习实践和科学研究方面的合作。各培养单位要加大教学投入，健全教学激励机制，加强国际合作，建立培养方案动态调整机制，着力增强研究生实践能力、创新能力；培养优秀师资，引入和配备具有丰富实务经验、大数据分析等学科背景的会计青年教师；丰富课堂形式，采用案例教学、沙盘模拟、情景模拟、翻转课堂、整合性学习、线上线下混合式教学等教学方法；规范实习实践基地管理，与实践基地深入合作，开展符合实务导向要求的课外综合素质活动。

（八）搭建会计人员管理服务平台

搭建会计人员管理服务平台是贯彻落实"放管服"改革要求，加强会计人员事中事后管理的重要手段。财政部建设全国统一的会计人员管理服务平台，对会计人员的基础信息、信用信息、继续教育信息等进行采集、管理和维护，建设全国会计人才数据库，动态掌握会计人才发展状况。各省级财政部门建立本地区会计人员管理服务平台，为本地区会计人员提供特色服务。财政部门应充分利用信息化技术，加强会计人员信息的分析、查询、利用，推动会计人员信息互联与共享，为会计考试报名、证书办理、继续教育登记等提供便捷高效政务服务，注重保护会计人员信息安全；建立高端会计人才数据库，搭建高端会计人才交流平台，吸收优秀人才加入会计专业咨询委员会提供决策咨询、担任师资、开展课题研究，发挥会计人才专业力量。逐步建立起行业主管部门、组织部门、人才主管部门、用人单位、会计人才共同参与的会计人才服务体系。

（九）加大会计人才培养基地建设

会计人才培养基地是对会计人才进行知识更新和能力提升的服务平台。财政部加强国家会计学院建设，推动国家会计学院坚守高端培训办学使命，开展高端会计人才培养、会计专业学位研究生教育，创新培养模式、提高师资水平，打造高端会计人才培养主阵地；坚定特色发展办学方向，在高端会计人才培养、学位教育、智库建设中突出优势领域，形成差异定位协同发展新格局；坚持整合资源办学策略，切实发挥学院董事会、战略咨询委员会的咨询和支持作用，加强高质量在线学习平台建设，共建携手共进合作共赢大平台。鼓励和支持在北京、上海、粤港澳大湾区建设高水平会计人才高地，在高端会计人才集中的中心城市建设吸引和集聚会计人才的平台。鼓励和支持各地区重点针对地区、行业中急需紧缺的会计人才开展培训，为社会各单位和会计人员提供精细化的业务培训、能力提升等服务。鼓励和引导企业、高校、科研院所等参与会计人才联合培养，注重发挥会计行业组织（团体）在会计人才培养方面的作用，支持会计行业组织（团体）搭建会计学术交流、实践交流平台。

四、重大工程

为培养各领域的高端会计人才，财政部实施一系列重大会计人才培养工程，着力培养符合新时代高质量发展要求的大中型企业高端会计人才，符合新时代行政事业单位管理要求的高端会计人才，符合国家建设要求的注册会计师，符合教育改革要求、贴近会计实务的会计教学科研人才和学术带头人，符合会计国际交流合作需要的国际化高端会计人才。

（一）大中型企业总会计师培养工程

通过实施大中型企业总会计师培养工程，着力培养符合新时代高质量发展要求的大中型企业高端会计人才，即具有良好职业操守、新时代发展理念、管理创新能力、全球战略眼光、社会责任感，能够站在时代前沿和战略全局思考问题，为实现企业战略目标出谋划策；能够形成与企业发展相适应的财务管理模式，有效发挥财务工作对企业发展战略和经营决策的支撑作用，不断提升价值创造能力；能够充分利用国际国内两个市场、两种资源，为企业发展提出全球性解决方案；能够有效识别、研判和应对经营风险，为企业健康持续发展提供支持和保障；能够引领带动企业会计人才队伍发展。具体培养计划为：对中央企业一二三级企业、省级国有企业一二级企业、上市公司和地方重点企业总会计师开展轮训，提升总会计师岗位能力素质，每年培训约2900人，五年共培训14500人；选拔一批大中型企业优秀中青年会计人才进行重点培养，培养周期三年，每两年选拔1次，五年共选拔培养约240人。

（二）行政事业单位财务负责人培养工程

通过实施行政事业单位财务负责人培养工程，着力培养符合新时代行政事业单位管理要求的高端会计人才，即具有较高政治素养、专业水平、管理能力，能够有效实施政府会计准则制度体系，规范行政事业单位会计核算，提高会计信息质量；能够加强部门预算管理、资产负债管理和成本绩效管理，积极推进预算管理一体化，为进一步深化预算管理制度改革提供支持；能够加强单位内控建设、信息化建设和管理会计应用，推动单位会计人才队伍建设，有效提升单位规范化、科学化管理水平，提高公共服务的效率和效果。具体培养计划为：对国家和省级行政事业单位财务负责人开展轮训，提升财务负责人岗位能力素质，每年培训约720人，五年共培训约3600人；选拔一批行政事业单位优秀中青年会计人才进行重点培养，培养周期三年，每两年选拔1次，五年共选拔培养约120人。

（三）会计师事务所合伙人培养工程

通过实施会计师事务所合伙人培养工程，着力培养符合国家建设要求的注册会计师，即符合"政治型、职业型、专业型、复合型、国际型"要求，能够带头践行"独立、客观、公正"的职业精神，持续提升专业胜任能力，熟悉市场规则，具有国际视野，既"专"又"博"发挥辐射效应，推动价值提升；能够在规范会计服务市场，优化执业环境，提升会计师事务所治理水平、审计质量和服务国家建设能力，增强我国注册会计师行业国际竞争力等方面发挥重要作用。具体培养计划为：对会计师事务所合伙人开展轮训，提升会计师事务所合伙人执业能力和管理能力，每年培训约1000人，五年共培训约5000人；选拔一批会计师事务所优秀中青年人才进行重点培养，培养周期三年，每年选拔1次，五年共选拔培养约180人。

（四）会计教学科研人才培养工程

通过实施会计教学科研人才培养工程，着力培养符合教育改革要求、贴近会计实务的会计教学科研人才和学术带头人，会计教学科研人才应当具有良好师德师风、科研成果或教学效果突出，能够在加强会计理论和实践应用研究，推动会计学术创新和理论成果转化，融入国际学术前沿，创新教育教学方法，培养优秀会计人才，优化会计学科体系，提升会计学科地位等方面发挥重要作用；学术带头人应当在会计学术领域造诣精深、成就突出、享有较高声誉。具体培养计划为：选拔一批从事会计教学科研工作的优秀中青年人才进行重点培养，培养周期三年，每两年选拔1次，五年共选拔培养约120人；实施会计名家工程，发现、培养、举荐约15名造诣高深、成就突出、影响广泛的杰出会计理论与实务工作者。

（五）国际化高端会计人才培养工程

通过实施国际化高端会计人才培养工程，着力培养符合会计国际交流合作需要的国际化高端会计人才，即具有开阔的国际视野、丰富的实务经验、突出的专业能力、娴熟的英语技能，能够运用综合战略思维，参与企业会计准则国际治理；能够利用开放的会计国际交流与合作机制，在多双边会计国际场合中踊跃"发声"，积极影响国际会计标准制定；能够凭借过硬的专业能力，深入研究国际财务报告准则项目，为我国会计准则建设贡献智慧和力量。具体培养计划为：选拔培养约150名国际化高端会计人才，通过参与国际会计标准制定和国际交流合作、发表会计专业意见、担任财政部企业会计准则咨询委员会委员等方式，为我国参与国际会计标准制定建言献策，提高我国在国际会计领域的话语权和影响力。

五、实施保障

（一）加强组织领导

财政部负责本规划的统筹协调、宏观指导和组织实施工作，制定重点工程实施办法。各级财政部门和中央有关主管部门要重视会计人才工作，支持开展会计人才培养，加强政策协调，健全工作机制，切实抓好规划的贯彻落实。各地区（部门）可以结合实际，制定本地区（部门）的会计人才发展规划或制定支持本地区（部门）会计人才发展的政策措施。各用人单位要重视会计人才队伍建设，优化本单位会计人才发展环境，为会计人才成长提供必要的平台和经费支持，切实发挥会计人才作用。

（二）加大宣传引导

各级财政部门和中央有关主管部门要通过各种渠道和形式大力宣传规划的重大意义、指导思想、基本原则、目标任务、重大工程，积极回应社会关切，及时宣传实施中的典型经验、做法和成效，引导社会各界关注会计人才，支持会计人才工作，营造全社会关心尊重会计人才、重视支持会计人才发展的良好氛围。

（三）强化管理队伍

财政部加强对会计管理人才、财会监督检查人才的培训培养，通过组织承担重点专项任务、重大课题等，提升各级会计管理人才、财会监督检查人才的专业素质、管理能力和服务水平。各地财政部门和中央有关主管部门要加强本地区（部门）会计管理、财会监督队伍的建设，更好发挥会计管理人才、财会监督检查人才在推动会计法律法规和国家统一的会计制度的贯彻实施、加强财会监督检查、提升会计服务管理水平、营造良好会计环境等方面的作用。

（四）做好跟踪反馈

各省级财政部门和中央有关主管部门要及时跟踪、总结规划实施情况，对于形成的先进经验、创新做法以及取得的成效等形成书面材料报财政部，财政部采取适当方式进行总结推广。各省级财政部门和中央有关主管部门要及时了解规划实施中出现的情况和问题，及时调整完善政策措施，确保各项任务和要求落实到位。

8. 关于加大审计重点领域关注力度控制审计风险进一步有效识别财务舞弊的通知

财会〔2022〕28号

各省、自治区、直辖市财政厅（局），深圳市财政局，新疆生产建设兵团财政局，各注册会计师协会，各会计师事务所：

为贯彻落实《国务院办公厅关于进一步规范财务审计秩序促进注册会计师行业健康发展的意见》（国办发〔2021〕30号），指导会计师事务所和注册会计师提高应对财务舞弊的执业能力，充分发挥审计鉴证作用，现就有关事项通知如下。

一、充分认识加大审计重点领域关注力度、控制审计风险、进一步有效识别财务舞弊的重要意义

随着我国社会主义市场经济高质量发展深入推进，注册会计师行业规模和服务范围不断扩大，在社会主义市场经济建设中发挥着日益重要的作用。中央领导高度重视注册会计师行业，多次作出重要批示指示。国办发〔2021〕30号文件明确要求各地区、各部门从经济社会发展和全面深化改革开放的大局出发，充分认识推动注册会计师行业健康发展的重要性，将相关工作摆到重要议事日程。注册会计师行业发展总体向好，为提升会计信息质量和经济效率、维护市场秩序作出了重要贡献。但仍然存在少数会计师事务所和注册会计师在执行审计业务时未严格遵守审计准则、在一些审计重点领域审计程序执行不到位、审计证据获取不充分、未能有效揭示财务舞弊等问题，引发社会各界对会计师事务所职责履行效果的高度关注。因此，指导会计师事务所和注册会计师加大审计重点领域关注力度、控制审计风险、进一步有效识别财务舞弊，是推动注册会计师行业切实履行审计鉴证职责、合理保证会计信息质量、帮助财务报告使用者作出有效决策判断的重要举措，是保障注册会计师行业长远健康发展的重要基础，是回应社会关切、维护市场秩序和公众利益的重要手段。

二、会计师事务所要不断健全质量管理体系，完善审计程序

完善的质量管理体系是提升会计师事务所整体审计质量、防范审计风险的基石。各会计师事务所要高度重视，对标《会计师事务所质量管理准则第5101号——业务质量管理》《会计师事务所质量管理准则第5102号——项目质量复核》《中国注册会计师审计准则第1121号——对财务报表审计实施的质量管理》，充分认识构建完善质量管理体系任务的系统性、复杂性，扎实做好贯彻实施工作，确保按照时间要求建成并运行在全所范围内统一的质量管理体系。会计师事务所治理层要高度重视、深度参与和引领推动，依照事务所自身规模、服务范围、业务性质和具体情形，"量身定制"符合自身实际情况的质量管理体系框架，杜绝盲目"照搬照抄"。各会计师事务所要认真对照本通知要求，查找自身在审计环节中存在的突出问题与薄弱环节，及时有效识别、评价和应对其对执业质量的不利影响，相应完善自身审计程序。进驻企业前要多方渠道收集企业财务、经营信息并形成客户风险分析和应对报告，进驻企业后要对存在财务舞弊行为的重点领域采取针对性审计程序，切实防范、揭示会计造假行为。实施整合审计时，要高度关注管理层凌驾内部控制之上的风险。

三、注册会计师要严格执行审计准则，提高应对财务舞弊的执业能力

注册会计师要严格执行审计准则，在整个审计过程中保持充分的职业怀疑，对财务舞弊等风

险因素保持警觉，当识别出可能存在由于财务舞弊导致的错报且涉及管理层时，应当考虑重新评价由于财务舞弊导致的重大错报风险的评估结果，以及该结果对审计程序的性质、时间安排和范围的影响。要针对相应风险点强化审计程序、扩大抽查比例、增加审计证据，有效控制审计风险。要在审计过程中对企业遵守会计准则情况作出职业判断；要在做好其他领域审计的同时，加大对货币资金、存货、在建工程和购置资产、资产减值、收入、境外业务、企业合并、商誉、金融工具、滥用会计政策和会计估计、关联方关系及交易等11个近年来财务舞弊易发高发领域的关注力度，做好有效应对（详见附件）。

四、财政部门、注册会计师协会要持续加强审计秩序管理和业务指导

财政部门、注册会计师协会在开展会计师事务所执业质量检查中，要对会计师事务所在上述重点领域是否贯彻风险导向审计理念、相关审计程序是否实施到位、获取的审计证据是否足以有效支持审计报告意见类型等列入重点关注范围。要进一步规范审计秩序，严格依法依规处理处罚，坚决清理注册会计师行业"害群之马"，强化震慑，促进会计师事务所提升执业质量和职业声誉、注册会计师提升专业胜任能力和塑造职业精神。中国注册会计师协会要动态掌握注册会计师审计过程中遇到的新领域、新情况、新问题，在国务院财政部门指导下及时充实、完善审计准则，发布问题解答，加强对注册会计师审计业务的规范和指导。

本通知自2022年11月1日起施行。

附件：财务舞弊易发高发领域及重点应对措施

财政部
2022年9月30日

附件：

财务舞弊易发高发领域及重点应对措施

会计师事务所和注册会计师在审计过程中，要严格执行执业准则规则，控制审计风险，在做好其他领域审计的同时，加大对下列近年来财务舞弊易发高发领域的关注力度，合理运用职业判断，对发现的可能存在的舞弊风险做好有效应对。

一、货币资金相关舞弊风险应对措施

（一）针对虚构货币资金相关舞弊风险。一是严格实施银行函证程序，保持对函证全过程的控制，恰当评价回函可靠性，深入调查不符事项或函证程序中发现的异常情况；二是关注货币资金的真实性和巨额货币资金余额以及大额定期存单的合理性；三是了解企业开立银行账户的数量及分布，是否与企业实际经营需要相匹配且具有合理性，检查银行账户的完整性和银行对账单的真实性；四是分析利息收入和财务费用的合理性，关注存款规模与利息收入是否匹配，是否存在"存贷双高"现象；五是关注是否存在大额境外资金，是否存在缺少具体业务支持或与交易金额不相匹配的大额资金或汇票往来等异常情况。

（二）针对大股东侵占货币资金相关舞弊风险。一是识别企业银行对账单中与实际控制人、控股股东或高级管理人员的大额资金往来交易，关注是否存在异常的大额资金流动，关注资金往来是否以真实、合理的交易为基础，关注利用无商业实质的购销业务进行资金占用的情况；二是分析企业的交易信息，识别交易异常的疑似关联方，检查企业银行对账单中与疑似关联方的大额资金往来交易，关注资金或商业汇票往来是否以真实、合理的交易为基础；三是关注期后货币资金重要账户的划转情况以及资金受限情况；四是通过公开信息等可获取的信息渠道了解实际控制人、控股股东财务状况，关注其是否存在资金紧张或长期占用企业资金等情况，检查大股东有无高比例股权质押的情况。

（三）针对虚构现金交易相关舞弊风险。一是结合企业所在行业的特征恰当评价现金交易的合理性，检查相关内部控制是否健全、运行是否有效，是否保留了充分的资料和证据；二是计算月现金销售收款、现金采购付款的占比，关注现金收、付款比例是否与企业业务性质相匹配，识别现金收、付款比例是否存在异常波动，并追查波动原因；三是了解现金交易对方的情况，关注使用现金结算的合理性和交易的真实性；四是检查大额现金收支，追踪来源和去向，核对至交易的原始单据，关注收付款方、收付款金额与合同、订单、出入库单相关信息是否一致；五是检查交易对象的相关外部证据，验证其交易真实性；六是检查是否存在洗钱等违法违规行为。

二、存货相关舞弊风险应对措施

（一）针对虚构存货相关舞弊风险。一是根据存货的特点、盘存制度和存货内部控制，设计和执行存货监盘程序；二是关注是否存在金额较大且占比较高、库龄较长、周转率低于同行业可比公司等情形的存货，分析评价其合理性；三是严格执行分析性程序，检查存货结构波动情况，分析其与收入结构变动的匹配性，评价产成品存货与收入、成本之间变动的匹配性；四是对异地存放或由第三方保管或控制的存货，严格执行函证或异地监盘等程序。

（二）针对账外存货相关舞弊风险。一是在其他资产审计中，关注是否有转移资产形成账外存货的情况；二是关注存货盘亏、报废的内部控制程序，关注是否有异常大额存货盘亏、报废的情况；三是存货监盘中，关注存货的所有权及完整性；四是关注是否存在通过多结转成本、多报耗用数量、少报产成品入库等方式，形成账外存货。

三、在建工程和购置资产相关舞弊风险应对措施

（一）针对利用在建工程掩盖舞弊的风险。一是检查是否存在与企业整体生产经营规划不符或与预算不符的异常在建工程项目；二是检查是否存在非正常停工或长期未完工的工程项目，关注有无通过虚构在建工程项目或虚增在建工程成本进行舞弊的情形。

（二）针对通过购置固定资产实施舞弊的风险。一是复核购置固定资产的理由及其合理性；二是检查购置固定资产相关的采购合同、采购发票等，判断固定资产计价的准确性，关注是否存在混淆费用和成本属性来操纵利润的情形；三是复核已入账固定资产的验收情况，观察固定资产是否确实存在并了解其使用情况。

四、资产减值相关舞弊风险应对措施

（一）针对通过不恰当计提减值准备人为调整资产账面价值的舞弊风险。一是对于存在减值迹象的资产，复核企业资产减值的测试过程和结果，评价管理层作出的与资产减值相关的重大判断和估计，必要时利用专家工作；二是对于持续存在减值迹象的资产，关注一次性大额计提减值的合理性，以及是否存在以前年度未予充分计提减值的情况。

（二）针对通过不恰当计提坏账准备人为调整利润的舞弊风险。一是复核企业对应收账款进行信用风险评估的相关考虑和客观证据，评价是否恰当识别各项应收账款的信用风险特征；二是评价应收账款账龄与预期信用损失计算的合理性，复核计提坏账准备的准确性，检查计提方法是否按照坏账政策执行；三是检查应收账款的期后回款情况，关注是否存在通过虚构回款冲减往来款等情形，评价应收账款坏账准备计提的合理性。

五、收入相关舞弊风险应对措施

（一）针对收入确认存在的舞弊风险因素。一是客观评价企业哪些类型的收入或收入认定可能存在重大舞弊风险；二是严格核查收入的交易背景，关注是否存在复杂的收入安排，收入确认是否取决于较高层次的管理层判断等；三是详细查阅是否存在股权激励等可能构成舞弊动机的事项；四是关注企业管理层变更后，收入确认政策是否发生重大变化。

（二）针对虚增或隐瞒收入舞弊风险。一是严格执行针对收入的分析程序，关注报告期毛利率明显偏高或毛利率波动较大、经营活动现金流量与收入不匹配等情况；二是借助数据分析工具，加强对收入财务数据与业务运营数据的多维度分析，有效识别异常情况；三是检查交易合同，并综合运用函证、走访、实地调查等方法，关注商业背景的真实性、资金资产交易的真实性、销售模式的合理性和交易价格的公允性等，识别是否存在虚构交易或进行显失公允的交易等情况，必要时，延伸验证相关交易的真实性；四是将业务系统和财务系统纳入信息系统一般控制和应用控制进行评价和测试，关注有无异常设定的超级用户等情况；五是分析收入确认政策的合规性，关注是否存在不恰当地以总额法代替净额法核算等情形。

（三）针对提前或延迟确认收入舞弊风险。一是严格实施收入截止测试，关注收入是否被计入恰当的期间；二是检查临近期末执行的重要销售合同，关注是否存在异常的定价、结算、发货、退货、换货或验收条款，关注期后是否存在退货以及改变或撤销合同条款的情况；三是复核重要合同的重要条款，关注是否存在通过高估履约进度，或将单项履约义务的销售交易拆分为多项履约义务实现提前确认收入以及通过将多项履约义务合并为单项履约义务延迟确认收入的情况。

六、境外业务相关舞弊风险应对措施

（一）针对虚构境外经营相关舞弊风险。一是结合境外业务所在国家或地区的经济环境和企业自身发展情况，评价境外经营的合理性；二是检查境外业务供应链、交易流程、相关内部控制和财务报告编制流程，关注境外经营的真实性；三是充分了解企业内外部风险因素，关注企业面临业绩压力、存在扭亏为盈等重大变化下管理层的舞弊风险，评价是否存在可能导致对其持续经营

能力产生重大疑虑的情况，重点关注企业境外经营所在地是否存在影响持续经营的事项。

（二）针对虚构境外收入相关舞弊风险。一是分析境外销售毛利率是否存在异常，相同或类似产品是否存在境外销售价格明显高于境内、境外销售毛利率明显高于境内等情形；二是核查企业海关出口数据、出口退税金额、境外客户应收账款函证情况、物流运输记录、发货验收单据、出口信用保险数据等，评估其是否与境外销售收入相匹配；三是检查企业汇兑损益的计算是否准确，是否与现有销售收入相匹配；四是关注境外业务的结算方式，销售回款是否来自签订业务合同的往来客户，对存在第三方代收货款情形的，关注是否与第三方回款的支付方存在关联关系或其他利益安排，充分评估第三方回款的必要性和商业合理性。

（三）针对利用境外业务虚增虚构资产舞弊风险。一是对于储存在境外银行的货币资金，执行银行函证程序，关注是否存在被冻结的货币资金，是否存在大额境外资金，以及缺少具体业务支持或与交易金额不相匹配的大额资金或汇票往来等异常情况；二是对于源自境外客户的应收款项，考虑相关公司的信用风险、当前状况及未来经济情况的预测，评估管理层计提的预期信用减值损失是否恰当，检查是否存在大额应收款项减值或核销等情况；三是对于已通过海运或空运等方式发货但尚未到达海外客户的存货，向货运公司函证以验证存货的数量和金额，关注相关交易的真实性；四是关注税收缴纳等特殊领域，考虑利用专家工作，并充分评估专家的胜任能力、专业素质、客观性和工作结果。

七、企业合并相关舞弊风险应对措施

（一）针对操纵合并范围实施舞弊的风险。一是检查控制的判断依据，充分关注与被投资企业相关安排的设计目的与意图，综合考虑有关合同、协议等约定的相关主体财务和经营决策、决策人员权力限制、利润分享或损失承担机制等因素，判断是否对被投资企业具有控制，并据此确定合并财务报表的合并范围是否恰当；二是评估未纳入合并范围的子公司可能对财务会计报告整体产生的影响，关注有无人为调整合并范围的情形。

（二）针对滥用企业合并实施舞弊的风险。一是关注企业合并的商业实质，是否与合并方的发展战略协同，特别是涉及复杂的交易、付款安排，相关的会计处理是否符合实质重于形式原则；二是检查被合并企业的业绩真实性、财务数据合理性，是否存在通过虚增收入达到高溢价并购以及并购业绩承诺精准达标的情况；三是关注被合并企业的内部控制情况，是否存在隐性关联方交易、违规为关联方担保、大股东违规占用资金等问题。

八、商誉相关舞弊风险应对措施

（一）针对确认高额商誉相关舞弊风险。一是分析企业合并对价合理性、商誉金额的合理性、企业合并过程中专家意见的合理性；二是复核企业合并中合并成本计量的准确性，判断是否存在应计入合并成本中的或有对价；三是检查企业是否以购买日公允价值重新确认和计量被购买方所有可辨认资产和负债（包括被购买方拥有但未在个别财务报表中确认的资产和负债），是否因未能恰当识别和确认被购买方的可辨认资产（尤其是无形资产）和负债而形成高额商誉。

（二）针对商誉未被恰当分摊至相关资产组或资产组组合的舞弊风险。一是评价管理层商誉分摊方法的恰当性，判断是否存在为了避免计提商誉减值准备而扩大分摊商誉资产组或资产组组合的范围，将商誉分摊至可收回金额较高但与商誉不相关的资产组的情况；二是检查购买日后相关资产组或资产组组合发生了重组、处置等变化，或某些资产组已经与商誉不再相关时，是否对商誉进行重新分摊；三是检查是否存在人为安排合并范围内子公司间的交易，以提高资产组的相关收入或盈利的情形。

（三）针对商誉减值测试过程中的相关舞弊风险。一是评价与管理层进行商誉减值测试相关的内部控制设计和运行的有效性；二是复核管理层商誉减值测试方法的合理性及一致性，评价管理层在减值测试中采用的关键假设的合理性并核实与上年关键假设的变化,关注盈利预测所使用基础数据和参数的相关性、准确性及完整性;三是评价商誉减值测试所涉及专家的胜任能力、专业素质和客观性,判断专家工作结果的恰当性,尤其要关注利用评估机构出具评估报告的情形。

(四)针对商誉减值确认相关舞弊风险。一是复核企业以前年度商誉减值计提情况,有无以前年度未计提或少计提而在本年度大幅计提商誉减值的情形,检查其理由和依据;二是关注企业是否存在与商誉有关的业绩承诺并分析其达标情况,关注是否存在精准达标或未达标,但未充分计提商誉减值的情况;三是检查商誉减值测试所依据的信息与管理层年度展望等相关信息的一致性。

九、金融工具相关舞弊风险应对措施

(一)针对金融工具分类和计量相关舞弊风险。一是检查金融工具分类的恰当性,关注债务工具和权益工具的区分不当、混淆业务模式与管理层投资时的主观意图、金融工具分类随意调整、复合金融工具或混合金融工具的拆分错误等情形;二是检查金融工具计价的准确性,关注因企业自身信用风险变化导致的金融负债公允价值变动的会计处理方式是否恰当,复核摊余成本计算的结果,并对公允价值计量的金融工具检查其报告期末公允价值数据来源或测试其估值模型。

(二)针对金融工具终止确认相关舞弊风险。一是关注金融资产终止确认是否满足合同权利终止或满足规定的转移,关注交易对手方的履约能力、交易条件、是否存在关联方关系等,分析其商业合理性,关注有无人为安排交易以满足某些监管要求或合同义务等情形;二是关注金融负债现时义务是否解除、终止确认的时点是否恰当,是否存在以承担新金融负债的方式替换原金融负债,人为提前或者不当终止确认金融负债虚增利润。

(三)针对利用复杂金融产品实施舞弊的风险。一是了解金融产品和服务的业务模式和盈利方式,是否符合企业会计准则和监管规范要求,特别关注混合金融工具会计处理的恰当性;二是关注是否存在"资金池"、刚性兑付、违规承诺收益或其他利用多层嵌套、通道业务等方式将表内信用风险表外化的迹象;三是关注保理业务的商业实质,对相关的应收账款本身的真实性、可收回性进行分析,分析保理业务涉及的应收账款是否存在虚构交易或空转贸易情形。

十、滥用会计政策和会计估计相关舞弊风险应对措施

(一)针对滥用会计政策和会计估计变更实施舞弊的风险。一是结合企业经营状况,充分了解变更会计政策和会计估计的意图及其合理性;二是评价会计政策和会计估计变更前后经营成果发生的重大变化,检查是否存在通过会计政策和会计估计变更实现扭亏为盈,是否存在滥用会计政策和会计估计变更调节资产和利润等情况。

(二)针对混淆会计政策变更、会计估计变更和前期差错更正实施舞弊的风险。关注是否正确划分会计政策变更、会计估计变更和前期差错更正,是否如实反映相关的交易和事项,并进行相应会计处理和披露。特别是重要项目的会计政策、重大和异常交易的会计处理方法、在新领域和缺乏权威性标准或共识的领域采用重要会计政策产生的影响、会计政策的变更等,以及其对财务会计报告反映的信息质量的影响。

十一、关联方相关舞弊风险应对措施

(一)针对通过未识别出或未披露的关联方实施舞弊的风险。一是保持职业怀疑态度,关注交易金额重大、交易发生频次较少且交易时间集中、交易条件与其他对手方明显不同、交易规模和性质与对方的能力明显不匹配,以及其他不具有合理商业理由的交易,关注是否存在关联交易非关联化;二是针对不具有合理商业理由的交易采取进一步审计程序,通过背景调查、交易信息分析等方法,评估对手方与企业的关系,识别将原关联方非关联化行为的动机及后续交易的真实性、公允性,以及是否存在通过相关交易增加利润的可能。

（二）针对通过关联方实施舞弊的风险。一是加强关联交易舞弊风险的评估与控制，关注是否存在通过以显失公允的交易条款与关联方进行交易、与关联方或特定第三方串通舞弊进行虚假交易或侵占被审计单位资产、实际控制人或控股股东通过凌驾于被审计单位内部控制之上侵占被审计单位资产等方式影响关联交易真实性、价格公允性，从而粉饰财务会计报告或进行利益输送的舞弊行为；二是关注交易商业安排的合理性、资金资产交易的真实性、销售模式的合理性和公允性、关联交易金额上限的合规性等内部控制流程和控制措施的有效性。

9. 关于加强会计师事务所执业管理切实提高审计质量的实施意见

财会〔2020〕14号

各省、自治区、直辖市财政厅（局）、国资委，深圳市财政局、国资委，各银保监局：

会计师事务所在促进提高会计信息质量，维护市场经济秩序等方面发挥重要作用。根据国务院有关决定精神，为加强会计师事务所执业管理，切实促进提高会计师事务所审计质量，现提出以下实施意见。

一、重要意义

根据《中华人民共和国注册会计师法》《会计师事务所执业许可和监督管理办法》（财政部令第97号）等有关规定，近年来，财政部会同有关部门落实会计师事务所执业许可制度，针对不同类型企事业单位审计业务实施会计师事务所资格资质管理，促进了注册会计师行业有序发展。同时，新时代推动经济高质量发展，提高国家治理体系与治理能力现代化，对提高会计师事务所审计质量提出了新的要求。

当前，调整会计师事务所执业管理政策，并切实加强事中事后监管，是新形势下深化"放管服"改革，营造更加公平、有序、高效的市场环境，促进注册会计师行业高质量发展的迫切要求；是聚焦实现"坚持准则，不作假账"，提高上市公司、国有企业及金融企业会计信息披露质量的有效保障；是更好地发挥会计师事务所第三方审计作用，健全"三位一体"会计监督体系，切实加强财会监督的重要举措。

二、总体要求

（一）指导思想。以习近平新时代中国特色社会主义思想为指导，全面贯彻党的十九大和十九届二中、三中、四中全会精神，深化会计审计领域"放管服"改革，取消从事证券服务业务等专项业务资格审批，综合采取一揽子政策措施，强化市场约束、增强企业责任与加大监管力度，加强会计师事务所执业管理，促进注册会计师行业在公平竞争中、在严格监管中提供更高质量的审计鉴证服务。

（二）主要原则。

1. 有序推动，平稳实施。在调整会计师事务所执业管理政策的同时，加快形成接续性管理措施，引导会计师事务所根据自身规模、能力和专长承接业务，推动改革平稳有序实施。

2. 质量优先，做强做优。树立质量优先导向，加快推动形成市场择优的体制机制，引导要素资源等向优质会计师事务所聚集，促进注册会计师行业发展壮大。

3. 突出重点，统一规则。以上市公司、国有企业及金融企业等公众利益实体审计作为监管重点，完善执业标准体系，维护国家统一审计准则的严肃性，促进形成规范统一的审计市场。

4. 综合施策，协同配合。突出行业监管的系统性协同性，综合运用行政监管、市场约束、行业自律、信用建设等多种方式手段，加强部门间的协同配合，共同促进提高会计师事务所审计质量。

三、具体政策措施

（一）完善会计师事务所执业管理政策。财政部联合有关部门制定会计师事务所从事证券服务业务备案管理办法。备案管理充分运用现有规章制度，突出服务能力和执业质量，促进形成科学有序的管理格局。简化备案流程、推进网上办理，提高办事效率和服务水平。突出自主择优的市场导向，调整完善相关会计师事务所执业管理办法。从事国有企业、金融企业审计服务的会计师事务所应当具备相应执业能力和风险承担能力。

（二）逐步推动开展会计师事务所质量评估。鲜明树立质量优先发展导向，进一步推动大型会计师事务所做强做优，促进中小型会计师事务所做精做专，形成大中小型会计师事务所协同发展的格局。财政部、国资委、银保监会等部门共同推动会计师事务所质量评估结果的运用，为市场主体自主选择提供参考。根据国有企业、金融企业业务特点，推动开展会计师事务所从事国有企业及金融企业审计业务专项评估工作，体现专项性与针对性。

（三）深化会计师事务所符合执业许可条件监督。财政部门依据会计师事务所执业许可规定，结合从事证券服务业务、国有企业、金融企业等审计业务特点，根据需要组织开展对会计师事务所执业能力等情况的核查。根据核查结果，采取出具管理建议书、责令整改、警示函等措施。同相关部门及时共享核查信息，并及时披露核查结果。

（四）加强会计师事务所执业监测和管理。财政部通过财政会计行业管理系统，加强对从事证券服务业务、国有企业及金融企业审计业务的会计师事务所重大事项变更的信息监测，并给予必要的关注、评估等，及时同国资委、银保监会共享有关信息，并视情况向市场公开提示。加强会计师事务所合伙人管理，对首席合伙人、质量控制主管合伙人和其他执行合伙事务合伙人的任职资格、诚信要求等作出细化规定并督促落实。

（五）加大会计师事务所信息披露力度。在现有财政会计行业管理系统基础上，充分运用会计师事务所执业许可审批、重大事项变更备案、从事证券服务业务备案，以及有关部门监督检查中取得的信息，建立完善会计师事务所及注册会计师信息披露平台。及时披露会计师事务所组织形式、人员构成、主要业务、质量评估情况、表彰荣誉、处罚处理等信息，满足企业选聘会计师事务所信息需求，自觉接受社会公众监督。披露信息涉及相关国有企业、金融企业的，财政部门及时与相关监管部门进行沟通。增强会计师事务所透明度，加强注册会计师行业诚信体系建设，研究推动对执业失信行为的联合惩戒。

（六）强化企业在选聘会计师事务所中的责任。企业应当进一步健全公司治理结构，加强内部控制，落实会计师事务所对股东负责的要求，有效发挥股东大会、董事会及审计委员会、监事会在选聘会计师事务所中的作用。财政、国资、银保监等部门实行分类指导，督促相关企业合理选聘会计师事务所，充分考虑拟聘事务所同企业资产规模、业务特征等情况的匹配程度。

（七）加强注册会计师行业自律。中国注册会计师协会和地方注册会计师协会切实加强行业风险教育，引导会计师事务所增强风险意识并根据自身执业胜任能力承接业务，对超出能力范围承接业务的及时劝诫。加大自律监管力度，完善自律规则，加大与行政监管的协同力度。及时完善注册会计师职业道德守则。密切关注会计师事务所低价竞争等行为，对违反自律规范的严格惩戒。

（八）加大对会计师事务所监督检查力度。财政部门依法加大对会计师事务所执业质量检查力度，继续推动"双随机、一公开"抽查，进一步加大对上市公司、国有企业、金融企业等公众利益实体审计的监督检查力度。加强监督检查工作的协同和信息共享，国资委、银保监会等部门发现的有关会计师事务所的问题线索移送财政部办理，财政部及时通报相关监督检查结果，切实提高监督检查的针对性、有效性与权威性。

（九）严格对负有责任的会计师事务所及相关责任人的处罚措施。严格落实注册会计师法、证券法关于会计师事务所和注册会计师执业违法处罚规定。对出具审计报告存在故意或重大过失的会计师事务所依法暂停执业或吊销执业许可，对负有直接责任的注册会计师视情况依法暂停或吊销其注册会计师执业证书。

（十）加强行业主管部门与其他监管部门的协同。进一步理顺财政部门作为注册会计师行业主管部门同国资、银保监等部门的关系，形成协调协同工作格局。行业主管部门应及时完善审计准则等执业规则，督促会计师事务所提高审计质量，有效满足其他监管部门对审计质量的需求，并共同维护审计准则规则的统一性、完整性。

四、组织实施

各地财政、国资等部门和银保监会派出机构应当提高对加强会计师事务所执业管理与提高审计质量的认识，按照职责分工，加强协同配合，抓好工作落实。应当密切关注实施过程中的问题，及时研究解决方案，积极稳妥地推进相关工作。要及时制定相关配套政策，促进各项重点工作的有序开展，努力增强会计师事务所的自律性、公正性与专业化水平，促进注册会计师行业在强化财会监督、提升国家治理体系与治理能力现代化方面发挥应有作用。

财政部
国务院国资委
银保监会
2020年9月25日

10. 关于印发《会计师事务所从事证券服务业务备案管理办法》的通知

财会〔2020〕11号

有关会计师事务所：

为规范会计师事务所从事证券服务业务备案行为，推动形成市场化筛选及科学管理格局，根据《中华人民共和国注册会计师法》《中华人民共和国证券法》等，财政部会同证监会制定了《会计师事务所从事证券服务业务备案管理办法》，现予印发，自2020年8月24日起施行。有关事项通知如下：

一、关于备案渠道

会计师事务所从事证券服务业务，可以选择登录财政会计行业管理系统或证监会会计师事务所与资产评估机构备案系统（以下简称证监会备案系统）填报备案信息。财政部、证监会贯彻落实国务院"放管服"改革要求，通过系统间信息推送的方式实现备案信息共享。会计师事务所只需在一个系统填报备案信息，并在另一个系统确认提交，无需重复填报。

二、关于首次备案

会计师事务所登录财政会计行业管理系统填报证券服务业务备案信息的：财政会计行业管理系统自动导出已有信息，会计师事务所核对、补充后提交；财政会计行业管理系统自动将备案信息推送至证监会备案系统；会计师事务所登录证监会备案系统确认提交。

会计师事务所登录证监会备案系统填报证券服务业务备案信息的：可在线下将备案表格填写完整后按要求上传，证监会备案系统将备案信息推送至财政会计行业管理系统；会计师事务所在证监会备案系统中填报的信息与财政会计行业管理系统中已有信息不符的，将予以退回，并需在证监会备案系统中核对更正相关信息后重新提交。

三、关于重大事项备案

已备案会计师事务所发生本办法第九条第（一）至（六）项变更的，按照《会计师事务所执业许可和监督管理办法》规定在省级财政部门履行相关程序后，财政会计行业管理系统同步将相关变更信息推送至证监会备案系统，会计师事务所登录证监会备案系统确认提交。

已备案会计师事务所发生本办法第九条其他变更事项的，可以选择财政会计行业管理系统或证监会备案系统填报备案信息。

四、年度备案

会计师事务所从事证券服务业务，应当在每年4月30日前按本办法规定进行年度备案，年度备案信息可以选择财政会计行业管理系统或证监会备案系统填报。

五、原证券资格会计师事务所首次备案信息填报方式

本办法实施后，财政会计行业管理系统、证监会备案系统自动生成原证券资格会计师事务所备案信息，相关会计师事务所可以选择财政会计行业管理系统或证监会备案系统进行核对、补充填报。

附件：会计师事务所从事证券服务业务备案管理办法

财政部
证监会
2020年7月21日

附件：

会计师事务所从事证券服务业务备案管理办法

第一章 总 则

第一条 为加强对中华人民共和国境内依法设立的会计师事务所从事证券服务业务活动的监督管理，规范会计师事务所从事证券服务业务备案行为，推动形成市场化筛选及科学管理格局，根据《中华人民共和国注册会计师法》《中华人民共和国证券法》等，制定本办法。

第二条 会计师事务所从事证券服务业务，应当遵守《会计师事务所执业许可和监督管理办法》有关规定。

第三条 会计师事务所从事证券服务业务备案应当贯彻落实国务院"放管服"改革要求，根据《国务院关于加快推进"互联网+政务服务"工作的指导意见》，优化办事服务，加强信息共享，会计师事务所无需重复填报材料。

第四条 会计师事务所从事下列证券服务业务，应当按照本办法进行备案：

（一）为证券的发行、上市、挂牌、交易等证券业务活动制作、出具财务报表审计报告、内部控制审计报告、内部控制鉴证报告、验资报告、盈利预测审核报告。

（二）为证券公司及其资产管理产品制作、出具财务报表审计报告、内部控制审计报告、内部控制鉴证报告、验资报告、盈利预测审核报告。

（三）财政部、证监会规定的其他业务。

会计师事务所参与前款第（一）项相关主体重要组成部分或其控制的主体的审计，其审计对象的资产总额、营业收入中的一项达到前款第（一）项相关主体最近一期经审计合并财务报表对应项目金额百分之十五的，视同从事证券服务业务。

第二章 备案材料和备案方式

第五条 会计师事务所从事证券服务业务备案按业务环节分为首次从事证券服务业务备案、重大事项备案、年度备案。

第六条 会计师事务所从事证券服务业务，应当向财政部、证监会备案，并保证备案材料和信息真实、准确、完整、及时。

财政部、证监会建立信息共享工作机制，切实加强数据信息的共享和运用。

第七条 会计师事务所首次从事证券服务业务，应当在签订业务约定书之日（不含）起10个工作日内，报送下列材料：

（一）会计师事务所首次从事证券服务业务备案表（附表1）；

（二）从事证券服务业务质量控制制度等内部管理制度及执行情况说明；

（三）会计师事务所营业执照及执业许可证书信息；

（四）截至备案上月末注册会计师及合伙人情况表（附表2）；

（五）会计师事务所及其执业人员因执业行为涉嫌违法违规被立案调查，或者被司法机关侦查，以及近三年因执业行为受到刑事处罚、行政处罚、监督管理措施、自律监管措施、纪律处分的情况（附表3）；

（六）上一年度财务报表审计报告；

（七）职业责任保险保单信息（如有）；

（八）财政部、证监会规定的其他材料。

会计师事务所首次从事证券服务业务的实际时间早于签订业务约定书时间的，应当在实际从事证券服务业务之日起10个工作日内备案。

第八条 在2020年3月1日前取得从事证券、期货相关业务资格的会计师事务所，拟继续从事证券服务业务的，应当在本办法施行之日（不含）起10个工作日内进行备案。

第九条 会计师事务所从事证券服务业务，发生下列重大事项的，应当进行备案：

（一）名称变更；

（二）首席合伙人变更；

（三）合伙人变更；

（四）经营场所变更；

（五）组织形式变更；

（六）设立或撤销分所；

（七）质量控制主管合伙人变更；

（八）与证券服务业务有关的质量控制制度等内部管理制度发生重大变更；

（九）会计师事务所及其执业人员因执业行为涉嫌违法违规被立案调查，或者被司法机关侦查，以及因执业行为受到刑事处罚、行政处罚、监督管理措施、自律监管措施、纪律处分；

（十）会计师事务所及其执业人员因执业行为与委托人、投资者发生民事纠纷，进行诉讼或仲裁；

（十一）财政部、证监会规定的其他重大事项。

会计师事务所发生前款第（一）项至（六）项重大事项的，应当按照规定在财政部门履行相关变更程序后10个工作日内进行证券服务业务重大事项备案；发生其他重大事项的，应当在该事项发生之日起10个工作日内进行证券服务业务重大事项备案。

第十条 会计师事务所从事证券服务业务，应当在每年4月30日前提交年度备案表（附表4）。年度备案内容包括会计师事务所基本情况和经营情况、执业人员变动情况、从事证券服务业务质量控制制度等内部管理制度执行情况和变动情况，以及财政部、证监会规定的其他事项。

会计师事务所连续一个自然年度未从事证券服务业务的，可以不按照本规定第九条和本条的规定进行重大事项备案和年度备案。未进行重大事项备案和年度备案的会计师事务所，再次从事证券服务业务的，需要按照本规定第七条的规定提交材料。

第三章　备案核验和公告

第十一条 财政部、证监会发现首次从事证券服务业务的备案材料不完备或者不符合规定的，应当自收到材料之日（不含）起10个工作日内一次性告知会计师事务所补正备案材料，会计师事务所应当在10个工作日内补正。逾期未补正的，视同未提交备案材料。

第十二条 会计师事务所提供的备案材料完备且符合规定的，自收齐备案材料之日（不含）起20个工作日内，财政部、证监会沟通一致后分别通过网站等方式，同时公告备案会计师事务所名单及相关基本信息。

为会计师事务所从事证券服务业务备案，不代表对其从事证券服务业务执业能力的认可。

第十三条 会计师事务所应当在每年5月31日前按财政部、证监会规定的格式公开上一年度基本情况、诚信记录、执业情况等相关信息。

第四章　法律责任

第十四条　会计师事务所未按照本办法规定备案的,依法承担法律责任。

第十五条　财政部、证监会及其工作人员在会计师事务所从事证券服务业务备案相关工作中,存在违反本办法规定的行为,以及其他滥用职权、玩忽职守、徇私舞弊等违纪违法行为的,按照《中华人民共和国公务员法》《中华人民共和国监察法》《中华人民共和国证券法》等国家有关规定追究相应责任。构成犯罪的,依法追究刑事责任。

第五章　附　则

第十六条　本办法自2020年8月24日起施行。《财政部证监会关于会计师事务所从事证券期货相关业务有关问题的通知》(财会〔2007〕6号)和《财政部证监会关于调整证券资格会计师事务所申请条件的通知》(财会〔2012〕2号)同时废止。

第十七条　会计师事务所为基金期货经营机构及其发行的产品等提供证券服务业务的,参照适用本办法。

附表:
1. 会计师事务所首次从事证券服务业务备案表(略,详见财政部网站)
2. 注册会计师及合伙人情况表(略,详见财政部网站)
3. 会计师事务所及其执业人员执业行为处罚处理情况表(略,详见财政部网站)
4. 会计师事务所从事证券服务业务年度备案表(略,详见财政部网站)

11. 关于印发《〈民间非营利组织会计制度〉若干问题的解释》的通知

财会〔2020〕9号

党中央有关部门，国务院有关部委、有关直属机构，有关人民团体，各省、自治区、直辖市、计划单列市财政厅（局），新疆生产建设兵团财政局：

为了进一步明确民间非营利组织有关经济业务或事项的会计处理，提高会计信息质量，根据《民间非营利组织会计制度》（财会〔2004〕7号）的规定，我们制定了《〈民间非营利组织会计制度〉若干问题的解释》，现予印发，请遵照执行。

执行中有何问题，请及时反馈我部。

附件：《民间非营利组织会计制度》若干问题的解释

财政部
2020年6月15日

附件：

《民间非营利组织会计制度》若干问题的解释

一、关于社会服务机构等非营利组织的会计核算

根据《民间非营利组织会计制度》（财会〔2004〕7号，以下简称《民非制度》）第二条规定，同时具备《民非制度》第二条第二款所列三项特征的非营利性民办学校、医疗机构等社会服务机构，境外非政府组织在中国境内依法登记设立的代表机构应当按照《民非制度》进行会计核算。

二、关于接受非现金资产捐赠

（一）对于民间非营利组织接受捐赠的存货、固定资产等非现金资产，应当按照《民非制度》第十六条的规定确定其入账价值。

（二）对于以公允价值作为其入账价值的非现金资产，民间非营利组织应当按照《民非制度》第十七条所规定的顺序确定公允价值。

《民非制度》第十七条第一款第（一）项规定的"市场价格"，一般指取得资产当日捐赠方自产物资的出厂价、捐赠方所销售物资的销售价、政府指导价、知名大型电商平台同类或者类似商品价格等。

《民非制度》第十七条第一款第（二）项规定的"合理的计价方法"，包括由第三方机构进行估价等。

（三）对于民间非营利组织接受非现金资产捐赠时发生的应归属于其自身的相关税费、运输费等，应当计入当期费用，借记"筹资费用"科目，贷记"银行存款"等科目。

（四）民间非营利组织接受捐赠资产的有关凭据或公允价值以外币计量的，应当按照取得资产当日的市场汇率将外币金额折算为人民币金额记账。当汇率波动较小时，也可以采用当期期初的汇率进行折算。

三、关于受托代理业务

（一）《民非制度》第四十八条规定的"受托代理业务"是指有明确的转赠或者转交协议，或者虽然无协议但同时满足以下条件的业务：

1. 民间非营利组织在取得资产的同时即产生了向具体受益人转赠或转交资产的现时义务，不会导致自身净资产的增加。

2. 民间非营利组织仅起到中介而非主导发起作用，帮助委托人将资产转赠或转交给指定的受益人，并且没有权利改变受益人，也没有权利改变资产的用途。

3. 委托人已明确指出了具体受益人个人的姓名或受益单位的名称，包括从民间非营利组织提供的名单中指定一个或若干个受益人。

（二）民间非营利组织从事受托代理业务时发生的应归属于其自身的相关税费、运输费等，应当计入当期费用，借记"其他费用"科目，贷记"银行存款"等科目。

四、关于长期股权投资

（一）对于因接受股权捐赠形成的表决权、分红权与股权比例不一致的长期股权投资，民间非营利组织应当根据《民非制度》第二十七条的规定，并结合经济业务实质判断是否对被投资单位具有控制、共同控制或重大影响关系。

（二）民间非营利组织因对外投资对被投资单位具有控制权的，应当按照《民非制度》第二十七条的规定采用权益法进行核算，并在会计报表附注中披露投资净损益和被投资单位财务状况、经营成果等信息。

五、关于限定性净资产

（一）《民非制度》第五十六条规定的限定性净资产中所称的"限制"，是指由民间非营利组织之外的资产提供者或者国家有关法律、行政法规所设置的。该限制只有在比民间非营利组织的宗旨、目的或章程等关于资产使用的要求更为具体明确时，才能成为《民非制度》所称的"限制"。

（二）民间非营利组织应当根据《民非制度》第五十七条的规定，区分以下限制解除的不同情况，确定将限定性净资产转为非限定性净资产的金额：

1. 对于因资产提供者或者国家有关法律、行政法规要求在收到资产后的特定时期之内使用该项资产而形成的限定性净资产，应当在相应期间之内按照实际使用的相关资产金额转为非限定性净资产。

2. 对于因资产提供者或者国家有关法律、行政法规要求在收到资产后的特定日期之后使用该项资产而形成的限定性净资产，应当在该特定日期全额转为非限定性净资产。

3. 对于因资产提供者或者国家有关法律、行政法规设置用途限制而形成的限定性净资产，应当在使用时按照实际用于规定用途的相关资产金额转为非限定性净资产。

其中，对固定资产、无形资产仅设置用途限制的，应当自取得该资产开始，按照计提折旧或计提摊销的金额，分期将相关限定性净资产转为非限定性净资产。在处置固定资产、无形资产时，应当将尚未重分类的相关限定性净资产全额转为非限定性净资产。

4. 如果资产提供者或者国家有关法律、行政法规要求民间非营利组织在特定时期之内或特定日期之后将限定性净资产用于特定用途，应当在相应期间之内或相应日期之后按照实际用于规定用途的相关资产金额转为非限定性净资产。

其中，要求在收到固定资产、无形资产后的某个特定时期之内将该项资产用于特定用途的，应当在该规定时期内，对相关限定性净资产金额按期平均分摊，转为非限定性净资产。

要求在收到固定资产、无形资产后的某个特定日期之后将该项资产用于特定用途的，应当在特定日期之后，自资产用于规定用途开始，在资产预计剩余使用年限内，对相关限定性净资产金额按期平均分摊，转为非限定性净资产。

与限定性净资产相关的固定资产、无形资产，应当按照《民非制度》规定计提折旧或计提摊销。

5. 对于资产提供者或者国家有关法律、行政法规撤销对限定性净资产所设置限制的，应当在撤销时全额转为非限定性净资产。

（三）资产提供者或者国家有关法律、行政法规对以前期间未设置限制的资产增加限制时，应当将相关非限定性净资产转为限定性净资产，借记"非限定性净资产"科目，贷记"限定性净资产"科目。

六、关于注册资金

（一）执行《民非制度》的社会团体、基金会、社会服务机构设立时取得的注册资金，应当直接计入净资产。注册资金的使用受到时间限制或用途限制的，在取得时直接计入限定性净资产；其使用没有受到时间限制和用途限制的，在取得时直接计入非限定性净资产。

前款规定的注册资金，应当在现金流量表"收到的其他与业务活动有关的现金"项目中填列。

（二）社会团体、基金会、社会服务机构变更登记注册资金属于自愿采取的登记事项变更，并不引起资产和净资产的变动，无需进行会计处理。

七、关于承接政府购买服务取得的收入

按照《民非制度》第五十九条的规定，民间非营利组织承接政府购买服务属于交换交易，取得的相关收入应当记入"提供服务收入"等收入类科目，不应当记入"政府补助收入"科目。

八、关于存款利息

民间非营利组织取得的存款利息,属于《民非制度》第三十五条规定的"为购建固定资产而发生的专门借款"产生且在"允许资本化的期间内"的,应当冲减在建工程成本;除此以外的存款利息应当计入其他收入。

九、关于境外非政府组织代表机构的总部拨款收入

(一)执行《民非制度》的境外非政府组织代表机构(下同)应当增设"4701总部拨款收入"科目,核算从其总部取得的拨款收入。

(二)境外非政府组织代表机构取得总部拨款收入时,按照取得的金额,借记"现金""银行存款"等科目,贷记本科目。

(三)期末,将本科目本期发生额转入非限定性净资产,借记本科目,贷记"非限定性净资产"科目。

如果存在限定性总部拨款收入,则应当在本科目设置"限定性收入""非限定收入"明细科目,在期末将"限定性收入"明细科目本期发生额转入限定性净资产。

(四)境外非政府组织代表机构应当在业务活动表收入部分"投资收益"项目与"其他收入"项目之间增加"总部拨款收入"项目。本项目应当根据"总部拨款收入"科目的本期发生额填列。

十、关于资产减值损失

(一)按照《民非制度》第七十一条第(六)项规定,会计报表附注应当披露"重大资产减值情况的说明"。民间非营利组织应当在"管理费用"科目下设置"资产减值损失"明细科目,核算因提取资产减值准备而确认的资产减值损失。

(二)长期投资、固定资产、无形资产的资产减值损失一经确认,在以后会计期间不得转回。

十一、关于出资设立其他民间非营利组织

(一)民间非营利组织按规定出资设立其他民间非营利组织,不属于《民非制度》规定的长期股权投资,应当计入当期费用。设立与实现本组织业务活动目标相关的民间非营利组织的,相关出资金额记入"业务活动成本"科目;设立与实现本组织业务活动目标不相关的民间非营利组织的,相关出资金额记入"其他费用"科目。

(二)本解释施行前民间非营利组织出资设立其他民间非营利组织并将出资金额计入长期股权投资的,应当自本解释施行之日,将原"长期股权投资"科目余额中对其他民间非营利组织的出资金额转入"非限定性净资产"科目(以前年度出资)或"业务活动成本""其他费用"科目(本年度出资)。

十二、关于关联方关系及其交易的披露

民间非营利组织与关联方发生关联方交易的,应当按照《民非制度》第七十一条第(十一)项规定,在会计报表附注中披露该关联方关系的性质、交易类型及交易要素。

(一)本解释所称的交易要素,至少应当包括:

1. 交易的金额。
2. 未结算项目的金额、条款和条件。
3. 未结算应收项目的坏账准备金额。
4. 定价政策。

(二)本解释所称关联方,是指一方控制、共同控制另一方或对另一方施加重大影响,以及两方或两方以上同受一方控制、共同控制或重大影响的相关各方。以下各方构成民间非营利组织的关联方:

1. 该民间非营利组织的设立人及其所属企业集团的其他成员单位。

2. 该民间非营利组织控制、共同控制或施加重大影响的企业。

3. 该民间非营利组织设立的其他民间非营利组织。

4. 由该民间非营利组织的设立人及其所属企业集团的其他成员单位共同控制或施加重大影响的企业。

5. 由该民间非营利组织的设立人及其所属企业集团的其他成员单位设立的其他民间非营利组织。

6. 该民间非营利组织的关键管理人员及与其关系密切的家庭成员。关键管理人员，是指有权力并负责计划、指挥和控制民间非营利组织活动的人员。与关键管理人员关系密切的家庭成员，是指在处理与该组织的交易时可能影响该个人或受该个人影响的家庭成员。关键管理人员一般包括：民间非营利组织负责人、理事、监事、分支（代表）机构负责人等。

7. 该民间非营利组织的关键管理人员或与其关系密切的家庭成员控制、共同控制或施加重大影响的企业。

8. 该民间非营利组织的关键管理人员或与其关系密切的家庭成员设立的其他民间非营利组织。

此外，以面向社会开展慈善活动为宗旨的民间非营利组织（包括社会团体、基金会、社会服务机构等），与《中华人民共和国慈善法》所规定的主要捐赠人也构成关联方。

（三）本解释所称关联方交易，是指关联方之间转移资源、劳务或义务的行为，而不论是否收取价款。关联方交易的类型通常包括以下各项：

1. 购买或销售商品及其他资产。

2. 提供或接受劳务。

3. 提供或接受捐赠。

4. 提供资金。

5. 租赁。

6. 代理。

7. 许可协议。

8. 代表民间非营利组织或由民间非营利组织代表另一方进行债务结算。

9. 关键管理人员薪酬。

十三、关于生效日期

本解释自公布之日起施行。

12. 关于规范电子会计凭证报销入账归档的通知

财会〔2020〕6号

党中央有关部门财务部门、档案部门，各省、自治区、直辖市、计划单列市财政厅（局）、档案局，新疆生产建设兵团财政局、档案局，国务院各部委财务部门、档案部门，财政部各地监管局，有关人民团体财务部门、档案部门，中央企业财务部门、档案部门：

为适应电子商务、电子政务发展，规范各类电子会计凭证的报销入账归档，根据国家有关法律、行政法规，现就有关事项通知如下：

一、本通知所称电子会计凭证，是指单位从外部接收的电子形式的各类会计凭证，包括电子发票、财政电子票据、电子客票、电子行程单、电子海关专用缴款书、银行电子回单等电子会计凭证。

二、来源合法、真实的电子会计凭证与纸质会计凭证具有同等法律效力。

三、除法律和行政法规另有规定外，同时满足下列条件的，单位可以仅使用电子会计凭证进行报销入账归档：

（一）接收的电子会计凭证经查验合法、真实；

（二）电子会计凭证的传输、存储安全、可靠，对电子会计凭证的任何篡改能够及时被发现；

（三）使用的会计核算系统能够准确、完整、有效接收和读取电子会计凭证及其元数据，能够按照国家统一的会计制度完成会计核算业务，能够按照国家档案行政管理部门规定格式输出电子会计凭证及其元数据，设定了经办、审核、审批等必要的审签程序，且能有效防止电子会计凭证重复入账；

（四）电子会计凭证的归档及管理符合《会计档案管理办法》（财政部国家档案局令第79号）等要求。

四、单位以电子会计凭证的纸质打印件作为报销入账归档依据的，必须同时保存打印该纸质件的电子会计凭证。

五、符合档案管理要求的电子会计档案与纸质档案具有同等法律效力。除法律、行政法规另有规定外，电子会计档案可不再另以纸质形式保存。

六、单位和个人在电子会计凭证报销入账归档中存在违反本通知规定行为的，县级以上人民政府财政部门、档案行政管理部门应当依据《中华人民共和国会计法》《中华人民共和国档案法》等有关法律、行政法规处理处罚。

七、本通知由财政部、国家档案局负责解释，并自发布之日起施行。

财政部
国家档案局
2020年3月23日

13. 关于印发境外会计组织申请明确业务主管单位办事指南的通知

财办会〔2019〕34号

各省、自治区、直辖市财政厅（局），有关单位：

为规范境外会计组织在中国境内开展活动申请财政部门作为业务主管单位等事宜，依照《中华人民共和国境外非政府组织境内活动管理法》《境外非政府组织在中国境内活动领域和项目目录、业务主管单位名录（2019）》和《境外非政府组织代表机构登记和临时活动备案办事指南》等有关规定，现就具体办理要求规定如下。

一、办理范围

本指南中所指境外会计组织是指在境外合法成立的非营利、非政府的会计组织。

符合《境外非政府组织代表机构登记和临时活动备案办事指南》规定的设立条件的境外会计组织，在中国境内申请设立代表机构，业务范围与国际会计、社会审计研究、交流与合作相关的，可以申请财政部门作为其业务主管单位。境内业务活动地域仅限于一个省份的，应当向业务活动所在地省级财政部门提出申请；业务活动地域涉及多个省份的，应当向财政部提出申请。

二、应提交的材料

境外会计组织应当提交《境外会计组织在中国境内设立代表机构业务主管单位申请书》（附件1）、近两年在中国境内开展相关活动说明（见附件2），并提供《境外非政府组织代表机构登记和临时活动备案办事指南》载明的设立登记所需提交的（2）-（11）项材料。

根据《境外非政府组织代表机构登记和临时活动备案办事指南》，上述文件材料需经公证、认证的，可提交复印件，并附公证、认证文件的中文翻译件1份。相关材料为外文的，需提供中文翻译件。

三、办理程序

财政部和省级财政部门办理申请过程中，可以向境外会计组织进一步了解核实有关情况，并征求有关方面（相关部委、中方合作单位等）意见。

财政部和省级财政部门需在自收到上述所列全部材料之日起30个工作日内，作出是否同意作为业务主管单位的决定。有特殊情况的，可以延长作出决定的期限，并及时告知提出申请的境外会计组织，延长期限不得超过30个工作日。

经审核，财政部同意作为境外会计组织境内代表机构业务主管单位的，以财政部会计司名义在相关申请表上盖章，并向公安机关出具同意函。省级财政部门同意作为境外会计组织境内代表机构业务主管单位的，在相关申请表上盖章，并向公安机关出具同意函。境外会计组织应自财政部或省级财政部门出具同意函之日起30日内前往相应公安机关申请注册登记。

四、后续管理要求

（一）代表机构注销登记或变更登记事项。

已在公安机关登记，并由财政部或省级财政部门作为业务主管单位的境外会计组织代表机构，需要注销登记或变更登记事项的，应按《境外非政府组织代表机构登记和临时活动备案办事指南》有关要求向财政部或省级财政部门提出申请并提交与变更相关的材料。经同意后，前往相应公安机关办理有关手续。

（二）代表机构人员、业务报备。

已在公安机关登记，并由财政部或省级财政部门作为业务主管单位的境外会计组织代表机构，其聘用的工作人员信息备案、年度活动计划备案、年度工作报告备案，按照《中华人民共和国境外非政府组织境内活动管理法》《境外非政府组织代表机构登记和临时活动备案办事指南》办理。

境外会计组织在中国境内会计领域开展活动应严格遵守中国法律法规并接受财政部或省级财政部门的指导、监督。代表机构业务活动不再与国际会计、社会审计研究、交流与合作等相关的，应申请其他部门作为业务主管单位。涉嫌违法违规的，财政部或省级财政部门将向公安机关移送有关问题线索。

附件：
1. 境外会计组织在中国境内设立代表机构业务主管单位申请书（略）
2. 境外会计组织近两年在中国境内开展相关活动说明（略）

财政部办公厅
2019年12月31日

14. 关于印发《事业单位成本核算基本指引》的通知

财会〔2019〕25号

党中央有关部门，国务院各部委、各直属机构，全国人大常委会办公厅，全国政协办公厅，最高人民法院，最高人民检察院，各民主党派中央，有关人民团体，各省、自治区、直辖市、计划单列市财政厅（局），新疆生产建设兵团财政局：

为促进事业单位加强成本核算工作，提升单位内部管理水平和运行效率，夯实绩效管理基础，根据《中华人民共和国会计法》以及政府会计准则制度等，我部制定了《事业单位成本核算基本指引》，现予印发，自2021年1月1日起施行。

执行中有何问题，请及时反馈我部。

附件：事业单位成本核算基本指引

财政部

2019年12月17日

附件：

事业单位成本核算基本指引

第一章 总　则

第一条　为促进事业单位加强成本核算工作，提升单位内部管理水平和运行效率，夯实绩效管理基础，根据《中华人民共和国会计法》以及政府会计准则制度等，制定本指引。

第二条　本指引适用于执行政府会计准则制度且开展成本核算工作的事业单位（以下简称单位）。

第三条　本指引所称成本，是指单位特定的成本核算对象所发生的资源耗费，包括人力资源耗费，房屋及建筑物、设备、材料、产品等有形资产的耗费，知识产权等无形资产的耗费，以及其他耗费。

第四条　本指引所称成本核算，是指单位对实现其职能目标过程中实际发生的各种耗费按照确定的成本核算对象和成本项目进行归集、分配，计算确定各成本核算对象的总成本、单位成本等，并向有关使用者提供成本信息的活动。

第五条　单位进行成本核算应当满足内部管理和外部管理的特定成本信息需求。单位的成本信息需求包括但不限于以下方面：

（一）成本控制。为满足该需求，单位应当完整、准确核算特定成本核算对象的成本，揭示成本发生和形成过程，以便对影响成本的各种因素、条件施加影响或管控，将实际成本控制在预期目标内。

（二）公共服务或产品定价。为满足该需求，单位应当准确核算公共服务或产品的成本，以便为政府定价机构、有关单位制定相关价格或收费标准提供依据和参考。

（三）绩效评价。为满足该需求，单位应当设置与成本相关的绩效指标并加以准确核算，以便衡量单位整体和内部组织部门运行效率、核心业务实施效果、政策和项目资金使用效果。

第六条　单位应当以权责发生制财务会计数据为基础进行成本核算，财务会计有关明细科目设置和辅助核算应当满足成本核算的需要。

第七条　单位应当建立健全成本费用相关原始记录，充分利用现代信息技术，加强和完善成本数据的收集、记录、传递、汇总和整理等基础工作，为成本核算提供必要的数据基础。

第八条　单位进行成本核算，应当遵循以下原则：

（一）相关性原则。单位选择成本核算对象、归集分配成本、提供成本信息应当与满足成本信息需求相关，有助于成本信息使用者依据成本信息作出评价或决策。

（二）可靠性原则。单位应当以实际发生的经济业务或事项为依据进行成本核算，保证成本信息真实可靠、内容完整。

（三）适应性原则。单位进行成本核算，应当与单位行业特点、特定的成本信息需求相适应。

（四）及时性原则。单位应当及时收集、传递、处理、报告成本信息，便于信息使用者及时作出评价或决策。

（五）可比性原则。同一单位不同期间、相同行业不同单位，对相同或相似的成本核算对象进行成本核算所采用的方法和依据等应当保持一致，确保成本信息相互可比。

（六）重要性原则。单位选择成本核算对象、进行成本核算应当区分重要程度，对于重要的成本核算对象和成本项目应当力求成本信息的精确，对于非重要的成本核算对象和成本项目可以适当简化核算。

第九条 单位可以根据成本信息需求、成本核算对象等确定成本核算周期，并按照成本核算周期等编制成本报告，全面反映单位成本核算情况。

第二章 成本核算对象

第十条 单位应当根据其职能目标、所处行业特点，以及不同的成本信息需求等确定成本核算对象。

第十一条 单位可以多维度、多层次地确定成本核算对象。

第十二条 单位按照维度确定的成本核算对象主要包括：

（一）按业务活动类型确定的成本核算对象。

（二）按政策、项目确定的成本核算对象。

（三）按提供的公共服务或产品确定的成本核算对象。

第十三条 单位按照层次确定的成本核算对象主要包括：

（一）以单位整体作为成本核算对象。

（二）按内部组织部门确定的成本核算对象。

（三）按业务团队确定的成本核算对象。

第十四条 单位为满足成本控制需求，可以以业务活动类型、项目、内部组织部门等作为成本核算对象；为满足公共服务或产品定价需求，可以以公共服务或产品作为成本核算对象；为满足内部绩效评价需求，可以以项目、内部组织部门、业务团队等作为成本核算对象；为满足外部绩效评价需求，可以以政策和项目、单位整体等作为成本核算对象。

第三章 成本项目和范围

第十五条 单位应当根据成本信息需求设置成本项目，并对每个成本核算对象按照其成本项目进行数据归集。

成本项目是指将归集到成本核算对象的成本按照一定标准划分的反映成本构成的具体项目。

单位可以根据具体成本信息需求，按照成本经济用途、成本要素等设置成本项目。

第十六条 单位成本项目的设置，应当与政府会计准则制度中"加工物品""业务活动费用""单位管理费用"等科目的明细科目保持协调。

单位可以根据需要在本条前款规定的成本项目下设置进一步的明细项目或进行辅助核算。

第十七条 不属于成本核算对象的耗费，不计入该成本核算对象的成本。

成本核算对象为业务活动类型的，与单位开展业务活动耗费无关的费用，如资产处置费用、上缴上级费用、对附属单位补助费用等，一般不计入成本。

成本核算对象为单位整体的，单位负有管理维护职责但并非为满足其自身开展业务活动需要所控制资产的折旧（摊销）费用，如公共基础设施折旧（摊销）费、保障性住房折旧费等，一般不计入成本。

第十八条 为满足公共服务或产品定价需求开展的成本核算，应当在对相关成本进行完整核算的基础上，按规定对成本范围予以调整，如按规定调减不符合有关法律法规规定的费用、有财政资金补偿的费用等。

第四章 成本归集和分配

第十九条 单位一般通过"业务活动费用""单位管理费用"等会计科目，按照成本项目归集实际发生的各种费用，据此计算确定各成本核算对象的成本。

当成本核算对象为自制或委托外单位加工的各种物品、建设工程项目、自行研究开发项目时，应当按照政府会计准则制度等规定分别通过"加工物品""在建工程""研发支出"等会计科目，按照成本项目归集并结转实际发生的各种费用。

第二十条 单位应当根据成本信息需求，对具体的成本核算对象分别选择完全成本法或制造成本法进行成本核算。

完全成本法，是指将单位所发生的全部耗费按照成本核算对象进行归集和分配，计算出总成本和单位成本的方法。成本核算对象为单位整体、主要业务活动的，可以采用完全成本法。

制造成本法，是指只将与产品制造或业务活动有联系的费用计入成本核算对象，不将单位管理费用等向成本核算对象分配的方法。成本核算对象为公共服务或产品、项目、内部组织部门、业务团队的，可以采用制造成本法。

第二十一条 单位所发生的费用，按照计入成本核算对象的方式不同，分为直接费用和间接费用。

直接费用是指能确定由某一成本核算对象负担的费用，应当按照所对应的成本项目类别，直接计入成本核算对象。

间接费用是指不能直接计入成本核算对象的费用，应当选择合理的分配标准或方法分配计入各个成本核算对象。

第二十二条 单位应当根据业务特点，按照资源耗费方式确定合理的间接费用分配标准或方法。

间接费用分配标准或方法一般遵循因果关系和受益原则，将资源耗费根据资源耗费动因分项目追溯或分配至相关的成本核算对象，如根据工作量占比、耗用资源占比、收入占比等。

同一成本核算对象的间接费用分配标准或方法一旦确定，各期间应当保持一致，不得随意变动。

第二十三条 单位应当根据其职能目标确定主要的专业业务活动，作为基本的成本归集和分配的对象。

第二十四条 单位内直接开展专业业务活动的业务部门所发生的业务活动费用，如直接开展专业业务活动人员的工资福利费用、开展专业业务活动领用的库存物品成本、业务部门所使用资产的折旧（摊销）费用等，应当区分直接费用和间接费用，归集、分配计入各类业务活动等成本核算对象。

第二十五条 单位内为业务部门提供服务或产品的辅助部门所发生的业务活动费用，应当采用合理的标准或方法分配计入各类业务活动等成本核算对象。

辅助部门之间互相提供的服务、产品成本，应当采用合理的方法，进行交互分配。互相提供服务、产品的成本较少的，可以不进行交互分配，直接分配计入各类业务活动等成本核算对象。

第二十六条 单位本级行政及后勤管理部门开展管理活动发生的单位管理费用，如单位行政及后勤管理部门发生的人员经费、公用经费、资产折旧（摊销）等费用，以及由单位统一负担的费用，可以根据成本信息需求，采用合理的标准或方法分配计入相关成本核算对象。

第二十七条 成本核算对象为公共服务或产品的，可以合理选择品种法、分批法、分步法等方法进行成本核算。

第五章　附　则

第二十八条　行业事业单位（如医院、高等学校、科学事业单位）的成本核算具体指引等，应当由财政部遵循本指引制定。

第二十九条　行政单位、参照执行政府会计准则制度的非行政事业单位主体开展成本核算工作，可以参照执行本指引。

第三十条　本指引由财政部负责解释。

第三十一条　本指引自2021年1月1日起施行。

15. 关于加强国家统一的会计制度贯彻实施工作的指导意见

财会〔2019〕17号

各省、自治区、直辖市、计划单列市财政厅（局），新疆生产建设兵团财政局，中共中央直属机关事务管理局财务管理办公室，国家机关事务管理局财务管理司，中央军委后勤保障部财务局：

为贯彻落实《中华人民共和国会计法》，进一步规范会计行为，提高会计信息质量，现就加强国家统一的会计制度贯彻实施工作提出如下意见。

一、充分认识加强国家统一的会计制度贯彻实施的重要性

依据会计法制定的国家统一的会计制度，是生成会计信息的重要标准，是规范会计行为和会计秩序的重要依据。认真贯彻实施用于规范会计核算、会计监督、会计机构和会计人员以及会计管理工作等的国家统一的会计制度，是贯彻落实会计法各项规定的具体措施和重要保证，对于依法进行会计核算、实行会计监督、规范会计秩序、提高信息质量，加强会计监管、维护公众利益，都有十分重要的意义。财政部门和有关业务主管部门要充分认识贯彻实施会计法和国家统一的会计制度的重要性、紧迫性，督促各单位规范会计秩序、依据国家统一的会计制度生成和提供会计信息，切实采取措施加强监管，依法查处扰乱会计秩序、提供虚假会计信息等行为，进一步规范会计秩序和提高会计信息质量。各单位要认真履行会计法赋予的会计责任，加强会计工作，健全内部控制，支持会计人员依法行使职权，保证会计信息真实完整和符合国家统一的会计制度规定。

二、总体要求

全面贯彻落实党的十九大精神，以习近平新时代中国特色社会主义思想为指导，紧紧围绕统筹推进"五位一体"总体布局和协调推进"四个全面"战略布局，认真落实党中央关于全面推进依法治国决策部署，以贯彻落实会计法、提高会计信息质量为着力点，坚持会计法治建设与会计诚信建设相结合，落实单位主体责任与强化外部监督相促进，协同推进国家统一的会计制度贯彻实施工作，促进会计工作更好地为决胜全面建成小康社会、建设新时代中国特色社会主义服务。

三、主要措施

（一）维护国家统一的会计制度的统一性。国家统一的会计制度尤其是规范会计核算的准则制度，是生成和提供口径一致、相互可比会计信息的重要标准，是投资者、债权人、社会公众、政府部门等运用会计信息进行投资决策、宏观调控等的重要依据。各地区、各部门应当严格遵循会计法关于"国家实行统一的会计制度"的规定，不得擅自修改、调整、补充规定、解释国家统一的会计制度规定的政策口径。地方财政部门对企业、行政事业单位等在执行国家统一的会计制度中出现的政策口径问题，应按程序及时报财政部，由财政部作出统一解释；有关主管部门确需对国家统一的会计制度作出补充规定的，应按法定程序报财政部审核批准或备案。

（二）督促落实各单位的会计责任。各单位执行国家统一的会计制度效果和会计信息质量情况，对加强单位内部管理、维护市场经济秩序，具有重要影响。各单位要认真履行会计法和国家统一的会计制度赋予的职责，依法设置会计账簿，根据真实的经济业务事项进行会计核算、编制财务会计报告，不得账外设账和提供虚假的财务会计报告；不具备设置会计机构和会计人员条件的单位应委托会计师事务所或经批准设立的代理记账机构进行代理记账。单位负责人要加强对会计工作的组织领导,指导督促会计机构、会计人员依法进行会计核算、实行会计监督、健全内部控制,支持本单位主管会计工作的负责人、会计机构负责人和其他会计人员依法行使职权,会同本单位主管会计工作的负责人、会计机构负责人一并在财务会计报告上签名盖章,并对财务会计报告的真实性、完整性承担法律责任。会计人员要依法履行职责、遵守会计职业道德。财政部门和有关业务主管部门要加强教育引导、监督检查,指导督促各单位规范会计秩序、提高会计信息质量。

(三)加强内部控制建设。内部控制是规范流程、防范风险、落实战略目标的重要制度安排,也是贯彻实施国家统一的会计制度的重要保障。企业、行政事业单位要认真执行《企业内部控制基本规范》(财会〔2008〕7号)及其配套指引、《小企业内部控制规范(试行)》(财会〔2017〕21号)、《行政事业单位内部控制规范(试行)》(财会〔2012〕21号)、《关于全面推进行政事业单位内部控制建设的指导意见》(财会〔2015〕24号)等规定,在单位负责人的组织领导下,建立健全内部控制体系,有效运用内部控制基本方法,加强对经济和业务活动内部控制。上市公司应按规定对外披露由会计师事务所出具的内部控制审计报告,行政事业单位应按规定定期报送开展内部控制情况。财政部门和有关业务主管部门要加强对企业、行政事业单位实施内部控制情况的指导、监督和考核评价工作。

(四)切实提高会计师事务所审计质量。会计师事务所提供财务会计报告鉴证服务,是贯彻实施国家统一的会计制度、保证会计信息质量的重要措施。按照法律法规规定,对外提供的财务会计报告须委托会计师事务所进行审计的企业和其他单位,应委托会计师事务所进行审计,配合其独立开展审计业务,及时、完整提供审计所需文件、资料和其他有关信息,不得授意、指使、胁迫注册会计师及其所在的会计师事务所出具不实审计报告。财政部门要加强注册会计师行业监管,切实规范审计秩序,扎实推进会计师事务所质量评估,探索分级分类管理措施,指导督促会计师事务所加强内部治理、风险管理、质量控制建设,及时纠正会计师事务所总分所管理松散等问题,有效发挥行业协会的服务、监督、管理、协调功能,弘扬诚信文化,加强行业党的建设,促进会计师事务所提高审计质量。

(五)加强国家统一的会计制度实施情况的日常监管。指导督促国家统一的会计制度的贯彻实施,是会计监管工作的重要内容。财政部门和有关业务主管部门要积极采取措施,加强对各单位贯彻实施国家统一的会计制度的督促指导。要加强对国有大中型企业、上市公司和非上市公众公司、行政事业单位、其他单位执行国家统一的会计制度情况的监测,通过公开披露信息或报送信息,及时分析、掌握有关单位执行国家统一的会计制度情况动态,为开展专项检查或重点检查、进一步加强会计监管提供决策支持。要按照"谁审批、谁监管,谁主管、谁监管"和"双随机、一公开"的要求,加强对有关单位执行国家统一的会计制度情况、会计中介机构执业质量情况的重点检查,依法惩处做假账、提供虚假财务报告以及会计中介机构低价恶性竞争、提供虚假审计报告等违法行为。要加强与相关监管部门沟通协调,整合监管资源,协调监管政策,共享监管信息,提升监管效能。要切实转变职能、搞好服务,为会计人员、注册会计师及有关方面执行国家统一的会计制度提供指导。要积极推行会计工作联系点制度,选择有代表性企事业单位作为服务联系点,总结经验、研究问题、指导工作。要认真总结贯彻实施国家统一的会计制度取得成效和经验的先进典型,及时宣传推广。要积极探索建立专家咨询指导机制,为企业、行政事业单位和中介机构执行国家统一的会计制度提供专业指导和智力支持。

(六)加强宣传培训。国家统一的会计制度的贯彻实施,需要各单位的高度重视和社会有关方面的支持配合。财政部门和有关业务主管部门必须切实采取措施,广泛宣传国家统一的会计制度,扩大社会影响,争取广泛支持。要结合普法教育,向社会有关方面广泛宣传依法加强会计工作和遵循国家统一的会计制度的重要意义，引导社会有关方面重视和支持会计工作。要重视向各单位尤其是单位负责人宣传其对本单位会计工作和会计资料真实性、完整性所承担的责任，指导督促各单位支持会计人员依法行使职权和保证会计信息质量。要结合会计专业技术资格考试或评审、会计专业技术人员继续教育，宣传讲解国家统一的会计制度的基本规定、实施要求，指导督促会计人员掌握法规制度、依法开展会计工作。要向其他监管部门宣传会计核算理念、会计政策界限，协调监管理念，提高监管效能。鼓励会计教育机构开设与国家统一的会计制度等相关的课程，教育引导会计后备人员树立会计法治理念、提高职业道德素养。要引导、支持新闻媒体、社会公众等发挥监督作用，公开曝光假合同、假发票、假数据等违法行为及其处理结果，营造共同治理会计造假的良好社会氛围。

（七）加强会计诚信建设。建立会计人员执业情况的信用评价考核制度，是贯彻实施国家统一的会计制度的重要基础。财政部门和有关业务主管部门要认真贯彻《财政部关于加强会计人员诚信建设的指导意见》（财会〔2018〕9号）精神，完善会计人员职业道德规范，建立健全会计人员守信激励和失信惩戒机制，建立严重失信会计人员"黑名单"制度。要加强会计行业组织自律管理。积极创造条件、争取广泛支持，将会计人员、会计中介机构的信用情况及会计违法单位的信息纳入全国信用信息共享平台，提高失信惩戒的约束力和震慑力。

（八）加强组织领导。财政部门和有关业务主管部门要按照"统一领导，分级管理"的原则，加强对本地区、本部门会计工作的组织领导，认真履行会计法赋予的会计监管职责，有效发挥行政监管、社会监督、单位自律的各自优势，争取其他监管部门支持协同，切实改进和加强会计监管，指导、督促会计法和国家统一的会计制度等得到有效落实。要加强会计管理队伍建设，进一步提高专业化水平和依法履职能力。

财政部
2019年10月22日

16. 关于印发《企业数据资源相关会计处理暂行规定》的通知

财会〔2023〕11号

国务院有关部委、有关直属机构,各省、自治区、直辖市、计划单列市财政厅(局),新疆生产建设兵团财政局,财政部各地监管局,有关单位:

为规范企业数据资源相关会计处理,强化相关会计信息披露,根据《中华人民共和国会计法》和相关企业会计准则,我们制定了《企业数据资源相关会计处理暂行规定》,现予印发,请遵照执行。

执行中如有问题,请及时反馈我部。

附件:企业数据资源相关会计处理暂行规定

财政部
2023年8月1日

附件：

企业数据资源相关会计处理暂行规定

为规范企业数据资源相关会计处理，强化相关会计信息披露，根据《中华人民共和国会计法》和企业会计准则等相关规定，现对企业数据资源的相关会计处理规定如下：

一、关于适用范围

本规定适用于企业按照企业会计准则相关规定确认为无形资产或存货等资产类别的数据资源，以及企业合法拥有或控制的、预期会给企业带来经济利益的、但由于不满足企业会计准则相关资产确认条件而未确认为资产的数据资源的相关会计处理。

二、关于数据资源会计处理适用的准则

企业应当按照企业会计准则相关规定，根据数据资源的持有目的、形成方式、业务模式，以及与数据资源有关的经济利益的预期消耗方式等，对数据资源相关交易和事项进行会计确认、计量和报告。

1. 企业使用的数据资源，符合《企业会计准则第6号——无形资产》（财会〔2006〕3号，以下简称无形资产准则）规定的定义和确认条件的，应当确认为无形资产。

2. 企业应当按照无形资产准则、《〈企业会计准则第6号——无形资产〉应用指南》（财会〔2006〕18号，以下简称无形资产准则应用指南）等规定，对确认为无形资产的数据资源进行初始计量、后续计量、处置和报废等相关会计处理。

其中，企业通过外购方式取得确认为无形资产的数据资源，其成本包括购买价款、相关税费、直接归属于使该项无形资产达到预定用途所发生的数据脱敏、清洗、标注、整合、分析、可视化等加工过程所发生的有关支出，以及数据权属鉴证、质量评估、登记结算、安全管理等费用。企业通过外购方式取得数据采集、脱敏、清洗、标注、整合、分析、可视化等服务所发生的有关支出，不符合无形资产准则规定的无形资产定义和确认条件的，应当根据用途计入当期损益。

企业内部数据资源研究开发项目的支出，应当区分研究阶段支出与开发阶段支出。研究阶段的支出，应当于发生时计入当期损益。开发阶段的支出，满足无形资产准则第九条规定的有关条件的，才能确认为无形资产。

企业在对确认为无形资产的数据资源的使用寿命进行估计时，应当考虑无形资产准则应用指南规定的因素，并重点关注数据资源相关业务模式、权利限制、更新频率和时效性、有关产品或技术迭代、同类竞品等因素。

3. 企业在持有确认为无形资产的数据资源期间，利用数据资源对客户提供服务的，应当按照无形资产准则、无形资产准则应用指南等规定，将无形资产的摊销金额计入当期损益或相关资产成本；同时，企业应当按照《企业会计准则第14号——收入》（财会〔2017〕22号，以下简称收入准则）等规定确认相关收入。

除上述情形外，企业利用数据资源对客户提供服务的，应当按照收入准则等规定确认相关收入，符合有关条件的应当确认合同履约成本。

4. 企业日常活动中持有、最终目的用于出售的数据资源，符合《企业会计准则第1号——存货》（财会〔2006〕3号，以下简称存货准则）规定的定义和确认条件的，应当确认为存货。

5. 企业应当按照存货准则、《〈企业会计准则第1号——存货〉应用指南》（财会〔2006〕18号）等规定，对确认为存货的数据资源进行初始计量、后续计量等相关会计处理。

其中，企业通过外购方式取得确认为存货的数据资源，其采购成本包括购买价款、相关税费、

保险费，以及数据权属鉴证、质量评估、登记结算、安全管理等所发生的其他可归属于存货采购成本的费用。企业通过数据加工取得确认为存货的数据资源，其成本包括采购成本，数据采集、脱敏、清洗、标注、整合、分析、可视化等加工成本和使存货达到目前场所和状态所发生的其他支出。

6. 企业出售确认为存货的数据资源，应当按照存货准则将其成本结转为当期损益；同时，企业应当按照收入准则等规定确认相关收入。

7. 企业出售未确认为资产的数据资源，应当按照收入准则等规定确认相关收入。

三、关于列示和披露要求

（一）资产负债表相关列示。

企业在编制资产负债表时，应当根据重要性原则并结合本企业的实际情况，在"存货"项目下增设"其中：数据资源"项目，反映资产负债表日确认为存货的数据资源的期末账面价值；在"无形资产"项目下增设"其中：数据资源"项目，反映资产负债表日确认无形资产的数据资源的期末账面价值；在"开发支出"项目下增设"其中：数据资源"项目，反映资产负债表日正在进行数据资源研究开发项目满足资本化条件的支出金额。

（二）相关披露。

企业应当按照相关企业会计准则及本规定等，在会计报表附注中对数据资源相关会计信息进行披露。

1. 确认为无形资产的数据资源相关披露。

（1）企业应当按照外购无形资产、自行开发无形资产等类别，对确认为无形资产的数据资源（以下简称数据资源无形资产）相关会计信息进行披露，并可以在此基础上根据实际情况对类别进行拆分。具体披露格式如下：

项目	外购的数据资源无形资产	自行开发的数据资源无形资产	其他方式取得的数据资源无形资产	合计
一、账面原值				
1. 期初余额				
2. 本期增加金额				
其中：购入				
内部研发				
其他增加				
3. 本期减少金额				
其中：处置				
失效且终止确认				
其他减少				
4. 期末余额				
二、累计摊销				
1. 期初余额				
2. 本期增加金额				
3. 本期减少金额				

续表

项目	外购的数据资源无形资产	自行开发的数据资源无形资产	其他方式取得的数据资源无形资产	合计
其中：处置				
失效且终止确认				
其他减少				
4. 期末余额				
三、减值准备				
1. 期初余额				
2. 本期增加金额				
3. 本期减少金额				
4. 期末余额				
四、账面价值				
1. 期末账面价值				
2. 期初账面价值				

实际情况对类别进行拆分。具体披露格式如下：

（2）对于使用寿命有限的数据资源无形资产，企业应当披露其使用寿命的估计情况及摊销方法；对于使用寿命不确定的数据资源无形资产，企业应当披露其账面价值及使用寿命不确定的判断依据。

（3）企业应当按照《企业会计准则第28号——会计政策、会计估计变更和差错更正》（财会〔2006〕3号）的规定，披露对数据资源无形资产的摊销期、摊销方法或残值的变更内容、原因以及对当期和未来期间的影响数。

（4）企业应当单独披露对企业财务报表具有重要影响的单项数据资源无形资产的内容、账面价值和剩余摊销期限。

（5）企业应当披露所有权或使用权受到限制的数据资源无形资产，以及用于担保的数据资源无形资产的账面价值、当期摊销额等情况。

项目	外购的数据资源存货	自行加工的数据资源存货	其他方式取得的数据资源存货	合计
一、账面原值				
1. 期初余额				
2. 本期增加金额				
其中：购入				
采集加工				
其他增加				
3. 本期减少金额				
其中：出售				
失效且终止确认				

续表

项目	外购的数据资源存货	自行加工的数据资源存货	其他方式取得的数据资源存货	合计
其他减少				
4. 期末余额				
二、存货跌价准备				
1. 期初余额				
2. 本期增加金额				
3. 本期减少金额				
其中：转回				
转销				
4. 期末余额				
三、账面价值				
1. 期末账面价值				
2. 期初账面价值				

（6）企业应当披露计入当期损益和确认为无形资产的数据资源研究开发支出金额。

（7）企业应当按照《企业会计准则第8号——资产减值》（财会〔2006〕3号）等规定，披露与数据资源无形资产减值有关的信息。

（8）企业应当按照《企业会计准则第42号——持有待售的非流动资产、处置组和终止经营》（财会〔2017〕13号）等规定，披露划分为持有待售类别的数据资源无形资产有关信息。

2. 确认为存货的数据资源相关披露。

（1）企业应当按照外购存货、自行加工存货等类别，对确认为存货的数据资源（以下简称数据资源存货）相关会计信息进行披露，并可以在此基础上根据实际情况对类别进行拆分。具体披露格式如下：

（2）企业应当披露确定发出数据资源存货成本所采用的方法。

（3）企业应当披露数据资源存货可变现净值的确定依据、存货跌价准备的计提方法、当期计提的存货跌价准备的金额、当期转回的存货跌价准备的金额，以及计提和转回的有关情况。

（4）企业应当单独披露对企业财务报表具有重要影响的单项数据资源存货的内容、账面价值和可变现净值。

（5）企业应当披露所有权或使用权受到限制的数据资源存货，以及用于担保的数据资源存货的账面价值等情况。

3. 其他披露要求。

企业对数据资源进行评估且评估结果对企业财务报表具有重要影响的，应当披露评估依据的信息来源，评估结论成立的假设前提和限制条件，评估方法的选择，各重要参数的来源、分析、比较与测算过程等信息。

企业可以根据实际情况，自愿披露数据资源（含未作为无形资产或存货确认的数据资源）下列相关信息：

（1）数据资源的应用场景或业务模式、对企业创造价值的影响方式，与数据资源应用场景相关的宏观经济和行业领域前景等。

（2）用于形成相关数据资源的原始数据的类型、规模、来源、权属、质量等信息。

（3）企业对数据资源的加工维护和安全保护情况，以及相关人才、关键技术等的持有和投入情况。

（4）数据资源的应用情况，包括数据资源相关产品或服务等的运营应用、作价出资、流通交易、服务计费方式等情况。

（5）重大交易事项中涉及的数据资源对该交易事项的影响及风险分析，重大交易事项包括但不限于企业的经营活动、投融资活动、质押融资、关联方及关联交易、承诺事项、或有事项、债务重组、资产置换等。

（6）数据资源相关权利的失效情况及失效事由、对企业的影响及风险分析等，如数据资源已确认为资产的，还包括相关资产的账面原值及累计摊销、减值准备或跌价准备、失效部分的会计处理。

（7）数据资源转让、许可或应用所涉及的地域限制、领域限制及法律法规限制等权利限制。

（8）企业认为有必要披露的其他数据资源相关信息。

四、附则

本规定自2024年1月1日起施行。企业应当采用未来适用法执行本规定，本规定施行前已经费用化计入损益的数据资源相关支出不再调整。

17. 事业单位财务规则

中华人民共和国财政部令第108号

《事业单位财务规则》已经2021年12月31日部务会议审议通过，现予公布，自2022年3月1日起施行。

部长　刘昆
2022年1月7日

事业单位财务规则

第一章　总　则

第一条　为了进一步规范事业单位的财务行为，加强事业单位财务管理和监督，提高资金使用效益，保障事业单位健康发展，制定本规则。

第二条　本规则适用于各级各类事业单位（以下简称事业单位）的财务活动。

第三条　事业单位财务管理的基本原则是：执行国家有关法律、法规和财务规章制度；坚持勤俭办一切事业的方针；正确处理事业发展需要和资金供给的关系，社会效益和经济效益的关系，国家、单位和个人三者利益的关系。

第四条　事业单位财务管理的主要任务是：合理编制单位预算，严格预算执行，完整、准确编制单位决算报告和财务报告，真实反映单位预算执行情况、财务状况和运行情况；依法组织收入，努力节约支出；建立健全财务制度，加强经济核算，全面实施绩效管理，提高资金使用效益；加强资产管理，合理配置和有效利用资产，防止资产流失；加强对单位经济活动的财务控制和监督，防范财务风险。

第五条　事业单位的财务活动在单位负责人的领导下，由单位财务部门统一管理。

第六条　事业单位的各项经济业务事项按照国家统一的会计制度进行会计核算。

第二章　单位预算管理

第七条　事业单位预算是指事业单位根据事业发展目标和计划编制的年度财务收支计划。

事业单位预算由收入预算和支出预算组成。

第八条　国家对事业单位实行核定收支、定额或者定项补助、超支不补、结转和结余按规定使用的预算管理办法。

定额或者定项补助根据国家有关政策和财力可能，结合事业单位改革要求、事业特点、事业发展目标和计划、事业单位收支及资产状况等确定。定额或者定项补助可以为零。

非财政补助收入大于支出较多的事业单位，可以实行收入上缴办法。具体办法由财政部门会同有关主管部门制定。

第九条　事业单位参考以前年度预算执行情况，根据预算年度的收入增减因素和措施，以及以前年度结转和结余情况，测算编制收入预算草案；根据事业发展需要与财力可能，测算编制支出预算草案。

事业单位预算应当自求收支平衡，不得编制赤字预算。

第十条 事业单位应当根据国家宏观调控总体要求、年度事业发展目标和计划以及预算编制的规定，提出预算建议数，经主管部门审核汇总报财政部门（一级预算单位直接报财政部门，下同）。事业单位根据财政部门下达的预算控制数编制预算草案，由主管部门审核汇总报财政部门，经法定程序审核批复后执行。

第十一条 事业单位应当严格执行批准的预算。预算执行中，国家对财政补助收入和财政专户管理资金的预算一般不予调剂，确需调剂的，由事业单位报主管部门审核后报财政部门调剂；其他资金确需调剂的，按照国家有关规定办理。

第十二条 事业单位决算是指事业单位预算收支和结余的年度执行结果。

第十三条 事业单位应当按照规定编制年度决算草案，由主管部门审核汇总后报财政部门审批。

第十四条 事业单位应当加强决算审核和分析，保证决算数据的真实、准确，规范决算管理工作。

第十五条 事业单位应当全面加强预算绩效管理，提高资金使用效益。

第三章 收入管理

第十六条 收入是指事业单位为开展业务及其他活动依法取得的非偿还性资金。

第十七条 事业单位收入包括：

（一）财政补助收入，即事业单位从本级财政部门取得的各类财政拨款。

（二）事业收入，即事业单位开展专业业务活动及其辅助活动取得的收入。其中：按照国家有关规定应当上缴国库或者财政专户的资金，不计入事业收入；从财政专户核拨给事业单位的资金和经核准不上缴国库或者财政专户的资金，计入事业收入。

（三）上级补助收入，即事业单位从主管部门和上级单位取得的非财政补助收入。

（四）附属单位上缴收入，即事业单位附属独立核算单位按照有关规定上缴的收入。

（五）经营收入，即事业单位在专业业务活动及其辅助活动之外开展非独立核算经营活动取得的收入。

（六）其他收入，即本条上述规定范围以外的各项收入，包括投资收益、利息收入、捐赠收入、非本级财政补助收入、租金收入等。

第十八条 事业单位应当将各项收入全部纳入单位预算，统一核算，统一管理，未纳入预算的收入不得安排支出。

第十九条 事业单位对按照规定上缴国库或者财政专户的资金，应当按照国库集中收缴的有关规定及时足额上缴，不得隐瞒、滞留、截留、占用、挪用、拖欠或坐支。

第四章 支出管理

第二十条 支出是指事业单位开展业务及其他活动发生的资金耗费和损失。

第二十一条 事业单位支出包括：

（一）事业支出，即事业单位开展专业业务活动及其辅助活动发生的基本支出和项目支出。基本支出，是指事业单位为保障其单位正常运转、完成日常工作任务所发生的支出，包括人员经费和公用经费；项目支出，是指事业单位为完成其特定的工作任务和事业发展目标所发生的支出。

（二）经营支出，即事业单位在专业业务活动及其辅助活动之外开展非独立核算经营活动发生的支出。

（三）对附属单位补助支出，即事业单位用财政补助收入之外的收入对附属单位补助发生的支出。

（四）上缴上级支出，即事业单位按照财政部门和主管部门的规定上缴上级单位的支出。

（五）其他支出，即本条上述规定范围以外的各项支出，包括利息支出、捐赠支出等。

第二十二条　事业单位应当将各项支出全部纳入单位预算，实行项目库管理，建立健全支出管理制度。

第二十三条　事业单位的支出应当厉行节约，严格执行国家有关财务规章制度规定的开支范围及开支标准；国家有关财务规章制度没有统一规定的，由事业单位规定，报主管部门和财政部门备案。事业单位的规定违反法律制度和国家政策的，主管部门和财政部门应当责令改正。

第二十四条　事业单位从财政部门和主管部门取得的有指定项目和用途的专项资金，应当专款专用、单独核算，并按照规定报送专项资金使用情况的报告，接受财政部门或者主管部门的检查、验收。

第二十五条　事业单位应当加强经济核算，可以根据开展业务活动及其他活动的实际需要，实行成本核算。成本核算的具体办法按照国务院财政部门相关规定执行。

第二十六条　事业单位应当严格执行国库集中支付制度和政府采购制度等有关规定。

第二十七条　事业单位应当依法加强各类票据管理，确保票据来源合法、内容真实、使用正确，不得使用虚假票据。

第五章　结转和结余管理

第二十八条　结转和结余是指事业单位年度收入与支出相抵后的余额。

结转资金是指当年预算已执行但未完成，或者因故未执行，下一年度需要按照原用途继续使用的资金。结余资金是指当年预算工作目标已完成，或者因故终止，当年剩余的资金。

经营收支结转和结余应当单独反映。

第二十九条　财政拨款结转和结余的管理，应当按照国家有关规定执行。

第三十条　非财政拨款结转按照规定结转下一年度继续使用。非财政拨款结余可以按照国家有关规定提取职工福利基金，剩余部分用于弥补以后年度单位收支差额；国家另有规定的，从其规定。

第三十一条　事业单位应当加强非财政拨款结余的管理，盘活存量，统筹安排、合理使用，支出不得超出非财政拨款结余规模。

第六章　专用基金管理

第三十二条　专用基金是指事业单位按照规定提取或者设置的有专门用途的资金。

专用基金管理应当遵循先提后用、专款专用的原则，支出不得超出基金规模。

第三十三条　专用基金包括职工福利基金和其他专用基金。

职工福利基金是指按照非财政拨款结余的一定比例提取以及按照其他规定提取转入，用于单位职工的集体福利设施、集体福利待遇等的资金。

其他专用基金是指除职工福利基金外，按照有关规定提取或者设置的专用资金。

第三十四条　事业单位应当将专用基金纳入预算管理，结合实际需要按照规定提取，保持合理规模，提高使用效益。专用基金余额较多的，应当降低提取比例或者暂停提取；确需调整用途的，由主管部门会同本级财政部门确定。

第三十五条 各项基金的提取比例和管理办法，国家有统一规定的，按照统一规定执行；没有统一规定的，由主管部门会同本级财政部门确定。

第七章 资产管理

第三十六条 资产是指事业单位依法直接支配的各类经济资源。

第三十七条 事业单位的资产包括流动资产、固定资产、在建工程、无形资产、对外投资、公共基础设施、政府储备物资、文物文化资产、保障性住房等。

第三十八条 事业单位应当建立健全单位资产管理制度，明确资产使用人和管理人的岗位责任，按照国家规定设置国有资产台账，加强和规范资产配置、使用和处置管理，维护资产安全完整，提高资产使用效率。涉及资产评估的，按照国家有关规定执行。

事业单位应当汇总编制本单位行政事业性国有资产管理情况报告。

事业单位应当定期或者不定期对资产进行盘点、对账。出现资产盘盈盘亏的，应当按照财务、会计和资产管理制度有关规定处理，做到账实相符和账账相符。

事业单位对需要办理权属登记的资产应当依法及时办理。

第三十九条 事业单位应当根据依法履行职能和事业发展的需要，结合资产存量、资产配置标准、绩效目标和财政承受能力配置资产。优先通过调剂方式配置资产。不能调剂的，可以采用购置、建设、租用等方式。

第四十条 流动资产是指可以在一年以内变现或者耗用的资产，包括现金、各种存款、应收及预付款项、存货等。

前款所称存货是指事业单位在开展业务活动及其他活动中为耗用或出售而储存的资产，包括材料、燃料、包装物和低值易耗品以及未达到固定资产标准的用具、装具、动植物等。

事业单位货币性资产损失核销，应当经主管部门审核同意后报本级财政部门审批。

第四十一条 固定资产是指使用期限超过一年，单位价值在1000元以上，并在使用过程中基本保持原有物质形态的资产。单位价值虽未达到规定标准，但是耐用时间在一年以上的大批同类物资，作为固定资产管理。

行业事业单位的固定资产明细目录由国务院主管部门制定，报国务院财政部门备案。

第四十二条 在建工程是指已经发生必要支出，但尚未达到交付使用状态的建设工程。

在建工程达到交付使用状态时，应当按照规定办理工程竣工财务决算和资产交付使用，期限最长不得超过1年。

第四十三条 无形资产是指不具有实物形态而能为使用者提供某种权利的资产，包括专利权、商标权、著作权、土地使用权、非专利技术以及其他财产权利。

事业单位转让无形资产取得的收入、取得无形资产发生的支出，应当按照国家有关规定处理。

第四十四条 对外投资是指事业单位依法利用货币资金、实物、无形资产等方式向其他单位的投资。

事业单位应当严格控制对外投资。利用国有资产对外投资应当有利于事业发展和实现国有资产保值增值，符合国家有关规定，经可行性研究和集体决策，按照规定的权限和程序进行。事业单位不得使用财政拨款及其结余进行对外投资，不得从事股票、期货、基金、企业债券等投资，国家另有规定的除外。

事业单位应当明确对外投资形成的股权及其相关权益管理责任，按照国家有关规定将对外投资形成的股权纳入经营性国有资产集中统一监管体系。

第四十五条 公共基础设施、政府储备物资、文物文化资产、保障性住房等资产管理的具体办法,由国务院财政部门会同有关部门制定。

第四十六条 事业单位资产处置应当遵循公开、公平、公正和竞争、择优的原则,严格履行相关审批程序。

事业单位出租、出借资产应当严格履行相关审批程序。

第四十七条 事业单位应当在确保安全使用的前提下,推进本单位大型设备等国有资产共享共用工作,可以对提供方给予合理补偿。

第八章 负债管理

第四十八条 负债是指事业单位所承担的能以货币计量,需要以资产或者劳务偿还的债务。

第四十九条 事业单位的负债包括借入款项、应付款项、暂存款项、应缴款项等。

应缴款项包括事业单位按照国家有关规定收取的应当上缴国库或者财政专户的资金、应缴税费,以及其他应当上缴的款项。

第五十条 事业单位应当对不同性质的负债分类管理,及时清理并按照规定办理结算,保证各项负债在规定期限内偿还。

第五十一条 事业单位应当建立健全财务风险预警和控制机制,规范和加强借入款项管理,如实反映依法举借债务情况,严格执行审批程序,不得违反规定融资或者提供担保。

第九章 事业单位清算

第五十二条 事业单位发生划转、改制、撤销、合并、分立时,应当进行清算。

第五十三条 事业单位清算,应当在主管部门和财政部门的监督指导下,对单位的财产、债权、债务等进行全面清理,编制财产目录和债权、债务清单,提出财产作价依据和债权、债务处理办法,做好资产和负债的移交、接收、划转和管理工作,并妥善处理各项遗留问题。

第五十四条 事业单位清算结束后,经主管部门审核并报财政部门批准,其资产和负债分别按照下列办法处理:

(一)因隶属关系改变,成建制划转的事业单位,全部资产和负债无偿移交,并相应划转经费指标。

(二)转为企业的事业单位,全部资产扣除负债后,转作国家资本金。

(三)撤销的事业单位,全部资产和负债由主管部门和财政部门核准处理。

(四)合并的事业单位,全部资产和负债移交接收单位或者新组建单位,合并后多余的资产由主管部门和财政部门核准处理。

(五)分立的事业单位,全部资产和负债按照有关规定移交分立后的事业单位,并相应划转经费指标。

第十章 财务报告和决算报告

第五十五条 事业单位应当按国家有关规定向主管部门和财政部门以及其他有关的报告使用者提供财务报告、决算报告。

事业单位财务会计和预算会计要素的确认、计量、记录、报告应当遵循政府会计准则制度的规定。

第五十六条 财务报告主要以权责发生制为基础编制,综合反映事业单位特定日期财务状况和一定时期运行情况等信息。

第五十七条 财务报告由财务报表和财务分析两部分组成。财务报表主要包括资产负债表、收入费用表等会计报表和报表附注。财务分析的内容主要包括财务状况分析、运行情况分析和财务管理情况等。

第五十八条 决算报告主要以收付实现制为基础编制，综合反映事业单位年度预算收支执行结果等信息。

第五十九条 决算报告由决算报表和决算分析两部分组成。决算报表主要包括收入支出表、财政拨款收入支出表等。决算分析的内容主要包括收支预算执行分析、资金使用效益分析和机构人员情况等。

第十一章　财务监督

第六十条 事业单位财务监督主要包括对预算管理、收入管理、支出管理、结转和结余管理、专用基金管理、资产管理、负债管理等的监督。

第六十一条 事业单位财务监督应当实行事前监督、事中监督、事后监督相结合，日常监督与专项监督相结合。

第六十二条 事业单位应当建立健全内部控制制度、经济责任制度、财务信息披露制度等监督制度，依法公开财务信息。

第六十三条 事业单位应当遵守财经纪律和财务制度，依法接受主管部门和财政、审计部门的监督。

第六十四条 各级事业单位、主管部门和财政部门及其工作人员存在违反本规则规定的行为，以及其他滥用职权、玩忽职守、徇私舞弊等违法违规行为的，依法追究相应责任。

第十二章　附　则

第六十五条 事业单位基本建设投资的财务管理，应当执行本规则，但国家基本建设投资财务管理制度另有规定的，从其规定。

第六十六条 参照公务员法管理的事业单位财务制度的适用，由国务院财政部门另行规定。

第六十七条 接受国家经常性资助的社会力量举办的公益服务性组织和社会团体，依照本规则执行；其他社会力量举办的公益服务性组织和社会团体，可以参照本规则执行。

第六十八条 下列事业单位或者事业单位特定项目，执行企业财务制度，不执行本规则：

（一）纳入企业财务管理体系的事业单位和事业单位附属独立核算的生产经营单位；

（二）事业单位经营的接受外单位要求投资回报的项目；

（三）经主管部门和财政部门批准的具备条件的其他事业单位。

第六十九条 行业特点突出，需要制定行业事业单位财务管理制度的，由国务院财政部门会同有关主管部门根据本规则制定。

第七十条 省、自治区、直辖市人民政府财政部门可以根据本规则结合本地区实际情况制定事业单位具体财务管理办法。

第七十一条 本规则自2022年3月1日起施行。《事业单位财务规则》（财政部令第68号）同时废止。

相关文章：

财政部有关负责人就修订出台《事业单位财务规则》答记者问

发布日期：2022年01月18日

18.行政单位财务规则

中华人民共和国财政部令第 113 号

《行政单位财务规则》已经 2023 年 1 月 13 日部务会议审议通过，现予公布，自 2023 年 3 月 1 日起施行。

部长　刘昆
2023 年 1 月 28 日

行政单位财务规则

第一章　总　则

第一条　为了规范行政单位的财务行为，加强行政单位财务管理和监督，提高资金使用效益，保障行政单位工作任务的完成，制定本规则。

第二条　本规则适用于各级各类国家机关、政党组织（以下统称行政单位）的财务活动。

第三条　行政单位财务管理的基本原则是：艰苦奋斗，厉行节约；量入为出，保障重点；从严从简，勤俭办一切事业；制止奢侈浪费，降低行政成本，注重资金使用效益。

第四条　行政单位财务管理的主要任务是：

（一）科学、合理编制预算，严格预算执行，完整、准确、及时编制决算；

（二）建立健全财务制度，实施内部控制管理，加强对行政单位财务活动的控制和监督；

（三）全面实施绩效管理，提高资金使用效益；

（四）加强资产管理，合理配置、有效利用、规范处置资产，防止国有资产流失；

（五）按照规定编制决算报告和财务报告，真实反映单位预算执行情况、财务状况和运行情况；

（六）对行政单位所属并归口行政财务管理的单位的财务活动实施指导、监督；

（七）加强对非独立核算的机关后勤服务部门的财务管理，实行内部核算办法。

第五条　行政单位的财务活动在单位负责人领导下，由单位财务部门统一管理。

行政单位应当实行独立核算，明确承担相关职责的机构，配备与履职相适应的财务、会计人员力量。不具备配备条件的，可以委托经批准从事代理记账业务的中介机构代理记账。

行政单位的各项经济业务事项应当按照国家统一的会计制度进行会计核算。

第二章　单位预算管理

第六条　行政单位预算由收入预算和支出预算组成。

第七条　按照预算管理权限，行政单位预算管理分为下列级次：

（一）向本级财政部门申报预算的行政单位，为一级预算单位；

（二）向一级预算单位申报预算并有下级预算单位的行政单位，为二级预算单位，依次类推；

（三）向上一级预算单位申报预算，且没有下级预算单位的行政单位，为基层预算单位。

一级预算单位有下级预算单位的，为主管预算单位。

第八条 各级预算单位应当按照预算管理级次申报预算，并按照批准的预算组织实施，定期将预算执行情况向上一级预算单位或者本级财政部门报告。

第九条 国家对行政单位实行收支统一管理、结转和结余按照规定使用的预算管理办法。

第十条 行政单位编制预算，应当综合考虑以下因素：

（一）年度工作计划和收支预测；

（二）以前年度预算执行情况；

（三）以前年度结转和结余情况；

（四）资产配置标准和存量资产情况；

（五）有关绩效结果；

（六）其他因素。

第十一条 行政单位预算依照下列程序编报和审批：

（一）行政单位测算、提出预算建议数，逐级汇总后报送本级财政部门；

（二）财政部门审核行政单位提出的预算建议数，下达预算控制数；

（三）行政单位根据预算控制数正式编制年度预算草案，逐级汇总后报送本级财政部门；

（四）经法定程序批准后，财政部门批复行政单位预算。

第十二条 行政单位应当严格执行预算，按照收支平衡的原则，合理安排各项资金，不得超预算安排支出。

预算在执行中应当严格控制调剂。确需调剂的，行政单位应当按照规定程序办理。

第十三条 行政单位应当按照规定编制决算草案，逐级审核汇总后报本级财政部门审批。

第十四条 行政单位应当加强决算审核和分析，规范决算管理工作，保证决算数据的完整、真实、准确。

第十五条 行政单位应当全面实施预算绩效管理，加强绩效结果应用，提高资金使用效益。

第三章　收入管理

第十六条 收入是指行政单位依法取得的非偿还性资金，包括财政拨款收入和其他收入。

财政拨款收入，是指行政单位从本级财政部门取得的预算资金。

其他收入，是指行政单位依法取得的除财政拨款收入以外的各项收入。

行政单位依法取得的应当上缴财政的罚没收入、行政事业性收费收入、政府性基金收入、国有资源（资产）有偿使用收入等，不属于行政单位的收入。

第十七条 行政单位取得各项收入，应当符合国家规定，按照财务管理的要求，分项如实核算。

第十八条 行政单位应当将各项收入全部纳入单位预算，统一核算，统一管理，未纳入预算的收入不得安排支出。

第四章　支出管理

第十九条 支出是指行政单位为保障机构正常运转和完成工作任务所发生的资金耗费和损失，包括基本支出和项目支出。

基本支出，是指行政单位为保障其机构正常运转和完成日常工作任务所发生的支出，包括人员经费和公用经费。

项目支出，是指行政单位为完成其特定的工作任务所发生的支出。

第二十条 行政单位应当将各项支出全部以项目形式纳入预算项目库，实施项目全生命周期管理，未纳入预算项目库的项目一律不得安排预算。

各项支出由单位财务部门按照批准的预算和有关规定审核办理。

第二十一条 行政单位应当严格执行国家规定的开支范围及标准，不得擅自扩大开支范围、提高开支标准，建立健全支出管理制度，合理安排支出进度，严控一般性支出。

第二十二条 行政单位从财政部门或者上级预算单位取得的项目资金，应当按照批准的项目和用途使用，专款专用，在单位统一会计账簿中按项目明细单独核算，并按照有关规定报告资金使用情况，接受财政部门和上级预算单位的监督。

第二十三条 行政单位应当严格执行国库集中支付制度和政府采购法律制度等规定。

第二十四条 行政单位可以根据机构运转和完成工作任务的实际需要，实行成本核算。成本核算的具体办法按照国务院财政部门有关规定执行。

第二十五条 行政单位应当依法依规加强各类票据管理，确保票据来源合法、内容真实、使用正确，不得使用虚假票据。

第五章　结转和结余管理

第二十六条 结转资金，是指当年预算已执行但未完成，或者因故未执行，下一年度需要按照原用途继续使用的资金。

第二十七条 结余资金，是指当年预算工作目标已完成，或者因故终止，当年剩余的资金。

结转资金在规定使用年限未使用或者未使用完的，视为结余资金。

第二十八条 财政拨款结转和结余的管理，应当按照国家有关规定执行。

第六章　资产管理

第二十九条 资产是指行政单位依法直接支配的、能以货币计量的各类经济资源，包括流动资产、固定资产、在建工程、无形资产、公共基础设施、政府储备物资、文物文化资产、保障性住房等。

第三十条 流动资产是指预计在一年以内耗用或者可以变现的资产，包括货币资金、应收及预付款项、存货等。

前款所称存货是指行政单位在工作中为耗用而储存的资产，包括材料、产品、包装物和低值易耗品以及未达到固定资产标准的用具、装具、动植物等。

第三十一条 固定资产是指使用期限超过一年，单位价值在1000元以上，并且在使用过程中基本保持原有物质形态的资产。单位价值虽未达到规定标准，但是耐用时间在一年以上的大批同类物资，作为固定资产管理。

第三十二条 在建工程是指已经发生必要支出，但尚未达到交付使用状态的建设项目工程。

在建工程达到交付使用状态时，应当按照规定办理工程竣工财务决算和资产交付使用，期限最长不得超过1年。

第三十三条 无形资产是指不具有实物形态而能为使用者提供某种权利的资产，包括专利权、商标权、著作权、土地使用权、非专利技术等。

第三十四条 行政单位应当建立健全单位资产管理制度，明确资产使用人和管理人的岗位责任，按照国家规定设置国有资产台账，加强和规范资产配置、使用和处置管理，维护资产安全完整。涉及资产评估的，按照国家有关规定执行。

行政单位应当汇总编制本单位行政事业性国有资产管理情况报告。

第三十五条 行政单位应当根据依法履行职能和完成工作任务的需要，结合资产存量和价值、资产配置标准、绩效目标和财政承受能力，优先通过调剂方式配置资产。不能调剂的，可以采用购置、建设、租用等方式。

第三十六条 行政单位应当加强资产日常管理工作，做好资产建账、核算和登记工作，定期或者不定期进行清查盘点、对账，保证账账相符，账实相符。出现资产盘盈盘亏的，应当按照财务、会计和资产管理制度有关规定处理。

行政单位对需要办理权属登记的资产应当依法及时办理。

第三十七条 行政单位开设银行存款账户，应当报本级财政部门审批或者备案，并由财务部门统一管理。

第三十八条 行政单位应当加强应收及预付款项的管理，严格控制规模，并及时进行清理，不得长期挂账。

第三十九条 行政单位的资产增加时，应当及时登记入账；减少时，应当按照资产处置规定办理报批手续，进行账务处理。

行政单位货币性资产损失核销，按照本级财政部门预算及财务管理有关规定执行。

第四十条 除法律另有规定外，行政单位不得以任何形式用其依法直接支配的国有资产对外投资或者设立营利性组织。对于未与行政单位脱钩的营利性组织，行政单位应当按照有关规定进行监管。

除法律、行政法规另有规定外，行政单位不得以任何方式举借债务，不得以任何方式对外提供担保。

第四十一条 行政单位对外出租、出借国有资产，应当按照有关规定履行相关审批程序。未经批准，不得对外出租、出借。

第四十二条 行政单位应当在确保安全使用的前提下，推进本单位大型设备等国有资产共享共用工作，可以对提供方给予合理补偿。

第四十三条 行政单位资产处置应当遵循公开、公平、公正和竞争、择优的原则，依法进行资产评估，严格履行相关审批程序。

第四十四条 公共基础设施、政府储备物资、文物文化资产、保障性住房等国有资产管理的具体办法，由国务院财政部门会同有关部门制定。

第七章 负债管理

第四十五条 负债是指行政单位过去的经济业务事项形成的、预期会导致经济资源流出的现时义务，包括应缴款项、暂存款项、应付款项等。

第四十六条 应缴款项是指行政单位依法取得的应当上缴财政的资金，包括罚没收入、行政事业性收费收入、政府性基金收入、国有资源（资产）有偿使用收入等。

第四十七条 行政单位取得罚没收入、行政事业性收费收入、政府性基金收入、国有资源（资产）有偿使用收入等，应当按照国库集中收缴的有关规定及时足额上缴，不得隐瞒、滞留、截留、占用、挪用、拖欠或者坐支。

第四十八条 暂存款项是行政单位在业务活动中与其他单位或者个人发生的预收、代管等待结算的款项。

第四十九条 行政单位应当加强对暂存款项的管理，不得将应当纳入单位收入管理的款项列入暂存款项；对各种暂存款项应当及时清理、结算，不得长期挂账。

第八章　行政单位划转撤并的财务处理

第五十条 行政单位划转撤并的财务处理，应当在财政部门、主管预算单位等部门的监督指导下进行。

划转撤并的行政单位应当对单位的财产、债权、债务等进行全面清理，编制财产目录和债权、债务清单，提出财产作价依据和债权、债务处理办法，做好资产和负债的移交、接收、划转和管理工作，并妥善处理各项遗留问题。

第五十一条 划转撤并的行政单位的资产和负债经主管预算单位审核并上报财政部门和有关部门批准后，分别按照下列规定处理：

（一）转为事业单位和改变隶属关系的行政单位，其资产和负债无偿移交，并相应调整、划转经费指标。

（二）转为企业的行政单位，其资产按照有关规定进行评估作价并扣除负债后，转作企业的国有资本。

（三）撤销的行政单位，其全部资产和负债由财政部门或者财政部门授权的单位处理。

（四）合并的行政单位，其全部资产和负债移交接收单位或者新组建单位，并相应划转经费指标；合并后多余的资产，由财政部门或者财政部门授权的单位处理。

（五）分立的行政单位，其资产和负债按照有关规定移交分立后的行政单位，并相应划转经费指标。

第九章　财务报告和决算报告

第五十二条 行政单位应当按照国家有关规定向主管预算单位和财政部门以及其他有关的报告使用者提供财务报告、决算报告。

行政单位财务会计和预算会计要素的确认、计量、记录、报告应当遵循政府会计准则制度的规定。

第五十三条 财务报告主要以权责发生制为基础编制，以财务会计核算生成的数据为准，综合反映行政单位特定日期财务状况和一定时期运行情况等信息。

第五十四条 财务报告由财务报表和财务分析两部分组成。财务报表主要包括资产负债表、收入费用表等会计报表和报表附注。财务分析的内容主要包括财务状况分析、运行情况分析和财务管理情况等。

第五十五条 决算报告主要以收付实现制为基础编制，以预算会计核算生成的数据为准，综合反映行政单位年度预算收支执行结果等信息。

第五十六条 决算报告由决算报表和决算分析两部分组成。决算报表主要包括收入支出表、财政拨款收入支出表等。决算分析的内容主要包括收支预算执行分析、资金使用效益分析和机构人员情况等。

第十章　财务监督

第五十七条 行政单位财务监督主要包括对预算管理、收入管理、支出管理、结转和结余管理、资产管理、负债管理等的监督。

第五十八条 行政单位财务监督应当实行事前监督、事中监督、事后监督相结合，日常监督与专项监督相结合，并对违反财务规章制度的问题进行检查处理。

第五十九条 行政单位应当建立健全内部控制制度、经济责任制度、财务信息披露制度等监督制度，按照规定编制内部控制报告，依法依规公开财务信息，做好预决算公开工作。

第六十条 行政单位应当遵守财经纪律和财务制度，依法接受主管预算单位和财政、审计部门的监督。

第六十一条 财政部门、行政单位及其工作人员存在违反本规则规定的行为，以及其他滥用职权、玩忽职守、徇私舞弊等违法违规行为的，依法追究相应责任。

第十一章 附 则

第六十二条 行政单位基本建设投资的财务管理，应当执行本规则，但国家基本建设投资财务管理制度另有规定的，从其规定。

第六十三条 行政单位应当严格按照《中华人民共和国保守国家秘密法》等法律法规和有关规定，做好涉密事项的财务管理工作。

第六十四条 行政单位所属独立核算的企业、事业单位分别执行相应的财务制度，不执行本规则。

第六十五条 省、自治区、直辖市人民政府财政部门可以依据本规则结合本地区实际情况制定实施办法。

第六十六条 本规则自2023年3月1日起施行。《行政单位财务规则》（财政部令第71号）同时废止。

发布日期：2023年02月08日

第三部分

企业会计准则

一、企业会计准则——基本准则

2006年2月15日财政部令第33号公布，自2007年1月1日起施行。2014年7月23日根据《财政部关于修改〈企业会计准则——基本准则〉的决定》修改。

详见本书第一部分4。

二、《企业会计准则》（具体准则）及应用指南

1. 企业会计准则第1号——存货

财会〔2006〕3号

省略，详见第一版《会计工作手册》（中国财政经济出版社，2019年5月），请登录会计新时代网站（http：//www.acctne.com/）——"会计准则制度→企业会计准则"查询，或登录深圳市会计协会网站（http：//www.szkjxh.com）在"法规制度→准则制度→企业会计准则"查询，或登录财政部会计司子网站（http：//kjs.mof.gov.cn）——"企业会计准则"查询。

《企业会计准则第1号——存货》应用指南

省略，详见第一版《会计工作手册》（中国财政经济出版社，2019年5月），请登录会计新时代网站（http：//www.acctne.com/）——"会计准则制度→企业会计准则"查询，或登录深圳市会计协会网站（http：//www.szkjxh.com）——"法规制度→准则制度→企业会计准则"查询。

2. 企业会计准则第2号——长期股权投资（2014）

财会〔2014〕14号

省略，详见第一版《会计工作手册》（中国财政经济出版社，2019年5月），请登录会计新时代网站（http：//www.acctne.com/）——"会计准则制度→企业会计准则"查询，或登录深圳市会计协会网站（http：//www.szkjxh.com）——"法规制度→准则制度→企业会计准则"查询，或登录财政部会计司子网站（http：//kjs.mof.gov.cn）——"企业会计准则"查询。

《企业会计准则第2号——长期股权投资》应用指南（2014）

省略，请登录会计新时代网站（http：//www.acctne.com/）——"会计准则制度→企业会计准则"查询，或登录深圳市会计协会网站（http：//www.szkjxh.com）——"法规制度→准则制度→企业会计准则"查询。

3.企业会计准则第3号——投资性房地产

财会〔2006〕3号

省略,详见第一版《会计工作手册》(中国财政经济出版社,2019年5月),请登录会计新时代网站(http://www.acctne.com/)——"会计准则制度→企业会计准则"查询,或登录深圳市会计协会网站(http://www.szkjxh.com)——"法规制度→准则制度→企业会计准则"查询,或登录财政部会计司子网站(http://kjs.mof.gov.cn)——"企业会计准则"查询。

《企业会计准则第3号——投资性房地产》应用指南

省略,详见第一版《会计工作手册》(中国财政经济出版社,2019年5月),请登录会计新时代网站(http://www.acctne.com/)——"会计准则制度→企业会计准则"查询,或登录深圳市会计协会网站(http://www.szkjxh.com)——"法规制度→准则制度→企业会计准则"查询。

4.企业会计准则第4号——固定资产

财会〔2006〕3号

省略,详见第一版《会计工作手册》(中国财政经济出版社,2019年5月),请登录会计新时代网站(http://www.acctne.com/)——"会计准则制度→企业会计准则"查询,或登录深圳市会计协会网站(http://www.szkjxh.com)——"法规制度→准则制度→企业会计准则"查询,或登录财政部会计司子网站(http://kjs.mof.gov.cn)——"企业会计准则"查询。

《企业会计准则第4号——固定资产》应用指南

省略,详见第一版《会计工作手册》(中国财政经济出版社,2019年5月),请登录会计新时代网站(http://www.acctne.com/)——"会计准则制度→企业会计准则"查询,或登录深圳市会计协会网站(http://www.szkjxh.com)——"法规制度→准则制度→企业会计准则"查询。

5.企业会计准则第5号——生物资产

财会〔2006〕3号

省略,详见第一版《会计工作手册》(中国财政经济出版社,2019年5月),请登录会计新时代网站(http://www.acctne.com/)——"会计准则制度→企业会计准则"查询,或登录深圳市会计协会网站(http://www.szkjxh.com)——"法规制度→准则制度→企业会计准则"查询,或登录财政部会计司子网站(http://kjs.mof.gov.cn)——"企业会计准则"查询。

《企业会计准则第5号——生物资产》应用指南

省略,详见第一版《会计工作手册》(中国财政经济出版社,2019年5月),请登录会计新时代网站(http://www.acctne.com/)——"会计准则制度→企业会计准则"查询,或登录深圳市会计协会网站(http://www.szkjxh.com)——"法规制度→准则制度→企业会计准则"查询。

6.企业会计准则第6号——无形资产

财会〔2006〕3号

省略,详见第一版《会计工作手册》(中国财政经济出版社,2019年5月),请登录会计新时代网站(http://www.acctne.com/)——"会计准则制度→企业会计准则"查询,或登录深圳市会计协会网站(http://www.szkjxh.com)——"法规制度→准则制度→企业会计准则"查询,或登录财政部会计司子网站(http://kjs.mof.gov.cn)——"企业会计准则"查询。

《企业会计准则第6号——无形资产》应用指南

省略,详见第一版《会计工作手册》(中国财政经济出版社,2019年5月),请登录会计新时代网站(http://www.acctne.com/)——"会计准则制度→企业会计准则"查询,或登录深圳市会计协会网站(http://www.szkjxh.com)——"法规制度→准则制度→企业会计准则"查询。

7. 企业会计准则第7号——非货币性资产交换（2019）

财会〔2019〕8号

第一章 总 则

第一条 为了规范非货币性资产交换的确认、计量和相关信息的披露，根据《企业会计准则——基本准则》，制定本准则。

第二条 非货币性资产交换，是指企业主要以固定资产、无形资产、投资性房地产和长期股权投资等非货币性资产进行的交换。该交换不涉及或只涉及少量的货币性资产（即补价）。

货币性资产，是指企业持有的货币资金和收取固定或可确定金额的货币资金的权利。

非货币性资产，是指货币性资产以外的资产。

第三条 本准则适用于所有非货币性资产交换，但下列各项适用其他相关会计准则：

（一）企业以存货换取客户的非货币性资产的，适用《企业会计准则第14号——收入》。

（二）非货币性资产交换中涉及企业合并的，适用《企业会计准则第20号——企业合并》《企业会计准则第2号——长期股权投资》和《企业会计准则第33号——合并财务报表》。

（三）非货币性资产交换中涉及由《企业会计准则第22号——金融工具确认和计量》规范的金融资产的，金融资产的确认、终止确认和计量适用《企业会计准则第22号——金融工具确认和计量》和《企业会计准则第23号——金融资产转移》。

（四）非货币性资产交换中涉及由《企业会计准则第21号——租赁》规范的使用权资产或应收融资租赁款等的，相关资产的确认、终止确认和计量适用《企业会计准则第21号——租赁》。

（五）非货币性资产交换的一方直接或间接对另一方持股且以股东身份进行交易的，或者非货币性资产交换的双方均受同一方或相同的多方最终控制，且该非货币性资产交换的交易实质是交换的一方向另一方进行了权益性分配或交换的一方接受了另一方权益性投入的，适用权益性交易的有关会计处理规定。

第二章 确 认

第四条 企业应当分别按照下列原则对非货币性资产交换中的换入资产进行确认，对换出资产终止确认：

（一）对于换入资产，企业应当在换入资产符合资产定义并满足资产确认条件时予以确认；

（二）对于换出资产，企业应当在换出资产满足资产终止确认条件时终止确认。

第五条 换入资产的确认时点与换出资产的终止确认时点存在不一致的，企业在资产负债表日应当按照下列原则进行处理：

（一）换入资产满足资产确认条件，换出资产尚未满足终止确认条件的，在确认换入资产的同时将交付换出资产的义务确认为一项负债。

（二）换入资产尚未满足资产确认条件，换出资产满足资产终止确认条件的，在终止确认换出资产的同时将取得换入资产的权利确认为一项资产。

第三章 以公允价值为基础计量

第六条 非货币性资产交换同时满足下列条件的,应当以公允价值为基础计量:

(一)该项交换具有商业实质;

(二)换入资产或换出资产的公允价值能够可靠地计量。

换入资产和换出资产的公允价值均能够可靠计量的,应当以换出资产的公允价值为基础计量,但有确凿证据表明换入资产的公允价值更加可靠的除外。

第七条 满足下列条件之一的非货币性资产交换具有商业实质:

(一)换入资产的未来现金流量在风险、时间分布或金额方面与换出资产显著不同。

(二)使用换入资产所产生的预计未来现金流量现值与继续使用换出资产不同,且其差额与换入资产和换出资产的公允价值相比是重大的。

第八条 以公允价值为基础计量的非货币性资产交换,对于换入资产,应当以换出资产的公允价值和应支付的相关税费作为换入资产的成本进行初始计量;对于换出资产,应当在终止确认时,将换出资产的公允价值与其账面价值之间的差额计入当期损益。

有确凿证据表明换入资产的公允价值更加可靠的,对于换入资产,应当以换入资产的公允价值和应支付的相关税费作为换入资产的初始计量金额;对于换出资产,应当在终止确认时,将换入资产的公允价值与换出资产账面价值之间的差额计入当期损益。

第九条 以公允价值为基础计量的非货币性资产交换,涉及补价的,应当按照下列规定进行处理:

(一)支付补价的,以换出资产的公允价值,加上支付补价的公允价值和应支付的相关税费,作为换入资产的成本,换出资产的公允价值与其账面价值之间的差额计入当期损益。

有确凿证据表明换入资产的公允价值更加可靠的,以换入资产的公允价值和应支付的相关税费作为换入资产的初始计量金额,换入资产的公允价值减去支付补价的公允价值,与换出资产账面价值之间的差额计入当期损益。

(二)收到补价的,以换出资产的公允价值,减去收到补价的公允价值,加上应支付的相关税费,作为换入资产的成本,换出资产的公允价值与其账面价值之间的差额计入当期损益。

有确凿证据表明换入资产的公允价值更加可靠的,以换入资产的公允价值和应支付的相关税费作为换入资产的初始计量金额,换入资产的公允价值加上收到补价的公允价值,与换出资产账面价值之间的差额计入当期损益。

第十条 以公允价值为基础计量的非货币性资产交换,同时换入或换出多项资产的,应当按照下列规定进行处理:

(一)对于同时换入的多项资产,按照换入的金融资产以外的各项换入资产公允价值相对比例,将换出资产公允价值总额(涉及补价的,加上支付补价的公允价值或减去收到补价的公允价值)扣除换入金融资产公允价值后的净额进行分摊,以分摊至各项换入资产的金额,加上应支付的相关税费,作为各项换入资产的成本进行初始计量。

有确凿证据表明换入资产的公允价值更加可靠的,以各项换入资产的公允价值和应支付的相关税费作为各项换入资产的初始计量金额。

(二)对于同时换出的多项资产,将各项换出资产的公允价值与其账面价值之间的差额,在各项换出资产终止确认时计入当期损益。

有确凿证据表明换入资产的公允价值更加可靠的,按照各项换出资产的公允价值的相对比例,将换入资产的公允价值总额(涉及补价的,减去支付补价的公允价值或加上收到补价的公允价值)

分摊至各项换出资产，分摊至各项换出资产的金额与各项换出资产账面价值之间的差额，在各项换出资产终止确认时计入当期损益。

第四章 以账面价值为基础计量

第十一条 不满足本准则第六条规定条件的非货币性资产交换，应当以账面价值为基础计量。对于换入资产，企业应当以换出资产的账面价值和应支付的相关税费作为换入资产的初始计量金额；对于换出资产，终止确认时不确认损益。

第十二条 以账面价值为基础计量的非货币性资产交换，涉及补价的，应当按照下列规定进行处理：

（一）支付补价的，以换出资产的账面价值，加上支付补价的账面价值和应支付的相关税费，作为换入资产的初始计量金额，不确认损益。

（二）收到补价的，以换出资产的账面价值，减去收到补价的公允价值，加上应支付的相关税费，作为换入资产的初始计量金额，不确认损益。

第十三条 以账面价值为基础计量的非货币性资产交换，同时换入或换出多项资产的，应当按照下列规定进行处理：

（一）对于同时换入的多项资产，按照各项换入资产的公允价值的相对比例，将换出资产的账面价值总额（涉及补价的，加上支付补价的账面价值或减去收到补价的公允价值）分摊至各项换入资产，加上应支付的相关税费，作为各项换入资产的初始计量金额。换入资产的公允价值不能够可靠计量的，可以按照各项换入资产的原账面价值的相对比例或其他合理的比例对换出资产的账面价值进行分摊。

（二）对于同时换出的多项资产，各项换出资产终止确认时均不确认损益。

第五章 披 露

第十四条 企业应当在附注中披露与非货币性资产交换有关的下列信息：

（一）非货币性资产交换是否具有商业实质及其原因。

（二）换入资产、换出资产的类别。

（三）换入资产初始计量金额的确定方式。

（四）换入资产、换出资产的公允价值以及换出资产的账面价值。

（五）非货币性资产交换确认的损益。

第六章 衔接规定

第十五条 企业对2019年1月1日至本准则施行日之间发生的非货币性资产交换，应根据本准则进行调整。企业对2019年1月1日之前发生的非货币性资产交换，不需要按照本准则的规定进行追溯调整。

第七章 附 则

第十六条 本准则自2019年6月10日起施行。

第十七条 2006年2月15日财政部印发的《财政部关于印发〈企业会计准则第1号——存货〉等38项具体准则的通知》（财会〔2006〕3号）中的《企业会计准则第7号——非货币性资产交换》同时废止。

财政部此前发布的有关非货币性资产交换会计处理规定与本准则不一致的，以本准则为准。

《企业会计准则第7号——非货币性资产交换》应用指南（2019）

省略，请登录会计新时代网站（http://www.acctne.com/）——"会计准则制度→企业会计准则"查询，或登录深圳市会计协会网站（http://www.szkjxh.com）——"法规制度→准则制度→企业会计准则"查询。

8. 企业会计准则第8号——资产减值

财会〔2006〕3号

省略，详见第一版《会计工作手册》（中国财政经济出版社，2019年5月），请登录会计新时代网站（http://www.acctne.com/）——"会计准则制度→企业会计准则"查询，或登录深圳市会计协会网站（http://www.szkjxh.com）——"法规制度→准则制度→企业会计准则"查询，或登录财政部会计司子网站（http://kjs.mof.gov.cn）——"企业会计准则"查询。

《企业会计准则第8号——资产减值》应用指南

省略，详见第一版《会计工作手册》（中国财政经济出版社，2019年5月），请登录会计新时代网站（http://www.acctne.com/）——"会计准则制度→企业会计准则"查询，或登录深圳市会计协会网站（http://www.szkjxh.com）——"法规制度→准则制度→企业会计准则"查询。

9. 企业会计准则第9号——职工薪酬（2014）

省略，详见第一版《会计工作手册》（中国财政经济出版社，2019年5月），请登录会计新时代网站（http://www.acctne.com/）——"会计准则制度→企业会计准则"查询，或登录深圳市会计协会网站（http://www.szkjxh.com）——"法规制度→准则制度→企业会计准则"查询，或登录财政部会计司子网站（http://kjs.mof.gov.cn）——"企业会计准则"查询。

《企业会计准则第9号——职工薪酬》应用指南（2014）

省略，请登录会计新时代网站（http://www.acctne.com/）——"会计准则制度→企业会计准则"查询，或登录深圳市会计协会网站（http://www.szkjxh.com）——"法规制度→准则制度→企业会计准则"查询。

第三部分 企业会计准则

10. 企业会计准则第10号——企业年金基金

财会〔2006〕3号

省略,详见第一版《会计工作手册》(中国财政经济出版社,2019年5月),请登录会计新时代网站(http://www.acctne.com/)——"会计准则制度→企业会计准则"查询,或登录深圳市会计协会网站(http://www.szkjxh.com)——"法规制度→准则制度→企业会计准则"查询,或登录财政部会计司子网站(http://kjs.mof.gov.cn)"企业会计准则"查询。

《企业会计准则第10号——企业年金基金》应用指南

省略,详见第一版《会计工作手册》(中国财政经济出版社,2019年5月),请登录会计新时代网站(http://www.acctne.com/)——"会计准则制度→企业会计准则"查询,或登录深圳市会计协会网站(http://www.szkjxh.com)——"法规制度→准则制度→企业会计准则"查询。

11. 企业会计准则第11号——股份支付

财会〔2006〕3号

省略,详见第一版《会计工作手册》(中国财政经济出版社,2019年5月),请登录会计新时代网站(http://www.acctne.com/)——"会计准则制度→企业会计准则"查询,或登录深圳市会计协会网站(http://www.szkjxh.com)——"法规制度→准则制度→企业会计准则"查询,或登录财政部会计司子网站(http://kjs.mof.gov.cn)——"企业会计准则"查询。

《企业会计准则第11号——股份支付》应用指南

省略,详见第一版《会计工作手册》(中国财政经济出版社,2019年5月),请登录会计新时代网站(http://www.acctne.com/)——"会计准则制度→企业会计准则"查询,或登录深圳市会计协会网站(http://www.szkjxh.com)——"法规制度→准则制度→企业会计准则"查询。

12. 企业会计准则第12号——债务重组（2019）

财会〔2019〕9号

第一章 总 则

第一条 为了规范债务重组的确认、计量和相关信息的披露，根据《企业会计准则——基本准则》，制定本准则。

第二条 债务重组，是指在不改变交易对手方的情况下，经债权人和债务人协定或法院裁定，就清偿债务的时间、金额或方式等重新达成协议的交易。

本准则中的债务重组涉及的债权和债务是指《企业会计准则第22号——金融工具确认和计量》规范的金融工具。

第三条 债务重组一般包括下列方式，或下列一种以上方式的组合：

（一）债务人以资产清偿债务；

（二）债务人将债务转为权益工具；

（三）除本条第一项和第二项以外，采用调整债务本金、改变债务利息、变更还款期限等方式修改债权和债务的其他条款，形成重组债权和重组债务。

第四条 本准则适用于所有债务重组，但下列各项适用其他相关会计准则：

（一）债务重组中涉及的债权、重组债权、债务、重组债务和其他金融工具的确认、计量和列报，分别适用《企业会计准则第22号——金融工具确认和计量》和《企业会计准则第37号——金融工具列报》。

（二）通过债务重组形成企业合并的，适用《企业会计准则第20号——企业合并》。

（三）债权人或债务人中的一方直接或间接对另一方持股且以股东身份进行债务重组的，或者债权人与债务人在债务重组前后均受同一方或相同的多方最终控制，且该债务重组的交易实质是债权人或债务人进行了权益性分配或接受了权益性投入的，适用权益性交易的有关会计处理规定。

第二章 债权人的会计处理

第五条 以资产清偿债务或者将债务转为权益工具方式进行债务重组的，债权人应当在相关资产符合其定义和确认条件时予以确认。

第六条 以资产清偿债务方式进行债务重组的，债权人初始确认受让的金融资产以外的资产时，应当按照下列原则以成本计量：

存货的成本，包括放弃债权的公允价值和使该资产达到当前位置和状态所发生的可直接归属于该资产的税金、运输费、装卸费、保险费等其他成本。

对联营企业或合营企业投资的成本，包括放弃债权的公允价值和可直接归属于该资产的税金等其他成本。

投资性房地产的成本，包括放弃债权的公允价值和可直接归属于该资产的税金等其他成本。

固定资产的成本，包括放弃债权的公允价值和使该资产达到预定可使用状态前所发生的可直接归属于该资产的税金、运输费、装卸费、安装费、专业人员服务费等其他成本。

生物资产的成本，包括放弃债权的公允价值和可直接归属于该资产的税金、运输费、保险费等其他成本。

无形资产的成本，包括放弃债权的公允价值和可直接归属于使该资产达到预定用途所发生的税金等其他成本。

放弃债权的公允价值与账面价值之间的差额，应当计入当期损益。

第七条 将债务转为权益工具方式进行债务重组导致债权人将债权转为对联营企业或合营企业的权益性投资的，债权人应当按照本准则第六条的规定计量其初始投资成本。放弃债权的公允价值与账面价值之间的差额，应当计入当期损益。

第八条 采用修改其他条款方式进行债务重组的，债权人应当按照《企业会计准则第22号——金融工具确认和计量》的规定，确认和计量重组债权。

第九条 以多项资产清偿债务或者组合方式进行债务重组的，债权人应当首先按照《企业会计准则第22号——金融工具确认和计量》的规定确认和计量受让的金融资产和重组债权，然后按照受让的金融资产以外的各项资产的公允价值比例，对放弃债权的公允价值扣除受让金融资产和重组债权确认金额后的净额进行分配，并以此为基础按照本准则第六条的规定分别确定各项资产的成本。放弃债权的公允价值与账面价值之间的差额，应当计入当期损益。

第三章　债务人的会计处理

第十条 以资产清偿债务方式进行债务重组的，债务人应当在相关资产和所清偿债务符合终止确认条件时予以终止确认，所清偿债务账面价值与转让资产账面价值之间的差额计入当期损益。

第十一条 将债务转为权益工具方式进行债务重组的，债务人应当在所清偿债务符合终止确认条件时予以终止确认。债务人初始确认权益工具时应当按照权益工具的公允价值计量，权益工具的公允价值不能可靠计量的，应当按照所清偿债务的公允价值计量。所清偿债务账面价值与权益工具确认金额之间的差额，应当计入当期损益。

第十二条 采用修改其他条款方式进行债务重组的，债务人应当按照《企业会计准则第22号——金融工具确认和计量》和《企业会计准则第37号——金融工具列报》的规定，确认和计量重组债务。

第十三条 以多项资产清偿债务或者组合方式进行债务重组的，债务人应当按照本准则第十一条和第十二条的规定确认和计量权益工具和重组债务，所清偿债务的账面价值与转让资产的账面价值以及权益工具和重组债务的确认金额之和的差额，应当计入当期损益。

第四章　披　露

第十四条 债权人应当在附注中披露与债务重组有关的下列信息：

（一）根据债务重组方式，分组披露债权账面价值和债务重组相关损益。

（二）债务重组导致的对联营企业或合营企业的权益性投资增加额，以及该投资占联营企业或合营企业股份总额的比例。

第十五条 债务人应当在附注中披露与债务重组有关的下列信息：

（一）根据债务重组方式，分组披露债务账面价值和债务重组相关损益。

（二）债务重组导致的股本等所有者权益的增加额。

第五章　衔接规定

第十六条　企业对2019年1月1日至本准则施行日之间发生的债务重组，应根据本准则进行调整。企业对2019年1月1日之前发生的债务重组，不需要按照本准则的规定进行追溯调整。

第六章　附　　则

第十七条　本准则自2019年6月17日起施行。

第十八条　2006年2月15日财政部印发的《财政部关于印发〈企业会计准则第1号——存货〉等38项具体准则的通知》（财会〔2006〕3号）中的《企业会计准则第12号——债务重组》同时废止。

财政部此前发布的有关债务重组会计处理规定与本准则不一致的，以本准则为准。

《企业会计准则第12号——债务重组》应用指南（2019）

省略，请登录会计新时代网站（http：//www.acctne.com/）——"会计准则制度→企业会计准则"查询，或登录深圳市会计协会网站（http：//www.szkjxh.com）——"法规制度→准则制度→企业会计准则"查询。

13. 企业会计准则第13号——或有事项

财会〔2006〕3号

省略，详见第一版《会计工作手册》（中国财政经济出版社，2019年5月），请登录会计新时代网站（http：//www.acctne.com/）——"会计准则制度→企业会计准则"查询，或登录深圳市会计协会网站（http：//www.szkjxh.com）——"法规制度→准则制度→企业会计准则"查询，或登录财政部会计司子网站（http：//kjs.mof.gov.cn）——"企业会计准则"查询。

《企业会计准则第13号——或有事项》应用指南

省略，详见第一版《会计工作手册》（中国财政经济出版社，2019年5月），请登录会计新时代网站（http：//www.acctne.com/）——"会计准则制度→企业会计准则"查询，或登录深圳市会计协会网站（http：//www.szkjxh.com）——"法规制度→准则制度→企业会计准则"查询。

14. 企业会计准则第14号——收入（2017年修订）

财会〔2017〕22号

省略，详见第一版《会计工作手册》（中国财政经济出版社，2019年5月），请登录会计新时代网站（http：//www.acctne.com/）——"会计准则制度→企业会计准则"查询，或登录深圳市会计协会网站（http：//www.szkjxh.com）——"法规制度→准则制度→企业会计准则"查询，或登录财政部会计司子网站（http：//kjs.mof.gov.cn）——"企业会计准则"查询。

《企业会计准则第14号——收入》应用指南（2018）

省略，请登录会计新时代网站（http：//www.acctne.com/）——"会计准则制度→企业会计准则"查询，或登录深圳市会计协会网站（http：//www.szkjxh.com）——"法规制度→准则制度→企业会计准则"查询。

15. 企业会计准则第15号——建造合同

财会〔2006〕3号

省略，详见第一版《会计工作手册》（中国财政经济出版社，2019年5月），请登录会计新时代网站（http://www.acctne.com/）——"会计准则制度→企业会计准则"查询，或登录深圳市会计协会网站（http://www.szkjxh.com）——"法规制度→准则制度→企业会计准则"查询，或登录财政部会计司子网站（http://kjs.mof.gov.cn）——"企业会计准则"查询。

16. 企业会计准则第16号——政府补助（2017年修订）

财会〔2017〕15号

省略，详见第一版《会计工作手册》（中国财政经济出版社，2019年5月），请登录会计新时代网站（http://www.acctne.com/）——"会计准则制度→企业会计准则"查询，或登录深圳市会计协会网站（http://www.szkjxh.com）——"法规制度→准则制度→企业会计准则"查询，或登录财政部会计司子网站（http://kjs.mof.gov.cn）——"企业会计准则"查询。

《企业会计准则第16号——政府补助》应用指南（2018）

省略，请登录会计新时代网站（http://www.acctne.com/）——"会计准则制度→企业会计准则"查询，或登录深圳市会计协会网站（http://www.szkjxh.com）——"法规制度→准则制度→企业会计准则"查询。

17. 企业会计准则第17号——借款费用

财会〔2006〕3号

省略，详见第一版《会计工作手册》（中国财政经济出版社，2019年5月），请登录会计新时代网站（http://www.acctne.com/）——"会计准则制度→企业会计准则"查询，或登录深圳市会计协会网站（http://www.szkjxh.com）——"法规制度→准则制度→企业会计准则"查询，或登录财政部会计司子网站（http://kjs.mof.gov.cn）——"企业会计准则"查询。

《企业会计准则第17号——借款费用》应用指南

省略，详见第一版《会计工作手册》（中国财政经济出版社，2019年5月），请登录会计新时代网站（http://www.acctne.com/）——"会计准则制度→企业会计准则"查询，或登录深圳市会计协会网站（http://www.szkjxh.com）——"法规制度→准则制度→企业会计准则"查询。

18.企业会计准则第18号——所得税

财会〔2006〕3号

省略，详见第一版《会计工作手册》（中国财政经济出版社，2019年5月），请登录会计新时代网站（http://www.acctne.com/）——"会计准则制度→企业会计准则"查询，或登录深圳市会计协会网站（http://www.szkjxh.com）——"法规制度→准则制度→企业会计准则"查询，或登录财政部会计司子网站（http://kjs.mof.gov.cn）——"企业会计准则"查询。

《企业会计准则第18号——所得税》应用指南

省略，详见第一版《会计工作手册》（中国财政经济出版社，2019年5月），请登录会计新时代网站（http://www.acctne.com/）——"会计准则制度→企业会计准则"查询，或登录深圳市会计协会网站（http://www.szkjxh.com）——"法规制度→准则制度→企业会计准则"查询。

19.企业会计准则第19号——外币折算

财会〔2006〕3号

省略，详见第一版《会计工作手册》（中国财政经济出版社，2019年5月），请登录会计新时代网站（http://www.acctne.com/）——"会计准则制度→企业会计准则"查询，或登录深圳市会计协会网站（http://www.szkjxh.com）——"法规制度→准则制度→企业会计准则"查询，或登录财政部会计司子网站（http://kjs.mof.gov.cn）——"企业会计准则"查询。

《企业会计准则第19号——外币折算》应用指南

省略，详见第一版《会计工作手册》（中国财政经济出版社，2019年5月），请登录会计新时代网站（http://www.acctne.com/）——"会计准则制度→企业会计准则"查询，或登录深圳市会计协会网站（http://www.szkjxh.com）——"法规制度→准则制度→企业会计准则"查询。

20. 企业会计准则第20号——企业合并

财会〔2006〕3号

省略，详见第一版《会计工作手册》（中国财政经济出版社，2019年5月），请登录会计新时代网站（http://www.acctne.com/）——"会计准则制度→企业会计准则"查询，或登录深圳市会计协会网站（http://www.szkjxh.com）——"法规制度→准则制度→企业会计准则"查询，或登录财政部会计司子网站（http://kjs.mof.gov.cn）——"企业会计准则"查询。

《企业会计准则第20号——企业合并》应用指南

省略，详见第一版《会计工作手册》（中国财政经济出版社，2019年5月），请登录会计新时代网站（http://www.acctne.com/）——"会计准则制度→企业会计准则"查询，或登录深圳市会计协会网站（http://www.szkjxh.com）——"法规制度→准则制度→企业会计准则"查询。

21.企业会计准则第21号——租赁（2018年修订）

财会〔2018〕35号

第一章 总 则

第一条 为了规范租赁的确认、计量和相关信息的列报，根据《企业会计准则——基本准则》，制定本准则。

第二条 租赁，是指在一定期间内，出租人将资产的使用权让与承租人以获取对价的合同。

第三条 本准则适用于所有租赁，但下列各项除外：

（一）承租人通过许可使用协议取得的电影、录像、剧本、文稿等版权、专利等项目的权利，以出让、划拨或转让方式取得的土地使用权，适用《企业会计准则第6号——无形资产》。

（二）出租人授予的知识产权许可，适用《企业会计准则第14号——收入》。

勘探或使用矿产、石油、天然气及类似不可再生资源的租赁，承租人承租生物资产，采用建设经营移交等方式参与公共基础设施建设、运营的特许经营权合同，不适用本准则。

第二章 租赁的识别、分拆和合并

第一节 租赁的识别

第四条 在合同开始日，企业应当评估合同是否为租赁或者包含租赁。如果合同中一方让渡了在一定期间内控制一项或多项已识别资产使用的权利以换取对价，则该合同为租赁或者包含租赁。

除非合同条款和条件发生变化，企业无需重新评估合同是否为租赁或者包含租赁。

第五条 为确定合同是否让渡了在一定期间内控制已识别资产使用的权利，企业应当评估合同中的客户是否有权获得在使用期间内因使用已识别资产所产生的几乎全部经济利益，并有权在该使用期间主导已识别资产的使用。

第六条 已识别资产通常由合同明确指定，也可以在资产可供客户使用时隐性指定。但是，即使合同已对资产进行指定，如果资产的供应方在整个使用期间拥有对该资产的实质性替换权，则该资产不属于已识别资产。

同时符合下列条件时，表明供应方拥有资产的实质性替换权：

（一）资产供应方拥有在整个使用期间替换资产的实际能力；

（二）资产供应方通过行使替换资产的权利将获得经济利益。

企业难以确定供应方是否拥有对该资产的实质性替换权的，应当视为供应方没有对该资产的实质性替换权。

如果资产的某部分产能或其他部分在物理上不可区分，则该部分不属于已识别资产，除非其实质上代表该资产的全部产能，从而使客户获得因使用该资产所产生的几乎全部经济利益。

第七条 在评估是否有权获得因使用已识别资产所产生的几乎全部经济利益时，企业应当在约定的客户可使用资产的权利范围内考虑其所产生的经济利益。

第八条 存在下列情况之一的，可视为客户有权主导对已识别资产在整个使用期间内的使用：

（一）客户有权在整个使用期间主导已识别资产的使用目的和使用方式。

（二）已识别资产的使用目的和使用方式在使用期开始前已预先确定，并且客户有权在整个使用期间自行或主导他人按其确定的方式运营该资产，或者客户设计了已识别资产并在设计时已预先确定了该资产在整个使用期间的使用目的和使用方式。

第二节　租赁的分拆和合并

第九条　合同中同时包含多项单独租赁的，承租人和出租人应当将合同予以分拆，并分别各项单独租赁进行会计处理。

合同中同时包含租赁和非租赁部分的，承租人和出租人应当将租赁和非租赁部分进行分拆，除非企业适用本准则第十二条的规定进行会计处理，租赁部分应当分别按照本准则进行会计处理，非租赁部分应当按照其他适用的企业会计准则进行会计处理。

第十条　同时符合下列条件的，使用已识别资产的权利构成合同中的一项单独租赁：

（一）承租人可从单独使用该资产或将其与易于获得的其他资源一起使用中获利；

（二）该资产与合同中的其他资产不存在高度依赖或高度关联关系。

第十一条　在分拆合同包含的租赁和非租赁部分时，承租人应当按照各租赁部分单独价格及非租赁部分的单独价格之和的相对比例分摊合同对价，出租人应当根据《企业会计准则第14号——收入》关于交易价格分摊的规定分摊合同对价。

第十二条　为简化处理，承租人可以按照租赁资产的类别选择是否分拆合同包含的租赁和非租赁部分。承租人选择不分拆的，应当将各租赁部分及与其相关的非租赁部分分别合并为租赁，按照本准则进行会计处理。但是，对于按照《企业会计准则第22号——金融工具确认和计量》应分拆的嵌入衍生工具，承租人不应将其与租赁部分合并进行会计处理。

第十三条　企业与同一交易方或其关联方在同一时间或相近时间订立的两份或多份包含租赁的合同，在符合下列条件之一时，应当合并为一份合同进行会计处理：

（一）该两份或多份合同基于总体商业目的而订立并构成一揽子交易，若不作为整体考虑则无法理解其总体商业目的。

（二）该两份或多份合同中的某份合同的对价金额取决于其他合同的定价或履行情况。

（三）该两份或多份合同让渡的资产使用权合起来构成一项单独租赁。

第三章　承租人的会计处理

第一节　确认和初始计量

第十四条　在租赁期开始日，承租人应当对租赁确认使用权资产和租赁负债，应用本准则第三章第三节进行简化处理的短期租赁和低价值资产租赁除外。

使用权资产，是指承租人可在租赁期内使用租赁资产的权利。

租赁期开始日，是指出租人提供租赁资产使其可供承租人使用的起始日期。

第十五条　租赁期，是指承租人有权使用租赁资产且不可撤销的期间。

承租人有续租选择权，即有权选择续租该资产，且合理确定将行使该选择权的，租赁期还应当包含续租选择权涵盖的期间。

承租人有终止租赁选择权，即有权选择终止租赁该资产，但合理确定将不会行使该选择权的，租赁期应当包含终止租赁选择权涵盖的期间。

发生承租人可控范围内的重大事件或变化,且影响承租人是否合理确定将行使相应选择权的,承租人应当对其是否合理确定将行使续租选择权、购买选择权或不行使终止租赁选择权进行重新评估。

第十六条 使用权资产应当按照成本进行初始计量。该成本包括:

(一)租赁负债的初始计量金额;

(二)在租赁期开始日或之前支付的租赁付款额,存在租赁激励的,扣除已享受的租赁激励相关金额;

(三)承租人发生的初始直接费用;

(四)承租人为拆卸及移除租赁资产、复原租赁资产所在场地或将租赁资产恢复至租赁条款约定状态预计将发生的成本。前述成本属于为生产存货而发生的,适用《企业会计准则第1号——存货》。

承租人应当按照《企业会计准则第13号——或有事项》对本条第(四)项所述成本进行确认和计量。

租赁激励,是指出租人为达成租赁向承租人提供的优惠,包括出租人向承租人支付的与租赁有关的款项、出租人为承租人偿付或承担的成本等。

初始直接费用,是指为达成租赁所发生的增量成本。增量成本是指若企业不取得该租赁,则不会发生的成本。

第十七条 租赁负债应当按照租赁期开始日尚未支付的租赁付款额的现值进行初始计量。

在计算租赁付款额的现值时,承租人应当采用租赁内含利率作为折现率;无法确定租赁内含利率的,应当采用承租人增量借款利率作为折现率。

租赁内含利率,是指使出租人的租赁收款额的现值与未担保余值的现值之和等于租赁资产公允价值与出租人的初始直接费用之和的利率。

承租人增量借款利率,是指承租人在类似经济环境下为获得与使用权资产价值接近的资产,在类似期间以类似抵押条件借入资金须支付的利率。

第十八条 租赁付款额,是指承租人向出租人支付的与在租赁期内使用租赁资产的权利相关的款项,包括:

(一)固定付款额及实质固定付款额,存在租赁激励的,扣除租赁激励相关金额;

(二)取决于指数或比率的可变租赁付款额,该款项在初始计量时根据租赁期开始日的指数或比率确定;

(三)购买选择权的行权价格,前提是承租人合理确定将行使该选择权;

(四)行使终止租赁选择权需支付的款项,前提是租赁期反映出承租人将行使终止租赁选择权;

(五)根据承租人提供的担保余值预计应支付的款项。

实质固定付款额,是指在形式上可能包含变量但实质上无法避免的付款额。

可变租赁付款额,是指承租人为取得在租赁期内使用租赁资产的权利,向出租人支付的因租赁期开始日后的事实或情况发生变化(而非时间推移)而变动的款项。取决于指数或比率的可变租赁付款额包括与消费者价格指数挂钩的款项、与基准利率挂钩的款项和为反映市场租金费率变化而变动的款项等。

第十九条 担保余值,是指与出租人无关的一方向出租人提供担保,保证在租赁结束时租赁资产的价值至少为某指定的金额。

未担保余值,是指租赁资产余值中,出租人无法保证能够实现或仅由与出租人有关的一方予以担保的部分。

第二节 后续计量

第二十条 在租赁期开始日后，承租人应当按照本准则第二十一条、第二十二条、第二十七条及第二十九条的规定，采用成本模式对使用权资产进行后续计量。

第二十一条 承租人应当参照《企业会计准则第4号——固定资产》有关折旧规定，对使用权资产计提折旧。

承租人能够合理确定租赁期届满时取得租赁资产所有权的，应当在租赁资产剩余使用寿命内计提折旧。无法合理确定租赁期届满时能够取得租赁资产所有权的，应当在租赁期与租赁资产剩余使用寿命两者孰短的期间内计提折旧。

第二十二条 承租人应当按照《企业会计准则第8号——资产减值》的规定，确定使用权资产是否发生减值，并对已识别的减值损失进行会计处理。

第二十三条 承租人应当按照固定的周期性利率计算租赁负债在租赁期内各期间的利息费用，并计入当期损益。按照《企业会计准则第17号——借款费用》等其他准则规定应当计入相关资产成本的，从其规定。

该周期性利率，是按照本准则第十七条规定所采用的折现率，或者按照本准则第二十五条、二十六条和二十九条规定所采用的修订后的折现率。

第二十四条 未纳入租赁负债计量的可变租赁付款额应当在实际发生时计入当期损益。按照《企业会计准则第1号——存货》等其他准则规定应当计入相关资产成本的，从其规定。

第二十五条 在租赁期开始日后，发生下列情形的，承租人应当重新确定租赁付款额，并按变动后租赁付款额和修订后的折现率计算的现值重新计量租赁负债：

（一）因依据本准则第十五条第四款规定，续租选择权或终止租赁选择权的评估结果发生变化，或者前述选择权的实际行使情况与原评估结果不一致等导致租赁期变化的，应当根据新的租赁期重新确定租赁付款额；

（二）因依据本准则第十五条第四款规定，购买选择权的评估结果发生变化的，应当根据新的评估结果重新确定租赁付款额。

在计算变动后租赁付款额的现值时，承租人应当采用剩余租赁期间的租赁内含利率作为修订后的折现率；无法确定剩余租赁期间的租赁内含利率的，应当采用重估日的承租人增量借款利率作为修订后的折现率。

第二十六条 在租赁期开始日后，根据担保余值预计的应付金额发生变动，或者因用于确定租赁付款额的指数或比率变动而导致未来租赁付款额发生变动的，承租人应当按照变动后租赁付款额的现值重新计量租赁负债。在这些情形下，承租人采用的折现率不变；但是，租赁付款额的变动源自浮动利率变动的，使用修订后的折现率。

第二十七条 承租人在根据本准则第二十五条、第二十六条或因实质固定付款额变动重新计量租赁负债时，应当相应调整使用权资产的账面价值。使用权资产的账面价值已调减至零，但租赁负债仍需进一步调减的，承租人应当将剩余金额计入当期损益。

第二十八条 租赁发生变更且同时符合下列条件的，承租人应当将该租赁变更作为一项单独租赁进行会计处理：

（一）该租赁变更通过增加一项或多项租赁资产的使用权而扩大了租赁范围；

（二）增加的对价与租赁范围扩大部分的单独价格按该合同情况调整后的金额相当。

租赁变更，是指原合同条款之外的租赁范围、租赁对价、租赁期限的变更，包括增加或终止一项或多项租赁资产的使用权，延长或缩短合同规定的租赁期等。

第二十九条 租赁变更未作为一项单独租赁进行会计处理的，在租赁变更生效日，承租人应当按照本准则第九条至第十二条的规定分摊变更后合同的对价，按照本准则第十五条的规定重新确定租赁期，并按照变更后租赁付款额和修订后的折现率计算的现值重新计量租赁负债。

在计算变更后租赁付款额的现值时，承租人应当采用剩余租赁期间的租赁内含利率作为修订后的折现率；无法确定剩余租赁期间的租赁内含利率的，应当采用租赁变更生效日的承租人增量借款利率作为修订后的折现率。租赁变更生效日，是指双方就租赁变更达成一致的日期。

租赁变更导致租赁范围缩小或租赁期缩短的，承租人应当相应调减使用权资产的账面价值，并将部分终止或完全终止租赁的相关利得或损失计入当期损益。其他租赁变更导致租赁负债重新计量的，承租人应当相应调整使用权资产的账面价值。

第三节 短期租赁和低价值资产租赁

第三十条 短期租赁，是指在租赁期开始日，租赁期不超过12个月的租赁。

包含购买选择权的租赁不属于短期租赁。

第三十一条 低价值资产租赁，是指单项租赁资产为全新资产时价值较低的租赁。

低价值资产租赁的判定仅与资产的绝对价值有关，不受承租人规模、性质或其他情况影响。低价值资产租赁还应当符合本准则第十条的规定。

承租人转租或预期转租租赁资产的，原租赁不属于低价值资产租赁。

第三十二条 对于短期租赁和低价值资产租赁，承租人可以选择不确认使用权资产和租赁负债。

作出该选择的，承租人应当将短期租赁和低价值资产租赁的租赁付款额，在租赁期内各个期间按照直线法或其他系统合理的方法计入相关资产成本或当期损益。其他系统合理的方法能够更好地反映承租人的受益模式的，承租人应当采用该方法。

第三十三条 对于短期租赁，承租人应当按照租赁资产的类别作出本准则第三十二条所述的会计处理选择。

对于低价值资产租赁，承租人可根据每项租赁的具体情况作出本准则第三十二条所述的会计处理选择。

第三十四条 按照本准则第三十二条进行简化处理的短期租赁发生租赁变更或者因租赁变更之外的原因导致租赁期发生变化的，承租人应当将其视为一项新租赁进行会计处理。

第四章 出租人的会计处理

第一节 出租人的租赁分类

第三十五条 出租人应当在租赁开始日将租赁分为融资租赁和经营租赁。

租赁开始日，是指租赁合同签署日与租赁各方就主要租赁条款作出承诺日中的较早者。

融资租赁，是指实质上转移了与租赁资产所有权有关的几乎全部风险和报酬的租赁。其所有权最终可能转移，也可能不转移。

经营租赁，是指除融资租赁以外的其他租赁。

在租赁开始日后，出租人无需对租赁的分类进行重新评估，除非发生租赁变更。租赁资产预计使用寿命、预计余值等会计估计变更或发生承租人违约等情况变化的，出租人不对租赁的分类进行重新评估。

第三十六条 一项租赁属于融资租赁还是经营租赁取决于交易的实质，而不是合同的形式。如果一项租赁实质上转移了与租赁资产所有权有关的几乎全部风险和报酬，出租人应当将该项租赁分类为融资租赁。

一项租赁存在下列一种或多种情形的，通常分类为融资租赁：

（一）在租赁期届满时，租赁资产的所有权转移给承租人。

（二）承租人有购买租赁资产的选择权，所订立的购买价款与预计行使选择权时租赁资产的公允价值相比足够低，因而在租赁开始日就可以合理确定承租人将行使该选择权。

（三）资产的所有权虽然不转移，但租赁期占租赁资产使用寿命的大部分。

（四）在租赁开始日，租赁收款额的现值几乎相当于租赁资产的公允价值。

（五）租赁资产性质特殊，如果不作较大改造，只有承租人才能使用。

一项租赁存在下列一项或多项迹象的，也可能分类为融资租赁：

（一）若承租人撤销租赁，撤销租赁对出租人造成的损失由承租人承担。

（二）资产余值的公允价值波动所产生的利得或损失归属于承租人。

（三）承租人有能力以远低于市场水平的租金继续租赁至下一期间。

第三十七条 转租出租人应当基于原租赁产生的使用权资产，而不是原租赁的标的资产，对转租赁进行分类。

但是，原租赁为短期租赁，且转租出租人应用本准则第三十二条对原租赁进行简化处理的，转租出租人应当将该转租赁分类为经营租赁。

第二节 出租人对融资租赁的会计处理

第三十八条 在租赁期开始日，出租人应当对融资租赁确认应收融资租赁款，并终止确认融资租赁资产。

出租人对应收融资租赁款进行初始计量时，应当以租赁投资净额作为应收融资租赁款的入账价值。

租赁投资净额为未担保余值和租赁期开始日尚未收到的租赁收款额按照租赁内含利率折现的现值之和。

租赁收款额，是指出租人因让渡在租赁期内使用租赁资产的权利而应向承租人收取的款项，包括：

（一）承租人需支付的固定付款额及实质固定付款额，存在租赁激励的，扣除租赁激励相关金额；

（二）取决于指数或比率的可变租赁付款额，该款项在初始计量时根据租赁期开始日的指数或比率确定；

（三）购买选择权的行权价格，前提是合理确定承租人将行使该选择权；

（四）承租人行使终止租赁选择权需支付的款项，前提是租赁期反映出承租人将行使终止租赁选择权；

（五）由承租人、与承租人有关的一方以及有经济能力履行担保义务的独立第三方向出租人提供的担保余值。

在转租的情况下，若转租的租赁内含利率无法确定，转租出租人可采用原租赁的折现率（根据与转租有关的初始直接费用进行调整）计量转租投资净额。

第三十九条 出租人应当按照固定的周期性利率计算并确认租赁期内各个期间的利息收入。该周期性利率，是按照本准则第三十八条规定所采用的折现率，或者按照本准则第四十四条规定所采用的修订后的折现率。

第四十条 出租人应当按照《企业会计准则第22号——金融工具确认和计量》和《企业会计准则第23号——金融资产转移》的规定,对应收融资租赁款的终止确认和减值进行会计处理。

出租人将应收融资租赁款或其所在的处置组划分为持有待售类别的,应当按照《企业会计准则第42号——持有待售的非流动资产、处置组和终止经营》进行会计处理。

第四十一条 出租人取得的未纳入租赁投资净额计量的可变租赁付款额应当在实际发生时计入当期损益。

第四十二条 生产商或经销商作为出租人的融资租赁,在租赁期开始日,该出租人应当按照租赁资产公允价值与租赁收款额按市场利率折现的现值两者孰低确认收入,并按照租赁资产账面价值扣除未担保余值的现值后的余额结转销售成本。

生产商或经销商出租人为取得融资租赁发生的成本,应当在租赁期开始日计入当期损益。

第四十三条 融资租赁发生变更且同时符合下列条件的,出租人应当将该变更作为一项单独租赁进行会计处理:

(一)该变更通过增加一项或多项租赁资产的使用权而扩大了租赁范围;

(二)增加的对价与租赁范围扩大部分的单独价格按该合同情况调整后的金额相当。

第四十四条 融资租赁的变更未作为一项单独租赁进行会计处理的,出租人应当分别下列情形对变更后的租赁进行处理:

(一)假如变更在租赁开始日生效,该租赁会被分类为经营租赁的,出租人应当自租赁变更生效日开始将其作为一项新租赁进行会计处理,并以租赁变更生效日前的租赁投资净额作为租赁资产的账面价值;

(二)假如变更在租赁开始日生效,该租赁会被分类为融资租赁的,出租人应当按照《企业会计准则第22号——金融工具确认和计量》关于修改或重新议定合同的规定进行会计处理。

第三节 出租人对经营租赁的会计处理

第四十五条 在租赁期内各个期间,出租人应当采用直线法或其他系统合理的方法,将经营租赁的租赁收款额确认为租金收入。其他系统合理的方法能够更好地反映因使用租赁资产所产生经济利益的消耗模式的,出租人应当采用该方法。

第四十六条 出租人发生的与经营租赁有关的初始直接费用应当资本化,在租赁期内按照与租金收入确认相同的基础进行分摊,分期计入当期损益。

第四十七条 对于经营租赁资产中的固定资产,出租人应当采用类似资产的折旧政策计提折旧;对于其他经营租赁资产,应当根据该资产适用的企业会计准则,采用系统合理的方法进行摊销。

出租人应当按照《企业会计准则第8号——资产减值》的规定,确定经营租赁资产是否发生减值,并进行相应会计处理。

第四十八条 出租人取得的与经营租赁有关的未计入租赁收款额的可变租赁付款额,应当在实际发生时计入当期损益。

第四十九条 经营租赁发生变更的,出租人应当自变更生效日起将其作为一项新租赁进行会计处理,与变更前租赁有关的预收或应收租赁收款额应当视为新租赁的收款额。

第五章 售后租回交易

第五十条 承租人和出租人应当按照《企业会计准则第14号——收入》的规定,评估确定售后租回交易中的资产转让是否属于销售。

第五十一条 售后租回交易中的资产转让属于销售的，承租人应当按原资产账面价值中与租回获得的使用权有关的部分，计量售后租回所形成的使用权资产，并仅就转让至出租人的权利确认相关利得或损失；出租人应当根据其他适用的企业会计准则对资产购买进行会计处理，并根据本准则对资产出租进行会计处理。

如果销售对价的公允价值与资产的公允价值不同，或者出租人未按市场价格收取租金，则企业应当将销售对价低于市场价格的款项作为预付租金进行会计处理，将高于市场价格的款项作为出租人向承租人提供的额外融资进行会计处理；同时，承租人按照公允价值调整相关销售利得或损失，出租人按市场价格调整租金收入。

在进行上述调整时，企业应当基于以下两者中更易于确定的项目：销售对价的公允价值与资产公允价值之间的差额、租赁合同中付款额的现值与按租赁市价计算的付款额现值之间的差额。

第五十二条 售后租回交易中的资产转让不属于销售的，承租人应当继续确认被转让资产，同时确认一项与转让收入等额的金融负债，并按照《企业会计准则第22号——金融工具确认和计量》对该金融负债进行会计处理；出租人不确认被转让资产，但应当确认一项与转让收入等额的金融资产，并按照《企业会计准则第22号——金融工具确认和计量》对该金融资产进行会计处理。

第六章 列　报

第一节 承租人的列报

第五十三条 承租人应当在资产负债表中单独列示使用权资产和租赁负债。其中，租赁负债通常分别非流动负债和一年内到期的非流动负债列示。

在利润表中，承租人应当分别列示租赁负债的利息费用与使用权资产的折旧费用。租赁负债的利息费用在财务费用项目列示。

在现金流量表中，偿还租赁负债本金和利息所支付的现金应当计入筹资活动现金流出，支付的按本准则第三十二条简化处理的短期租赁付款额和低价值资产租赁付款额以及未纳入租赁负债计量的可变租赁付款额应当计入经营活动现金流出。

第五十四条 承租人应当在附注中披露与租赁有关的下列信息：

（一）各类使用权资产的期初余额、本期增加额、期末余额以及累计折旧额和减值金额；

（二）租赁负债的利息费用；

（三）计入当期损益的按本准则第三十二条简化处理的短期租赁费用和低价值资产租赁费用；

（四）未纳入租赁负债计量的可变租赁付款额；

（五）转租使用权资产取得的收入；

（六）与租赁相关的总现金流出；

（七）售后租回交易产生的相关损益；

（八）其他按照《企业会计准则第37号——金融工具列报》应当披露的有关租赁负债的信息。

承租人应用本准则第三十二条对短期租赁和低价值资产租赁进行简化处理的，应当披露这一事实。

第五十五条 承租人应当根据理解财务报表的需要，披露有关租赁活动的其他定性和定量信息。此类信息包括：

（一）租赁活动的性质，如对租赁活动基本情况的描述；
（二）未纳入租赁负债计量的未来潜在现金流出；
（三）租赁导致的限制或承诺；
（四）售后租回交易除第五十四条第（七）项之外的其他信息；
（五）其他相关信息。

第二节 出租人的列报

第五十六条 出租人应当根据资产的性质，在资产负债表中列示经营租赁资产。

第五十七条 出租人应当在附注中披露与融资租赁有关的下列信息：
（一）销售损益、租赁投资净额的融资收益以及与未纳入租赁投资净额的可变租赁付款额相关的收入；
（二）资产负债表日后连续五个会计年度每年将收到的未折现租赁收款额，以及剩余年度将收到的未折现租赁收款额总额；
（三）未折现租赁收款额与租赁投资净额的调节表。

第五十八条 出租人应当在附注中披露与经营租赁有关的下列信息：
（一）租赁收入，并单独披露与未计入租赁收款额的可变租赁付款额相关的收入；
（二）将经营租赁固定资产与出租人持有自用的固定资产分开，并按经营租赁固定资产的类别提供《企业会计准则第4号——固定资产》要求披露的信息；
（三）资产负债表日后连续五个会计年度每年将收到的未折现租赁收款额，以及剩余年度将收到的未折现租赁收款额总额。

第五十九条 出租人应当根据理解财务报表的需要，披露有关租赁活动的其他定性和定量信息。此类信息包括：
（一）租赁活动的性质，如对租赁活动基本情况的描述；
（二）对其在租赁资产中保留的权利进行风险管理的情况；
（三）其他相关信息。

第七章 衔接规定

第六十条 对于首次执行日前已存在的合同，企业在首次执行日可以选择不重新评估其是否为租赁或者包含租赁。选择不重新评估的，企业应当在财务报表附注中披露这一事实，并一致应用于前述所有合同。

第六十一条 承租人应当选择下列方法之一对租赁进行衔接会计处理，并一致应用于其作为承租人的所有租赁：
（一）按照《企业会计准则第28号——会计政策、会计估计变更和差错更正》的规定采用追溯调整法处理。
（二）根据首次执行本准则的累积影响数，调整首次执行本准则当年年初留存收益及财务报表其他相关项目金额，不调整可比期间信息。采用该方法时，应当按照下列规定进行衔接处理：

1. 对于首次执行日前的融资租赁，承租人在首次执行日应当按照融资租入资产和应付融资租赁款的原账面价值，分别计量使用权资产和租赁负债。

2. 对于首次执行日前的经营租赁，承租人在首次执行日应当根据剩余租赁付款额按首次执行日承租人增量借款利率折现的现值计量租赁负债，并根据每项租赁选择按照下列两者之一计量使用权资产：

（1）假设自租赁期开始日即采用本准则的账面价值（采用首次执行日的承租人增量借款利率作为折现率）；

（2）与租赁负债相等的金额，并根据预付租金进行必要调整。

3. 在首次执行日，承租人应当按照《企业会计准则第8号——资产减值》的规定，对使用权资产进行减值测试并进行相应会计处理。

第六十二条 首次执行日前的经营租赁中，租赁资产属于低价值资产且根据本准则第三十二条的规定选择不确认使用权资产和租赁负债的，承租人无需对该经营租赁按照衔接规定进行调整，应当自首次执行日起按照本准则进行会计处理。

第六十三条 承租人采用本准则第六十一条第（二）项进行衔接会计处理时，对于首次执行日前的经营租赁，可根据每项租赁采用下列一项或多项简化处理：

1. 将于首次执行日后12个月内完成的租赁，可作为短期租赁处理。

2. 计量租赁负债时，具有相似特征的租赁可采用同一折现率；使用权资产的计量可不包含初始直接费用。

3. 存在续租选择权或终止租赁选择权的，承租人可根据首次执行日前选择权的实际行使及其他最新情况确定租赁期，无需对首次执行日前各期间是否合理确定行使续租选择权或终止租赁选择权进行估计。

4. 作为使用权资产减值测试的替代，承租人可根据《企业会计准则第13号——或有事项》评估包含租赁的合同在首次执行日前是否为亏损合同，并根据首次执行日前计入资产负债表的亏损准备金额调整使用权资产。

5. 首次执行本准则当年年初之前发生租赁变更的，承租人无需按照本准则第二十八条、第二十九条的规定对租赁变更进行追溯调整，而是根据租赁变更的最终安排，按照本准则进行会计处理。

第六十四条 承租人采用本准则第六十三条规定的简化处理方法的，应当在财务报表附注中披露所采用的简化处理方法以及在合理可能的范围内对采用每项简化处理方法的估计影响所作的定性分析。

第六十五条 对于首次执行日前划分为经营租赁且在首次执行日后仍存续的转租赁，转租出租人在首次执行日应当基于原租赁和转租赁的剩余合同期限和条款进行重新评估，并按照本准则的规定进行分类。按照本准则重分类为融资租赁的，应当将其作为一项新的融资租赁进行会计处理。

除前款所述情形外，出租人无需对其作为出租人的租赁按照衔接规定进行调整，而应当自首次执行日起按照本准则进行会计处理。

第六十六条 对于首次执行日前已存在的售后租回交易，企业在首次执行日不重新评估资产转让是否符合《企业会计准则第14号——收入》作为销售进行会计处理的规定。

对于首次执行日前应当作为销售和融资租赁进行会计处理的售后租回交易，卖方（承租人）应当按照与首次执行日存在的其他融资租赁相同的方法对租回进行会计处理，并继续在租赁期内摊销相关递延收益或损失。

对于首次执行日前应当作为销售和经营租赁进行会计处理的售后租回交易，卖方（承租人）应当按照与首次执行日存在的其他经营租赁相同的方法对租回进行会计处理，并根据首次执行日前计入资产负债表的相关递延收益或损失调整使用权资产。

第六十七条 承租人选择按照本准则第六十一条第（二）项规定对租赁进行衔接会计处理的，

还应当在首次执行日披露以下信息：

（一）首次执行日计入资产负债表的租赁负债所采用的承租人增量借款利率的加权平均值；

（二）首次执行日前一年度报告期末披露的重大经营租赁的尚未支付的最低租赁付款额按首次执行日承租人增量借款利率折现的现值，与计入首次执行日资产负债表的租赁负债的差额。

第八章　附　则

第六十八条　本准则自2019年1月1日起施行。

《企业会计准则第21号——租赁》应用指南（2019）

省略，请登录会计新时代网站（http://www.acctne.com/）——"会计准则制度→企业会计准则"查询，或登录深圳市会计协会网站（http://www.szkjxh.com）——"法规制度→准则制度→企业会计准则"查询。

22.企业会计准则第22号——金融工具确认和计量（2017年修订）

财会〔2017〕7号

省略，详见第一版《会计工作手册》（中国财政经济出版社，2019年5月），请登录会计新时代网站（http://www.acctne.com/）——"会计准则制度→企业会计准则"查询，或登录深圳市会计协会网站（http://www.szkjxh.com）——"法规制度→准则制度→企业会计准则"查询，或登录财政部会计司子网站（http://kjs.mof.gov.cn）——"企业会计准则"查询。

《企业会计准则第22号——金融工具确认和计量》应用指南（2018）

省略，请登录会计新时代网站（http://www.acctne.com/）——"会计准则制度→企业会计准则"查询，或登录深圳市会计协会网站（http://www.szkjxh.com）——"法规制度→准则制度→企业会计准则"查询。

23.企业会计准则第23号——金融资产转移（2017年修订）

财会〔2017〕8号

省略，详见第一版《会计工作手册》（中国财政经济出版社，2019年5月），请登录会计新时代网站（http://www.acctne.com/）——"会计准则制度→企业会计准则"查询，或登录深圳市会计协会网站（http://www.szkjxh.com）——"法规制度→准则制度→企业会计准则"查询，或登录财政部会计司子网站（http://kjs.mof.gov.cn）——"企业会计准则"查询。

《企业会计准则第23号——金融资产转移》应用指南（2018）

省略，请登录会计新时代网站（http：//www.acctne.com/）——"会计准则制度→企业会计准则"查询，或登录深圳市会计协会网站（http：//www.szkjxh.com）——"法规制度→准则制度→企业会计准则"查询。

24. 企业会计准则第24号——套期会计（2017年修订）

财会〔2017〕9号

省略，详见第一版《会计工作手册》（中国财政经济出版社，2019年5月），请登录会计新时代网站（http：//www.acctne.com/）——"会计准则制度→企业会计准则"查询，或登录深圳市会计协会网站（http：//www.szkjxh.com）——"法规制度→准则制度→企业会计准则"查询，或登录财政部会计司子网站（http：//kjs.mof.gov.cn）——"企业会计准则"查询。

《企业会计准则第24号——套期会计》应用指南（2018）

省略，请登录会计新时代网站（http：//www.acctne.com/）——"会计准则制度→企业会计准则"查询，或登录深圳市会计协会网站（http：//www.szkjxh.com）——"法规制度→准则制度→企业会计准则"查询。

25.企业会计准则第25号——保险合同（2020）

财会〔2020〕20号

第一章 总 则

第一条 为了规范保险合同的确认、计量和相关信息的列报，根据《企业会计准则——基本准则》，制定本准则。

第二条 保险合同，是指企业（合同签发人）与保单持有人约定，在特定保险事项对保单持有人产生不利影响时给予其赔偿，并因此承担源于保单持有人重大保险风险的合同。

保险事项，是指保险合同所承保的、产生保险风险的不确定未来事项。

保险风险，是指从保单持有人转移至合同签发人的除金融风险之外的风险。

第三条 本准则适用于下列保险合同：

（一）企业签发的保险合同（含分入的再保险合同）；

（二）企业分出的再保险合同；

（三）企业在合同转让或非同一控制下企业合并中取得的上述保险合同。

签发保险合同的企业所签发的具有相机参与分红特征的投资合同适用本准则。

再保险合同，是指再保险分入人（再保险合同签发人）与再保险分出人约定，对再保险分出人由对应的保险合同所引起的赔付等进行补偿的保险合同。

具有相机参与分红特征的投资合同，是指赋予特定投资者合同权利以收取保证金额和附加金额的金融工具。附加金额由企业（合同签发人）基于特定项目回报相机决定，且预计构成合同利益的重要部分。

第四条 下列各项适用其他相关会计准则：

（一）由《企业会计准则第6号——无形资产》《企业会计准则第14号——收入》和《企业会计准则第21号——租赁》规范的基于非金融项目未来使用情况等形成的合同权利或义务，分别适用《企业会计准则第6号——无形资产》《企业会计准则第14号——收入》和《企业会计准则第21号——租赁》。

（二）由《企业会计准则第9号——职工薪酬》和《企业会计准则第11号——股份支付》规范的职工薪酬计划、股份支付等形成的权利或义务，分别适用《企业会计准则第9号——职工薪酬》和《企业会计准则第11号——股份支付》。

（三）由《企业会计准则第14号——收入》规范的附有质量保证条款的销售，适用《企业会计准则第14号——收入》。

（四）生产商、经销商和零售商提供的余值担保，以及租赁合同中由承租方提供的余值担保，分别适用《企业会计准则第14号——收入》和《企业会计准则第21号——租赁》。

（五）企业合并中的或有对价，适用《企业会计准则第20号——企业合并》。

（六）财务担保合同，适用《企业会计准则第22号——金融工具确认和计量》《企业会计准则第23号——金融资产转移》《企业会计准则第24号——套期会计》和《企业会计准则第37号——金融工具列报》（以下统称金融工具相关会计准则）。企业明确表明将此类合同视作保险合同，并且已按照保险合同相关会计准则进行会计处理的，应当基于单项合同选择适用本准则或金融工具相关会计准则。选择一经作出，不得撤销。

（七）符合保险合同定义的信用卡合同或类似合同，如果定价时未单独评估和反映单一保单持有人的保险风险，合同条款中除保险保障服务以外的部分，适用金融工具相关会计准则或其他相关会计准则。

第五条 符合保险合同定义但主要以固定收费方式提供服务的合同，同时符合下列条件的，企业可以选择适用《企业会计准则第14号——收入》或本准则：

（一）合同定价不反映对单个保单持有人的风险评估；

（二）合同通过提供服务而非支付现金补偿保单持有人；

（三）合同转移的保险风险主要源于保单持有人对服务的使用而非服务成本的不确定性。

该选择应当基于单项合同，一经作出，不得撤销。

第六条 符合保险合同定义但对保险事项的赔偿金额仅限于清算保单持有人因该合同而产生的支付义务的合同（如包含死亡豁免条款的贷款合同），企业可以选择适用金融工具相关会计准则或本准则。该选择应当基于保险合同组合，一经作出，不得撤销。

第二章　保险合同的识别、合并和分拆

第七条 企业应当评估各单项合同的保险风险是否重大，据此判断该合同是否为保险合同。对于合同开始日经评估符合保险合同定义的合同，后续不再重新评估。

第八条 企业基于整体商业目的而与同一或相关联的多个合同对方订立的多份保险合同，应当合并为一份合同进行会计处理，以反映其商业实质。

第九条 保险合同中包含多个组成部分的，企业应当将下列组成部分予以分拆，并分别适用相关会计准则：

（一）符合《企业会计准则第22号——金融工具确认和计量》分拆条件的嵌入衍生工具，适用金融工具相关会计准则。

（二）可明确区分的投资成分，适用金融工具相关会计准则，但与投资成分相关的合同条款符合具有相机参与分红特征的投资合同定义的，应当适用本准则。

（三）可明确区分的商品或非保险合同服务的承诺，适用《企业会计准则第14号——收入》。

保险合同经上述分拆后的剩余组成部分，适用本准则。

投资成分，是指无论保险事项是否发生均须偿还给保单持有人的金额。

保险合同服务，是指企业为保险事项提供的保险保障服务、为不具有直接参与分红特征的保险合同持有人提供的投资回报服务，以及代具有直接参与分红特征的保险合同持有人管理基础项目的投资相关服务。

第十条 企业应当根据保险合同分拆情况分摊合同现金流量。

合同现金流量扣除已分拆嵌入衍生工具和可明确区分的投资成分的现金流量后，在保险成分（含未分拆嵌入衍生工具、不可明确区分的投资成分和不可明确区分的商品或非保险合同服务的承诺，下同）和可明确区分的商品或非保险合同服务的承诺之间进行分摊，分摊至保险成分的现金流量适用本准则。

第三章　保险合同的分组

第十一条 企业应当将具有相似风险且统一管理的保险合同归为同一保险合同组合。

第十二条 企业应当将同一合同组合至少分为下列合同组：

（一）初始确认时存在亏损的合同组；

（二）初始确认时无显著可能性在未来发生亏损的合同组；

（三）该组合中剩余合同组成的合同组。

企业不得将签发时间间隔超过一年的合同归入同一合同组。

第十三条 企业可以按照获利水平、亏损程度或初始确认后在未来发生亏损的可能性等，对合同组作进一步细分。

第十四条 企业应当以合同组合中单项合同为基础，逐项评估其归属的合同组。但有合理可靠的信息表明多项合同属于同一合同组的，企业可以多项合同为基础评估其归属的合同组。

第十五条 企业针对不同特征保单持有人设定不同价格或承诺不同利益水平的实际能力因法律法规或监管要求而受到限制，并将因此限制而导致合同组合中的合同被归入不同合同组的，企业可以不考虑相关限制的影响，将这些合同归入同一合同组。

第四章 确 认

第十六条 企业应当在下列时点中的最早时点确认其签发的合同组：

（一）责任期开始日；

（二）保单持有人首付款到期日，或者未约定首付款到期日时企业实际收到首付款日；

（三）发生亏损时。

合同组合中的合同符合上述时点要求时，企业应当根据本准则第三章相关规定评估其归属的合同组，后续不再重新评估。

责任期，是指企业向保单持有人提供保险合同服务的期间。

第十七条 企业应当将合同组确认前已付或应付的、系统合理分摊至相关合同组的保险获取现金流量，确认为保险获取现金流量资产。

保险获取现金流量，是指因销售、核保和承保已签发或预计签发的合同组而产生的，可直接归属于其对应合同组合的现金流量。

第十八条 合同组合中的合同归入其所属合同组时，企业应当终止确认该合同对应的保险获取现金流量资产。

第十九条 资产负债表日，如果事实和情况表明保险获取现金流量资产可能存在减值迹象，企业应当估计其可收回金额。保险获取现金流量资产的可收回金额低于其账面价值的，企业应当计提资产减值准备，确认减值损失，计入当期损益。导致以前期间减值因素已经消失的，应当转回原已计提的资产减值准备，计入当期损益。

第五章 计 量

第一节 一般规定

第二十条 企业应当以合同组作为计量单元。

企业应当在合同组初始确认时按照履约现金流量与合同服务边际之和对保险合同负债进行初始计量。

合同服务边际，是指企业因在未来提供保险合同服务而将于未来确认的未赚利润。

本准则第六章对分出的再保险合同组确认和计量另有规定的，从其规定。

第二十一条 履约现金流量包括下列各项：

（一）与履行保险合同直接相关的未来现金流量的估计；

（二）货币时间价值及金融风险调整；

（三）非金融风险调整。

非金融风险调整，是指企业在履行保险合同时，因承担非金融风险导致的未来现金流量在金额和时间方面的不确定性而要求得到的补偿。

履约现金流量的估计不考虑企业自身的不履约风险。

第二十二条 企业可以在高于合同组或合同组合的汇总层面估计履约现金流量，并采用系统合理的方法分摊至合同组。

第二十三条 未来现金流量的估计应当符合下列要求：

（一）未来现金流量估计值为无偏的概率加权平均值；

（二）有关市场变量的估计应当与可观察市场数据一致；

（三）以当前可获得的信息为基础，反映计量时存在的情况和假设；

（四）与货币时间价值及金融风险调整分别估计，估计技术适合合并估计的除外。

第二十四条 企业估计未来现金流量时应当考虑合同组内各单项合同边界内的现金流量，不得将合同边界外的未来现金流量用于合同组的计量。

企业有权要求保单持有人支付保费或者有实质性义务向保单持有人提供保险合同服务的，该权利或义务所产生的现金流量在保险合同边界内。

存在下列情形之一的，表明企业无实质性义务向保单持有人提供保险合同服务：

（一）企业有实际能力重新评估该保单持有人的风险，并据此可重新设定价格或承诺利益水平以充分反映该风险。

（二）企业有实际能力重新评估该合同所属合同组合的风险，并据此可重新设定价格或承诺利益水平以充分反映该风险，且重新评估日前对应保费在定价时未考虑重新评估日后的风险。

第二十五条 企业应当采用适当的折现率对履约现金流量进行货币时间价值及金融风险调整，以反映货币时间价值及未包含在未来现金流量估计中的有关金融风险。适当的折现率应当同时符合下列要求：

（一）反映货币时间价值、保险合同现金流量特征以及流动性特征；

（二）基于与保险合同具有一致现金流量特征的金融工具当前可观察市场数据确定，且不考虑与保险合同现金流量无关但影响可观察市场数据的其他因素。

第二十六条 企业在估计履约现金流量时应当考虑非金融风险调整，以反映非金融风险对履约现金流量的影响。

企业应当单独估计非金融风险调整，不得在未来现金流量和折现率的估计中隐含非金融风险调整。

第二十七条 企业应当在合同组初始确认时计算下列各项之和：

（一）履约现金流量；

（二）在该日终止确认保险获取现金流量资产以及其他相关资产或负债对应的现金流量；

（三）合同组内合同在该日产生的现金流量。

上述各项之和反映为现金净流入的，企业应当将其确认为合同服务边际；反映为现金净流出的，企业应当将其作为首日亏损计入当期损益。

第二十八条 企业应当在资产负债表日按照未到期责任负债与已发生赔款负债之和对保险合同负债进行后续计量。

未到期责任负债包括资产负债表日分摊至保险合同组的、与未到期责任有关的履约现金流量和当日该合同组的合同服务边际。

已发生赔款负债包括资产负债表日分摊至保险合同组的、与已发生赔案及其他相关费用有关的履约现金流量。

第二十九条 对于不具有直接参与分红特征的保险合同组，资产负债表日合同组的合同服务边际账面价值应当以期初账面价值为基础，经下列各项调整后予以确定：

（一）当期归入该合同组的合同对合同服务边际的影响金额；

（二）合同服务边际在当期计提的利息，计息利率为该合同组内合同确认时、不随基础项目回报变动的现金流量所适用的加权平均利率；

（三）与未来服务相关的履约现金流量的变动金额，但履约现金流量增加额超过合同服务边际账面价值所导致的亏损部分，以及履约现金流量减少额抵销的未到期责任负债的亏损部分除外；

（四）合同服务边际在当期产生的汇兑差额；

（五）合同服务边际在当期的摊销金额。

第三十条 企业应当按照提供保险合同服务的模式，合理确定合同组在责任期内各个期间的责任单元，并据此对根据本准则第二十九条（一）至（四）调整后的合同服务边际账面价值进行摊销，计入当期以及以后期间保险服务收入。

第三十一条 企业因当期提供保险合同服务导致未到期责任负债账面价值的减少额，应当确认为保险服务收入；因当期发生赔案及其他相关费用导致已发生赔款负债账面价值的增加额，以及与之相关的履约现金流量的后续变动额，应当确认为保险服务费用。

企业在确认保险服务收入和保险服务费用时，不得包含保险合同中的投资成分。

第三十二条 企业应当将合同组内的保险获取现金流量，随时间流逝进行系统摊销，计入责任期内各个期间的保险服务费用，同时确认为保险服务收入，以反映该类现金流量所对应的保费的收回。

第三十三条 企业应当将货币时间价值及金融风险的影响导致的未到期责任负债和已发生赔款负债账面价值变动额，作为保险合同金融变动额。

企业可以选择将货币时间价值及金融风险的影响导致的非金融风险调整变动额不作为保险合同金融变动额。

第三十四条 企业应当考虑持有的相关资产及其会计处理，在合同组合层面对保险合同金融变动额的会计处理做出下列会计政策选择：

（一）将保险合同金融变动额全额计入当期保险财务损益。

（二）将保险合同金融变动额分解计入当期保险财务损益和其他综合收益。选择该会计政策的，企业应当在合同组剩余期限内，采用系统合理的方法确定计入各个期间保险财务损益的金额，其与保险合同金融变动额的差额计入其他综合收益。

保险财务损益，是指计入当期及以后期间损益的保险合同金融变动额。保险财务损益包括企业签发的保险合同的承保财务损益和分出的再保险合同的分出再保险财务损益。

第三十五条 企业应当将非金融风险调整账面价值变动中除保险合同金融变动额以外的金额计入当期及以后期间损益。

第三十六条 对于本准则适用范围内的具有相机参与分红特征的投资合同，企业应当按照本准则有关保险合同的规定进行会计处理，但下列各项特殊规定除外：

（一）初始确认的时点为企业成为合同一方的日期。

（二）企业有支付现金的实质性义务的，该义务所产生的现金流量在合同边界内。企业有实际能力对其支付现金的承诺进行重新定价以充分反映其承诺支付现金的金额及相关风险的，表明企业无支付现金的实质性义务。

（三）企业应当按照投资服务的提供模式，在合同组期限内采用系统合理的方法对合同服务边际进行摊销，计入当期及以后期间损益。

第三十七条　对于中期财务报表中根据本准则作出的相关会计估计处理结果，企业应当就是否在本年度以后中期财务报表和年度财务报表中进行调整做出会计政策选择，并一致应用于本准则适用范围内的合同组。

第三十八条　企业对产生外币现金流量的合同组进行计量时，应当将保险合同负债视为货币性项目，根据《企业会计准则第19号——外币折算》有关规定处理。

资产负债表日，产生外币现金流量的合同组的汇兑差额应当计入当期损益。企业根据本准则第三十四条规定选择将保险合同金融变动额分解计入当期保险财务损益和其他综合收益的，与计入其他综合收益的金额相关的汇兑差额，应当计入其他综合收益。

第二节　具有直接参与分红特征的保险合同组计量的特殊规定

第三十九条　企业应当在合同开始日评估一项合同是否为具有直接参与分红特征的保险合同，后续不再重新评估。

第四十条　具有直接参与分红特征的保险合同，是指在合同开始日同时符合下列条件的保险合同：

（一）合同条款规定保单持有人参与分享清晰可辨认的基础项目；

（二）企业预计将基础项目公允价值变动回报中的相当大部分支付给保单持有人；

（三）预计应付保单持有人金额变动中的相当大部分将随基础项目公允价值的变动而变动。

第四十一条　企业应当按照基础项目公允价值扣除浮动收费的差额，估计具有直接参与分红特征的保险合同组的履约现金流量。

浮动收费，是指企业因代保单持有人管理基础项目并提供投资相关服务而取得的对价，等于基础项目公允价值中企业享有份额减去不随基础项目回报变动的履约现金流量。

第四十二条　对于具有直接参与分红特征的保险合同组，资产负债表日合同组的合同服务边际账面价值应当以期初账面价值为基础，经下列调整后予以确定：

（一）当期归入该合同组的合同对合同服务边际的影响金额。

（二）基础项目公允价值中企业享有份额的变动金额，但以下情形除外：

1. 企业使用衍生工具或分出再保险合同管理与该金额变动相关金融风险时，对符合本准则规定条件的，可以选择将该金额变动中由货币时间价值及金融风险的影响导致的部分计入当期保险财务损益。但企业将分出再保险合同的保险合同金融变动额分解计入当期保险财务损益和其他综合收益的，该金额变动中的相应部分也应予以分解。

2. 基础项目公允价值中企业享有份额的减少额超过合同服务边际账面价值所导致的亏损部分。

3. 基础项目公允价值中企业享有份额的增加额抵销的未到期责任负债的亏损部分。

（三）与未来服务相关且不随基础项目回报变动的履约现金流量的变动金额，但以下情形除外：

1. 企业使用衍生工具、分出再保险合同或以公允价值计量且其变动计入当期损益的非衍生金融工具管理与该履约现金流量变动相关金融风险时，对符合本准则规定条件的，可以选择将该履约现金流量变动中由货币时间价值及金融风险的影响导致的部分计入当期保险财务损益。但企业将分出再保险合同的保险合同金融变动额分解计入当期保险财务损益和其他综合收益的，该履约现金流量变动中的相应部分也应予以分解。

2. 该履约现金流量的增加额超过合同服务边际账面价值所导致的亏损部分。

3. 该履约现金流量的减少额抵销的未到期责任负债的亏损部分。

（四）合同服务边际在当期产生的汇兑差额。

（五）合同服务边际在当期的摊销金额。企业应当按照提供保险合同服务的模式，合理确定合同组在责任期内各个期间的责任单元，并据此对根据本条（一）至（四）调整后的合同服务边际账面价值进行摊销，计入当期及以后期间保险服务收入。

企业可以对本条（二）和（三）中的变动金额进行合并调整。

第四十三条 企业采用风险管理措施对具有直接参与分红特征的保险合同产生的金融风险予以缓释时，同时符合下列条件的，对于本准则第四十二条（二）和（三）相关金额变动中由货币时间价值及金融风险的影响导致的部分，可以选择不调整合同服务边际：

（一）企业制定了关于风险管理目标和策略的书面文件；

（二）保险合同与用于风险管理的衍生工具、分出再保险合同或以公允价值计量且其变动计入当期损益的非衍生金融工具之间存在经济抵销关系；

（三）经济抵销关系产生的价值变动中，信用风险的影响不占主导地位。

企业不再符合上述条件时，应当自不符合之日起，将本准则第四十二条（二）和（三）相关金额变动中由货币时间价值及金融风险的影响导致的部分调整合同服务边际，之前已经计入保险财务损益的金额不予调整。

第四十四条 对于企业不持有基础项目的具有直接参与分红特征的保险合同组，企业应当根据本准则第三十四条规定，对保险合同金额变动额进行会计处理。

对于企业持有基础项目的具有直接参与分红特征的保险合同组，企业根据本准则第三十四条规定，选择将保险合同金融变动额分解计入当期保险财务损益和其他综合收益的，计入当期保险财务损益的金额应当等于其持有的基础项目按照相关会计准则规定计入当期损益的金额。

本准则第四十二条对保险合同金融变动额的会计处理另有规定的，从其规定。

第四十五条 分入和分出的再保险合同不适用本节规定。

第三节 亏损保险合同组计量的特殊规定

第四十六条 合同组在初始确认时发生首日亏损的，或合同组合中的合同归入其所属亏损合同组而新增亏损的，企业应当确认亏损并计入当期保险服务费用，同时将该亏损部分增加未到期责任负债账面价值。

初始确认时，亏损合同组的保险合同负债账面价值等于其履约现金流量。

第四十七条 发生下列情形之一导致合同组在后续计量时发生亏损的，企业应当确认亏损并计入当期保险服务费用，同时将该亏损部分增加未到期责任负债账面价值：

（一）因与未来服务相关的未来现金流量或非金融风险调整的估计发生变更，导致履约现金流量增加额超过合同服务边际账面价值。

（二）对于具有直接参与分红特征的保险合同组，其基础项目公允价值中企业享有份额的减少额超过合同服务边际账面价值。

第四十八条 企业在确认合同组的亏损后，应当将未到期责任负债账面价值的下列变动额，采用系统合理的方法分摊至未到期责任负债中的亏损部分和其他部分：

（一）因发生保险服务费用而减少的未来现金流量的现值；

（二）因相关风险释放而计入当期损益的非金融风险调整的变动金额；

（三）保险合同金融变动额。

分摊至亏损部分的金额不得计入当期保险服务收入。

第四十九条 企业在确认合同组的亏损后，应当按照下列规定进行后续计量：

（一）将因与未来服务相关的未来现金流量或非金融风险调整的估计变更所导致的履约现金流量增加额，以及具有直接参与分红特征的保险合同组的基础项目公允价值中企业享有份额的减少额，确认为新增亏损并计入当期保险服务费用，同时将该亏损部分增加未到期责任负债账面价值。

（二）将因与未来服务相关的未来现金流量或非金融风险调整的估计变更所导致的履约现金流量减少额，以及具有直接参与分红特征的保险合同组的基础项目公允价值中企业享有份额的增加额，减少未到期责任负债的亏损部分，冲减当期保险服务费用；超出亏损部分的金额，确认为合同服务边际。

第四节 保险合同组计量的简化处理规定

第五十条 符合下列条件之一的，企业可以采用保费分配法简化合同组的计量：

（一）企业能够合理预计采用本节简化处理规定与根据本准则前述章节规定计量合同组未到期责任负债的结果无重大差异。企业预计履约现金流量在赔案发生前将发生重大变化的，表明该合同组不符合本条件。

（二）该合同组内各项合同的责任期不超过一年。

第五十一条 企业对其签发的保险合同采用保费分配法时，应当假设初始确认时该合同所属合同组合内不存在亏损合同，该假设与相关事实和情况不符的除外。

第五十二条 企业采用保费分配法时，合同组内各项合同初始确认时的责任期均不超过一年的，可以选择在保险获取现金流量发生时将其确认为费用，计入当期损益。

第五十三条 企业采用保费分配法计量合同组时，初始确认时未到期责任负债账面价值等于已收保费减去初始确认时发生的保险获取现金流量（根据本准则第五十二条规定选择在发生时计入当期损益的除外），减去（或加上）在合同组初始确认时终止确认的保险获取现金流量资产以及其他相关资产或负债的金额。

资产负债表日未到期责任负债账面价值等于期初账面价值加上当期已收保费，减去当期发生的保险获取现金流量（根据本准则第五十二条规定选择在发生时计入当期损益的除外），加上当期确认为保险服务费用的保险获取现金流量摊销金额和针对融资成分的调整金额，减去因当期提供保险合同服务而确认为保险服务收入的金额和当期已付或转入已发生赔款负债中的投资成分。

第五十四条 合同组内的合同中存在重大融资成分的，企业应当按照合同组初始确认时确定的折现率，对未到期责任负债账面价值进行调整，以反映货币时间价值及金融风险的影响。合同组初始确认时，如果企业预计提供保险合同服务每一部分服务的时点与相关保费到期日之间的间隔不超过一年，可以不考虑合同中存在的重大融资成分。

第五十五条 相关事实和情况表明合同组在责任期内存在亏损时，企业应当将该日与未到期责任相关的履约现金流量超过按照本准则第五十三条确定的未到期责任负债账面价值的金额，计入当期保险服务费用，同时增加未到期责任负债账面价值。

第五十六条 企业应当根据与已发生赔案及其他相关费用有关的履约现金流量计量已发生赔款负债。相关履约现金流量预计在赔案发生后一年内支付或收取的，企业可以不考虑货币时间价值及金融风险的影响，且一致应用于本准则第五十五条规定的相关履约现金流量的计算。

第五十七条 企业应当将已收和预计收取的保费，在扣除投资成分并根据本准则第五十四条规定对重大融资成分进行调整后，分摊至当期的金额确认为保险服务收入。

企业应当随时间流逝在责任期内分摊经调整的已收和预计收取的保费；保险合同的风险在责

任期内不随时间流逝为主释放的，应当以保险服务费用预计发生时间为基础进行分摊。

第六章　分出的再保险合同组的确认和计量

第五十八条　企业对分出的再保险合同组进行确认和计量，除本章另有规定外，应当按照本准则有关保险合同的其他相关规定进行处理，但本准则第五章关于亏损合同组计量的相关规定不适用于分出的再保险合同组。

第五十九条　企业应当将同一分出的再保险合同组合至少分为下列合同组：

（一）初始确认时存在净利得的合同组；

（二）初始确认时无显著可能性在未来产生净利得的合同组；

（三）该组合中剩余合同组成的合同组。

企业可以按照净成本或净利得水平以及初始确认后在未来产生净利得的可能性等，对分出的再保险合同组作进一步细分。

企业不得将分出时间间隔超过一年的合同归入同一分出的再保险合同组。

第六十条　企业应当在下列时点中的最早时点确认其分出的再保险合同组：

（一）分出的再保险合同组责任期开始日；

（二）分出的再保险合同组所对应的保险合同组确认为亏损合同组时。

第六十一条　分出的再保险合同组分出成比例责任的，企业应当在下列时点中的最早时点确认该合同组：

（一）分出的再保险合同组责任期开始日和任一对应的保险合同初始确认时点中较晚的时点；

（二）分出的再保险合同组所对应的保险合同组确认为亏损合同组时。

第六十二条　企业在初始确认其分出的再保险合同组时，应当按照履约现金流量与合同服务边际之和对分出再保险合同资产进行初始计量。

分出再保险合同组的合同服务边际，是指企业为在未来获得再保险分入人提供的保险合同服务而产生的净成本或净利得。

第六十三条　企业在估计分出的再保险合同组的未来现金流量现值时，采用的相关假设应当与计量所对应的保险合同组保持一致，并考虑再保险分入人的不履约风险。

第六十四条　企业应当根据分出的再保险合同组转移给再保险分入人的风险，估计非金融风险调整。

第六十五条　企业应当在分出的再保险合同组初始确认时计算下列各项之和：

（一）履约现金流量；

（二）在该日终止确认的相关资产或负债对应的现金流量；

（三）分出再保险合同组内合同在该日产生的现金流量；

（四）分保摊回未到期责任资产亏损摊回部分的金额。

企业应当将上述各项之和所反映的净成本或净利得，确认为合同服务边际。净成本与分出前发生的事项相关的，企业应当将其确认为费用并计入当期损益。

第六十六条　企业应当在资产负债表日按照分保摊回未到期责任资产与分保摊回已发生赔款资产之和对分出再保险合同资产进行后续计量。

分保摊回未到期责任资产包括资产负债表日分摊至分出的再保险合同组的、与未到期责任有关的履约现金流量和当日该合同组的合同服务边际。

分保摊回已发生赔款资产包括资产负债表日分摊至分出的再保险合同组的、与已发生赔款及其他相关费用的摊回有关的履约现金流量。

第六十七条 对于订立时点不晚于对应的保险合同确认时点的分出的再保险合同，企业在初始确认对应的亏损合同组或者将对应的亏损保险合同归入合同组而确认亏损时，应当根据下列两项的乘积确定分出再保险合同组分保摊回未到期责任资产亏损摊回部分的金额：

（一）对应的保险合同确认的亏损；

（二）预计从分出再保险合同组摊回的对应的保险合同赔付的比例。

企业应当按照上述亏损摊回部分的金额调整分出再保险合同组的合同服务边际，同时确认为摊回保险服务费用，计入当期损益。

企业在对分出的再保险合同组进行后续计量时，应当调整亏损摊回部分的金额以反映对应的保险合同亏损部分的变化，调整后的亏损摊回部分的金额不应超过企业预计从分出再保险合同组摊回的对应的保险合同亏损部分的相应金额。

第六十八条 资产负债表日分出的再保险合同组的合同服务边际账面价值应当以期初账面价值为基础，经下列各项调整后予以确定：

（一）当期归入该合同组的合同对合同服务边际的影响金额；

（二）合同服务边际在当期计提的利息，计息利率为该合同组内合同确认时、不随基础项目回报变动的现金流量所适用的加权平均利率；

（三）根据本准则第六十七条第一款计算的分保摊回未到期责任资产亏损摊回部分的金额，以及与分出再保险合同组的履约现金流量变动无关的分保摊回未到期责任资产亏损摊回部分的转回；

（四）与未来服务相关的履约现金流量的变动金额，但分摊至对应的保险合同组且不调整其合同服务边际的履约现金流量变动而导致的变动，以及对应的保险合同组采用保费分配法计量时因确认或转回亏损而导致的变动除外；

（五）合同服务边际在当期产生的汇兑差额；

（六）合同服务边际在当期的摊销金额。企业应当按照取得保险合同服务的模式，合理确定分出再保险合同组在责任期内各个期间的责任单元，并据此对根据本条（一）至（五）调整后的合同服务边际账面价值进行摊销，计入当期及以后期间损益。

第六十九条 再保险分入人不履约风险导致的履约现金流量变动金额与未来服务无关，企业不应当因此调整分出再保险合同组的合同服务边际。

第七十条 企业因当期取得再保险分入人提供的保险合同服务而导致分保摊回未到期责任资产账面价值的减少额，应当确认为分出保费的分摊；因当期发生赔款及其他相关费用的摊回导致分保摊回已发生赔款资产账面价值的增加额，以及与之相关的履约现金流量的后续变动额，应当确认为摊回保险服务费用。

企业应当将预计从再保险分入人收到的不取决于对应的保险合同赔付的金额，作为分出保费的分摊的减项。企业在确认分出保费的分摊和摊回保险服务费用时，不得包含分出再保险合同中的投资成分。

第七十一条 符合下列条件之一的，企业可以采用保费分配法简化分出的再保险合同组的计量：

（一）企业能够合理预计采用保费分配法与不采用保费分配法计量分出再保险合同组的结果无重大差异。企业预计履约现金流量在赔案发生前将发生重大变化的，表明该合同组不符合本条件。

（二）该分出的再保险合同组内各项合同的责任期不超过一年。

第七十二条 企业采用保费分配法计量分出的再保险合同组时，根据本准则第六十七条第一款计算的亏损摊回部分的金额应当调整分出再保险合同组的分保摊回未到期责任资产账面价值，同时确认为摊回保险服务费用,计入当期损益。

第七章 合同转让或非同一控制下企业合并中取得的保险合同的确认和计量

第七十三条 企业对合同转让或非同一控制下企业合并中取得的保险合同进行确认和计量,除本章另有规定外,应当适用本准则其他相关规定。

第七十四条 企业在合同转让或非同一控制下企业合并中取得的保险合同,应当视为在转让日(或购买日)订立该合同,并根据本准则相关规定将该合同归入其所属合同组。

第七十五条 企业在合同转让或非同一控制下企业合并中为取得保险合同而收到或支付的对价,应当视为收取或支付的保费。

第七十六条 企业在合同转让或非同一控制下企业合并中取得保险合同的会计处理适用《企业会计准则第20号——企业合并》等其他会计准则的,应当根据相关会计准则进行处理。

第八章 保险合同的修改和终止确认

第七十七条 保险合同条款的修改符合下列条件之一的,企业应当终止确认原合同,并按照修改后的合同条款确认一项新合同:

(一)假设修改后的合同条款自合同开始日适用,出现下列情形之一的:
1. 修改后的合同不属于本准则的适用范围。
2. 修改后的合同应当予以分拆且分拆后适用本准则的组成部分发生变化。
3. 修改后的合同边界发生实质性变化。
4. 修改后的合同归属于不同的合同组。

(二)原合同与修改后的合同仅有其一符合具有直接参与分红特征的保险合同的定义。

(三)原合同采用保费分配法,修改后的合同不符合采用保费分配法的条件。

保险合同条款的修改不符合上述条件的,企业应当将合同条款修改导致的现金流量变动作为履约现金流量的估计变更进行处理。

第七十八条 保险合同约定的义务因履行、取消或到期而解除的,企业应当终止确认保险合同。

第七十九条 企业终止确认一项保险合同,应当按照下列规定进行处理:

(一)调整该保险合同所属合同组的履约现金流量,扣除与终止确认的权利义务相关的未来现金流量现值和非金融风险调整。

(二)调整合同组的合同服务边际。

(三)调整合同组在当期及以后期间的责任单元。

第八十条 企业修改原合同并确认新合同时,应当按照下列两项的差额调整原合同所属合同组的合同服务边际:

(一)因终止确认原合同所导致的合同组履约现金流量变动金额;

(二)修改日订立与新合同条款相同的合同预计将收取的保费减去因修改原合同而收取的额外保费后的保费净额。

企业在计量新合同所属合同组时,应当假设于修改日收到本条(二)中的保费净额。

第八十一条 企业因合同转让而终止确认一项保险合同的,应当按照因终止确认该合同所导致的合同组履约现金流量变动金额与受让方收取的保费之间的差额，调整该合同所属合同组的合同服务边际。

第八十二条 企业因合同修改或转让而终止确认一项保险合同时，应当将与该合同相关的、由于会计政策选择而在以前期间确认为其他综合收益的余额转入当期损益；但对于企业持有基础项目的具有直接参与分红特征的保险合同，企业不得仅因终止确认该保险合同而进行上述会计处理。

第九章 列 报

第一节 资产负债表和利润表相关项目的列示及披露

第八十三条 企业应当根据自身实际情况，合理确定列报保险合同的详细程度，避免列报大量不重要信息或不恰当汇总实质性不同信息。

企业可以按照合同类型、地理区域或报告分部等对保险合同的信息披露进行恰当汇总。

第八十四条 企业应当在资产负债表中分别列示与保险合同有关的下列项目：

（一）保险合同资产；

（二）保险合同负债；

（三）分出再保险合同资产；

（四）分出再保险合同负债。

企业签发的保险合同组合账面价值为借方余额的，列示为保险合同资产；分出的再保险合同组合账面价值为贷方余额的，列示为分出再保险合同负债。

保险获取现金流量资产于资产负债表日的账面价值应当计入保险合同组合账面价值。

第八十五条 企业应当在利润表中分别列示与保险合同有关的下列项目：

（一）保险服务收入；

（二）保险服务费用；

（三）分出保费的分摊；

（四）摊回保险服务费用；

（五）承保财务损益；

（六）分出再保险财务损益。

第八十六条 企业应当在附注中分别就签发的保险合同和分出的再保险合同，单独披露未到期责任负债（或分保摊回未到期责任资产）和已发生赔款负债（或分保摊回已发生赔款资产）余额调节表，以反映与保险合同账面价值变动有关的下列信息：

（一）保险合同负债和保险合同资产（或分出再保险合同资产和分出再保险合同负债）的期初和期末余额及净额，及净额调节情况；

（二）未到期责任负债（或分保摊回未到期责任资产）当期变动情况，亏损部分（或亏损摊回部分）应单独披露；

（三）已发生赔款负债（或分保摊回已发生赔款资产）当期变动情况，采用保费分配法的保险合同应分别披露未来现金流量现值和非金融风险调整；

（四）当期保险服务收入；

（五）当期保险服务费用，包括当期发生赔款及其他相关费用、保险获取现金流量的摊销、亏损部分的确认及转回和已发生赔款负债相关履约现金流量变动；

（六）当期分出保费的分摊；

（七）当期摊回保险服务费用，包括摊回当期发生赔款及其他相关费用、亏损摊回部分的确认及转回和分保摊回已发生赔款资产相关履约现金流量变动；

（八）不计入当期损益的投资成分，保费返还可以在此项合并披露；

（九）与当期服务无关但影响保险合同账面价值的金额，包括当期现金流量、再保险分入人不履约风险变动额、保险合同金融变动额、其他与保险合同账面价值变动有关的金额。当期现金流量应分别披露收到保费（或支付分出保费）、支付保险获取现金流量、支付赔款及其他相关费用（或收到摊回赔款及其他相关费用）。

第八十七条 对于未采用保费分配法的保险合同，企业应当在附注中分别就签发的保险合同和分出的再保险合同，单独披露履约现金流量和合同服务边际余额调节表，以反映与保险合同账面价值变动有关的下列信息：

（一）保险合同负债和保险合同资产（或分出再保险合同资产和分出再保险合同负债）的期初和期末余额及净额，及净额调节情况；

（二）未来现金流量现值当期变动情况；

（三）非金融风险调整当期变动情况；

（四）合同服务边际当期变动情况；

（五）与当期服务相关的变动情况，包括合同服务边际的摊销、非金融风险调整的变动、当期经验调整；

（六）与未来服务相关的变动情况，包括当期初始确认的保险合同影响金额、调整合同服务边际的估计变更、不调整合同服务边际的估计变更；

（七）与过去服务相关的变动情况，包括已发生赔款负债（或分保摊回已发生赔款资产）相关履约现金流量变动；

（八）与当期服务无关但影响保险合同账面价值的金额，包括当期现金流量、再保险分入人不履约风险变动额、保险合同金融变动额、其他与保险合同账面价值变动有关的金额。当期现金流量应分别披露收到保费（或支付分出保费）、支付保险获取现金流量、支付赔款及其他相关费用（或收到摊回赔款及其他相关费用）。

第八十八条 企业应当在附注中披露关于保险获取现金流量资产的下列定量信息：

（一）保险获取现金流量资产的期初和期末余额及其调节情况；

（二）保险获取现金流量资产减值准备当期计提和当期转回情况；

（三）期末保险获取现金流量资产预计在未来按适当的时间段终止确认的相关信息。

第八十九条 对于未采用保费分配法的保险合同，企业应当在附注中分别就签发的保险合同和分出的再保险合同，披露当期初始确认的保险合同对资产负债表影响的下列信息：

（一）未来现金流出现值，保险获取现金流量的金额应单独披露；

（二）未来现金流入现值；

（三）非金融风险调整；

（四）合同服务边际。

对于当期初始确认的亏损合同组以及在合同转让或非同一控制下企业合并中取得的保险合同，企业应当分别披露其对资产负债表影响的上述信息。

第九十条 对于未采用保费分配法的签发的保险合同，企业应当在附注中披露与本期确认保险服务收入相关的下列定量信息：

（一）与未到期责任负债变动相关的保险服务收入，分别披露期初预计当期发生的保险服务费用、非金融风险调整的变动、合同服务边际的摊销、其他金额（如与当期服务或过去服务相关的保费经验调整）；

（二）保险获取现金流量的摊销。

第九十一条 对于未采用保费分配法的保险合同，企业应当在附注中分别就签发的保险合同和分出的再保险合同，披露期末合同服务边际在剩余期限内按适当的时间段摊销计入利润表的定量信息。

第九十二条 企业应当披露当期保险合同金融变动额的定量信息及其解释性说明，包括对保险合同金融变动额与相关资产投资回报关系的说明。

第九十三条 企业应当披露与具有直接参与分红特征的保险合同相关的下列信息：

（一）基础项目及其公允价值；

（二）根据本准则第四十二条和第四十三条规定，将货币时间价值及金融风险的影响金额计入当期保险财务损益或其他综合收益对当期合同服务边际的影响。

第九十四条 对于具有直接参与分红特征的保险合同组，企业选择将保险合同金融变动额分解计入当期保险财务损益和其他综合收益的，根据本准则第四十四条规定，因是否持有基础项目的情况发生变动导致计入当期保险财务损益的计量方法发生变更的，应当披露变更原因和对财务报表项目的影响金额，以及相关合同组在变更日的账面价值。

第二节 与保险合同计量相关的披露

第九十五条 企业应当披露与保险合同计量所采用的方法、输入值和假设等相关的下列信息：

（一）保险合同计量所采用的方法以及估计相关输入值的程序。

企业应当披露相关输入值的定量信息，不切实可行的除外。

（二）本条（一）中所述方法和程序的变更及其原因，以及受影响的合同类型。

（三）与保险合同计量有关的下列信息：

1. 对于不具有直接参与分红特征的保险合同，区分相机抉择与其他因素导致未来现金流量估计变更的方法；

2. 确定非金融风险调整的计量方法及计量结果所对应的置信水平，以及非金融风险调整变动额根据本准则第三十三条在利润表中的列示方法；

3. 确定折现率的方法，以及用于不随基础项目回报变动的现金流量折现的收益率曲线（或收益率曲线范围）；

4. 确定投资成分的方法；

5. 确定责任单元组成部分及相对权重的方法。

第九十六条 企业选择将保险合同金融变动额分解计入当期保险财务损益和其他综合收益的，应当披露确定保险财务损益金额的方法及其说明。

第九十七条 对于采用保费分配法计量的保险合同组，企业应当披露下列信息：

（一）合同组适用保费分配法的判断依据；

（二）未到期责任负债（或分保摊回未到期责任资产）和已发生赔款负债（或分保摊回已发生赔款资产）的计量是否反映货币时间价值及金融风险的影响；

（三）是否在保险获取现金流量发生时将其确认为费用。

第三节 与风险相关的披露

第九十八条 企业应当披露与保险合同产生的保险风险和金融风险等相关的定性和定量信息。

金融风险包括市场风险、信用风险、流动性风险等。

第九十九条 对于保险合同产生的各类风险，企业应当按类别披露下列信息：

（一）风险敞口及其形成原因，以及在本期发生的变化。

（二）风险管理的目标、政策和程序以及计量风险的方法及其在本期发生的变化。

（三）期末风险敞口的汇总数据。该数据应当以向内部关键管理人员提供的相关信息为基础。期末风险敞口不能反映企业本期风险敞口变动情况的，企业应当进一步提供相关信息。

（四）风险集中度信息，包括企业确定风险集中度的说明和参考因素（如保险事项类型、行业特征、地理区域、货币种类等）。

第一百条 企业应当披露相关监管要求（如最低资本要求、保证利率等）对本准则适用范围内的合同的影响。保险合同分组时应用本准则第十五条规定的，企业应当披露这一事实。

第一百零一条 企业应当对保险风险和市场风险进行敏感性分析并披露下列信息：

（一）资产负债表日保险风险变量和各类市场风险变量发生合理、可能的变动时，将对企业损益和所有者权益产生的影响。

对于保险风险，敏感性分析应当反映对企业签发的保险合同及其经分出的再保险合同进行风险缓释后的影响。

对于各类市场风险，敏感性分析应当反映保险合同所产生的风险变量与企业持有的金融资产所产生的风险变量之间的关联性。

（二）本期进行敏感性分析所使用的方法和假设，以及在本期发生的变化及其原因。

第一百零二条 企业为管理保险合同所产生的风险，采用不同于本准则第一百零一条中所述方法进行敏感性分析的，应当披露下列信息：

（一）用于敏感性分析的方法、选用的主要参数和假设；

（二）所用方法的目的，以及该方法提供信息的局限性。

第一百零三条 企业应当披露索赔进展情况，以反映已发生赔款的实际赔付金额与未经折现的预计赔付金额的比较信息，及其与资产负债表日已发生赔款负债账面价值的调节情况。

索赔进展情况的披露应当从赔付时间和金额在资产负债表日仍存在不确定性的重大赔付最早发生期间开始，但最长披露期限可不超过十年。赔付时间和金额的不确定性在未来一年内将消除的索赔进展信息可以不披露。

第一百零四条 企业应当披露与保险合同所产生的信用风险相关的下列信息：

（一）签发的保险合同和分出的再保险合同分别于资产负债表日的最大信用风险敞口；

（二）与分出再保险合同资产的信用质量相关的信息。

第一百零五条 企业应当披露与保险合同所产生的流动性风险相关的下列信息：

（一）对管理流动性风险的说明。

（二）对资产负债表日保险合同负债和分出再保险合同负债的到期期限分析。

到期期限分析应当基于合同组合，所使用的时间段至少应当为资产负债表日后一年以内、一年至两年以内、两年至三年以内、三年至四年以内、四年至五年以内、五年以上。列入各时间段内的金额可以是未来现金流量现值或者未经折现的合同剩余净现金流量。

到期期限分析可以不包括采用保费分配法计量的保险合同负债和分出再保险合同负债中与未到期责任相关的部分。

（三）保单持有人可随时要求偿还的金额。企业应当说明该金额与相关保险合同组合账面价值之间的关联性。

第十章 衔接规定

第一百零六条 首次执行日之前的保险合同会计处理与本准则规定不一致的，企业应当按照《企业会计准则第28号——会计政策、会计估计变更和差错更正》的规定采用追溯调整法处理，但本准则另有规定的除外。

企业进行追溯调整的，无须披露当期和各个列报前期财务报表受影响项目和每股收益的调整金额。

第一百零七条 企业采用追溯调整法时，应当在过渡日按照下列规定进行衔接处理：

（一）假设一直按照本准则要求识别、确认和计量保险合同组；

（二）假设一直按照本准则要求识别、确认和计量保险获取现金流量资产，但无须估计该资产于过渡日前的可收回金额；

（三）确认追溯调整对所有者权益的累积影响数；

（四）不得在过渡日前运用本准则第四十三条规定的风险管理缓释选择权。

过渡日是指本准则首次执行日前最近一个会计年度的期初，企业列报经调整的更早期间的比较信息的，过渡日是更早比较期间的期初。

第一百零八条 对合同组采用追溯调整法不切实可行的，企业应当采用修正追溯调整法或公允价值法。对合同组采用修正追溯调整法也不切实可行的，企业应当采用公允价值法。

修正追溯调整法，是指企业在对本章所涉及相关事项采用追溯调整法不切实可行时，使用在过渡日无须付出不必要的额外成本或努力即可获得的合理可靠的信息，以获得接近追溯调整法结果为目标，在衔接处理上按本准则规定进行简化的方法。

公允价值法，是指以过渡日合同组公允价值与履约现金流量的差额确定合同组在该日的合同服务边际或未到期责任负债亏损部分，以及在衔接处理上按本准则规定进行简化的方法。

企业在过渡日前符合本准则第四十三条规定条件，使用衍生工具、分出的再保险合同或以公允价值计量且其变动计入当期损益的非衍生金融工具管理合同组产生的金融风险，并自过渡日起采用未来适用法运用风险管理缓释选择权进行会计处理的，企业可以对该合同组采用公允价值法进行衔接处理。

第一百零九条 企业采用修正追溯调整法时，应当在过渡日根据本准则规定识别下列事项并进行衔接处理：

（一）保险合同组，但在按照本准则规定进行保险合同分组时无法获得合理可靠的信息的，企业可以将签发或分出时间间隔超过一年的合同归入同一合同组；

（二）具有直接参与分红特征的保险合同；

（三）不具有直接参与分红特征的保险合同中的相机抉择现金流量；

（四）具有相机参与分红特征的投资合同。

企业采用修正追溯调整法时，对于在合同转让或非同一控制下企业合并中取得的保险合同，应当将该类合同在转让日或购买日前已发生的赔付义务确认为已发生赔款负债。

第一百一十条 对不具有直接参与分红特征的保险合同组在过渡日的合同服务边际或未到期责任负债亏损部分采用修正追溯调整法时，企业应当按照下列规定进行衔接处理：

（一）以过渡日或更早日期（如适用）估计的未来现金流量为基础，根据合同组初始确认时至过渡日或更早日期（如适用）发生的现金流量进行调整，确定合同组在初始确认时的未来现金流量；

（二）基于过渡日前最近至少三个会计年度可观察数据，考虑该数据与本准则第二十五条规定的折现率的相似性或差异，采用适当方法确定合同组在初始确认时或以后的折现率；

（三）以过渡日估计的非金融风险调整金额为基础，根据在过渡日签发或分出的类似保险合同的相关风险释放方式，估计过渡日之前合同组非金融风险调整的变动金额，确定合同组在初始确认时的非金融风险调整金额；

（四）采用与过渡日后一致的方法将过渡日前已付或应付的保险获取现金流量系统合理地分摊至过渡日确认和预计将于过渡日后确认的合同组，分别调整过渡日合同服务边际和确认为保险获取现金流量资产。企业无法获得合理可靠的信息进行上述处理的，则不应调整合同服务边际或确认保险获取现金流量资产；

（五）合同组在初始确认时根据本条（一）至（四）确认合同服务边际的，应当按照本条（二）确定的初始确认时折现率计提利息，并基于过渡日合同组中的剩余责任单元和该日前的责任单元，确定过渡日前计入损益的合同服务边际；

（六）合同组在初始确认时根据本条（一）至（四）确认未到期责任负债亏损部分的，应当采用系统合理的方法，确定分摊至过渡日前的亏损部分；

（七）对于订立时点不晚于对应的亏损保险合同确认时点的分出的再保险合同，应当根据过渡日对应的亏损保险合同的未到期责任负债亏损部分乘以预计从分出的再保险合同组摊回的对应的保险合同赔付的比例，计算分出再保险合同组分保摊回未到期责任资产在过渡日的亏损摊回部分金额，企业无法获得合理可靠的信息确定该亏损摊回部分金额的，则不应确认亏损摊回部分。

第一百一十一条 对具有直接参与分红特征的保险合同组在过渡日的合同服务边际或未到期责任负债亏损部分采用修正追溯调整法时，企业应当按照下列规定进行衔接处理：

（一）以过渡日基础项目公允价值减去该日履约现金流量的金额为基础，根据过渡日前相关现金流量以及非金融风险调整的变动进行恰当调整；

（二）采用与过渡日后一致的方法将过渡日前已付或应付的保险获取现金流量系统合理地分摊至过渡日确认和预计将于过渡日后确认的合同组，分别调整过渡日合同服务边际和确认为保险获取现金流量资产。企业无法获得合理可靠的信息进行上述处理的，则不应调整合同服务边际或确认保险获取现金流量资产；

（三）合同组根据本条（一）和（二）确认合同服务边际的，应当基于过渡日合同组中的剩余责任单元和该日前的责任单元，确定过渡日前计入损益的合同服务边际；

（四）合同组根据本条（一）和（二）确认未到期责任负债亏损部分的，应当将该亏损部分调整为零，同时将该亏损部分增加过渡日未到期责任负债账面价值。

第一百一十二条 企业对过渡日保险合同金融变动额采用修正追溯调整法时，应当按照下列规定进行衔接处理：

（一）根据本准则第一百零九条（一）规定将签发或分出时间相隔超过一年的合同归入同一合同组的，可以在过渡日确定合同组初始确认时或以后适用的折现率。企业根据本准则第三十四条选择将保险合同金融变动额分解计入保险财务损益和其他综合收益的，应当采用适当方法确定过渡日计入其他综合收益的累计金额。

（二）未将签发或分出时间相隔超过一年的合同归入同一合同组的，应当按照本准则第一百一十条（二）估计合同组初始确认时或以后适用的折现率。企业根据本准则第三十四条选择将保险合同金融变动额分解计入保险财务损益和计入其他综合收益的，应当采用适当方法确定过渡日计入其他综合收益的累计金额。

第一百一十三条 企业根据本准则第三十七条规定选择不调整中期财务报表有关会计估计处

理结果的会计政策的,应当在过渡日对该会计政策采用追溯调整法处理。采用追溯调整法不切实可行的,企业可以采用修正追溯调整法,对保险合同金融变动额和不具有直接参与分红特征的保险合同的合同服务边际或未到期责任负债亏损部分进行衔接处理时,视同过渡日前未编制中期财务报表。

第一百一十四条　企业采用公允价值法时,可以使用在合同开始日或初始确认时根据合同条款和市场状况可确定的合理可靠的信息,或使用在过渡日可获得的合理可靠的信息,根据本准则规定识别下列事项并进行衔接处理:

(一) 保险合同组,企业可以将签发或分出时间间隔超过一年的合同归入同一合同组;

(二) 具有直接参与分红特征的保险合同;

(三) 不具有直接参与分红特征的保险合同中的相机抉择现金流量;

(四) 具有相机参与分红特征的投资合同。

企业采用公允价值法时,对于在合同转让或非同一控制下企业合并中取得的保险合同,可以将该类合同在转让日或购买日前已发生的赔付义务确认为已发生赔款负债。

第一百一十五条　企业采用公允价值法时,按照下列规定进行衔接处理:

(一) 企业可以在过渡日确定合同组初始确认时或以后适用的折现率;

(二) 对于分出的再保险合同组对应亏损保险合同的,应当根据过渡日对应的亏损保险合同的未到期责任负债亏损部分乘以预计从分出的再保险合同组摊回的对应的保险合同赔付的比例,计算分出再保险合同组分保摊回未到期责任资产在过渡日的亏损摊回部分金额;

(三) 企业根据本准则第三十四条选择将保险合同金融变动额分解计入保险财务损益和其他综合收益的,应当采用适当方法确定过渡日计入其他综合收益的累计金额;

(四) 对保险获取现金流量资产采用追溯调整法不切实可行时,企业应当采用适当方法确定过渡日的保险获取现金流量资产。

第一百一十六条　企业应当在附注中披露与衔接处理相关的下列信息:

(一) 在采用修正追溯调整法和公允价值法的保险合同的存续期间,说明该类保险合同在过渡日的衔接处理;

(二) 在本准则第八十六条和第八十七条规定的调节表中,分别就过渡日采用修正追溯调整法和公允价值法的保险合同,在该类保险合同存续期间单独披露其对保险服务收入和合同服务边际的影响;

(三) 企业根据本准则第一百一十二条和第一百一十五条(三)的规定,采用修正追溯调整法或公允价值法确定过渡日计入其他综合收益的累计金额的,在该金额减计为零之前的期间,应当披露以公允价值计量且其变动计入其他综合收益的相关金融资产计入其他综合收益的累计金额自期初至期末的调节情况。

第一百一十七条　企业无须披露比首次执行日前最近一个会计年度更早期间的信息。企业选择披露未经调整的更早期间的比较信息的,应当列示该类信息并说明其编制基础。

企业可以选择不披露未公开的、比首次执行日前四个会计年度更早期间发生的索赔进展情况,但应当披露这一选择。

第一百一十八条　企业在本准则首次执行日前执行金融工具相关会计准则的,应当在本准则首次执行日对金融资产进行下列处理:

(一) 企业可以对管理金融资产的业务模式进行重新评估并确定金融资产分类,但为了与本准则适用范围内合同无关的活动而持有的金融资产除外;

(二) 在首次执行日前被指定为以公允价值计量且其变动计入当期损益的金融资产,因企业执

行本准则而不再符合指定条件时,应当撤销之前的指定;

(三)金融资产因企业执行本准则而符合指定条件的,可以指定为以公允价值计量且其变动计入当期损益的金融资产;

(四)企业可以将非交易性权益工具投资指定为以公允价值计量且其变动计入其他综合收益的金融资产或撤销之前的指定。

企业应当以本准则首次执行日的事实和情况为基础进行上述处理,并追溯调整首次执行本准则当年年初留存收益或权益的其他部分。企业无须调整可比期间信息。企业选择调整可比期间信息的,应当以前期事实和情况为基础,以反映金融工具相关会计准则的要求。

第一百一十九条 企业根据本准则第一百一十八条规定进行处理的,应当披露下列信息:

(一)根据本准则第一百一十八条(一)对管理相关金融资产的业务模式进行重新评估并确定金融资产分类的标准;

(二)相关金融资产列报类型和账面价值的变化;

(三)撤销之前指定为以公允价值计量且其变动计入当期损益的金融资产的期末账面价值;

(四)指定或撤销指定以公允价值计量且其变动计入当期损益的相关金融资产的原因。

第十一章 附　则

第一百二十条 本准则自2023年1月1日起施行。

26.企业会计准则第26号——再保险合同

财会〔2006〕3号

省略,详见第一版《会计工作手册》(中国财政经济出版社,2019年5月),请登录会计新时代网站(http://www.acctne.com/)——"会计准则制度→企业会计准则"查询,或登录深圳市会计协会网站(http://www.szkjxh.com)——"法规制度→准则制度→企业会计准则"查询,或登录财政部会计司子网站(http://kjs.mof.gov.cn)——"企业会计准则"查询。

27.企业会计准则第27号——石油天然气开采

财会〔2006〕3号

省略,详见第一版《会计工作手册》(中国财政经济出版社,2019年5月),请登录会计新时代网站(http://www.acctne.com/)——"会计准则制度→企业会计准则"查询,或登录深圳市会计协会网站(http://www.szkjxh.com)——"法规制度→准则制度→企业会计准则"查询,或登录财政部会计司子网站(http://kjs.mof.gov.cn)——"企业会计准则"查询。

《企业会计准则第27号——石油天然气开采》应用指南

省略,详见第一版《会计工作手册》(中国财政经济出版社,2019年5月),请登录会计新时代网站(http://www.acctne.com/)——"会计准则制度→企业会计准则"查询,或登录深圳市会计协会网站(http://www.szkjxh.com)——"法规制度→准则制度→企业会计准则"查询。

28.企业会计准则第28号——会计政策、会计估计变更和差错更正

财会〔2006〕3号

省略,详见第一版《会计工作手册》(中国财政经济出版社,2019年5月),请登录会计新时代网站(http://www.acctne.com/)——"会计准则制度→企业会计准则"查询,或登录深圳市会计协会网站(http://www.szkjxh.com)——"法规制度→准则制度→企业会计准则"查询,或登录财政部会计司子网站(http://kjs.mof.gov.cn)——"企业会计准则"查询。

《企业会计准则第28号——会计政策、会计估计变更和差错更正》应用指南

省略，详见第一版《会计工作手册》（中国财政经济出版社，2019年5月），请登录会计新时代网站（http://www.acctne.com/）——"会计准则制度→企业会计准则"查询，或登录深圳市会计协会网站（http://www.szkjxh.com）——"法规制度→准则制度→企业会计准则"查询。

29. 企业会计准则第29号——资产负债表日后事项

财会〔2006〕3号

省略，详见第一版《会计工作手册》（中国财政经济出版社，2019年5月），请登录会计新时代网站（http://www.acctne.com/）——"会计准则制度→企业会计准则"查询，或登录深圳市会计协会网站（http://www.szkjxh.com）——"法规制度→准则制度→企业会计准则"查询，或登录财政部会计司子网站（http://kjs.mof.gov.cn）——"企业会计准则"查询。

30. 企业会计准则第30号——财务报表列报（2014年修订）

财会〔2014〕7号

省略，详见第一版《会计工作手册》（中国财政经济出版社，2019年5月），请登录会计新时代网站（http://www.acctne.com/）——"会计准则制度→企业会计准则"查询，或登录深圳市会计协会网站（http://www.szkjxh.com）——"法规制度→准则制度→企业会计准则"查询，或登录财政部会计司子网站（http://kjs.mof.gov.cn）——"企业会计准则"查询。

《企业会计准则第30号——财务报表列报》应用指南（2014）

省略，请登录会计新时代网站（http://www.acctne.com/）——"会计准则制度→企业会计准则"查询，或登录深圳市会计协会网站（http://www.szkjxh.com）——"法规制度→准则制度→企业会计准则"查询。

31. 企业会计准则第31号——现金流量表

财会〔2006〕3号

省略，详见第一版《会计工作手册》（中国财政经济出版社，2019年5月），请登录会计新时代网站（http：//www.acctne.com/）——"会计准则制度→企业会计准则"查询，或登录深圳市会计协会网站（http：//www.szkjxh.com）——"法规制度→准则制度→企业会计准则"查询，或登录财政部会计司子网站（http：//kjs.mof.gov.cn）——"企业会计准则"查询。

《企业会计准则第31号——现金流量表》应用指南

省略，详见第一版《会计工作手册》（中国财政经济出版社，2019年5月），请登录会计新时代网站（http：//www.acctne.com/）——"会计准则制度→企业会计准则"查询，或登录深圳市会计协会网站（http：//www.szkjxh.com）——"法规制度→准则制度→企业会计准则"查询。

32. 企业会计准则第32号——中期财务报告

财会〔2006〕3号

省略，详见第一版《会计工作手册》（中国财政经济出版社，2019年5月），请登录会计新时代网站（http：//www.acctne.com/）——"会计准则制度→企业会计准则"查询，或登录深圳市会计协会网站（http：//www.szkjxh.com）——"法规制度→准则制度→企业会计准则"查询，或登录财政部会计司子网站（http：//kjs.mof.gov.cn）——"企业会计准则"查询。

33. 企业会计准则第33号——合并财务报表（2014年修订）

财会〔2014〕10号

省略，详见第一版《会计工作手册》（中国财政经济出版社，2019年5月），请登录会计新时代网站（http：//www.acctne.com/）——"会计准则制度→企业会计准则"查询，或登录深圳市会计协会网站（http：//www.szkjxh.com）——"法规制度→准则制度→企业会计准则"查询，或登录财政部会计司子网站（http：//kjs.mof.gov.cn）——"企业会计准则"查询。

《企业会计准则第33号——合并财务报表》应用指南（2014）

省略，请登录会计新时代网站（http：//www.acctne.com/）——"会计准则制度→企业会计准则"查询，或登录深圳市会计协会网站（http：//www.szkjxh.com）——"法规制度→准则制度→企业会计准则"查询。

34.企业会计准则第34号——每股收益

财会〔2006〕3号

省略，详见第一版《会计工作手册》（中国财政经济出版社，2019年5月），请登录会计新时代网站（http：//www.acctne.com/）——"会计准则制度→企业会计准则"查询，或登录深圳市会计协会网站（http：//www.szkjxh.com）——"法规制度→准则制度→企业会计准则"查询，或登录财政部会计司子网站（http：//kjs.mof.gov.cn）——"企业会计准则"查询。

《企业会计准则第34号——每股收益》应用指南

省略，详见第一版《会计工作手册》（中国财政经济出版社，2019年5月），请登录会计新时代网站（http：//www.acctne.com/）——"会计准则制度→企业会计准则"查询，或登录深圳市会计协会网站（http：//www.szkjxh.com）——"法规制度→准则制度→企业会计准则"查询。

35.企业会计准则第35号——分部报告

财会〔2006〕3号

省略，详见第一版《会计工作手册》（中国财政经济出版社，2019年5月），请登录会计新时代网站（http：//www.acctne.com/）——"会计准则制度→企业会计准则"查询，或登录深圳市会计协会网站（http：//www.szkjxh.com）——"法规制度→准则制度→企业会计准则"查询，或登录财政部会计司子网站（http：//kjs.mof.gov.cn）——"企业会计准则"查询。

《企业会计准则第35号——分部报告》应用指南

省略，详见第一版《会计工作手册》（中国财政经济出版社，2019年5月），请登录会计新时代网站（http：//www.acctne.com/）——"会计准则制度→企业会计准则"查询，或登录深圳市会计协会网站（http：//www.szkjxh.com）——"法规制度→准则制度→企业会计准则"查询。

36.企业会计准则第36号——关联方披露

财会〔2006〕3号

省略,详见第一版《会计工作手册》(中国财政经济出版社,2019年5月),请登录会计新时代网站(http://www.acctne.com/)——"会计准则制度→企业会计准则"查询,或登录深圳市会计协会网站(http://www.szkjxh.com)——"法规制度→准则制度→企业会计准则"查询,或登录财政部会计司子网站(http://kjs.mof.gov.cn)——"企业会计准则"查询。

37.企业会计准则第37号——金融工具列报(2017年修订)

财会〔2017〕14号

省略,详见第一版《会计工作手册》(中国财政经济出版社,2019年5月),请登录会计新时代网站(http://www.acctne.com/)——"会计准则制度→企业会计准则"查询,或登录深圳市会计协会网站(http://www.szkjxh.com)——"法规制度→准则制度→企业会计准则"查询,或登录财政部会计司子网站(http://kjs.mof.gov.cn)——"企业会计准则"查询。

《企业会计准则第37号——金融工具列报》应用指南(2018)

省略,请登录会计新时代网站(http://www.acctne.com/)——"会计准则制度→企业会计准则"查询,或登录深圳市会计协会网站(http://www.szkjxh.com)——"法规制度→准则制度→企业会计准则"查询。

38.企业会计准则第38号——首次执行企业会计准则

财会〔2006〕3号

省略,详见第一版《会计工作手册》(中国财政经济出版社,2019年5月),请登录会计新时代网站(http://www.acctne.com/)——"会计准则制度→企业会计准则"查询,或登录深圳市会计协会网站(http://www.szkjxh.com)——"法规制度→准则制度→企业会计准则"查询,或登录财政部会计司子网站(http://kjs.mof.gov.cn)——"企业会计准则"查询。

《企业会计准则第38号——首次执行企业会计准则》应用指南

省略，详见第一版《会计工作手册》（中国财政经济出版社，2019年5月），请登录会计新时代网站（http://www.acctne.com/）——"会计准则制度→企业会计准则"查询，或登录深圳市会计协会网站（http://www.szkjxh.com）——"法规制度→准则制度→企业会计准则"查询。

39.企业会计准则第39号——公允价值计量（2014）

财会〔2014〕6号

省略，详见第一版《会计工作手册》（中国财政经济出版社，2019年5月），请登录会计新时代网站（http://www.acctne.com/）——"会计准则制度→企业会计准则"查询，或登录深圳市会计协会网站（http://www.szkjxh.com）——"法规制度→准则制度→企业会计准则"查询，或登录财政部会计司子网站（http://kjs.mof.gov.cn）——"企业会计准则"查询。

《企业会计准则第39号——公允价值计量》应用指南（2014）

省略，请登录会计新时代网站（http://www.acctne.com/）——"会计准则制度→企业会计准则"查询，或登录深圳市会计协会网站（http://www.szkjxh.com）——"法规制度→准则制度→企业会计准则"查询。

40.企业会计准则第40号——合营安排（2014）

财会〔2014〕11号

省略，详见第一版《会计工作手册》（中国财政经济出版社，2019年5月），请登录会计新时代网站（http://www.acctne.com/）——"会计准则制度→企业会计准则"查询，或登录深圳市会计协会网站（http://www.szkjxh.com）——"法规制度→准则制度→企业会计准则"查询，或登录财政部会计司子网站（http://kjs.mof.gov.cn）——"企业会计准则"查询。

《企业会计准则第40号——合营安排》
应用指南（2014）

省略，请登录会计新时代网站（http://www.acctne.com/）——"会计准则制度→企业会计准则"查询，或登录深圳市会计协会网站（http://www.szkjxh.com）——"法规制度→准则制度→企业会计准则"查询。

41. 企业会计准则第41号——在其他主体中权益的披露（2014）

财会〔2014〕16号

省略，详见第一版《会计工作手册》（中国财政经济出版社，2019年5月），请登录会计新时代网站（http://www.acctne.com/）——"会计准则制度→企业会计准则"查询，或登录深圳市会计协会网站（http://www.szkjxh.com）——"法规制度→准则制度→企业会计准则"查询，或登录财政部会计司子网站（http://kjs.mof.gov.cn）——"企业会计准则"查询。

《企业会计准则第41号——在其他主体中权益的披露》
应用指南（2014）

省略，请登录会计新时代网站（http://www.acctne.com/）——"会计准则制度→企业会计准则"查询，或登录深圳市会计协会网站（http://www.szkjxh.com）——"法规制度→准则制度→企业会计准则"查询。

42. 企业会计准则第42号——持有待售的非流动资产、处置组和终止经营（2017）

财会〔2017〕13号

省略，详见第一版《会计工作手册》（中国财政经济出版社，2019年5月），请登录会计新时代网站（http://www.acctne.com/）——"会计准则制度→企业会计准则"查询，或登录深圳市会计协会网站（http://www.szkjxh.com）——"法规制度→准则制度→企业会计准则"查询，或登录财政部会计司子网站（http://kjs.mof.gov.cn）——"企业会计准则"查询。

《企业会计准则第42号——持有待售的非流动资产、处置组和终止经营》应用指南（2018）

　　省略，请登录会计新时代网站（http：//www.acctne.com/）——"会计准则制度→企业会计准则"查询，或登录深圳市会计协会网站（http：//www.szkjxh.com）——"法规制度→准则制度→企业会计准则"查询。

三、会计科目和主要账务处理

省略，详见第一版《会计工作手册》（中国财政经济出版社，2019年5月），请登录会计新时代网站（http：//www.acctne.com/）——"会计准则制度→企业会计准则"查询，或登录深圳市会计协会网站（http：//www.szkjxh.com）——"法规制度→准则制度→企业会计准则"查询。

四、企业会计准则——解释公告

1. 企业会计准则解释第1号

财会〔2007〕14号

省略，详见第一版《会计工作手册》（中国财政经济出版社，2019年5月），请登录会计新时代网站（http://www.acctne.com/）——"会计准则制度→企业会计准则"查询，或登录深圳市会计协会网站（http://www.szkjxh.com）——"法规制度→准则制度→企业会计准则"查询，或登录财政部会计司子网站（http://kjs.mof.gov.cn/）——"企业会计准则→企业会计准则解释"查询。

2. 企业会计准则解释第2号

财会〔2008〕11号

省略，详见第一版《会计工作手册》（中国财政经济出版社，2019年5月），请登录会计新时代网站（http://www.acctne.com/）——"会计准则制度→企业会计准则"查询，或登录深圳市会计协会网站（http://www.szkjxh.com）——"法规制度→准则制度→企业会计准则"查询，或登录财政部会计司子网站（http://kjs.mof.gov.cn/）——"企业会计准则→企业会计准则解释"查询。

3. 企业会计准则解释第3号

财会〔2009〕8号

省略，详见第一版《会计工作手册》（中国财政经济出版社，2019年5月），请登录会计新时代网站（http://www.acctne.com/）——"会计准则制度→企业会计准则"查询，或登录深圳市会计协会网站（http://www.szkjxh.com）——"法规制度→准则制度→企业会计准则"查询，或登录财政部会计司子网站（http://kjs.mof.gov.cn/）——"企业会计准则→企业会计准则解释"查询。

4. 企业会计准则解释第4号

财会〔2010〕15号

省略，详见第一版《会计工作手册》（中国财政经济出版社，2019年5月），请登录会计新时代网站（http://www.acctne.com/）——"会计准则制度→企业会计准则"查询，或登录深圳市会计协会网站（http://www.szkjxh.com）——"法规制度→准则制度→企业会计准则"查询，或登录财政部会计司子网站（http://kjs.mof.gov.cn/）——"企业会计准则→企业会计准则解释"查询。

5. 企业会计准则解释第5号

财会〔2012〕19号

省略，详见第一版《会计工作手册》（中国财政经济出版社，2019年5月），请登录会计新时代网站（http：//www.acctne.com/）——"会计准则制度→企业会计准则"查询，或登录深圳市会计协会网站（http：//www.szkjxh.com）——"法规制度→准则制度→企业会计准则"查询，或登录财政部会计司子网站（http：//kjs.mof.gov.cn/）——"企业会计准则→企业会计准则解释"查询。

6. 企业会计准则解释第6号

财会〔2014〕1号

省略，详见第一版《会计工作手册》（中国财政经济出版社，2019年5月），请登录会计新时代网站（http：//www.acctne.com/）——"会计准则制度→企业会计准则"查询，或登录深圳市会计协会网站（http：//www.szkjxh.com）——"法规制度→准则制度→企业会计准则"查询，或登录财政部会计司子网站（http：//kjs.mof.gov.cn/）——"企业会计准则→企业会计准则解释"查询。

7. 企业会计准则解释第7号

财会〔2015〕19号

省略，详见第一版《会计工作手册》（中国财政经济出版社，2019年5月），请登录会计新时代网站（http：//www.acctne.com/）——"会计准则制度→企业会计准则"查询，或登录深圳市会计协会网站（http：//www.szkjxh.com）——"法规制度→准则制度→企业会计准则"查询，或登录财政部会计司子网站（http：//kjs.mof.gov.cn/）——"企业会计准则→企业会计准则解释"查询。

8. 企业会计准则解释第8号

财会〔2015〕23号

省略，详见第一版《会计工作手册》（中国财政经济出版社，2019年5月），请登录会计新时代网站（http：//www.acctne.com/）——"会计准则制度→企业会计准则"查询，或登录深圳市会计协会网站（http：//www.szkjxh.com）——"法规制度→准则制度→企业会计准则"查询，或登录财政部会计司子网站（http：//kjs.mof.gov.cn/）——"企业会计准则→企业会计准则解释"查询。

9. 企业会计准则解释第9号——关于权益法下有关投资净损失的会计处理

财会〔2017〕16号

省略，详见第一版《会计工作手册》（中国财政经济出版社，2019年5月），请登录会计新时代网站（http://www.acctne.com/）——"会计准则制度→企业会计准则"查询，或登录深圳市会计协会网站（http://www.szkjxh.com）——"法规制度→准则制度→企业会计准则"查询，或登录财政部会计司子网站（http://kjs.mof.gov.cn/）——"企业会计准则→企业会计准则解释"查询。

10. 企业会计准则解释第10号——关于以使用固定资产产生的收入为基础的折旧方法

财会〔2017〕17号

省略，详见第一版《会计工作手册》（中国财政经济出版社，2019年5月），请登录会计新时代网站（http://www.acctne.com/）——"会计准则制度→企业会计准则"查询，或登录深圳市会计协会网站（http://www.szkjxh.com）——"法规制度→准则制度→企业会计准则"查询，或登录财政部会计司子网站（http://kjs.mof.gov.cn/）——"企业会计准则→企业会计准则解释"查询。

11. 企业会计准则解释第11号——关于以使用无形资产产生的收入为基础的摊销方法

财会〔2017〕18号

省略，详见第一版《会计工作手册》（中国财政经济出版社，2019年5月），请登录会计新时代网站（http://www.acctne.com/）——"会计准则制度→企业会计准则"查询，或登录深圳市会计协会网站（http://www.szkjxh.com）——"法规制度→准则制度→企业会计准则"查询，或登录财政部会计司子网站（http://kjs.mof.gov.cn/）——"企业会计准则→企业会计准则解释"查询。

12.企业会计准则解释第12号——关于关键管理人员服务的提供方与接受方是否为关联方

财会〔2017〕19号

省略，详见第一版《会计工作手册》（中国财政经济出版社，2019年5月），请登录会计新时代网站（http：//www.acctne.com/）——"会计准则制度→企业会计准则"查询，或登录深圳市会计协会网站（http：//www.szkjxh.com）——"法规制度→准则制度→企业会计准则"查询，或登录财政部会计司子网站（http：//kjs.mof.gov.cn/）——"企业会计准则→企业会计准则解释"查询。

13. 企业会计准则解释第13号

财会〔2019〕21号

一、关于企业与其所属企业集团其他成员企业等相关的关联方判断

该问题主要涉及《企业会计准则第36号——关联方披露》（财会〔2006〕3号，以下简称第36号准则）等准则。

除第36号准则第四条规定外，下列各方构成关联方，应当按照第36号准则进行相关披露：

（一）企业与其所属企业集团的其他成员单位（包括母公司和子公司）的合营企业或联营企业；

（二）企业的合营企业与企业的其他合营企业或联营企业。

除第36号准则第五条和第六条规定外，两方或两方以上同受一方重大影响的，不构成关联方。

第36号准则中所指的联营企业包括联营企业及其子公司，合营企业包括合营企业及其子公司。

二、关于企业合并中取得的经营活动或资产的组合是否构成业务的判断

该问题主要涉及《企业会计准则第20号——企业合并》（财会〔2006〕3号，以下简称第20号准则）、《〈企业会计准则第20号——企业合并〉应用指南》（财会〔2006〕18号，以下简称第20号指南）等规定。

（一）构成业务的要素

根据第20号准则的规定，涉及构成业务的合并应当比照第20号准则规定处理。根据第20号指南的规定，业务是指企业内部某些生产经营活动或资产的组合，该组合一般具有投入、加工处理过程和产出能力，能够独立计算其成本费用或所产生的收入。合并方在合并中取得的生产经营活动或资产的组合（以下简称组合）构成业务，通常应具有下列三个要素：

1. 投入，指原材料、人工、必要的生产技术等无形资产以及构成产出能力的机器设备等其他长期资产的投入。

2. 加工处理过程，指具有一定的管理能力、运营过程，能够组织投入形成产出能力的系统、标准、协议、惯例或规则。

3. 产出，包括为客户提供的产品或服务、为投资者或债权人提供的股利或利息等投资收益，以及企业日常活动产生的其他收益。

（二）构成业务的判断条件

合并方在合并中取得的组合应当至少同时具有一项投入和一项实质性加工处理过程，且二者相结合对产出能力有显著贡献，该组合才构成业务。合并方在合并中取得的组合是否有实际产出并不是判断其构成业务的必要条件。

企业应当考虑产出的下列情况分别判断加工处理过程是否是实质性的：

1. 该组合在合并日无产出的，同时满足下列条件的加工处理过程应判断为是实质性的：（1）该加工处理过程对投入转化为产出至关重要；（2）具备执行该过程所需技能、知识或经验的有组织的员工，且具备必要的材料、权利、其他经济资源等投入，例如技术、研究和开发项目、房地产或矿区权益等。

2. 该组合在合并日有产出的，满足下列条件之一的加工处理过程应判断为是实质性的：（1）该

加工处理过程对持续产出至关重要，且具备执行该过程所需技能、知识或经验的有组织的员工；（2）该加工处理过程对产出能力有显著贡献，且该过程是独有、稀缺或难以取代的。

企业在判断组合是否构成业务时，应当从市场参与者角度考虑可以将其作为业务进行管理和经营，而不是根据合并方的管理意图或被合并方的经营历史来判断。

（三）判断非同一控制下企业合并中取得的组合是否构成业务，也可选择采用集中度测试

集中度测试是非同一控制下企业合并的购买方在判断取得的组合是否构成一项业务时，可以选择采用的一种简化判断方式。进行集中度测试时，如果购买方取得的总资产的公允价值几乎相当于其中某一单独可辨认资产或一组类似可辨认资产的公允价值的，则该组合通过集中度测试，应判断为不构成业务，且购买方无须按照上述（二）的规定进行判断；如果该组合未通过集中度测试，购买方仍应按照上述（二）的规定进行判断。

购买方应当按照下列规定进行集中度测试：

1. 计算确定取得的总资产的公允价值。取得的总资产不包括现金及现金等价物、递延所得税资产以及由递延所得税负债影响形成的商誉。购买方通常可以通过下列公式之一计算确定取得的总资产的公允价值：

（1）总资产的公允价值＝合并中取得的非现金资产的公允价值＋（购买方支付的对价＋购买日被购买方少数股东权益的公允价值＋购买日前持有被购买方权益的公允价值－合并中所取得的被购买方可辨认净资产公允价值）－递延所得税资产－由递延所得税负债影响形成的商誉（2）总资产的公允价值＝购买方支付的对价＋购买日被购买方少数股东权益的公允价值＋购买日前持有被购买方权益的公允价值＋取得负债的公允价值（不包括递延所得税负债）－取得的现金及现金等价物－递延所得税资产－由递延所得税负债影响形成的商誉

2. 关于单独可辨认资产。单独可辨认资产是企业合并中作为一项单独可辨认资产予以确认和计量的一项资产或资产组。如果资产（包括租赁资产）及其附着物分拆成本重大，应当将其一并作为一项单独可辨认资产，例如土地和建筑物。

3. 关于一组类似资产。企业在评估一组类似资产时，应当考虑其中每项单独可辨认资产的性质及其与管理产出相关的风险等。下列情形通常不能作为一组类似资产：（1）有形资产和无形资产；（2）不同类别的有形资产，例如存货和机器设备；（3）不同类别的可辨认无形资产，例如商标权和特许权；（4）金融资产和非金融资产；（5）不同类别的金融资产，例如应收款项和权益工具投资；（6）同一类别但风险特征存在重大差别的可辨认资产等。

三、生效日期和新旧衔接

本解释自2020年1月1日起施行，不要求追溯调整。

14.企业会计准则解释第14号

财会〔2021〕1号

一、关于社会资本方对政府和社会资本合作（PPP）项目合同的会计处理

该问题主要涉及《企业会计准则第6号——无形资产》《企业会计准则第13号——或有事项》《企业会计准则第14号——收入》《企业会计准则第17号——借款费用》《企业会计准则第22号——金融工具确认和计量》等准则。

本解释所称PPP项目合同，是指社会资本方与政府方依法依规就PPP项目合作所订立的合同，该合同应当同时符合下列特征（以下简称"双特征"）：（1）社会资本方在合同约定的运营期间内代表政府方使用PPP项目资产提供公共产品和服务；（2）社会资本方在合同约定的期间内就其提供的公共产品和服务获得补偿。

本解释所称社会资本方，是指与政府方签署PPP项目合同的社会资本或项目公司；政府方，是指政府授权或指定的PPP项目实施机构；PPP项目资产，是指PPP项目合同中确定的用来提供公共产品和服务的资产。

本解释规范的PPP项目合同应当同时符合下列条件（以下简称"双控制"）：（1）政府方控制或管制社会资本方使用PPP项目资产必须提供的公共产品和服务的类型、对象和价格；（2）PPP项目合同终止时，政府方通过所有权、收益权或其他形式控制PPP项目资产的重大剩余权益。

对于运营期占项目资产全部使用寿命的PPP项目合同，即使项目合同结束时项目资产不存在重大剩余权益，如果该项目合同符合前述"双控制"条件中的第（1）项，则仍然适用本解释。除上述情况外，不同时符合本解释"双特征"和"双控制"的PPP项目合同，社会资本方应当根据其业务性质按照相关企业会计准则进行会计处理。

（一）相关会计处理

1. 社会资本方提供建造服务（含建设和改扩建，下同）或发包给其他方等，应当按照《企业会计准则第14号——收入》确定其身份是主要责任人还是代理人，并进行会计处理，确认合同资产。

2. 社会资本方根据PPP项目合同约定，提供多项服务（如既提供PPP项目资产建造服务又提供建成后的运营服务、维护服务）的，应当按照《企业会计准则第14号——收入》的规定，识别合同中的单项履约义务，将交易价格按照各项履约义务的单独售价的相对比例分摊至各项履约义务。

3. 在PPP项目资产的建造过程中发生的借款费用，社会资本方应当按照《企业会计准则第17号——借款费用》的规定进行会计处理。对于本部分第4项和第5项中确认为无形资产的部分，社会资本方在相关借款费用满足资本化条件时，应当将其予以资本化，并在PPP项目资产达到预定可使用状态时，结转至无形资产。除上述情形以外的其他借款费用，社会资本方均应予以费用化。

4. 社会资本方根据PPP项目合同约定，在项目运营期间，有权向获取公共产品和服务的对象收取费用，但收费金额不确定的，该权利不构成一项无条件收取现金的权利，应当在PPP项目资产达到预定可使用状态时，将相关PPP项目资产的对价金额或确认的建造收入金额确认为无形资产，并按照《企业会计准则第6号——无形资产》的规定进行会计处理。

5. 社会资本方根据PPP项目合同约定，在项目运营期间，满足有权收取可确定金额的现金

（或其他金融资产）条件的，应当在社会资本方拥有收取该对价的权利（该权利仅取决于时间流逝的因素）时确认为应收款项，并按照《企业会计准则第22号——金融工具确认和计量》的规定进行会计处理。社会资本方应当在PPP项目资产达到预定可使用状态时，将相关PPP项目资产的对价金额或确认的建造收入金额，超过有权收取可确定金额的现金（或其他金融资产）的差额，确认为无形资产。

6. 社会资本方不得将本解释规定的PPP项目资产确认为其固定资产。

7. 社会资本方根据PPP项目合同，自政府方取得其他资产，该资产构成政府方应付合同对价的一部分的，社会资本方应当按照《企业会计准则第14号——收入》的规定进行会计处理，不作为政府补助。

8. PPP项目资产达到预定可使用状态后，社会资本方应当按照《企业会计准则第14号——收入》确认与运营服务相关的收入。

9. 为使PPP项目资产保持一定的服务能力或在移交给政府方之前保持一定的使用状态，社会资本方根据PPP项目合同而提供的服务不构成单项履约义务的，应当将预计发生的支出，按照《企业会计准则第13号——或有事项》的规定进行会计处理。

（二）附注披露

社会资本方应当按照重要性原则，在附注中披露各项PPP项目合同的下列信息，或者将一组具有类似性质的PPP项目合同合并披露下列信息：

1. PPP项目合同的相关信息，包括PPP项目合同的概括性介绍；PPP项目合同中可能影响未来现金流量金额、时间和风险的相关重要条款；社会资本方对PPP项目资产享有的相关权利（包括使用、收益、续约或终止选择权等）和承担的相关义务（包括投融资、购买或建造、运营、移交等）；本期PPP项目合同的变更情况；PPP项目合同的分类方式等。

2. 社会资本方除应当按照相关企业会计准则对PPP项目合同进行披露外，还应当披露相关收入、资产等确认和计量方法；相关合同资产、应收款项、无形资产的金额等会计信息。

（三）新旧衔接

2020年12月31日前开始实施且至本解释施行日尚未完成的有关PPP项目合同，未按照以上规定进行会计处理的，应当进行追溯调整；追溯调整不切实可行的，应当从可追溯调整的最早期间期初开始应用本解释。社会资本方应当将执行本解释的累计影响数，调整本解释施行日当年年初留存收益及财务报表其他相关项目金额，对可比期间信息不予调整。

符合本解释"双特征"和"双控制"但未纳入全国PPP综合信息平台项目库的特许经营项目协议，应当按照本解释进行会计处理和追溯调整。

二、关于基准利率改革导致相关合同现金流量的确定基础发生变更的会计处理

该问题主要涉及《企业会计准则第21号——租赁》《企业会计准则第22号——金融工具确认和计量》《企业会计准则第37号——金融工具列报》等准则。

基准利率改革是金融市场对基准利率形成机制的改革，包括以基于实际交易的近似无风险基准利率替代银行间报价利率、改进银行间报价利率的报价机制等，例如针对伦敦银行间同业拆借利率（LIBOR）的改革。

（一）相关会计处理

1. 基准利率改革导致金融资产或金融负债合同现金流量的确定基础发生变更的会计处理。

基准利率改革可能导致金融资产或金融负债合同现金流量的确定基础发生变更，包括修改合同条款以将参考基准利率替换为替代基准利率、改变参考基准利率的计算方法、因基准利率改革触发现行合同中有关更换参考基准利率的条款等情形。

(1) 对仅因基准利率改革导致变更的会计处理。

当仅因基准利率改革直接导致采用实际利率法确定利息收入或费用的金融资产或金融负债合同现金流量的确定基础发生变更，且变更前后的确定基础在经济上相当时，企业无需评估该变更是否导致终止确认该金融资产或金融负债，也不调整该金融资产或金融负债的账面余额，而应当参照浮动利率变动的处理方法，按照仅因基准利率改革导致变更后的未来现金流量重新计算实际利率，并以此为基础进行后续计量。

企业通常应当根据变更前后金融资产或金融负债的合同现金流量整体是否基本相似判断其确定基础是否在经济上相当。企业可能通过以下方式使变更前后的确定基础在经济上相当（下同）：在替换参考基准利率或变更参考基准利率计算方法时增加必要的固定利差，以补偿变更前后确定基础之间的基差；为适应基准利率改革变更重设期间、重设日期或票息支付日之间的天数；增加包含前两项内容的补充条款等。

(2) 同时发生其他变更的会计处理。

除仅因基准利率改革导致的上述变更外，采用实际利率法确定利息收入或费用的金融资产或金融负债同时发生其他变更的，企业应当先根据上述规定对基准利率改革导致的变更进行会计处理，即按照仅因基准利率改革导致变更后的未来现金流量重新计算实际利率，再根据《企业会计准则第22号——金融工具确认和计量》的规定评估其他变更是否导致终止确认该金融资产或金融负债。导致终止确认的，企业应当按照《企业会计准则第22号——金融工具确认和计量》有关终止确认的规定进行会计处理；未导致终止确认的，企业应当根据考虑所有变更后的未来现金流量按照上述规定重新计算的实际利率折现的现值重新确定金融资产或金融负债的账面余额，并将相关利得或损失计入当期损益。

2. 基准利率改革导致的租赁变更的会计处理。

基准利率改革可能导致租赁变更，包括修改租赁合同以将租赁付款额的参考基准利率替换为替代基准利率，从而导致租赁合同现金流量的确定基础发生变更等情形。

(1) 对仅因基准利率改革导致租赁变更的会计处理。

当仅因基准利率改革直接导致租赁变更，以致未来租赁付款额的确定基础发生变更且变更前后的确定基础在经济上相当时，承租人应当按照仅因基准利率改革导致变更后的租赁付款额的现值重新计量租赁负债，并相应调整使用权资产的账面价值。在重新计量租赁负债时，承租人应当根据租赁付款额的确定基础因基准利率改革发生的变更，参照浮动利率变动的处理方法对原折现率进行相应调整。

(2) 同时发生其他变更的会计处理。

除仅因基准利率改革导致的上述变更外，同时发生其他租赁变更的，承租人应当将所有租赁变更适用《企业会计准则第21号——租赁》有关租赁变更的规定。

（二）附注披露

企业除按照《企业会计准则第37号——金融工具列报》进行披露外，还应当披露因基准利率改革所面临风险的性质和程度，以及企业管理这些风险的方式。具体包括以下相关信息：

1. 参考基准利率替换的进展情况，以及企业对该替换的管理情况；

2. 按照重要基准利率并区分非衍生金融资产、非衍生金融负债和衍生工具，分别披露截至报告期末尚未完成参考基准利率替换的金融工具的定量信息；

3. 企业因基准利率改革而面临风险导致其风险管理策略发生变化的，披露风险管理策略的变化情况。

对于基准利率改革导致的租赁变更，企业应当按照《企业会计准则第21号——租赁》的有关规定进行披露。

（三）新旧衔接

2020年12月31日前发生的基准利率改革相关业务，未按照上述规定处理的，应当进行追溯调整，追溯调整不切实可行的除外。企业无需调整前期比较财务报表数据。在本解释施行日，金融资产、金融负债等原账面价值与新账面价值之间的差额，应当计入本解释施行日所在年度报告期间的期初留存收益或其他综合收益。

三、生效日期

本解释自公布之日起施行。2021年1月1日至本解释施行日新增的本解释规定的业务，企业应当根据本解释进行调整。

《企业会计准则解释第2号》（财会〔2008〕11号）中关于"五、企业采用建设经营移交方式（BOT）参与公共基础设施建设业务应当如何处理"的内容同时废止。

15. 企业会计准则解释第15号

财会〔2021〕35号

一、关于企业将固定资产达到预定可使用状态前或者研发过程中产出的产品或副产品对外销售的会计处理

该问题主要涉及《企业会计准则第1号——存货》《企业会计准则第4号——固定资产》《企业会计准则第6号——无形资产》《企业会计准则第14号——收入》《企业会计准则第30号——财务报表列报》等准则。

（一）相关会计处理

企业将固定资产达到预定可使用状态前或者研发过程中产出的产品或副产品对外销售（以下统称试运行销售）的，应当按照《企业会计准则第14号——收入》《企业会计准则第1号——存货》等规定，对试运行销售相关的收入和成本分别进行会计处理，计入当期损益，不应将试运行销售相关收入抵销相关成本后的净额冲减固定资产成本或者研发支出。试运行产出的有关产品或副产品在对外销售前，符合《企业会计准则第1号——存货》规定的应当确认为存货，符合其他相关企业会计准则中有关资产确认条件的应当确认为相关资产。本解释所称"固定资产达到预定可使用状态前产出的产品或副产品"，包括测试固定资产可否正常运转时产出的样品等情形。

测试固定资产可否正常运转而发生的支出属于固定资产达到预定可使用状态前的必要支出，应当按照《企业会计准则第4号——固定资产》的有关规定，计入该固定资产成本。本解释所称"测试固定资产可否正常运转"，指评估该固定资产的技术和物理性能是否达到生产产品、提供服务、对外出租或用于管理等标准的活动，不包括评估固定资产的财务业绩。

（二）列示和披露

企业应当按照《企业会计准则第1号——存货》《企业会计准则第14号——收入》《企业会计准则第30号——财务报表列报》等规定，判断试运行销售是否属于企业的日常活动，并在财务报表中分别日常活动和非日常活动列示试运行销售的相关收入和成本，属于日常活动的，在"营业收入"和"营业成本"项目列示，属于非日常活动的，在"资产处置收益"等项目列示。同时，企业应当在附注中单独披露试运行销售的相关收入和成本金额、具体列报项目以及确定试运行销售相关成本时采用的重要会计估计等相关信息。

（三）新旧衔接

对于在首次施行本解释的财务报表列报最早期间的期初至本解释施行日之间发生的试运行销售，企业应当按照本解释的规定进行追溯调整；追溯调整不切实可行的，企业应当从可追溯调整的最早期间期初开始应用本解释的规定，并在附注中披露无法追溯调整的具体原因。

二、关于资金集中管理相关列报

该问题主要涉及《企业会计准则第30号——财务报表列报》《企业会计准则第37号——金融工具列报》等准则。

（一）列示和披露

企业根据相关法规制度，通过内部结算中心、财务公司等对母公司及成员单位资金实行集中统一管理的，对于成员单位归集至集团母公司账户的资金，成员单位应当在资产负债表"其他应收款"项目中列示，或者根据重要性原则并结合本企业的实际情况，在"其他应收款"项目之上

增设"应收资金集中管理款"项目单独列示；母公司应当在资产负债表"其他应付款"项目中列示。对于成员单位从集团母公司账户拆借的资金，成员单位应当在资产负债表"其他应付款"项目中列示；母公司应当在资产负债表"其他应收款"项目中列示。

对于成员单位未归集至集团母公司账户而直接存入财务公司的资金，成员单位应当在资产负债表"货币资金"项目中列示，根据重要性原则并结合本企业的实际情况，成员单位还可以在"货币资金"项目之下增设"其中：存放财务公司款项"项目单独列示；财务公司应当在资产负债表"吸收存款"项目中列示。对于成员单位未从集团母公司账户而直接从财务公司拆借的资金，成员单位应当在资产负债表"短期借款"项目中列示；财务公司应当在资产负债表"发放贷款和垫款"项目中列示。

资金集中管理涉及非流动项目的，企业还应当按照《企业会计准则第30号——财务报表列报》关于流动性列示的要求，分别在流动资产和非流动资产、流动负债和非流动负债列示。

在集团母公司、成员单位和财务公司的资产负债表中，除符合《企业会计准则第37号——金融工具列报》中有关金融资产和金融负债抵销的规定外，资金集中管理相关金融资产和金融负债项目不得相互抵销。

企业应当在附注中披露企业实行资金集中管理的事实，作为"货币资金"列示但因资金集中管理支取受限的资金的金额和情况，作为"货币资金"列示、存入财务公司的资金金额和情况，以及与资金集中管理相关的"其他应收款""应收资金集中管理款""其他应付款"等列报项目、金额及减值有关信息。

本解释所称的财务公司，是指依法接受银保监会的监督管理，以加强企业集团资金集中管理和提高企业集团资金使用效率为目的，为企业集团成员单位提供财务管理服务的非银行金融机构。

（二）新旧衔接

本解释发布前企业的财务报表未按照上述规定列报的，应当按照本解释对可比期间的财务报表数据进行相应调整。

三、关于亏损合同的判断

该问题主要涉及《企业会计准则第13号——或有事项》等准则。

（一）履行合同成本的组成

《企业会计准则第13号——或有事项》第八条第三款规定，亏损合同，是指履行合同义务不可避免会发生的成本超过预期经济利益的合同。其中，"履行合同义务不可避免会发生的成本"应当反映退出该合同的最低净成本，即履行该合同的成本与未能履行该合同而发生的补偿或处罚两者之间的较低者。

企业履行该合同的成本包括履行合同的增量成本和与履行合同直接相关的其他成本的分摊金额。其中，履行合同的增量成本包括直接人工、直接材料等；与履行合同直接相关的其他成本的分摊金额包括用于履行合同的固定资产的折旧费用分摊金额等。

（二）新旧衔接

企业应当对在首次施行本解释时尚未履行完所有义务的合同执行本解释，累积影响数应当调整首次执行本解释当年年初留存收益及其他相关的财务报表项目，不应调整前期比较财务报表数据。

四、生效日期

本解释"关于企业将固定资产达到预定可使用状态前或者研发过程中产出的产品或副产品对外销售的会计处理""关于亏损合同的判断"内容自2022年1月1日起施行；"关于资金集中管理相关列报"内容自公布之日起施行。

16. 企业会计准则解释第16号

财会〔2022〕31号

一、关于单项交易产生的资产和负债相关的递延所得税不适用初始确认豁免的会计处理

该问题主要涉及《企业会计准则第18号——所得税》等准则。

(一)相关会计处理

对于不是企业合并、交易发生时既不影响会计利润也不影响应纳税所得额(或可抵扣亏损)、且初始确认的资产和负债导致产生等额应纳税暂时性差异和可抵扣暂时性差异的单项交易(包括承租人在租赁期开始日初始确认租赁负债并计入使用权资产的租赁交易,以及因固定资产等存在弃置义务而确认预计负债并计入相关资产成本的交易等,以下简称适用本解释的单项交易),不适用《企业会计准则第18号——所得税》第十一条(二)、第十三条关于豁免初始确认递延所得税负债和递延所得税资产的规定。企业对该交易因资产和负债的初始确认所产生的应纳税暂时性差异和可抵扣暂时性差异,应当根据《企业会计准则第18号——所得税》等有关规定,在交易发生时分别确认相应的递延所得税负债和递延所得税资产。

(二)新旧衔接

对于在首次施行本解释的财务报表列报最早期间的期初至本解释施行日之间发生的适用本解释的单项交易,企业应当按照本解释的规定进行调整。对于在首次施行本解释的财务报表列报最早期间的期初因适用本解释的单项交易而确认的租赁负债和使用权资产,以及确认的弃置义务相关预计负债和对应的相关资产,产生应纳税暂时性差异和可抵扣暂时性差异的,企业应当按照本解释和《企业会计准则第18号——所得税》的规定,将累积影响数调整财务报表列报最早期间的期初留存收益及其他相关财务报表项目。企业进行上述调整的,应当在财务报表附注中披露相关情况。

本解释内容允许企业自发布年度提前执行,若提前执行还应在财务报表附注中披露相关情况。

二、关于发行方分类为权益工具的金融工具相关股利的所得税影响的会计处理

该问题主要涉及《企业会计准则第18号——所得税》等准则。

(一)相关会计处理

对于企业(指发行方,下同)按照《企业会计准则第37号——金融工具列报》等规定分类为权益工具的金融工具(如分类为权益工具的永续债等),相关股利支出按照税收政策相关规定在企业所得税税前扣除的,企业应当在确认应付股利时,确认与股利相关的所得税影响。该股利的所得税影响通常与过去产生可供分配利润的交易或事项更为直接相关,企业应当按照与过去产生可供分配利润的交易或事项时所采用的会计处理相一致的方式,将股利的所得税影响计入当期损益或所有者权益项目(含其他综合收益项目)。对于所分配的利润来源于以前产生损益的交易或事项,该股利的所得税影响应当计入当期损益;对于所分配的利润来源于以前确认在所有者权益中的交易或事项,该股利的所得税影响应当计入所有者权益项目。

(二)新旧衔接

本解释规定的分类为权益工具的金融工具确认应付股利发生在2022年1月1日至本解释施行日之间的,涉及所得税影响且未按照以上规定进行处理的,企业应当按照本解释的规定进行调整。本解释规定的分类为权益工具的金融工具确认应付股利发生在2022年1月1日之前且相关金融工具在2022年1月1日尚未终止确认的,涉及所得税影响且未按照以上规定进行处理的,企业应当进行追溯调整。企业进行上述调整的,应当在财务报表附注中披露相关情况。

三、关于企业将以现金结算的股份支付修改为以权益结算的股份支付的会计处理

该问题主要涉及《企业会计准则第11号——股份支付》等准则。

(一)相关会计处理

企业修改以现金结算的股份支付协议中的条款和条件,使其成为以权益结算的股份支付的,在修改日,企业应当按照所授予权益工具当日的公允价值计量以权益结算的股份支付,将已取得的服务计入资本公积,同时终止确认以现金结算的股份支付在修改日已确认的负债,两者之间的差额计入当期损益。上述规定同样适用于修改发生在等待期结束后的情形。

如果由于修改延长或缩短了等待期,企业应当按照修改后的等待期进行上述会计处理(无需考虑不利修改的有关会计处理规定)。

如果企业取消一项以现金结算的股份支付,授予一项以权益结算的股份支付,并在授予权益工具日认定其是用来替代已取消的以现金结算的股份支付(因未满足可行权条件而被取消的除外)的,适用本解释的上述规定。

(二)新旧衔接

对于2022年1月1日至本解释施行日新增的本解释规定的上述交易,企业应当按照本解释的规定进行调整。对于2022年1月1日之前发生的本解释规定的上述交易,未按照以上规定进行处理的,企业应当进行调整,将累积影响数调整2022年1月1日留存收益及其他相关财务报表项目,对可比期间信息不予调整。企业应当在附注中披露该会计政策变更的性质、内容和原因,以及当期财务报表中受影响的项目名称和调整金额。

四、生效日期

本解释"关于单项交易产生的资产和负债相关的递延所得税不适用初始确认豁免的会计处理"内容自2023年1月1日起施行;"关于发行方分类为权益工具的金融工具相关股利的所得税影响的会计处理""关于企业将以现金结算的股份支付修改为以权益结算的股份支付的会计处理"内容自公布之日起施行。

第四部分

企业内部控制制度

一、企业内部控制基本规范

财会〔2008〕7号

第一章 总　则

第一条　为了加强和规范企业内部控制，提高企业经营管理水平和风险防范能力，促进企业可持续发展，维护社会主义市场经济秩序和社会公众利益，根据《中华人民共和国公司法》《中华人民共和国证券法》《中华人民共和国会计法》和其他有关法律法规，制定本规范。

第二条　本规范适用于中华人民共和国境内设立的大中型企业。

小企业和其他单位可以参照本规范建立与实施内部控制。

大中型企业和小企业的划分标准根据国家有关规定执行。

第三条　本规范所称内部控制，是由企业董事会、监事会、经理层和全体员工实施的、旨在实现控制目标的过程。内部控制的目标是合理保证企业经营管理合法合规、资产安全、财务报告及相关信息真实完整，提高经营效率和效果，促进企业实现发展战略。

第四条　企业建立与实施内部控制，应当遵循下列原则：

（一）全面性原则。内部控制应当贯穿决策、执行和监督全过程，覆盖企业及其所属单位的各种业务和事项。

（二）重要性原则。内部控制应当在全面控制的基础上，关注重要业务事项和高风险领域。

（三）制衡性原则。内部控制应当在治理结构、机构设置及权责分配、业务流程等方面形成相互制约、相互监督，同时兼顾运营效率。

（四）适应性原则。内部控制应当与企业经营规模、业务范围、竞争状况和风险水平等相适应，并随着情况的变化及时加以调整。

（五）成本效益原则。内部控制应当权衡实施成本与预期效益，以适当的成本实现有效控制。

第五条　企业建立与实施有效的内部控制，应当包括下列要素：

（一）内部环境。内部环境是企业实施内部控制的基础，一般包括治理结构、机构设置及权责分配、内部审计、人力资源政策、企业文化等。

（二）风险评估。风险评估是企业及时识别、系统分析经营活动中与实现内部控制目标相关的风险，合理确定风险应对策略。

（三）控制活动。控制活动是企业根据风险评估结果，采用相应的控制措施，将风险控制在可承受度之内。

（四）信息与沟通。信息与沟通是企业及时、准确地收集、传递与内部控制相关的信息，确保信息在企业内部、企业与外部之间进行有效沟通。

（五）内部监督。内部监督是企业对内部控制建立与实施情况进行监督检查，评价内部控制的有效性，发现内部控制缺陷，应当及时加以改进。

第六条　企业应当根据有关法律法规、本规范及其配套办法，制定本企业的内部控制制度并组织实施。

第七条　企业应当运用信息技术加强内部控制，建立与经营管理相适应的信息系统，促进内部控制流程与信息系统的有机结合，实现对业务和事项的自动控制，减少或消除人为操纵因素。

第八条 企业应当建立内部控制实施的激励约束机制,将各责任单位和全体员工实施内部控制的情况纳入绩效考评体系,促进内部控制的有效实施。

第九条 国务院有关部门可以根据法律法规、本规范及其配套办法,明确贯彻实施本规范的具体要求,对企业建立与实施内部控制的情况进行监督检查。

第十条 接受企业委托从事内部控制审计的会计师事务所,应当根据本规范及其配套办法和相关执业准则,对企业内部控制的有效性进行审计,出具审计报告。会计师事务所及其签字的从业人员应当对发表的内部控制审计意见负责。

为企业内部控制提供咨询的会计师事务所,不得同时为同一企业提供内部控制审计服务。

第二章 内部环境

第十一条 企业应当根据国家有关法律法规和企业章程,建立规范的公司治理结构和议事规则,明确决策、执行、监督等方面的职责权限,形成科学有效的职责分工和制衡机制。

股东(大)会享有法律法规和企业章程规定的合法权利,依法行使企业经营方针、筹资、投资、利润分配等重大事项的表决权。

董事会对股东(大)会负责,依法行使企业的经营决策权。

监事会对股东(大)会负责,监督企业董事、经理和其他高级管理人员依法履行职责。

经理层负责组织实施股东(大)会、董事会决议事项,主持企业的生产经营管理工作。

第十二条 董事会负责内部控制的建立健全和有效实施。监事会对董事会建立与实施内部控制进行监督。经理层负责组织领导企业内部控制的日常运行。

企业应当成立专门机构或者指定适当的机构具体负责组织协调内部控制的建立实施及日常工作。

第十三条 企业应当在董事会下设立审计委员会。审计委员会负责审查企业内部控制,监督内部控制的有效实施和内部控制自我评价情况,协调内部控制审计及其他相关事宜等。

审计委员会负责人应当具备相应的独立性、良好的职业操守和专业胜任能力。

第十四条 企业应当结合业务特点和内部控制要求设置内部机构,明确职责权限,将权利与责任落实到各责任单位。

企业应当通过编制内部管理手册,使全体员工掌握内部机构设置、岗位职责、业务流程等情况,明确权责分配,正确行使职权。

第十五条 企业应当加强内部审计工作,保证内部审计机构设置、人员配备和工作的独立性。

内部审计机构应当结合内部审计监督,对内部控制的有效性进行监督检查。内部审计机构对监督检查中发现的内部控制缺陷,应当按照企业内部审计工作程序进行报告;对监督检查中发现的内部控制重大缺陷,有权直接向董事会及其审计委员会、监事会报告。

第十六条 企业应当制定和实施有利于企业可持续发展的人力资源政策。人力资源政策应当包括下列内容:

(一)员工的聘用、培训、辞退与辞职。

(二)员工的薪酬、考核、晋升与奖惩。

(三)关键岗位员工的强制休假制度和定期岗位轮换制度。

(四)掌握国家秘密或重要商业秘密的员工离岗的限制性规定。

(五)有关人力资源管理的其他政策。

第十七条 企业应当将职业道德修养和专业胜任能力作为选拔和聘用员工的重要标准,切实加强员工培训和继续教育，不断提升员工素质。

第十八条 企业应当加强文化建设，培育积极向上的价值观和社会责任感，倡导诚实守信、爱岗敬业、开拓创新和团队协作精神，树立现代管理理念，强化风险意识。

董事、监事、经理及其他高级管理人员应当在企业文化建设中发挥主导作用。

企业员工应当遵守员工行为守则，认真履行岗位职责。

第十九条 企业应当加强法制教育，增强董事、监事、经理及其他高级管理人员和员工的法制观念，严格依法决策、依法办事、依法监督，建立健全法律顾问制度和重大法律纠纷案件备案制度。

第三章　风险评估

第二十条 企业应当根据设定的控制目标，全面系统持续地收集相关信息，结合实际情况，及时进行风险评估。

第二十一条 企业开展风险评估，应当准确识别与实现控制目标相关的内部风险和外部风险，确定相应的风险承受度。

风险承受度是企业能够承担的风险限度，包括整体风险承受能力和业务层面的可接受风险水平。

第二十二条 企业识别内部风险，应当关注下列因素：

（一）董事、监事、经理及其他高级管理人员的职业操守、员工专业胜任能力等人力资源因素。

（二）组织机构、经营方式、资产管理、业务流程等管理因素。

（三）研究开发、技术投入、信息技术运用等自主创新因素。

（四）财务状况、经营成果、现金流量等财务因素。

（五）营运安全、员工健康、环境保护等安全环保因素。

（六）其他有关内部风险因素。

第二十三条 企业识别外部风险，应当关注下列因素：

（一）经济形势、产业政策、融资环境、市场竞争、资源供给等经济因素。

（二）法律法规、监管要求等法律因素。

（三）安全稳定、文化传统、社会信用、教育水平、消费者行为等社会因素。

（四）技术进步、工艺改进等科学技术因素。

（五）自然灾害、环境状况等自然环境因素。

（六）其他有关外部风险因素。

第二十四条 企业应当采用定性与定量相结合的方法，按照风险发生的可能性及其影响程度等，对识别的风险进行分析和排序，确定关注重点和优先控制的风险。

企业进行风险分析，应当充分吸收专业人员，组成风险分析团队，按照严格规范的程序开展工作，确保风险分析结果的准确性。

第二十五条 企业应当根据风险分析的结果，结合风险承受度，权衡风险与收益，确定风险应对策略。

企业应当合理分析、准确掌握董事、经理及其他高级管理人员、关键岗位员工的风险偏好，采取适当的控制措施，避免因个人风险偏好给企业经营带来重大损失。

第二十六条 企业应当综合运用风险规避、风险降低、风险分担和风险承受等风险应对策略，实现对风险的有效控制。

风险规避是企业对超出风险承受度的风险，通过放弃或者停止与该风险相关的业务活动以避免和减轻损失的策略。

风险降低是企业在权衡成本效益之后，准备采取适当的控制措施降低风险或者减轻损失，将风险控制在风险承受度之内的策略。

风险分担是企业准备借助他人力量，采取业务分包、购买保险等方式和适当的控制措施，将风险控制在风险承受度之内的策略。

风险承受是企业对风险承受度之内的风险，在权衡成本效益之后，不准备采取控制措施降低风险或者减轻损失的策略。

第二十七条 企业应当结合不同发展阶段和业务拓展情况，持续收集与风险变化相关的信息，进行风险识别和风险分析，及时调整风险应对策略。

第四章 控制活动

第二十八条 企业应当结合风险评估结果，通过手工控制与自动控制、预防性控制与发现性控制相结合的方法，运用相应的控制措施，将风险控制在可承受度之内。

控制措施一般包括：不相容职务分离控制、授权审批控制、会计系统控制、财产保护控制、预算控制、运营分析控制和绩效考评控制等。

第二十九条 不相容职务分离控制要求企业全面系统地分析、梳理业务流程中所涉及的不相容职务，实施相应的分离措施，形成各司其职、各负其责、相互制约的工作机制。

第三十条 授权审批控制要求企业根据常规授权和特别授权的规定，明确各岗位办理业务和事项的权限范围、审批程序和相应责任。

企业应当编制常规授权的权限指引，规范特别授权的范围、权限、程序和责任，严格控制特别授权。常规授权是指企业在日常经营管理活动中按照既定的职责和程序进行的授权。特别授权是指企业在特殊情况、特定条件下进行的授权。

企业各级管理人员应当在授权范围内行使职权和承担责任。

企业对于重大的业务和事项，应当实行集体决策审批或者联签制度，任何个人不得单独进行决策或者擅自改变集体决策。

第三十一条 会计系统控制要求企业严格执行国家统一的会计准则制度，加强会计基础工作，明确会计凭证、会计账簿和财务会计报告的处理程序，保证会计资料真实完整。

企业应当依法设置会计机构，配备会计从业人员。从事会计工作的人员，必须取得会计从业资格证书。会计机构负责人应当具备会计师以上专业技术职务资格。

大中型企业应当设置总会计师。设置总会计师的企业，不得设置与其职权重叠的副职。

第三十二条 财产保护控制要求企业建立财产日常管理制度和定期清查制度，采取财产记录、实物保管、定期盘点、账实核对等措施，确保财产安全。

企业应当严格限制未经授权的人员接触和处置财产。

第三十三条 预算控制要求企业实施全面预算管理制度，明确各责任单位在预算管理中的职责权限，规范预算的编制、审定、下达和执行程序，强化预算约束。

第三十四条 运营分析控制要求企业建立运营情况分析制度，经理层应当综合运用生产、购销、投资、筹资、财务等方面的信息，通过因素分析、对比分析、趋势分析等方法，定期开展运营情况分析，发现存在的问题，及时查明原因并加以改进。

第三十五条　绩效考评控制要求企业建立和实施绩效考评制度，科学设置考核指标体系，对企业内部各责任单位和全体员工的业绩进行定期考核和客观评价，将考评结果作为确定员工薪酬以及职务晋升、评优、降级、调岗、辞退等的依据。

第三十六条　企业应当根据内部控制目标，结合风险应对策略，综合运用控制措施，对各种业务和事项实施有效控制。

第三十七条　企业应当建立重大风险预警机制和突发事件应急处理机制，明确风险预警标准，对可能发生的重大风险或突发事件，制定应急预案、明确责任人员、规范处置程序，确保突发事件得到及时妥善处理。

第五章　信息与沟通

第三十八条　企业应当建立信息与沟通制度，明确内部控制相关信息的收集、处理和传递程序，确保信息及时沟通，促进内部控制有效运行。

第三十九条　企业应当对收集的各种内部信息和外部信息进行合理筛选、核对、整合，提高信息的有用性。

企业可以通过财务会计资料、经营管理资料、调研报告、专项信息、内部刊物、办公网络等渠道，获取内部信息。

企业可以通过行业协会组织、社会中介机构、业务往来单位、市场调查、来信来访、网络媒体以及有关监管部门等渠道，获取外部信息。

第四十条　企业应当将内部控制相关信息在企业内部各管理级次、责任单位、业务环节之间，以及企业与外部投资者、债权人、客户、供应商、中介机构和监管部门等有关方面之间进行沟通和反馈。信息沟通过程中发现的问题，应当及时报告并加以解决。

重要信息应当及时传递给董事会、监事会和经理层。

第四十一条　企业应当利用信息技术促进信息的集成与共享，充分发挥信息技术在信息与沟通中的作用。

企业应当加强对信息系统开发与维护、访问与变更、数据输入与输出、文件储存与保管、网络安全等方面的控制，保证信息系统安全稳定运行。

第四十二条　企业应当建立反舞弊机制，坚持惩防并举、重在预防的原则，明确反舞弊工作的重点领域、关键环节和有关机构在反舞弊工作中的职责权限，规范舞弊案件的举报、调查、处理、报告和补救程序。

企业至少应当将下列情形作为反舞弊工作的重点：

（一）未经授权或者采取其他不法方式侵占、挪用企业资产，牟取不当利益。

（二）在财务会计报告和信息披露等方面存在的虚假记载、误导性陈述或者重大遗漏等。

（三）董事、监事、经理及其他高级管理人员滥用职权。

（四）相关机构或人员串通舞弊。

第四十三条　企业应当建立举报投诉制度和举报人保护制度，设置举报专线，明确举报投诉处理程序、办理时限和办结要求，确保举报、投诉成为企业有效掌握信息的重要途径。

举报投诉制度和举报人保护制度应当及时传达至全体员工。

第六章　内部监督

第四十四条　企业应当根据本规范及其配套办法，制定内部控制监督制度，明确内部审计机构（或经授权的其他监督机构）和其他内部机构在内部监督中的职责权限，规范内部监督的程序、方法和要求。

内部监督分为日常监督和专项监督。日常监督是指企业对建立与实施内部控制的情况进行常规、持续的监督检查；专项监督是指在企业发展战略、组织结构、经营活动、业务流程、关键岗位员工等发生较大调整或变化的情况下，对内部控制的某一或者某些方面进行有针对性的监督检查。

专项监督的范围和频率应当根据风险评估结果以及日常监督的有效性等予以确定。

第四十五条 企业应当制定内部控制缺陷认定标准，对监督过程中发现的内部控制缺陷，应当分析缺陷的性质和产生的原因，提出整改方案，采取适当的形式及时向董事会、监事会或者经理层报告。

内部控制缺陷包括设计缺陷和运行缺陷。企业应当跟踪内部控制缺陷整改情况，并就内部监督中发现的重大缺陷，追究相关责任单位或者责任人的责任。

第四十六条 企业应当结合内部监督情况，定期对内部控制的有效性进行自我评价，出具内部控制自我评价报告。

内部控制自我评价的方式、范围、程序和频率，由企业根据经营业务调整、经营环境变化、业务发展状况、实际风险水平等自行确定。

国家有关法律法规另有规定的，从其规定。

第四十七条 企业应当以书面或者其他适当的形式，妥善保存内部控制建立与实施过程中的相关记录或者资料，确保内部控制建立与实施过程的可验证性。

第七章　附　则

第四十八条 本规范由财政部会同国务院其他有关部门解释。

第四十九条 本规范的配套办法由财政部会同国务院其他有关部门另行制定。

第五十条 本规范自2009年7月1日起实施。

二、关于印发《企业内部控制配套指引》的通知

财会〔2010〕11号

中直管理局，铁道部、国管局、总后勤部、武警总部，各省、自治区、直辖市、计划单列市财政厅（局）、审计厅（局），新疆生产建设兵团财务局、审计局，中国证监会各省、自治区、直辖市、计划单列市监管局，中国证监会上海、深圳专员办，各保监局，保险公司，各银监局、政策性银行、国有商业银行、股份制商业银行、邮政储蓄银行、资产管理公司，各省级农村信用联社，银监会直接管理的信托公司、财务公司、租赁公司，有关中央管理企业：

  为了促进企业建立、实施和评价内部控制，规范会计师事务所内部控制审计行为，根据国家有关法律法规和《企业内部控制基本规范》（财会〔2008〕7号），财政部会同证监会、审计署、银监会、保监会制定了《企业内部控制应用指引第1号——组织架构》等18项应用指引、《企业内部控制评价指引》和《企业内部控制审计指引》（以下简称"企业内部控制配套指引"），现予印发，自2011年1月1日起在境内外同时上市的公司施行，自2012年1月1日起在上海证券交易所、深圳证券交易所主板上市公司施行；在此基础上，择机在中小板和创业板上市公司施行。鼓励非上市大中型企业提前执行。请各上市公司及相关非上市大中型企业切实做好执行前的各项准备工作。

  执行《企业内部控制基本规范》及企业内部控制配套指引的上市公司和非上市大中型企业，应当对内部控制的有效性进行自我评价，披露年度自我评价报告，同时应当聘请会计师事务所对财务报告内部控制的有效性进行审计并出具审计报告。上市公司聘请的会计师事务所应当具有证券、期货业务资格；非上市大中型企业聘请的会计师事务所也可以是不具有证券、期货业务资格的大中型会计师事务所。

  执行中有何问题，请及时反馈我们。

附件：
1. 企业内部控制应用指引
2. 企业内部控制评价指引
3. 企业内部控制审计指引

财政部
证监会
审计署
银监会
保监会
2010年4月15日

附件1：

（一）企业内部控制应用指引

1.企业内部控制应用指引第1号——组织架构

省略，详见第一版《会计工作手册》（中国财政经济出版社，2019年5月），请登录会计新时代网站（http：//www.acctne.com/）——"准则制度→企业内部控制制度"查询，或登录深圳市会计协会网站（http：//www.szkjxh.com）——"法规制度→准则制度→企业内部控制制度"查询，或登录财政部会计司子网站（http：//kjs.mof.gov.cn）——"内部控制标准建设"查询。

2.企业内部控制应用指引第2号——发展战略

省略，详见第一版《会计工作手册》（中国财政经济出版社，2019年5月），请登录会计新时代网站（http：//www.acctne.com/）——"准则制度→企业内部控制制度"查询，或登录深圳市会计协会网站（http：//www.szkjxh.com）——"法规制度→准则制度→企业内部控制制度"查询，或登录财政部会计司子网站（http：//kjs.mof.gov.cn）——"内部控制标准建设"查询。

3.企业内部控制应用指引第3号——人力资源

省略，详见第一版《会计工作手册》（中国财政经济出版社，2019年5月），请登录会计新时代网站（http：//www.acctne.com/）——"准则制度→企业内部控制制度"查询，或登录深圳市会计协会网站（http：//www.szkjxh.com）——"法规制度→准则制度→企业内部控制制度"查询，或登录财政部会计司子网站（http：//kjs.mof.gov.cn）——"内部控制标准建设"查询。

4.企业内部控制应用指引第4号——社会责任

省略，详见第一版《会计工作手册》（中国财政经济出版社，2019年5月），请登录会计新时代网站（http：//www.acctne.com/）——"准则制度→企业内部控制制度"查询，或登录深圳市会计协会网站（http：//www.szkjxh.com）——"法规制度→准则制度→企业内部控制制度"查询，或登录财政部会计司子网站（http：//kjs.mof.gov.cn）——"内部控制标准建设"查询。

5.企业内部控制应用指引第5号——企业文化

省略，详见第一版《会计工作手册》（中国财政经济出版社，2019年5月），请登录会计新时代网站（http：//www.acctne.com/）——"准则制度→企业内部控制制度"查询，或登录深圳市会计协会网站（http：//www.szkjxh.com）——"法规制度→准则制度→企业内部控制制度"查询，或登录财政部会计司子网站（http：//kjs.mof.gov.cn）——"内部控制标准建设"查询。

6.企业内部控制应用指引第6号——资金活动

省略，详见第一版《会计工作手册》（中国财政经济出版社，2019年5月），请登录会计新时代网站（http://www.acctne.com/）——"准则制度→企业内部控制制度"查询，或登录深圳市会计协会网站（http://www.szkjxh.com）——"法规制度→准则制度→企业内部控制制度"查询，或登录财政部会计司子网站（http://kjs.mof.gov.cn）——"内部控制标准建设"查询。

7.企业内部控制应用指引第7号——采购业务

省略，详见第一版《会计工作手册》（中国财政经济出版社，2019年5月），请登录会计新时代网站（http://www.acctne.com/）——"准则制度→企业内部控制制度"查询，或登录深圳市会计协会网站（http://www.szkjxh.com）——"法规制度→准则制度→企业内部控制制度"查询，或登录财政部会计司子网站（http://kjs.mof.gov.cn）——"内部控制标准建设"查询。

8.企业内部控制应用指引第8号——资产管理

省略，详见第一版《会计工作手册》（中国财政经济出版社，2019年5月），请登录会计新时代网站（http://www.acctne.com/）——"准则制度→企业内部控制制度"查询，或登录深圳市会计协会网站（http://www.szkjxh.com）——"法规制度→准则制度→企业内部控制制度"查询，或登录财政部会计司子网站（http://kjs.mof.gov.cn）——"内部控制标准建设"查询。

9.企业内部控制应用指引第9号——销售业务

省略，详见第一版《会计工作手册》（中国财政经济出版社，2019年5月），请登录会计新时代网站（http://www.acctne.com/）——"准则制度→企业内部控制制度"查询，或登录深圳市会计协会网站（http://www.szkjxh.com）——"法规制度→准则制度→企业内部控制制度"查询，或登录财政部会计司子网站（http://kjs.mof.gov.cn）——"内部控制标准建设"查询。

10.企业内部控制应用指引第10号——研究与开发

省略，详见第一版《会计工作手册》（中国财政经济出版社，2019年5月），请登录会计新时代网站（http://www.acctne.com/）——"准则制度→企业内部控制制度"查询，或登录深圳市会计协会网站（http://www.szkjxh.com）——"法规制度→准则制度→企业内部控制制度"查询，或登录财政部会计司子网站（http://kjs.mof.gov.cn）——"内部控制标准建设"查询。

11. 企业内部控制应用指引第11号——工程项目

省略，详见第一版《会计工作手册》（中国财政经济出版社，2019年5月），请登录会计新时代网站（http：//www.acctne.com/）——"准则制度→企业内部控制制度"查询，或登录深圳市会计协会网站（http：//www.szkjxh.com）——"法规制度→准则制度→企业内部控制制度"查询，或登录财政部会计司子网站（http：//kjs.mof.gov.cn）——"内部控制标准建设"查询。

12. 企业内部控制应用指引第12号——担保业务

省略，详见第一版《会计工作手册》（中国财政经济出版社，2019年5月），请登录会计新时代网站（http：//www.acctne.com/）——"准则制度→企业内部控制制度"查询，或登录深圳市会计协会网站（http：//www.szkjxh.com）——"法规制度→准则制度→企业内部控制制度"查询，或登录财政部会计司子网站（http：//kjs.mof.gov.cn）——"内部控制标准建设"查询。

13. 企业内部控制应用指引第13号——业务外包

省略，详见第一版《会计工作手册》（中国财政经济出版社，2019年5月），请登录会计新时代网站（http：//www.acctne.com/）——"准则制度→企业内部控制制度"查询，或登录深圳市会计协会网站（http：//www.szkjxh.com）——"法规制度→准则制度→企业内部控制制度"查询，或登录财政部会计司子网站（http：//kjs.mof.gov.cn）——"内部控制标准建设"查询。

14. 企业内部控制应用指引第14号——财务报告

省略，详见第一版《会计工作手册》（中国财政经济出版社，2019年5月），请登录会计新时代网站（http：//www.acctne.com/）——"准则制度→企业内部控制制度"查询，或登录深圳市会计协会网站（http：//www.szkjxh.com）——"法规制度→准则制度→企业内部控制制度"查询，或登录财政部会计司子网站（http：//kjs.mof.gov.cn）——"内部控制标准建设"查询。

15. 企业内部控制应用指引第15号——全面预算

省略，详见第一版《会计工作手册》（中国财政经济出版社，2019年5月），请登录会计新时代网站（http：//www.acctne.com/）——"准则制度→企业内部控制制度"查询，或登录深圳市会计协会网站（http：//www.szkjxh.com）——"法规制度→准则制度→企业内部控制制度"查询，或登录财政部会计司子网站（http：//kjs.mof.gov.cn）——"内部控制标准建设"查询。

16.企业内部控制应用指引第16号——合同管理

省略,详见第一版《会计工作手册》(中国财政经济出版社,2019年5月),请登录会计新时代网站(http://www.acctne.com/)——"准则制度→企业内部控制制度"查询,或登录深圳市会计协会网站(http://www.szkjxh.com)——"法规制度→准则制度→企业内部控制制度"查询,或登录财政部会计司子网站(http://kjs.mof.gov.cn)——"内部控制标准建设"查询。

17.企业内部控制应用指引第17号——内部信息传递

省略,详见第一版《会计工作手册》(中国财政经济出版社,2019年5月),请登录会计新时代网站(http://www.acctne.com/)——"准则制度→企业内部控制制度"查询,或登录深圳市会计协会网站(http://www.szkjxh.com)——"法规制度→准则制度→企业内部控制制度"查询,或登录财政部会计司子网站(http://kjs.mof.gov.cn)——"内部控制标准建设"查询。

18.企业内部控制应用指引第18号——信息系统

省略,详见第一版《会计工作手册》(中国财政经济出版社,2019年5月),请登录会计新时代网站(http://www.acctne.com/)——"准则制度→企业内部控制制度"查询,或登录深圳市会计协会网站(http://www.szkjxh.com)——"法规制度→准则制度→企业内部控制制度"查询,或登录财政部会计司子网站(http://kjs.mof.gov.cn)——"内部控制标准建设"查询。

附件2：

（二）企业内部控制评价指引

第一章　总　则

第一条　为了促进企业全面评价内部控制的设计与运行情况，规范内部控制评价程序和评价报告，揭示和防范风险，根据有关法律法规和《企业内部控制基本规范》，制定本指引。

第二条　本指引所称内部控制评价，是指企业董事会或类似权力机构对内部控制的有效性进行全面评价、形成评价结论、出具评价报告的过程。

第三条　企业实施内部控制评价至少应当遵循下列原则：

（一）全面性原则。评价工作应当包括内部控制的设计与运行，涵盖企业及其所属单位的各种业务和事项；

（二）重要性原则。评价工作应当在全面评价的基础上，关注重要业务单位、重大业务事项和高风险领域；

（三）客观性原则。评价工作应当准确地揭示经营管理的风险状况，如实反映内部控制设计与运行的有效性。

第四条　企业应当根据本评价指引，结合内部控制设计与运行的实际情况，制定具体的内部控制评价办法，规定评价的原则、内容、程序、方法和报告形式等，明确相关机构或岗位的职责权限，落实责任制，按照规定的办法、程序和要求，有序开展内部控制评价工作。

企业董事会应当对内部控制评价报告的真实性负责。

第二章　内部控制评价的内容

第五条　企业应当根据《企业内部控制基本规范》、应用指引以及本企业的内部控制制度，围绕内部环境、风险评估、控制活动、信息与沟通、内部监督等要素，确定内部控制评价的具体内容，对内部控制设计与运行情况进行全面评价。

第六条　企业组织开展内部环境评价，应当以组织架构、发展战略、人力资源、企业文化、社会责任等应用指引为依据，结合本企业的内部控制制度，对内部环境的设计及实际运行情况进行认定和评价。

第七条　企业组织开展风险评估机制评价，应当以《企业内部控制基本规范》有关风险评估的要求，以及各项应用指引中所列主要风险为依据，结合本企业的内部控制制度，对日常经营管理过程中的风险识别、风险分析、应对策略等进行认定和评价。

第八条　企业组织开展控制活动评价，应当以《企业内部控制基本规范》和各项应用指引中的控制措施为依据，结合本企业的内部控制制度，对相关控制措施的设计和运行情况进行认定和评价。

第九条　企业组织开展信息与沟通评价，应当以内部信息传递、财务报告、信息系统等相关应用指引为依据，结合本企业的内部控制制度，对信息收集、处理和传递的及时性、反舞弊机制的健全性、财务报告的真实性、信息系统的安全性，以及利用信息系统实施内部控制的有效性等进行认定和评价。

第十条　企业组织开展内部监督评价，应当以《企业内部控制基本规范》有关内部监督的要求,以及各项应用指引中有关日常管控的规定为依据,结合本企业的内部控制制度,对内部监督机制的有效性进行认定和评价,重点关注监事会、审计委员会、内部审计机构等是否在内部控制设计和运行中有效发挥监督作用。

第十一条 内部控制评价工作应当形成工作底稿,详细记录企业执行评价工作的内容,包括评价要素、主要风险点、采取的控制措施、有关证据资料以及认定结果等。

评价工作底稿应当设计合理、证据充分、简便易行、便于操作。

第三章 内部控制评价的程序

第十二条 企业应当按照内部控制评价办法规定的程序,有序开展内部控制评价工作。

内部控制评价程序一般包括:制定评价工作方案、组成评价工作组、实施现场测试、认定控制缺陷、汇总评价结果、编报评价报告等环节。

企业可以授权内部审计部门或专门机构(以下简称内部控制评价部门)负责内部控制评价的具体组织实施工作。

第十三条 企业内部控制评价部门应当拟订评价工作方案,明确评价范围、工作任务、人员组织、进度安排和费用预算等相关内容,报经董事会或其授权机构审批后实施。

第十四条 企业内部控制评价部门应当根据经批准的评价方案,组成内部控制评价工作组,具体实施内部控制评价工作。评价工作组应当吸收企业内部相关机构熟悉情况的业务骨干参加。评价工作组成员对本部门的内部控制评价工作应当实行回避制度。

企业可以委托中介机构实施内部控制评价。为企业提供内部控制审计服务的会计师事务所,不得同时为同一企业提供内部控制评价服务。

第十五条 内部控制评价工作组应当对被评价单位进行现场测试,综合运用个别访谈、调查问卷、专题讨论、穿行测试、实地查验、抽样和比较分析等方法,充分收集被评价单位内部控制设计和运行是否有效的证据,按照评价的具体内容,如实填写评价工作底稿,研究分析内部控制缺陷。

第四章 内部控制缺陷的认定

第十六条 内部控制缺陷包括设计缺陷和运行缺陷。企业对内部控制缺陷的认定,应当以日常监督和专项监督为基础,结合年度内部控制评价,由内部控制评价部门进行综合分析后提出认定意见,按照规定的权限和程序进行审核后予以最终认定。

第十七条 企业在日常监督、专项监督和年度评价工作中,应当充分发挥内部控制评价工作组的作用。内部控制评价工作组应当根据现场测试获取的证据,对内部控制缺陷进行初步认定,并按其影响程度分为重大缺陷、重要缺陷和一般缺陷。

重大缺陷,是指一个或多个控制缺陷的组合,可能导致企业严重偏离控制目标。

重要缺陷,是指一个或多个控制缺陷的组合,其严重程度和经济后果低于重大缺陷,但仍有可能导致企业偏离控制目标。

一般缺陷,是指除重大缺陷、重要缺陷之外的其他缺陷。

重大缺陷、重要缺陷和一般缺陷的具体认定标准,由企业根据上述要求自行确定。

第十八条 企业内部控制评价工作组应当建立评价质量交叉复核制度,评价工作组负责人应当对评价工作底稿进行严格审核,并对所认定的评价结果签字确认后,提交企业内部控制评价部门。

第十九条 企业内部控制评价部门应当编制内部控制缺陷认定汇总表,结合日常监督和专项监督发现的内部控制缺陷及其持续改进情况,对内部控制缺陷及其成因、表现形式和影响程度进行综合分析和全面复核,提出认定意见,并以适当的形式向董事会、监事会或者经理层报告。重大缺陷应当由董事会予以最终认定。

企业对于认定的重大缺陷,应当及时采取应对策略,切实将风险控制在可承受度之内,并追究有关部门或相关人员的责任。

第五章 内部控制评价报告

第二十条 企业应当根据《企业内部控制基本规范》、应用指引和本指引,设计内部控制评价报告的种类、格式和内容,明确内部控制评价报告编制程序和要求,按照规定的权限报经批准后对外报出。

第二十一条 内部控制评价报告应当分别内部环境、风险评估、控制活动、信息与沟通、内部监督等要素进行设计,对内部控制评价过程、内部控制缺陷认定及整改情况、内部控制有效性的结论等相关内容作出披露。

第二十二条 内部控制评价报告至少应当披露下列内容:

(一)董事会对内部控制报告真实性的声明;

(二)内部控制评价工作的总体情况;

(三)内部控制评价的依据;

(四)内部控制评价的范围;

(五)内部控制评价的程序和方法;

(六)内部控制缺陷及其认定情况;

(七)内部控制缺陷的整改情况及重大缺陷拟采取的整改措施;

(八)内部控制有效性的结论。

第二十三条 企业应当根据年度内部控制评价结果,结合内部控制评价工作底稿和内部控制缺陷汇总表等资料,按照规定的程序和要求,及时编制内部控制评价报告。

第二十四条 内部控制评价报告应当报经董事会或类似权力机构批准后对外披露或报送相关部门。

企业内部控制评价部门应当关注自内部控制评价报告基准日至内部控制评价报告发出日之间是否发生影响内部控制有效性的因素,并根据其性质和影响程度对评价结论进行相应调整。

第二十五条 企业内部控制审计报告应当与内部控制评价报告同时对外披露或报送。

第二十六条 企业应当以12月31日作为年度内部控制评价报告的基准日。

内部控制评价报告应于基准日后4个月内报出。

第二十七条 企业应当建立内部控制评价工作档案管理制度。内部控制评价的有关文件资料、工作底稿和证明材料等应当妥善保管。

附件3：

（三）企业内部控制审计指引

第一章 总 则

第一条 为了规范注册会计师执行企业内部控制审计业务，明确工作要求，保证执业质量，根据《企业内部控制基本规范》《中国注册会计师鉴证业务基本准则》及相关执业准则，制定本指引。

第二条 本指引所称内部控制审计，是指会计师事务所接受委托，对特定基准日内部控制设计与运行的有效性进行审计。

第三条 建立健全和有效实施内部控制，评价内部控制的有效性是企业董事会的责任。按照本指引的要求，在实施审计工作的基础上对内部控制的有效性发表审计意见，是注册会计师的责任。

第四条 注册会计师执行内部控制审计工作，应当获取充分、适当的证据，为发表内部控制审计意见提供合理保证。

注册会计师应当对财务报告内部控制的有效性发表审计意见，并对内部控制审计过程中注意到的非财务报告内部控制的重大缺陷，在内部控制审计报告中增加"非财务报告内部控制重大缺陷描述段"予以披露。

第五条 注册会计师可以单独进行内部控制审计，也可以将内部控制审计与财务报表审计整合进行（以下简称整合审计）。

在整合审计中，注册会计师应当对内部控制设计与运行的有效性进行测试，以同时实现下列目标：

（一）获取充分、适当的证据，支持其在内部控制审计中对内部控制有效性发表的意见；

（二）获取充分、适当的证据，支持其在财务报表审计中对控制风险的评估结果。

第二章 计划审计工作

第六条 注册会计师应当恰当地计划内部控制审计工作，配备具有专业胜任能力的项目组，并对助理人员进行适当的督导。

第七条 在计划审计工作时，注册会计师应当评价下列事项对内部控制、财务报表以及审计工作的影响：

（一）与企业相关的风险；

（二）相关法律法规和行业概况；

（三）企业组织结构、经营特点和资本结构等相关重要事项；

（四）企业内部控制最近发生变化的程度；

（五）与企业沟通过的内部控制缺陷；

（六）重要性、风险等与确定内部控制重大缺陷相关的因素；

（七）对内部控制有效性的初步判断；

（八）可获取的、与内部控制有效性相关的证据的类型和范围。

第八条 注册会计师应当以风险评估为基础，选择拟测试的控制，确定测试所需收集的证据。

内部控制的特定领域存在重大缺陷的风险越高，给予该领域的审计关注就越多。

第九条 注册会计师应当对企业内部控制自我评价工作进行评估，判断是否利用企业内部审计人员、内部控制评价人员和其他相关人员的工作以及可利用的程度，相应减少可能本应由注册会计师执行的工作。

注册会计师利用企业内部审计人员、内部控制评价人员和其他相关人员的工作，应当对其专业胜任能力和客观性进行充分评价。

与某项控制相关的风险越高，可利用程度就越低，注册会计师应当更多地对该项控制亲自进行测试。

注册会计师应当对发表的审计意见独立承担责任，其责任不因为利用企业内部审计人员、内部控制评价人员和其他相关人员的工作而减轻。

第三章 实施审计工作

第十条 注册会计师应当按照自上而下的方法实施审计工作。自上而下的方法是注册会计师识别风险、选择拟测试控制的基本思路。注册会计师在实施审计工作时，可以将企业层面控制和业务层面控制的测试结合进行。

第十一条 注册会计师测试企业层面控制，应当把握重要性原则，至少应当关注：

（一）与内部环境相关的控制；

（二）针对董事会、经理层凌驾于控制之上的风险而设计的控制；

（三）企业的风险评估过程；

（四）对内部信息传递和财务报告流程的控制；

（五）对控制有效性的内部监督和自我评价。

第十二条 注册会计师测试业务层面控制，应当把握重要性原则，结合企业实际、企业内部控制各项应用指引的要求和企业层面控制的测试情况，重点对企业生产经营活动中的重要业务与事项的控制进行测试。

注册会计师应当关注信息系统对内部控制及风险评估的影响。

第十三条 注册会计师在测试企业层面控制和业务层面控制时，应当评价内部控制是否足以应对舞弊风险。

第十四条 注册会计师应当测试内部控制设计与运行的有效性。

如果某项控制由拥有必要授权和专业胜任能力的人员按照规定的程序与要求执行，能够实现控制目标，表明该项控制的设计是有效的。

如果某项控制正在按照设计运行，执行人员拥有必要授权和专业胜任能力，能够实现控制目标，表明该项控制的运行是有效的。

第十五条 注册会计师应当根据与内部控制相关的风险，确定拟实施审计程序的性质、时间安排和范围，获取充分、适当的证据。与内部控制相关的风险越高，注册会计师需要获取的证据应越多。

第十六条 注册会计师在测试控制设计与运行的有效性时，应当综合运用询问适当人员、观察经营活动、检查相关文件、穿行测试和重新执行等方法。

询问本身并不足以提供充分、适当的证据。

第十七条 注册会计师在确定测试的时间安排时，应当在下列两个因素之间作出平衡，以获取充分、适当的证据：

（一）尽量在接近企业内部控制自我评价基准日实施测试；
（二）实施的测试需要涵盖足够长的期间。

第十八条 注册会计师对于内部控制运行偏离设计的情况（即控制偏差），应当确定该偏差对相关风险评估、需要获取的证据以及控制运行有效性结论的影响。

第十九条 在连续审计中，注册会计师在确定测试的性质、时间安排和范围时，应当考虑以前年度执行内部控制审计时了解的情况。

第四章 评价控制缺陷

第二十条 内部控制缺陷按其成因分为设计缺陷和运行缺陷，按其影响程度分为重大缺陷、重要缺陷和一般缺陷。

注册会计师应当评价其识别的各项内部控制缺陷的严重程度，以确定这些缺陷单独或组合起来，是否构成重大缺陷。

第二十一条 在确定一项内部控制缺陷或多项内部控制缺陷的组合是否构成重大缺陷时，注册会计师应当评价补偿性控制（替代性控制）的影响。企业执行的补偿性控制应当具有同样的效果。

第二十二条 表明内部控制可能存在重大缺陷的迹象，主要包括：
（一）注册会计师发现董事、监事和高级管理人员舞弊；
（二）企业更正已经公布的财务报表；
（三）注册会计师发现当期财务报表存在重大错报，而内部控制在运行过程中未能发现该错报；
（四）企业审计委员会和内部审计机构对内部控制的监督无效。

第五章 完成审计工作

第二十三条 注册会计师完成审计工作后，应当取得经企业签署的书面声明。书面声明应当包括下列内容：
（一）企业董事会认可其对建立健全和有效实施内部控制负责；
（二）企业已对内部控制的有效性作出自我评价，并说明评价时采用的标准以及得出的结论；
（三）企业没有利用注册会计师执行的审计程序及其结果作为自我评价的基础；
（四）企业已向注册会计师披露识别出的所有内部控制缺陷，并单独披露其中的重大缺陷和重要缺陷；
（五）企业对于注册会计师在以前年度审计中识别的重大缺陷和重要缺陷，是否已经采取措施予以解决；
（六）企业在内部控制自我评价基准日后，内部控制是否发生重大变化或者存在对内部控制具有重要影响的其他因素。

第二十四条 企业如果拒绝提供或以其他不当理由回避书面声明，注册会计师应当将其视为审计范围受到限制，解除业务约定或出具无法表示意见的内部控制审计报告。

第二十五条 注册会计师应当与企业沟通审计过程中识别的所有控制缺陷。对于其中的重大缺陷和重要缺陷，应当以书面形式与董事会和经理层沟通。

注册会计师认为审计委员会和内部审计机构对内部控制的监督无效的，应当就此以书面形式直接与董事会和经理层沟通。

书面沟通应当在注册会计师出具内部控制审计报告之前进行。

第二十六条 注册会计师应当对获取的证据进行评价,形成对内部控制有效性的意见。

第六章 出具审计报告

第二十七条 注册会计师在完成内部控制审计工作后,应当出具内部控制审计报告。标准内部控制审计报告应当包括下列要素:

(一)标题;

(二)收件人;

(三)引言段;

(四)企业对内部控制的责任段;

(五)注册会计师的责任段;

(六)内部控制固有局限性的说明段;

(七)财务报告内部控制审计意见段;

(八)非财务报告内部控制重大缺陷描述段;

(九)注册会计师的签名和盖章;

(十)会计师事务所的名称、地址及盖章;

(十一)报告日期。

第二十八条 符合下列所有条件的,注册会计师应当对财务报告内部控制出具无保留意见的内部控制审计报告:

(一)企业按照《企业内部控制基本规范》《企业内部控制应用指引》《企业内部控制评价指引》以及企业自身内部控制制度的要求,在所有重大方面保持了有效的内部控制;

(二)注册会计师已经按照《企业内部控制审计指引》的要求计划和实施审计工作,在审计过程中未受到限制。

第二十九条 注册会计师认为财务报告内部控制虽不存在重大缺陷,但仍有一项或者多项重大事项需要提请内部控制审计报告使用者注意的,应当在内部控制审计报告中增加强调事项段予以说明。

注册会计师应当在强调事项段中指明,该段内容仅用于提醒内部控制审计报告使用者关注,并不影响对财务报告内部控制发表的审计意见。

第三十条 注册会计师认为财务报告内部控制存在一项或多项重大缺陷,除非审计范围受到限制,应当对财务报告内部控制发表否定意见。

注册会计师出具否定意见的内部控制审计报告,还应当包括下列内容:

(一)重大缺陷的定义;

(二)重大缺陷的性质及其对财务报告内部控制的影响程度。

第三十一条 注册会计师审计范围受到限制的,应当解除业务约定或出具无法表示意见的内部控制审计报告,并就审计范围受到限制的情况,以书面形式与董事会进行沟通。

注册会计师在出具无法表示意见的内部控制审计报告时,应当在内部控制审计报告中指明审计范围受到限制,无法对内部控制的有效性发表意见。

注册会计师在已执行的有限程序中发现财务报告内部控制存在重大缺陷的,应当在内部控制审计报告中对重大缺陷作出详细说明。

第三十二条 注册会计师对在审计过程中注意到的非财务报告内部控制缺陷,应当区别具体情况予以处理：

（一）注册会计师认为非财务报告内部控制缺陷为一般缺陷的，应当与企业进行沟通，提醒企业加以改进，但无需在内部控制审计报告中说明；

（二）注册会计师认为非财务报告内部控制缺陷为重要缺陷的，应当以书面形式与企业董事会和经理层沟通，提醒企业加以改进，但无需在内部控制审计报告中说明；

（三）注册会计师认为非财务报告内部控制缺陷为重大缺陷的，应当以书面形式与企业董事会和经理层沟通，提醒企业加以改进；同时应当在内部控制审计报告中增加非财务报告内部控制重大缺陷描述段，对重大缺陷的性质及其对实现相关控制目标的影响程度进行披露，提示内部控制审计报告使用者注意相关风险。

第三十三条 在企业内部控制自我评价基准日并不存在，但在该基准日之后至审计报告日之前（以下简称期后期间）内部控制可能发生变化或出现其他可能对内部控制产生重要影响的因素。注册会计师应当询问是否存在这类变化或影响因素，并获取企业关于这些情况的书面声明。

注册会计师知悉对企业内部控制自我评价基准日内部控制有效性有重大负面影响的期后事项的，应当对财务报告内部控制发表否定意见。

注册会计师不能确定期后事项对内部控制有效性的影响程度的，应当出具无法表示意见的内部控制审计报告。

第七章 记录审计工作

第三十四条 注册会计师应当按照《中国注册会计师审计准则第1131号——审计工作底稿》的规定，编制内部控制审计工作底稿，完整记录审计工作情况。

第三十五条 注册会计师应当在审计工作底稿中记录下列内容：
（一）内部控制审计计划及重大修改情况；
（二）相关风险评估和选择拟测试的内部控制的主要过程及结果；
（三）测试内部控制设计与运行有效性的程序及结果；
（四）对识别的控制缺陷的评价；
（五）形成的审计结论和意见；
（六）其他重要事项。

附录：内部控制审计报告的参考格式
1. 标准内部控制审计报告：内部控制审计报告（略）
2. 带强调事项段的无保留意见内部控制审计报告：内部控制审计报告（略）
3. 否定意见内部控制审计报告：内部控制审计报告（略）
4. 无法表示意见内部控制审计报告：内部控制审计报告（略）

三、上市公司内部控制

1.关于深交所主板与中小板合并后原中小板上市公司实施企业内部控制规范体系的通知

财会〔2021〕3号

各省、自治区、直辖市、计划单列市财政厅（局），新疆生产建设兵团财政局，证监会各省、自治区、直辖市、计划单列市监管局，证监会深圳专员办，深圳证券交易所，原中小板上市公司：

经国务院同意，2021年2月5日，证监会正式批复深圳证券交易所（以下简称深交所）合并主板与中小板。根据财政部、证监会、审计署、原银监会、原保监会联合印发的《关于印发企业内部控制配套指引的通知》（财会〔2010〕11号）和财政部办公厅、证监会办公厅联合印发的《关于2012年主板上市公司分类分批实施企业内部控制规范体系的通知》（财办会〔2012〕30号）的有关规定，自2012年1月1日起在主板上市公司分类分批实施《企业内部控制基本规范》（财会〔2008〕7号）和《企业内部控制配套指引》（财会〔2010〕11号）（以下简称企业内部控制规范体系）。为稳步推进资本市场有效实施企业内部控制规范体系，深交所主板与中小板合并后，原中小板上市公司应全面实施企业内部控制规范体系。现就有关事项通知如下：

原中小板上市公司应当于2022年1月1日起全面实施企业内部控制规范体系，并在披露2022年公司年报的同时，披露公司内部控制评价报告以及财务报告内部控制审计报告。

原中小板上市公司应当高度重视内部控制体系建设工作，全面按照企业内部控制规范体系的要求，梳理业务流程，准确识别、评估公司面临的各类内外部风险，完善内部控制措施，优化信息系统，加强内部监督，定期开展内部控制自我评价，健全内部控制制度，切实做好实施前的各项准备工作。

自通知发布之日起至2021年12月31日为过渡期。过渡期内原中小板上市公司应当按照深交所的有关规定，披露内部控制相关的信息。鼓励原中小板上市公司在自愿的基础上提前执行企业内部控制规范体系的披露要求。

财政部
证监会
2021年3月19日

2. 关于进一步提升上市公司财务报告内部控制有效性的通知

财会〔2022〕8号

各省、自治区、直辖市、计划单列市财政厅（局）、证监局，新疆生产建设兵团财政局，财政部各地监管局，各上市公司，有关会计师事务所：

为贯彻落实《国务院关于进一步提高上市公司质量的意见》（国发〔2020〕14号）、《国务院办公厅关于进一步规范财务审计秩序促进注册会计师行业健康发展的意见》（国办发〔2021〕30号）等有关要求，加强对上市公司实施企业内部控制规范的管理、指导和监督，规范会计师事务所内部控制审计行为，提升上市公司财务报告内部控制有效性和会计信息质量，强化资本市场领域财会监督力度，现将有关事项通知如下。

一、充分认识加强财务报告内部控制的重要意义

近年来，财政部会同证监会等相关部门，不断健全企业内部控制规范体系，逐步建立了上市公司实施、注册会计师审计、政府监管推动的内部控制实施机制，着力推动上市公司提升内部控制水平，上市公司实施企业内部控制规范总体取得一定成效。但部分上市公司仍存在对内部控制重视程度不够、内部控制缺陷标准不恰当、内部控制评价和审计未充分发挥应有作用等问题。

国发〔2020〕14号文件明确提出"严格执行上市公司内控制度，加快推行内控规范体系，提升内控有效性"。国办发〔2021〕30号文件要求"进一步明确会计核算、内部控制、信息化建设等要求"。内部控制特别是财务报告内部控制，是加强财会监督、遏制财务造假、提高上市公司会计信息质量的重要基础。有关地方和单位要高度重视，切实提升上市公司财务报告内部控制的有效性，充分发挥内部控制在上市公司财务报告中的控制关口前移、提升披露透明度、保护投资者权益等重要作用。

二、提升上市公司财务报告内部控制有效性的重点领域

针对当前多发的上市公司财务造假和相关内部控制缺陷，提升上市公司财务报告内部控制有效性，主要目标是评估和应对为迎合市场预期或特定监管要求、谋取以财务业绩为基础的私人报酬最大化、骗取外部资金、侵占资产、违规担保、内幕交易、操纵市场等动机，对财务报告信息作出虚假记载、误导性陈述或者重大遗漏的风险，特别是防范上市公司董事、监事、高级管理层和实际控制人等"关键少数"的舞弊风险。主要包括以下重点领域。

（一）资金资产活动相关舞弊和错报的风险与控制

1. 加强资金资产管理舞弊风险评估与控制。一是关注为侵占资金资产、粉饰财务报表等目的，伪造、篡改或销毁原始凭证，隐瞒、截留或侵占收入，私签支票，盗用印鉴，违规提现，虚列费用，设账外账、小金库，伪造或篡改银行单据，资产私用，违规担保等相关风险。二是关注不相容岗位的有效分离，资金资产交易真实性，账账、账证、账实一致性等相关内部控制流程和控制措施的有效性。

2. 加强资金资产活动相关账户及财务报表列报的风险评估与控制。一是关注货币资金、固定资产、在建工程、存货、无形资产、长期股权投资等报表项目或类别下资金与资产相关账户的发生额、准确性、确认时点、计量金额以及列报风险。二是关注资金归集管理、银行账户管理、票据管理、支付与授权审批管理、资产管理、坏账管理、担保管理等控制措施的有效性。三是关注违规占用资金的风险,加强对大股东借款、担保、投融资等活动的审核、追踪、预警和披露的控制。

(二)收入相关舞弊和错报的风险与控制

1. 加强收入确认政策的合理性及其变更的控制。一是严格按照企业会计准则规定,评估收入确认政策的合理性,针对不同产品销售与服务提供方式所采用的具体确认方法的合理性,确认时点和确认依据的合理性以及披露的收入确认原则与实际确认方法的一致性。二是关注对收入确认会计政策变更程序的控制的有效性以及变更内容的合理性。

2. 加强收入舞弊风险的评估与控制。一是关注为粉饰财务报表等目的虚增收入或提前确认收入,为报告期内降低税负、转移利润等目的少计收入或延后确认收入等相关风险。二是关注客户资信调查,交易合同商业背景的真实性,资金资产交易的真实性,销售模式的合理性和交易价格的公允性等内部控制流程和控制措施的有效性。

3. 加强收入相关账户及财务报表列报的风险评估与控制。一是结合上市公司的行业特性、商业模式、具体业务和交易模式等,充分关注应收账款、应收票据、营业收入等收入相关账户及其明细账户的完整性、准确性、确认时点、计量金额和列报等风险。二是关注客户管理、销售管理、定价管理、合同管理、往来款项管理、坏账计提及核销等内部控制流程和控制措施的有效性。

(三)成本费用相关舞弊和错报的风险与控制

1. 加强对成本费用相关会计政策和会计估计及其变更合理性的控制。一是严格按照企业会计准则规定,评估成本费用核算相关会计政策和会计估计的合理性,针对不同业务、产品、采购与生产流程所采用的具体核算方法的合理性,核算时点和核算依据基于商业实质的合理性以及披露的成本核算原则与实际核算方法的一致性。二是关注对成本费用相关会计政策和会计估计变更程序控制的有效性以及变更内容的合理性。

2. 加强成本费用舞弊风险的评估与控制。一是关注为达到粉饰财务报表的目的少计成本费用、延迟核算成本费用、将费用性支出确认为资本化支出、由第三方承担成本费用、虚假采购以及其他调整成本费用以改变产品利润或利润构成等相关风险。二是关注营业收入与成本的匹配程度、成本费用归集与分配的准确性和完整性等内部控制流程和控制措施的有效性。

3. 加强成本费用相关账户及财务报表列报的风险评估与控制。一是关注营业成本、销售费用、管理费用、财务费用、研发费用等成本费用相关账户及其明细账户的完整性、准确性、确认时点、计量金额和列报等风险。二是关注研发管理、采购管理、资金管理、资产管理、合同管理和会计核算等内部控制流程和控制措施的有效性。

(四)投资活动相关舞弊和错报的风险与控制

1. 加强投资活动舞弊风险评估与控制。一是关注为完成业绩对赌、业绩承诺、满足股权激励行权条件、符合市场预期业绩等目的,以投资活动为名进行财务报表粉饰以及其他影响交易真实性、价格公允性的风险。二是关注对交易标的真实性、交易价格公允性、交易信息披露真实完整性等内部控制流程和控制措施的有效性。

2. 加强投资活动相关账户及财务报表列报的风险评估与控制。一是关注投资活动的论证与决策控制,包括对投资目标、规模、方式、资金来源、风险与收益等进行评价与控制,在立项与决策、评估与审计、交易价格确定、交易合同管理、股权转让办理和会计核算等重要环节和领域建立并实施有效的内部控制流程和控制措施。二是关注投资活动相关的资产、负债、所有者权益等账户和列报等风险。三是关注投后管理内部控制的有效实施,包括股权变更、债务管理、商誉减值测试及减值计提、担保管理、人员委派与考核、股东事务管理等。四是关注对子公司或投资项目的管控,上市公司应要求子公司或投资项目在规定的合理时间内建立并有效实施内部控制,以便追踪监控子公司或投资项目进展,定期评估风险和内部控制缺陷,并强化整改落实和责任追责。

(五)关联交易相关舞弊和错报的风险与控制

1. 加强关联交易舞弊风险的评估与控制。一是关注通过复杂交易、规避关联交易或利用关联交易非关联化等手段,影响关联交易真实性、价格公允性,从而粉饰财务报表或进行利益输送的风险。二是关注交易商业背景的真实性、资金资产交易的真实性、销售模式的合理性和公允性、关联交易金额上限的合规性等内部控制流程和控制措施的有效性。

2. 加强关联交易列报风险的评估与控制。关注关联方确认与审批授权、交易类型、资金往来界定、定价管理、合同管理、信用管理和披露等关键环节的内部控制流程和控制措施的有效性。

(六)重要风险业务和重大风险事件相关的风险与控制

1. 加强重要风险业务的风险评估及控制。一是定期评估重要风险业务可能导致的财务报告错报风险,尤其应关注以复杂交易掩盖业务实质和以表面上合法合规掩盖实质上违法违规行为的风险。二是针对重要风险业务建立并持续完善闭环控制流程,强化合规论证、外部咨询、集体决策、定期培训、加强监控预警等控制措施,并定期评估控制效果。

2. 加强重大风险因素和事件预警及应急处置机制建设与实施。当内外部重大风险因素变化或风险事件发生时,应能够及时识别可能蒙受的资产损失、负面影响以及可能导致的财务报告错报风险。上市公司要制定重大风险事件报告、披露等管理制度,及时准确披露信息,合理预计或有负债和其他财务报告影响,深入剖析原因,及时完善控制措施,避免风险事件再次发生并定期评估控制效果。

(七)财务报告编制相关的风险与控制

1. 加强财务报告流程相关风险评估与控制。一是关注会计政策和会计估计选择与变更、合并报表范围确定、重大会计事项处理、交易确认时点、合并抵销、披露事项等财务报告编制和审批流程,评估财务报告错报风险所对应控制措施的有效性。二是关注财务报告在收入和成本确认、关联交易、担保、并购重组、期后重大会计调整、持续经营等方面可能存在漏报、错报、侵占上市公司利益等风险的评估和控制的有效性。

2. 加强对与财务报告编制相关的信息系统风险评估与控制。一是实施有效的信息系统总体控制,确保信息系统操作的可追溯性。二是实施有效的信息系统应用控制,包括对重要业务系统建立有效的访问权限管理、禁止不相容岗位用户账号的交叉操作以及建立实施不同信息系统之间的接口配置、系统配置、校验等其他重要的应用控制。

3. 重点关注"关键少数"舞弊导致的财务报告重大错报风险,并建立有效的反舞弊机制。一是实施有效措施,确保上市公司与其控股股东、实际控制人及其关联方不违反法律法规和公司章程干涉上市公司的运作。二是形成有效机制,确保股东(大)会、董事会、监事会、管理层在决策、执行和监督等方面的分工和制衡,完善公司治理。三是明确董事会、管理层与相关部门在反舞弊工作中的职责权限,建立舞弊线索的发现、举报、调查、处理、报告和纠正程序,确保举报、投诉渠道通畅。

三、明确责任,加强组织实施

(一)上市公司作为第一责任人,要确保财务报告内部控制有效实施。上市公司应当根据企业内部控制规范和本通知要求,建立健全内部控制制度,科学、客观认定内部控制缺陷,重点对上述7个领域的财务报告内部控制有效性进行评价,出具年度内部控制评价报告。内部控制评价报告应当对内部控制缺陷认定标准进行详细说明,对认定过程进行清晰阐述,提高缺陷认定的透明度,以便外部审计人员和投资者进行评价。上市公司应当授权内部审计机构或履行内部审计职能的机构对内部控制的有效性进行监督，保证其机构设置、人员配备和工作的独立性，对监督发现的内部控制重大缺陷，应及时向董事会和监事会报告，并督促整改。上市公司董事会应严格执行上市公司信息披露相关规定，保证公开披露的报告内容不存在任何虚假记载、误导性陈述或重大遗漏，并对内部控制评价报告内容的真实性、准确性和完整性负责。

（二）会计师事务所要发挥审计监督作用，重点审计财务报告内部控制有效性。会计师事务所在开展财务报表审计时，如拟信赖上市公司控制运行的有效性，应当设计和实施控制测试，重点对上述7个领域的财务报告内部控制有效性进行评价，获取与审计相关的内部控制在整个拟信赖期间运行有效的审计证据，并保持职业怀疑，高度关注由舞弊导致的重大错报风险和管理层凌驾于控制之上的风险。对需要出具内部控制审计报告的上市公司，会计师事务所应当获取充分、适当的审计证据评估内部控制存在的缺陷，对上市公司财务报告内部控制在特定时点的设计和运行有效性发表恰当的审计意见。

（三）政府监管部门形成合力，强化对上市公司和会计师事务所监管。财政部、证监会等监管部门加强统筹协调、形成工作合力，加强对上市公司内部控制有效性评估和会计师事务所执业质量检查，重点关注上市公司财务报告内部控制有效性情况、内部控制信息披露情况和内部控制重大缺陷整改情况，加大对财务造假和审计舞弊案例的处罚力度，不断增强上市公司财务报告内部控制有效性，持续提升监管效能。

财政部
证监会
2022年3月2日

第五部分

行政事业单位内部控制制度

1. 关于印发《行政事业单位内部控制规范（试行）》的通知

财会〔2012〕21号

党中央有关部门，国务院各部委、各直属机构，全国人大常委会办公厅，全国政协办公厅，高法院，高检院，各民主党派中央，有关人民团体，各省、自治区、直辖市、计划单列市财政厅（局），新疆生产建设兵团财务局：

  为了进一步提高行政事业单位内部管理水平，规范内部控制，加强廉政风险防控机制建设，根据《中华人民共和国会计法》《中华人民共和国预算法》等法律法规和相关规定，我部制定了《行政事业单位内部控制规范（试行）》，现印发给你们，自2014年1月1日起施行。执行中有何问题，请及时反馈我部。

  附件：行政事业单位内部控制规范（试行）

财政部

2012年11月29日

附件：

行政事业单位内部控制规范（试行）

第一章 总 则

第一条 为了进一步提高行政事业单位内部管理水平，规范内部控制，加强廉政风险防控机制建设，根据《中华人民共和国会计法》《中华人民共和国预算法》等法律法规和相关规定，制定本规范。

第二条 本规范适用于各级党的机关、人大机关、行政机关、政协机关、审判机关、检察机关、各民主党派机关、人民团体和事业单位（以下统称单位）经济活动的内部控制。

第三条 本规范所称内部控制，是指单位为实现控制目标，通过制定制度、实施措施和执行程序，对经济活动的风险进行防范和管控。

第四条 单位内部控制的目标主要包括：合理保证单位经济活动合法合规、资产安全和使用有效、财务信息真实完整，有效防范舞弊和预防腐败，提高公共服务的效率和效果。

第五条 单位建立与实施内部控制，应当遵循下列原则：

（一）全面性原则。内部控制应当贯穿单位经济活动的决策、执行和监督全过程，实现对经济活动的全面控制；

（二）重要性原则。在全面控制的基础上，内部控制应当关注单位重要经济活动和经济活动的重大风险；

（三）制衡性原则。内部控制应当在单位内部的部门管理、职责分工、业务流程等方面形成相互制约和相互监督；

（四）适应性原则。内部控制应当符合国家有关规定和单位的实际情况，并随着外部环境的变化、单位经济活动的调整和管理要求的提高，不断修订和完善。

第六条 单位负责人对本单位内部控制的建立健全和有效实施负责。

第七条 单位应当根据本规范建立适合本单位实际情况的内部控制体系，并组织实施。具体工作包括梳理单位各类经济活动的业务流程，明确业务环节，系统分析经济活动风险，确定风险点，选择风险应对策略，在此基础上根据国家有关规定建立健全单位各项内部管理制度并督促相关工作人员认真执行。

第二章 风险评估和控制方法

第八条 单位应当建立经济活动风险定期评估机制，对经济活动存在的风险进行全面、系统和客观评估。

经济活动风险评估至少每年进行一次；外部环境、经济活动或管理要求等发生重大变化的，应及时对经济活动风险进行重估。

第九条 单位开展经济活动风险评估应当成立风险评估工作小组，单位领导担任组长。

经济活动风险评估结果应当形成书面报告并及时提交单位领导班子，作为完善内部控制的依据。

第十条 单位进行单位层面的风险评估时，应当重点关注以下方面：

（一）内部控制工作的组织情况。包括是否确定内部控制职能部门或牵头部门；是否建立单位各部门在内部控制中的沟通协调和联动机制。

（二）内部控制机制的建设情况。包括经济活动的决策、执行、监督是否实现有效分离；权责是否对等；是否建立健全议事决策机制、岗位责任制、内部监督等机制。

（三）内部管理制度的完善情况。包括内部管理制度是否健全；执行是否有效。

（四）内部控制关键岗位工作人员的管理情况。包括是否建立工作人员的培训、评价、轮岗等机制；工作人员是否具备相应的资格和能力。

（五）财务信息的编报情况。包括是否按照国家统一的会计制度对经济业务事项进行账务处理；是否按照国家统一的会计制度编制财务会计报告。

（六）其他情况。

第十一条 单位进行经济活动业务层面的风险评估时，应当重点关注以下方面：

（一）预算管理情况。包括在预算编制过程中单位内部各部门间沟通协调是否充分，预算编制与资产配置是否相结合、与具体工作是否相对应；是否按照批复的额度和开支范围执行预算，进度是否合理，是否存在无预算、超预算支出等问题；决算编报是否真实、完整、准确、及时。

（二）收支管理情况。包括收入是否实现归口管理，是否按照规定及时向财会部门提供收入的有关凭据，是否按照规定保管和使用印章和票据等；发生支出事项时是否按照规定审核各类凭据的真实性、合法性，是否存在使用虚假票据套取资金的情形。

（三）政府采购管理情况。包括是否按照预算和计划组织政府采购业务；是否按照规定组织政府采购活动和执行验收程序；是否按照规定保存政府采购业务相关档案。

（四）资产管理情况。包括是否实现资产归口管理并明确使用责任；是否定期对资产进行清查盘点，对账实不符的情况及时进行处理；是否按照规定处置资产。

（五）建设项目管理情况。包括是否按照概算投资；是否严格履行审核审批程序；是否建立有效的招投标控制机制；是否存在截留、挤占、挪用、套取建设项目资金的情形；是否按照规定保存建设项目相关档案并及时办理移交手续。

（六）合同管理情况。包括是否实现合同归口管理；是否明确应签订合同的经济活动范围和条件；是否有效监控合同履行情况，是否建立合同纠纷协调机制。

（七）其他情况。

第十二条 单位内部控制的控制方法一般包括：

（一）不相容岗位相互分离。合理设置内部控制关键岗位，明确划分职责权限，实施相应的分离措施，形成相互制约、相互监督的工作机制。

（二）内部授权审批控制。明确各岗位办理业务和事项的权限范围、审批程序和相关责任，建立重大事项集体决策和会签制度。相关工作人员应当在授权范围内行使职权、办理业务。

（三）归口管理。根据本单位实际情况，按照权责对等的原则，采取成立联合工作小组并确定牵头部门或牵头人员等方式，对有关经济活动实行统一管理。

（四）预算控制。强化对经济活动的预算约束，使预算管理贯穿于单位经济活动的全过程。

（五）财产保护控制。建立资产日常管理制度和定期清查机制，采取资产记录、实物保管、定期盘点、账实核对等措施，确保资产安全完整。

（六）会计控制。建立健全本单位财会管理制度，加强会计机构建设，提高会计人员业务水平，强化会计人员岗位责任制，规范会计基础工作，加强会计档案管理，明确会计凭证、会计账簿和财务会计报告处理程序。

（七）单据控制。要求单位根据国家有关规定和单位的经济活动业务流程，在内部管理制度中明确界定各项经济活动所涉及的表单和票据，要求相关工作人员按照规定填制、审核、归档、保管单据。

（八）信息内部公开。建立健全经济活动相关信息内部公开制度，根据国家有关规定和单位的实际情况，确定信息内部公开的内容、范围、方式和程序。

第三章　单位层面内部控制

第十三条　单位应当单独设置内部控制职能部门或者确定内部控制牵头部门，负责组织协调内部控制工作。同时，应当充分发挥财会、内部审计、纪检监察、政府采购、基建、资产管理等部门或岗位在内部控制中的作用。

第十四条　单位经济活动的决策、执行和监督应当相互分离。单位应当建立健全集体研究、专家论证和技术咨询相结合的议事决策机制。

重大经济事项的内部决策，应当由单位领导班子集体研究决定。重大经济事项的认定标准应当根据有关规定和本单位实际情况确定，一经确定，不得随意变更。

第十五条　单位应当建立健全内部控制关键岗位责任制，明确岗位职责及分工，确保不相容岗位相互分离、相互制约和相互监督。单位应当实行内部控制关键岗位工作人员的轮岗制度，明确轮岗周期。不具备轮岗条件的单位应当采取专项审计等控制措施。

内部控制关键岗位主要包括预算业务管理、收支业务管理、政府采购业务管理、资产管理、建设项目管理、合同管理以及内部监督等经济活动的关键岗位。

第十六条　内部控制关键岗位工作人员应当具备与其工作岗位相适应的资格和能力。

单位应当加强内部控制关键岗位工作人员业务培训和职业道德教育，不断提升其业务水平和综合素质。

第十七条　单位应当根据《中华人民共和国会计法》的规定建立会计机构，配备具有相应资格和能力的会计人员。单位应当根据实际发生的经济业务事项按照国家统一的会计制度及时进行账务处理、编制财务会计报告，确保财务信息真实、完整。

第十八条　单位应当充分运用现代科学技术手段加强内部控制。对信息系统建设实施归口管理，将经济活动及其内部控制流程嵌入单位信息系统中，减少或消除人为操纵因素，保护信息安全。

第四章　业务层面内部控制

第一节　预算业务控制

第十九条　单位应当建立健全预算编制、审批、执行、决算与评价等预算内部管理制度。

单位应当合理设置岗位，明确相关岗位的职责权限，确保预算编制、审批、执行、评价等不相容岗位相互分离。

第二十条　单位的预算编制应当做到程序规范、方法科学、编制及时、内容完整、项目细化、数据准确。

（一）单位应当正确把握预算编制有关政策，确保预算编制相关人员及时全面掌握相关规定。

（二）单位应当建立内部预算编制、预算执行、资产管理、基建管理、人事管理等部门或岗位的沟通协调机制，按照规定进行项目评审，确保预算编制部门及时取得和有效运用与预算编制相关的信息，根据工作计划细化预算编制，提高预算编制的科学性。

第二十一条　单位应当根据内设部门的职责和分工，对按照法定程序批复的预算在单位内部进行指标分解、审批下达，规范内部预算追加调整程序，发挥预算对经济活动的管控作用。

第二十二条 单位应当根据批复的预算安排各项收支，确保预算严格有效执行。

单位应当建立预算执行分析机制。定期通报各部门预算执行情况，召开预算执行分析会议，研究解决预算执行中存在的问题，提出改进措施，提高预算执行的有效性。

第二十三条 单位应当加强决算管理，确保决算真实、完整、准确、及时，加强决算分析工作，强化决算分析结果运用，建立健全单位预算与决算相互反映、相互促进的机制。

第二十四条 单位应当加强预算绩效管理，建立"预算编制有目标、预算执行有监控、预算完成有评价、评价结果有反馈、反馈结果有应用"的全过程预算绩效管理机制。

第二节 收支业务控制

第二十五条 单位应当建立健全收入内部管理制度。

单位应当合理设置岗位，明确相关岗位的职责权限，确保收款、会计核算等不相容岗位相互分离。

第二十六条 单位的各项收入应当由财会部门归口管理并进行会计核算，严禁设立账外账。

业务部门应当在涉及收入的合同协议签订后及时将合同等有关材料提交财会部门作为账务处理依据，确保各项收入应收尽收，及时入账。财会部门应当定期检查收入金额是否与合同约定相符；对应收未收项目应当查明情况，明确责任主体，落实催收责任。

第二十七条 有政府非税收入收缴职能的单位，应当按照规定项目和标准征收政府非税收入，按照规定开具财政票据，做到收缴分离、票款一致，并及时、足额上缴国库或财政专户，不得以任何形式截留、挪用或者私分。

第二十八条 单位应当建立健全票据管理制度。财政票据、发票等各类票据的申领、启用、核销、销毁均应履行规定手续。单位应当按照规定设置票据专管员，建立票据台账，做好票据的保管和序时登记工作。票据应当按照顺序号使用，不得拆本使用，做好废旧票据管理。负责保管票据的人员要配置单独的保险柜等保管设备，并做到人走柜锁。

单位不得违反规定转让、出借、代开、买卖财政票据、发票等票据，不得擅自扩大票据适用范围。

第二十九条 单位应当建立健全支出内部管理制度，确定单位经济活动的各项支出标准，明确支出报销流程，按照规定办理支出事项。单位应当合理设置岗位，明确相关岗位的职责权限，确保支出申请和内部审批、付款审批和付款执行、业务经办和会计核算等不相容岗位相互分离。

第三十条 单位应当按照支出业务的类型，明确内部审批、审核、支付、核算和归档等支出各关键岗位的职责权限。实行国库集中支付的，应当严格按照财政国库管理制度有关规定执行。

（一）加强支出审批控制。明确支出的内部审批权限、程序、责任和相关控制措施。审批人应当在授权范围内审批，不得越权审批。

（二）加强支出审核控制。全面审核各类单据。重点审核单据来源是否合法，内容是否真实、完整，使用是否准确，是否符合预算，审批手续是否齐全。

支出凭证应当附反映支出明细内容的原始单据，并由经办人员签字或盖章，超出规定标准的支出事项应由经办人员说明原因并附审批依据，确保与经济业务事项相符。

（三）加强支付控制。明确报销业务流程，按照规定办理资金支付手续。签发的支付凭证应当进行登记。使用公务卡结算的，应当按照公务卡使用和管理有关规定办理业务。

（四）加强支出的核算和归档控制。由财会部门根据支出凭证及时准确登记账簿；与支出业务相关的合同等材料应当提交财会部门作为账务处理的依据。

第三十一条　根据国家规定可以举借债务的单位应当建立健全债务内部管理制度，明确债务管理岗位的职责权限，不得由一人办理债务业务的全过程。大额债务的举借和偿还属于重大经济事项，应当进行充分论证，并由单位领导班子集体研究决定。

单位应当做好债务的会计核算和档案保管工作。加强债务的对账和检查控制，定期与债权人核对债务余额，进行债务清理，防范和控制财务风险。

第三节　政府采购业务控制

第三十二条　单位应当建立健全政府采购预算与计划管理、政府采购活动管理、验收管理等政府采购内部管理制度。

第三十三条　单位应当明确相关岗位的职责权限，确保政府采购需求制定与内部审批、招标文件准备与复核、合同签订与验收、验收与保管等不相容岗位相互分离。

第三十四条　单位应当加强对政府采购业务预算与计划的管理。建立预算编制、政府采购和资产管理等部门或岗位之间的沟通协调机制。根据本单位实际需求和相关标准编制政府采购预算，按照已批复的预算安排政府采购计划。

第三十五条　单位应当加强对政府采购活动的管理。对政府采购活动实施归口管理，在政府采购活动中建立政府采购、资产管理、财会、内部审计、纪检监察等部门或岗位相互协调、相互制约的机制。

单位应当加强对政府采购申请的内部审核，按照规定选择政府采购方式、发布政府采购信息。对政府采购进口产品、变更政府采购方式等事项应当加强内部审核，严格履行审批手续。

第三十六条　单位应当加强对政府采购项目验收的管理。根据规定的验收制度和政府采购文件，由指定部门或专人对所购物品的品种、规格、数量、质量和其他相关内容进行验收，并出具验收证明。

第三十七条　单位应当加强对政府采购业务质疑投诉答复的管理。指定牵头部门负责、相关部门参加，按照国家有关规定做好政府采购业务质疑投诉答复工作。

第三十八条　单位应当加强对政府采购业务的记录控制。妥善保管政府采购预算与计划、各类批复文件、招标文件、投标文件、评标文件、合同文本、验收证明等政府采购业务相关资料。定期对政府采购业务信息进行分类统计，并在内部进行通报。

第三十九条　单位应当加强对涉密政府采购项目安全保密的管理。对于涉密政府采购项目，单位应当与相关供应商或采购中介机构签订保密协议或者在合同中设定保密条款。

第四节　资产控制

第四十条　单位应当对资产实行分类管理，建立健全资产内部管理制度。

单位应当合理设置岗位，明确相关岗位的职责权限，确保资产安全和有效使用。

第四十一条　单位应当建立健全货币资金管理岗位责任制，合理设置岗位，不得由一人办理货币资金业务的全过程，确保不相容岗位相互分离。

（一）出纳不得兼管稽核、会计档案保管和收入、支出、债权、债务账目的登记工作。

（二）严禁一人保管收付款项所需的全部印章。财务专用章应当由专人保管，个人名章应当由本人或其授权人员保管。负责保管印章的人员要配置单独的保管设备，并做到人走柜锁。

（三）按照规定应当由有关负责人签字或盖章的，应当严格履行签字或盖章手续。

第四十二条　单位应当加强对银行账户的管理，严格按照规定的审批权限和程序开立、变更和撤销银行账户。

第四十三条 单位应当加强货币资金的核查控制。指定不办理货币资金业务的会计人员定期和不定期抽查盘点库存现金,核对银行存款余额,抽查银行对账单、银行日记账及银行存款余额调节表,核对是否账实相符、账账相符。对调节不符、可能存在重大问题的未达账项应当及时查明原因,并按照相关规定处理。

第四十四条 单位应当加强对实物资产和无形资产的管理,明确相关部门和岗位的职责权限,强化对配置、使用和处置等关键环节的管控。

(一)对资产实施归口管理。明确资产使用和保管责任人,落实资产使用人在资产管理中的责任。贵重资产、危险资产、有保密等特殊要求的资产,应当指定专人保管、专人使用,并规定严格的接触限制条件和审批程序。

(二)按照国有资产管理相关规定,明确资产的调剂、租借、对外投资、处置的程序、审批权限和责任。

(三)建立资产台账,加强资产的实物管理。单位应当定期清查盘点资产,确保账实相符。财会、资产管理、资产使用等部门或岗位应当定期对账,发现不符的,应当及时查明原因,并按照相关规定处理。

(四)建立资产信息管理系统,做好资产的统计、报告、分析工作,实现对资产的动态管理。

第四十五条 单位应当根据国家有关规定加强对对外投资的管理。

(一)合理设置岗位,明确相关岗位的职责权限,确保对外投资的可行性研究与评估、对外投资决策与执行、对外投资处置的审批与执行等不相容岗位相互分离。

(二)单位对外投资,应当由单位领导班子集体研究决定。

(三)加强对投资项目的追踪管理,及时、全面、准确地记录对外投资的价值变动和投资收益情况。

(四)建立责任追究制度。对在对外投资中出现重大决策失误、未履行集体决策程序和不按规定执行对外投资业务的部门及人员,应当追究相应的责任。

第五节 建设项目控制

第四十六条 单位应当建立健全建设项目内部管理制度。

单位应当合理设置岗位,明确内部相关部门和岗位的职责权限,确保项目建议和可行性研究与项目决策、概预算编制与审核、项目实施与价款支付、竣工决算与竣工审计等不相容岗位相互分离。

第四十七条 单位应当建立与建设项目相关的议事决策机制,严禁任何个人单独决策或者擅自改变集体决策意见。决策过程及各方面意见应当形成书面文件,与相关资料一同妥善归档保管。

第四十八条 单位应当建立与建设项目相关的审核机制。项目建议书、可行性研究报告、概预算、竣工决算报告等应当由单位内部的规划、技术、财会、法律等相关工作人员或者根据国家有关规定委托具有相应资质的中介机构进行审核,出具评审意见。

第四十九条 单位应当依据国家有关规定组织建设项目招标工作,并接受有关部门的监督。

单位应当采取签订保密协议、限制接触等必要措施,确保标底编制、评标等工作在严格保密的情况下进行。

第五十条 单位应当按照审批单位下达的投资计划和预算对建设项目资金实行专款专用,严禁截留、挪用和超批复内容使用资金。财会部门应当加强与建设项目承建单位的沟通,准确掌握建设进度,加强价款支付审核,按照规定办理价款结算。实行国库集中支付的建设项目,单位应当按照财政国库管理制度相关规定支付资金。

第五十一条 单位应当加强对建设项目档案的管理。做好相关文件、材料的收集、整理、归档和保管工作。

第五十二条 经批准的投资概算是工程投资的最高限额,如有调整,应当按照国家有关规定报经批准。

单位建设项目工程洽商和设计变更应当按照有关规定履行相应的审批程序。

第五十三条 建设项目竣工后,单位应当按照规定的时限及时办理竣工决算,组织竣工决算审计,并根据批复的竣工决算和有关规定办理建设项目档案和资产移交等工作。

建设项目已实际投入使用但超时限未办理竣工决算的,单位应当根据对建设项目的实际投资暂估入账,转作相关资产管理。

第六节 合同控制

第五十四条 单位应当建立健全合同内部管理制度。

单位应当合理设置岗位,明确合同的授权审批和签署权限,妥善保管和使用合同专用章,严禁未经授权擅自以单位名义对外签订合同,严禁违规签订担保、投资和借贷合同。

单位应当对合同实施归口管理,建立财会部门与合同归口管理部门的沟通协调机制,实现合同管理与预算管理、收支管理相结合。

第五十五条 单位应当加强对合同订立的管理,明确合同订立的范围和条件。对于影响重大、涉及较高专业技术或法律关系复杂的合同,应当组织法律、技术、财会等工作人员参与谈判,必要时可聘请外部专家参与相关工作。谈判过程中的重要事项和参与谈判人员的主要意见,应当予以记录并妥善保管。

第五十六条 单位应当对合同履行情况实施有效监控。合同履行过程中,因对方或单位自身原因导致可能无法按时履行的,应当及时采取应对措施。

单位应当建立合同履行监督审查制度。对合同履行中签订补充合同,或变更、解除合同等应当按照国家有关规定进行审查。

第五十七条 财会部门应当根据合同履行情况办理价款结算和进行账务处理。未按照合同条款履约的,财会部门应当在付款之前向单位有关负责人报告。

第五十八条 合同归口管理部门应当加强对合同登记的管理,定期对合同进行统计、分类和归档,详细登记合同的订立、履行和变更情况,实行对合同的全过程管理。与单位经济活动相关的合同应当同时提交财会部门作为账务处理的依据。

单位应当加强合同信息安全保密工作,未经批准,不得以任何形式泄露合同订立与履行过程中涉及的国家秘密、工作秘密或商业秘密。

第五十九条 单位应当加强对合同纠纷的管理。合同发生纠纷的,单位应当在规定时效内与对方协商谈判。合同纠纷协商一致的,双方应当签订书面协议;合同纠纷经协商无法解决的,经办人员应向单位有关负责人报告,并根据合同约定选择仲裁或诉讼方式解决。

第五章 评价与监督

第六十条 单位应当建立健全内部监督制度,明确各相关部门或岗位在内部监督中的职责权限,规定内部监督的程序和要求,对内部控制建立与实施情况进行内部监督检查和自我评价。

内部监督应当与内部控制的建立和实施保持相对独立。

第六十一条 内部审计部门或岗位应当定期或不定期检查单位内部管理制度和机制的建立与

执行情况,以及内部控制关键岗位及人员的设置情况等,及时发现内部控制存在的问题并提出改进建议。

第六十二条 单位应当根据本单位实际情况确定内部监督检查的方法、范围和频率。

第六十三条 单位负责人应当指定专门部门或专人负责对单位内部控制的有效性进行评价并出具单位内部控制自我评价报告。

第六十四条 国务院财政部门及其派出机构和县级以上地方各级人民政府财政部门应当对单位内部控制的建立和实施情况进行监督检查,有针对性地提出检查意见和建议,并督促单位进行整改。

国务院审计机关及其派出机构和县级以上地方各级人民政府审计机关对单位进行审计时,应当调查了解单位内部控制建立和实施的有效性,揭示相关内部控制的缺陷,有针对性地提出审计处理意见和建议,并督促单位进行整改。

第六章 附 则

第六十五条 本规范自2014年1月1日起施行。

2. 关于全面推进行政事业单位内部控制建设的指导意见

财会〔2015〕24号

党中央有关部门，国务院各部委、各直属机构，全国人大常委会办公厅，全国政协办公厅，高法院，高检院，各民主党派中央，有关人民团体，各省、自治区、直辖市、计划单列市财政厅（局），新疆生产建设兵团财务局：

内部控制是保障组织权力规范有序、科学高效运行的有效手段，也是组织目标实现的长效保障机制。自《行政事业单位内部控制规范（试行）》（财会〔2012〕21号，以下简称《单位内控规范》）发布实施以来，各行政事业单位积极推进内部控制建设，取得了初步成效。但也存在部分单位重视不够、制度建设不健全、发展水平不平衡等问题。党的十八届四中全会通过的《中共中央关于全面推进依法治国若干重大问题的决定》明确提出："对财政资金分配使用、国有资产监管、政府投资、政府采购、公共资源转让、公共工程建设等权力集中的部门和岗位实行分事行权、分岗设权、分级授权，定期轮岗，强化内部流程控制，防止权力滥用"，为行政事业单位加强内部控制建设指明了方向。为认真贯彻落实党的十八届四中全会精神，现对全面推进行政事业单位内部控制建设提出以下指导意见。

一、总体要求

（一）指导思想

高举中国特色社会主义伟大旗帜，认真贯彻落实党的十八大和十八届三中、四中、五中全会精神，深入贯彻习近平总书记系列重要讲话精神，全面推进行政事业单位内部控制建设，规范行政事业单位内部经济和业务活动，强化对内部权力运行的制约，防止内部权力滥用，建立健全科学高效的制约和监督体系，促进单位公共服务效能和内部治理水平不断提高，为实现国家治理体系和治理能力现代化奠定坚实基础、提供有力支撑。

（二）基本原则

1. 坚持全面推进。行政事业单位（以下简称单位）应当按照党的十八届四中全会决定关于强化内部控制的精神和《单位内控规范》的具体要求，全面建立、有效实施内部控制，确保内部控制覆盖单位经济和业务活动的全范围，贯穿内部权力运行的决策、执行和监督全过程，规范单位内部各层级的全体人员。

2. 坚持科学规划。单位应当科学运用内部控制机制原理，结合自身的业务性质、业务范围、管理架构，合理界定岗位职责、业务流程和内部权力运行结构，依托制度规范和信息系统，将制约内部权力运行嵌入内部控制的各个层级、各个方面、各个环节。

3. 坚持问题导向。单位应当针对内部管理薄弱环节和风险隐患，特别是涉及内部权力集中的财政资金分配使用、国有资产监管、政府投资、政府采购、公共资源转让、公共工程建设等重点领域和关键岗位，合理配置权责，细化权力运行流程，明确关键控制节点和风险评估要求，提高内部控制的针对性和有效性。

4. 坚持共同治理。充分发挥内部控制与其他内部监督机制的相互促进作用，形成监管合力，优化监督效果；充分发挥政府、单位、社会和市场的各自作用，各级财政部门要加强统筹规划、督促指导，主动争取审计、监察等部门的支持，共同推动内部控制建设和有效实施；单位要切实履行内部控制建设的主体责任；要建立公平、公开、公正的市场竞争和激励机制，鼓励社会第三方参与单位内部控制建设和发挥外部监督作用，形成单位内部控制建设的合力。

（三）总体目标

以单位全面执行《单位内控规范》为抓手，以规范单位经济和业务活动有序运行为主线，以内部控制量化评价为导向，以信息系统为支撑，突出规范重点领域、关键岗位的经济和业务活动运行流程、制约措施，逐步将控制对象从经济活动层面拓展到全部业务活动和内部权力运行，到2020年，基本建成与国家治理体系和治理能力现代化相适应的，权责一致、制衡有效、运行顺畅、执行有力、管理科学的内部控制体系，更好发挥内部控制在提升内部治理水平、规范内部权力运行、促进依法行政、推进廉政建设中的重要作用。

二、主要任务

（一）健全内部控制体系，强化内部流程控制

单位应当按照内部控制要求，在单位主要负责人直接领导下，建立适合本单位实际情况的内部控制体系，全面梳理业务流程，明确业务环节，分析风险隐患，完善风险评估机制，制定风险应对策略；有效运用不相容岗位相互分离、内部授权审批控制、归口管理、预算控制、财产保护控制、会计控制、单据控制、信息内部公开等内部控制基本方法，加强对单位层面和业务层面的内部控制，实现内部控制体系全面、有效实施。

已经建立并实施内部控制的单位，应当按照本指导意见和《单位内控规范》要求，对本单位内部控制制度的全面性、重要性、制衡性、适应性和有效性进行自我评价、对照检查，并针对存在的问题，抓好整改落实，进一步健全制度，提高执行力，完善监督措施，确保内部控制有效实施。内部控制尚未建立或内部控制制度不健全的单位，必须于2016年年底前完成内部控制的建立和实施工作。

（二）加强内部权力制衡，规范内部权力运行

分事行权、分岗设权、分级授权和定期轮岗，是制约权力运行、加强内部控制的基本要求和有效措施。单位应当根据自身的业务性质、业务范围、管理架构，按照决策、执行、监督相互分离、相互制衡的要求，科学设置内设机构、管理层级、岗位职责权限、权力运行规程，切实做到分事行权、分岗设权、分级授权，并定期轮岗。分事行权，就是对经济和业务活动的决策、执行、监督，必须明确分工、相互分离、分别行权，防止职责混淆、权限交叉；分岗设权，就是对涉及经济和业务活动的相关岗位，必须依职定岗、分岗定权、权责明确，防止岗位职责不清、设权界限混乱；分级授权，就是对各管理层级和各工作岗位，必须依法依规分别授权，明确授权范围、授权对象、授权期限、授权与行权责任、一般授权与特殊授权界限，防止授权不当、越权办事。同时，对重点领域的关键岗位，在健全岗位设置、规范岗位管理、加强岗位胜任能力评估的基础上，通过明确轮岗范围、轮岗条件、轮岗周期、交接流程、责任追溯等要求，建立干部交流和定期轮岗制度，不具备轮岗条件的单位应当采用专项审计等控制措施。对轮岗后发现原工作岗位存在失职或违法违纪行为的，应当按国家有关规定追责。

（三）建立内控报告制度，促进内控信息公开

针对内部控制建立和实施的实际情况，单位应当按照《单位内控规范》的要求积极开展内部控制自我评价工作。单位内部控制自我评价情况应当作为部门决算报告和财务报告的重要组成内容进行报告。积极推进内部控制信息公开，通过面向单位内部和外部定期公开内部控制相关信息，逐步建立规范有序、及时可靠的内部控制信息公开机制，更好发挥信息公开对内部控制建设的促进和监督作用。

(四)加强监督检查工作,加大考评问责力度

监督检查和自我评价,是内部控制得以有效实施的重要保障。单位应当建立健全内部控制的监督检查和自我评价制度,通过日常监督和专项监督,检查内部控制实施过程中存在的突出问题、管理漏洞和薄弱环节,进一步改进和加强内部控制;通过自我评价,评估内部控制的全面性、重要性、制衡性、适应性和有效性,进一步改进和完善内部控制。同时,单位要将内部监督、自我评价与干部考核、追责问责结合起来,并将内部监督、自我评价结果采取适当的方式予以内部公开,强化自我监督、自我约束的自觉性,促进自我监督、自我约束机制的不断完善。

三、保障措施

(一)加强组织领导

各地区、各部门要充分认识全面推进行政事业单位内部控制建设的重要意义,把制约内部权力运行、强化内部控制,作为当前和今后一个时期的重要工作来抓,切实加强对单位内部控制建设的组织领导,建立健全由财政、审计、监察等部门参与的协调机制,协同推进内部控制建设和监督检查工作。同时,积极探索建立单位财务报告内部控制实施情况注册会计师审计制度,将单位内部控制建设纳入制度化、规范化轨道。

(二)抓好贯彻落实

单位要按照本指导意见确定的总体要求、主要任务和时间表,认真抓好内部控制建设,确保制度健全、执行有力、监督到位。单位主要负责人应当主持制定工作方案,明确工作分工,配备工作人员,健全工作机制,充分利用信息化手段,组织、推动本单位内部控制建设,并对建立与实施内部控制的有效性承担领导责任。

(三)强化督导检查

各级财政部门要加强对单位内部控制建立与实施情况的监督检查,公开监督检查结果,并将监督检查结果、内部控制自我评价情况和注册会计师审计情况作为安排财政预算、实施预算绩效评价与中期财政规划的参考依据。同时,加强与审计、监察等部门的沟通协调和信息共享,形成监督合力,避免重复检查。

(四)深入宣传教育

各地区、各部门、各单位要加大宣传教育力度,广泛宣传制约内部权力运行、强化内部控制的必要性和紧迫性,广泛宣传相关先进经验和典型做法,引导单位广大干部职工自觉提高风险防范和抵制权力滥用意识,确保权力规范有序运行。同时,要加强对单位领导干部和工作人员有关制约内部权力运行、强化内部控制方面的教育培训,为全面推进行政事业单位内部控制建设营造良好的环境和氛围。

财政部
2015年12月21日

3. 行政事业单位内部控制报告管理制度（试行）

财会〔2017〕1号

第一章 总 则

第一条 为贯彻落实党的十八届四中全会通过的《中共中央关于全面推进依法治国若干重大问题的决定》的有关精神，进一步加强行政事业单位内部控制建设，规范行政事业单位内部控制报告的编制、报送、使用及报告信息质量的监督检查等工作，促进行政事业单位内部控制信息公开，提高行政事业单位内部控制报告质量，根据《财政部关于全面推进行政事业单位内部控制建设的指导意见》（财会〔2015〕24号，以下简称《指导意见》）和《行政事业单位内部控制规范（试行）》（财会〔2012〕21号，以下简称《单位内部控制规范》）等，制定本制度。

第二条 本制度适用于所有行政事业单位。

本制度所称行政事业单位包括各级党的机关、人大机关、行政机关、政协机关、审判机关、检察机关、各民主党派机关、人民团体和事业单位。

第三条 本制度所称内部控制报告，是指行政事业单位在年度终了，结合本单位实际情况，依据《指导意见》和《单位内部控制规范》，按照本制度规定编制的能够综合反映本单位内部控制建立与实施情况的总结性文件。

第四条 行政事业单位编制内部控制报告应当遵循下列原则：

（一）全面性原则

内部控制报告应当包括行政事业单位内部控制的建立与实施、覆盖单位层面和业务层面各类经济业务活动，能够综合反映行政事业单位的内部控制建设情况。

（二）重要性原则

内部控制报告应当重点关注行政事业单位重点领域和关键岗位，突出重点、兼顾一般，推动行政事业单位围绕重点开展内部控制建设，着力防范可能产生的重大风险。

（三）客观性原则

内部控制报告应当立足于行政事业单位的实际情况，坚持实事求是，真实、完整地反映行政事业单位内部控制建立与实施情况。

（四）规范性原则

行政事业单位应当按照财政部规定的统一报告格式及信息要求编制内部控制报告，不得自行修改或删减报告及附表格式。

第五条 行政事业单位是内部控制报告的责任主体。

单位主要负责人对本单位内部控制报告的真实性和完整性负责。

第六条 行政事业单位应当根据本制度，结合本单位内部控制建立与实施的实际情况，明确相关内设机构、管理层级及岗位的职责权限，按照规定的方法、程序和要求，有序开展内部控制报告的编制、审核、报送、分析使用等工作。

第七条 内部控制报告编报工作按照"统一部署、分级负责、逐级汇总、单向报送"的方式，由财政部统一部署，各地区、各垂直管理部门分级组织实施并以自下而上的方式逐级汇总，非垂直管理部门向同级财政部门报送，各行政事业单位按照行政管理关系向上级行政主管部门单向报送。

第二章 内部控制报告编报工作的组织

第八条 财政部负责组织实施全国行政事业单位内部控制报告编报工作。其职责主要是制定行政事业单位内部控制报告的有关规章制度及全国统一的行政事业单位内部控制报告格式，布置全国行政事业单位内部控制年度报告编报工作并开展相关培训，组织和指导全国行政事业单位内部控制报告的收集、审核、汇总、报送、分析使用，组织开展全国行政事业单位内部控制报告信息质量的监督检查工作，组织和指导全国行政事业单位内部控制考核评价工作，建立和管理全国行政事业单位内部控制报告数据库等工作。

第九条 地方各级财政部门负责组织实施本地区行政事业单位内部控制报告编报工作，并对本地区内部控制汇总报告的真实性和完整性负责。其职责主要是布置本地区行政事业单位内部控制年度报告编报工作并开展相关培训，组织和指导本地区行政事业单位内部控制报告的收集、审核、汇总、报送、分析使用，组织和开展本地区行政事业单位内部控制报告信息质量的监督检查工作，组织和指导本地区行政事业单位内部控制考核评价工作，建立和管理本地区行政事业单位内部控制报告数据库等工作。

第十条 各行政主管部门（以下简称各部门）应当按照财政部门的要求，负责组织实施本部门行政事业单位内部控制报告编报工作，并对本部门内部控制汇总报告的真实性和完整性负责。其职责主要是布置本部门行政事业单位内部控制年度报告编报工作并开展相关培训，组织和指导本部门行政事业单位内部控制报告的收集、审核、汇总、报送、分析使用，组织和开展本部门行政事业单位内部控制报告信息质量的监督检查工作，组织和指导本部门行政事业单位内部控制考核评价工作，建立和管理本部门行政事业单位内部控制报告数据库。

第三章 行政事业单位内部控制报告的编制与报送

第十一条 年度终了，行政事业单位应当按照本制度的有关要求，根据本单位当年内部控制建设工作的实际情况及取得的成效，以能够反映内部控制工作基本事实的相关材料为支撑，按照财政部发布的统一报告格式编制内部控制报告，经本单位主要负责人审批后对外报送。

第十二条 行政事业单位能够反映内部控制工作基本事实的相关材料一般包括内部控制领导机构会议纪要、内部控制制度、流程图、内部控制检查报告、内部控制培训会相关材料等。

第十三条 行政事业单位应当在规定的时间内，向上级行政主管部门报送本单位内部控制报告及能够反映本单位内部控制工作基本事实的相关材料。

第四章 部门行政事业单位内部控制报告的编制与报送

第十四条 各部门应当在所属行政事业单位上报的内部控制报告和部门本级内部控制报告的基础上，汇总形成本部门行政事业单位内部控制报告。

第十五条 各部门汇总的行政事业单位内部控制报告应当以所属行政事业单位上报的信息为准，不得虚报、瞒报和随意调整。

第十六条 各部门应当在规定的时间内，向同级财政部门报送本部门行政事业单位内部控制报告。

第五章 地区行政事业单位内部控制报告的编制与报送

第十七条 地方各级财政部门应当在下级财政部门上报的内部控制报告和本地区部门内部控

制报告的基础上，汇总形成本地区行政事业单位内部控制报告。

第十八条　地方各级财政部门汇总的本地区行政事业单位内部控制报告应当以本地区部门和下级财政部门上报的信息为准，不得虚报、瞒报和随意调整。

第十九条　地方各级财政部门应当在规定的时间内，向上级财政部门逐级报送本地区行政事业单位内部控制报告。

第六章　行政事业单位内部控制报告的使用

第二十条　行政事业单位应当加强对本单位内部控制报告的使用，通过对内部控制报告中反映的信息进行分析，及时发现内部控制建设工作中存在的问题，进一步健全制度，提高执行力，完善监督措施，确保内部控制有效实施。

第二十一条　各地区、各部门应当加强对行政事业单位内部控制报告的分析，强化分析结果的反馈和使用，切实规范和改进财政财务管理，更好发挥对行政事业单位内部控制建设的促进和监督作用。

第七章　行政事业单位内部控制报告的监督检查

第二十二条　各地区、各部门汇总的内部控制报告报送后，各级财政部门、各部门应当组织开展对所报送的内部控制报告内容的真实性、完整性和规范性进行监督检查。

第二十三条　行政事业单位内部控制报告信息质量的监督检查工作采取"统一管理、分级实施"原则。中央部门内部控制报告信息质量监督检查工作由财政部组织实施，各地区行政事业单位内部控制报告信息质量监督检查工作由同级财政部门按照统一的工作要求分级组织实施，各部门所属行政事业单位内部控制报告信息质量监督检查由本部门组织实施。

第二十四条　行政事业单位内部控制报告信息质量的监督检查应按规定采取适当的方式来确定对象，并对内部控制报告存在明显质量问题或以往年份监督检查不合格单位进行重点核查。

第二十五条　各地区、各部门应当认真组织落实本地区（部门）的行政事业单位内部控制报告编报工作，加强对内部控制报告编报工作的考核。

第二十六条　行政事业单位应当认真、如实编制内部控制报告，不得漏报、瞒报有关内部控制信息，更不得编造虚假内部控制信息；单位负责人不得授意、指使、强令相关人员提供虚假内部控制信息，不得对拒绝、抵制编造虚假内部控制信息的人员进行打击报复。

第二十七条　对于违反规定、提供虚假内部控制信息的单位及相关负责人，按照《中华人民共和国会计法》《中华人民共和国预算法》《财政违法行为处罚处分条例》等有关法律法规规定追究责任。

各级财政部门及其工作人员在行政事业单位内部控制报告管理工作中，存在滥用职权、玩忽职守、徇私舞弊等违法违纪行为的，按照《公务员法》《行政监察法》《财政违法行为处罚处分条例》等国家有关规定追究相应责任；涉嫌犯罪的，移送司法机关处理。

第八章　附　则

第二十八条　各地区、各部门可依据本制度，结合工作实际，制定相应的实施细则。

第二十九条　本制度自2017年3月1日起施行。

4. 关于开展2022年度行政事业单位内部控制报告编报工作的通知

财会〔2023〕6号

党中央有关部门，国务院各部委、各直属机构，全国人大常委会办公厅，全国政协办公厅，最高人民法院，最高人民检察院，各民主党派中央，有关人民团体，各省、自治区、直辖市、计划单列市财政厅（局），新疆生产建设兵团财政局，财政部各地监管局：

为贯彻落实中央办公厅、国务院办公厅《关于进一步加强财会监督工作的意见》的有关要求，健全财会监督体制，提升财会监督效能，完善内部控制体系建设，扎实做好2022年度全国各级各类行政事业单位内部控制报告编报工作，现就有关事项通知如下：

一、总体要求

（一）提高政治站位，加强组织协调。各地区、各部门、各单位要切实提高政治站位，落实内部财会监督主体责任，积极推进单位内部控制体系建设和内部控制报告编报工作。各地区、各部门要切实加强对本地区（部门）内部控制报告编报工作的组织领导，完善工作机制，制定工作方案，明确时间节点，层层压实责任，确保符合条件的行政事业单位"应报尽报"，有序推进内部控制报告的编制、汇总、审核、报送、分析、应用等各项工作。同时做好内部控制报告与部门决算、预算绩效管理、政府采购、行政事业性国有资产报告等工作的统筹协调，确保同口径数据的协调一致性。

（二）加强审核检查，提高编报质量。各单位应当根据2022年度内部控制建设的实际情况、存在的问题和取得的成效，以能够反映本单位内部控制真实情况的相关材料为支撑，科学准确编制本单位《2022年度行政事业单位内部控制报告》（见附件1）。加强内部控制报告审核工作，在内部控制报告中填报审核情况。未经审核的内部控制报告不得汇总上报。各级汇总单位应当对本级及所属单位内部控制报告进行汇总审核，编制并报送《2022年度地区（部门）汇总内部控制报告》（见附件2）。各地区、各部门应当抽取一定比例的所属单位，对其内控报告的编报质量进行检查，重点关注内部控制报告内容的真实性、完整性、规范性。

（三）强化分析应用，做好问题整改。各地区、各部门应当积极开展本地区（部门）内部控制报告的专题分析、问题整改和成果应用工作，总结经验做法和取得成效，挖掘内部控制在完善单位管理制度、绩效管理、监督问责、干部选拔任用等方面的应用价值，同时针对内部控制报告反映的有关问题，督促各单位及时制定整改措施，进一步完善内部控制体系。

（四）落实保密责任，严守保密规定。各地区、各部门、各单位应当高度重视内部控制报告的安全保密工作。按照"谁产生、谁定密"的原则，由报送主体确定报告内容是否涉及敏感信息或涉密信息。凡通过网络方式报送的内部控制报告，应当按照规定进行脱敏脱密处理；涉及的敏感信息，应当通过单机版软件填报，并通过光盘、纸质等介质离线报送；严禁报送涉密信息。

二、编报要求

（一）中央部门。各中央单位应当于2023年4月20日后通过财政部统一报表平台（https://tybb.mof.gov.cn）上的2022年度行政事业单位内部控制报告填报系统开展编报工作。各中央部门应当于2023年6月30日前完成本部门所属单位内部控制报告的审核汇总（汇总单位数量大于1000家的部门可延至2023年7月31日），并在填报系统中上传汇总内部控制报告的可编辑版本及加盖签章的封面扫描件。内部控制报告应当由本部门主要负责人签章，并加盖公章。

中央垂直管理部门应当按照垂直管理要求，审核并汇总本系统所属各级单位的内部控制报告。

中央驻地方各预算单位在向上级主管部门报送内部控制报告的同时，还应当将本单位（含下级预算单位）内部控制报告抄送财政部当地监管局。

根据中共中央、国务院印发的《党和国家机构改革方案》，新组建部门不编报2022年度内部控制报告；涉及部分职能划转的部门正常编报2022年度内部控制报告；职能整体划转不再保留的部门，在2023年6月30日前完成机构改革的，不编报2022年度内部控制报告，在2023年6月30日后完成机构改革的，正常编报2022年度内部控制报告。

（二）地方财政部门。各地方单位应当按照各省级财政部门规定的时间和要求，在本地二级部署的统一报表平台上开展编报工作。各省、自治区、直辖市、计划单列市和新疆生产建设兵团财政厅（局）应当于2023年7月31日前完成对下级财政部门上报的地区行政事业单位内部控制报告及同级行政事业单位内部控制报告的审核和汇总工作，并在填报系统中上传汇总内部控制报告的可编辑版本及加盖签章的封面扫描件。汇总内部控制报告应当由财政厅（局）主要负责人签章，并加盖公章。

（三）财政部各地监管局。各地监管局应当通过财政部统一报表平台（https://tybb.mof.gov.cn）全面掌握辖区范围内中央驻地方预算单位的内部控制报告编报情况，并结合预算监管工作以及日常监管发现的问题，通过查阅佐证附件、调研访谈、穿行测试等方式，选取部分中央驻地方预算单位内部控制报告编报情况进行核查，重点关注内部控制报告内容的真实性、完整性和规范性。各地监管局应当根据辖区范围内中央驻地方预算单位的内部控制报告编报情况和核查情况，形成辖区范围内中央驻地方预算单位内部控制报告编报情况分析评价报告，并于2023年8月31日前将分析评价报告报送财政部会计司，并抄送预算司、监督评价局。分析评价报告应当包括辖区范围内中央驻地方预算单位内部控制报告的报送情况、编报质量、核查情况、主要问题和有关意见建议等。分析评价报告将作为对有关中央垂直管理部门内部控制报告编报工作评价的参考依据。

三、其他事项

（一）编报资料。各地区、各部门、各单位可于2023年4月20日后从财政部网站会计司频道（http://kjs.mof.gov.cn/）"在线服务"栏目中下载查阅内部控制报告填写说明、系统填报操作手册、讲解视频、单机版软件等编报资料。

（二）单机版编报。不宜采用网络方式填报的单位，请于2023年4月20日后在财政部网站会计司频道（http://kjs.mof.gov.cn/）"在线服务"栏目下载单机版软件填报。采用单机版报送的地区（部门）应当将从单机版填报软件中导出的各单位电子版内部控制报告，以及汇总内部控制报告的可编辑版本及加盖签章的封面扫描件报送财政部（会计司）。

（三）总结评价。财政部将适时开展对各地区、各部门内部控制报告的审核工作，并结合各地区、各部门2022年度内部控制报告编报情况，以及财政部各地监管局对中央驻地方预算单位的内部控制报告检查评价情况，对各中央部门、省级财政部门及各地监管局2022年度内部控制报告编报工作进行总结通报。通报结果将纳入财政部对各部门预算管理绩效考核、各地区财政管理绩效考核、各地监管局财政监管工作考核的指标体系。

附件：
1. 2022年度行政事业单位内部控制报告（略）
2. 2022年度地区（部门）汇总内部控制报告（略）

财政部
2023年4月14日

5.关于开展行政事业单位内部控制基础性评价工作的通知

财会〔2016〕11号

党中央有关部门，国务院各部委、各直属机构，全国人大常委会办公厅，全国政协办公厅，高法院，高检院，各民主党派中央，有关人民团体，各省、自治区、直辖市、计划单列市财政厅（局），新疆生产建设兵团财务局：

按照《财政部关于全面推进行政事业单位内部控制建设的指导意见》（财会〔2015〕24号，以下简称《指导意见》）要求，行政事业单位（以下简称单位）应于2016年年底前完成内部控制的建立与实施工作。在行政事业单位范围内全面开展内部控制建设工作，是贯彻落实党的十八届四中全会通过的《中共中央关于全面推进依法治国若干重大问题的决定》的一项重要改革举措。按照中央提出的以钉钉子精神抓好改革落实的要求，为进一步指导和促进各单位有效开展内部控制建立与实施工作，切实落实好《指导意见》，财政部决定以量化评价为导向，开展单位内部控制基础性评价工作。现将有关事项通知如下：

一、工作目标

内部控制基础性评价，是指单位在开展内部控制建设之前，或在内部控制建设的初期阶段，对单位内部控制基础情况进行的"摸底"评价。通过开展内部控制基础性评价工作，一方面，明确单位内部控制的基本要求和重点内容，使各单位在内部控制建设过程中能够做到有的放矢、心中有数，围绕重点工作开展内部控制体系建设；另一方面，旨在发现单位现有内部控制基础的不足之处和薄弱环节，有针对性地建立健全内部控制体系，通过"以评促建"的方式，推动各单位于2016年底前如期完成内部控制建立与实施工作。

二、基本原则

（一）坚持全面性原则

内部控制基础性评价应当贯穿于单位的各个层级，确保对单位层面和业务层面各类经济业务活动的全面覆盖，综合反映单位的内部控制基础水平。

（二）坚持重要性原则

内部控制基础性评价应当在全面评价的基础上，重点关注重要业务事项和高风险领域，特别是涉及内部权力集中的重点领域和关键岗位，着力防范可能产生的重大风险。各单位在选取评价样本时，应根据本单位实际情况，优先选取涉及金额较大、发生频次较高的业务。

（三）坚持问题导向原则

内部控制基础性评价应当针对单位内部管理薄弱环节和风险隐患，特别是已经发生的风险事件及其处理整改情况，明确单位内部控制建立与实施工作的方向和重点。

（四）坚持适应性原则

内部控制基础性评价应立足于单位的实际情况，与单位的业务性质、业务范围、管理架构、经济活动、风险水平及其所处的内外部环境相适应，并采用以单位的基本事实作为主要依据的客观性指标进行评价。

三、工作安排

（一）组织动员

各地区、各部门应当于2016年7月中旬，全面启动本地区（部门）单位内部控制基础性评价工作，研究制订实施方案，广泛动员、精心组织所辖各单位积极开展内部控制基础性评价工作。

（二）开展评价

各单位应当于2016年9月底前，按照《指导意见》的要求，以《行政事业单位内部控制规范（试行）》（财会〔2012〕21号）为依据，在单位主要负责人的直接领导下，按照《行政事业单位内部控制基础性评价指标评分表》及其填表说明（见附件1和附件2），组织开展内部控制基础性评价工作。

除行政事业单位内部控制基础性评价指标体系外，各地区、各部门、各单位也可根据自身性质及业务特点，在评价过程中增加其他与单位内部控制目标相关的评价指标，作为补充评价指标纳入评价范围。补充指标的所属类别、名称、评价要点及评价结果等内容作为特别说明项在《行政事业单位内部控制基础性评价报告》（参考格式见附件3）中单独说明。

（三）评价报告及其使用

各单位应将包括评价得分、扣分情况、特别说明项及下一步工作安排等内容在内的内部控制基础性评价报告向单位主要负责人汇报，以明确下一步单位内部控制建设的重点和改进方向，确保在2016年年底前顺利完成内部控制建立与实施工作。各单位可以将本单位内部控制基础性评价得分与同类型其他单位进行横向对比，通过对比发现本单位内部控制建设的不足和差距，并有针对性地加以改进，进一步提高内部控制水平和效果。

各级财政部门要加强对单位内部控制基础性评价工作的统筹规划和督促指导。各地区、各部门可以对所辖单位内部控制基础性评价得分进行比较，全面推进所辖单位开展内部控制建立与实施工作。

各中央部门应当在部门本级及各所属单位内部控制基础性评价工作的基础上，对本部门的内部控制基础情况进行综合性评价，形成本部门的内部控制基础性评价报告（参考格式见附件3），作为2016年决算报告的重要组成部分向财政部报告。

（四）总结经验

各地区、各部门应当于2016年12月31日前，向财政部（会计司）报送单位内部控制基础性评价工作总结报告。总结报告内容包括本地区（部门）开展单位内部控制基础性评价工作的经验做法、取得的成效、存在的问题、工作建议及可复制、可推广的典型案例等。

对于具有较高推广价值和借鉴意义的典型案例，财政部将组织有关媒体进行宣传报道，并将其纳入行政事业单位内部控制建设案例库，供各地区、各部门、各单位学习交流。

四、有关要求

（一）强化组织领导

各地区、各部门要切实加强对本地区（部门）单位内部控制基础性评价工作的组织领导，成立领导小组，制定实施方案，做好前期部署、部门协调、进度跟踪、指导督促、宣传报道、信息报送等工作，确保所辖单位全面完成内部控制基础性评价工作，通过"以评促建"的方式推动本地区（部门）单位内部控制水平的整体提升。

（二）加强监督检查

各单位应当按照本通知规定的格式和要求，开展内部控制基础性评价工作，确保评价结果真实有效。各地区、各部门应加强对本地区（部门）单位内部控制基础性评价工作进展情况和评价结果的监督检查，对工作进度迟缓、改进措施不到位的单位，应督促其调整改进；对在评价过程中弄虚作假、评价结果不真实的单位，一经查实，应严肃追究相关单位和人员的责任；对评价工作中遇到的问题和困难，应及时协调解决。

（三）加强宣传推广和经验交流

各地区、各部门要加大对单位内部控制基础性评价工作及其成果的宣传推广力度，充分利用报刊、电视、广播、网络、微信等媒体资源，进行多层次、全方位的持续宣传报道。同时，组织选取具有代表性的先进单位，通过召开经验交流会、现场工作会等形式，推广先进经验与做法，发挥先进单位的示范带头作用。

联系人：财政部会计司综合处　米传军、王勇

联系电话：010-68553030 68552550（传真）

通信地址：北京市西城区三里河南三巷3号

邮政编码：100820

电子信箱：michuanjun@mof.gov.cn

附件：

1. 行政事业单位内部控制基础性评价指标评分表（略）
2. 《行政事业单位内部控制基础性评价指标评分表》填表说明（略）
3. 行政事业单位内部控制基础性评价报告（参考格式）（略）

财政部

2016年6月24日

6. 扎实推进企业和行政事业单位内部控制建设 为推进国家治理体系和治理能力现代化提供重要支撑

——《会计改革与发展"十四五"规划纲要》系列解读之八

内部控制是企业和行政事业单位有效防范风险、规范权力运行的主要手段,也是会计职能拓展升级的重要支撑,更是推进国家治理体系和治理能力现代化的长效保障机制。贯彻落实党的十八届四中全会、十九届四中全会关于"强化内部流程控制,防止权力滥用""健全分事行权、分岗设权、分级授权、定期轮岗制度"等决策部署,《会计改革与发展"十四五"规划纲要》(以下简称《规划纲要》)明确提出"修订完善内部控制规范体系,加强内部控制规范实施的政策指导和监督检查,强化上市公司、国有企业、行政事业单位建立并有效实施内部控制的责任"的改革任务,为做好当前和今后一段时期内部控制规范建设与实施工作指明了方向,提供了根本遵循。

一、"十三五"时期内部控制规范体系建立与实施工作取得的主要成绩

"十三五"期间,财政部建立健全我国企业和行政事业单位内部控制标准体系,联合有关部门大力推动主板上市公司、中央企业、行政事业单位等各类型组织实施内部控制规范,积极发挥内部控制在规范单位内部运行、有效防范舞弊、保证会计信息真实完整、提升经营管理水平和风险防范能力等方面的重要作用。

(一)行政事业单位内部控制建设逐步加强

贯彻落实《关于全面推进行政事业单位内部控制建设的指导意见》提出的"建立内控报告制度"要求,2017年1月,财政部印发了《行政事业单位内部控制报告管理制度(试行)》,并连续五年组织开展行政事业单位内部控制报告编报工作,通过"以报促建"的方式,指导督促各级各类行政事业单位加强内部控制建设。截至2020年底,全国有56万多家行政事业单位编制并报送单位年度内部控制报告。各级各类行政事业单位的内控意识逐步提高,内控体系逐步完善,内部控制在防范行政事业单位内外部风险、保证会计信息真实完整等方面发挥了积极作用。

(二)企业内部控制规范稳步实施

"十三五"期间,财政部会同证监会积极推动上市公司实施企业内部控制规范,披露内部控制评价报告和审计报告,并连续五年对上市公司执行企业内部控制规范情况进行监测分析,发布相关分析报告,引起资本市场的广泛关注。2016年至2020年间,我国披露内部控制评价报告的上市公司从2900家增加至4000家,聘请会计师事务所对内部控制有效性进行审计并出具审计报告的上市公司数量从2300家增加至3000家。上市公司实施企业内部控制规范的数量逐年增加,实施效果逐渐提高。内部控制在提高上市公司信息披露质量、保护投资者合法权益等方面发挥了重要作用。

此外,财政部还会同国务院国资委等部门,积极推动中央企业实施企业内部控制规范,完善内部控制体系。截至2020年底,全部中央企业基本建立起规范、完善的内部控制体系,提高了国有企业治理水平,增强了国有经济的抗风险能力。

(三)小企业内部控制规范初步建立

为提高小企业经营管理水平和风险防范能力,2017年7月,财政部印发了《小企业内部控制规范(试行)》,紧扣我国小企业面临的主要风险和管理困难,引导小企业加强内部控制建设,推动广大小企业的规范健康发展。同时,财政部通过宣传培训、编写上报信息、刊发解读性材料等

方式，多措并举指导小企业建立健全内部控制体系，助力小企业经营管理者逐步提升内部控制意识和风险防范能力。

二、"十四五"时期内部控制规范体系建设与实施面临的形势和挑战

随着全面依法治国深入推进和经济社会蓬勃发展，企业和行政事业单位内部控制规范体系建设与实施工作面临诸多机遇和挑战。

（一）全面依法治国要求持续深入开展内部控制规范体系建设与实施工作

党的十九大把坚持全面依法治国作为新时代坚持和发展中国特色社会主义的基本方略之一。党的十八届四中全会对依法治国提出了全方位的论述，明确提出加强对内部权力的制约，要求"对财政资金分配使用、国有资产监管、政府投资、政府采购、公共资源转让、公共工程建设等权力集中的部门和岗位实行分事行权、分岗设权、分级授权，定期轮岗，强化内部流程控制，防止权力滥用"。党的十九届四中全会进一步提出"健全分事行权、分岗设权、分级授权、定期轮岗制度，明晰权力边界，规范工作流程，强化权力制约"。这就要求我们持续完善内部控制规范体系，进一步推动各单位强化内部控制，形成科学有效的权力制约和协调机制，把权力关进制度的笼子里，用制度管权管事管人，确保各单位按照法定的权限和规定的程序行使权力。

（二）强化财会监督要求充分发挥内部控制的全过程监督作用

十九届中央纪委四次全会首次将财会监督纳入党和国家监督体系，并对财会监督与其他形式的监督有机贯通、相互协调提出明确要求。内部控制作为财会监督的重要手段，将制衡机制、授权审批等控制措施有效嵌入单位日常管理活动之中，可以实现"控制关口"前移，有助于发现问题、纠正偏差，具有事前、事中和事后全过程监督的特点。这就要求我们充分发挥内部控制的全流程监督作用，联合证监会、国资委和各行业主管部门，建立权威高效的内部控制规范执行机制，加强对上市公司、国有企业和各级行政事业单位建立健全并有效实施内部控制规范的评价和监督，逐步提高内部控制规范的实施效果。

（三）会计职能的拓展升级对内部控制规范体系建设与实施提出更高要求

长期以来，会计工作侧重于会计核算，主要是为外部相关单位和人员提供并解释历史会计信息，考虑外部投资者、社会公众和外部审计较多，而利用会计信息参与内部经营管理决策、加强风险管控等较少。随着经济转型升级和创新发展，会计工作的职能职责发生着重大变化，会计的管理职能作用有待拓展升级。这就要求我们进一步强化内部控制规范的建设与实施，充分发挥内部控制在辅助管理决策、风险管控等方面的职能作用，助力会计工作的转型升级。

（四）经济社会的不断发展对完善内部控制规范体系提出迫切要求

伴随着经济社会蓬勃发展，各种新技术、新业态、新模式不断涌现，对内部控制提出了新的挑战。相比之下，现行的内部控制规范对新商业模式、新交易类型的内部控制支撑不足，对大数据、人工智能、区块链等新一代信息技术环境下的内部控制应对不及时，内部控制规范服务经济社会发展的能力亟待增强。这就要求我们持续健全完善内部控制规范体系，一方面完善企业内部控制规范，增加与新技术、新业务相关的内部控制指引；另一方面，健全行政事业单位内部控制规范，更好地发挥内部控制在服务财政中心工作、推进国家治理体系和治理能力现代化中的重要支撑作用。

三、"十四五"时期内部控制规范体系建设与实施工作重点及具体措施

"十四五"时期是我国由全面建成小康社会向基本实现社会主义现代化迈进的关键时期，我国内部控制规范体系建设与实施工作面临着新的更高要求。《规划纲要》在总结成绩、分析形势的基础上，从完善内部控制规范体系、加强内部控制规范贯彻实施、强化各单位内部控制责任等方面，提出了"十四五"时期内部控制规范体系建设与实施工作的具体举措。"十四五"期间，财政部

将围绕服务推进国家治理体系和治理能力现代化，结合国内外内部控制理论与实践界的不断发展，持续增强我国内部控制规范体系的权威性和指导性，推动我国内部控制规范体系建设与实施工作取得新的更大发展。

（一）加强内部控制相关法治建设

法治建设是内部控制规范体系持续建立健全并有效实施的重要保障。"十四五"期间，财政部将加强内部控制相关法治建设，积极推动修订《会计法》《注册会计师法》《公司法》《行政单位财务规则》《事业单位财务规则》等法律法规和部门规章，明确相关单位建立健全内部控制体系的要求，压实单位负责人的责任，强化对虚假披露内部控制信息的处罚力度，将内部控制审计纳入注册会计师法定业务。

（二）进一步健全完善并有效实施企业内部控制规范

1. 系统梳理修订企业内部控制规范体系。立足我国企业实际，坚持问题导向和系统思维，系统梳理现行企业内部控制规范体系，加强对特殊行业、特定业务事项及特定类型企业内部控制的研究，修订完善《企业内部控制基本规范》及其配套指引，以更好指导企业开展内部控制体系建设。

2. 推动上市公司有效实施企业内部控制规范。"十四五"期间，财政部将会同证监会等监管部门，进一步扩大上市公司实施内部控制规范的范围，加强对上市公司实施企业内部控制规范的管理、指导和监督，不断提高上市公司治理水平和信息披露质量，保护投资者合法权益，促进我国资本市场健康发展。一是扩大实施范围。在原中小板上市公司并入主板实施企业内部控制规范的基础上，进一步扩大上市公司实施内部控制规范的范围。二是加强政策指导。针对当前高发的上市公司财务造假案例，印发《关于进一步提升上市公司财务报告内部控制有效性的通知》，加强对上市公司实施企业内部控制规范的政策指导，规范会计师事务所内部控制审计行为，提升上市公司财务报告内部控制的有效性和会计信息质量。三是强化监督检查。会同证监会等部门，形成监管合力，加强对上市公司执行企业内部控制规范情况，特别是上市公司内部控制有效性和内部控制重大缺陷认定及整改情况的监督检查，持续提升内部控制监管效能。

3. 推动国有企业有效实施企业内部控制规范。国有企业作为国民经济的重要支柱，应当在贯彻实施企业内部控制规范中发挥表率作用。"十四五"期间，财政部门将会同各级国有资产监管机构推动国有企业有效实施企业内部控制规范。一是针对国有企业的投融资、金融衍生交易、境外投资等高风险业务，指导国有企业完善决策机制、优化业务流程，健全内控措施，强化监督检查，有针对性地加强对国有企业执行企业内部控制规范的政策指导。二是在中央企业实施企业内部控制规范的基础上，适时推动其他类型国有企业和地方国有企业执行企业内部控制规范，全面提高我国国有企业经营管理水平和风险防范能力。

（三）持续修订完善并有效实施行政事业单位内部控制规范

1. 建立行政事业单位内部控制规范体系。财政部门和各行业主管部门加强统筹协调、明确职责分工，加强对行政事业单位内部控制规范体系建设的分类指导，逐步完善行政事业单位内部控制规范体系。建立"制订完善-指导实施-监督评价"的闭环管理机制，提高行政事业单位内部控制规范的实施效果。

2. 完善行政事业单位内部控制报告制度。在优化完善并适度简化报送要求的前提下，持续开展行政事业单位内部控制报告编报工作，并对行政事业单位执行内部控制规范情况进行分析，形成相关分析报告，为完善行政事业单位内部控制规范体系提供基础数据支撑。鼓励各地区、各部门开展内部控制报告分析应用、内部控制监督检查等工作。

3. 强化行政事业单位内部控制规范的落地实施。各级行政事业单位要不断完善新技术影响下的内部控制信息化配套建设，充分利用信息化手段，将各项控制措施嵌入信息系统中，推动内部控制规范的有效实施，不断提升单位内部控制水平。各级财政部门要总结提炼行政事业单位内部控制建设典型案例和先进经验，开展行政事业单位内部控制案例库建设，供有关行政事业单位开展内部控制建设时参考借鉴，不断提高行政事业单位内部控制规范实施效果。

四、强化实施保障，确保"十四五"时期各项任务取得实效

内部控制规范体系建设与实施工作是一项长期复杂的系统工程，需要各地区、各部门、各单位上下一心、通力合作、统筹谋划、协同推进。

（一）加强组织领导，明确主体责任

一分部署，九分落实。财政部要继续发挥内部控制规范体系建设与实施的主导作用，加强与证监会、国资委等监管部门和各行业主管部门的协同配合，齐抓共管形成合力。各地区、各部门要高度重视本地区（部门）内部控制工作，提高政治站位，加强组织协调，积极推进内部控制规范体系在本地区（部门）全面有效贯彻落实。各单位负责人要切实加强对内控工作的组织领导，推动本单位内控体系建设与实施工作，同时以身作则、以上率下，带头遵守和执行内部控制规定，并对单位内部控制的有效性承担主体责任。

（二）开展监督评价，确保有效实施

加强对单位内部控制建设与实施工作的监督检查，是内部控制规范体系有效实施的重要保障。各地区、各部门应当加强对各单位内部控制建立与实施情况的监督检查，对于发现的问题和薄弱环节，要督促各单位及时加以整改落实，同时推动内部控制与审计、巡视、纪检监察等其他监督方式的有效贯通，形成监督合力。各单位应当建立健全内部控制的监督检查和自我评价制度，通过日常监督和专项监督，检查内部控制建设与实施过程中存在的突出问题和内控缺陷，并有针对性地制定整改措施，明确整改时限和要求，进一步改进和加强单位内部控制。

（三）坚持问题导向，强化成果运用

内部控制建设与实施工作要坚持问题导向，各单位要针对重点业务领域和关键岗位，明确权责分工，优化业务流程，查找存在的薄弱环节和风险隐患，开展风险评估，完善内控措施，提高内部控制的针对性和有效性，充分发挥内部控制在单位发展中的保驾护航作用。各地区、各部门应当加强内部控制评价结果、内部控制审计意见、内部控制报告等监督评价结果的有效运用，将内部控制监督评价结果作为预算安排、绩效考核评价、责任追究等工作的重要参考。

（四）加强宣传培训，营造良好氛围

各地区、各部门、各单位要加大宣传教育和培训力度，把内部控制建设与实施工作与全面依法治国、惩治和预防腐败、推进国家治理体系和治理能力现代化等党中央的决策部署相衔接，广泛宣传加强单位内控体系建设的必要性和紧迫性，广泛宣传内部控制相关先进经验和典型做法，引导单位广大干部职工自觉提高风险防范和抵制权力滥用意识，为全面推进内部控制规范体系建设与实施工作营造良好的环境和氛围。

第六部分

管理会计制度

一、关于全面推进管理会计体系建设的指导意见

财会〔2014〕27号

为贯彻落实党的十八大和十八届三中全会精神，深入推进会计强国战略，全面提升会计工作总体水平，推动经济更有效率、更加公平、更可持续发展，根据《会计改革与发展"十二五"规划纲要》，现就全面推进管理会计体系建设提出以下指导意见。

一、全面推进管理会计体系建设的重要性和紧迫性

管理会计是会计的重要分支，主要服务于单位（包括企业和行政事业单位，下同）内部管理需要，是通过利用相关信息，有机融合财务与业务活动，在单位规划、决策、控制和评价等方面发挥重要作用的管理活动。管理会计工作是会计工作的重要组成部分。改革开放以来，特别是市场经济体制建立以来，我国会计工作紧紧围绕服务经济财政工作大局，会计改革与发展取得显著成绩：会计准则、内控规范、会计信息化等会计标准体系基本建成，并得到持续平稳有效实施；会计人才队伍建设取得显著成效；注册会计师行业蓬勃发展；具有中国特色的财务会计理论体系初步形成。但是，我国管理会计发展相对滞后，迫切要求继续深化会计改革，切实加强管理会计工作。

同时，党的十八届三中全会对全面深化改革作出了总体部署，建立现代财政制度、推进国家治理体系和治理能力现代化已经成为财政改革的重要方向；建立和完善现代企业制度，增强价值创造力已经成为企业的内在需要；推进预算绩效管理、建立事业单位法人治理结构，已经成为行政事业单位的内在要求。这就要求财政部门顺时应势，大力发展管理会计。

因此，全面推进管理会计体系建设，是建立现代财政制度、推进国家治理体系和治理能力现代化的重要举措；是推动企业建立、完善现代企业制度，推动事业单位加强治理的重要制度安排；是激发管理活力，增强企业价值创造力，推进行政事业单位加强预算绩效管理、决算分析和评价的重要手段；是财政部门更好发挥政府作用，进一步深化会计改革，推动会计人才上水平、会计工作上层次、会计事业上台阶的重要方向。

二、指导思想、基本原则和主要目标

（一）指导思想。以邓小平理论、"三个代表"重要思想、科学发展观为指导，深入贯彻习近平总书记系列重要讲话精神，根据经济社会发展要求，突出实务导向，全面推进管理会计体系建设，科学谋划管理会计发展战略，合理构建政府、社会、单位协同机制，以管理会计人才建设为依托，统筹推进管理会计各项建设，为经济社会健康发展提供有力支持。

（二）基本原则。

——坚持立足国情，借鉴国际。既系统总结自主创新和有益实践，又学习借鉴国际先进理念和经验做法，形成中国特色管理会计体系。

——坚持人才带动，整体推进。紧紧抓住管理会计人才匮乏这一关键问题，通过改进和加强会计人才队伍建设，培养一批适应需要的管理会计人才，带动管理会计发展。同时，整体推进管理会计理论体系、指引体系、信息化建设等工作。

——坚持创新机制，协调发展。注重管理会计改革的系统性、整体性、协同性，重视财政部门在管理会计改革中的指导和推动作用，发挥有关会计团体在管理会计改革中的行业支持作用，突出各单位在管理会计改革中的主体作用。

——坚持因地制宜，分类指导。充分考虑各单位不同性质、不同行业、不同规模、不同发展阶段等因素，从实际出发，推动管理会计工作有序开展。

（三）主要目标。建立与我国社会主义市场经济体制相适应的管理会计体系。争取3—5年内，在全国培养出一批管理会计人才；力争通过5—10年左右的努力，中国特色的管理会计理论体系基本形成，管理会计指引体系基本建成，管理会计人才队伍显著加强，管理会计信息化水平显著提高，管理会计咨询服务市场显著繁荣，使我国管理会计接近或达到世界先进水平。

三、主要任务和措施

（一）推进管理会计理论体系建设。推动加强管理会计基本理论、概念框架和工具方法研究，形成中国特色的管理会计理论体系。一是整合科研院校、单位等优势资源，推动形成管理会计产学研联盟，协同创新，支持管理会计理论研究和成果转化。二是加大科研投入，鼓励科研院校、国家会计学院等建立管理会计研究基地，在系统整合理论研究资源、总结提炼实践做法经验、研究开发管理会计课程和案例、宣传推广管理会计理论和先进做法等方面，发挥综合示范作用。三是推动改进现行会计科研成果评价方法，切实加强管理会计理论和实务研究。四是充分发挥有关会计团体在管理会计理论研究中的具体组织、推动作用，及时宣传管理会计理论研究成果，提升我国管理会计理论研究的国际影响力。

（二）推进管理会计指引体系建设。形成以管理会计基本指引为统领、以管理会计应用指引为具体指导、以管理会计案例示范为补充的管理会计指引体系。一是在课题研究的基础上，组织制定管理会计指引体系，推动其有效应用。二是建立管理会计专家咨询机制，为管理会计指引体系的建设和应用等提供咨询。三是鼓励单位通过与科研院校合作等方式，及时总结、梳理管理会计实践经验，组织建立管理会计案例库，为管理会计的推广应用提供示范。

（三）推进管理会计人才队伍建设。推动建立管理会计人才能力框架，完善现行会计人才评价体系。一是将管理会计知识纳入会计人员和注册会计师继续教育、大中型企事业单位总会计师素质提升工程和会计领军（后备）人才培养工程。二是推动改革会计专业技术资格考试和注册会计师考试内容，适当增加管理会计专业知识的比重。三是鼓励高等院校加强管理会计课程体系和师资队伍建设，加强管理会计专业方向建设和管理会计高端人才培养，与单位合作建立管理会计人才实践培训基地，不断优化管理会计人才培养模式。四是探索管理会计人才培养的其他途径。五是推动加强管理会计国际交流与合作。

（四）推进面向管理会计的信息系统建设。指导单位建立面向管理会计的信息系统，以信息化手段为支撑，实现会计与业务活动的有机融合，推动管理会计功能的有效发挥。一是鼓励单位将管理会计信息化需求纳入信息化规划，从源头上防止出现"信息孤岛"，做好组织和人力保障，通过新建或整合、改造现有系统等方式，推动管理会计在本单位的有效应用。二是鼓励大型企业和企业集团充分利用专业化分工和信息技术优势，建立财务共享服务中心，加快会计职能从重核算到重管理决策的拓展，促进管理会计工作的有效开展。三是鼓励会计软件公司和有关中介服务机构拓展管理会计信息化服务领域。

四、工作要求

（一）加强组织领导。各级财政部门要高度重视，将管理会计工作纳入会计改革与发展规划，统筹安排，稳步推进；要切实加强对管理会计工作的统一领导，加强与有关监管部门的协作，建立联合工作机制，推动管理会计工作有效开展。有关会计团体要按照财政部门统一部署，大力开展管理会计理论研究、宣传培训、人才培养等工作。各单位负责人要切实履行会计工作职责，将管理会计工作纳入本单位整体战略，周密部署，积极稳妥地推进。

（二）加强工作指导。财政部要通过本指导意见，科学谋划、整体推进管理会计体系建设，引导、推动社会有关力量共同推进管理会计工作；要制定发布管理会计指引体系，总结国内外管理会计典型案例，组织编写管理会计系列辅导材料，以指导各单位开展管理会计工作。各级财政部门要组织管理会计经验交流和示范推广；要制定具体措施，加强对本地区管理会计工作的指导。

（三）加强宣传培训。各级财政部门要充分利用各种媒体，采取多种形式，加强对管理会计的宣传，营造管理会计发展的良好环境；要抓紧制定管理会计人才培养方案，推进管理会计人才培养工作；要将管理会计纳入会计继续教育内容，予以重点推进；要充分发挥有关会计团体、国家会计学院的主渠道作用，重视发挥有关高等院校、社会培训机构的重要作用。有关会计团体要通过在杂志开辟专栏、组织会员交流等多种途径，加强对会员的宣传。各单位要重视加强本单位会计人员对管理会计知识的学习和应用，大力培养适用的管理会计人才。

（四）加强跟踪服务。各级财政部门要抓好本指导意见的贯彻落实工作，及时了解管理会计工作推进情况，建立信息交流制度，编发信息简报，做好跟踪分析；要积极培育管理会计咨询服务市场，支持、指导、规范包括注册会计师行业在内的会计服务机构开展管理会计咨询服务业务，将其纳入现代会计服务市场体系整体推进，引导会计服务机构加强自身建设和管理会计研发投入力度、拓展会计服务领域、提升会计服务层次，满足市场对管理会计咨询服务的需要，营造良好的管理会计咨询服务市场环境。

财政部
2014年10月27日

二、管理会计基本指引

财会〔2016〕10号

第一章 总 则

第一条 为促进单位（包括企业和行政事业单位，下同）加强管理会计工作，提升内部管理水平，促进经济转型升级，根据《中华人民共和国会计法》《财政部关于全面推进管理会计体系建设的指导意见》等，制定本指引。

第二条 基本指引在管理会计指引体系中起统领作用，是制定应用指引和建设案例库的基础。管理会计指引体系包括基本指引、应用指引和案例库，用以指导单位管理会计实践。

第三条 管理会计的目标是通过运用管理会计工具方法，参与单位规划、决策、控制、评价活动并为之提供有用信息，推动单位实现战略规划。

第四条 单位应用管理会计，应遵循下列原则：

（一）战略导向原则。管理会计的应用应以战略规划为导向，以持续创造价值为核心，促进单位可持续发展；

（二）融合性原则。管理会计应嵌入单位相关领域、层次、环节，以业务流程为基础，利用管理会计工具方法，将财务和业务等有机融合；

（三）适应性原则。管理会计的应用应与单位应用环境和自身特征相适应。单位自身特征包括单位性质、规模、发展阶段、管理模式、治理水平等；

（四）成本效益原则。管理会计的应用应权衡实施成本和预期效益，合理、有效地推进管理会计应用。

第五条 管理会计应用主体视管理决策主体确定，可以是单位整体，也可以是单位内部的责任中心。

第六条 单位应用管理会计，应包括应用环境、管理会计活动、工具方法、信息与报告等四要素。

第二章 应用环境

第七条 单位应用管理会计，应充分了解和分析其应用环境。管理会计应用环境，是单位应用管理会计的基础，包括内外部环境。

内部环境主要包括与管理会计建设和实施相关的价值创造模式、组织架构、管理模式、资源保障、信息系统等因素。

外部环境主要包括国内外经济、市场、法律、行业等因素。

第八条 单位应准确分析和把握价值创造模式，推动财务与业务等的有机融合。

第九条 单位应根据组织架构特点，建立健全能够满足管理会计活动所需的由财务、业务等相关人员组成的管理会计组织体系。有条件的单位可以设置管理会计机构，组织开展管理会计工作。

第十条 单位应根据管理模式确定责任主体，明确各层级以及各层级内的部门、岗位之间的管理会计责任权限，制定管理会计实施方案，以落实管理会计责任。

第十一条 单位应从人力、财力、物力等方面做好资源保障工作，加强资源整合，提高资源利用效率效果，确保管理会计工作顺利开展。

单位应注重管理会计理念、知识培训，加强管理会计人才培养。

第十二条 单位应将管理会计信息化需求纳入信息系统规划，通过信息系统整合、改造或新建等途径，及时、高效地提供和管理相关信息，推进管理会计实施。

第三章 管理会计活动

第十三条 管理会计活动是单位利用管理会计信息，运用管理会计工具方法，在规划、决策、控制、评价等方面服务于单位管理需要的相关活动。

第十四条 单位应用管理会计，应做好相关信息支持，参与战略规划拟定，从支持其定位、目标设定、实施方案选择等方面，为单位合理制定战略规划提供支撑。

第十五条 单位应用管理会计，应融合财务和业务等活动，及时充分提供和利用相关信息，支持单位各层级根据战略规划作出决策。

第十六条 单位应用管理会计，应设定定量定性标准，强化分析、沟通、协调、反馈等控制机制，支持和引导单位持续高质高效地实施单位战略规划。

第十七条 单位应用管理会计，应合理设计评价体系，基于管理会计信息等，评价单位战略规划实施情况，并以此为基础进行考核，完善激励机制；同时，对管理会计活动进行评估和完善，以持续改进管理会计应用。

第四章 工具方法

第十八条 管理会计工具方法是实现管理会计目标的具体手段。

第十九条 管理会计工具方法是单位应用管理会计时所采用的战略地图、滚动预算管理、作业成本管理、本量利分析、平衡计分卡等模型、技术、流程的统称。管理会计工具方法具有开放性，随着实践发展不断丰富完善。

第二十条 管理会计工具方法主要应用于以下领域：战略管理、预算管理、成本管理、营运管理、投融资管理、绩效管理、风险管理等。

（一）战略管理领域应用的管理会计工具方法包括但不限于战略地图、价值链管理等；

（二）预算管理领域应用的管理会计工具方法包括但不限于全面预算管理、滚动预算管理、作业预算管理、零基预算管理、弹性预算管理等；

（三）成本管理领域应用的管理会计工具方法包括但不限于目标成本管理、标准成本管理、变动成本管理、作业成本管理、生命周期成本管理等；

（四）营运管理领域应用的管理会计工具方法包括但不限于本量利分析、敏感性分析、边际分析、标杆管理等；

（五）投融资管理领域应用的管理会计工具方法包括但不限于贴现现金流法、项目管理、资本成本分析等；

（六）绩效管理领域应用的管理会计工具方法包括但不限于关键指标法、经济增加值、平衡计分卡等；

（七）风险管理领域应用的管理会计工具方法包括但不限于单位风险管理框架、风险矩阵模型等。

第二十一条 单位应用管理会计，应结合自身实际情况，根据管理特点和实践需要选择适用的管理会计工具方法，并加强管理会计工具方法的系统化、集成化应用。

第五章 信息与报告

第二十二条 管理会计信息包括管理会计应用过程中所使用和生成的财务信息和非财务信息。

第二十三条 单位应充分利用内外部各种渠道，通过采集、转换等多种方式，获得相关、可靠的管理会计基础信息。

第二十四条 单位应有效利用现代信息技术，对管理会计基础信息进行加工、整理、分析和传递，以满足管理会计应用需要。

第二十五条 单位生成的管理会计信息应相关、可靠、及时、可理解。

第二十六条 管理会计报告是管理会计活动成果的重要表现形式，旨在为报告使用者提供满足管理需要的信息。管理会计报告按期间可以分为定期报告和不定期报告，按内容可以分为综合性报告和专项报告等类别。

第二十七条 单位可以根据管理需要和管理会计活动性质设定报告期间。一般应以公历期间作为报告期间，也可以根据特定需要设定报告期间。

第六章 附 则

第二十八条 本指引由财政部负责解释。

第二十九条 本指引自印发之日起施行。

三、管理会计应用指引

（一）关于管理会计的相关文件

1. 关于印发《管理会计应用指引第100号——战略管理》等22项管理会计应用指引的通知

财会〔2017〕24号

党中央有关部门，国务院各部委、各直属机构，全国人大常委会办公厅，全国政协办公厅，高法院，高检院，各省、自治区、直辖市、计划单列市财政厅（局），新疆生产建设兵团财务局，财政部驻各省、自治区、直辖市、计划单列市财政监察专员办事处：

为促进企业加强管理会计工作，提升内部管理水平，促进经济转型升级，根据《管理会计基本指引》，我部制定了《管理会计应用指引第100号——战略管理》等首批22项管理会计应用指引，现予印发，请各单位在开展管理会计工作中参照执行。

附件：
1. 管理会计应用指引第100—101号——战略管理相关应用指引
2. 管理会计应用指引第200—201号——预算管理相关应用指引
3. 管理会计应用指引第300—304号——成本管理相关应用指引
4. 管理会计应用指引第400—403号——营运管理相关应用指引
5. 管理会计应用指引第500—502号——投融资管理相关应用指引
6. 管理会计应用指引第600—603号——绩效管理相关应用指引
7. 管理会计应用指引第801号——企业管理会计报告应用指引
8. 管理会计应用指引第802号——管理会计信息系统应用指引

财政部
2017年9月29日

2.关于印发《管理会计应用指引第202号——零基预算》等7项管理会计应用指引的通知

财会〔2018〕22号

党中央有关部门，国务院各部委、各直属机构，全国人大常委会办公厅，全国政协办公厅，高法院，高检院，各省、自治区、直辖市、计划单列市财政厅（局），新疆生产建设兵团财政局，财政部驻各省、自治区、直辖市、计划单列市财政监察专员办事处：

  为促进企业加强管理会计工作，提升内部管理水平，促进经济转型升级，根据《管理会计基本指引》，我部制定了《管理会计应用指引第202号——零基预算》等第二批7项管理会计应用指引，现予印发，请各单位在开展管理会计工作中参照执行。

附件：
1. 管理会计应用指引第202号——零基预算
2. 管理会计应用指引第203号——弹性预算
3. 管理会计应用指引第503号——情景分析
4. 管理会计应用指引第504号——约束资源优化
5. 管理会计应用指引第604号——绩效棱柱模型
6. 管理会计应用指引第700号——风险管理
7. 管理会计应用指引第701号——风险矩阵

财政部
2018年8月17日

3. 关于印发《管理会计应用指引第204号——作业预算》等5项管理会计应用指引的通知

财会〔2018〕38号

党中央有关部门，国务院各部委、各直属机构，全国人大常委会办公厅，全国政协办公厅，高法院，高检院，各省、自治区、直辖市、计划单列市财政厅（局），新疆生产建设兵团财政局，财政部驻各省、自治区、直辖市、计划单列市财政监察专员办事处：

为促进企业加强管理会计工作，提升内部管理水平，促进经济转型升级，根据《管理会计基本指引》，我部制定了《管理会计应用指引第204号——作业预算》等第三批5项管理会计应用指引，现予印发，请各单位在开展管理会计工作中参照执行。

附件：
1. 管理会计应用指引第204号——作业预算
2. 管理会计应用指引第404号——内部转移定价
3. 管理会计应用指引第405号——多维度盈利能力分析
4. 管理会计应用指引第702号——风险清单
5. 管理会计应用指引第803号——行政事业单位

财政部
2018年12月27日

（二）管理会计应用指引

1. 管理会计应用指引第100号——战略管理

省略，详见第一版《会计工作手册》（中国财政经济出版社，2019年5月），请登录会计新时代网站（http://www.acctne.com/）——"准则制度→管理会计"查询，或登录深圳市会计协会网站（http://www.szkjxh.com）——"法规制度→准则制度→管理会计"查询，或登录财政部会计司子网站（http://kjs.mof.gov.cn）——"管理会计体系"查询。

2. 管理会计应用指引第101号——战略地图

省略，详见第一版《会计工作手册》（中国财政经济出版社，2019年5月），请登录会计新时代网站（http://www.acctne.com/）——"准则制度→管理会计"查询，或登录深圳市会计协会网站（http://www.szkjxh.com）——"法规制度→准则制度→管理会计"查询，或登录财政部会计司子网站（http://kjs.mof.gov.cn）——"管理会计体系"查询。

3. 管理会计应用指引第200号——预算管理

省略，详见第一版《会计工作手册》（中国财政经济出版社，2019年5月），请登录会计新时代网站（http://www.acctne.com/）——"准则制度→管理会计"查询，或登录深圳市会计协会网站（http://www.szkjxh.com）——"法规制度→准则制度→管理会计"查询，或登录财政部会计司子网站（http://kjs.mof.gov.cn）——"管理会计体系"查询。

4. 管理会计应用指引第201号——滚动预算

省略，详见第一版《会计工作手册》（中国财政经济出版社，2019年5月），请登录会计新时代网站（http://www.acctne.com/）——"准则制度→管理会计"查询，或登录深圳市会计协会网站（http://www.szkjxh.com）——"法规制度→准则制度→管理会计"查询，或登录财政部会计司子网站（http://kjs.mof.gov.cn）——"管理会计体系"查询。

5. 管理会计应用指引第300号——成本管理

省略，详见第一版《会计工作手册》（中国财政经济出版社，2019年5月），请登录会计新时代网站（http://www.acctne.com/）——"准则制度→管理会计"查询，或登录深圳市会计协会网站（http://www.szkjxh.com）——"法规制度→准则制度→管理会计"查询，或登录财政部会计司子网站（http://kjs.mof.gov.cn）——"管理会计体系"查询。

6. 管理会计应用指引第301号——目标成本法

省略，详见第一版《会计工作手册》（中国财政经济出版社，2019年5月），请登录会计新时代网站（http://www.acctne.com/）——"准则制度→管理会计"查询，或登录深圳市会计协会网站（http://www.szkjxh.com）——"法规制度→准则制度→管理会计"查询，或登录财政部会计司子网站（http://kjs.mof.gov.cn）——"管理会计体系"查询。

7. 管理会计应用指引第302号——标准成本法

省略，详见第一版《会计工作手册》（中国财政经济出版社，2019年5月），请登录会计新时代网站（http://www.acctne.com/）——"准则制度→管理会计"查询，或登录深圳市会计协会网站（http://www.szkjxh.com）——"法规制度→准则制度→管理会计"查询，或登录财政部会计司子网站（http://kjs.mof.gov.cn）——"管理会计体系"查询。

8. 管理会计应用指引第303号——变动成本法

省略，详见第一版《会计工作手册》（中国财政经济出版社，2019年5月），请登录会计新时代网站（http://www.acctne.com/）——"准则制度→管理会计"查询，或登录深圳市会计协会网站（http://www.szkjxh.com）——"法规制度→准则制度→管理会计"查询，或登录财政部会计司子网站（http://kjs.mof.gov.cn）——"管理会计体系"查询。

9. 管理会计应用指引第304号——作业成本法

省略，详见第一版《会计工作手册》（中国财政经济出版社，2019年5月），请登录会计新时代网站（http://www.acctne.com/）——"准则制度→管理会计"查询，或登录深圳市会计协会网站（http://www.szkjxh.com）——"法规制度→准则制度→管理会计"查询，或登录财政部会计司子网站（http://kjs.mof.gov.cn）——"管理会计体系"查询。

10. 管理会计应用指引第400号——营运管理

省略，详见第一版《会计工作手册》（中国财政经济出版社，2019年5月），请登录会计新时代网站（http://www.acctne.com/）——"准则制度→管理会计"查询，或登录深圳市会计协会网站（http://www.szkjxh.com）——"法规制度→准则制度→管理会计"查询，或登录财政部会计司子网站（http://kjs.mof.gov.cn）——"管理会计体系"查询。

11. 管理会计应用指引第401号——本量利分析

省略，详见第一版《会计工作手册》（中国财政经济出版社，2019年5月），请登录会计新时代网站（http://www.acctne.com/）——"准则制度→管理会计"查询，或登录深圳市会计协会网站（http://www.szkjxh.com）——"法规制度→准则制度→管理会计"查询，或登录财政部会计司子网站（http://kjs.mof.gov.cn）——"管理会计体系"查询。

12. 管理会计应用指引第402号——敏感性分析

省略，详见第一版《会计工作手册》（中国财政经济出版社，2019年5月），请登录会计新时代网站（http://www.acctne.com/）——"准则制度→管理会计"查询，或登录深圳市会计协会网站（http://www.szkjxh.com）——"法规制度→准则制度→管理会计"查询，或登录财政部会计司子网站（http://kjs.mof.gov.cn）——"管理会计体系"查询。

13. 管理会计应用指引第403号——边际分析

省略，详见第一版《会计工作手册》（中国财政经济出版社，2019年5月），请登录会计新时代网站（http://www.acctne.com/）——"准则制度→管理会计"查询，或登录深圳市会计协会网站（http://www.szkjxh.com）——"法规制度→准则制度→管理会计"查询，或登录财政部会计司子网站（http://kjs.mof.gov.cn）——"管理会计体系"查询。

14. 管理会计应用指引第500号——投融资管理

省略，详见第一版《会计工作手册》（中国财政经济出版社，2019年5月），请登录会计新时代网站（http://www.acctne.com/）——"准则制度→管理会计"查询，或登录深圳市会计协会网站（http://www.szkjxh.com）——"法规制度→准则制度→管理会计"查询，或登录财政部会计司子网站（http://kjs.mof.gov.cn）——"管理会计体系"查询。

15. 管理会计应用指引第501号——贴现现金流法

省略，详见第一版《会计工作手册》（中国财政经济出版社，2019年5月），请登录会计新时代网站（http://www.acctne.com/）——"准则制度→管理会计"查询，或登录深圳市会计协会网站（http://www.szkjxh.com）——"法规制度→准则制度→管理会计"查询，或登录财政部会计司子网站（http://kjs.mof.gov.cn）——"管理会计体系"查询。

16.管理会计应用指引第502号——项目管理

省略,详见第一版《会计工作手册》(中国财政经济出版社,2019年5月),请登录会计新时代网站(http://www.acctne.com/)——"准则制度→管理会计"查询,或登录深圳市会计协会网站(http://www.szkjxh.com)——"法规制度→准则制度→管理会计"查询,或登录财政部会计司子网站(http://kjs.mof.gov.cn)——"管理会计体系"查询。

17.管理会计应用指引第600号——绩效管理

省略,详见第一版《会计工作手册》(中国财政经济出版社,2019年5月),请登录会计新时代网站(http://www.acctne.com/)——"准则制度→管理会计"查询,或登录深圳市会计协会网站(http://www.szkjxh.com)——"法规制度→准则制度→管理会计"查询,或登录财政部会计司子网站(http://kjs.mof.gov.cn)——"管理会计体系"查询。

18.管理会计应用指引第601号——关键绩效指标法

省略,详见第一版《会计工作手册》(中国财政经济出版社,2019年5月),请登录会计新时代网站(http://www.acctne.com/)——"准则制度→管理会计"查询,或登录深圳市会计协会网站(http://www.szkjxh.com)——"法规制度→准则制度→管理会计"查询,或登录财政部会计司子网站(http://kjs.mof.gov.cn)——"管理会计体系"查询。

19.管理会计应用指引第602号——经济增加值法

省略,详见第一版《会计工作手册》(中国财政经济出版社,2019年5月),请登录会计新时代网站(http://www.acctne.com/)——"准则制度→管理会计"查询,或登录深圳市会计协会网站(http://www.szkjxh.com)——"法规制度→准则制度→管理会计"查询,或登录财政部会计司子网站(http://kjs.mof.gov.cn)——"管理会计体系"查询。

20.管理会计应用指引第603号——平衡计分卡

省略,详见第一版《会计工作手册》(中国财政经济出版社,2019年5月),请登录会计新时代网站(http://www.acctne.com/)——"准则制度→管理会计"查询,或登录深圳市会计协会网站(http://www.szkjxh.com)——"法规制度→准则制度→管理会计"查询,或登录财政部会计司子网站(http://kjs.mof.gov.cn)——"管理会计体系"查询。

21. 管理会计应用指引第801号——企业管理会计报告

省略，详见第一版《会计工作手册》（中国财政经济出版社，2019年5月），请登录会计新时代网站（http://www.acctne.com/）——"准则制度→管理会计"查询，或登录深圳市会计协会网站（http://www.szkjxh.com）——"法规制度→准则制度→管理会计"查询，或登录财政部会计司子网站（http://kjs.mof.gov.cn）——"管理会计体系"查询。

22. 管理会计应用指引第802号——管理会计信息系统

省略，详见第一版《会计工作手册》（中国财政经济出版社，2019年5月），请登录会计新时代网站（http://www.acctne.com/）——"准则制度→管理会计"查询，或登录深圳市会计协会网站（http://www.szkjxh.com）——"法规制度→准则制度→管理会计"查询，或登录财政部会计司子网站（http://kjs.mof.gov.cn）——"管理会计体系"查询。

23. 管理会计应用指引第202号——零基预算

省略，详见第一版《会计工作手册》（中国财政经济出版社，2019年5月），请登录会计新时代网站（http://www.acctne.com/）——"准则制度→管理会计"查询，或登录深圳市会计协会网站（http://www.szkjxh.com）——"法规制度→准则制度→管理会计"查询，或登录财政部会计司子网站（http://kjs.mof.gov.cn）——"管理会计体系"查询。

24. 管理会计应用指引第203号——弹性预算

省略，详见第一版《会计工作手册》（中国财政经济出版社，2019年5月），请登录会计新时代网站（http://www.acctne.com/）——"准则制度→管理会计"查询，或登录深圳市会计协会网站（http://www.szkjxh.com）——"法规制度→准则制度→管理会计"查询，或登录财政部会计司子网站（http://kjs.mof.gov.cn）——"管理会计体系"查询。

25. 管理会计应用指引第503号——情景分析

省略，详见第一版《会计工作手册》（中国财政经济出版社，2019年5月），请登录会计新时代网站（http://www.acctne.com/）——"准则制度→管理会计"查询，或登录深圳市会计协会网站（http://www.szkjxh.com）——"法规制度→准则制度→管理会计"查询，或登录财政部会计司子网站（http://kjs.mof.gov.cn）——"管理会计体系"查询。

26.管理会计应用指引第504号——约束资源优化

省略,详见第一版《会计工作手册》(中国财政经济出版社,2019年5月),请登录会计新时代网站(http://www.acctne.com/)——"准则制度→管理会计"查询,或登录深圳市会计协会网站(http://www.szkjxh.com)——"法规制度→准则制度→管理会计"查询,或登录财政部会计司子网站(http://kjs.mof.gov.cn)——"管理会计体系"查询。

27.管理会计应用指引第604号——绩效棱柱模型

省略,详见第一版《会计工作手册》(中国财政经济出版社,2019年5月),请登录会计新时代网站(http://www.acctne.com/)——"准则制度→管理会计"查询,或登录深圳市会计协会网站(http://www.szkjxh.com)——"法规制度→准则制度→管理会计"查询,或登录财政部会计司子网站(http://kjs.mof.gov.cn)——"管理会计体系"查询。

28.管理会计应用指引第700号——风险管理

省略,详见第一版《会计工作手册》(中国财政经济出版社,2019年5月),请登录会计新时代网站(http://www.acctne.com/)——"准则制度→管理会计"查询,或登录深圳市会计协会网站(http://www.szkjxh.com)——"法规制度→准则制度→管理会计"查询,或登录财政部会计司子网站(http://kjs.mof.gov.cn)——"管理会计体系"查询。

29.管理会计应用指引第701号——风险矩阵

省略,详见第一版《会计工作手册》(中国财政经济出版社,2019年5月),请登录会计新时代网站(http://www.acctne.com/)——"准则制度→管理会计"查询,或登录深圳市会计协会网站(http://www.szkjxh.com)——"法规制度→准则制度→管理会计"查询,或登录财政部会计司子网站(http://kjs.mof.gov.cn)——"管理会计体系"查询。

30.管理会计应用指引第204号——作业预算

省略,详见第一版《会计工作手册》(中国财政经济出版社,2019年5月),请登录会计新时代网站(http://www.acctne.com/)——"准则制度→管理会计"查询,或登录深圳市会计协会网站(http://www.szkjxh.com)——"法规制度→准则制度→管理会计"查询,或登录财政部会计司子网站(http://kjs.mof.gov.cn)——"管理会计体系"查询。

31. 管理会计应用指引第404号——内部转移定价

省略,详见第一版《会计工作手册》(中国财政经济出版社,2019年5月),请登录会计新时代网站(http://www.acctne.com/)——"准则制度→管理会计"查询,或登录深圳市会计协会网站(http://www.szkjxh.com)——"法规制度→准则制度→管理会计"查询,或登录财政部会计司子网站(http://kjs.mof.gov.cn)——"管理会计体系"查询。

32. 管理会计应用指引第405号——多维度盈利能力分析

省略,详见第一版《会计工作手册》(中国财政经济出版社,2019年5月),请登录会计新时代网站(http://www.acctne.com/)——"准则制度→管理会计"查询,或登录深圳市会计协会网站(http://www.szkjxh.com)——"法规制度→准则制度→管理会计"查询,或登录财政部会计司子网站(http://kjs.mof.gov.cn)——"管理会计体系"查询。

33. 管理会计应用指引第702号——风险清单

省略,详见第一版《会计工作手册》(中国财政经济出版社,2019年5月),请登录会计新时代网站(http://www.acctne.com/)——"准则制度→管理会计"查询,或登录深圳市会计协会网站(http://www.szkjxh.com)——"法规制度→准则制度→管理会计"查询,或登录财政部会计司子网站(http://kjs.mof.gov.cn)——"管理会计体系"查询。

34. 管理会计应用指引第803号——行政事业单位

省略,详见第一版《会计工作手册》(中国财政经济出版社,2019年5月),请登录会计新时代网站(http://www.acctne.com/)——"准则制度→管理会计"查询,或登录深圳市会计协会网站(http://www.szkjxh.com)——"法规制度→准则制度→管理会计"查询,或登录财政部会计司子网站(http://kjs.mof.gov.cn)——"管理会计体系"查询。

四、管理会计行业调研报告及案例

1. 管理会计行业调研报告及案例（第一辑）

新冠肺炎疫情发生以来，财政部会计司及时组织管理会计咨询专家力量，组成十个专家小组，分产业分行业开展调研和访谈，研究分析疫情对各行业企业的影响，推动管理会计应用，助力行业企业提质增效。面对疫情影响，企业普遍更加重视管理会计工作，将当前特殊时期所面临的困难转化为进一步提升管理会计的内生动力，有效运用管理会计加强与改进企业管理对冲疫情影响，初步形成了深化管理会计应用的生动局面。现将各行业研究成果以调研报告及案例的形式公布，供各方参考。本辑内容为装备制造、交运物流、钢铁3个行业的行业调研报告及典型案例。本次研究基于各行业企业1—4月份生产经营数据，是各专家组针对行业与企业在该时点的经营形势的研判和分析，请读者在阅读参考时注意。

财政部会计司
2020年6月

附件：管理会计行业调研报告及案例（第一辑）（略，详见财政部会计司子网站"调查研究"）

2.管理会计行业调研报告及案例（第二辑）

　　新冠肺炎疫情发生以来，财政部会计司及时组织管理会计咨询专家力量，组成十个专家小组，分产业分行业开展调研和访谈，研究分析疫情对各行业企业的影响，推动管理会计应用，助力行业企业提质增效。面对疫情影响，企业普遍更加重视管理会计工作，将当前特殊时期所面临的困难转化为进一步提升管理会计的内生动力，有效运用管理会计加强与改进企业管理对冲疫情影响，初步形成了深化管理会计应用的生动局面。现将各行业研究成果以调研报告及案例的形式公布，供各方参考。本辑内容为汽车、纺织、建筑3个行业的行业调研报告及典型案例。本次研究基于各行业企业1—4月份生产经营数据，是各专家组针对行业与企业在该时点的经营形势的研判和分析，请读者在阅读参考时注意。

财政部会计司
2020年6月

附件：管理会计行业调研报告及案例（第二辑）（略，详见财政部会计司子网站"调查研究"）

3.管理会计行业调研报告及案例(第三辑)

　　新冠肺炎疫情发生以来,财政部会计司及时组织管理会计咨询专家力量,组成十个专家小组,分产业分行业开展调研和访谈,研究分析疫情对各行业企业的影响,推动管理会计应用,助力行业企业提质增效。面对疫情影响,企业普遍更加重视管理会计工作,将当前特殊时期所面临的困难转化为进一步提升管理会计的内生动力,有效运用管理会计加强与改进企业管理对冲疫情影响,初步形成了深化管理会计应用的生动局面。现将各行业研究成果以调研报告及案例的形式公布,供各方参考。本辑内容为金融及金融科技、电力、中小科技企业3个行业的调研报告及典型案例。本次研究基于各行业企业1—4月份生产经营数据,是各专家组针对行业与企业在该时点的经营形势的研判和分析,请读者在阅读参考时注意。

财政部会计司
2020年6月

附件:管理会计行业调研报告及案例(第三辑)(略,详见财政部会计司子网站"调查研究")

4. 管理会计行业调研报告及案例（第四辑）

新冠肺炎疫情发生以来，财政部会计司及时组织管理会计咨询专家力量，组成十个专家小组，分产业分行业开展调研和访谈，研究分析疫情对各行业企业的影响，推动管理会计应用，助力行业企业提质增效。面对疫情影响，企业普遍更加重视管理会计工作，将当前特殊时期所面临的困难转化为进一步提升管理会计的内生动力，有效运用管理会计加强与改进企业管理对冲疫情影响，初步形成了深化管理会计应用的生动局面。现将各行业研究成果以调研报告及案例的形式公布，供各方参考。本辑内容为徐工、国家电网、首创股份、陕鼓动力、四川长虹、中国西电6个企业的典型案例。本次研究基于各行业企业1—4月份生产经营数据，是各专家组针对行业与企业在该时点的经营形势的研判和分析，请读者在阅读参考时注意。

财政部会计司
2020年6月

附件：管理会计行业调研报告及案例（第四辑）（略，详见财政部会计司子网站"调查研究"）

5. 管理会计行业调研报告及案例（第五辑）

新冠肺炎疫情发生以来，财政部会计司及时组织管理会计咨询专家力量，组成十个专家小组，分产业分行业开展调研和访谈，研究分析疫情对各行业企业的影响，推动管理会计应用，助力行业企业提质增效。面对疫情影响，企业普遍更加重视管理会计工作，将当前特殊时期所面临的困难转化为进一步提升管理会计的内生动力，有效运用管理会计加强与改进企业管理对冲疫情影响，初步形成了深化管理会计应用的生动局面。现将各行业研究成果以调研报告及案例的形式公布，供各方参考。本辑内容为上海铁路局、某省移动、首创集团3个企业典型案例。本次研究基于各行业企业1—4月份生产经营数据，是各专家组针对行业与企业在该时点的经营形势的研判和分析，请读者在阅读参考时注意。

财政部会计司

2020年6月

附件：管理会计行业调研报告及案例（第五辑）（略，详见财政部会计司子网站"调查研究"）

第七部分

政府会计准则和制度

一、政府会计准则——基本准则

中华人民共和国财政部令第78号

《政府会计准则——基本准则》已经财政部部务会议审议通过，现予公布，自2017年1月1日起施行。

部长　楼继伟

2015年10月23日

第一章　总　则

第一条　为了规范政府的会计核算，保证会计信息质量，根据《中华人民共和国会计法》《中华人民共和国预算法》和其他有关法律、行政法规，制定本准则。

第二条　本准则适用于各级政府、各部门、各单位（以下统称政府会计主体）。

前款所称各部门、各单位是指与本级政府财政部门直接或者间接发生预算拨款关系的国家机关、军队、政党组织、社会团体、事业单位和其他单位。

军队、已纳入企业财务管理体系的单位和执行《民间非营利组织会计制度》的社会团体，不适用本准则。

第三条　政府会计由预算会计和财务会计构成。

预算会计实行收付实现制，国务院另有规定的，依照其规定。

财务会计实行权责发生制。

第四条　政府会计具体准则及其应用指南、政府会计制度等，应当由财政部遵循本准则制定。

第五条　政府会计主体应当编制决算报告和财务报告。

决算报告的目标是向决算报告使用者提供与政府预算执行情况有关的信息，综合反映政府会计主体预算收支的年度执行结果，有助于决算报告使用者进行监督和管理，并为编制后续年度预算提供参考和依据。政府决算报告使用者包括各级人民代表大会及其常务委员会、各级政府及其有关部门、政府会计主体自身、社会公众和其他利益相关者。

财务报告的目标是向财务报告使用者提供与政府的财务状况、运行情况（含运行成本，下同）和现金流量等有关信息，反映政府会计主体公共受托责任履行情况，有助于财务报告使用者作出决策或者进行监督和管理。政府财务报告使用者包括各级人民代表大会常务委员会、债权人、各级政府及其有关部门、政府会计主体自身和其他利益相关者。

第六条　政府会计主体应当对其自身发生的经济业务或者事项进行会计核算。

第七条　政府会计核算应当以政府会计主体持续运行为前提。

第八条　政府会计核算应当划分会计期间，分期结算账目，按规定编制决算报告和财务报告。会计期间至少分为年度和月度。会计年度、月度等会计期间的起讫日期采用公历日期。

第九条　政府会计核算应当以人民币作为记账本位币。发生外币业务时，应当将有关外币金额折算为人民币金额计量，同时登记外币金额。

第十条　政府会计核算应当采用借贷记账法记账。

第二章 政府会计信息质量要求

第十一条 政府会计主体应当以实际发生的经济业务或者事项为依据进行会计核算,如实反映各项会计要素的情况和结果,保证会计信息真实可靠。

第十二条 政府会计主体应当将发生的各项经济业务或者事项统一纳入会计核算,确保会计信息能够全面反映政府会计主体预算执行情况和财务状况、运行情况、现金流量等。

第十三条 政府会计主体提供的会计信息,应当与反映政府会计主体公共受托责任履行情况以及报告使用者决策或者监督、管理的需要相关,有助于报告使用者对政府会计主体过去、现在或者未来的情况作出评价或者预测。

第十四条 政府会计主体对已经发生的经济业务或者事项,应当及时进行会计核算,不得提前或者延后。

第十五条 政府会计主体提供的会计信息应当具有可比性。

同一政府会计主体不同时期发生的相同或者相似的经济业务或者事项,应当采用一致的会计政策,不得随意变更。确需变更的,应当将变更的内容、理由及其影响在附注中予以说明。

不同政府会计主体发生的相同或者相似的经济业务或者事项,应当采用一致的会计政策,确保政府会计信息口径一致,相互可比。

第十六条 政府会计主体提供的会计信息应当清晰明了,便于报告使用者理解和使用。

第十七条 政府会计主体应当按照经济业务或者事项的经济实质进行会计核算,不限于以经济业务或者事项的法律形式为依据。

第三章 政府预算会计要素

第十八条 政府预算会计要素包括预算收入、预算支出与预算结余。

第十九条 预算收入是指政府会计主体在预算年度内依法取得的并纳入预算管理的现金流入。

第二十条 预算收入一般在实际收到时予以确认,以实际收到的金额计量。

第二十一条 预算支出是指政府会计主体在预算年度内依法发生并纳入预算管理的现金流出。

第二十二条 预算支出一般在实际支付时予以确认,以实际支付的金额计量。

第二十三条 预算结余是指政府会计主体预算年度内预算收入扣除预算支出后的资金余额,以及历年滚存的资金余额。

第二十四条 预算结余包括结余资金和结转资金。

结余资金是指年度预算执行终了,预算收入实际完成数扣除预算支出和结转资金后剩余的资金。

结转资金是指预算安排项目的支出年终尚未执行完毕或者因故未执行,且下年需要按原用途继续使用的资金。

第二十五条 符合预算收入、预算支出和预算结余定义及其确认条件的项目应当列入政府决算报表。

第四章 政府财务会计要素

第二十六条 政府财务会计要素包括资产、负债、净资产、收入和费用。

第一节 资　产

第二十七条　资产是指政府会计主体过去的经济业务或者事项形成的，由政府会计主体控制的，预期能够产生服务潜力或者带来经济利益流入的经济资源。

服务潜力是指政府会计主体利用资产提供公共产品和服务以履行政府职能的潜在能力。

经济利益流入表现为现金及现金等价物的流入，或者现金及现金等价物流出的减少。

第二十八条　政府会计主体的资产按照流动性，分为流动资产和非流动资产。

流动资产是指预计在1年内（含1年）耗用或者可以变现的资产，包括货币资金、短期投资、应收及预付款项、存货等。

非流动资产是指流动资产以外的资产，包括固定资产、在建工程、无形资产、长期投资、公共基础设施、政府储备资产、文物文化资产、保障性住房和自然资源资产等。

第二十九条　符合本准则第二十七条规定的资产定义的经济资源，在同时满足以下条件时，确认为资产：

（一）与该经济资源相关的服务潜力很可能实现或者经济利益很可能流入政府会计主体；

（二）该经济资源的成本或者价值能够可靠地计量。

第三十条　资产的计量属性主要包括历史成本、重置成本、现值、公允价值和名义金额。

在历史成本计量下，资产按照取得时支付的现金金额或者支付对价的公允价值计量。

在重置成本计量下，资产按照现在购买相同或者相似资产所需支付的现金金额计量。

在现值计量下，资产按照预计从其持续使用和最终处置中所产生的未来净现金流入量的折现金额计量。

在公允价值计量下，资产按照市场参与者在计量日发生的有序交易中，出售资产所能收到的价格计量。

无法采用上述计量属性的，采用名义金额（即人民币1元）计量。

第三十一条　政府会计主体在对资产进行计量时，一般应当采用历史成本。

采用重置成本、现值、公允价值计量的，应当保证所确定的资产金额能够持续、可靠计量。

第三十二条　符合资产定义和资产确认条件的项目，应当列入资产负债表。

第二节 负　债

第三十三条　负债是指政府会计主体过去的经济业务或者事项形成的，预期会导致经济资源流出政府会计主体的现时义务。

现时义务是指政府会计主体在现行条件下已承担的义务。未来发生的经济业务或者事项形成的义务不属于现时义务，不应当确认为负债。

第三十四条　政府会计主体的负债按照流动性，分为流动负债和非流动负债。

流动负债是指预计在1年内（含1年）偿还的负债，包括应付及预收款项、应付职工薪酬、应缴款项等。

非流动负债是指流动负债以外的负债，包括长期应付款、应付政府债券和政府依法担保形成的债务等。

第三十五条　符合本准则第三十三条规定的负债定义的义务，在同时满足以下条件时，确认为负债：

（一）履行该义务很可能导致含有服务潜力或者经济利益的经济资源流出政府会计主体；

（二）该义务的金额能够可靠地计量。

第三十六条 负债的计量属性主要包括历史成本、现值和公允价值。

在历史成本计量下,负债按照因承担现时义务而实际收到的款项或者资产的金额,或者承担现时义务的合同金额,或者按照为偿还负债预期需要支付的现金计量。

在现值计量下,负债按照预计期限内需要偿还的未来净现金流出量的折现金额计量。

在公允价值计量下,负债按照市场参与者在计量日发生的有序交易中,转移负债所需支付的价格计量。

第三十七条 政府会计主体在对负债进行计量时,一般应当采用历史成本。

采用现值、公允价值计量的,应当保证所确定的负债金额能够持续、可靠计量。

第三十八条 符合负债定义和负债确认条件的项目,应当列入资产负债表。

第三节 净资产

第三十九条 净资产是指政府会计主体资产扣除负债后的净额。

第四十条 净资产金额取决于资产和负债的计量。

第四十一条 净资产项目应当列入资产负债表。

第四节 收 入

第四十二条 收入是指报告期内导致政府会计主体净资产增加的、含有服务潜力或者经济利益的经济资源的流入。

第四十三条 收入的确认应当同时满足以下条件:

(一)与收入相关的含有服务潜力或者经济利益的经济资源很可能流入政府会计主体;

(二)含有服务潜力或者经济利益的经济资源流入会导致政府会计主体资产增加或者负债减少;

(三)流入金额能够可靠地计量。

第四十四条 符合收入定义和收入确认条件的项目,应当列入收入费用表。

第五节 费 用

第四十五条 费用是指报告期内导致政府会计主体净资产减少的、含有服务潜力或者经济利益的经济资源的流出。

第四十六条 费用的确认应当同时满足以下条件:

(一)与费用相关的含有服务潜力或者经济利益的经济资源很可能流出政府会计主体;

(二)含有服务潜力或者经济利益的经济资源流出会导致政府会计主体资产减少或者负债增加;

(三)流出金额能够可靠地计量。

第四十七条 符合费用定义和费用确认条件的项目,应当列入收入费用表。

第五章 政府决算报告和财务报告

第四十八条 政府决算报告是综合反映政府会计主体年度预算收支执行结果的文件。

政府决算报告应当包括决算报表和其他应当在决算报告中反映的相关信息和资料。

政府决算报告的具体内容及编制要求等,由财政部另行规定。

第四十九条 政府财务报告是反映政府会计主体某一特定日期的财务状况和某一会计期间的

运行情况和现金流量等信息的文件。

政府财务报告应当包括财务报表和其他应当在财务报告中披露的相关信息和资料。

第五十条 政府财务报告包括政府综合财务报告和政府部门财务报告。

政府综合财务报告是指由政府财政部门编制的,反映各级政府整体财务状况、运行情况和财政中长期可持续性的报告。

政府部门财务报告是指政府各部门、各单位按规定编制的财务报告。

第五十一条 财务报表是对政府会计主体财务状况、运行情况和现金流量等信息的结构性表述。

财务报表包括会计报表和附注。

会计报表至少应当包括资产负债表、收入费用表和现金流量表。

政府会计主体应当根据相关规定编制合并财务报表。

第五十二条 资产负债表是反映政府会计主体在某一特定日期的财务状况的报表。

第五十三条 收入费用表是反映政府会计主体在一定会计期间运行情况的报表。

第五十四条 现金流量表是反映政府会计主体在一定会计期间现金及现金等价物流入和流出情况的报表。

第五十五条 附注是对在资产负债表、收入费用表、现金流量表等报表中列示项目所作的进一步说明,以及对未能在这些报表中列示项目的说明。

第五十六条 政府决算报告的编制主要以收付实现制为基础,以预算会计核算生成的数据为准。

政府财务报告的编制主要以权责发生制为基础,以财务会计核算生成的数据为准。

第六章 附 则

第五十七条 本准则所称会计核算,包括会计确认、计量、记录和报告各个环节,涵盖填制会计凭证、登记会计账簿、编制报告全过程。

第五十八条 本准则所称预算会计,是指以收付实现制为基础对政府会计主体预算执行过程中发生的全部收入和全部支出进行会计核算,主要反映和监督预算收支执行情况的会计。

第五十九条 本准则所称财务会计,是指以权责发生制为基础对政府会计主体发生的各项经济业务或者事项进行会计核算,主要反映和监督政府会计主体财务状况、运行情况和现金流量等的会计。

第六十条 本准则所称收付实现制,是指以现金的实际收付为标志来确定本期收入和支出的会计核算基础。凡在当期实际收到的现金收入和支出,均应作为当期的收入和支出;凡是不属于当期的现金收入和支出,均不应当作为当期的收入和支出。

第六十一条 本准则所称权责发生制,是指以取得收取款项的权利或支付款项的义务为标志来确定本期收入和费用的会计核算基础。凡是当期已经实现的收入和已经发生的或应当负担的费用,不论款项是否收付,都应当作为当期的收入和费用;凡是不属于当期的收入和费用,即使款项已在当期收付,也不应当作为当期的收入和费用。

第六十二条 本准则自2017年1月1日起施行。

二、政府会计准则——具体准则

1.政府会计准则第1号——存货

财会〔2016〕12号

省略，详见第一版《会计工作手册》（中国财政经济出版社，2019年5月），请登录会计新时代网站（http://www.acctne.com/）——"准则制度→政府会计准则"查询，或登录深圳市会计协会网站（http://www.szkjxh.com）——"法规制度→准则制度→政府会计准则"查询，或登录财政部会计司子网站（http://kjs.mof.gov.cn）——"政府及非营利组织会计准则制度"查询。

2.政府会计准则第2号——投资

财会〔2016〕12号

省略，详见第一版《会计工作手册》（中国财政经济出版社，2019年5月），请登录会计新时代网站（http://www.acctne.com/）——"准则制度→政府会计准则"查询，或登录深圳市会计协会网站（http://www.szkjxh.com）——"法规制度→准则制度→政府会计准则"查询，或登录财政部会计司子网站（http://kjs.mof.gov.cn）——"政府及非营利组织会计准则制度"查询。

3.政府会计准则第3号——固定资产

财会〔2016〕12号

省略，详见第一版《会计工作手册》（中国财政经济出版社，2019年5月），请登录会计新时代网站（http://www.acctne.com/）——"准则制度→政府会计准则"查询，或登录深圳市会计协会网站（http://www.szkjxh.com）——"法规制度→准则制度→政府会计准则"查询，或登录财政部会计司子网站（http://kjs.mof.gov.cn）——"政府及非营利组织会计准则制度"查询。

4.政府会计准则第4号——无形资产

财会〔2016〕12号

省略，详见第一版《会计工作手册》（中国财政经济出版社，2019年5月），请登录会计新时代网站（http://www.acctne.com/）——"准则制度→政府会计准则"查询，或登录深圳市会计协会网站（http://www.szkjxh.com）——"法规制度→准则制度→政府会计准则"查询，或登录财政部会计司子网站（http://kjs.mof.gov.cn）——"政府及非营利组织会计准则制度"查询。

5.政府会计准则第5号——公共基础设施

财会〔2017〕11号

　　省略,详见第一版《会计工作手册》(中国财政经济出版社,2019年5月),请登录会计新时代网站(http://www.acctne.com/)——"准则制度→政府会计准则"查询,或登录深圳市会计协会网站(http://www.szkjxh.com)——"法规制度→准则制度→政府会计准则"查询,或登录财政部会计司子网站(http://kjs.mof.gov.cn)——"政府及非营利组织会计准则制度"查询。

6.政府会计准则第6号——政府储备物资

财会〔2017〕23号

　　省略,详见第一版《会计工作手册》(中国财政经济出版社,2019年5月),请登录会计新时代网站(http://www.acctne.com/)——"准则制度→政府会计准则"查询,或登录深圳市会计协会网站(http://www.szkjxh.com)——"法规制度→准则制度→政府会计准则"查询,或登录财政部会计司子网站(http://kjs.mof.gov.cn)——"政府及非营利组织会计准则制度"查询。

7.政府会计准则第7号——会计调整

财会〔2018〕28号

　　省略,详见第一版《会计工作手册》(中国财政经济出版社,2019年5月),请登录会计新时代网站(http://www.acctne.com/)——"准则制度→政府会计准则"查询,或登录深圳市会计协会网站(http://www.szkjxh.com)——"法规制度→准则制度→政府会计准则"查询,或登录财政部会计司子网站(http://kjs.mof.gov.cn)——"政府及非营利组织会计准则制度"查询。

8.政府会计准则第8号——负债

财会〔2018〕31号

　　省略,详见第一版《会计工作手册》(中国财政经济出版社,2019年5月),请登录会计新时代网站(http://www.acctne.com/)——"准则制度→政府会计准则"查询,或登录深圳市会计协会网站(http://www.szkjxh.com)——"法规制度→准则制度→政府会计准则"查询,或登录财政部会计司子网站(http://kjs.mof.gov.cn)——"政府及非营利组织会计准则制度"查询。

9.政府会计准则第9号——财务报表编制和列报

财会〔2018〕37号

省略,详见第一版《会计工作手册》(中国财政经济出版社,2019年5月),请登录会计新时代网站(http://www.acctne.com/)——"准则制度→政府会计准则"查询,或登录深圳市会计协会网站(http://www.szkjxh.com)——"法规制度→准则制度→政府会计准则"查询,或登录财政部会计司子网站(http://kjs.mof.gov.cn)——"政府及非营利组织会计准则制度"查询。

10. 政府会计准则第10号——政府和社会资本合作项目合同

财会〔2019〕23号

第一章 总 则

第一条 为了规范政府方对政府和社会资本合作（PPP）项目合同的确认、计量和相关信息的列报，根据《政府会计准则——基本准则》，制定本准则。

第二条 本准则所称PPP项目合同，是指政府方与社会资本方依法依规就PPP项目合作所订立的合同，该合同应当同时具有以下特征：

（一）社会资本方在合同约定的运营期间内代表政府方使用PPP项目资产提供公共产品和服务；

（二）社会资本方在合同约定的期间内就其提供的公共产品和服务获得补偿。

本准则所称政府方，是指政府授权或指定的PPP项目实施机构，通常为政府有关职能部门或事业单位。

本准则所称社会资本方，是指与政府方签署PPP项目合同的社会资本或项目公司。

本准则所称PPP项目资产，是指PPP项目合同中确定的用来提供公共产品和服务的资产。该资产有以下两方面来源：

（一）由社会资本方投资建造或者从第三方购买，或者是社会资本方的现有资产；

（二）政府方现有资产，或者对政府方现有资产进行改建、扩建。

第三条 本准则适用于同时满足以下条件的PPP项目合同：

（一）政府方控制或管制社会资本方使用PPP项目资产必须提供的公共产品和服务的类型、对象和价格；

（二）PPP项目合同终止时，政府方通过所有权、收益权或其他形式控制PPP项目资产的重大剩余权益。

第四条 通常情况下，采用建设—运营—移交（BOT）、转让—运营—移交（TOT）、改建—运营—移交（ROT）方式运作的PPP项目合同，满足本准则第三条规定的条件，应当适用本准则。

下列各项适用其他相关会计准则：

（一）不同时具有本准则第二条第一款规定的两个特征的合同，如建设—移交（BT）、租赁、无偿捐赠等，不属于本准则所称的PPP项目合同，不适用本准则，应当由政府方按照其他相关政府会计准则制度的规定进行会计处理。

（二）不同时满足本准则第三条规定的两个条件的PPP项目合同，如采用建设—拥有—运营（BOO）、转让—拥有—运营（TOO）等方式运作的PPP项目合同，不适用本准则，应当由政府方按照其他相关政府会计准则制度的规定进行会计处理。

（三）PPP项目合同中有关政府方对项目公司的直接投资，适用《政府会计准则第2号——投资》；有关代表政府出资的企业对项目公司的投资，适用相关企业会计准则。

（四）社会资本方对PPP项目合同的确认、计量和相关信息的披露，适用相关企业会计准则。

第二章 PPP项目资产的确认

第五条 符合本准则第二条、第三条规定的PPP项目资产，在同时满足以下条件时，应当由政府方予以确认：

（一）与该资产相关的服务潜力很可能实现或者经济利益很可能流入；

（二）该资产的成本或者价值能够可靠地计量。

第六条 PPP项目资产的各组成部分具有不同使用年限或者以不同方式提供公共产品和服务的，应当分别将各组成部分确认为一个单项PPP项目资产。

第七条 由社会资本方投资建造或从第三方购买形成的PPP项目资产，政府方应当在PPP项目资产验收合格交付使用时予以确认。

使用社会资本方现有资产形成的PPP项目资产，政府方应当在PPP项目开始运营日予以确认。

政府方使用其现有资产形成PPP项目资产的，应当在PPP项目开始运营日将其现有资产重分类为PPP项目资产。

社会资本方对政府方现有资产进行改建、扩建形成的PPP项目资产，政府方应当在PPP项目资产验收合格交付使用时予以确认，同时终止确认现有资产。

第八条 在PPP项目资产运营过程中发生的后续支出，满足本准则第五条规定的确认条件的，政府方应当计入PPP项目资产成本。

通常情况下，为增加PPP项目资产的使用效能或延长其使用年限而发生的改建、扩建等后续支出，政府方应当计入PPP项目资产的成本；为维护PPP项目资产的正常使用而发生的日常维修、养护等后续支出，不计入PPP项目资产的成本。

第九条 PPP项目合同终止时，PPP项目资产按规定移交至政府方的，政府方应当根据PPP项目资产的性质和用途，将其重分类为公共基础设施等资产。

第三章 PPP项目资产的计量

第十条 政府方在取得PPP项目资产时一般应当按照成本进行初始计量；按规定需要进行资产评估的，应当按照评估价值进行初始计量。

第十一条 社会资本方投资建造形成的PPP项目资产，其成本包括该项资产至验收合格交付使用前所发生的全部必要支出，包括建筑安装工程投资、设备投资、待摊投资、其他投资等支出。

已交付使用但尚未办理竣工财务决算手续的PPP项目资产，应当按照估计价值入账，待办理竣工财务决算后再按照实际成本调整原来的暂估价值。

第十二条 社会资本方从第三方购买形成的PPP项目资产，其成本包括购买价款、相关税费以及验收合格交付使用前发生的可归属于该项资产的运输费、装卸费、安装费和专业人员服务费等。

第十三条 使用社会资本方现有资产形成的PPP项目资产，其成本按规定以该项资产的评估价值确定。

第十四条 政府方使用其现有资产形成的PPP项目资产，其成本按照PPP项目开始运营日该资产的账面价值确定；按照相关规定对现有资产进行资产评估的，其成本按照评估价值确定，资产评估价值与评估前资产账面价值的差额计入当期收入或当期费用。

第十五条 社会资本方对政府方现有资产进行改建、扩建形成的PPP项目资产，其成本按照该资产改建、扩建前的账面价值加上改建、扩建发生的支出，再扣除该资产被替换部分账面价值后的金额确定。

第十六条 除本准则第十七条和第二十三条规定外，政府方应当参照《政府会计准则第3号——固定资产》《政府会计准则第5号——公共基础设施》等，对PPP项目资产进行后续计量。

第十七条 PPP项目合同终止时，PPP项目资产按规定移交至政府方并进行资产评估的，政府方应当以评估价值作为重分类后资产的入账价值，评估价值与PPP项目资产账面价值的差额计入当期收入或当期费用；政府方按规定无需对移交的PPP项目资产进行资产评估的，应当以PPP项目资产的账面价值作为重分类后资产的入账价值。

第四章 PPP项目净资产的确认和计量

第十八条 除本准则第十九条规定外，政府方在确认PPP项目资产时，应当同时确认一项PPP项目净资产，PPP项目净资产的初始入账金额与PPP项目资产的初始入账金额相等。

第十九条 政府方使用其现有资产形成PPP项目资产的，在初始确认PPP项目资产时，应当同时终止确认现有资产，不确认PPP项目净资产。

社会资本方对政府方现有资产进行改建、扩建形成PPP项目资产的，政府方应当仅按照PPP项目资产初始入账金额与政府方现有资产账面价值的差额确认PPP项目净资产。

第二十条 按照PPP项目合同约定，政府方承担向社会资本方支付款项的义务的，相关义务应当按照《政府会计准则第8号——负债》有关规定进行会计处理，会计处理结果不影响PPP项目资产及净资产的账面价值。

政府方按照《政府会计准则第8号——负债》有关规定不确认负债的，应当在支付款项时计入当期费用。政府方按照《政府会计准则第8号——负债》有关规定确认负债的，应当同时确认当期费用；在以后期间支付款项时，相应冲减负债的账面余额。

第二十一条 在PPP项目合同约定的期间内，政府方从社会资本方收到款项的，应当按规定做应缴款项处理或计入当期收入。

第二十二条 在PPP项目运营过程中，政府方因PPP项目资产改建、扩建等后续支出增加PPP项目资产成本的，应当依据本准则第十八、十九条的规定同时增加PPP项目净资产的账面余额。

第二十三条 政府方按照本准则规定在确认PPP项目资产的同时确认PPP项目净资产的，在PPP项目运营期间内，按月对该PPP项目资产计提折旧（摊销）的，应当于计提折旧（摊销）时冲减PPP项目净资产的账面余额。

政府方初始确认的PPP项目净资产金额等于PPP项目资产初始入账金额的，应当按照计提的PPP项目资产折旧（摊销）金额，等额冲减PPP项目净资产的账面余额。

政府方初始确认的PPP项目净资产金额小于PPP项目资产初始入账金额的，应当按照计提的PPP项目资产折旧（摊销）金额的相应比例（即PPP项目净资产初始入账金额占PPP项目资产初始入账金额的比例），冲减PPP项目净资产的账面余额；当期计提的折旧（摊销）金额与所冲减的PPP项目净资产金额的差额，应当计入当期费用。

PPP项目合同终止时，政府方应当将尚未冲减完的PPP项目净资产账面余额转入累计盈余。

第五章 列 报

第二十四条 政府方应当在资产负债表中单独列示PPP项目资产及相应的PPP项目净资产。

第二十五条 政府方应当在附注中披露与PPP项目合同有关的下列信息：

（一）对PPP项目合同的总体描述。

（二）PPP项目合同中的重要条款：

1. PPP项目合同主要参与方；

2. 合同生效日、建设完工日、运营开始日、合同终止日等关键时点；

3. PPP项目资产的来源；

4. PPP项目的付费方式；

5. 合同终止时资产移交的权利和义务；

6. 政府方和社会资本方其他重要权利和义务。

（三）报告期间所发生的PPP项目合同变更情况。

（四）相关会计信息：

1. 政府方确认的PPP项目资产及其类别；

2. PPP项目资产、PPP项目净资产初始入账金额及其确定依据；

3. 政府方确认的与PPP项目合同有关的负债金额及其确定依据；

4. 报告期内PPP项目资产折旧（摊销）冲减PPP项目净资产的金额；

5. 报告期内政府方向社会资本方支付的款项金额，或者从社会资本方收到的款项金额；

6. 其他需要披露的会计信息。

第二十六条 政府方除应遵循本准则第二十五条的披露要求外，还应遵循其他政府会计准则制度关于PPP项目合同的披露要求。

第六章　附　则

第二十七条 对于不满足本准则第三条规定条件的PPP项目合同，政府方应当按照本准则第二十五条（一）至（三）的规定披露与该合同相关的信息。

第二十八条 本准则自2021年1月1日起施行。政府方关于存量PPP项目合同会计处理的新旧衔接办法，由财政部另行规定。

三、政府会计准则制度解释

1. 政府会计准则制度解释第1号

财会〔2019〕13号

一、关于企业集团中的事业单位会计制度执行问题

企业集团中纳入部门预算编报范围的事业单位（不含执行《军工科研事业单位会计制度》的事业单位，下同）应当按照政府会计准则制度进行会计核算；企业集团中未纳入部门预算编报范围的事业单位，可以不执行《政府会计制度——行政事业单位会计科目和报表》（以下称《政府会计制度》）中的预算会计内容，只执行财务会计内容。

二、关于事业单位长期股权投资的会计处理

（一）事业单位采用权益法核算长期股权投资、且被投资单位编制合并财务报表的，在持有投资期间，应当以被投资单位合并财务报表中归属于母公司的净利润和其他所有者权益变动为基础，计算确定应当调整长期股权投资账面余额的金额，并进行相关会计处理。

（二）事业单位以其持有的科技成果取得的长期股权投资，应当按照评估价值加相关税费作为投资成本。事业单位按规定通过协议定价、在技术交易市场挂牌交易、拍卖等方式确定价格的，应当按照以上方式确定的价格加相关税费作为投资成本。

（三）事业单位处置以科技成果转化形成的长期股权投资，按规定所取得的收入全部留归本单位的，应当按照实际取得的价款，借记"银行存款"等科目，按照被处置长期股权投资的账面余额，贷记"长期股权投资"科目，按照尚未领取的现金股利或利润，贷记"应收股利"科目，按照发生的相关税费等支出，贷记"银行存款"等科目，按照借贷方差额，借记或贷记"投资收益"科目；同时，在预算会计中，按照实际取得的价款，借记"资金结存——货币资金"科目，按照处置时确认的投资收益金额，贷记"投资预算收益"科目，按照贷方差额，贷记"其他预算收入"科目。

（四）权益法下，事业单位处置以现金以外的其他资产取得的（不含科技成果转化形成的）长期股权投资时，按规定将取得的投资收益（此处的投资收益，是指长期股权投资处置价款扣除长期股权投资成本和相关税费后的差额）纳入本单位预算管理的，分别以下两种情况处理：

1. 长期股权投资的账面余额大于其投资成本的，应当按照被处置长期股权投资的成本，借记"资产处置费用"科目，贷记"长期股权投资——成本"科目；同时，按照实际取得的价款，借记"银行存款"等科目，按照尚未领取的现金股利或利润，贷记"应收股利"科目，按照发生的相关税费等支出，贷记"银行存款"等科目，按照长期股权投资的账面余额减去其投资成本的差额，贷记"长期股权投资——损益调整、其他权益变动"科目（以上明细科目为贷方余额的，借记相关明细科目），按照实际取得的价款与被处置长期股权投资账面余额、应收股利账面余额和相关税费支出合计数的差额，贷记或借记"投资收益"科目，按照贷方差额，贷记"应缴财政款"科目。预算会计的账务处理按照《政府会计制度》进行。

这种情况下的会计分录举例如下：

财务会计　预算会计

借：资产处置费用

　　　　贷：长期股权投资——成本
　　借：银行存款
　　　　贷：应收股利（如有）
　　　　　　长期股权投资——损益调整、其他权益变动（也可能在借方）
　　　　　　银行存款（相关税费）
　　　　　　投资收益（取得价款与投资账面余额、应收股利账面余额和相关税费支出合计数的差额）
　　　　　　应缴财政款
　　借：资金结存——货币资金
　　　　贷：投资预算收益（取得价款减去投资成本和相关税费后的金额）

　　2. 长期股权投资的账面余额小于或等于其投资成本的，应当按照被处置长期股权投资的账面余额，借记"资产处置费用"科目，按照长期股权投资各明细科目的余额，贷记"长期股权投资——成本"科目，贷记或借记"长期股权投资——损益调整、其他权益变动"科目；同时，按照实际取得的价款，借记"银行存款"等科目，按照尚未领取的现金股利或利润，贷记"应收股利"科目，按照发生的相关税费等支出，贷记"银行存款"等科目，按照实际取得的价款大于被处置长期股权投资成本、应收股利账面余额和相关税费支出合计数的差额，贷记"投资收益"科目，按照贷方差额，贷记"应缴财政款"科目。预算会计的账务处理按照《政府会计制度》进行。

　　这种情况下的会计分录举例如下：
　　财务会计　预算会计
　　借：资产处置费用（投资账面余额）
　　　　长期股权投资——损益调整、其他权益变动（部分明细科目余额也可能在贷方）
　　　　贷：长期股权投资——成本
　　借：银行存款
　　　　贷：应收股利（如有）
　　　　　　银行存款（相关税费）
　　　　　　投资收益（取得价款大于投资成本、应收股利账面余额和相关税费支出合计数的差额）
　　　　　　应缴财政款
　　借：资金结存——货币资金
　　　　贷：投资预算收益（取得价款减去投资成本和相关税费后的金额）

　　（五）事业单位按规定应将长期股权投资持有期间取得的投资净收益，以及以现金取得的长期股权投资处置时取得的净收入（处置价款扣除投资本金和相关税费后的净额）上缴本级财政并纳入一般公共预算管理的，在应收或收到上述有关款项时不确认投资收益，应通过"应缴财政款"科目核算。

　　三、关于单位年末暂收暂付非财政资金的会计处理

　　单位对于纳入本年度部门预算管理的现金收支业务，在采用财务会计核算的同时应当及时进行预算会计核算。年末结账前，单位应当对暂收暂付款项进行全面清理，并对于纳入本年度部门预算管理的暂收暂付款项进行预算会计处理，确认相关预算收支，确保预算会计信息能够完整反映本年度部门预算收支执行情况。

　　（一）对于纳入本年度部门预算管理的暂付款项，按照《政府会计制度》规定，单位在支付款项时可不做预算会计处理，待结算或报销时，按照结算或报销的金额，借记相关预算支出科目，贷记"资金结存"科目。但是，在年末结账前，对于尚未结算或报销的暂付款项，单位应当按照暂付的金额，借记相关预算支出科目，贷记"资金结存"科目。以后年度，实际结算或报销金额与已计入预算支出的金额不一致的，单位应当通过相关预算结转结余科目"年初余额调整"明细科目进行处理。

（二）对于应当纳入下一年度部门预算管理的暂收款项，单位在收到款项时，借记"银行存款"等科目，贷记"其他应付款"科目；本年度不做预算会计处理。待下一年初，单位应当按照上年暂收的款项金额，借记"其他应付款"科目，贷记有关收入科目；同时在预算会计中，按照暂收款项的金额，借记"资金结存"科目，贷记有关预算收入科目。

对于应当纳入下一年度部门预算管理的暂付款项，单位在付出款项时，借记"其他应收款"科目，贷记"银行存款"等科目，本年度不做预算会计处理。待下一年实际结算或报销时，单位应当按照实际结算或报销的金额，借记有关费用科目，按照之前暂付的款项金额，贷记"其他应收款"科目，按照退回或补付的金额，借记或贷记"银行存款"等科目；同时，在预算会计中，按照实际结算或报销的金额，借记有关支出科目，贷记"资金结存"科目。下一年度内尚未结算或报销的，按照上述（一）中的规定处理。

（三）对于不纳入部门预算管理的暂收暂付款项（如应上缴、应转拨或应退回的资金），单位应当按照《政府会计制度》规定，仅作财务会计处理，不做预算会计处理。

四、关于由有关部门统一管理，但由其他部门占有、使用的固定资产的会计处理

按规定由本级政府机关事务管理等部门统一管理（如仅持有资产的产权证等），但具体由其他部门占有、使用的固定资产，应当由占有、使用该资产的部门作为会计确认主体，对该资产进行会计核算。

2019年1月1日前相关部门未按照上述规定对某项固定资产进行会计核算的，在新旧会计制度转换时，按照以下规定处理：

（一）该项固定资产已经在其统一管理的部门入账的，负责资产统一管理的部门应当按照该项固定资产已经计提的折旧金额（按照原制度已经计提折旧的），借记新账的"固定资产累计折旧"科目，按照该项固定资产的账面余额，贷记新账的"固定资产"科目，按其差额，借记新账的"累计盈余"科目；占有、使用该资产的部门应当按照该项固定资产在统一管理部门记录的账面余额，借记新账的"固定资产"科目，按照该项资产在统一管理部门已经计提的折旧金额（按照原制度已经计提折旧的），贷记新账的"固定资产累计折旧"科目，按其差额，贷记新账的"累计盈余"科目。

（二）该项固定资产尚未登记入账的，应当由占有、使用该项资产的部门按照盘盈资产进行处理，具体账务处理参照财政部已经印发的相关衔接规定执行。

在按照上述规定进行新旧制度衔接时，相关会计主体的会计处理应当协调一致，确保资产确认不重复、不遗漏。在新旧制度衔接中，如涉及资产产权变更或实物资产划拨等事项，相关会计主体应当按照资产管理有关规定办理。

多个部门共同占用、使用同一项固定资产，且该项固定资产由本级政府机关事务管理等部门统一管理并负责后续维护、改造的，由本级政府机关事务管理等部门作为确认主体，对该项固定资产进行会计核算。

同一部门内部所属单位共同占有、使用同一项固定资产，或者所属事业单位占有、使用部门本级拥有产权的固定资产的，按照本部门规定对固定资产进行会计核算。

五、关于单位无偿调入资产的账务处理

按照相关政府会计准则规定，单位（调入方）接受其他政府会计主体无偿调入的固定资产、无形资产、公共基础设施等资产，其成本按照调出方的账面价值加上相关税费确定。但是，无偿调入资产在调出方的账面价值为零（即已经按制度规定提足折旧）或者账面余额为名义金额的，单位（调入方）应当将调入过程中其承担的相关税费计入当期费用，不计入调入资产的初始入账成本。

无偿调入资产在调出方的账面价值为零的，单位（调入方）在进行财务会计处理时，应当按照该项资产在调出方的账面余额，借记"固定资产""无形资产"等科目，按照该项资产在调出方已经计提的折旧或摊销金额（与资产账面余额相等），贷记"固定资产累计折旧""无形资产累计摊销"等科目；按照支付的相关税费，借记"其他费用"科目，贷记"零余额账户用款额度""银行存款"等科目。同时，在预算会计中按照支付的相关税费，借记"其他支出"科目，贷记"资金结存"科目。

无偿调入资产在调出方的账面余额为名义金额的，单位（调入方）在进行财务会计处理时，应当按照名义金额，借记"固定资产""无形资产"等科目，贷记"无偿调拨净资产"科目；按照支付的相关税费，借记"其他费用"科目，贷记"零余额账户用款额度""银行存款"等科目。同时，在预算会计中按照支付的相关税费，借记"其他支出"科目，贷记"资金结存"科目。

六、关于"业务活动费用"和"单位管理费用"科目的核算范围

按照《政府会计制度》规定，"业务活动费用"科目核算单位为实现其职能目标、依法履职或开展专业业务活动及其辅助活动所发生的各项费用。"单位管理费用"科目核算事业单位本级行政及后勤管理部门开展管理活动发生的各项费用，包括单位行政及后勤管理部门发生的人员经费、公用经费、资产折旧（摊销）等费用，以及由单位统一负担的离退休人员经费、工会经费、诉讼费、中介费等。

按照上述规定，行政单位不使用"单位管理费用"科目，其为实现其职能目标、依法履职发生的各项费用均计入"业务活动费用"科目。事业单位应当同时使用"业务活动费用"和"单位管理费用"科目，其业务部门开展专业业务活动及其辅助活动发生的各项费用计入"业务活动费用"科目，其本级行政及后勤管理部门发生的各项费用以及由单位统一负担的费用计入"单位管理费用"科目。

事业单位应当按照《政府会计制度》的规定，结合本单位实际，确定本单位业务活动费用和单位管理费用划分的具体会计政策。

七、关于"保障性住房"科目的核算范围

《政府会计制度》中规定的"保障性住房"科目，核算单位为满足社会公共需要而控制的保障性住房的原值。此处的保障性住房，主要指地方政府住房保障主管部门持有全部或部分产权份额、纳入城镇住房保障规划和年度计划、向符合条件的保障对象提供的住房。

八、关于第三方支付平台账户资金的会计科目适用问题

单位通过支付宝、微信等方式取得相关收入的，对于尚未转入银行存款的支付宝、微信收付款等第三方支付平台账户的余额，应当通过"其他货币资金"科目核算。

九、关于有关往来科目和收入、费用科目明细信息的披露

单位在按照债务人（债权人）对应收款项（应付款项）进行明细核算的基础上，应当在财务报表附注中按照债务人（债权人）分类对应收款项（应付款项）进行披露。债务人（债权人）类别主要分为本部门内部单位（指纳入单位所属部门财务报告合并范围的单位，下同）、本部门以外同级政府单位、本部门以外非同级政府单位和其他单位。

单位在按照收入来源（支付对象）对有关收入科目（费用科目）进行明细核算的基础上，应当在财务报表附注中按照收入来源（支付对象）分类对有关收入（费用）进行披露。收入来源（支付对象）主要分为本部门内部单位、本部门以外同级政府单位、本部门以外非同级政府单位和其他单位。

单位按照《政府会计制度》中财务报表附注所列格式分类对应收款项、应付款项、有关收入和费用进行具体披露时，应当遵循重要性原则。单位对重要性的判断，应当依据《政府会计准则第9号——财务报表编制和列报》，并考虑满足编制合并财务报表的信息需要，即相关合并主体能够基于单位所披露的信息，抵销合并主体与被合并主体之间、被合并主体相互之间发生的债权债务、收入费用等内部业务或事项对财务报表的影响。

十、关于单位售房款的会计处理

中央级行政事业单位应当自2019年1月1日起，将归属于本单位的售房款及其利息收入纳入部门预算管理，并按照《政府会计制度》统一进行会计核算。收到售房款项（售房收入扣除按标准计提的住宅专项维修资金）及其利息收入时，借记"银行存款"科目，贷记"其他收入"科目；同时在预算会计中借记"资金结存"科目，贷记"其他预算收入"科目。按规定使用售房款发放购房补贴的，计提购房补贴费用时，借记"业务活动费用""单位管理费用"等科目，贷记"应付职工薪酬"科目的相关明细科目；发放购房补贴时，借记"应付职工薪酬"科目的相关明细科目，贷记"银行存款"等科目，同时在预算会计中借记"行政支出""事业支出"等科目，贷记"资金结存"科目。

新旧会计制度转换时，中央级行政单位和中央级事业单位应当分别进行如下会计处理：

（一）行政单位在原账中将售房款作为负债（其他应付款或长期应付款等）核算的，应当将有关负债科目的相关明细科目余额，转入新账财务会计中的"累计盈余"科目；同时，按照相同金额在新账预算会计中借记"资金结存"科目，贷记"非财政拨款结转"相关明细科目。

行政单位原对售房款单独建账、单独核算（即未将售房款资金纳入"大账"核算）的，应当将售房款资金统一纳入"大账"核算，按照有关账套（或台账）核算的售房款余额，在新账财务会计中借记"银行存款"等科目，贷记"累计盈余"科目；同时，按照相同金额在新账预算会计中借记"资金结存"科目，贷记"非财政拨款结转"相关明细科目。

（二）事业单位在原账中将售房款记入"专用基金"科目的，应当将"专用基金"科目相关明细科目的余额，转入新账财务会计中的"累计盈余"科目；同时，按照相同金额在新账预算会计中借记"资金结存"科目，贷记"非财政拨款结转"相关明细科目。

尚未将单位售房款纳入财政统筹使用的省级及以下行政事业单位，应当比照本解释中有关中央级行政事业单位售房款的会计处理规定执行。

十一、关于单位集中管理的住宅专项维修资金的会计处理

单位对于其集中管理的住宅专项维修资金，属于按规定从本单位售房收入中提取的，应当比照本解释中有关单位售房款的规定进行会计处理；属于本单位职工个人缴存的，应当作为受托代理业务，按照《政府会计制度》的规定进行会计处理。

专门从事住宅专项维修资金管理的单位所管理的住宅专项维修资金的会计核算，由财政部另行规定。

十二、本解释自2019年1月1日起施行。

2.政府会计准则制度解释第2号

财会〔2019〕24号

一、关于归垫资金的账务处理

行政事业单位（以下简称单位）按规定报经财政部门审核批准，在财政授权支付用款额度或财政直接支付用款计划下达之前，用本单位实有资金账户资金垫付相关支出，再通过财政授权支付方式或财政直接支付方式将资金归还原垫付资金账户的，应当按照以下规定进行账务处理：

（一）用本单位实有资金账户资金垫付相关支出时，按照垫付的资金金额，借记"其他应收款"科目，贷记"银行存款"科目；预算会计不做处理。

（二）通过财政直接支付方式或授权支付方式将资金归还原垫付资金账户时，按照归垫的资金金额，借记"银行存款"科目，贷记"财政拨款收入"科目，并按照相同的金额，借记"业务活动费用"等科目，贷记"其他应收款"科目；同时，在预算会计中，按照相同的金额，借记"行政支出""事业支出"等科目，贷记"财政拨款预算收入"科目。

二、关于从本单位零余额账户向本单位实有资金账户划转资金的账务处理

单位在某些特定情况下按规定从本单位零余额账户向本单位实有资金账户划转资金用于后续相关支出的，可在"银行存款"或"资金结存——货币资金"科目下设置"财政拨款资金"明细科目，或采用辅助核算等形式，核算反映按规定从本单位零余额账户转入实有资金账户的资金金额，并应当按照以下规定进行账务处理：

（一）从本单位零余额账户向实有资金账户划转资金时，按照划转的资金金额，借记"银行存款"科目，贷记"零余额账户用款额度"科目；同时，在预算会计中借记"资金结存——货币资金"科目，贷记"资金结存——零余额账户用款额度"科目。

（二）将本单位实有资金账户中从零余额账户划转的资金用于相关支出时，按照实际支付的金额，借记"应付职工薪酬""其他应交税费"等科目，贷记"银行存款"科目；同时，在预算会计中借记"行政支出""事业支出"等支出科目下的"财政拨款支出"明细科目，贷记"资金结存——货币资金"科目。

三、关于从财政科研项目中计提项目间接费用或管理费的账务处理

单位按规定从财政科研项目中计提项目间接费用或管理费的，应当按照以下规定进行账务处理：

（一）从财政科研项目中计提项目间接费用或管理费时，按照计提的金额，借记"业务活动费用""单位管理费用"等科目，贷记"预提费用——项目间接费用或管理费"科目；预算会计不做处理。

（二）按规定将计提的项目间接费用或管理费从本单位零余额账户划转到实有资金账户的，按照本解释"二、关于从本单位零余额账户向本单位实有资金账户划转资金的账务处理"的相关规定处理。

（三）使用计提的项目间接费用或管理费时，在财务会计下，按照实际支付的金额，借记"预提费用——项目间接费用或管理费"科目，贷记"银行存款""零余额账户用款额度""财政拨款收入"等科目。使用计提的项目间接费用或管理费购买固定资产、无形资产的，按照固定资产、无形资产的成本金额，借记"固定资产""无形资产"科目，贷记"银行存款""零余额账户用款

额度""财政拨款收入"等科目；同时，按照相同的金额，借记"预提费用——项目间接费用或管理费"科目，贷记"累计盈余"科目。

同时，在预算会计下，按照实际支付的金额，借记"事业支出"等支出科目下的"财政拨款支出"明细科目，贷记"资金结存""财政拨款预算收入"科目。

四、关于事业单位按规定需将长期股权投资持有期间取得的投资收益上缴财政的账务处理

事业单位按规定需将长期股权投资持有期间取得的投资收益上缴本级财政的，应当按照以下规定进行账务处理：

（一）长期股权投资采用成本法核算的，被投资单位宣告发放现金股利或利润时，事业单位按照应收的金额，借记"应收股利"科目，贷记"投资收益"科目；收到现金股利或利润时，借记"银行存款"等科目，贷记"应缴财政款"科目，同时按照此前确定的应收股利金额，借记"投资收益"科目或"累计盈余"科目（此前确认的投资收益已经结转的），贷记"应收股利"科目；将取得的现金股利或利润上缴财政时，借记"应缴财政款"科目，贷记"银行存款"等科目。

（二）长期股权投资采用权益法核算的，被投资单位实现净利润的，按照应享有的份额，借记"长期股权投资——损益调整"科目，贷记"投资收益"科目；被投资单位宣告发放现金股利或利润时，单位按照应享有的份额，借记"应收股利"科目，贷记"长期股权投资——损益调整"科目；收到现金股利或利润时，借记"银行存款"等科目，贷记"应缴财政款"科目，同时按照此前确定的应收股利金额，借记"投资收益"科目或"累计盈余"科目（此前确认的投资收益已经结转的），贷记"应收股利"科目；将取得的现金股利或利润上缴财政时，借记"应缴财政款"科目，贷记"银行存款"等科目。

五、关于收取差旅伙食费和市内交通费的账务处理

接待单位按规定收取出差人员差旅伙食费和市内交通费并出具相关票据的，应当按照以下规定进行账务处理：

（一）单位不承担支出责任的，应当按照收到的款项金额，借记"库存现金"等科目，贷记"其他应付款"科目或"其他应收款"科目（前期已垫付资金的）；向其他会计主体转付款时，借记"其他应付款"科目，贷记"库存现金"等科目。预算会计不做处理。

（二）单位承担支出责任的，应当按照收到的款项金额，借记"库存现金"等科目，贷记相关费用科目；同时在预算会计中借记"资金结存"科目，贷记相关支出科目。

单位如因开具税务发票承担增值税等纳税义务的，按照《政府会计制度——行政事业单位会计科目和报表》（以下简称《政府会计制度》）相关规定处理。

六、关于专利权维护费的会计处理

单位应当按照《政府会计准则第4号——无形资产》规定，将依法取得的专利权确认为无形资产，并进行后续摊销。在以后年度，单位按照相关规定发生的专利权维护费，应在发生时计入当期费用，原确定的无形资产摊销年限不据此调整。

七、关于公费医疗经费的会计处理

享受公费医疗待遇的单位从所在地公费医疗管理机构取得的公费医疗经费，应当在实际取得时计入非同级财政拨款收入（非同级财政拨款预算收入），在实际支用时计入相关费用（支出）。

八、关于单位基本建设会计有关问题

（一）关于基本建设项目会计核算主体

基本建设项目应当由负责编报基本建设项目预决算的单位（即建设单位）作为会计核算主体。建设单位应当按照《政府会计制度》规定在相关会计科目下分项目对基本建设项目进行明细核算。

基本建设项目管理涉及多个主体难以明确识别会计核算主体的，项目主管部门应当按照《基本建设财务规则》相关规定确定建设单位。

建设项目按照规定实行代建制的,代建单位应当配合建设单位做好项目会计核算和财务管理的基础工作。

(二)关于代建制项目的会计处理

建设项目实行代建制的,建设单位应当要求代建单位通过工程结算或年终对账确认在建工程成本的方式,提供项目明细支出、建设工程进度和项目建设成本等资料,归集"在建工程"成本,及时核算所形成的"在建工程"资产,全面核算项目建设成本等情况。有关账务处理如下:

1. 关于建设单位的账务处理。

(1)拨付代建单位工程款时,按照拨付的款项金额,借记"预付账款——预付工程款"科目,贷记"财政拨款收入""零余额账户用款额度""银行存款"等科目;同时,在预算会计中借记"行政支出""事业支出"等科目,贷记"财政拨款预算收入""资金结存"科目。

(2)按照工程进度结算工程款或年终代建单位对账确认在建工程成本时,按照确定的金额,借记"在建工程"科目下的"建筑安装工程投资"等明细科目,贷记"预付账款——预付工程款"等科目。

(3)确认代建管理费时,按照确定的金额,借记"在建工程"科目下的"待摊投资"明细科目,贷记"预付账款——预付工程款"等科目。

(4)项目完工交付使用资产时,按照代建单位转来在建工程成本中尚未确认入账的金额,借记"在建工程"科目下的"建筑安装工程投资"等明细科目,贷记"预付账款——预付工程款"等科目;同时,按照在建工程成本,借记"固定资产""公共基础设施"等科目,贷记"在建工程"科目。

工程结算、确认代建费或竣工决算时涉及补付资金的,应当在确认在建工程的同时,按照补付的金额,贷记"财政拨款收入""零余额账户用款额度""银行存款"等科目;同时在预算会计中进行相应的账务处理。

2. 关于代建单位的账务处理。

代建单位为事业单位的,应当设置"1615代建项目"一级科目,并与建设单位相对应,按照工程性质和类型设置"建筑安装工程投资""设备投资""待摊投资""其他投资""待核销基建支出""基建转出投资"等明细科目,对所承担的代建项目建设成本进行会计核算,全面反映工程的资金资源消耗情况;同时,在"代建项目"科目下设置"代建项目转出"明细科目,通过工程结算或年终对账确认在建工程成本的方式,将代建项目的成本转出,体现在建设单位相应"在建工程"账上。年末,"代建项目"科目应无余额。有关账务处理规定如下:

(1)收到建设单位拨付的建设项目资金时,按照收到的款项金额,借记"银行存款"等科目,贷记"预收账款——预收工程款"科目。预算会计不做处理。

(2)工程项目使用资金或发生其他耗费时,按照确定的金额,借记"代建项目"科目下的"建筑安装工程投资"等明细科目,贷记"银行存款""应付职工薪酬""工程物资""累计折旧"等科目。预算会计不做处理。

(3)按工程进度与建设单位结算工程款或年终与建设单位对账确认在建工程成本并转出时,按照确定的金额,借记"代建项目——代建项目转出"科目,贷记"代建项目"科目下的"建筑安装工程投资"等明细科目,同时,借记"预收账款——预收工程款"等科目,贷记"代建项目——代建项目转出"科目。

(4)确认代建费收入时,按照确定的金额,借记"预收账款——预收工程款"等科目,贷记有关收入科目;同时,在预算会计中借记"资金结存"科目,贷记有关预算收入科目。

（5）项目完工交付使用资产时，按照代建项目未转出的在建工程成本，借记"代建项目——代建项目转出"科目，贷记"代建项目"科目下的"建筑安装工程投资"等明细科目，同时，借记"预收账款——预收工程款"等科目，贷记"代建项目——代建项目转出"科目。

工程竣工决算时收到补付资金的，按照补付的金额，借记"银行存款"等科目，贷记"预收账款——预收工程款"科目。

代建单位为企业的，按照企业类会计准则制度相关规定进行账务处理。

3. 关于新旧衔接的规定。

建设单位在首次执行本解释时尚未登记应确认的在建工程的，应当按照本解释规定确定的建设成本，借记"在建工程"科目，贷记"累计盈余"科目。代建单位在首次执行本解释时已将代建项目登记为在建工程的，应当按照"在建工程"科目余额，借记"累计盈余"科目，贷记"在建工程"科目。建设单位应与代建单位做好在建工程入账的协调，确保在建工程在记账上不重复、不遗漏。

（三）关于"在建工程"科目有关账务处理规定

1. 工程交付使用时，单位应当按照合理的分配方法分配待摊投资，借记"在建工程——建筑安装工程投资、设备投资"科目，贷记"在建工程——待摊投资"科目；待摊投资中有按规定应当分摊计入转出投资价值和待核销基建支出的，还应当借记"在建工程——待核销基建支出、基建转出投资"科目，贷记"在建工程——待摊投资"科目。

2. 建设项目竣工验收交付使用时，按规定直接转入建设单位以外的会计主体的，建设单位应当按照转出的建设项目的成本，借记"在建工程——基建转出投资"科目，贷记"在建工程——建筑安装工程投资、设备投资"科目；同时，借记"无偿调拨净资产"科目，贷记"在建工程——基建转出投资"科目。

建设项目竣工验收交付使用时，按规定先转入建设单位、再无偿划拨给其他会计主体的，建设单位应当按照《政府会计制度》规定，先将在建工程转入"固定资产""公共基础设施"等科目，再按照无偿调拨资产相关规定进行账务处理。

建设单位与资产调入方应当按规定做好资产核算工作的衔接和相关会计资料的交接，确保交付使用资产在记账上不重复、不遗漏。

（四）关于基本建设项目的明细科目或辅助核算

单位按照《政府会计制度》对基本建设项目进行会计核算的，应当通过在有关会计科目下设置与基本建设项目相关的明细科目或增加标记，或设置基建项目辅助账等方式，满足基本建设项目竣工决算报表编制的需要。

九、关于部门（单位）合并财务报表范围

（一）部门（单位）合并财务报表合并范围确定的一般原则

按照《政府会计准则第9号——财务报表编制和列报》规定，部门（单位）合并财务报表的合并范围一般应当以财政预算拨款关系为基础予以确定。有下级预算单位的部门（单位）为合并主体，其下级预算单位为被合并主体。合并主体应当将其全部被合并主体纳入合并财务报表的合并范围。

通常情况下，纳入本部门预决算管理的行政事业单位和社会组织（包括社会团体、基金会和社会服务机构，下同）都应当纳入本部门（单位）合并财务报表范围。

（二）除满足一般原则的会计主体外，以下会计主体也应当纳入部门（单位）合并财务报表范围

1. 部门（单位）所属的未纳入部门预决算管理的事业单位。

2. 部门（单位）所属的纳入企业财务管理体系执行企业类会计准则制度的事业单位。

3. 财政部规定的应当纳入部门（单位）合并财务报表范围的其他会计主体。

（三）以下会计主体不纳入部门（单位）合并财务报表范围

1. 部门（单位）所属的企业，以及所属企业下属的事业单位。

2. 与行政机关脱钩的行业协会商会。

3. 部门（单位）财务部门按规定单独建账核算的会计主体，如工会经费、党费、团费和土地储备资金、住房公积金等资金（基金）会计主体。

4. 挂靠部门（单位）的没有财政预算拨款关系的社会组织以及非法人性质的学术团体、研究会等。

单位内部非法人独立核算单位的核算及合并问题，按照《政府会计制度》及相关补充规定执行。

十、关于工会系统适用的会计制度

县级及以上总工会和基层工会组织应当执行《工会会计制度》（财会〔2009〕7号），工会所属事业单位应当执行政府会计准则制度，工会所属企业应当执行企业类会计准则制度，挂靠工会管理的社会团体应当按规定执行《民间非营利组织会计制度》（财会〔2004〕7号，下同）。

十一、关于纳入部门预决算管理的社会组织适用的会计制度

纳入部门预决算管理的社会组织，原执行《事业单位会计制度》（财会〔2012〕22号）的，应当自2019年1月1日起执行政府会计准则制度；原执行《民间非营利组织会计制度》的，仍然执行《民间非营利组织会计制度》。

十二、关于本解释生效日期及新旧衔接规定

本解释第一至第八项自2020年1月1日起施行，允许单位提前采用；第九项适用于2019年度及以后期间的财务报表；第十项、十一项自2019年1月1日起施行。

本解释除第八项（二）以外，其余各项首次施行时均采用未来适用法。

3. 政府会计准则制度解释第3号

财会〔2020〕15号

一、关于接受捐赠业务的会计处理

（一）行政事业单位（以下简称单位）按规定接受捐赠，应当区分以下情况进行会计处理：

1. 单位取得捐赠的货币资金按规定应当上缴财政的，应当按照《政府会计制度——行政事业单位会计科目和报表》（以下简称《政府会计制度》）中"应缴财政款"科目相关规定进行财务会计处理。预算会计不做处理。

2. 单位接受捐赠人委托转赠的资产，应当按照《政府会计制度》中受托代理业务相关规定进行财务会计处理。预算会计不做处理。

3. 除上述两种情况外，单位接受捐赠取得的资产，应当按照《政府会计制度》中"捐赠收入"科目相关规定进行财务会计处理；接受捐赠取得货币资金的，还应当同时按照"其他预算收入"科目相关规定进行预算会计处理。

（二）单位接受捐赠的非现金资产的初始入账成本，应当根据《政府会计准则第1号——存货》第十一条、《政府会计准则第3号——固定资产》第十二条、《政府会计准则第4号——无形资产》第十三条、《政府会计准则第5号——公共基础设施》第十三条、《政府会计准则第6号——政府储备物资》第十条等规定确定。

上述准则条款中所称"凭据"，包括发票、报关单、有关协议等。有确凿证据表明凭据上注明的金额高于受赠资产同类或类似资产的市场价格30%或达不到其70%的，则应当以同类或类似资产的市场价格确定成本。

上述准则条款中所称"同类或类似资产的市场价格"，一般指取得资产当日捐赠方自产物资的出厂价、所销售物资的销售价、非自产或销售物资在知名大型电商平台同类或类似商品价格等。如果存在政府指导价或政府定价的，应符合其规定。

（三）单位作为主管部门或上级单位向其附属单位分配受赠的货币资金，应当按照《政府会计制度》中"对附属单位补助费用（支出）"科目相关规定处理；单位按规定向其附属单位以外的其他单位分配受赠的货币资金，应当按照《政府会计制度》中"其他费用（支出）"科目相关规定处理。

单位向政府会计主体分配受赠的非现金资产，应当按照《政府会计制度》中"无偿调拨净资产"科目相关规定处理；单位向非政府会计主体分配受赠的非现金资产，应当按照《政府会计制度》中"资产处置费用"科目相关规定处理。

（四）单位使用、处置受赠资产，应当按照《政府会计制度》相关规定进行会计处理。处置受赠资产取得的净收入（取得价款扣减支付的相关税费后的金额），按规定上缴财政的，应当通过"应缴财政款"科目核算；按规定纳入本单位预算管理的，应当通过"其他（预算）收入"科目核算。

二、关于政府对外投资业务的会计处理

（一）《政府会计准则第2号——投资》（以下简称2号准则）所称"股权投资"，是指政府会计主体持有的各类股权投资资产，包括国际金融组织股权投资、投资基金股权投资、企业股权投资等。政府财政总预算会计应当按照财政总预算会计制度相关规定对本级政府持有的各类股权投资

资产进行核算。

（二）根据国务院和地方人民政府授权、代表本级人民政府对国家出资企业履行出资人职责的单位，与其履行出资人职责的国家出资企业之间不存在股权投资关系，其履行出资人职责的行为不适用2号准则规定，不作为单位的投资进行会计处理。通过单位账户对国家出资企业投入货币资金，纳入本单位预算管理的，应当按照《政府会计制度》中"其他费用（支出）"科目相关规定处理；不纳入本单位预算管理的，应当按照《政府会计制度》中"其他应付款"科目相关规定处理。

本解释施行前有关单位将国家出资企业计入本单位长期股权投资的，应当自本解释施行之日，将原"长期股权投资"科目余额中的相关账面余额转出，借记"累计盈余"科目（以前年度出资）或"其他费用"科目（本年度出资），贷记"长期股权投资"科目，并将相应的"权益法调整"科目余额（如有）转入"累计盈余"科目。

（三）单位按规定出资成立非营利法人单位，如事业单位、社会团体、基金会等，不适用2号准则规定，出资时应当按照出资金额，借记"其他费用"科目，贷记"银行存款"等科目；同时，在预算会计中借记"其他支出"科目，贷记"资金结存"科目。单位应当对出资成立的非营利法人单位设置备查簿进行登记。

本解释施行前单位出资成立非营利法人单位并将出资金额计入长期股权投资的，应当自本解释施行之日，将原"长期股权投资"科目余额中对非营利法人单位的出资金额转出，借记"累计盈余"科目（以前年度出资）或"其他费用"科目（本年度出资），贷记"长期股权投资"科目。

三、关于政府债券的会计处理

根据《政府会计准则第8号——负债》（以下简称8号准则）第七条规定，政府发行的政府债券属于政府举借的债务。有关政府债券的会计处理规定如下：

（一）财政总预算会计的处理

政府财政总预算会计应当按照8号准则和财政总预算会计制度相关规定对政府债券进行会计处理。

（二）使用政府债券资金的单位的会计处理

1. 单位实际从同级财政取得政府债券资金的，应当借记"银行存款""零余额账户用款额度"等科目，贷记"财政拨款收入"科目；同时在预算会计中借记"资金结存"等科目，贷记"财政拨款预算收入"科目。

按照预算管理要求需对政府债券资金单独反映的，应当在"财政拨款（预算）收入"科目下进行明细核算。例如，取得地方政府债券资金的，应当根据地方政府债券类别按照"地方政府一般债券资金收入""地方政府专项债券资金收入"等进行明细核算。

2. 同级财政以地方政府债券置换单位原有负债的，单位应当借记"长期借款""应付利息"等科目，贷记"累计盈余"科目。预算会计不做处理。

3. 单位需要向同级财政上缴专项债券对应项目专项收入的，取得专项收入时，应当借记"银行存款"等科目，贷记"应缴财政款"科目；实际上缴时，借记"应缴财政款"科目，贷记"银行存款"等科目。预算会计不做处理。

4. 单位应当对使用地方政府债券资金所形成的资产、上缴的专项债券对应项目专项收入进行辅助核算或备查簿登记。

四、关于报告日后调整事项的会计处理

（一）单位应当按规定的结账日进行结账，不得提前或者延迟。年度结账日为公历年度每年的12月31日，即《政府会计准则第7号——会计调整》（以下简称7号准则）所称的年度报告日。年

度终了结账时,所有总账账户都应当结出全年发生额和年末余额,并将各账户的余额结转到下一会计年度。单位不得对已记账凭证进行删除、插入或修改。

7号准则规定的"报告日以后发生的调整事项"(以下简称报告日后调整事项)是指自报告日至报告批准报出日之间发生的、单位获得新的或者进一步的证据有助于对报告日存在状况的有关金额作出重新估计的事项,包括已证实资产发生了减损、已确定获得或者支付的赔偿、财务舞弊或者差错等。报告批准报出日一般为财政部门审核通过后,单位负责人批准报告报出的日期。

对于报告日后调整事项,单位应当按照7号准则第十八条的规定进行会计处理,具体规定如下:

1. 在发生调整事项的期间进行账务处理:

(1)涉及盈余调整的事项,通过"以前年度盈余调整"科目核算。调整增加以前年度收入或调整减少以前年度费用的事项,记入"以前年度盈余调整"科目的贷方;反之,记入"以前年度盈余调整"科目的借方。

(2)涉及预算收支调整的事项,通过"财政拨款结转""财政拨款结余""非财政拨款结转""非财政拨款结余"等科目下"年初余额调整"明细科目核算。调整增加以前年度预算收入或调整减少以前年度预算支出的事项,记入"年初余额调整"明细科目的贷方;反之,记入"年初余额调整"明细科目的借方。

(3)不涉及盈余调整或预算收支调整的事项,调整相关科目。

2. 调整会计报表和附注相关项目的金额:

(1)报告日编制的会计报表相关项目的期末数或(和)本年发生数。

(2)调整事项发生当期编制的会计报表相关项目的期初数或(和)上年数。

(3)经过上述调整后,如果涉及报表附注内容的,还应作出相应调整或说明。

(二)单位在报告日至报告批准报出日之间发现的报告期以前期间的重大会计差错,应当根据7号准则第十五条第一款和第十八条的规定进行会计处理,具体规定如下:

1. 按照本条(一)关于报告日后调整事项账务处理的规定,在发现差错的期间进行账务处理。

2. 调整会计报表和附注相关项目的金额:

(1)影响收入、费用或者预算收支的,应当将会计差错对收入、费用或者预算收支的影响或者累积影响调整报告期期初、期末会计报表相关净资产项目或者预算结转结余项目,并调整其他相关项目的期初、期末数或(和)本年发生数;不影响收入、费用或者预算收支的,应当调整报告期相关项目的期初、期末数。

(2)调整发现差错当期编制的会计报表相关项目的期初数或(和)上年数。

(3)经过上述调整后,如果涉及报表附注内容的,还应作出相应调整或说明。

(三)单位在报告日至报告批准报出日之间发现的报告期间的会计差错或报告期以前期间的非重大会计差错、影响或者累积影响不能合理确定的重大会计差错,应当根据7号准则第十五条第二款规定执行,具体按照本条(一)的规定进行会计处理。

五、关于生效日期

本解释自公布之日起施行。

4. 政府会计准则制度解释第4号

财会〔2021〕33号

一、关于参照公务员法管理的事业单位适用的会计科目

《政府会计制度——行政事业单位会计科目和报表》(以下简称《政府会计制度》)适用于各级各类行政单位和事业单位(以下统称单位)。通常情况下,参照公务员法管理的事业单位(以下简称参公单位)执行《行政单位财务规则》的,应当使用《政府会计制度》中适用于行政单位的会计科目;执行《事业单位财务规则》的,应当使用《政府会计制度》中适用于事业单位的会计科目。参公单位应当根据其开展的经济业务事项,并结合所执行的财务制度确定应当使用的会计科目。行政单位和事业单位专用会计科目见附录。

二、关于在建工程按照估计价值转固相关会计处理

根据《政府会计准则第3号——固定资产》(以下简称3号准则)、《政府会计准则第5号——公共基础设施》(以下简称5号准则)规定,已交付使用但尚未办理竣工财务决算手续的固定资产、公共基础设施,应当按照估计价值入账,待办理竣工财务决算后再按实际成本调整原来的暂估价值。

(一)估计价值的确定

3号准则、5号准则中的估计价值,是指在办理竣工财务决算前,单位在建的建设项目工程的实际成本,包括项目建设资金安排的各项支出,以及应付未付的工程价款、职工薪酬等。估计价值应当根据"在建工程"科目相关明细科目的账面余额确定。

对于建设周期长、建设内容多的大型项目,单项工程已交付使用但尚未办理竣工财务决算手续的,单位应当先按照估计价值将单项工程转为固定资产、公共基础设施。对于一项在建工程涉及多项固定资产的,在建工程按照估计价值转固时,单位应当分别确定各项固定资产的估计价值。

在建工程按照估计价值转固之后、办理竣工财务决算之前,发生调整已确认的应付工程价款等影响估计价值的事项,单位应当先通过"在建工程"科目进行会计处理,再由在建工程转入固定资产、公共基础设施。

在建工程按照估计价值转固时,单位应当将该项目的工程竣工结算书、各项费用归集表或交付使用资产明细表等材料作为原始凭证。

单位应当在报表附注中披露按照估计价值入账的固定资产、公共基础设施的金额。

(二)按实际成本调整暂估价值的会计处理

单位办理竣工财务决算后,按实际成本调整资产暂估价值时,应当将实际成本与暂估价值的差额计入净资产,借记或贷记"固定资产""公共基础设施"科目,贷记或借记"以前年度盈余调整"科目。经上述调整后,应将"以前年度盈余调整"科目的余额转入"累计盈余"科目。

根据3号准则、5号准则,单位应当对暂估入账的固定资产、公共基础设施计提折旧(根据政府会计准则制度规定无需计提折旧的除外),实际成本确定后不需调整原已计提的折旧额。单位按实际成本调整暂估价值后,应当以相关资产的账面价值(实际成本减去已提折旧后的金额)作为应计提折旧额,在规定的折旧年限扣除已计提折旧年限的剩余年限内计提折旧。

单位通过"在建工程"科目核算的信息系统项目工程、保障性住房项目工程,应当参照上述(一)、(二)中的规定进行会计处理。

三、关于固定资产、公共基础设施后续支出的会计处理

（一）后续支出资本化和费用化的划分

根据3号准则、5号准则，固定资产、公共基础设施在使用过程中发生的后续支出，符合资产确认条件的，应当予以资本化计入固定资产、公共基础设施成本；不符合资产确认条件的，应当在发生时计入当期费用或者其他相关资产成本。

通常情况下，为增加使用效能或延长使用年限而发生的改建、扩建、大型维修改造等后续支出，应当计入相关资产成本；为维护正常使用而发生的日常维修、养护等后续支出，应当计入当期费用。列入部门预算支出经济分类科目中资本性支出的后续支出，应当予以资本化。

单位应当根据上述原则，结合有关行业主管部门对维修养护、改建扩建等的规定以及本单位实际，确定本单位固定资产、公共基础设施后续支出资本化和费用化划分的具体会计政策。

单位对于租入等不由本单位入账核算但实际使用的固定资产，发生的符合资产确认条件的后续支出，应当按照《政府会计制度》中"长期待摊费用"科目相关规定进行会计处理。

（二）改建、扩建后资产成本的确定

根据3号准则、5号准则，在原有固定资产、公共基础设施基础上进行改建、扩建、大型维修改造等建造活动后的固定资产、公共基础设施，其成本按照原固定资产、公共基础设施账面价值加上改建、扩建、大型维修改造等建造活动发生的支出，再扣除固定资产、公共基础设施被替换部分的账面价值后的金额确定。

被替换部分的账面价值难以确定的，单位可以采用合理的分配方法计算确定，或组织专家参照资产评估方法进行估价。单位确定被替换部分的账面价值不切实可行或不符合成本效益原则的，可以不予扣除，但应当在报表附注中予以披露。

单位对于保障性住房发生的后续支出，应当参照上述（一）（二）中的规定进行会计处理。

四、关于自行研究开发项目形成的无形资产成本的确定

根据《政府会计准则第4号——无形资产》（以下简称4号准则）规定，单位自行研究开发项目形成的无形资产，其成本包括自该项目进入开发阶段后至达到预定用途前所发生的支出总额。

（一）自行研究开发项目的识别

4号准则中所指的自行研究开发项目，应当同时满足以下条件：

1. 该项目以科技成果创造和运用为目的，预期形成至少一项科技成果。科技成果是指通过科学研究与技术开发所产生的具有实用价值的成果。

2. 该项目的研发活动起点可以明确。例如，利用财政资金等单位外部资金设立的科研项目，可以将立项之日作为起点；利用单位自有资金设立的科研项目，可以将单位决策机构批准同意立项之日，或科研人员将研发计划书提交单位科研管理部门审核通过之日作为起点。

（二）自行研究开发项目支出的范围及会计处理

4号准则中所指的自行研究开发项目的支出，包括从事研究开发及其辅助活动（以下简称研发活动）人员计提的薪酬，研发活动领用的库存物品，研发活动使用的固定资产和无形资产计提的折旧和摊销，为研发活动支付的其他各类费用等。其中，计提的薪酬根据《政府会计制度》，包括基本工资、国家统一规定的津贴补贴、规范津贴补贴（绩效工资）、改革性补贴、社会保险费、住房公积金等；为研发活动支付的其他各类费用包括业务费、劳务费、水电气暖费用等。

按照《政府会计制度》的规定，单位应当先通过"研发支出"科目归集自行研究开发项目的支出，借记"研发支出"科目，贷记"应付职工薪酬""库存物品""固定资产累计折旧""无形资产累计摊销""财政拨款收入""银行存款""零余额账户用款额度""预提费用"等科目。"研发支出"科目下归集的各项研发支出后续按4号准则相关规定转入当期费用或无形资产。

不属于4号准则所指的自行研究开发项目所发生的支出，应当在实际发生时计入当期费用。

（三）自行研究开发项目研究阶段和开发阶段的划分

根据4号准则规定，单位自行研究开发项目的支出，应当区分研究阶段支出与开发阶段支出。对于研究阶段的支出，应当计入当期费用。对于开发阶段的支出，先按合理方法进行归集，最终形成无形资产的，应当确认为无形资产；最终未形成无形资产的，应当计入当期费用。

当单位自行研究开发项目预期形成的无形资产同时满足以下条件时，可以认定该自行研究开发项目进入开发阶段：

1. 单位预期完成该无形资产以使其能够使用或出售在技术上具有可行性。

2. 单位具有完成该无形资产并使用或出售的意图。

3. 单位预期该无形资产能够为单位带来经济利益或服务潜能。该无形资产自身或运用该无形资产生产的产品存在市场，或者该无形资产在内部使用具有有用性。

4. 单位具有足够的技术、财务资源和其他资源支持，以完成该无形资产的开发，并有能力使用或出售该无形资产。

5. 归属于该无形资产开发阶段的支出能够可靠地计量。

通常情况下，单位可以将样品样机试制成功、可行性研究报告通过评审等作为自行研究开发项目进入开发阶段的标志，但该时点不满足上述进入开发阶段5个条件的除外。

五、关于财政国库集中支付结余不再按权责发生制列支的相关会计处理

根据《政府会计制度》规定，单位在年末需要做如下账务处理：财政直接支付方式下，根据本年度财政直接支付预算指标数大于当年财政直接支付实际支付数的差额，在财务会计借记"财政应返还额度——财政直接支付"科目，贷记"财政拨款收入"科目；在预算会计借记"资金结存——财政应返还额度"科目，贷记"财政拨款预算收入"科目。财政授权支付方式下，根据本年度财政授权支付预算指标数大于零余额账户用款额度下达数的差额，在财务会计借记"财政应返还额度——财政授权支付"科目，贷记"财政拨款收入"科目；在预算会计借记"资金结存——财政应返还额度"科目，贷记"财政拨款预算收入"科目。

按照《国务院关于进一步深化预算管理制度改革的意见》（国发〔2021〕5号）规定，市县级财政国库集中支付结余不再按权责发生制列支，相关单位年末不再进行上述账务处理。中央级和省级单位根据同级财政部门规范国库集中支付结余权责发生制列支的规定，相应进行会计处理。

六、关于单位取得代扣代收代征税款手续费的会计处理

单位从税务机关取得的代扣代缴、代收代缴、委托代征税款手续费按规定计入本单位收入，应当按照《政府会计制度》中"其他收入"科目相关规定进行财务会计处理，同时按照"其他预算收入"科目相关规定进行预算会计处理。

七、关于部门（单位）合并财务报表范围中所属事业单位的确认

《政府会计准则制度解释第2号》"九、关于部门（单位）合并财务报表范围"中的部门（单位）所属事业单位，其所属关系应当根据以下原则确认：

1. 存在财政预算拨款关系的事业单位，以财政预算拨款关系为基础确认所属关系。

2. 实行经费自理的事业单位，按照《事业单位法人证书》所列举办单位确认所属关系。涉及两个或两个以上举办单位的，按排序第一的举办单位确认，纳入该举办单位的合并财务报表编制范围；举办单位之间有协议、章程或管理办法约定的，按约定执行，不得重复编报。

八、关于部门（单位）合并财务报表的编制程序和抵销事项的处理

（一）相关基础工作要求

1. 单位应当加强本部门内部单位清单的管理和更新维护，可以在会计信息系统中将统一社会

信用代码等作为部门内部单位的标识依据。发生内部业务或事项时，应当在明细核算或辅助核算中注明"本部门内部单位"。

2. 单位对于经常发生的内部业务或事项，应当统一会计处理，并明确内部抵销规则。

3. 单位应当根据内部业务或事项的发生频率及金额等因素，建立符合单位实际的定期对账机制，梳理并核对内部业务或事项，及时进行会计处理和调整。

（二）编制程序

单位应当根据《政府会计准则第9号——财务报表编制和列报》（以下简称9号准则）第十七、十八条规定的程序，编制部门（单位）合并财务报表。一般流程如下：

1. 将需要调整的个别财务报表调整为遵循政府会计准则制度规定的统一会计政策的财务报表，以调整后的个别财务报表作为编制合并财务报表的基础。被合并主体除了应当向合并主体提供财务报表外，还应当按照9号准则第二十一条的规定提供有关资料。

2. 设置合并工作底稿。

3. 将合并主体和被合并主体个别财务报表中的资产、负债、净资产、收入和费用项目金额逐项填入合并工作底稿，并加总得出个别资产负债表、个别收入费用表各项目合计金额。

4. 在合并工作底稿上编制抵销分录，将合并主体和被合并主体之间、被合并主体相互之间发生的内部业务或事项对财务报表的影响进行抵销处理。

5. 根据合并主体和被合并主体个别财务报表各项目合计金额、抵销分录发生额计算合并财务报表各项目的合并金额。抵销分录涉及收入、费用项目的，除调整合并收入费用表相应项目外，还应当结转调整合并资产负债表的净资产项目。

6. 根据合并工作底稿中计算确定的各项目合并金额，填列合并财务报表。

（三）抵销内部业务或事项的会计处理

单位应当根据9号准则第十八条第三款的规定，抵销合并主体和被合并主体之间、被合并主体相互之间发生的债权债务、收入费用等内部业务或事项对财务报表的影响，在合并工作底稿上编制相应抵销分录。

1. 一般情况下的抵销处理。

（1）抵销部门内部单位之间的债权（含应收款项坏账准备）和债务项目。在编制抵销分录时，应当按照内部债权债务的金额，借记"应付票据""应付账款""预收账款""其他应付款""长期应付款"等项目，贷记"应收票据""应收账款净额""预付账款""其他应收款净额"等项目。

其中，债权方对应收款项已计提坏账准备的，单位还应分别以下情况编制抵销分录：

①初次编制合并报表的，按照内部应收款项计提的坏账准备的金额，借记"应收账款净额——坏账准备""其他应收款净额——坏账准备"项目，贷记"其他费用"项目。

②连续编制合并报表的。先按照上期抵销的内部应收款项计提的坏账准备的金额，借记"应收账款净额——坏账准备""其他应收款净额——坏账准备"项目，贷记"累计盈余——年初"项目。再按照本期个别资产负债表中期末内部应收款项相对应坏账准备的增加额，借记"应收账款净额——坏账准备""其他应收款净额——坏账准备"项目，贷记"其他费用"项目。本期个别资产负债表中期末内部应收款项所对应坏账准备金额减少的，做相反分录。

（2）抵销部门内部单位之间的上级补助收入和对附属单位补助费用项目。在编制抵销分录时，应当按照上级单位对附属单位补助的金额，借记"上级补助收入"项目，贷记"对附属单位补助费用"项目。

（3）抵销部门内部单位之间的上缴上级费用和附属单位上缴收入项目。在编制抵销分录时，应当按照附属单位向上级单位上缴的金额，借记"附属单位上缴收入""其他收入"（行政单位使用)项目,贷记"上缴上级费用"项目。

(4)抵销部门内部单位之间除(2)、(3)以外的收入和费用项目。在编制抵销分录时,应当按照内部交易的金额,借记"事业收入""非同级财政拨款收入""经营收入""租金收入""其他收入"等项目,贷记按费用性质列示的收入费用表中的"业务活动费用""单位管理费用""经营费用""其他费用"等项目;同时,贷记按费用经济分类列示的收入费用表中的"商品和服务费用""其他费用"等项目。

(5)对涉及增值税的应税业务,单位应当按照不含增值税的净额抵销收入和费用项目。

2. 不抵销的内部业务或事项。

(1)付款方计入费用、收款方计入应缴财政款的,在编制部门(单位)合并财务报表时,该费用项目不应抵销。

(2)单位相互之间销售商品、提供劳务形成的存货、固定资产、工程物资、在建工程、无形资产等所包含的未实现内部销售损益,在国务院财政部门作出抵销处理的规定之前,单位在编制部门(单位)合并财务报表时暂不抵销。

(3)按照国务院财政部门财务报告编制的有关规定,金额不超过抵销阈值的,在编制部门(单位)合并财务报表时可以不进行抵销。

3. 特殊情况下的抵销处理。

在各单位充分对账、会计处理正确的前提下,部门合并主体对于明细核算或辅助核算中注明"本部门内部单位",但按照"1. 一般情况下的抵销处理"规定未能进行抵销处理,且不属于"2. 不抵销的内部业务或事项"的项目,可以直接按照内部业务或事项的金额编制抵销分录:借记有关应付及预收、收入项目,贷记有关应收及预付、费用项目,按其差额借记或贷记"累计盈余"项目。

部门合并主体应当在报表附注中披露按照特殊情况下的抵销处理方法抵销的项目及其金额。

(四)相关会计核算要求

1. 单位通过本部门内部单位转拨资金方式,从本部门以外单位取得收入(或向本部门以外单位支付费用)的,不属于编制部门(单位)合并财务报表时应当抵销的内部业务或事项。在会计核算时,转拨单位应当通过"其他应付款"科目进行会计处理。实际取得收入(或支付费用)的单位确认的收入(费用)、转拨单位确认的其他应付款,在会计核算时不应注明"本部门内部单位",应当按资金的最初来源(最终支付对象)注明"本部门以外同级政府单位""本部门以外非同级政府单位"或"其他单位"。

2. 编制部门(单位)合并财务报表过程中发现报告期和报告期以前期间的会计差错,属于报告日以后发生的调整事项,应当按照《政府会计准则第7号——会计调整》的规定进行会计处理,再根据调整后的个别财务报表编制合并财务报表。

九、关于生效日期

本解释"关于财政国库集中支付结余不再按权责发生制列支的相关会计处理"适用于2021及以后年度,"关于部门(单位)合并财务报表范围中所属事业单位的确认"适用于编制2021及以后年度的部门(单位)合并财务报表,"关于部门(单位)合并财务报表的编制程序和抵销事项的处理"适用于编制2022及以后年度的部门(单位)合并财务报表,其余规定自2022年1月1日起施行。本解释规定首次施行时均采用未来适用法。

5.政府会计准则制度解释第5号

财会〔2022〕25号

一、关于预算管理一体化相关会计处理

该问题主要涉及《政府会计制度——行政事业单位会计科目和报表》(财会〔2017〕25号,以下称《政府会计制度》)中有关财政拨款(预算)收入及相关支出的会计处理。

根据《预算管理一体化规范(试行)》(财办〔2020〕13号)、《中央财政预算管理一体化资金支付管理办法(试行)》(财库〔2022〕5号)等规定,中央一体化试点部门及其所属相关预算单位(以下称中央预算单位)在预算管理一体化下的有关会计处理规定如下:

(一)有关会计科目的设置和使用

实行预算管理一体化的中央预算单位在会计核算时不再使用"零余额账户用款额度"科目,"财政应返还额度"科目和"资金结存——财政应返还额度"科目下不再设置"财政直接支付""财政授权支付"明细科目。

(二)有关账务处理规定

1. 财政资金支付的账务处理。

中央预算单位应当根据收到的国库集中支付凭证及相关原始凭证,按照凭证上的国库集中支付入账金额,在财务会计下借记"库存物品""固定资产""业务活动费用""单位管理费用""应付职工薪酬"等科目,贷记"财政拨款收入"科目(使用本年度预算指标)或"财政应返还额度"科目(使用以前年度预算指标);同时,在预算会计下借记"行政支出""事业支出"等科目,贷记"财政拨款预算收入"科目(使用本年度预算指标)或"资金结存——财政应返还额度"科目(使用以前年度预算指标)。

2. 按规定向本单位实有资金账户划转财政资金的账务处理。

中央预算单位在某些特定情况下按规定从本单位零余额账户向本单位实有资金账户划转资金用于后续相关支出的,可在"银行存款"或"资金结存——货币资金"科目下设置"财政拨款资金"明细科目,或采用辅助核算等形式,核算反映按规定从本单位零余额账户转入实有资金账户的资金金额,并应当按照以下规定进行账务处理:

(1)从本单位零余额账户向实有资金账户划转资金时,应当根据收到的国库集中支付凭证及实有资金账户入账凭证,按照凭证入账金额,在财务会计下借记"银行存款"科目,贷记"财政拨款收入"科目(使用本年度预算指标)或"财政应返还额度"科目(使用以前年度预算指标);同时,在预算会计下借记"资金结存——货币资金"科目,贷记"财政拨款预算收入"科目(使用本年度预算指标)或"资金结存——财政应返还额度"科目(使用以前年度预算指标)。

(2)将本单位实有资金账户中从零余额账户划转的资金用于相关支出时,按照实际支付的金额,在财务会计下借记"应付职工薪酬""其他应交税费"等科目,贷记"银行存款"科目;同时,在预算会计下借记"行政支出""事业支出"等支出科目下的"财政拨款支出"明细科目,贷记"资金结存——货币资金"科目。

3. 已支付的财政资金退回的账务处理。

发生当年资金退回时,中央预算单位应当根据收到的财政资金退回通知书及相关原始凭证,按照通知书上的退回金额,在财务会计下借记"财政拨款收入"科目(支付时使用本年度预算指

标)或"财政应返还额度"科目(支付时使用以前年度预算指标),贷记"业务活动费用""库存物品"等科目;同时,在预算会计下借记"财政拨款预算收入"科目(支付时使用本年度预算指标)或"资金结存——财政应返还额度"科目(支付时使用以前年度预算指标),贷记"行政支出""事业支出"等科目。

发生项目未结束的跨年资金退回时,中央预算单位应当根据收到的财政资金退回通知书及相关原始凭证,按照通知书上的退回金额,在财务会计下借记"财政应返还额度"科目,贷记"以前年度盈余调整""库存物品"等科目;同时,在预算会计下借记"资金结存——财政应返还额度"科目,贷记"财政拨款结转——年初余额调整"等科目。

4. 结余资金上缴国库的账务处理。

因项目结束或收回结余资金,中央预算单位按照规定通过实有资金账户汇总相关资金统一上缴国库的,应当根据一般缴款书或银行汇款单上的上缴财政金额,在财务会计下借记"累计盈余"科目,贷记"银行存款"科目;同时,在预算会计下借记"财政拨款结余——归集上缴"科目,贷记"资金结存——货币资金"科目。中央预算单位按照规定注销财政拨款结转结余资金额度的,应当按照《政府会计制度》相关规定进行账务处理。

5. 年末的账务处理。

年末,中央预算单位根据财政部批准的本年度预算指标数大于当年实际支付数的差额中允许结转使用的金额,在财务会计下借记"财政应返还额度"科目,贷记"财政拨款收入"科目;同时,在预算会计下借记"资金结存——财政应返还额度"科目,贷记"财政拨款预算收入"科目。

上述会计处理中涉及增值税业务的,相关账务处理参见《政府会计制度》中"应交增值税"等科目相关规定。

(三)关于新旧衔接的会计处理

中央预算单位在转为预算管理一体化资金支付方式时,应当注销原零余额账户用款额度,按照零余额账户用款额度的金额,在财务会计下借记"财政拨款收入"科目(本年度预算指标)或"财政应返还额度"科目(以前年度预算指标),贷记"零余额账户用款额度"科目;同时,在预算会计下借记"财政拨款预算收入"科目(本年度预算指标)或"资金结存——财政应返还额度"科目(以前年度预算指标),贷记"资金结存——零余额账户用款额度"科目。

省级及以下地方预算单位在预算管理一体化下的有关会计处理参照上述规定执行,但财政国库集中支付结余不再按权责发生制列支的地区,预算单位不执行上述规定中"5. 年末的账务处理"。

二、关于从结余中提取的专用基金的会计处理

该问题主要涉及《政府会计制度》中有关专用基金、专用结余的会计处理。

(一)有关账务处理规定

根据《事业单位财务规则》(财政部令第108号)规定,事业单位应当将专用基金纳入预算管理。事业单位按照规定使用从非财政拨款结余或经营结余中提取的专用基金时,应当在财务会计下借记"业务活动费用"等费用科目,贷记"银行存款"等科目,并在有关费用科目的明细核算或辅助核算中注明"使用专用基金"(使用专用基金购置固定资产、无形资产的,按照《政府会计制度》中"专用基金"科目相关规定进行处理);同时,在预算会计下借记"事业支出"等预算支出科目,贷记"资金结存"科目,并在有关预算支出科目的明细核算或辅助核算中注明"使用专用结余"。

事业单位应当在期末将有关费用中使用专用基金的本期发生额转入专用基金,在财务会计下借记"专用基金"科目,贷记"业务活动费用"等科目;在年末将有关预算支出中使用专用结余

的本年发生额转入专用结余,在预算会计下借记"专用结余"科目,贷记"事业支出"等科目。

(二)有关列报要求

事业单位在编制净资产变动表时,"本年盈余"行"专用基金"项目应当根据本年使用从非财政拨款结余或经营结余中提取的专用基金时直接计入费用的金额,以"-"号填列;"使用专用基金"行"专用基金"项目应当根据本年使用专用基金时直接冲减专用基金余额的金额填列。

事业单位在编制预算结转结余变动表时,"三、本年变动金额"中"其他资金结转结余"项目下的"本年收支差额"项目,应当根据"非财政拨款结转"科目下"本年收支结转"明细科目、"其他结余"科目、"经营结余"科目、"专用结余"科目本年转入的预算收入与预算支出的差额的合计数填列。自2023年度起,"三、本年变动金额"中"其他资金结转结余"项目下不再设置"使用专用结余"项目。

三、关于生效日期

本解释自公布之日起施行。2022年度内自《事业单位财务规则》(财政部令第108号)、《中央财政预算管理一体化资金支付管理办法(试行)》(财库〔2022〕5号)施行日至本解释首次执行日期间,相关单位上述业务的会计处理与本解释规定不一致的,应当根据本解释相关规定进行处理。

6.政府会计准则制度解释第6号

财会〔2023〕18号

一、关于固定资产的明细核算

根据《固定资产等资产基础分类与代码》(GB/T 14885-2022),行政事业单位(以下简称单位)应当自本解释施行之日起,在《政府会计制度——行政事业单位会计科目和报表》(财会〔2017〕25号,以下简称《政府会计制度》)中"固定资产""固定资产累计折旧"科目下按照固定资产类别设置"房屋和构筑物""设备""文物和陈列品""图书和档案""家具和用具""特种动植物"明细科目。

同时,单位应当将"固定资产"科目和对应的"固定资产累计折旧"科目原相关明细科目余额(如有)按以下规定转入新的明细科目:

1. 原"房屋及构筑物"明细科目的余额,按照所属资产类别分别转入"房屋和构筑物""设备"、"家具和用具"明细科目;

2. 原"专用设备"、"通用设备"明细科目的余额转入"设备"明细科目;

3. 原"图书、档案"明细科目的余额转入"图书和档案"明细科目;

4. 原"家具、用具、装具及动植物"明细科目中属于家具、用具、装具的资产余额转入"家具和用具"明细科目;

5. 原"家具、用具、装具及动植物"明细科目中属于动植物的资产余额转入"特种动植物"明细科目。

二、关于工程项目专门借款利息的会计处理

单位为购建固定资产等工程项目借入专门借款的,属于工程项目建设期间发生的利息费用,应当计入工程成本,在财务会计借记"在建工程——待摊投资"科目,贷记"应付利息"或"长期借款——应计利息"科目;属于工程项目建设期间尚未动用的借款资金产生的归属于单位的利息收入,应当冲减工程成本,在财务会计借记"银行存款"等科目,贷记"在建工程——待摊投资"科目。

专门借款不属于工程项目建设期间发生的利息费用,应当计入当期费用,在财务会计借记"其他费用"科目,贷记"应付利息"或"长期借款——应计利息"科目;不属于工程项目建设期间尚未动用的借款资金产生的归属于单位的利息收入,应当计入当期收入,在财务会计借记"银行存款"等科目,贷记"利息收入"科目。

单位应当在实际支付专门借款利息支出、收到尚未动用的借款资金产生的归属于单位的利息收入时,按照《政府会计制度》相关规定进行预算会计处理。

工程项目建设期间的确定,应当遵循《政府会计准则第8号——负债》(财会〔2018〕31号)的规定。

三、关于以前年度社会保险费结算的会计处理

单位因养老保险制度改革实施准备期清算、养老保险缴费比例调整等原因导致调整以前年度应缴社会保险费(如职工基本养老保险费、职业年金等)的,对属于单位缴费的部分应区分以下情况进行会计处理:

(一)社会保险经办机构轧差退回以前年度缴费的情况

单位应当在财务会计借记"银行存款"、"财政应返还额度"等科目,贷记"以前年度盈余调

整"等科目；在预算会计借记"资金结存"科目，贷记有关结转结余科目下的"年初余额调整"明细科目。

有关资金需缴回财政或注销财政拨款结转结余资金额度的，应当按照《政府会计制度》相关规定进行会计处理。

（二）社会保险经办机构轧差补收以前年度缴费的情况

在确定补缴金额时，单位应当在财务会计借记"以前年度盈余调整"等科目，贷记"应付职工薪酬——社会保险费"科目。

在实际补缴时，单位应当在财务会计借记"应付职工薪酬——社会保险费"科目，贷记"银行存款"、"财政应返还额度"、"财政拨款收入"等科目；在预算会计借记"行政支出"、"事业支出"等科目，贷记"资金结存"、"财政拨款预算收入"等科目。

（三）社会保险经办机构全额退回以前年度缴费，再按调整后的结算金额收缴的情况

单位在收到全额退费时，应当在财务会计借记"银行存款"等科目，贷记"其他应付款"科目，预算会计不作处理。

单位按调整后的结算金额缴费时，应当区分以下情况进行会计处理：

1. 结算缴费金额小于退费金额的。

单位应当在财务会计按照退费金额借记"其他应付款"科目，按照结算缴费金额贷记"银行存款"等科目，按照其差额贷记"以前年度盈余调整"等科目；在预算会计按照差额借记"资金结存"科目，贷记有关结转结余科目下的"年初余额调整"明细科目。

有关资金需缴回财政或注销财政拨款结转结余资金额度的，应当按照《政府会计制度》相关规定进行会计处理。

2. 结算缴费金额大于退费金额的。

在确定缴纳金额时，单位应当在财务会计按照结算缴费金额大于退费金额的差额借记"以前年度盈余调整"等科目，贷记"应付职工薪酬——社会保险费"科目。

在实际缴纳时，单位应当在财务会计按照退费金额借记"其他应付款"科目，按照差额借记"应付职工薪酬——社会保险费"科目，按照结算缴费金额贷记"银行存款"、"财政应返还额度"、"财政拨款收入"等科目；在预算会计按照差额借记"行政支出"、"事业支出"等科目，贷记"资金结存"、"财政拨款预算收入"等科目。

此外，单位对属于个人缴费的部分，收到退回的以前年度缴费时，应当在财务会计借记"银行存款"等科目，贷记"其他应付款"科目；确定应补缴以前年度缴费金额时，应当在财务会计借记"其他应收款"科目，贷记"应付职工薪酬——社会保险费"科目；从应付职工薪酬中代扣应补缴的社会保险费时，应当在财务会计借记"应付职工薪酬——基本工资"科目，贷记"其他应收款"科目。

四、关于事业单位开办资金的会计处理

事业单位在初始设立并取得开办资金对应的各类资产时，应当在财务会计借记有关资产科目，贷记"累计盈余"科目。同时，在预算会计按照取得的纳入部门预算管理的资金，借记"资金结存"科目，贷记有关预算收入科目。本解释所称初始设立不包括《行政事业单位划转撤并相关会计处理规定》（财会〔2022〕29号）中合并、分立情形下新组建单位，以及本解释"关于由执行其他会计制度转为执行政府会计准则制度的新旧衔接处理"中单位性质转为事业单位的情形。

事业单位在持续运行期间，接受举办单位无偿投入资产的，应当按照《政府会计制度》中取得上级补助收入、无偿调入非现金资产等业务相关规定进行会计处理。

事业单位办理开办资金变更登记，无需进行会计处理。

五、关于由执行其他会计制度转为执行政府会计准则制度的新旧衔接处理

因单位性质或执行的财务管理制度发生变化，由执行其他会计制度转为执行政府会计准则制度的，单位应当按照以下规定进行新旧衔接处理。

在首次执行日，单位应当按照政府会计准则制度的规定设立新账，对所有资产、负债、净资产、预算结余进行重新分类、确认和计量，一般流程包括将原账科目余额转入新账财务会计科目、按照原账科目余额登记新账预算结余科目，将未入账事项登记新账科目，并对相关新账科目余额进行调整。单位按照政府会计准则制度确认原未入账资产、负债，以及调整资产、负债余额的，应当相应调整累计盈余。单位应当按照登记及调整后新账的各会计科目余额，编制首次执行日的科目余额表，作为新账各会计科目的期初余额。

在首次执行日，单位应当根据新账会计科目期初余额，按照政府会计准则制度编制期初资产负债表，并在附注披露新旧衔接对报表项目金额的影响。

单位在首次执行日后编制财务报表和预算会计报表应当遵循政府会计准则制度的规定，首份年度财务报表和预算会计报表无需填列上年比较数。

六、关于生效日期

本解释自公布之日起施行。

本解释规定首次施行时均采用未来适用法。

四、政府会计准则具体准则应用指南

1.《政府会计准则第3号——固定资产》应用指南

财会〔2017〕4号

省略,详见第一版《会计工作手册》(中国财政经济出版社,2019年5月),请登录会计新时代网站(http://www.acctne.com/)——"准则制度→政府会计准则"查询,或登录深圳市会计协会网站(http://www.szkjxh.com)——"法规制度→准则制度→政府会计准则"查询,或登录财政部会计司子网站(http://kjs.mof.gov.cn)——"政府及非营利组织会计准则制度→政府会计准则"查询。

2.《政府会计准则第10号——政府和社会资本合作项目合同》应用指南

财会〔2020〕19号

一、关于《政府会计准则第10号——政府和社会资本合作项目合同》（以下简称本准则）适用范围的判断

（一）适用本准则的情形

本准则主要规范了政府方对依法依规签订的PPP项目合同的确认、计量和相关信息的列报。

本准则所指的政府方，是指政府授权或指定的PPP项目实施机构，通常为政府有关职能部门或事业单位。对于由多级政府跨区域或本级政府跨部门共同实施的PPP项目合同，应当根据合同约定确定具体的政府会计主体。

本准则所指的PPP项目合同应同时具有如下两个特征（以下简称"双特征"）：（1）社会资本方在合同约定的运营期间内代表政府方使用PPP项目资产提供公共产品和服务（以下简称特征一）；（2）社会资本方在合同约定的期间内就其提供的公共产品和服务获得补偿（以下简称特征二）。

本准则适用于符合"双特征"要求，同时满足如下"双控制"标准的PPP项目合同：（1）政府方控制或管制社会资本方使用PPP项目资产必须提供的公共产品和服务的类型、对象和价格（以下简称控制标准一）；（2）PPP项目合同终止时，政府方通过所有权、收益权或其他形式控制PPP项目资产的重大剩余权益（以下简称控制标准二）。

采用建设—运营—移交（BOT）、转让—运营—移交（TOT）、改建—运营—移交（ROT）方式运作的PPP项目合同，通常情况下同时满足"双特征"与"双控制"标准，适用本准则。采用建设—拥有—经营—移交（BOOT）、委托运营（O&M）等其他运作方式的项目合同，同时满足"双特征""双控制"标准的，也适用本准则。

政府方应当按照图1所示来判断确定本准则的适用范围。

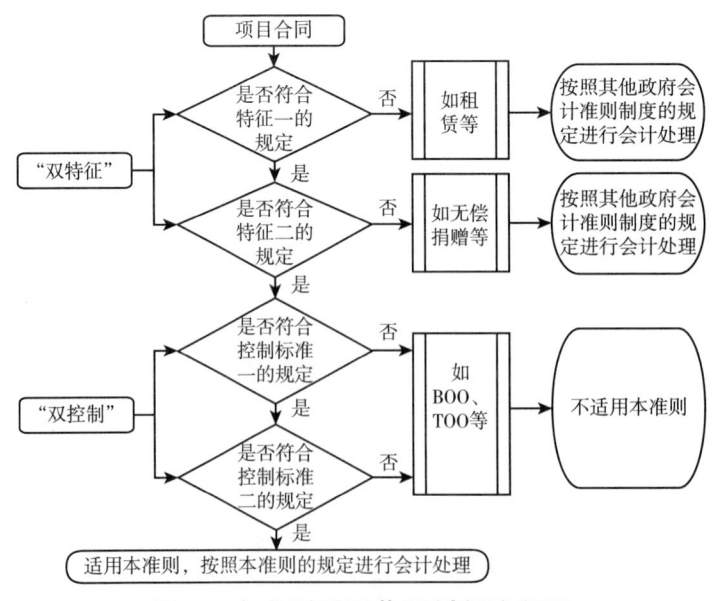

图1 本准则适用范围判断流程图

（二）不适用本准则的情形

项目合同未同时满足"双特征""双控制"标准的，不适用本准则，包括但不限于以下情形：

1. 不满足"双特征"的情形。

（1）政府方作为出租人的租赁合同，因承租方虽然可能使用项目资产提供公共产品和服务，但并非代表政府方来提供，不满足特征一的规定，不适用本准则。对于租赁合同，政府方应当按照其他政府会计准则制度的规定进行会计处理。

（2）政府方作为接受捐赠方的无偿捐赠合同，因捐赠方未获得补偿，不满足特征二的规定，不适用本准则。政府方接受捐赠取得的资产，应当按照其他政府会计准则制度的规定进行会计处理。

2. 满足"双特征"，但不满足"双控制"标准的情形。

（1）采用建设—拥有—运营（BOO）方式的项目合同，社会资本方拥有项目资产所有权，且政府方未控制项目资产的重大剩余权益，不满足"双控制"标准，不适用本准则。

（2）采用转让—拥有—运营（TOO）方式的项目合同，政府方将项目资产所有权有偿转让给社会资本方，并由社会资本方负责运营和维护，政府方未控制项目资产的重大剩余权益，不满足"双控制"标准，不适用本准则。政府方转让资产时应当按照其他政府会计准则制度的规定进行会计处理。

二、关于本准则第二条"双特征"的说明

（一）关于"合同约定的运营期间"，指的是社会资本方对PPP项目资产的使用期或运营期，通常在PPP项目合同中有明确约定。

（二）关于"社会资本方代表政府方使用PPP项目资产提供公共产品和服务"，指的是根据合同约定或政府方授权，社会资本方享有建设、运营、管理、维护本项目设施等权利，同时承担代表政府方提供公共产品和服务的义务。

（三）关于"社会资本方就其提供的公共产品和服务获得补偿"，指的是社会资本方就其在运营期内运营或维护项目资产等按照合同约定获得回报。

三、关于本准则第三条"双控制"标准的说明

（一）关于控制标准一的说明

1. 关于"控制"，指的是政府方通过具有法律效力的合同条款等方式，有权决定社会资本方提供的公共产品和服务的类型、对象和价格。通常情况下，政府方和社会资本方在PPP项目合同中应当明确规定社会资本方提供的公共产品和服务的类型、对象和价格。

2. 关于"管制"，是指社会资本方提供的公共产品和服务的类型、对象和价格，虽未在PPP项目合同中进行明确规定，但受有关法律法规或监管部门规章制度的约束。

3. 如果定价的基础或框架受到监管约束，政府方对价格的"控制或管制"不需要完全控制价格，这种情况仍然符合控制标准。如设定政府调价机制，进行调价前应当经过政府方审核同意，即满足控制标准一的价格控制要求。如果项目合同条款给予社会资本方自主定价权，但约定政府方有权参与分享PPP项目资产的超额收益部分，则仍然满足控制标准一中的价格控制要求。

（二）关于控制标准二的说明

控制标准二中的"重大剩余权益"，指的是PPP项目合同终止时，在项目资产剩余使用寿命内使用、处置该项目资产所能获得的权益。政府方对"重大剩余权益"的控制具体表现为以下两种情形：

1. PPP项目合同终止时，社会资本方应当将项目资产移交给政府方，且移交的项目资产预期仍能为政府方带来经济利益流入或者产生服务潜力。

2. 政府方能够通过合同条款限制社会资本方处置或抵押项目资产，保障重大剩余权益不受损害。

（三）"双控制"标准的应用

1. 关于项目资产更新改造时"双控制"标准的应用。

在合同约定的运营期间，对不可分离的项目资产进行更新改造的（包括更换部分设施设备），应当将更新改造前后的项目资产视为一个整体来考虑。如果政府方控制了更新改造后项目资产的重大剩余权益，则项目合同仍然适用本准则。

2. 关于项目资产部分受政府方控制时"双控制"标准的应用。

项目资产部分受政府方控制的，分为以下两种情况：

（1）项目资产在功能设置和空间分布上可分割且能独立运营的，应当单独进行分析。如果政府方不能控制该部分资产，则该部分资产不适用本准则。

（2）使用PPP项目资产提供不受政府方控制的辅助性服务，并不减损政府方对PPP项目资产的控制，在应用"双控制"标准时不应当考虑该项服务。

3. 关于运营期占项目资产全部使用寿命时"双控制"标准的应用。

对于运营期占项目资产全部使用寿命的项目合同，即使项目合同结束时项目资产不存在重大剩余权益，如果该项目合同满足前述"双控制"标准中的控制标准一，则仍然适用本准则。

四、关于本准则第二十条"政府方承担对社会资本方支付款项的义务"的说明

本准则第二十条规定，按照PPP项目合同约定，政府方承担向社会资本方支付款项义务的，相关义务应当按照《政府会计准则第8号——负债》有关规定进行会计处理，会计处理结果不影响PPP项目资产及净资产的账面价值。政府方按照《政府会计准则第8号——负债》有关规定确认负债的，应当同时确认当期费用，在以后期间支付款项时，相应冲减负债的账面余额。

按照我国PPP有关规章制度规定，规范的PPP项目应建立按效付费机制，不得通过降低考核标准等方式，提前锁定、固化政府支出责任。因此，本准则中"政府方承担的向社会资本方支付款项的义务"，是指在项目运营期的每一个会计期间内，当社会资本方提供的公共产品或服务满足合同约定的绩效考核要求时，政府方根据合同约定按期应向社会资本方进行补偿的义务。对于这种义务的会计处理，分为以下两种情况：（1）政府方在义务发生的当期及时向社会资本方支付款项的，在支付款项时确认当期费用，同时在预算会计中确认预算支出。（2）政府方在义务发生的当期未及时向社会资本方支付款项的，应当按照应付未付的金额确认当期费用和负债（应付账款等）；在后续实际支付款项时冲减负债的账面余额，同时在预算会计中确认预算支出。

对于PPP项目合同中政府承担的法律风险、政策风险以及因政府方原因导致项目合同终止的违约风险等，不属于政府方应承担的现时义务，不满足负债的确认条件。但是，当相关事项发生，政府方承担的潜在义务转化为现时义务，满足预计负债的确认条件时，政府方应当按照其他政府会计准则制度的相关规定进行会计处理。

五、关于会计科目设置及主要账务处理

（一）应增设的会计科目

1. 政府方应当设置"1841PPP项目资产"一级科目，核算按照本准则规定确认的PPP项目资产，并按照资产类别、项目等进行明细核算。本科目的期末借方余额，反映PPP项目资产的账面余额。

2. 政府方应当设置"1842PPP项目资产累计折旧（摊销）"一级科目，核算按照本准则规定计提的PPP项目资产累计折旧（摊销），并按照资产类别、项目等进行明细核算。本科目期末贷方余额，反映政府方计提的PPP项目资产折旧（摊销）的累计数。

3. 政府方应当设置"3601PPP项目净资产"一级科目，核算按照本准则规定所确认的PPP项目净资产。本科目的期末贷方余额，反映PPP项目净资产的账面余额。

（二）主要账务处理

1. PPP项目资产取得时的账务处理。

（1）社会资本方投资建造形成的PPP项目资产，政府方应当在资产验收合格交付使用时，按照确定的成本（包括该项资产自建造开始至验收合格交付使用前所发生的全部必要支出），借记"PPP项目资产"科目，贷记"PPP项目净资产"科目。对于已交付使用但尚未办理竣工财务决算手续的PPP项目资产，政府方应当按暂估价值，借记"PPP项目资产"科目，贷记"PPP项目净资产"科目；待办理竣工财务决算后，政府方应当按照实际成本与暂估价值的差额，借记或贷记"PPP项目资产"科目，贷记或借记"PPP项目净资产"科目。

（2）社会资本方从第三方购买形成的PPP项目资产，政府方应当在资产验收合格交付使用时，按照确定的成本（包括该项资产的购买价款、相关税费以及验收合格交付使用前发生的可归属于该项资产的运输费、装卸费、安装费和专业人员服务费等），借记"PPP项目资产"科目，贷记"PPP项目净资产"科目。

（3）使用社会资本方现有资产形成的PPP项目资产，政府方应当在PPP项目开始运营日，按照该项资产的评估价值，借记"PPP项目资产"科目，贷记"PPP项目净资产"科目。

（4）使用政府方现有资产形成的PPP项目资产，无需进行资产评估的，政府方应当在PPP项目开始运营日，按照该资产的账面价值，借记"PPP项目资产"科目，按照资产已计提的累计折旧或摊销，借记"公共基础设施累计折旧（摊销）"等科目，按照资产的账面余额，贷记"公共基础设施"等科目；按照相关规定需要进行资产评估的，政府方应当按资产评估价值，借记"PPP项目资产"科目，按照资产已计提的累计折旧或摊销，借记"公共基础设施累计折旧（摊销）"等科目，按照资产的账面余额，贷记"公共基础设施"等科目，按照资产评估价值与账面价值的差额贷记"其他收入"科目或借记"其他费用"科目。

（5）社会资本方对政府方原有资产进行改建、扩建形成的PPP项目资产，政府方应当在资产验收合格交付使用时，按照资产改建、扩建前的账面价值加上改建、扩建发生的支出，再扣除资产被替换部分账面价值后的金额，借记"PPP项目资产"科目，按照资产改建、扩建前已计提的累计折旧或摊销，借记"公共基础设施累计折旧（摊销）"等科目，按照资产的账面余额，贷记"公共基础设施"等科目，按照PPP项目资产初始入账金额与原有资产账面价值的差额，贷记"PPP项目净资产"科目。

2. PPP项目资产在项目运营期间的账务处理。

（1）对于为维护PPP项目资产的正常使用而发生的日常维修、养护等后续支出，不计入PPP项目资产的成本。

（2）对于为增加PPP项目资产的使用效能或延长其使用年限而发生的大修、改建、扩建等后续支出，政府方应当在资产验收合格交付使用时，按照相关支出扣除资产被替换部分账面价值的差额，借记"PPP项目资产"科目，贷记"PPP项目净资产"科目。

（3）在PPP项目运营期间，政府方应当按月对PPP项目资产计提折旧（摊销）[①]，但社会资本方持续进行良好维护使得其性能得到永久维护的PPP项目资产除外。对于作为PPP项目资产单独计价入账的土地使用权，政府方应当按其他政府会计准则制度的规定进行摊销。

政府方初始确认的PPP项目净资产金额等于PPP项目资产初始入账金额的，按月计提PPP项目

[①] 在国务院财政部门对PPP项目资产折旧（摊销）年限作出规定之前，政府方对PPP项目资产暂不计提折旧。

资产折旧（摊销）时，应当按照计提的PPP项目资产折旧（摊销）金额，借记"PPP项目净资产"科目，贷记"PPP项目资产累计折旧（摊销）"科目。

政府方初始确认的PPP项目净资产金额小于PPP项目资产初始入账金额的，按月计提PPP项目资产折旧（摊销）时，应当按照计提的PPP项目资产折旧（摊销）金额的相应比例（即PPP项目净资产初始入账金额占PPP项目资产初始入账金额的比例），借记"PPP项目净资产"科目，按照计提的PPP项目资产折旧（摊销）金额，贷记"PPP项目资产累计折旧（摊销）"科目，按照当期计提的折旧（摊销）金额与所冲减的PPP项目净资产金额的差额，借记"业务活动费用"等科目。

3. PPP项目合同终止时的账务处理。

（1）PPP项目合同终止时，PPP项目资产按规定移交至政府方的，政府方应当根据PPP项目资产的性质和用途，将其重分类为公共基础设施等资产。无需对所移交的PPP项目资产进行资产评估的，政府方应当按移交日PPP项目资产的账面价值，借记"公共基础设施"等科目，按照已计提的累计折旧（摊销），借记"PPP项目资产累计折旧（摊销）"科目，按照PPP项目资产的账面余额，贷记"PPP项目资产"科目；按规定需要对所移交的PPP项目资产进行资产评估的，政府方应当按照资产评估价值，借记"公共基础设施"等科目，按照已计提的累计折旧（摊销），借记"PPP项目资产累计折旧（摊销）"科目，按照PPP项目资产的账面余额，贷记"PPP项目资产"科目，按照资产评估价值与PPP项目资产账面价值的差额，贷记"其他收入"科目或借记"其他费用"科目。

（2）PPP项目合同终止时，政府方应当将尚未冲减完的PPP项目净资产账面余额转入累计盈余，即按PPP项目净资产的账面余额，借记"PPP项目净资产"科目，贷记"累计盈余"科目。

4. 其他相关业务的账务处理。

对于上述规定中未明确的其他相关经济业务或事项，政府方应当按照其他政府会计准则制度的规定进行账务处理。

六、关于财务报表项目

（一）关于资产负债表

1. 政府方应当在"保障性住房净值"和"长期待摊费用"项目之间依次增加"PPP项目资产""减：PPP项目资产累计折旧（摊销）""PPP项目资产净值"项目。

2. 政府方应当在"权益法调整"项目和"无偿调拨净资产"项目之间增加"PPP项目净资产"项目。

（二）关于净资产变动表

1. 政府方应当在"本年数""上年数"两栏中的"权益法调整"和"净资产合计"项目之间增加"PPP项目净资产"列项目。

2. 政府方应当在"（六）权益法调整"和"五、本年年末余额"项目之间增加"PPP项目净资产"行项目。

七、关于新旧衔接规定

（一）关于本准则首次执行时已入库的PPP项目合同

对于符合本准则"双特征"和"双控制"标准且已纳入全国PPP综合信息平台项目库的PPP项目合同，在本准则首次执行日，有关衔接规定如下：

1. 项目资产已由政府方确认为公共基础设施、固定资产等资产的，政府方应当按照所确认资产的账面价值，将其重分类为PPP项目资产。具体进行账务处理时，按照资产的账面价值，借记"PPP项目资产"科目，按照计提的累计折旧或摊销（如果有），借记"公共基础设施累计折旧

(摊销)""固定资产累计折旧"等科目,按照资产账面余额,贷记"公共基础设施""固定资产"等科目。

2. 项目资产未由政府方确认,但已由社会资本方确认的,政府方应当按照社会资本方确认的资产账面原值,确认 PPP 项目资产,同时确认 PPP 项目净资产。具体进行账务处理时,按照确定的资产入账成本,借记"PPP 项目资产"科目,贷记"PPP 项目净资产"科目。

3. 政府方和社会资本方均未确认的项目资产,政府方应当及时确认入账,并按照以下原则确定其初始入账成本:可以取得相关原始凭据的,其成本按照有关原始凭据注明的金额确定;没有相关凭据可供取得,但按规定经过资产评估的,其成本按照资产评估价值确定;没有相关凭据可供取得、也未经资产评估的,其成本按照重置成本确定。具体进行账务处理时,按照确定的资产入账成本,借记"PPP 项目资产"科目,贷记"PPP 项目净资产"科目。

(二)关于本准则首次执行时未入库的特许经营项目协议

对于符合本准则"双特征"和"双控制"标准但未纳入全国 PPP 综合信息平台项目库的特许经营项目协议,在本准则首次执行日,有关衔接规定如下:

1. 协议中不含提前锁定、固化政府支出责任等兜底条款的,在本准则首次执行日,政府方应当参照已入库项目的新旧衔接规定进行会计处理。

2. 协议中含有提前锁定、固化政府支出责任等兜底条款的,政府方应当按照《政府会计准则第 5 号——公共基础设施》《政府会计准则第 8 号——负债》等准则规定,对政府方控制的公共基础设施及相应的负债进行会计处理。

(三)关于 PPP 项目资产折旧(摊销)政策规定

在国务院财政部门对 PPP 项目资产折旧(摊销)年限作出规定之前,政府方在 PPP 项目资产首次入账时暂不考虑补提折旧(摊销),初始入账后也暂不计提折旧(摊销)。

八、附则

本应用指南自 2021 年 1 月 1 日起施行。

五、政府会计制度

1.关于贯彻实施政府会计准则制度的通知

财会〔2018〕21号

党中央有关部门,国务院各部委、各直属机构,全国人大常委会办公厅,全国政协办公厅,高法院,高检院,各民主党派中央,有关人民团体,各省、自治区、直辖市、计划单列市财政厅(局),新疆生产建设兵团财政局:

为做好政府会计准则制度的贯彻实施工作,现就有关事项通知如下。

一、关于实施内容、实施时间和范围

(一)实施内容

本通知所指的政府会计准则制度包括以下内容:

1.《政府会计准则——基本准则》;

2.《政府会计准则第1号——存货》《政府会计准则第2号——投资》《政府会计准则第3号——固定资产》《政府会计准则第4号——无形资产》《政府会计准则第5号——公共基础设施》《政府会计准则第6号——政府储备物资》等政府会计具体准则;

3.《〈政府会计准则第3号——固定资产〉应用指南》等准则应用指南;

4.《政府会计制度——行政事业单位会计科目和报表》;

5.医院、基层医疗卫生机构、高等学校、中小学校、科学事业单位、彩票机构、国有林场和苗圃等行业事业单位执行《政府会计制度——行政事业单位会计科目和报表》的补充规定;

6.行政单位、事业单位和医院、基层医疗卫生机构、高等学校、中小学校、科学事业单位、彩票机构、国有林场和苗圃、地质勘查事业单位、测绘事业单位等行业事业单位执行《政府会计制度——行政事业单位会计科目和报表》的衔接规定;

7.财政部制定的关于政府会计准则制度的其他规定。

(二)实施时间和范围

自2019年1月1日起,政府会计准则制度在全国各级各类行政事业单位全面施行。执行政府会计准则制度的单位,不再执行《事业单位会计准则》《行政单位会计制度》(财库〔2013〕218号)、《事业单位会计制度》(财会〔2012〕22号)、《医院会计制度》(财会〔2010〕27号)、《基层医疗卫生机构会计制度》(财会〔2010〕26号)、《高等学校会计制度》(财会〔2013〕30号)、《中小学校会计制度》(财会〔2013〕28号)、《科学事业单位会计制度》(财会〔2013〕29号)、《彩票机构会计制度》(财会〔2013〕23号)、《地质勘查单位会计制度》(财会字〔1996〕15号)、《测绘事业单位会计制度》(财会字〔1999〕1号)、《国有林场与苗圃会计制度(暂行)》(财农字〔1994〕371号)、《国有建设单位会计制度》(财会字〔1995〕45号)等制度。

军队、已纳入企业财务管理体系执行企业会计准则或小企业会计准则的事业单位和执行《民间非营利组织会计制度》的社会团体,不执行政府会计准则制度。

二、扎实做好政府会计准则制度实施准备工作

(一)强化宣传培训

各级财政部门和有关部门要积极采取各种方式,广泛宣传政府会计改革的重要意义和政府会

计准则制度的基本精神，争取广泛理解和支持，为政府会计准则制度的贯彻实施营造良好的社会氛围。各部门、各单位要着力加强对政府会计准则制度的培训工作，做到横向到边、纵向到底、不留"死角"，使广大会计人员全面掌握政府会计准则制度各项规定和具体要求，确保实施过程中"不变形""不走样"。要把政府会计准则制度培训纳入会计人员继续教育内容，使广大财会人员丰富知识体系、不断提高职业判断能力。

（二）扎实做好新旧制度衔接

各部门、各单位应当在2016年资产清查核实的基础上，根据政府会计准则制度的要求，进一步清理核实和归类统计固定资产、无形资产、库存物品、对外投资等资产数据，为准确计提折旧、摊销费用、确定权益等提供基础信息；进一步规范和加强往来款项的管理，全面开展往来款项专项清理和账龄分析，做好坏账准备计提的相关工作；进一步清理基本建设会计账务，及时将已交付使用的建设项目转为固定资产、无形资产等，按规定及时办理基本建设项目竣工财务决算手续，为将基本建设投资业务纳入单位会计"大账"做好准备；进一步明晰资产占有、使用和维护管理的责任主体，按规定将单位控制的公共基础设施、政府储备物资、保障性住房等资产以及单位受托管理的资产登记入账，确保国有资产信息全面完整；进一步梳理和分析各项结转结余资金的构成和性质，按规定确定新账中各项预算结余科目及资金结存科目的金额，夯实部门决算的核算基础。在上述工作基础上，各部门、各单位应当严格按照财政部制定的新旧制度衔接规定，做好新旧转账及调整工作，必要时可聘请会计师事务所等中介机构参与其中，确保新旧制度有序衔接、平稳过渡。

（三）加强政府会计信息化建设

各部门、各单位应当按照新制度要求，对原有会计信息系统进行及时更新和调试，包括新建账套、更新会计科目体系、调整会计科目余额及核算基础、补提相关资产的折旧与摊销、将基建账套纳入单位"大账"、将未入账事项登记新账科目、确定2019年财务会计和预算会计科目各项期初数等工作，实现数据正确转换。各部门、各单位要树立"业财融合"的理念，推动经济业务与会计管理的深度融合发展，以政府会计准则制度实施为契机，加强信息化建设，推进业务信息系统与会计信息系统的有效对接，为政府会计准则制度实施提供技术支撑，确保单位会计信息系统所生成的信息能够满足政府会计改革的需要。各级财政部门和有关行业主管部门应当加强对单位会计信息化工作的指导，积极引导软件厂商为单位会计信息化工作提供高质量的技术服务。

（四）加强政策协调

各级财政部门要把思想和行动统一到落实党中央、国务院相关决策部署上来，推动修订完善相关法规，加快修订完善相关财务制度，进一步完善决算报告制度，优化政府财政管理信息系统，认真做好各项政策统筹协调。各部门、各单位要以贯彻实施政府会计准则制度为契机，加强会计核算与部门预决算管理、绩效管理、资产管理、政府财务报告编制等工作的协调，不断提升部门、单位的财务管理水平。

三、加强政府会计准则制度贯彻实施的组织领导

贯彻实施政府会计准则制度，是全面落实党的十八届三中全会关于"建立权责发生制的政府综合财务报告制度"、党的十九大关于"全面实施绩效管理"等决策部署的重要举措，对于科学、全面、准确反映政府资产负债和成本费用，加快建立现代财政制度，更好地发挥财政在国家治理中的基础和重要支柱作用具有重要而深远的意义。政府会计准则制度的实施工作涉及面广，技术性、政策性强，各部门、各单位的负责人要提高政治站位，认真落实《会计法》关于"单位负责人对本单位的会计工作和会计资料的真实性、完整性负责"的规定，把政府会计准则制度的贯彻实施作为一件大事来抓，加强对单位会计工作的组织领导，组织制定详细的实施方案，指导督促

政府会计准则制度有效实施。同时，健全会计机构，充实会计人员，加强基础管理，完善内部控制，为政府会计准则制度实施提供有力保障。

有关行业主管部门要加强对本行业各级行政事业单位贯彻实施政府会计准则制度的指导工作，及时收集整理政府会计准则制度贯彻实施中遇到的问题，及时向财政部（会计司）反馈。

各级财政部门要高度重视政府会计准则制度的贯彻实施工作，建立健全工作机制，加强统筹规划、协调指导、宣传培训和督促检查，积极推进本地区政府会计准则制度的贯彻实施。各省、自治区、直辖市、计划单列市财政厅（局）和新疆生产建设兵团财政局应当于2018年9月30日之前，将本地区政府会计准则制度贯彻实施准备情况报送财政部（会计司）。

财政部

2018年8月16日

2.政府会计制度——行政事业单位会计科目和报表

省略，详见第一版《会计工作手册》（中国财政经济出版社，2019年5月），请登录会计新时代网站（http：//www.acctne.com/）——"准则制度→政府会计制度"查询，或登录深圳市会计协会网站（http：//www.szkjxh.com）——"法规制度→准则制度→政府会计制度"查询，或登录财政部会计司子网站（http：//kjs.mof.gov.cn）——"政府及非营利组织会计准则制度→政府会计制度"查询。

3. 财政部会计司有关负责人就印发《政府会计制度——行政事业单位会计科目和报表》答记者问

为了积极贯彻落实党的十八届三中全会精神和《国务院关于批转财政部权责发生制政府综合财务报告制度改革方案的通知》(国发〔2014〕63号,以下简称《改革方案》)的要求,构建统一、科学、规范的政府会计核算标准体系,夯实政府财务报告的编制基础,2017年10月24日,财政部印发了《政府会计制度——行政事业单位会计科目和报表》(财会〔2017〕25号,以下简称《制度》),自2019年1月1日起施行,鼓励行政事业单位提前执行。近日,财政部会计司有关负责人就《制度》有关问题回答了记者提问。

问:《制度》制定出台的背景和意义是什么?

答:我国现行政府会计核算标准体系基本上形成于1998年前后,主要涵盖财政总预算会计、行政单位会计与事业单位会计,包括《财政总预算会计制度》《行政单位会计制度》《事业单位会计准则》《事业单位会计制度》,以及医院、基层医疗卫生机构、高等学校、中小学校、科学事业单位、彩票机构等行业事业单位会计制度和国有建设单位会计制度等有关制度等。2010年以来,财政部适应公共财政管理的需要,先后对上述部分会计标准进行了修订,基本满足了现行部门预算管理的需要。

党的十八届三中全会提出了"建立权责发生制政府综合财务报告制度"的重大改革举措,2014年新修订的《预算法》对各级政府提出按年度编制以权责发生制为基础的政府综合财务报告的新要求。由于现行政府会计标准体系一般采用收付实现制,主要以提供反映预算收支执行情况的决算报告为目的,无法准确、完整反映政府资产负债"家底",以及政府的运行成本等情况,难以满足编制权责发生制政府综合财务报告的信息需求。另外,因现行政府会计领域多项制度并存,体系繁杂、内容交叉、核算口径不一,造成不同部门、单位的会计信息可比性不高,通过汇总、调整编制的政府财务报告信息质量较低。因此,在新的形势下,必须对现行政府会计标准体系进行改革。

《改革方案》提出,权责发生制政府综合财务报告制度改革是基于政府会计规则的重大改革,其前提和基础任务就是要建立健全政府会计核算标准体系,包括制定政府会计基本准则、具体准则及应用指南,健全完善政府会计制度。在政府会计核算标准体系中,基本准则属于"概念框架",统驭政府会计具体准则和政府会计制度的制定;具体准则主要规定政府发生的经济业务或事项的会计处理原则,应用指南主要对具体准则的实际应用作出操作性规定;会计制度主要规定政府会计科目及其使用说明、报表格式及其编制说明等。会计准则和会计制度相互补充,共同规范政府会计主体的会计核算,保证会计信息质量。按照《改革方案》确定的目标,我们应当在2020年之前建立起具有中国特色的政府会计标准体系。

2015年以来,我部按照《改革方案》要求,相继出台了《政府会计准则——基本准则》(以下简称《基本准则》)和存货、投资、固定资产、无形资产、公共基础设施、政府储备物资等6项政府会计具体准则,以及固定资产准则应用指南,政府会计准则体系建设取得积极进展。为了加快建立健全政府会计核算标准体系,经反复研究和论证,我们决定以统一现行各类行政事业单位会计标准、夯实部门和单位编制权责发生制财务报告和全面反映运行成本并同时反映预算执行情况的核算基础为目标,制定适用于各级各类行政事业单位的统一的会计制度。

制定出台《制度》,是我部全面贯彻落实党的十八届三中全会精神和《改革方案》的重要成果，是服务全面深化财税体制改革的重要举措，对于提高政府会计信息质量、提升行政事业单位财务和预算管理水平、全面实施绩效管理、建立现代财政制度具有重要的政策支撑作用，在我国政府会计发展进程中具有划时代的重要意义。

问：《制度》制定出台的过程是怎样的？

答：为提高《制度》起草工作的科学性、民主性，我们严格按照会计司《会计标准制定与实施内部控制操作规程》，遵循科学严密的起草流程。《制度》的制定历时两年多，主要经历了以下阶段：

（一）研究起草阶段。2015年5月份，我们成立了由会计司相关人员、理论界和实务界专家组成的起草小组，正式启动《制度》起草工作。在系统分析和梳理现行行政单位、事业单位和行业事业单位会计制度（以下简称"现行制度"）基础上，结合前期课题研究成果，通过深入研讨，于7月份形成《制度》草稿。随后，我们就草稿在会计司内部各单位、部分地方财政厅（局）和部分中央级行政事业单位征求意见，并通过召开专家座谈会等形式对草稿进行全面修改完善，于2015年年底形成《制度》讨论稿。2016年上半年，我们组织专家对讨论稿中有关重大问题进行深入研究和讨论，并结合政府会计准则制定情况对讨论稿的结构和内容进行了调整和修改完善，于2016年7月经会计司司务会讨论通过后形成《制度》征求意见稿。

（二）征求意见和模拟测试阶段。2016年8月，我们印发了《关于征求〈政府会计制度——行政事业单位会计科目和会计报表（征求意见稿）〉意见的函》（财办会〔2016〕30号），面向中央和国家机关、地方财政厅（局）和社会公众征求意见，同时一并征求财政部部内相关司局、财政部驻各地专员办和政府会计准则委员会咨询专家的意见。《制度》征求意见稿印发后，社会各方反映积极，通过多种方式向我们反馈意见。为了提高《制度》的可操作性，2016年11月至2017年3月，我们组织14家中央级单位和26家地方单位开展了《制度》征求意见稿模拟测试工作。在公开征求意见和模拟测试的同时，我们赴多个中央部门、单位和地方财政部门、行政事业单位进行实地调研，当面听取有关各方对《制度》的意见和建议，并会同部内相关司局就《制度》修改过程中的重点问题进行座谈和讨论。我们在对各方反馈意见进行汇总、分析和反复讨论的基础上，充分吸收了合理的意见和建议，对《制度》征求意见稿进行了较大幅度的修改和完善，于2017年7月份形成《制度》草案。

（三）发布阶段。2017年8月，我们将《制度》草案提交会计司会计技术小组讨论，根据技术小组意见对草案进行修改完善后提交会计司司务会审议，司务会原则通过。9月份，我们根据司务会意见对草案进行审核校对的同时，再次就草案征求了部分政府会计咨询专家的意见，并与部内相关司局就《制度》中有关重大问题进行了讨论，在此基础上修改完善形成《制度》送审稿。10月份，《制度》经部内相关司局会签后由部领导签发。

问：《制度》反馈意见采纳情况如何？

答：在《制度》起草过程中，我们充分发扬民主，广泛听取意见，尽最大努力集中各方面智慧。在《制度》公开征求意见时，我们共收到各方面书面反馈意见142份，其中提出具体意见和建议的100份，共计889条意见和建议，反馈意见总字数达20余万字。在《制度》模拟测试中，测试单位共提出163条意见和建议。我们对各方面反馈意见和建议进行了认真梳理、汇总和分析，针对每条意见和建议均认真讨论提出了处理意见。对于其中合理的意见，我们均予以采纳；对于未采纳的有代表性的意见和建议，我们与相关各方进行了沟通讨论，力争达成共识。

我们在《制度》修改过程中主要采纳的意见和建议有：一是在总说明部分明确了政府财务会计和预算会计"平行记账"的规则；二是合并了"在建工程"和"基建工程"两个科目内容，并且在总说明中明确规定单位不再单独建账，但应当按项目单独核算；三是增加了保障性住房的会计核算；四是调整了净资产类科目设置及相关科目的核算内容；五是增加了"债务还本支出"科目；六是完善了预算会计和财务会计中关于专用基金的核算内容；七是增加了净资产变动表，简化了本年盈余与预算结余差异调节表的内容，并将该表从主表移至附注；八是细化了报表附注的内容。

经过充分研究与讨论后，我们未采纳的反馈意见和建议主要有：一是关于自然资源资产的会计处理。有反馈意见认为，《基本准则》已提出了自然资源资产的概念，建议在《制度》中对其会计处理予以规定。经研究，我们认为，自然资源资产的核算范围和计量问题十分复杂，相关研究还在推进之中，目前不宜做出规定。二是关于资产减值会计。有反馈意见提出，《基本准则》规定政府财务会计实行权责发生制，建议在《制度》中对固定资产、无形资产等减值处理予以规定。经研究，并充分考虑当前政府会计改革所处阶段、行政事业单位的会计核算现状和减值会计的复杂性，我们除要求对事业单位有关应收账款和其他应收款计提坏账准备外，未全面引入减值会计，拟待未来权责发生制政府会计发展达到一定阶段后再予以考虑。三是关于财政拨款收入的核算基础。有反馈意见认为，财政拨款收入也应当按照权责发生制核算，即单位应当以部门预算批复时点作为财政拨款收入确认时点。经研究并深入听取意见，我们认为此举不仅会大大增加会计核算工作量，而且在按年度编制财务报表的情况下，收付实现制核算与权责发生制核算对年度报表没有实质性影响。因此，《制度》维持了原有规定，即单位在收到财政拨款时同时确认财务会计收入和预算收入。四是关于现金流量表。很多反馈意见认为行政事业单位没有必要编制现金流量表，建议删除；但医院等单位认为现金流量表能够反映单位现金流量的增减变动情况，有必要保留。经研究，我们保留了现金流量表，但规定单位可以根据实际情况自行选择编制。

问：制定《制度》遵循了哪些原则？

答：在《制度》制定过程中，主要遵循了以下原则：

（一）归并统一原则。从行政事业单位通用或共性业务会计处理，以及单位财务报告信息和决算报告信息的可比性出发，归并统一现行行政单位、事业单位和各项行业事业单位会计制度。

（二）继承创新原则。立足当前行政事业单位核算现状，充分继承现行制度中合理的、共性的内容。同时，为满足政府财务会计和预算会计适度分离并相互衔接的核算需要，在会计科目设置和报表体系设计上力求创新。另外，在相关资产科目的核算内容和账务处理说明中，充分吸收2016年以来财政部印发的6项政府会计具体准则的创新与变化。

（三）充分协调原则。《制度》依据会计法、预算法和《基本准则》等法律法规、规章制定，在严格贯彻《改革方案》要求、着力实现改革目标的前提下，力求与现行行政事业单位财务规则、财务制度、部门预决算制度、行政事业单位国有资产管理规定、基本建设财务规则等要求保持协调。

（四）提升质量原则。从财务报告和决算报告的目标以及信息使用者的需要出发，全面提升会计信息质量。在会计核算内容和范围上着力提高会计信息的可靠性、全面性，在财务会计中全面引入权责发生制，着力提高会计信息的相关性，在会计科目设置、账务处理说明上力求内在一致，着力提高会计信息的可比性，在报表设计及填表说明、附注披露中着力提高会计信息的可理解性。

（五）务实简化原则。考虑行政事业单位会计工作基础、会计人员接受程度和当前改革所处的阶段，以及核算系统中引入财务会计内容带来的复杂性，在会计科目设置、核算口径和方法、计量标准、账务处理设计、报表设计和填制等方面，力求做到贴近实务、方便操作、简便易行。

（六）适当借鉴原则。在充分考虑我国政府财政财务管理特点的基础上，适当吸收我国企业会计准则改革的成功经验，适当借鉴国际公共部门会计准则的最新成果以及国外有关国家政府会计改革的先进经验和做法。

第七部分 政府会计准则和制度

问：请介绍一下《制度》的体例结构及主要内容。

答：《制度》由正文和附录组成。正文包括六部分内容：

第一部分为总说明，主要规范《制度》的制定依据、适用范围、会计核算模式和会计要素、会计科目设置要求、报表编制要求、会计信息化工作要求和施行日期等内容。

第二部分为会计科目名称和编号，主要列出了财务会计和预算会计两类科目表，共计103个一级会计科目，其中，财务会计下资产、负债、净资产、收入和费用五个要素共77个一级科目，预算会计下预算收入、预算支出和预算结余三个要素共26个一级科目。

第三部分为会计科目使用说明，主要对103个一级会计科目的核算内容、明细核算要求、主要账务处理等进行详细规定。本部分内容是《制度》的核心内容。

第四部分为报表格式，主要规定财务报表和预算会计报表的格式，其中，财务报表包括资产负债表、收入费用表、净资产变动表、现金流量表及报表附注，预算会计报表包括预算收入支出表、预算结转结余变动表和财政拨款预算收入支出表。

第五部分为报表编制说明，主要规定了第四部分列出的7张报表的编制说明，以及报表附注应披露的内容。

附录为主要业务和事项账务处理举例。本部分采用列表方式，以《制度》第三部分规定的会计科目使用说明为依据，按照会计科目顺序对单位通用业务或共性业务和事项的账务处理进行举例说明。

问：《制度》与现行制度相比有哪些重大变化与创新？

答：《制度》继承了多年来我国行政事业单位会计改革的有益经验，反映了当前政府会计改革发展的内在需要和发展方向，相对于现行制度有以下重大变化与创新：

（一）重构了政府会计核算模式。在系统总结分析传统单系统预算会计体系的利弊基础上，《制度》按照《改革方案》和《基本准则》的要求，构建了"财务会计和预算会计适度分离并相互衔接"的会计核算模式。所谓"适度分离"，是指适度分离政府预算会计和财务会计功能，决算报告和财务报告功能，全面反映政府会计主体的预算执行信息和财务信息。主要体现在以下几个方面：一是"双功能"，在同一会计核算系统中实现财务会计和预算会计双重功能，通过资产、负债、净资产、收入、费用五个要素进行财务会计核算，通过预算收入、预算支出和预算结余三个要素进行预算会计核算。二是"双基础"，财务会计采用权责发生制，预算会计采用收付实现制，国务院另有规定的，依照其规定。三是"双报告"，通过财务会计核算形成财务报告，通过预算会计核算形成决算报告。所谓"相互衔接"，是指在同一会计核算系统中政府预算会计要素和相关财务会计要素相互协调，决算报告和财务报告相互补充，共同反映政府会计主体的预算执行信息和财务信息。主要体现在：一是对纳入部门预算管理的现金收支进行"平行记账"。对于纳入部门预算管理的现金收支业务，在进行财务会计核算的同时也应当进行预算会计核算。对于其他业务，仅需要进行财务会计核算。二是财务报表与预算会计报表之间存在勾稽关系。通过编制"本期预算结余与本期盈余差异调节表"并在附注中进行披露，反映单位财务会计和预算会计因核算基础和核算范围不同所产生的本年盈余数（即本期收入与费用之间的差额）与本年预算结余数（本年预算收入与预算支出的差额）之间的差异，从而揭示财务会计和预算会计的内在联系。这种会计核算模式兼顾了现行部门决算报告制度的需要，又能满足部门编制权责发生制财务报告的要求，对于规范政府会计行为，夯实政府会计主体预算和财务管理基础，强化政府绩效管理具有深远的影响。

（二）统一了现行各项单位会计制度。《制度》有机整合了《行政单位会计制度》《事业单位会计制度》和医院、基层医疗卫生机构、高等学校、中小学校、科学事业单位、彩票机构、地勘单位、测绘单位、林业（苗圃）等行业事业单位会计制度的内容。在科目设置、科目和报表项目说明中，一般情况下，不再区分行政和事业单位，也不再区分行业事业单位；在核算内容方面，基本保留了现行各项制度中的通用业务和事项，同时根据改革需要增加各级各类行政事业单位的共性业务和事项；在会计政策方面，对同类业务尽可能作出同样的处理规定。通过会计制度的统一，大大提高了政府各部门、各单位会计信息的可比性，为合并单位、部门财务报表和逐级汇总编制部门决算奠定了坚实的制度基础。

（三）强化了财务会计功能。《制度》在财务会计核算中全面引入了权责发生制，在会计科目设置和账务处理说明中着力强化财务会计功能，如增加了收入和费用两个财务会计要素的核算内容，并原则上要求按照权责发生制进行核算；增加了应收款项和应付款项的核算内容，对长期股权投资采用权益法核算，确认自行开发形成的无形资产的成本，要求对固定资产、公共基础设施、保障性住房和无形资产计提折旧或摊销，引入坏账准备等减值概念，确认预计负债、待摊费用和预提费用等。在政府会计核算中强化财务会计功能，对于科学编制权责发生制政府财务报告、准确反映单位财务状况和运行成本等情况具有重要的意义。

（四）扩大了政府资产负债核算范围。《制度》在现行制度基础上，扩大了资产负债的核算范围。除按照权责发生制核算原则增加有关往来账款的核算内容，在资产方面，增加了公共基础设施、政府储备物资、文物文化资产、保障性住房和受托代理资产的核算内容，以全面核算单位控制的各类资产；增加了"研发支出"科目，以准确反映单位自行开发无形资产的成本。在负债方面，增加了预计负债、受托代理负债等核算内容，以全面反映单位所承担的现时义务。此外，为了准确反映单位资产扣除负债之后的净资产状况，《制度》立足单位会计核算需要、借鉴国际公共部门会计准则相关规定，将净资产按照主要来源分类为累计盈余和专用基金，并根据净资产其他来源设置了权益法调整、无偿调拨净资产等会计科目。资产负债核算范围的扩大，有利于全面规范政府单位各项经济业务和事项的会计处理，准确反映政府"家底"信息，为相关决策提供更加有用的信息。

（五）改进了预算会计功能。根据《改革方案》要求，《制度》对预算会计科目及其核算内容进行了调整和优化，以进一步完善预算会计功能。在核算内容上，预算会计仅需核算预算收入、预算支出和预算结余。在核算基础上，预算会计除按《预算法》要求的权责发生制事项外，均采用收付实现制核算，有利于避免现在制度下存在的虚列预算收支的问题。在核算范围上，为了体现新《预算法》的精神和部门综合预算的要求，《制度》将依法纳入部门预算管理的现金收支均纳入预算会计核算范围，如增设了债务预算收入、债务还本支出、投资支出等。调整完善后的预算会计，能够更好贯彻落实《预算法》的相关规定，更加准确反映部门和单位预算收支情况，更加满足部门、单位预算和决算管理的需要。

（六）整合了基建会计核算。按照现行制度规定，单位对于基本建设投资的会计核算除遵循相关会计制度规定外，还应当按照国家有关基本建设会计核算的规定单独建账、单独核算，但同时应将基建账相关数据按期并入单位"大账"。《制度》依据《基本建设财务规则》和相关预算管理规定，在充分吸收《国有建设单位会计制度》合理内容的基础上对单位建设项目会计核算进行了规定。单位对基本建设投资按照本制度规定统一进行会计核算，不再单独建账，大大简化了单位基本建设业务的会计核算，有利于提高单位会计信息的完整性。

（七）完善了报表体系和结构。《制度》将报表分为预算会计报表和财务报表两大类。预算会计报表由预算收入表、预算结转结余变动表和财政拨款预算收入支出表组成，是编制部门决算报表的基础。财务报表由会计报表和附注构成，会计报表由资产负债表、收入费用表、净资产变动表和现金流量表组成，其中，单位可自行选择编制现金流量表。此外，《制度》针对新的核算内容和要求对报表结构进行了调整和优化,对报表附注应当披露的内容进行了细化,对会计报表重要项目说明提供了可参考的披露格式、要求按经济分类披露费用信息、要求披露本年预算结余和本年盈余的差异调节过程等。调整完善后的报表体系,对于全面反映单位财务信息和预算执行信息,提高部门、单位会计信息的透明度和决策有用性具有重要的意义。

(八)增强了制度的可操作性。《制度》在附录中采用列表方式,以《制度》中规定的会计科目使用说明为依据,按照会计科目顺序对单位通用业务或共性业务和事项的账务处理进行了举例说明。在举例说明时,对同一项业务或事项,在表格中列出财务会计分录的同时,平行列出相对应的预算会计分录(如果有)。通过对经济业务和事项举例说明,能够充分反映《制度》所要求的财务会计和预算会计"平行记账"的核算要求,便于会计人员学习和理解政府会计8要素的记账规则,也有利于单位会计核算信息系统的开发或升级改造。

问:各地区、各部门、各单位应当如何贯彻实施《制度》?

答:做好《制度》的贯彻实施,是各地区、各部门、各单位落实党中央、国务院决策部署的一项重要任务,要进一步增强使命感、责任感,精心组织,周密部署,确保《制度》有效实施。

一是要加强组织领导。各级政府财政部门要高度重视《制度》的贯彻实施工作,加强统筹规划、协调指导和督促检查。各部门、各单位要强化单位负责人的责任意识,制定详细的实施方案,明确目标,落实责任,确保认识到位、组织到位、人员到位、工作到位。

二是要加强学习宣传。各地区、各部门、各单位要认真组织《制度》的宣传培训工作,确保单位财会和相关人员准确理解《制度》制定背景、制定原则以及变化与创新,全面掌握《制度》各项规定,积极推进《制度》在各单位的切实执行。

三是要加强会计信息化建设。各单位要结合《制度》内容和本单位实际情况,及时调整和更新会计信息系统,确保利用现代信息技术手段开展会计核算及生成的会计信息符合政府会计准则及《制度》的规定。

四是要加强政策协调。各部门、各单位要以贯彻实施《制度》为契机,加强会计核算与部门预决算管理、资产管理、政府财务报告编制、绩效管理与评价和单位内部控制建设等政策的协调,全面提升部门和单位管理水平。

4. 关于印发《财政总会计制度》的通知

财库〔2022〕41号

各省、自治区、直辖市、计划单列市财政厅（局），新疆生产建设兵团财政局：

  为加强财政预算管理，提升国家财政治理效能，进一步规范各级政府财政总会计核算，保证会计信息质量，充分发挥财政总会计职能作用，财政部根据深化预算管理制度改革、政府会计改革工作要求，研究制定了《财政总会计制度》，现印发给你们，请遵照执行。

  新制度自2023年1月1日起施行，我部2015年制定的《财政总预算会计制度》（财库〔2015〕192号）同时废止，执行中如有问题，请及时向财政部反馈。

附件：
1. 《财政总会计制度》（略）
2. 《财政总会计制度》与《财政总预算会计制度》有关衔接问题的处理规定（略）

财政部
2022年11月18日

《财政总会计制度》《财政总会计制度》与《财政总预算会计制度》有关衔接问题的处理规定因篇幅过大（合计200余页）省略，请登录财政部国库司子网站（http：//gks.mof.gov.cn）——"规章制度"查询或下载。

第八部分

会计人员管理和会计监督

1.关于印发《会计行业人才发展规划（2021—2025年）》的通知

详见第二部分7。

2.关于印发《会计人员管理办法》的通知

财会〔2018〕33号

各省、自治区、直辖市、计划单列市财政厅（局），新疆生产建设兵团财政局，中共中央直属机关事务管理局，国家机关事务管理局财务管理司，中央军委后勤保障部财务局：

  为加强会计人员管理，明确会计人员范围和专业能力要求，根据《中华人民共和国会计法》及相关法律法规的规定，我部制定了《会计人员管理办法》，现予印发，请遵照执行。

附件：会计人员管理办法（详见第一部分）

财政部

2018年12月6日

3.关于印发《会计专业技术人员继续教育规定》的通知

财会〔2018〕10号

各省、自治区、直辖市、计划单列市财政厅（局）、人力资源社会保障厅（局），新疆生产建设兵团财政局、人力资源和社会保障部，中共中央直属机关事务管理局，国家机关事务管理局，中央军委后勤保障部财务局：

为了规范会计专业技术人员继续教育，保障会计专业技术人员合法权益，不断提高会计专业技术人员素质，根据《中华人民共和国会计法》和《专业技术人员继续教育规定》（人力资源和社会保障部令第25号），我们制定了《会计专业技术人员继续教育规定》。现予印发，请遵照执行。

附件：会计专业技术人员继续教育规定（详见第一部分7）

财政部
人力资源和社会保障部
2018年5月19日

4.关于印发《全国会计领军人才培养工程发展规划》的通知

财会〔2016〕20号

各省、自治区、直辖市、计划单列市财政厅（局），新疆生产建设兵团财务局，中共中央直属机关事务管理局，国家机关事务管理局，中央军委后勤保障部财务局、武警总部后勤部，北京、上海、厦门国家会计学院：

　　为贯彻落实国家人才强国战略，切实加强会计领军人才培养工作，进一步建立健全会计领军人才培养机制，实现会计领军人才培养的规范化、系统化、科学化，我部制定了《全国会计领军人才培养工程发展规划》（以下简称《规划》），现印发给你们。

　　该《规划》适用于财政部组织的全国会计领军人才培养工作。各省、自治区、直辖市、计划单列市财政厅（局），新疆生产建设兵团财务局，中共中央直属机关事务管理局，国家机关事务管理局，中央军委后勤保障部财务局、武警总部后勤部，可以参照全国会计领军人才培养的选拔方式、培养内容、培养方式等，因地制宜，实施本地区、本部门、本系统会计领军人才培养工程。

附件：全国会计领军人才培养工程发展规划（略，详见财政部会计司子网站）

财政部

2016年10月9日

5. 关于深化会计人员职称制度改革的指导意见

人社部发〔2019〕8号

各省、自治区、直辖市及新疆生产建设兵团人力资源社会保障厅（局）、财政厅（局），中央和国家机关各部委、各直属机构人事部门，中央军委政治工作部干部局、后勤保障部财务局，各中央企业人事部门：

会计人员是维护社会主义市场经济秩序的重要力量。深化会计人员职称制度改革，完善符合会计工作职业特点的评价机制，对于提高会计人员专业能力，加强会计人员队伍建设，更好地服务经济高质量发展具有重要意义。为贯彻落实中共中央办公厅、国务院办公厅印发的《关于深化职称制度改革的意见》，现就深化会计人员职称制度改革提出如下指导意见。

一、总体要求

（一）指导思想

以习近平新时代中国特色社会主义思想为指导，全面贯彻落实党的十九大和十九届二中、三中全会精神，认真落实党中央、国务院决策部署，围绕人才强国战略和创新驱动发展战略，遵循会计人员成长规律，健全完善符合会计工作职业特点的职称制度，为科学评价会计人员专业能力提供制度保障，为用人单位择优聘任会计人员提供重要依据，为促进经济社会持续健康发展提供会计人才支撑。

（二）基本原则

1. 坚持服务发展。围绕新时代推进高质量发展对会计工作提出的新要求，充分发挥职称评价在会计人员能力评价方面的指挥棒和方向标作用，着力提升会计人员专业能力和职业素养，统筹推进会计人员队伍建设，为经济社会发展提供会计人才支撑。

2. 坚持科学评价。完善会计人员评价标准，科学设置评价标准条件，突出评价会计人员职业道德、能力素质和工作业绩，创新评价机制，丰富评价方式，充分调动会计人员干事创业的积极性、创造性。

3. 坚持以用为本。促进评价结果与会计人员培养、使用相结合，鼓励用人单位将选人用人制度与会计人员职称制度相衔接，引导用人单位根据工作需要择优聘任具有相应职称的会计人员。

二、主要内容

通过健全评价体系、完善评价标准、创新评价机制、促进职称制度与会计人员培养、使用相结合等措施，建立科学化、规范化、社会化的会计人员职称制度。

（一）健全评价体系

1. 完善会计人员职称层级。初级职称只设助理级，高级职称分设副高级和正高级，形成初级、中级、高级层次清晰、相互衔接、体系完整的会计人员职称评价体系。初级、中级、副高级和正高级职称名称依次为助理会计师、会计师、高级会计师和正高级会计师。

2. 会计人员各级别职称分别与事业单位专业技术岗位等级相对应。正高级对应专业技术岗位一至四级，副高级对应专业技术岗位五至七级，中级对应专业技术岗位八至十级，初级对应专业技术岗位十一至十三级。

（二）完善评价标准

1. 突出评价会计人员职业道德。坚持把职业道德放在评价首位，引导会计人员遵纪守法、勤勉尽责、参与管理、强化服务，不断提高专业胜任能力；要求会计人员坚持客观公正、诚实守信、廉洁自律、不做假账，不断提高职业操守。完善守信联合激励和失信联合惩戒机制，违反《中华人民共和国会计法》第四十条有关规定，以及剽窃他人研究成果，存在学术不端行为的，在会计人员职称评价过程中实行"一票否决制"。对通过弄虚作假取得的职称一律撤销。

2. 充分体现会计工作职业特点。注重对会计人员能力素质和实际贡献的评价，引导会计人员全面掌握经济与管理理论、财务会计理论，熟练运用会计业务技能，不断提高专业判断和分析能力，有效参与经营管理和决策。切实改变唯学历、唯资历、唯论文、唯奖项倾向。论文不作为会计人员职称评审的限制性条件。外语和计算机应用能力不作统一要求，由用人单位或评审机构根据需要自主确定。

3. 实行国家标准、地区标准和单位标准相结合。人力资源社会保障部、财政部负责制定《会计人员职称评价基本标准条件》（附后）。各地区人力资源社会保障部门、财政部门可根据本地区经济社会发展情况，制定地区标准。具有自主评审权的用人单位可结合本单位实际，制定单位标准。地区标准、单位标准不得低于国家标准。

4. 向优秀会计人员和艰苦边远地区会计人员倾斜。对在经济社会各项事业发展中作出重大贡献的优秀会计人员，可适当放宽学历、资历、年限等条件限制，建立职称评审绿色通道。对长期在艰苦边远地区工作的会计人员，重点考察其实际工作业绩，适当放宽学历和科研能力要求，引导会计人员扎根基层。

（三）创新评价机制

1. 丰富评价方式。综合采用考试、评审、考评结合等多种评价方式，建立适应不同层级会计工作职业特点的评价机制。助理会计师、会计师实行全国统一的会计专业技术资格考试，不断提高考试的科学性、安全性、公平性和规范性。助理会计师的考试日期、考试频次等管理权限，根据报考人数增长趋势等因素逐步下放，探索实行常态化考试、一年多考。高级会计师采取考试与评审相结合方式，正高级会计师一般采取评审方式。

2. 建立同行专家评审制度。完善评审专家遴选机制，加强评审委员会建设，积极吸纳高等院校、科研机构、大中型企事业单位的高水平会计人员担任评审专家。建立评审专家责任制，实行动态管理。各省（自治区、直辖市）、国务院有关部门、中央企业可按规定成立高级职称评审委员会。国务院有关部门和中央企业成立的高级职称评审委员会报人力资源社会保障部核准备案，其他高级职称评审委员会报省级人力资源社会保障部门核准备案。健全评审委员会工作程序和评审规则，明确界定参加评审的人员范围，加强对评审委员会的组织管理。建立评审公开制度，实行政策公开、标准公开、程序公开、结果公开，确保会计人员职称评审客观公正。

3. 下放评审权限。科学界定、合理下放职称评审权限，逐步将副高级职称评审权限下放至符合条件的企事业单位、社会组织或市地。自主评审单位组建的高级职称评审委员会应当按照管理权限报送省级以上人力资源社会保障部门核准备案。对于自主评审的单位，评审结果应当报送人力资源社会保障部门和财政部门备案。加强对自主评审工作的监管，对于不能正确行使评审权、不能确保评审质量的，将暂停自主评审工作直至收回评审权。

（四）促进职称制度与会计人员培养、使用相结合

1. 促进职称制度与会计人员培养相结合。充分发挥职称制度对会计人员培养质量的导向作用，推动会计人员职称制度与高端会计人才培养、会计专业学位研究生教育等有机衔接。探索建立注册会计师、资产评估师等职业资格与会计专业技术资格考试相同或相近科目互认互免等衔接措施，减少重复评价，减轻会计人员负担，探索建立会计与审计、经济等属性相近职称系列（专业）的衔接措施。

2. 促进职称制度与会计人员使用相结合。用人单位应当结合用人需求，根据职称评价结果合理使用会计人员，实现职称评价结果与会计人员聘用、考核、晋升等用人制度相衔接。全面实行岗位管理的事业单位，一般应在岗位结构比例内，组织或推荐符合条件的会计人员参加职称评审，聘用具有相应职称的会计人员到相应会计岗位。不实行事业单位岗位管理的用人单位，可根据内部管理和会计工作需要，择优聘任具有相应职称的会计人员从事相关岗位会计工作。

3. 加强会计人员继续教育。继续教育是实现会计人员知识更新、能力提升的重要制度，用人单位应当保障本单位会计人员参加继续教育的权利。要按照《会计专业技术人员继续教育规定》（财会〔2018〕10号）有关要求，创新和丰富会计人员继续教育内容和手段，促进会计人员更新知识、拓展技能。

三、组织实施

会计人员职称制度改革政策性强，涉及面广，改革工作比较复杂，社会高度关注，必须按照国家统一部署要求开展工作，确保各项改革任务顺利实施。

（一）加强组织领导，抓好贯彻落实。要充分认识会计人员职称制度改革的重要意义，坚持党管人才原则，切实加强党委和政府对会计人员职称制度改革工作的统一领导。各级人力资源社会保障部门、财政部门具体负责会计人员职称制度改革的政策制定、组织实施和监督检查工作。各地、各有关部门和单位应当根据本指导意见要求，抓紧制定具体实施方案和配套办法。在推进改革过程中，要深入开展调查研究，细化工作措施，完善工作预案，确保改革顺利进行。

（二）加强政策衔接，稳妥有序推进。要抓紧清理与会计人员职称制度有关的政策文件，保证会计人员职称制度的协调统一。要妥善做好新老人员过渡和新旧政策衔接工作，确保改革顺利有序推进。国家增设正高级会计师之前，各地自行试点评审的会计系列正高级职称，要按照有关规定通过一定程序进行确认。在会计人员职称评审工作中，不得随意降低评价标准，不得擅自扩大评审范围。

（三）加强宣传引导，推动社会参与。各级人力资源社会保障部门、财政部门要加强宣传，搞好政策解读，引导会计人员积极参与会计人员职称制度改革，引导社会各有关方面支持会计人员职称制度改革，营造有利于推进改革的良好氛围。

本指导意见适用于国家机关、社会团体、公司、企业、事业单位和其他组织的会计人员。公务员符合条件的可以参加会计专业技术资格考试，但不得参加会计人员职称评审。

军队可结合自身实际制定会计人员职称评价的具体办法。

附件：会计人员职称评价基本标准条件

人力资源和社会保障部
财政部
2019年1月11日

附件：

会计人员职称评价基本标准条件

一、遵守《中华人民共和国会计法》和国家统一的会计制度等法律法规。

二、具备良好的职业道德，无严重违反财经纪律的行为。

三、热爱会计工作，具备相应的会计专业知识和业务技能。

四、按照要求参加继续教育。

五、会计人员参加各层级会计人员职称评价，除必须达到上述标准条件外，还应分别具备以下标准条件：

（一）助理会计师

1. 基本掌握会计基础知识和业务技能。

2. 能正确理解并执行财经政策、会计法律法规和规章制度。

3. 能独立处理一个方面或某个重要岗位的会计工作。

4. 具备国家教育部门认可的高中毕业（含高中、中专、职高、技校）以上学历。

（二）会计师

1. 系统掌握会计基础知识和业务技能。

2. 掌握并能正确执行财经政策、会计法律法规和规章制度。

3. 具有扎实的专业判断和分析能力，能独立负责某领域会计工作。

4. 具备博士学位；或具备硕士学位，从事会计工作满1年；或具备第二学士学位或研究生班毕业，从事会计工作满2年；或具备大学本科学历或学士学位，从事会计工作满4年；或具备大学专科学历，从事会计工作满5年。

（三）高级会计师

1. 系统掌握和应用经济与管理理论、财务会计理论与实务。

2. 具有较高的政策水平和丰富的会计工作经验，能独立负责某领域或一个单位的财务会计管理工作。

3. 工作业绩较为突出，有效提高了会计管理水平或经济效益。

4. 有较强的科研能力，取得一定的会计相关理论研究成果，或主持完成会计相关研究课题、调研报告、管理方法或制度创新等。

5. 具备博士学位，取得会计师职称后，从事与会计师职责相关工作满2年；或具备硕士学位，或第二学士学位或研究生班毕业，或大学本科学历或学士学位，取得会计师职称后，从事与会计师职责相关工作满5年；或具备大学专科学历，取得会计师职称后，从事与会计师职责相关工作满10年。

（四）正高级会计师

1. 系统掌握和应用经济与管理理论、财务会计理论与实务，把握工作规律。

2. 政策水平高，工作经验丰富，能积极参与一个单位的生产经营决策。

3. 工作业绩突出，主持完成会计相关领域重大项目，解决重大会计相关疑难问题或关键性业务问题，提高单位管理效率或经济效益。

4. 科研能力强，取得重大会计相关理论研究成果，或其他创造性会计相关研究成果，推动会计行业发展。

5. 一般应具有大学本科及以上学历或学士以上学位，取得高级会计师职称后，从事与高级会计师职责相关工作满5年。

省级高端会计人才培养工程毕业学员，视同具备前述第1至第4项标准条件，满足第5项条件，即可申报评审正高级会计师职称。全国高端会计人才培养工程毕业学员，按程序由正高级职称评审委员会认定取得正高级会计师职称。

6.财政部门实施会计监督办法

中华人民共和国财政部令第10号

现公布《财政部门实施会计监督办法》，自公布之日起施行。

部长 项怀诚
2001年2月20日

第一章 总 则

第一条 为规范财政部门会计监督工作，保障财政部门有效实施会计监督，保护公民、法人和其他组织的合法权益，根据《中华人民共和国会计法》（以下简称《会计法》）、《中华人民共和国行政处罚法》（以下简称《行政处罚法》）、《企业财务会计报告条例》等有关法律、行政法规的规定，制定本办法。

第二条 国务院财政部门及其派出机构和县级以上地方各级人民政府财政部门（以下统称财政部门）对国家机关、社会团体、公司、企业、事业单位和其他组织（以下统称单位）执行《会计法》和国家统一的会计制度的行为实施监督检查以及对违法会计行为实施行政处罚，适用本办法。

当事人的违法会计行为依法应当给予行政处分的，执行有关法律、行政法规的规定。

（引用文档：部委规章（1）篇，地方法规（3）篇）

第三条 县级以上财政部门负责本行政区域的会计监督检查，并依法对违法会计行为实施行政处罚。

跨行政区域行政处罚案件的管辖确定，由相关的财政部门协商解决；协商不成的，报请共同的上一级财政部门指定管辖。

上级财政部门可以直接查处下级财政部门管辖的案件，下级财政部门对于重大、疑难案件可以报请上级财政部门管辖。

第四条 财政部门对违法会计行为案件的处理，应当按照本办法规定的程序，经审查立案、组织检查、审理后，作出处理决定。

第五条 财政部门应当在内部指定专门的机构或者在相关机构中指定专门的人员负责会计监督检查和违法会计行为案件的立案、审理、执行、移送和案卷管理等工作。财政部门内部相关机构或者职责的设立，应当体现案件调查与案件审理相分离、罚款决定与罚款收缴相分离的原则。

第六条 财政部门应当建立健全会计监督制度，并将会计监督与财务监督和其他财政监督结合起来，不断改进和加强会计监督工作。

第七条 任何单位和个人对违法会计行为有权检举。

财政部门对受理的检举应当及时按照有关规定处理，不得将检举人姓名和检举材料转给被检举单位和被检举人个人。

第八条 财政部门及其工作人员对在会计监督检查工作中知悉的国家秘密和商业秘密负有保密义务。

第二章 会计监督检查的内容、形式和程序

第九条 财政部门依法对各单位设置会计账簿的下列情况实施监督检查：

（一）应当设置会计账簿的是否按规定设置会计账簿；

（二）是否存在账外设账的行为；

（三）是否存在伪造、变造会计账簿的行为；

（四）设置会计账簿是否存在其他违反法律、行政法规和国家统一的会计制度的行为。

第十条 财政部门依法对各单位会计凭证、会计账簿、财务会计报告和其他会计资料的真实性、完整性实施监督检查，内容包括：

（一）《会计法》第十条规定的应当办理会计手续、进行会计核算的经济业务事项是否如实在会计凭证、会计账簿、财务会计报告和其他会计资料上反映；

（二）填制的会计凭证、登记的会计账簿、编制的财务会计报告与实际发生的经济业务事项是否相符；

（三）财务会计报告的内容是否符合有关法律、行政法规和国家统一的会计制度的规定；

（四）其他会计资料是否真实、完整。

第十一条 财政部门依法对各单位会计核算的下列情况实施监督检查：

（一）采用会计年度、使用记账本位币和会计记录文字是否符合法律、行政法规和国家统一的会计制度的规定；

（二）填制或者取得原始凭证、编制记账凭证、登记会计账簿是否符合法律、行政法规和国家统一的会计制度的规定；

（三）财务会计报告的编制程序、报送对象和报送期限是否符合法律、行政法规和国家统一的会计制度的规定；

（四）会计处理方法的采用和变更是否符合法律、行政法规和国家统一的会计制度的规定；

（五）使用的会计软件及其生成的会计资料是否符合法律、行政法规和国家统一的会计制度的规定；

（六）是否按照法律、行政法规和国家统一的会计制度的规定建立并实施内部会计监督制度；

（七）会计核算是否有其他违法会计行为。

第十二条 财政部门依法对各单位会计档案的建立、保管和销毁是否符合法律、行政法规和国家统一的会计制度的规定实施监督检查。

第十三条 财政部门依法对公司、企业执行《会计法》第二十五条和第二十六条的情况实施监督检查。

第十四条 财政部门依法对各单位任用会计人员的下列情况实施监督检查：

（一）从事会计工作的人员是否持有会计从业资格证书；

（二）会计机构负责人（会计主管人员）是否具备法律、行政法规和国家统一的会计制度规定的任职资格。

第十五条 国务院财政部门及其派出机构和省、自治区、直辖市财政部门依法对会计师事务所出具的审计报告的程序和内容实施监督检查。

第十六条 财政部门实施会计监督检查可以采用下列形式：

（一）对单位遵守《会计法》、会计行政法规和国家统一的会计制度情况进行全面检查；

（二）对单位会计基础工作、从事会计工作的人员持有会计从业资格证书、会计人员从业情况

进行专项检查或者抽查；

（三）对有检举线索或者在财政管理工作中发现有违法嫌疑的单位进行重点检查；

（四）对经注册会计师审计的财务会计报告进行定期抽查；

（五）对会计师事务所出具的审计报告进行抽查；

（六）依法实施其他形式的会计监督检查。

第十七条 财政部门实施会计监督检查，应当执行《财政检查工作规则》（财政部财监字〔1998〕223号）和本办法规定的工作程序、要求，保证会计监督检查的工作质量。

第十八条 在会计监督检查中，检查人员应当如实填写会计监督检查工作记录。

会计监督检查工作记录应当包括下列内容：

（一）检查工作记录的编号；

（二）被检查单位违法会计行为发生的日期、记账凭证编号、会计账簿名称和编号、财务会计报告名称和会计期间、会计档案编号；

（三）被检查单位违法会计行为主要内容摘录；

（四）会计监督检查工作记录附件的主要内容和页数；

（五）其他应当说明的事项；

（六）检查人员签章及填制日期；

（七）检查组长签章及日期。

前款第（四）项所称会计监督检查工作记录附件应当包括下列材料：

（一）与被检查事项有关的会计凭证、会计账簿、财务会计报告等会计资料的复印件；

（二）与被检查事项有关的文件、合同、协议、往来函件等资料的复印件；

（三）注册会计师及其会计师事务所出具的审计报告、有关资料的复印件；

（四）其他有关资料。

第十九条 财政部门实施会计监督检查，可以在被检查单位的业务场所进行；必要时，经财政部门负责人批准，也可以将被检查单位以前会计年度的会计凭证、会计账簿、财务会计报告和其他有关资料调回财政部门检查，但须由组织检查的财政部门向被检查单位开具调用会计资料清单，并在三个月内完整退还。

第二十条 财政部门在被检查单位涉嫌违法的证据可能灭失或者以后难以取得的情况下，经财政部门负责人批准，可以对证据先行登记保存，并应当在七日内对先行登记保存的证据作出处理决定。

第二十一条 国务院财政部门及其派出机构在对有关单位会计资料的真实性、完整性实施监督检查过程中，发现重大违法嫌疑时，可以向与被检查单位有经济业务往来的单位或者被检查单位开立账户的金融机构查询有关情况。向与被检查单位有经济业务往来的单位查询有关情况，应当经国务院财政部门或者其派出机构负责人批准，并持查询情况许可证明；向被检查单位开立账户的金融机构查询情况，应当遵守《关于财政部及其派出机构查询被监督单位有关情况若干具体问题的通知》（财政部、中国人民银行财监字〔2000〕39号）的规定。

第二十二条 检查组应当在检查工作结束后十日内，将会计监督检查报告、会计监督检查工作记录及其附件、被检查当事人提出的书面意见提交组织检查的财政部门。

会计监督检查报告应当包括下列内容：

（一）检查的范围、内容、形式和时间；

（二）被检查单位的基本情况；

（三）检查组检查工作的基本情况；

（四）当事人的违法会计行为和确认违法事实的依据；
（五）对当事人给予行政处罚的建议；
（六）对当事人给予行政处分的建议；
（七）对涉嫌犯罪的当事人提出移送司法机关的建议；
（八）其他需要说明的内容；
（九）检查组组长签章及日期。

第二十三条 财政部门对于检查组提交的会计监督检查报告及其他有关材料应当按照本办法第四章的有关规定进行审理，并作出处理决定。

第三章 处理、处罚的种类和适用

第二十四条 财政部门在会计监督检查中实施行政处罚的种类包括：
（一）警告；
（二）罚款；
（三）吊销会计从业资格证书。

第二十五条 财政部门对违法会计行为查实后，应当责令当事人改正或者限期改正，并依法给予行政处罚。

第二十六条 当事人有下列情形之一的，财政部门应当依法从轻给予行政处罚：
（一）违法会计行为是初犯，且主动改正违法会计行为、消除危害后果的；
（二）违法会计行为是受他人胁迫进行的；
（三）配合财政部门查处违法会计行为有立功表现的；
（四）其他依法应当从轻给予行政处罚的。

第二十七条 当事人有下列情形之一的，财政部门应当依法从重给予行政处罚：
（一）无故未能按期改正违法会计行为的；
（二）屡查屡犯的；
（三）抗拒、阻挠依法实施的监督，不如实提供有关会计资料和情况的；
（四）胁迫他人实施违法会计行为的；
（五）违法会计行为对单位的财务状况和经营成果产生重大影响的；
（六）以虚假的经济业务事项或者资料为依据进行会计核算，造成会计信息严重失实的；
（七）随意改变会计要素确认标准、计量方法，造成会计信息严重失实的；
（八）违法会计行为是以截留、挪用、侵占、浪费国家财政资金为目的的；
（九）违法会计行为已构成犯罪但司法机关免予刑事处罚的。

第二十八条 财政部门在对本办法第九条、第十条、第十一条、第十二条、第十三条、第十四条规定的内容实施会计监督检查中，发现当事人有《会计法》第四十二条第一款所列违法会计行为的，应当依照《会计法》第四十二条的规定处理。

第二十九条 财政部门在对本办法第九条、第十条、第十一条、第十二条、第十三条规定的内容实施会计监督检查中，发现当事人有伪造、变造会计凭证、会计账簿或者编制虚假财务会计报告的，应当依照《会计法》第四十三条的规定处理。

第三十条 财政部门在对本办法第九条、第十条、第十一条、第十二条、第十三条规定的内容实施会计监督检查中，发现有隐匿或者故意销毁依法应当保存的会计凭证、会计账簿、财务会计报告的违法会计行为的，应当依照《会计法》第四十四条的规定处理。

第八部分　会计人员管理和会计监督

第三十一条　财政部门在实施会计监督检查中,发现被检查单位的有关人员有授意、指使、强令会计机构、会计人员及其他人员伪造、变造或者隐匿、故意销毁依法应当保存的会计凭证、会计账簿,编制虚假财务会计报告行为的,应当依照《会计法》第四十五条的规定处理。

第三十二条　财政部门在会计监督检查中发现单位负责人对依法履行职责的会计人员实行打击报复的,应当依照《会计法》第四十六条的规定处理。

第三十三条　财政部门对本办法第十五条规定的内容实施监督检查时,发现注册会计师及会计师事务所出具审计报告的程序和内容违反《中华人民共和国注册会计师法》规定的,应当依照《中华人民共和国注册会计师法》的有关规定处理。

第三十四条　财政部门认为违法会计行为构成犯罪的,应当依照有关规定移送司法机关处理。

第三十五条　财政部门的工作人员在实施会计监督中,有下列行为之一的,依法给予行政处分;构成犯罪的,依法追究刑事责任:

（一）滥用职权的;

（二）玩忽职守、徇私舞弊的;

（三）索贿受贿的;

（四）泄露国家秘密、商业秘密的。

第四章　行政处罚程序

第三十六条　财政部门对违法会计行为实施行政处罚,应当按照本章规定的程序办理。

第三十七条　财政部门对公民、法人和其他组织检举的违法会计行为案件,应当予以审查,并在七日内决定是否立案。

第三十八条　财政部门对违法会计行为案件的下列内容予以审查:

（一）违法事实是否清楚;

（二）证据是否确凿;

（三）其他需要审查的内容。

第三十九条　财政部门对符合下列条件的违法会计行为案件应当予以立案:

（一）有明确的违法会计行为、违法会计行为人;

（二）有可靠的事实依据;

（三）当事人的违法会计行为依法应当给予行政处罚;

（四）属于本机关管辖。

第四十条　财政部门对违法会计行为案件审查后,认为不符合立案条件的,应当告知检举人,并将审查意见存档;认为案件依法应当由其他部门管辖的,及时将案件材料移送有关部门。

第四十一条　对下列违法会计行为案件,财政部门可以直接立案:

（一）在会计监督检查中发现的;

（二）在其他财政监督检查中发现的;

（三）在日常财政管理工作中发现的;

（四）上级财政部门指定办理、下级财政部门上报的;

（五）有关部门移送的。

第四十二条　财政部门对按照本办法第三十七条、第三十九条和第四十一条第（三）、（四）、（五）项规定立案的违法会计行为案件,应当按照本办法第二章规定的程序实施会计监督检查。

第四十三条　财政部门应当建立违法会计行为案件的审理制度。

财政部门应当指定专门的机构或者在相关机构中指定专门的人员，负责对已经立案并实施会计监督检查的案件按照本章规定的程序审核检查组提交的有关材料，以确定是否对当事人给予行政处罚以及对当事人的处罚种类和幅度。

第四十四条 财政部门对违法会计行为案件的审理应当依照有关法律、行政法规和规章的规定进行，并遵循实事求是、证据确凿、程序合法、错罚相当的原则。

第四十五条 案件审理人员应当对违法会计行为案件的下列内容进行审查：

（一）实施的会计监督检查是否符合法定程序；

（二）当事人的违法事实是否清楚；

（三）收集的证明材料是否真实、充分；

（四）认定违法会计行为所适用的依据是否正确；

（五）建议给予的行政处罚种类和幅度是否合法和适当；

（六）当事人陈述和申辩的理由是否成立；

（七）需要审理的其他事项。

第四十六条 案件审理人员对其审理的案件可以分别作出下列处理：

（一）对会计监督检查未履行法定程序的，经向财政部门负责人报告并批准后，采取必要的弥补措施。

（二）对违法事实不清、证据不充分的，中止审理，并通知有关检查人员予以说明或者补充、核实有关的检查材料。必要时，经财政部门负责人批准，可另行组织调查、取证。

（三）对认定违法会计行为所适用的依据、建议给予的行政处罚的种类和幅度不正确、不适当的，提出修改意见。

（四）对审理事项没有异议的，签署同意意见。

第四十七条 财政部门根据对违法会计行为案件的审理结果，分别作出下列处理决定：

（一）违法事实不能成立的，不得给予行政处罚。

（二）违法会计行为轻微，依法不予行政处罚的，不予行政处罚。

（三）违法事实成立，依法应当给予行政处罚的，作出行政处罚决定。

（四）违法会计行为应当给予行政处分的，将有关材料移送其所在单位或者有关单位，并提出给予行政处分的具体建议。

（五）按照有关法律、行政法规和规章的规定，违法行为应当由其他部门实施行政处罚的，将有关材料移送有关部门处理。

（六）认为违法行为构成犯罪的，将违法案件有关材料移送司法机关处理。

第四十八条 财政部门对当事人没有违法会计行为或者违法会计行为轻微依法不予行政处罚的，应当制作会计监督检查结论，送达当事人，并根据需要将副本抄送有关单位。

会计监督检查结论包括下列内容：

（一）财政部门的名称；

（二）检查的范围、内容、形式和时间；

（三）对检查事项未发现违法会计行为或者违法会计行为轻微依法不予行政处罚的说明；

（四）要求当事人限期改正违法会计行为的期限；

（五）其他需要说明的内容。

第四十九条 财政部门对违法会计行为依法作出行政处罚决定后，应当制作会计监督行政处罚决定书，送达当事人，并根据需要将副本抄送有关单位。

会计监督行政处罚决定书应当载明下列事项：

（一）当事人名称或者姓名、地址；
（二）违反法律、行政法规、国家统一的会计制度的事实和证据；
（三）要求当事人限期改正违法会计行为的期限；
（四）行政处罚决定及其依据；
（五）行政处罚的履行方式和期限；
（六）当事人不服行政处罚决定，申请行政复议或者提起行政诉讼的途径和期限；
（七）作出行政处罚决定的财政部门的名称、印章；
（八）作出行政处罚决定的日期、处罚决定文号；
（九）如果有附件应当说明附件的名称和数量。

第五十条 财政部门在作出行政处罚决定之前，应当告知当事人作出行政处罚决定的事实、理由及依据。当事人有权进行陈述和申辩。

财政部门应当充分听取当事人的意见，并应当对当事人提出的事实、理由和证据进行复核；当事人提出的事实、理由或者证据成立的，财政部门应当采纳。

财政部门不得因当事人申辩而加重处罚。

第五十一条 财政部门作出较大数额罚款、吊销会计从业资格证书的行政处罚决定之前，应当告知当事人有要求听证的权利；当事人要求听证的，应当按照《财政部门行政处罚听证程序实施办法》（财政部财法字〔1998〕18号）的规定组织听证。

第五十二条 听证程序终结后，财政部门应当根据本办法第四十七条的规定作出处理决定。

第五十三条 财政部门应当在接到会计监督检查报告之日起三十日内作出处理决定，并送达当事人；遇有特殊情况可延长至六十日内送达当事人。

第五十四条 财政部门依法作出行政处罚决定后，当事人应当在规定的期限内履行行政处罚决定。

当事人对行政处罚决定不服申请行政复议或者提起行政诉讼的，行政处罚不停止执行，但法律、行政法规另有规定的除外。

第五十五条 当事人逾期不申请行政复议或者不提起行政诉讼又不履行处罚决定的，由作出行政处罚决定的财政部门申请人民法院强制执行。

第五十六条 当事人到期不缴纳罚款的，作出处罚决定的财政部门可以按照《行政处罚法》的有关规定对当事人加处罚款。

当事人对加处罚款有异议的，应当先缴纳罚款和因逾期缴纳罚款所加处的罚款，再依法申请行政复议或者提起行政诉讼。

第五十七条 案件结案后，案件审理人员应当做好案件材料的立卷归档工作。

第五十八条 财政部门应当建立违法会计行为案件备案制度。

县级以上地方财政部门对适用听证程序、提起行政诉讼和上级财政部门指定办理的案件，应当在结案后三十日内向上一级财政部门备案。

第五章　附　则

第五十九条 本办法所称"违法会计行为"，是指公民、法人和其他组织违反《会计法》和其他有关法律、行政法规、国家统一的会计制度的行为。

本办法所称"违法会计行为案件"，是指财政部门发现的或者受理的公民、法人和其他组织涉嫌有违法会计行为的案件。

第六十条 本办法所称"当事人",是指财政部门实施会计监督检查的单位及其对会计行为直接负责的主管人员和其他直接责任人员。

第六十一条 本办法第五十一条所称"较大数额罚款",是指对个人处以二千元以上罚款、对法人或者其他组织处以五万元以上罚款。

各省、自治区、直辖市通过的地方法规对"较大数额罚款"的限额另有规定的,可以不受上述数额的限制。

第六十二条 本办法所称"限期改正"的期限原则上为十五日。有特殊原因需要延长的,由组织检查的财政部门决定。

第六十三条 本办法所称的"日",均指有效工作日。

第六十四条 各省、自治区、直辖市、计划单列市财政部门、新疆生产建设兵团可以依照本办法制定具体的实施办法,报国务院财政部门备案。

第六十五条 本办法自发布之日起施行。

7. 关于加强会计人员诚信建设的指导意见

财会〔2018〕9号

各省、自治区、直辖市、计划单列市财政厅（局），新疆生产建设兵团财政局，中共中央直属机关事务管理局，国家机关事务管理局财务管理司，中央军委后勤保障部财务局，有关会计行业组织：

为加强会计诚信建设，建立健全会计人员守信联合激励和失信联合惩戒机制，推动会计行业进一步提高诚信水平，根据《中华人民共和国会计法》规定和《国务院关于印发社会信用体系建设规划纲要（2014—2020年）的通知》（国发〔2014〕21号）、《国务院办公厅关于加强个人诚信体系建设的指导意见》（国办发〔2016〕98号）、《国务院关于建立完善守信联合激励和失信联合惩戒制度 加快推进社会诚信建设的指导意见》（国发〔2016〕33号）等精神，现就加强会计人员诚信建设提出如下指导意见。

一、总体要求

（一）指导思想

全面贯彻党的十九大精神，以习近平新时代中国特色社会主义思想为指导，认真落实党中央、国务院决策部署，以培育和践行社会主义核心价值观为根本，完善会计职业道德规范，加强会计诚信教育，建立严重失信会计人员"黑名单"，健全会计人员守信联合激励和失信联合惩戒机制，积极营造"守信光荣、失信可耻"的良好社会氛围。

（二）基本原则

——政府推动，社会参与。充分发挥财政部门和中央主管单位在会计人员诚信建设中的组织管理和监督指导作用，加强与相关执法部门统筹协调，建立联动机制，引导包括用人单位在内的社会力量广泛参与，充分发挥会计行业组织作用，共同推动会计人员诚信建设。

——健全机制，有序推进。建立健全加强会计人员诚信建设的体制机制，有序推进会计人员信用档案建设，规范会计人员信用信息采集和应用，稳步推进会计人员信用状况与其选聘任职、评选表彰等挂钩，逐步建立会计人员守信联合激励和失信联合惩戒机制。

——加强教育，奖惩结合。把教育引导作为提升会计人员诚信意识的重要环节，加大守信联合激励与失信联合惩戒实施力度，发挥行为规范的约束作用，使会计诚信内化于心，外化于行，成为广大会计人员的自觉行动。

二、增强会计人员诚信意识

（一）强化会计职业道德约束。针对会计工作特点，进一步完善会计职业道德规范，引导会计人员自觉遵纪守法、勤勉尽责、参与管理、强化服务，不断提高专业胜任能力；督促会计人员坚持客观公正、诚实守信、廉洁自律、不做假账，不断提高职业操守。

（二）加强会计诚信教育。财政部门、中央主管单位和会计行业组织要采取多种形式，广泛开展会计诚信教育，将会计职业道德作为会计人员继续教育的必修内容，大力弘扬会计诚信理念，不断提升会计人员诚信素养。要充分发挥新闻媒体对会计诚信建设的宣传教育、舆论监督等作用，大力发掘、宣传会计诚信模范等会计诚信典型，深入剖析违反会计诚信的典型案例。引导财会类专业教育开设会计职业道德课程，努力提高会计后备人员的诚信意识。鼓励用人单位建立会计人员信用管理制度，将会计人员遵守会计职业道德情况作为考核评价、岗位聘用的重要依据，强化会计人员诚信责任。

三、加强会计人员信用档案建设

（一）建立严重失信会计人员"黑名单"制度。将有提供虚假财务会计报告，做假账，隐匿或者故意销毁会计凭证、会计账簿、财务会计报告，贪污，挪用公款，职务侵占等与会计职务有关违法行为的会计人员，作为严重失信会计人员列入"黑名单"，纳入全国信用信息共享平台，依法通过"信用中国"网站等途径，向社会公开披露相关信息。

（二）建立会计人员信用信息管理制度。研究制定会计人员信用信息管理办法，规范会计人员信用评价、信用信息采集、信用信息综合利用、激励惩戒措施等，探索建立会计人员信息纠错、信用修复、分级管理等制度，建立健全会计人员信用信息体系。

（三）完善会计人员信用信息管理系统。以会计专业技术资格管理为抓手，有序采集会计人员信息，记录会计人员从业情况和信用情况，建立和完善会计人员信用档案。省级财政部门和中央主管单位要有效利用信息化技术手段，组织升级改造本地区（部门）现有的会计人员信息管理系统，构建完善本地区（部门）的会计人员信用信息管理系统，财政部在此基础上将构建全国统一的会计人员信用信息平台。

四、健全会计人员守信联合激励和失信联合惩戒机制

（一）为守信会计人员提供更多机会和便利。将会计人员信用信息作为先进会计工作者评选、会计职称考试或评审、高端会计人才选拔等资格资质审查的重要依据。鼓励用人单位依法使用会计人员信用信息，优先聘用、培养、晋升具有良好信用记录的会计人员。

（二）对严重失信会计人员实施约束和惩戒。在先进会计工作者评选、会计职称考试或评审、高端会计人才选拔等资格资质审查过程中，对严重失信会计人员实行"一票否决制"。对于严重失信会计人员，依法取消其已经取得的会计专业技术资格；被依法追究刑事责任的，不得再从事会计工作。支持用人单位根据会计人员失信的具体情况，对其进行降职撤职或解聘。

（三）建立失信会计人员联合惩戒机制。财政部门和中央主管单位应当将发现的会计人员失信行为，以及相关执法部门发现的会计人员失信行为，记入会计人员信用档案。支持会计行业组织依据法律和章程，对会员信用情况进行管理。加强与有关部门合作，建立失信会计人员联合惩戒机制，实现信息的互换、互通和共享。

五、强化组织实施

（一）加强组织领导。财政部门和中央主管单位要高度重视会计人员诚信建设工作，根据本地区（部门）关于社会信用体系建设的统一工作部署，统筹安排，稳步推进。要重视政策研究，完善配套制度建设，科学指导会计人员诚信建设工作。要重视监督检查，发现问题及时解决，确保会计人员诚信建设工作政策措施落地生根。要重视沟通协调，争取相关部门支持形成合力，探索建立联席制度，共同推动会计人员诚信建设工作有效开展。

（二）积极探索推动。财政部门和中央主管单位要紧密结合本地区（部门）实际，抓紧制定具体工作方案，推动会计人员诚信建设。要探索建设会计人员信用档案、建立严重失信会计人员"黑名单"等制度，及时总结经验做法；对存在的问题，要及时研究解决。

（三）广泛宣传动员。财政部门、中央主管单位和会计行业组织要充分利用报纸、广播、电视、网络等渠道，加大对会计人员诚信建设工作的宣传力度，教育引导会计人员和会计后备人员不断提升会计诚信意识。要积极引导社会各方依法依规利用会计人员信用信息，褒扬会计诚信，惩戒会计失信，扩大会计人员信用信息的影响力和警示力，使全社会形成崇尚会计诚信、践行会计诚信的社会风尚。

财政部
2018年4月19日

8.关于对会计领域违法失信相关责任主体实施联合惩戒的合作备忘录

发改财金〔2018〕1777号

为全面贯彻党的十九大和十九届二中、三中全会精神,以习近平新时代中国特色社会主义思想为指导,落实《会计法》《国务院关于印发社会信用体系建设规划纲要(2014—2020年)的通知》(国发〔2014〕21号)、《国务院关于建立完善守信联合激励和失信联合惩戒制度加快推进社会诚信建设的指导意见》(国发〔2016〕33号)和《国家发展改革委 人民银行关于加强和规范守信联合激励和失信联合惩戒对象名单管理工作的指导意见》(发改财金规〔2017〕1798号)等文件要求,加快推进会计领域信用体系建设,培育和践行社会主义核心价值观,推动形成褒扬诚信、惩戒失信的强大合力,国家发展改革委、人民银行、财政部、中央组织部、中央宣传部、中央编办、中央文明办、中央网信办、最高人民法院、科技部、工业和信息化部、民政部、人力资源和社会保障部、国资委、税务总局、市场监管总局、银保监会、证监会、全国总工会、共青团中央、全国妇联、全国工商联等单位就会计领域违法失信相关责任主体实施联合惩戒工作达成如下一致意见:

一、联合惩戒对象

联合惩戒对象主要指在会计工作中违反《会计法》《公司法》《证券法》,以及其他法律、法规、规章和规范性文件,违背诚实信用原则,经财政部门及相关部门依法认定的存在严重违法失信行为的会计人员(以下简称"会计领域违法失信当事人")。

二、信息共享与联合惩戒的实施方式

认定联合惩戒对象名单的相关部门和单位通过全国信用信息共享平台将会计领域违法失信当事人的相关信息推送给财政部,并及时更新。财政部定期梳理汇总后通过全国信用信息共享平台向签署本备忘录的其他部门和单位提供会计领域违法失信当事人信息。相关部门和单位按照本备忘录约定内容,依法依规对会计领域违法失信当事人实施惩戒。建立惩戒效果定期通报机制,有关单位定期将联合惩戒实施情况通过全国信用信息共享平台反馈至国家发展改革委和财政部。

三、联合惩戒措施

(一)罚款、限制从事会计工作、追究刑事责任等惩戒措施

会计人员有违反《会计法》《公司法》《证券法》等违法会计行为,依法给予罚款、限制从事会计工作等惩戒措施;属于国家工作人员的,还应当由其所在单位或者有关单位依法给予撤职直至开除的行政处分;构成犯罪的,依法追究刑事责任。

实施单位:最高人民法院、财政部、证监会等

(二)记入会计从业人员信用档案

对会计领域违法失信当事人,将其违法失信记录记入会计人员信用档案。

实施单位:财政部、国家发展改革委

(三)通过财政部网站、"信用中国"网站及其他主要新闻网站向社会公布

将会计领域违法失信当事人信息通过财政部网站、"信用中国"网站予以发布,同时协调相关互联网新闻信息服务单位向社会公布。

实施单位:国家发展改革委、财政部、中央网信办

（四）实行行业惩戒

支持行业协会商会按照行业标准、行规、行约等，视情节轻重对失信会员实行警告、行业内通报批评、公开谴责、不予接纳、劝退等惩戒措施。

实施单位：财政部、国家发展改革委、民政部、税务总局、全国工商联等主管单位和会计行业组织

（五）**限制取得相关从业任职资格，限制获得认证证书**

对会计领域违法失信当事人，限制其取得相关从业任职资格，限制获得认证证书。对其在证券、基金、期货从业资格申请中予以从严审核，对已成为证券、基金、期货从业人员的相关主体予以重点关注。

实施单位：证监会、市场监管总局

（六）**依法限制参与评先、评优或取得荣誉称号**

对会计领域违法失信当事人，限制其参与评先、评优或取得各类荣誉称号；已获得相关荣誉称号的予以撤销。

实施单位：中央宣传部、中央文明办、民政部、全国总工会、共青团中央、全国妇联、全国工商联等

（七）**依法限制担任金融机构董事、监事、高级管理人员**

对会计领域违法失信当事人，依法限制其担任银行业金融机构、保险公司、保险资产管理公司、融资性担保公司等的董事、监事、高级管理人员，以及保险专业代理机构、保险经纪人的高级管理人员及相关分支机构主要负责人，保险公估机构董事长、执行董事和高级管理人员；将其违法失信记录作为担任证券公司、基金管理公司、期货公司的董事、监事和高级管理人员及分支机构负责人任职审批或备案的参考。已担任相关职务的，依法提出其不再担任相关职务的意见。

实施单位：中央组织部、银保监会、证监会、财政部、市场监管总局等

（八）**依法限制其担任国有企业法定代表人、董事、监事**

对会计领域违法失信当事人，依法限制其担任国有企业法定代表人、董事、监事；已担任相关职务的，依法提出其不再担任相关职务的意见。

实施单位：中央组织部、国资委、财政部、市场监管总局等

（九）**限制登记为事业单位法定代表人**

对会计领域违法失信当事人，限制登记为事业单位法定代表人。

实施单位：中央编办

（十）**招录（聘）为公务员或事业单位工作人员参考**

对会计领域违法失信当事人，将其违法失信记录作为其被招录（聘）为公务员或事业单位工作人员的重要参考。

实施单位：中央组织部、人力资源和社会保障部

（十一）**作为业绩考核、干部选任的参考**

对会计领域违法失信当事人，将其违法失信记录作为业绩考核、干部选拔任用的参考。

实施单位：中央组织部、国资委

（十二）**金融机构融资授信参考**

对会计领域违法失信当事人，将其违法失信记录作为对其评级授信、信贷融资、管理和退出等的重要参考。将会计领域违法失信当事人信息纳入金融信用信息基础数据库。

实施单位：人民银行、银保监会

第八部分　会计人员管理和会计监督

（十三）保险机构厘定财产保险费率参考

对会计领域违法失信当事人，将其违法失信记录作为保险机构厘定财产保险费率的参考。

实施单位：银保监会

（十四）设立保险公司的审批参考

依法将会计领域违法失信当事人的违法失信记录作为保险公司设立及股权或实际控制人变更审批或备案的参考。

实施单位：银保监会

（十五）纳税信用管理参考

在对会计领域违法失信当事人纳税信用管理中，将其失信状况作为信用信息采集和评价的审慎性参考依据。

实施单位：税务总局

（十六）设立证券公司、基金管理公司、期货公司等审批参考

对会计领域违法失信当事人，依法将失信责任主体的违法失信记录作为证券公司、基金管理公司及期货公司的设立及股权或实际控制人变更审批或备案，私募投资基金管理人登记、重大事项变更以及基金备案的参考。

实施单位：证监会

（十七）作为境内上市公司实行股权激励计划或相关人员成为股权激励对象事中事后监管的参考

对会计领域违法失信当事人，将其违法失信记录作为境内上市公司实行股权激励计划或相关人员成为股权激励对象事中事后监管的参考。

实施单位：证监会

（十八）申请从事互联网信息服务审批参考

对会计领域违法失信当事人，将其违法失信记录作为申请从事互联网信息服务的审批参考。

实施单位：工业和信息化部

（十九）限制获取政府补贴性资金和社会保障资金支持

对会计领域违法失信当事人，限制其申请政府补贴性资金和社会保障资金支持。

实施单位：国家发展改革委、财政部、人力资源和社会保障部、国资委等

（二十）限制参与国家科技项目研究或管理工作

对会计领域违法失信当事人，限制其参与国家科技项目研究或管理工作。

实施单位：科技部

（二十一）加强日常监管检查

将会计领域违法失信当事人，作为重点监管对象，加大日常监管力度，提高随机抽查的比例和频次，并可依据相关法律法规对其采取行政监管措施。

实施单位：各相关单位

四、共享信息的持续管理

相关单位向财政部提供的会计领域违法失信当事人信息，以及财政部向各单位提供的会计领域违法失信当事人的违法失信信息，应注明决定作出的日期及效力期限，有关单位根据各自的法定职责，按照法律法规和相关规定实施惩戒或解除惩戒。超过效力期限的，不再实施联合惩戒。

会计领域违法失信当事人在规定期限内主动纠正违法失信行为、消除不良影响、履行信用修复相关程序的，可根据法律法规和相关规定从联合惩戒对象名单中退出，不再对其实施联合惩戒。财政部应及时将有关信息提供给国家信用信息共享平台，各单位在作出解除惩戒的决定后，应及时将相关情况通过国家信用信息共享平台反馈至国家发展改革委和财政部。

五、其他事宜

各单位应密切协作,积极落实本备忘录,制定违法失信信息的使用、管理、监督等相关实施细则和操作流程,并指导下级单位依法依职权落实对会计领域违法失信当事人的惩戒措施。实施过程中涉及的具体操作问题,由各单位另行协商解决。

附表:联合惩戒依据和实施单位(略,详见财政部会计司子网站)

9. 关于进一步加强财会监督工作的意见

详见第二部分1。

10. 关于印发《会计人员职业道德规范》的通知

详见第二部分2。

11. 关于加大审计重点领域关注力度控制审计风险进一步有效识别财务舞弊的通知

详见第二部分8。

第九部分

注册会计师行业管理

1. 财政部关于修改《会计师事务所执业许可和监督管理办法》等2部部门规章的决定

中华人民共和国财政部令第97号

《财政部关于修改〈会计师事务所执业许可和监督管理办法〉等2部部门规章的决定》已经财政部部务会议审议通过，现予公布，自公布之日起施行。

部长　刘昆

2019年1月2日

财政部关于修改《会计师事务所执业许可和监督管理办法》等2部部门规章的决定

财政部部务会议决定：

一、对《会计师事务所执业许可和监督管理办法》作出修改

（一）将第十七条第一款第四项修改为"统一社会信用代码"。

删去第一款第五项、第六项。

将第二款中的"住所有效证明和居留时间有效证明"修改为"材料"。

（二）将第三十一条第一款第四项修改为"分所统一社会信用代码"。

删去第一款第六项。

将第二款中的"上一年度会计师事务所业务收入证明"修改为"上一年度会计师事务所业务收入情况"。

（三）删去第三十四条中的"证明"。

（四）删去第三十五条中的"提交营业执照复印件"。

（五）将第三十六条修改为"会计师事务所跨省级行政区划迁移经营场所的，应当在办理完迁入地工商登记手续后10日内向迁入地省级财政部门备案，并提交会计师事务所跨省级行政区划迁移表和合伙人（股东）情况汇总表。

迁入地省级财政部门应当在收到备案材料后10日内，及时核实该会计师事务所有关情况，收回原会计师事务所执业证书，换发新的会计师事务所执业证书，并予以公告，同时通知迁出地省级财政部门。

迁出地省级财政部门收到通知后，将该会计师事务所迁移情况予以公告。"

（六）将第三十八条中的"并提交其营业执照复印件和执业证书复印件"修改为"并提交新的执业证书信息"。

二、对《资产评估行业财政监督管理办法》作出修改

（一）将第二十二条第三项中的"职业责任保险保单复印件"修改为"职业责任保险保单信息"。

（二）将第二十四条修改为"资产评估机构应当自领取营业执照之日起30日内，通过备案信息管理系统向所在地省级财政部门备案，提交下列材料：

1. 资产评估机构备案表；

2. 统一社会信用代码；

3. 资产评估机构合伙人或者股东以及执行合伙事务的合伙人或者法定代表人三年以上从业经历、最近三年接受处罚信息等基本情况；

4. 在该机构从业的资产评估师、其他专业领域的评估师和其他资产评估从业人员情况；

5. 资产评估机构质量控制制度和内部管理制度。"

（三）将第二十七条第一款修改为"资产评估机构设立分支机构的，应当比照本办法第二十四条至第二十六条的规定，由资产评估机构向其分支机构所在地省级财政部门备案，提交下列材料：

1. 资产评估机构设立分支机构备案表；

2. 分支机构统一社会信用代码；

3. 资产评估机构授权分支机构的业务范围；

4. 分支机构负责人三年以上从业经历、最近三年接受处罚信息等基本情况；

5. 在该分支机构从业的资产评估师、其他专业领域评估师和其他资产评估从业人员情况。"

本决定自公布之日起施行。

《会计师事务所执业许可和监督管理办法》（详见第一部分10——会计师事务所执业许可和监督管理办法）《资产评估行业财政监督管理办法》（详见第十三部分3——资产评估行业财政监督管理办法）根据本决定作相应修改，重新公布。

2.关于加强注册会计师行业监管有关事项的通知

财会〔2018〕8号

各省、自治区、直辖市财政厅（局），深圳市财政委员会，各会计师事务所：

为贯彻落实党的十九大报告关于提高经济发展质量、完善市场监管体制的要求，切实激发会计服务市场活力，规范会计服务市场秩序，根据《会计师事务所执业许可和监督管理办法》（财政部令第89号）等规章制度，现就有关事项通知如下：

一、切实做好会计师事务所（分所）执业许可工作

各省、自治区、直辖市财政厅（局）（以下简称省级财政部门）应当严格依据《会计师事务所执业许可和监督管理办法》开展执业许可及备案工作，规范许可程序，切实做到公开透明，便利高效。会计师事务所变更首席合伙人（主任会计师）、合伙人（股东）的，应当符合《会计师事务所执业许可和监督管理办法》规定的条件。各省级财政部门应当结合本地情况定期对会计师事务所（分所）持续符合执业许可条件组织开展专项核查，督促会计师事务所持续符合执业许可条件，增强诚信意识，提高执业水平。

二、清理"有照无证"会计师事务所

工商登记注册为会计师事务所的企业主体应当自领取营业执照之日起60日内，向所在地省级财政部门申请执业许可。各省级财政部门应当定期通过国家企业信用信息公示系统对本辖区内"有照无证"会计师事务所情况进行核实。对未在规定时间内申请执业许可的，责令限期改正，逾期不改正的，按照《会计师事务所执业许可和监督管理办法》第六十五条规定处理。各省级财政部门应当主动与本地省级工商行政管理部门研究建立工作配合和信息交流机制，切实防范未经许可进入会计服务市场的情形。

三、督促会计师事务所做好业务报备

各会计师事务所应当严格按照《会计师事务所执业许可和监督管理办法》第五十一条规定做好业务报备工作。各省级财政部门应当督导会计师事务所按时按要求做好业务报备，并结合会计师事务所业务报备材料，对发生业务报告数量明显超出服务能力、审计收费明显低于成本等情形的会计师事务所进行专项核查，切实规范本地会计服务市场秩序。注册会计师上年人均出具审计业务报告数量超过100份的会计师事务所（签署同一企业集团内多份子公司审计报告除外），应当列入重点核查范围。

四、强化事中事后监管

各省级财政部门要深入落实"放管服"改革精神，切实转变管理理念，因地制宜研究制定加强本地区会计师事务所监管的具体措施，强化事中事后监管，优化行业服务。工作开展过程中应当重视发挥注册会计师协会的作用，结合工作实际，建立信息交流机制。

各省级财政部门应当充分利用财政会计行业管理系统，对会计师事务所持续符合执业许可条件、重点执业行为等进行分析预警，实施动态跟踪，对日常监管过程中发现的线索及时进行现场调查。发现存在违法违规行为的，严格依据《中华人民共和国注册会计师法》《会计师事务所执业许可和监督管理办法》等进行处理处罚，规范市场秩序并做好行业警示教育。省级财政部门在日常管理中发现证券资格会计师事务所存在重大问题拟作出处理处罚的，应当事先将相关情况报告财政部。

五、加强沟通联系，做好跨区域协调配合

各省级财政部门在开展执业许可、专项核查等各项工作中应当加强沟通联系，做好协调配合。按照"谁审批、谁监管"的原则，会计师事务所总所和分所核查工作原则上分别由总所所在地省级财政部门和分所所在地省级财政部门负责。

省级财政部门撤销分所执业许可的，应当将相关情况抄送总所所在地省级财政部门。根据《会计师事务所执业许可和监督管理办法》，会计师事务所对分所的业务活动、执业质量承担法律责任。经核查发现分所存在违法违规行为的，应当对会计师事务所作出处理处罚决定。分所所在地省级财政部门在作出处罚决定前应当同总所所在地省级财政部门做好沟通说明，并征询其意见。总所所在地省级财政部门拟对同一家会计师事务所作出处罚决定的，由总所所在地省级财政部门作出，避免重复处罚。

六、督导会计师事务所履行反洗钱和反恐怖融资义务

会计师事务所接受客户委托在为客户办理买卖不动产、代管资金、证券或其他资产，代管银行账户、证券账户，为成立、运营企业筹措资金，以及代客户买卖经营性实体业务（以下简称特定业务）时应当履行《中华人民共和国反洗钱法》规定的反洗钱和反恐怖融资义务。会计师事务所从事上述特定业务时应当履行的反洗钱和反恐怖融资义务包括：（1）建立健全反洗钱内部控制和管理措施；（2）遵循"了解你的客户"原则，识别并确认客户身份，记录客户身份基本信息，并留存有效身份证明，对身份不明或者拒绝身份查验的，不得提供服务；（3）按照风险为本原则，对高风险客户或者交易执行更为严格的客户审查程序，包括了解交易目的、交易性质及资金来源和去向，至少每年核查一次客户信息等；（4）保存客户身份资料和业务记录，且保存期限不得少于5年；（5）向中国反洗钱监测分析中心报告发现的可疑交易。

会计师事务所从事特定业务的，应当在每年5月30日前向财政部门进行年度报备时同时说明承接的具体特定业务和上年报告可疑交易的总体情况。相关说明应当同时抄送所在地人民银行省级支行。

财政部会同人民银行加强对从事特定业务的会计师事务所履行反洗钱和反恐怖融资义务的监管和指导，督促会计师事务所提升反洗钱和反恐怖融资工作水平。鼓励会计师事务所为应当履行反洗钱义务的金融机构、支付机构、洗钱高风险企业等提供内部控制设计、反洗钱系统专项评估、风险管理咨询等服务。各单位在开展反洗钱和反恐怖融资工作时，应当充分利用会计师事务所的专业和人才优势，发挥其在反洗钱监测预警、合规审查和依法处置中的积极作用。

开展特定业务的代理记账机构参照上述要求执行。

财政部
2018年3月15日

3. 关于调整完善注册会计师行业有关行政管理事项的通知

财会〔2014〕28号

各省、自治区、直辖市财政厅（局），深圳市财政委员会：

为认真贯彻落实《中共中央关于全面深化改革若干重大问题的决定》和深化行政审批制度改革的精神，进一步简政放权，激发市场活力，同时切实加强事中事后监管，根据2014年8月31日第十二届全国人民代表大会常务委员会第十次会议通过的《全国人民代表大会常务委员会关于修改〈中华人民共和国保险法〉等五部法律的决定》（《注册会计师法》是这五部法律之一），经商工商总局同意，现就调整完善注册会计师行业有关行政管理事项通知如下：

一、关于原中外合作会计师事务所（即安永华明、毕马威华振、德勤华永和普华永道中天4家会计师事务所，以下简称"四大会计师事务所"）特殊普通合伙转制后设立分所的审批

财政部根据《中外合作会计师事务所本土化转制方案》（财会〔2012〕8号），于每年的第一季度对四大会计师事务所上年度本土化转制情况和本年度设立分所的总体安排进行审核分析，并将审核分析情况通报相关的省级财政部门。

省级财政部门负责受理四大会计师事务所设立分所的申请，并按照《会计师事务所审批和监督暂行办法》（财政部令第24号）等有关规定进行审批。批准设立分所的省级财政部门应当将批准文件同时抄送财政部。

省级财政部门批准设立四大会计师事务所分所的，应当向申请人颁发会计师事务所分所执业证书。本通知施行之前已由财政部颁发的分所执业证书继续有效；分所执业证书所载信息发生变更的，由四大会计师事务所向分所所在地财政部门申请换发执业证书。

二、关于取消境外会计师事务所在中国境内设立常驻代表机构的审批

自本通知印发之日起，境外会计师事务所确需在中国境内设立常驻代表机构的，或者已设立的常驻代表机构需要延期的，依法由工商登记机关办理相关手续，不再履行财政审批程序。

省级财政部门应当加强与工商行政管理部门的沟通协调，可以通过设置举报电话或专项抽查等方式，监督境外会计师事务所在华常驻代表机构的业务开展情况，如发现其违规承办注册会计师审计业务的，应当依照《注册会计师法》第四十条的规定作出严肃处理。

三、关于简化会计师事务所设立的审批和合伙会计师事务所设立分所的审批

设立会计师事务所，不再需要向省级财政部门提交验资证明或合伙人出资额验资报告。

合伙会计师事务所申请设立分所，应当向拟设立分所所在地的省级财政部门提交设立分所的合伙人会议决议。设立分所的决议中应当载明表决时间、表决方式、表决程序和表决结果，经首席合伙人签字，并加盖会计师事务所公章，不再需要全体合伙人签字确认。合伙会计师事务所对设立分所作出决议，应当按照合伙协议约定的表决办法办理；合伙协议未约定或者约定不明确的，实行合伙人一人一票并经全体合伙人过半数以上通过的表决办法。

除本通知所载事项外，会计师事务所及其分所设立所需的申请材料依据《会计师事务所审批和监督暂行办法》（财政部令第24号）等有关规定办理。

本通知自2014年9月1日起施行。

财政部
2014年11月6日

4. 关于印发《其他专业资格人员担任特殊普通合伙会计师事务所合伙人暂行办法》的通知

财会〔2018〕4号

各省、自治区、直辖市财政厅（局），深圳市财政委员会：

为做好《会计师事务所执业许可和监督管理办法》（财政部令第89号）的贯彻实施，不断激发会计服务市场活力，推动会计师事务所规范可持续发展，我部制定了《其他专业资格人员担任特殊普通合伙会计师事务所合伙人暂行办法》，现予印发，自2018年3月1日起施行。

附件：其他专业资格人员担任特殊普通合伙会计师事务所合伙人暂行办法

财政部
2018年2月6日

附件：

其他专业资格人员担任特殊普通合伙会计师事务所合伙人暂行办法

第一条 为规范其他专业资格人员担任特殊普通合伙会计师事务所合伙人的管理，根据《会计师事务所执业许可和监督管理办法》（财政部令第89号），制定本办法。

第二条 不符合《会计师事务所执业许可和监督管理办法》第十一条第一款第一项和第三项规定的条件，但具有中国资产评估师、中国税务师、中国造价工程师职业资格的人员，符合下列条件的，可以担任特殊普通合伙会计师事务所的合伙人（以下简称其他专业资格合伙人）：

（一）在会计师事务所专职工作；

（二）未受过刑事处罚；

（三）成为合伙人前3年内未因执业行为受到行政处罚；

（四）取得上述职业资格后最近连续5年从事与该资格相关的工作；

（五）在境内有稳定住所，每年在境内居留不少于6个月，且最近连续居留已满5年。

第三条 其他专业资格合伙人在特殊普通合伙会计师事务所合伙人总数中的比例，以及在合伙人管理委员会总人数中的比例不得超过20%。其他专业资格合伙人所持有的合伙财产份额不得超过会计师事务所合伙财产的20%，且任一其他专业资格合伙人所持有的合伙财产份额均不得位居合伙人合伙财产份额前5位。

第四条 其他专业资格合伙人可以担任特殊普通合伙会计师事务所履行内部特定管理职责或者从事咨询业务的合伙人，但不得担任会计师事务所首席合伙人、执行合伙事务的合伙人和分所负责人，不得以任何形式对该会计师事务所实施控制。

第五条 有其他专业资格人员担任合伙人的特殊普通合伙会计师事务所向所在地省级财政部门申请执业许可时，除了提交《会计师事务所执业许可和监督管理办法》规定的材料外，还应当提交与其他专业资格合伙人有关的下列材料：

（一）其他专业资格合伙人情况表（附表）；

（二）有效身份证明；

（三）相关职业资格证书复印件；

（四）符合本办法第二条第二项规定条件的书面承诺函；

（五）由省级行业协会或者主管部门出具的符合本办法第二条第三项和第四项规定条件的证明，造价工程师连续5年从事与该资格相关工作的证明由该工作经历所在单位出具，资产评估师前3年内因执业行为受行政处罚情况无需提供证明，由省级财政部门自行查验；

（六）近1年的社保缴费记录，退休人员提供退休证复印件。

其他专业资格合伙人是境外人员或移居境外人员的，还应当提交符合本办法第二条第五项条件的住所有效证明和居留时间有效证明及承诺函。

第六条 特殊普通合伙会计师事务所新增或变更其他专业资格合伙人的，应当按照《会计师事务所执业许可和监督管理办法》第三十三条、第三十四条规定向所在地省级财政部门进行备案。对于新增加的合伙人，还应当提交本办法第五条规定的材料。

第七条 有其他专业资格人员担任合伙人的特殊普通合伙会计师事务所按照《会计师事务所执业许可和监督管理办法》向省级财政部门进行年度报备或者跨省级行政区划迁移备案时，还应当报送其他专业资格合伙人情况表。

第八条 省级财政部门发现特殊普通合伙会计师事务所的其他专业资格合伙人不符合本办法规定的，应当按照《会计师事务所执业许可和监督管理办法》第五十九条规定处理。

第九条 同时持有中国注册会计师执业资格和其他专业资格，但以其他专业资格身份成为特殊普通合伙会计师事务所合伙人的，适用本办法。

第十条 本办法自2018年3月1日起施行。

5.关于印发《关于推动有限责任会计师事务所转制为合伙制会计师事务所的暂行规定》的通知

财会〔2018〕5号

各省、自治区、直辖市财政厅（局）、工商局（市场监管委），深圳市财政委员会、市场和质量监督管理委员会：

为做好《会计师事务所执业许可和监督管理办法》（财政部令第89号）的贯彻实施，推动会计师事务所采用合伙组织形式，进一步优化内部治理，提升执业水平，财政部、国家市场监督管理总局制定了《关于推动有限责任会计师事务所转制为合伙制会计师事务所的暂行规定》，现予印发，自发布之日起施行，《财政部工商总局关于推动大中型会计师事务所采用特殊普通合伙组织形式的暂行规定》（财会〔2010〕12号）同日废止。

各省级财政部门、工商管理（市场监管）部门要协同配合，增强服务意识，认真做好有限责任会计师事务所转制为合伙组织形式涉及的行政许可、工商登记和备案等各项工作，不断完善工作机制，提高行政管理水平。

会计师事务所要以转制为契机，进一步优化内部治理，健全管理制度，实现转型升级和跨越发展。

附件：关于推动有限责任会计师事务所转制为合伙制会计师事务所的暂行规定

财政部
国家市场监督管理总局
2018年4月3日

附件：

关于推动有限责任会计师事务所转制为合伙制会计师事务所的暂行规定

第一条 为规范有限责任会计师事务所转制为普通合伙会计师事务所或者特殊普通合伙会计师事务所（以下统称合伙制会计师事务所），根据《会计师事务所执业许可和监督管理办法》（财政部令第89号）和有关法律法规，制定本暂行规定。

第二条 有限责任会计师事务所申请转制为合伙制会计师事务所的，应当符合下列条件：

（一）符合《会计师事务所执业许可和监督管理办法》规定的合伙制会计师事务所执业许可条件；

（二）一半以上的合伙人在原会计师事务所连续执业1年以上。

第三条 有限责任会计师事务所转制为合伙制会计师事务所的，应当到工商部门办理合伙制会计师事务所设立登记，原名称中符合法律法规规定的字号、商号可以继续使用。转制为合伙制会计师事务所的，转制前的经营期限、经营业绩视同连续，执业资格相应延续，转制前因执业质量可能引发的行政责任由转制后的会计师事务所承担。

第四条 申请转制为合伙制会计师事务所，应当自办理完合伙制会计师事务所工商登记手续后20日内向登记地所在的省级财政部门提交以下材料：

（一）会计师事务所转制申请表；

（二）原股东会同意转制的会议决议；

（三）合伙人执业经历等符合规定条件的材料；

（四）注册会计师情况汇总表；

（五）营业执照复印件；

（六）书面合伙协议；

（七）对转制前后业务衔接、人员安排的协议。

合伙人是境外人员或移居境外人员的，还应当提交符合《会计师事务所执业许可和监督管理办法》第十一条第一款第五项、第十三条第三款第一项规定条件的住所有效证明和居留时间有效证明及承诺函。

第五条 其他专业资格人员担任转制后特殊普通合伙会计师事务所合伙人的，应当符合《其他专业资格人员担任特殊普通合伙会计师事务所合伙人暂行办法》的规定，并提交相应的材料。

第六条 省级财政部门按照《会计师事务所执业许可和监督管理办法》第十七条至第二十二条规定进行审查、作出决定。准予转制的，收回原有限责任会计师事务所执业证书，换发合伙制会计师事务所执业证书并予以公告。

第七条 转制会计师事务所取得合伙制会计师事务所执业证书后，应当办理原有限责任会计师事务所的工商注销；原有限责任公司主体继续存在的，不得在名称中继续使用"会计师事务所"字样，不得从事注册会计师法定业务，并应当自取得合伙制会计师事务所执业证书之日起10日内，办理工商变更登记。未按要求及时办理工商变更或者注销登记的，依据《公司法》《公司登记管理条例》等有关规定予以处罚。

第八条 转制会计师事务所原设有分所的，应当自取得合伙制会计师事务所执业证书之日起20日内，将原分所执业证书交回分所所在地省级财政部门。分所并入转制后会计师事务所，且持续符合《会计师事务所执业许可和监督管理办法》规定条件的，转制会计师事务所应当持转制批准文件、持续符合分所执业许可条件证明材料及新的分所营业执照向分所所在地省级财政部门申请换发分所执业证书。

第九条 省级财政部门按照分所变更备案程序换发分所执业证书,并将相关情况予以公告。

第十条 合伙制会计师事务所变更合伙组织形式,应当自办理完工商变更登记之日起20日内向所在地的省级财政部门备案。符合变更后会计师事务所执业许可条件的,省级财政部门换发会计师事务所执业证书并予以公告。

第十一条 本暂行规定自发布之日起施行,《财政部 工商总局关于推动大中型会计师事务所采用特殊普通合伙组织形式的暂行规定》(财会〔2010〕12号)同时废止。

附表:会计师事务所转制申请表

附表：

会计师事务所转制申请表

申请转制事务所基本情况				
转制事务所名称		原名称		
组织形式		原执业许可批准日期及文号		
工商登记日期及部门		原工商登记部门		
统一社会信用代码		原统一社会信用代码		
出资额（万元）		原注册资本（万元）		
首席合伙人姓名		是否符合规定的资格条件		
合伙人总数		合伙人以外的注册会计师数量		
经营场所				
通讯地址			邮编	
联系人		联系电话		
转制前分所情况				
分所名称	取得执业许可日期	分所负责人	注册会计师数量	是否存续
全体合伙人申明及保证	我们申请从有限责任会计师事务所转制为合伙制会计师事务所，并保证本申请表所填报内容及所附申请材料全部属实。 全体合伙人签名： 申请转制事务所盖章 年　月　日			

6. 财政部关于修改《注册会计师注册办法》的决定

中华人民共和国财政部令第 99 号

《财政部关于修改〈注册会计师注册办法〉的决定》已经财政部部务会议审议通过，现予公布，自公布之日起施行。

部长　刘昆

2019年3月15日

财政部关于修改《注册会计师注册办法》的决定

财政部部务会议决定，对《注册会计师注册办法》作如下修改：

一、将相关条文中的"注册申请人"修改为"申请人"。

二、将第六条修改为："申请人申请注册，应当通过其所在的会计师事务所，向会计师事务所所在地的省级注册会计师协会提交注册会计师注册申请表（附表1）：

（一）申请人基本情况；

（二）申请人出具的符合注册条件的承诺；

（三）申请人所在会计师事务所出具的申请人在该会计师事务所专职从业的承诺。

申请人为香港、澳门特别行政区和台湾地区居民的，应当提交港澳台居民居住证信息或者港澳台居民出入境证件信息。

申请人为外国人的，应当同时提交护照和签证信息以及《外国人工作许可证》信息。

经依法认定或者考核具有注册会计师资格的，应当提交相关文件和符合认定或者考核条件的相关材料。

三、将第七条修改为："申请人和所在的会计师事务所应当分别对申请材料内容的真实性负责。

四、将第八条修改为："省级注册会计师协会应当在受理申请的办公场所将申请注册应当提交的材料目录及要求、准予注册的程序及期限，以及不予注册的情形予以公示。"

五、将第九条修改为："省级注册会计师协会收到申请人提交的申请材料后，应当对其进行形式审查。

申请材料不齐全或者不符合法定形式的，应当当场或者在5个工作日内一次告知需要补正的材料及内容。

申请材料齐全、符合法定形式的，应当受理其注册申请。"

六、第十六条增加一款，作为第二款："对因前款第（四）项被撤销注册、收回注册会计师证书的人员，由省级财政部门给予警告，并向社会公告。"

七、增加一条，作为第十七条："申请人及其所在会计师事务所出具虚假申请材料的，由省级财政部门对申请人、会计师事务所首席合伙人（主任会计师）给予警告，并向社会公告。"

八、将第二十三条改为第二十四条，将本条中的"《中华人民共和国行政监察法》"修改为"《中华人民共和国监察法》"。

九、删去附表2，并对附表1"注册会计师注册申请表"和附表3"注册会计师注册备案表"作相应修改。

本决定自公布之日起施行。

《注册会计师注册办法》根据本决定作相应修改，重新公布。

注册会计师注册办法

（2005年1月22日财政部令第25号公布　根据2017年12月4日《财政部关于修改〈注册会计师注册办法〉等6部规章的决定》第一次修改　根据2019年3月15日《财政部关于修改〈注册会计师注册办法〉的决定》第二次修改）

第一条　为了规范注册会计师注册工作，根据《中华人民共和国注册会计师法》及相关法律，制定本办法。

第二条　申请注册成为注册会计师适用本办法。

第三条　省、自治区、直辖市注册会计师协会（以下简称"省级注册会计师协会"）负责本地区注册会计师的注册及相关管理工作。中国注册会计师协会对省级注册会计师协会的注册管理工作进行指导。

注册会计师依法执行业务，应当取得财政部统一制定的中华人民共和国注册会计师证书（以下简称"注册会计师证书"）。

第四条　具备下列条件之一，并在中国境内从事审计业务工作2年以上者，可以向省级注册会计师协会申请注册：

（一）参加注册会计师全国统一考试成绩合格；

（二）经依法认定或者考核具有注册会计师资格。

第五条　申请人有下列情形之一的，不予注册：

（一）不具有完全民事行为能力的；

（二）因受刑事处罚，自刑罚执行完毕之日起至申请注册之日止不满5年的；

（三）因在财务、会计、审计、企业管理或者其他经济管理工作中犯有严重错误受行政处罚、撤职以上处分，自处罚、处分决定生效之日起至申请注册之日止不满2年的；

（四）受吊销注册会计师证书的处罚，自处罚决定生效之日起至申请注册之日止不满5年的；

（五）因以欺骗、贿赂等不正当手段取得注册会计师证书而被撤销注册，自撤销注册决定生效之日起至申请注册之日止不满3年的；

（六）不在会计师事务所专职执业的；

（七）年龄超过70周岁的。

第六条　申请人申请注册，应当通过其所在的会计师事务所，向会计师事务所所在地的省级注册会计师协会提交注册会计师注册申请表（附表1）：

（一）申请人基本情况；

（二）申请人出具的符合注册条件的承诺；

（三）申请人所在会计师事务所出具的申请人在该会计师事务所专职从业的承诺。

申请人为香港、澳门特别行政区和台湾地区居民的，应当提交港澳台居民居住证信息或者港澳台居民出入境证件信息。

申请人为外国人的，应当同时提交护照和签证信息以及《外国人工作许可证》信息。

经依法认定或者考核具有注册会计师资格的，应当提交相关文件和符合认定或者考核条件的相关材料。

第七条　申请人和所在的会计师事务所应当分别对申请材料内容的真实性负责。

第八条　省级注册会计师协会应当在受理申请的办公场所将申请注册应当提交的材料目录及

要求、准予注册的程序及期限，以及不予注册的情形予以公示。

第九条 省级注册会计师协会收到申请人提交的申请材料后，应当对其进行形式审查。

申请材料不齐全或者不符合法定形式的，应当当场或者在5个工作日内一次告知需要补正的材料及内容。

申请材料齐全、符合法定形式的，应当受理其注册申请。

第十条 省级注册会计师协会受理或者不予受理注册申请，应当向申请人出具加盖本单位专用印章和注明日期的书面凭证。

第十一条 省级注册会计师协会应当对申请材料的内容进行审查，并自受理注册申请之日起20个工作日内作出准予或者不予注册的决定。20个工作日内不能作出决定的，经省级注册会计师协会负责人批准，可以延长10个工作日，并应当将延长期限的理由告知申请人。

第十二条 省级注册会计师协会作出准予注册决定的，应当自作出决定之日起10个工作日内向申请人颁发注册会计师证书。

省级注册会计师协会应当自作出准予注册决定之日起20个工作日内，将准予注册的决定和注册会计师注册备案表（附表2）报送财政部、中国注册会计师协会备案，抄报所在地的省、自治区、直辖市人民政府财政部门（以下简称"省级财政部门"）并将准予注册人员的名单在全国性报刊或者相关网站上予以公告。

第十三条 省级注册会计师协会作出不予注册决定的，应当自作出决定之日起15个工作日内书面通知申请人。书面通知中应当说明不予注册的理由，并告知申请人享有依法申请行政复议或者提起行政诉讼的权利。

第十四条 财政部依法对省级注册会计师协会的注册工作进行检查，发现注册不符合本办法规定的，应当通知省级注册会计师协会撤销注册。

第十五条 中国注册会计师协会和省级注册会计师协会应当对注册会计师的任职资格和执业情况进行监督检查，必要时可以进行实地检查。

第十六条 注册会计师有下列情形之一的，由所在地的省级注册会计师协会撤销注册，收回注册会计师证书：

（一）完全丧失民事行为能力的；

（二）受刑事处罚的；

（三）自行停止执行注册会计师业务满1年的；

（四）以欺骗、贿赂等不正当手段取得注册会计师证书的。

对因前款第（四）项被撤销注册、收回注册会计师证书的人员，由省级财政部门给予警告，并向社会公告。

第十七条 申请人及其所在会计师事务所出具虚假申请材料的，由省级财政部门对申请人、会计师事务所首席合伙人（主任会计师）给予警告，并向社会公告。

第十八条 省级注册会计师协会工作人员滥用职权、玩忽职守准予注册的，或者对不具备申请资格或不符合法定条件的申请人准予注册的，由省级注册会计师协会撤销注册，收回注册会计师证书。

第十九条 被撤销注册的人员可以重新申请注册，但必须符合本办法第四条规定条件，并且没有本办法第五条规定所列情形。

第二十条 注册会计师有下列情形之一的，由所在地的省级注册会计师协会注销注册：

（一）依法被撤销注册，或者吊销注册会计师证书的；

（二）不在会计师事务所专职执业的。

第二十一条 省级注册会计师协会应当将注销注册的决定抄报财政部和所在地的省级财政部门、中国注册会计师协会,并自作出决定之日起10个工作日内将注销注册人员的名单在全国性报刊或者相关网站上予以公告。

第二十二条 注册会计师违反《中华人民共和国注册会计师法》第二十条、第二十一条规定,由财政部或者所在地的省级财政部门给予警告;情节严重的,可以由财政部或者所在地的省级财政部门暂停其执行业务或者吊销注册会计师证书。

财政部和省级财政部门应当按照《中华人民共和国行政处罚法》及有关规定实施行政处罚,并将行政处罚决定抄送中国注册会计师协会和注册会计师所在地的省级注册会计师协会。

第二十三条 受到行政处罚,或者被撤销注册或注销注册的当事人有异议的,可以依法申请行政复议或者提起行政诉讼。

第二十四条 各省级注册会计师协会及其工作人员在开展注册会计师注册工作中,存在违反本办法规定的行为,以及其他滥用职权、玩忽职守、徇私舞弊等违法违纪行为的,依照《中华人民共和国注册会计师法》《中华人民共和国行政许可法》《中华人民共和国监察法》《财政违法行为处罚处分条例》等国家有关规定追究相应责任;涉嫌犯罪的,依法移送司法机关处理。

第二十五条 香港、澳门特别行政区和台湾地区居民以及按照互惠原则确认的外国人申请注册,依照本办法办理。

第二十六条 本办法自2005年3月1日起施行。

自本办法施行之日起,《注册会计师注册审批暂行办法》〔(93)财会协字第122号〕、《外籍中国注册会计师注册审批暂行办法》(财协字〔1998〕9号)、《〈外籍中国注册会计师注册审批暂行办法〉的补充规定》(财会〔2003〕34号)同时废止。

附表:
1. 注册会计师注册申请表
2. 注册会计师注册备案表

附表1：

注册会计师注册申请表

姓名		性别		国籍（地区）		一寸彩照（近期免冠）
出生日期			政治面貌			
民族		户口所在地		是否退休		
有效身份证件名称/号码				/		
参加注册会计师全国统一考试提供的有效身份证件名称/号码				/		
专业职称		职称等级		学历		
毕业学校				所学专业		
毕业时间		外语程度		学位		
进所时间		进所前工作单位				
电子邮箱				非执业会员证号		
通讯地址					邮编	
考试（ ）	全科合格证号码			全科合格日期		
考核（ ）	考核批准文号			考核批准日期		
档案现存放的单位				个人社会保障号码		
是否在会计师事务所专职从业		所内职务		从事审计业务时间（年）		
固定电话		移动电话				
何时因何原因受到何种处罚或处分						

个人简历（从大学填起）		
起止时间	在何单位学习、工作	证明人

个人从事审计业务经历			
起止时间	会计师事务所	从事审计业务具体项目（至少填写1个）	证明人

本人声明已从事审计业务满2年、熟知《中华人民共和国注册会计师法》规定的权利与义务，承诺在会计师事务所专职从业，并且不具有《注册会计师注册办法》第五条规定不予注册的其他情形，对以上所填写内容及提交的申请材料的真实性负责。 申请人签字： 　　年　月　日	所在会计师事务所意见： 　　申请人为本所员工，在本所专职从业，本所对以上情形的真实性负责。 主任会计师签字： 会计师事务所盖章 　　年　月　日

附表2：

注册会计师注册备案表

姓名	性别	会计师事务所名称	考试合格证号或考核（认定）批准文号	档案存放单位	审计工作时间	身份证件号码

注：外国人和香港，澳门特别行政区及台湾地区居民申请注册时可不填"档案存放单位"一栏。

填报人：　　　　　　负责人：　　　　　　填报日期：　年　月　日

省级注册会计师协会盖章

7. 关于印发《注册会计师行业诚信建设纲要》的通知

财会〔2023〕5号

各省、自治区、直辖市财政厅（局），深圳市财政局，新疆生产建设兵团财政局，各会计师事务所，有关单位：

　　为贯彻落实《中共中央办公厅国务院办公厅关于进一步加强财会监督工作的意见》《国务院办公厅关于进一步规范财务审计秩序促进注册会计师行业健康发展的意见》（国办发〔2021〕30号）要求，适应新时代高质量发展和全面建设社会主义现代化强国对注册会计师行业诚信建设提出的要求，增强行业诚信观念，提升执业质量，营造守法经营、诚信服务的行业文化，我部制定了《注册会计师行业诚信建设纲要》，现印发给你们，请结合本地实际，认真贯彻落实。

　　附件：《注册会计师行业诚信建设纲要》

财政部
2023年3月14日

附件：

注册会计师行业诚信建设纲要

诚信是注册会计师行业的核心价值，是行业的立业之本和发展之要。注册会计师行业诚信建设是社会诚信建设的重要组成部分。为持续加强行业诚信建设，增强诚信自觉、诚信自信、诚信自强，提升行业自律性、公正性和专业化水平，以诚信驱动执业质量提升，特制定本纲要。

一、充分认识加强注册会计师行业诚信建设的重要意义

党中央、国务院明确要求加强注册会计师行业诚信建设，习近平总书记对行业作出要"紧紧抓住服务国家建设这个主题和诚信建设这条主线"的重要批示。财政部门坚持不懈贯彻习近平总书记重要批示精神，以诚信建设为主线推进行业改革发展，持续加强行业诚信建设，已基本形成符合我国社会主义市场经济特点的行业诚信建设体系，在促进行业健康发展的同时，有力地维护了社会主义市场经济秩序。同时行业诚信建设与新时代高质量发展和全面建设社会主义现代化强国要求不匹配、不协调、不适应的矛盾仍然突出。加强行业诚信建设，有利于行业更好发挥维护社会公平正义、规范市场经济秩序、保障国家经济安全等作用，有利于培育和践行社会主义核心价值观，全面助力社会信用体系建设。

二、行业诚信建设的指导思想和基本原则

（一）指导思想

坚持以习近平新时代中国特色社会主义思想为指导，全面贯彻落实党的二十大精神，按照党中央、国务院决策部署，以培育和践行社会主义核心价值观为根本，以行业党的建设为引领，坚持遵循法治轨道和职业道德，着力构建诚信建设长效机制，建立健全贯穿会计师事务所及其从业人员全生命周期的诚信管理体制机制；大力弘扬行业诚信文化，在全行业广泛形成守信光荣、失信可耻的浓厚氛围，使守信者受益、失信者受限，使诚实守信成为全行业的自觉行为规范，更好发挥注册会计师执业监督作用，全面助力社会信用体系建设。

（二）基本原则

——政府推动，社会共建。各级财政部门牵头抓总，充分发挥组织、引导、推动作用。各级注册会计师协会充分发挥行业自律作用，将诚信建设落实到考试、注册、培训、自律监管等各个环节。会计师事务所及其从业人员充分发挥主体作用，自觉遵守职业道德规范和执业准则规则。充分调动社会各方力量，广泛参与，共同推进，形成行业诚信建设合力，促进行业规范健康发展。

——健全制度，规范发展。进一步健全诚信标准，将诚信贯穿于职业道德规范和执业准则规则，推进诚信信息数字化建设，规范化构建行业诚信建设长效机制，维护信用信息安全和信息主体权益。

——以人为本，教育为先。注重发挥会计师事务所及其从业人员主观能动性，不断提升和发展自身的诚信价值和理念。重视发挥道德的教化作用，健全完善诚信教育机制，把教育引导从业人员提升诚信意识作为长期任务。

——德法并举，刚柔相济。注重将诚信标准同法律规范相衔接、相协调、相促进。依法整治各类失信行为，坚决纠正串通舞弊、丧失独立性等违反职业规范和道德规范的重大问题，加大守信联合激励与失信联合惩戒实施力度，使诚信执业内化于心、外化于行，成为全行业的自觉行动。

——重点突破，强化联动。选择重点领域和典型地区开展诚信建设示范，以点带面，推动全行业诚信建设取得重大突破。健全行业诚信奖惩联动机制，促进信用信息互联互通、协同共享，积极推广诚信评级评价体系在行业的应用，营造诚实、自律、守信、互信的行业信用环境。

三、以健全规范规则为基础，持续完善诚信标准建设

（三）持续完善职业道德规范

职业道德规范是会计师事务所及其从业人员应当遵守的基本道德要求。遵循社会主义核心价值观，持续修订完善注册会计师职业道德规范，突出维护公众利益宗旨，严格独立性要求，强化以职业道德基本原则为导向，推进职业道德与专业素质相结合。制定职业道德相关实务指南和问题解答，及时提供专业技术支持，回应行业关切，提高全行业理解执行职业道德规范的能力。适时扩大职业道德规范适用范围，推动注册会计师职业道德规范适用于全体从业人员，引导从业人员自觉遵循诚信原则，守住诚信操守底线，筑牢法律法规红线。做好职业道德规范与执业准则规则之间的衔接，及时将职业道德的刚性要求纳入执业准则规则和法律法规。

（四）持续完善执业准则规则

执业准则规则是会计师事务所及其从业人员应当遵循的行为规范，是评价执业行为和执业质量的基本尺度。持续完善执业准则规则体系，持续保持国际趋同，并坚持问题导向，及时解决实务问题，及时回应市场关切。完善以诚信为核心的会计师事务所质量管理准则，推动和指导会计师事务所建立健全以遵循职业道德规范为基础的诚信管理制度，不断完善会计师事务所内部治理和质量管理机制。推动执业准则规则建设闭环管理，健全准则规则执行效果跟踪评价机制，推动准则规则有效实施，并针对执行中发现的问题，完善执业准则规则，充分发挥执业准则规则对会计师事务所及其从业人员执业的规范和指导作用，提高其发现和应对舞弊的能力，促进行业健康发展。

四、以弘扬诚信美德为导向，推动诚信教育与诚信文化建设

（五）全方位开展诚信教育

诚信教育是提高行业诚信水平的重要途径。抓好诚信教育顶层设计，适应社会对注册会计师知识结构、能力水平的要求，加强人才职业化和职业道德培训，不断完善中国注册会计师行业人才胜任能力指南和继续教育制度，健全注册会计师继续教育体系。抓好诚信初始教育，紧扣国家对注册会计师人才的需求，对标国际一流水平，坚持职业导向、原理导向和考生友好导向，进一步完善考试基本制度、组织管理制度、质量保证制度和考试题库建设，加大对考生职业道德和诚信执业的考察力度，推动将考试违规行为纳入诚信管理体系，切实将诚信教育贯穿于考试工作各环节。抓好诚信日常教育，将诚信教育贯穿于注册会计师继续教育各环节，纳入行业高端人才、执业质量提升等各类培训以及行业党校课程体系，强化职业道德年度培训要求，不断提高职业道德培训在继续教育中的学时占比。将诚信教育贯穿于行政许可事项、执业管理、执业质量检查、处理处罚和惩戒等环节，充分利用各级各类管理和服务窗口，广泛开展守法诚信教育，适时开展标准化、规范化、便捷化的诚信教育。加大对新备案从事证券服务业务及诚信评级评价等级较低的会计师事务所的诚信教育培训力度。抓好诚信警示教育，健全警示教育制度，创新警示教育方式，适时编发违法失信案例和审计失败典型案例集，持续开展诚信教育现场教学、反面案例进继续教育课堂活动，建立健全以案说德、以案说规、以案说法、以案说责机制，让全行业受警醒、明底线、知敬畏。落实诚信教育主体责任，推动会计师事务所建立健全从业人员诚信教育及管理制度，开展常态化诚信教育，配备充足的独立性专职管理人员，将职业道德规范遵循情况、参加诚信教育情况和诚信记录情况作为会计师事务所内部考核评价、岗位聘用的重要依据，切实保障职业道德规范行之有效，强化诚信责任。

（六）大力营造诚信文化氛围

诚信文化是行业的道德基础和价值取向。将诚信文化建设摆在行业文化建设的突出位臵，倡导注册会计师行业坚持诚信，守法奉公，坚持准则，守责敬业，坚持学习，守正创新，营造"守

信者荣、失信者耻、无信者忧"的执业氛围。重视诚信文化平台建设，坚持诚信文化建设主题活动常态化，秉承"诚信为本、操守为重、坚持准则、不做假账"的行业诚信文化，增强行业诚信自觉、诚信自信、诚信自强，实现诚信文化建设与行业发展的紧密结合，推动将诚信文化建设落到实处。重视诚信文化内容建设，把普法教育和道德教育结合起来，以道德滋养法治精神，营造全行业遵纪守法、诚实守信的向善向上氛围。重视诚信文化形式创新，结合发布行业发展报告、举办诚信论坛等方式，广泛宣传行业执业特征、价值贡献、先进事迹和典型案例，推动诚信文化作品创作，丰富诚信宣传载体，提升诚信宣传水平。重视诚信文化传播渠道拓宽，注重发挥新闻媒体在诚信文化建设中的积极作用，增加诚信宣传频次，正面宣传行业价值和贡献，大力发掘、宣传诚信典型，传播诚信理念，树立行业正面形象。重视诚信文化机制建设，不断完善注册会计师注册办法和诚信宣誓制度，增加诚信教育要求，积极推广注册会计师注册前诚信宣誓，推动会计师事务所开展新员工岗前诚信宣誓和重要时点重温诚信宣誓活动。鼓励会计师事务所和注册会计师主动向社会作出诚信承诺，开展诚信倡议活动，签订诚信自律公约，并逐步拓宽诚信承诺覆盖主体，创新诚信承诺方式。

五、以平台建设为抓手，持续完善诚信信息采集和信息监控体系

（七）持续修订完善诚信信息采集和披露管理制度

诚信信息采集和披露管理制度是科学、规范开展诚信信息管理的基础和保障。建立健全诚信信息采集、记录、归集、共享、公开机制，坚持按照依法依规、程序规范、范围明晰的原则，切实加强信息安全，严格保护国家秘密、商业秘密和个人隐私。不断完善诚信档案管理相关制度，全面记录会计师事务所及其从业人员执业情况和信用情况，建立健全标准统一、权威准确的会计师事务所及其从业人员诚信档案。持续完善信息披露制度，提高行业诚信信息披露透明度。研究制定会计师事务所发布透明度报告制度，提高公众对行业的信任度。

（八）全面采集和监控行业诚信信息

全面、完整、准确地记录诚信信息是开展诚信监管的重要基础。持续完善优化注册会计师行业统一监管平台，发挥监管平台"全面记录、实时监控、有效披露"功能，丰富执业能力、执业质量、诚信评级评价结果等行业信息，全面记录和采集会计师事务所及其从业人员执业情况和诚信情况，适时更新诚信档案，做到可查可核可溯。推动会计师事务所和注册会计师诚信承诺履约情况与行业诚信信息采集相衔接。推动构建注册会计师行业重大诚信舆情监测系统，实时监测行业重大诚信舆情，建立风险预判预警机制，及时统筹应对和处理。加强诚信信息数据共享，逐步推动注册会计师行业统一监管平台中行业诚信信息与全国信用信息共享平台的互联互通、数据共享，统筹整合各地区各部门各单位有关公共数据资源，分级分类完善诚信信息数据库，对于可共享数据做到"一口采集、充分共享"，推动构建数据同步、措施统一、标准一致的信用监管协同机制，共同形成行业社会监督运行机制。充分发挥注册会计师行业信息公开媒介作用，利用统一监管平台、各类管理和服务网站、媒体及其他的信息公开渠道，提升行业诚信信息透明度。

六、以加强诚信监管为着力点，健全诚信监管和评级评价制度

（九）从严从实开展诚信监管

诚信监管是诚信标准执行的重要保障。加大诚信监管力度，加强对会计师事务所、注册会计师违背诚信原则的行为和违反审计独立性的监管，坚持零容忍，严肃追究责任。健全完善警示约谈相关程序，督促违背诚信原则的注册会计师履行相关义务、消除不良影响。完善对投诉举报、媒体质疑等的处理机制，畅通投诉举报渠道，在注册会计师行业统一监管平台中建设统一的行业投诉举报模块，做到查实必处、处则从严。充分发挥社会舆论监督作用，形成强大震慑。积极推动会计师事务所建立健全内部投诉、指控政策及相关工作程序，如实开展违反诚信原则行为的自查自纠及报告工作。

（十）推动开展行业诚信情况评级评价

开展诚信情况评级评价是诚信监管的重要基础，是加强行业诚信建设的重要引导。建立健全行业诚信情况评级评价工作机制，研究制定行业诚信情况评级评价制度，持续完善行业诚信评级评价标准，主动加强与相关部门的协同配合，依法依规整合各类行业诚信信息，对会计师事务所开展全覆盖、标准化、公益性的定期诚信评级评价，并主动接受社会监督。加强行业诚信评级评价结果的应用，将行业诚信评级评价结果推送至相关政府部门、金融机构、国有企业、行业协会商会及相关市场主体作为行政许可、信用监管、政府采购、评先创优、资质等级评定、纳税信用评价、审计机构招标等工作的重要参考依据，并依照有关规定向社会公开。

（十一）推动会计师事务所夯实诚信建设基础

会计师事务所是行业诚信建设的主阵地。加强制度指导，不断完善会计师事务所内部治理指南，推动会计师事务所树立"人合、事合、心合、志合"的治理理念，形成诚信、合作、民主、和谐的治理文化。压实主体责任，推动会计师事务所全面有效落实《会计师事务所一体化管理办法》（财会〔2022〕12号），完善内部体制机制，建立以职业道德、执业质量为关键标准的业绩评价体系和晋升机制，树立诚信品牌文化，鼓励和支持会计师事务所将品牌建设与诚信建设、战略实施、文化建设、人才建设、业务发展相结合整体推进。鼓励会计师事务所依法使用诚信信息，优先聘用、培养、晋升具有良好诚信记录的从业人员。

七、以构建分级分类监管体系为重点，健全守信奖励和失信惩戒机制

（十二）建立分级分类监管体系

建立分级分类监管体系是强化诚信监管结果运用的重要方面。按照《会计师事务所监督检查办法》（财办〔2022〕23号）的规定，对会计师事务所实施分级分类监管，对屡查屡犯的会计师事务所，加大抽查力度，提高检查频次。构建以市场主体为核心的全流程弹性监管机制，实施事前信用核查、事中信用评估分级和分类检查、事后奖惩和信用修复的全链条全领域监管。探索触发式监管等日常监管新机制。

（十三）完善守信激励措施

开展守信激励是行业诚信建设不可或缺的重要方式，是诚信闭环管理的重要支撑。完善全国先进会计工作者评选表彰制度，将会计师事务所和注册会计师的诚信执业情况作为评选表彰的重要依据，对严重失信者实行"一票否决"。改进中国注册会计师协会名誉会员、资深会员评选和会计师事务所综合评价百家排名等工作，将诚信评级评价结果纳入评选条件，逐步提高诚信评级评价结果的分值占比。建立"注册会计师诚信执业三十年"等荣誉奖励制度，大力营造褒扬诚信、守信光荣的社会氛围。

（十四）加大失信惩戒力度

开展失信惩戒是行业诚信建设的重要抓手，是诚信闭环管理的重要约束机制。着力健全失信惩戒制度，出台《注册会计师行业严重失信主体名单管理办法》，按程序将涉及性质恶劣、情节严重、社会危害较大的违法失信会计师事务所和注册会计师纳入失信联合惩戒对象名单，依法依规共享和公开相关信息，并实施联合惩戒。推动实施惩戒力度大、监管效果好的失信惩戒措施，包括依法依规限制失信联合惩戒对象招标投标、政府采购、申请财政性资金项目、享受税收优惠等行政性惩戒措施，运用信用记录、警示告诫、公开曝光等行业性惩戒措施，让失信者寸步难行。建立健全失信责任追究机制，对被列入失信联合惩戒对象名单且情节严重的会计师事务所，依法依规对其首席合伙人等主要负责人进行失信惩戒，并将相关失信行为记入其个人信用记录。

八、加强组织保障

（十五）强化组织领导

各级财政部门要加强行业诚信建设的统筹谋划，建立健全政策协调和工作协同机制。各级注册会计师协会要充分发挥督促引导作用，有效开展执业质量自律监管、诚信教育引导等工作，实现自我规范、自我管理、自我净化，推动会计师事务所更好发挥执业监督作用。各会计师事务所要切实履行诚信建设主体责任，完善并严格执行员工行为规范等内部管理制度。行业从业人员要履行直接责任，坚守底线、严格自律，恪守职业道德规范，共同形成行业诚信建设的最大合力。

（十六）加强舆论宣传

要加强对本纲要的宣传培训工作，持续发布注册会计师行业发展报告，宣传注册会计师行业诚信典型，提升行业社会诚信形象，提高行业国际影响力，积极引导社会舆论和市场预期。要充分发挥社会公众、新闻媒体等对行业诚信建设的监督作用，推动行业诚信建设更好融入国家社会信用体系建设，共同筑好筑牢社会诚信堤坝。

（十七）狠抓责任落实

各地财政部门可以根据本纲要，因地制宜研究细化本纲要的具体落实措施，压实各方主体责任，明确时间表和路线图，推动本纲要各项政策措施落地见效。要建立健全对本纲要实施情况督促检查机制，适时组织本纲要实施情况评估，加强督查、强化考核，确保各项诚信建设任务措施落到实处、执行到位。对行业诚信建设过程中落实不力、弄虚作假的单位和个人，依法依规严肃处理。

8. 关于加强新时代注册会计师行业人才工作的指导意见

注册会计师是服务国家建设的一支重要专业力量，人才是行业的第一资源，是行业高质量发展的基础和支撑。在党中央、国务院的亲切关怀下，在财政部党组的坚强领导下，行业始终坚持党对人才工作的全面领导，坚持以人才战略引领行业发展，行业人才建设取得了显著成绩，基本建立涵盖人才"选、用、管、育、留"各环节的制度体系和工作体系，人才队伍规模快速扩大，人才素质不断提升。同时，面对新形势新任务，行业人才队伍还不能完全满足服务国家建设和行业高质量发展的客观需要。为进一步推动行业人才工作整体上台阶，更好服务国家建设，现就加强新时代注册会计师行业人才工作提出以下意见。

一、总体要求

（一）指导思想

以习近平新时代中国特色社会主义思想为指导，全面贯彻习近平总书记关于做好新时代人才工作的重要思想和党中央、国务院关于新时代人才工作的重大决策部署，贯彻落实《国家"十四五"期间人才发展规划》，全面加强党对人才工作的领导，牢固确立人才引领发展的战略地位，深入实施新时代人才强国战略，紧紧围绕服务国家建设这个主题和诚信建设这条主线，充分运用"全生命周期"理论的闭环管理、精准施策思维，提高行业人才建设的战略性、系统性谋划，不断完善、提升行业人才工作制度建设和工作体系建设的各个方面，推动行业人才工作整体上台阶，形成育才、聚才、用才的良好环境，提升行业自律性、公正性和专业化水平，推动行业高质量发展，更好服务国家建设。

（二）基本原则

坚持党管人才。坚持为党育人、为国育才，在财政部党组和财政部人才工作领导小组领导下，将政治标准放在行业人才工作的首要位置，将政治引领贯穿于行业人才工作的始终，确保行业人才队伍和各级注册会计师协会（以下简称各级注协）干部队伍"两支队伍"正确的政治方向。

坚持服务发展。把服务国家建设作为行业人才工作的根本宗旨，面向经济主战场、面向国家重大需求、面向未来，把行业"两支队伍"聚集到服务"五位一体"总体布局和"四个全面"战略布局的各环节、各领域，以行业的高质量发展服务国家经济社会的高质量发展。

坚持以人为本。遵循人才成长规律，立足行业职业特点，以实现行业人才职业道德和胜任能力全面提升为目标，形成有利于发现人才的选拔机制、助力成长的培养机制、人尽其才的使用机制、各展其能的激励机制，做到人才为本、信任人才、尊重人才、善待人才、包容人才。

坚持以德为先。始终把推动诚信建设作为行业人才工作的核心价值导向，坚持诚信为本、诚以力行、信以修身，将诚信建设贯穿行业人才工作的各环节，完善行业诚信建设体系，夯实行业诚信文化基础，加强常态化诚信教育和失信惩戒，全面提升行业职业道德水平。

坚持问题导向。在继承行业人才工作现有体制机制优势的基础上，系统梳理行业人才工作中的问题和不足，科学研判、找准病因、综合施策、守正创新，改进和完善行业人才工作体制机制，优化、创新行业人才工作管理和服务内容，建立健全基于闭环管理的制度体系和全流程系统性的工作体系，推动行业人才工作迈上新台阶。

坚持闭环管理。围绕行业人才"选、用、管、育、留"，统筹抓好学历教育、资格考试、注册管理、继续教育、人才留储、人才使用、人才监管各环节（以下简称行业人才工作各环节）的制度安排和工作安排,打造适应市场经济发展需求,被市场和公众普遍认可、专业倚重、道德信赖的行业人才队伍。

二、建立健全行业人才工作体制机制

行业人才工作体制机制是行业人才工作正常推进和各项任务有效落实的重要保障。建立健全行业人才工作体制机制,明确行业人才工作各主体的关系、职责,统筹推进行业人才各项工作,形成行业人才工作"全国一盘棋"的管理格局。

(一)建立健全各方支持、上下贯通、协调一致的行业人才工作管理体制

财政部是全国行业主管部门,财政部人才工作领导小组加强对行业人才工作的统筹与指导,增强与国家人才工作主管部门、国家教育主管部门及中央统战部门的沟通,确保行业人才工作的正确方向。省级财政部门是地方行业主管部门,要统筹本地区行业人才工作,积极争取各级人才工作主管部门、教育主管部门、统战部门等对行业人才工作的支持,大力营造行业人才发展的良好环境。要进一步完善行业人才工作实施体系,建立包括各级财政部门、各级注册会计师协会、国家会计学院、会计师事务所和注册会计师专业方向院校、社会职业培训机构在内的多层次、系统性的行业人才工作实施体系,合力确保行业人才工作各项政策措施落地见效。

(二)建立健全全流程、系统性的行业人才工作体系

结合行业特点和实际,围绕行业人才的"选、用、管、育、留",健全完善"学历教育、资格考试、注册管理、继续教育、人才留储、人才使用、人才监管"的工作框架,梳理行业人才工作各环节以及各环节衔接的薄弱点,统筹实施,补短板、强弱项,保证行业人才工作规划和执行的有机衔接。要建立健全行业人才工作执行机制和责任承担机制,建立统一规划、统一部署、统一推进、统一考核"四统一"的工作执行机制,夯实"明责、履责、追责"的责任承担机制,畅通人才工作渠道、压实各方主体工作职责。

(三)建立健全闭环管理的行业人才制度体系

以建立健全涵盖人才"选、用、管、育、留"等各方面、全链条的行业人才工作制度体系为着眼点,持续完善"制定—实施—评估—完善"的制度体系闭环管理机制。制度的制定,要坚持开门问政,主动加强同有关部门的协调、与业内人士的沟通,切实提高制度制定的科学性、有效性和可行性;制度的实施,要加强对制度执行情况的指导与跟踪,确保各项政策措施得到不折不扣的落实;制度的评估和修订,要坚持定期对制度实施效果开展评估,及时发现制度存在的问题和短板,及时启动相关制度的修订工作,推动制度的建立与实施在闭环管理机制下良性有效运行。

三、健全完善行业人才工作体系和制度体系

行业人才工作体系和制度体系建设贯穿于行业人才工作的始终,是推动行业人才工作向上向好的根本保障。要健全完善行业人才工作体系和制度体系,进一步理顺行业人才各环节之间的关系,加强行业人才工作的系统性和前瞻性,促进行业人才工作各环节制度持续完善、工作有机衔接。

(一)建立行业人才工作前瞻性引导机制

做好行业人才供需发展指引,建立分析国内外政治经济、科学技术、社会发展形势对行业人才的供需影响的机制,定期发布行业人才供需影响分析报告,为行业及时调整人才工作相关政策提供参考。完善行业人才能力发展指引,面向未来经济社会发展对行业的需求,着眼于提升行业人才诚信道德水平和专业技能水平,适时更新我国注册会计师胜任能力指南,指导资格前教育、注册会计师资格考试、注册会计师继续教育等环节的工作。做好行业人才职业发展指引,深入分析行业人才职业生涯发展阶段、发展目标、需要的能力、面临的困境,适时发布注册会计师职业发展指引,指导各级注协和会计师事务所针对处于准备、探索、成长、成熟、超越、退出等不同

阶段的人才，制定针对性扶持政策，并提供必要的资源支持。

（二）加强注册会计师专业方向学历教育与行业需求的衔接

大力提升注册会计师专业方向人才培养质量，引导注册会计师专业方向院校参照注册会计师胜任能力指南，持续完善注册会计师专业方向的课程体系，筑牢行业后备人才的专业知识基础，强化信息化、数字化等方面的技能储备，提升沟通、协作、创新等方面的能力素养，使得行业后备人才的教育培养与行业高质量发展需求紧密衔接、相互促进，推动注册会计师专业方向学科建设向"产学研"深度融合发展。加强中国注册会计师协会、注册会计师专业方向院校、国家会计学院、会计师事务所在师资培训、共建实习基地等方面的合作，健全完善行业后备人才联合培养模式。探索推动行业后备人才本、硕、博各阶段学历教育有机衔接，畅通行业后备人才能力素质持续提升渠道。

（三）稳中求进深化注册会计师考试体制机制改革

紧扣国家对注册会计师人才的需求，对标国际一流水平，坚持职业导向、原理导向和考生友好导向，进一步完善考试基本制度、组织管理制度和质量保证制度。持续优化组织实施流程，明晰压实各级财政部门、注册会计师考试委员会、注册会计师考试委员会办公室的责任，不断完善考试组织管理工作机制，提升考试管理工作的科学化、精细化水平。持续推进考试题库建设工作，在抓好命题专家队伍建设的同时，不断完善试题开发、审核、修改、入库、更新与维护机制，到2025年建立初具规模、动态调整、安全便捷的题库管理系统。加强中国注册会计师资质的国际推介，大力提升中国注册会计师资质的国际影响力和认可度。

（四）严格行业准入与退出管理

推动修订《中华人民共和国注册会计师法》及其配套制度，严格行业准入和退出管理。以现行注册管理制度体系为基础，完善个人会员（包括注册会计师和非执业会员）注册（登记）、任职资格检查（会员年检）、转所（转会）等规定，增强制度衔接。探索建立任职资格检查日常审查制度，建立清理注册会计师兼职挂名情况的长效机制。完善行业退出管理手段，探索建立健全以执业质量检查结果为导向的执业人员强制退出机制，将违法违规人员依法依规清理出行业队伍。

（五）持续推动注册会计师继续教育体制机制创新

加强对全国注册会计师继续教育工作（含非执业会员继续教育工作，下同）的统筹，逐步实现行业继续教育工作统一谋划、分级部署、分类实施、各司其职的工作格局。深化注册会计师继续教育体制机制改革，持续完善注册会计师教育制度，构建网络化、数字化、个性化、终身化的继续教育体系，推动培训理念由规模化向个性化转变，切实提升培训的针对性；推动培训从"学时达标"的基本要求向"学有成效"的更高标准转变，切实提升培训的实效性；推动培训工作数字化转型，搭建远程继续教育平台，提供移动化、自主化培训支持，切实提升培训的便利性；推动培训供给侧改革，适时引入多方参与的职业培训机构市场竞争机制，切实提升培训的多样性。坚持重点布局、梯次推进，推动北京、上海、粤港澳大湾区等行业人才聚集地区采取有力措施，坚持高标准，努力打造行业人才高地示范区，持续加强对西部地区行业人才工作的支持，加快形成行业人才培养的战略支点和雁阵格局。聚焦行业发展短板，加快重点人才培养培训工作，推动合伙人和后备人才、国际化人才的培养工作，加强与港澳会计职业组织的合作，合作推动港澳青年会计师的培养。

（六）创新行业人才留储体制机制建设

加强对行业人才留储工作的统筹指导，在畅通行业人才落户绿色通道、纳入地方人才培养体系、争取人才扶持优惠政策等方面积极寻求人才工作主管部门、教育主管部门等相关部门的支持。在合理界定行业法律责任、营造良好执业环境等方面积极推动修订相关法律法规，探索建立职业责任鉴定委员会，切实保障行业人才合法权益。逐步完善会计师事务所选聘机制，遏制恶性低价竞争行为，让会计师事务所业务收入回归正常预期，真正体现行业专业服务的价值，大力改善行业营商环境。针对行业人才流失问题，坚持综合施策，研究出台专项工作方案。推动各级注协加强行业人才留储机制探索，强化行业人才服务功能，搭建行业人才服务平台、行业人才推介交流平台和行业人才知识汇集分享平台，不断提升服务质量，拓展服务的深度、广度和内涵，持续增强行业的凝聚力和归属感。推动行业人才工作数字化转型，完善行业管理相关系统建设，上线"注册会计师"APP，打造"一站式"服务平台。加大对行业履行社会责任、服务国家建设的价值贡献的宣传力度，提升行业价值和社会声誉，增强行业的人才吸引力。引导会计师事务所切实担负留住人才的主体责任，深化内部治理，制定适应会计师事务所发展的人才发展战略，建立合理的人才培养制度、薪酬激励制度，形成科学的职务晋升体系，为搭建梯次化人才结构提供必要的资源保障，夯实行业留储人才的基石基础。

（七）持续优化行业人才使用机制建设

加强各级注协专门专业委员会建设，围绕服务行业发展需要，探索建立更加灵活的专门专业委员会增减机制；改革各专门专业委员会委员遴选机制和退出机制，完善专门专业委员会委员考核评价办法，把真正有能力、有热情的行业人才选出来、用起来，参与行业治理工作。充分借助现代化信息数字技术，建立健全行业人才档案，逐步形成行业人才大数据信息库，全方位记录人才专业背景信息、流动信息、执业信息、专业特长等，健全基于行业人才大数据信息、自荐与推荐相结合的人才遴选机制，为发现人才、推荐人才、使用人才奠定数据基础。加大对行业各类人才的使用力度，根据新时期财政工作需求，积极推荐优秀人才加入各级财政人才库。

（八）严格行业人才监管，优化行业人才发展环境

健全行业监管合作机制，深化各级财政部门间的协调配合，完善与立法机关、司法机关以及其他监管部门的沟通协调。加快行业统一监管平台和行业举报受理平台建设，推动监管协作与信息共享，强化对行业从业人员执业行为的日常监督。充分发挥各级注协贴近行业、身处一线的自律监管优势，建立健全全流程、全链条的行业自律监管体系，用好自律监管手段，坚持抓早抓小、防微杜渐，着力净化行业生态。坚持从严查处、惩教结合，对受到行政处罚、行业惩戒的注册会计师，强制增加继续教育学时，加大继续教育培训力度。加强行业诚信建设，研究修订行业诚信建设纲要，健全完善行业从业人员诚信档案，加大诚信教育在学历教育、职业教育中的比重，持续推动行业诚信文化建设，办好年度行业诚信论坛，积极引导广大行业人才坚持操守、诚信执业。

四、着力加强行业人才培养载体建设

人才培养载体担负着深化行业人才培养工作、推动行业人才能力素质持续提升的主渠道作用。要加强对行业人才培训资源的统筹，着力加强行业人才培训载体建设，充分调动各级各类行业人才培训载体的积极性和主动性，切实提升行业人才培训工作的针对性和有效性。

（一）抓好行业党校建设

各级行业党校是行业开展党支部书记、党务工作者、党员骨干教育培训工作的主要载体。要建立行业党校校委会章程、学员管理办法等制度，健全党校教学体系和课程体系，完善行业党校管理体制机制。要充分调动行业党校办学的积极性，依托各级党校（行政学院）和红色学院建立行业党员教育培训基地，举办各类示范培训班，提升行业党校办学水平。要着力提升各级行业党校办学的针对性，加强分类指导，建立分层级行业党校培训体系。

（二）抓细行业继续教育

国家会计学院和职业培训机构是行业针对广大注册会计师和非执业会员开展基础类继续教育

的主要载体。要充分发挥国家会计学院在行业人才培养中的主渠道作用，支持国家会计学院特色化发展。针对行业的"急需紧缺"打造继续教育"招牌"课程，针对行业重点人才培养打造"精品高端"课程。要加强对社会职业培训机构的引导，鼓励社会职业培训机构依法依规参与继续教育培训工作，拓宽行业继续教育培训渠道，合力办好行业继续教育培训。要做好行业继续教育培训规划，结合行业实际和国家社会发展需求，制定行业年度培训计划，统筹国家会计学院和职业培训机构的培训课程供给。要创新继续教育手段，利用互联网信息技术，建立全国统一的继续教育线上培训平台，实现继续教育"线上看""掌上学"，逐步提高线上继续教育在继续教育中所占比重，切实提高继续教育的便利性。要持续改进继续教育质量考核制度，形成"能进能出"的继续教育培训机构动态调整机制，督促承担行业继续教育教学任务的培训机构持续加强教学管理、师资建设和课程开发。

（三）抓深会计师事务所培养载体建设

会计师事务所是行业人才职业发展、成长成才的基础阵地。要指导会计师事务所加强内部人才培养体制机制建设，按照一体化管理要求，建立符合自身发展的人力资源体系和梯次化的人才培养机制，建立健全内部培训制度，并将员工参加培训的情况纳入员工职务晋升考核评价体系，确保培训效率效果。要建立健全对具有培训资格的会计师事务所的认定、考核和评价机制，指导具有培训资格的会计师事务所提升培训能力、优化培训资源、改进培训方式、确保培训效果。要积极探索建立"人才培养示范所"经验交流机制，示范推动全国会计师事务所建立健全人才培养和评价体制机制。要推动会计师事务所优质培训资源的共享，指导和鼓励具备条件的会计师事务所创建人才培养学院。要健全完善会计师事务所综合评价制度，将会计师事务所人才培养、人才国际化情况，以及参与行业建设、服务国家建设的情况，纳入会计师事务所综合评价体系，引导会计师事务所加大对人才工作的投入。

（四）抓实注册会计师专业方向院校建设

注册会计师专业方向院校是行业后备人才的重要来源。要深化行业与注册会计师专业方向院校的务实合作，持续推动会计师事务所与注册会计师专业方向院校建立产学研联盟，开展多方位战略合作。要优化注册会计师专业方向境外实习项目形式，畅通学生到国内大中型会计师事务所实习的渠道。要强化注册会计师专业方向核心课程师资培训，提升核心课程师资的理论和实务经验。要鼓励行业高端人才在注册会计师专业方向院校担任校外导师，推动注册会计师专业方向院校教育与行业人才需求有效对接。

五、持续打造行业人才领头羊和生力军

深入开展会计师事务所合伙人、行业国际化人才、执业机构党组织书记、行业代表人士、行业青年人才等培养工程，不断完善培养工程的体制机制，不断提升培养工程的效率效果，持续打造行业发展的领头羊和生力军，引领行业高质量发展。

（一）着力推进会计师事务所合伙人培养工程

聚焦培养符合"政治型、职业型、专业型、复合型、国际型"要求的会计师事务所合伙人及后备人才，着力打造会计师事务所发展的领头羊。对会计师事务所合伙人开展轮训，计划每年培训约1000人，五年共培训约5000人，持续提升政治素养和职业道德，持续拓宽战略眼光和国际视野，持续提高综合管理能力。建立合伙人后备人才选拔机制，选拔政治素养高、执业能力强且具备一定管理能力的会计师事务所优秀中青年人才进行重点培养，每年选拔1次，培养周期三年，五年共计划选拔培养约180人，持续提升专业胜任能力，着重培养管理能力、提升战略眼光和国际视野，为会计师事务所合伙人选拔做好人才储备。坚持学用结合，打通人才培养和使用路径，为合伙人及后备人才搭建平台，调动其服务行业和服务国家建设的积极性。建立健全合伙人及后备人才的考核评价机制，全面评价考核其职业道德、专业胜任能力、国际视野、综合素质以及为行业建设和国家建设所作的贡献。

（二）着力推进行业国际化人才建设工程

聚焦培养符合"高素质、国际化、复合型"要求的行业国际化人才，着力打造行业国际交流合作和行业国际化发展的先行者。充分利用行业人才培养项目，提高全球化、国际化等宏观性、战略性课程的比重，提供包括英语技能、专业英语、宏观性战略性等定制化的培训内容，提升学员的战略眼光，延展学员的国际视野，为行业深入实施国际化战略储备人才。加强行业国际化人才的使用，积极支持其参与行业准则国际趋同研究、行业国际交流合作等相关工作，切实发挥好行业国际化人才智库作用。

（三）着力推进执业机构党组织书记培养工程

聚焦培养符合"守信念、讲奉献、有本领、重品行"要求的会计师事务所党支部书记、党务工作者、党员骨干，锻造一支政治上强、热爱党的工作、熟悉群众工作的行业党务工作人才队伍。依托各级行业党校开展行业党务工作者轮训，提升全国各级行业党委党务工作者的政治理论水平，指导实践、推动工作。依托各级行业党校开展对事务所党组织书记的轮训，充分发挥事务所党组织书记的基层引领、引导作用，推动党建和业务紧密结合。依托各级行业党校和红色学院开展党员骨干培训，教育引导行业党员从业人员用党的创新理论武装头脑，起到示范带头作用。

（四）着力推进行业党外代表人士培养工程

聚焦培养符合"政治坚定、业绩突出、群众认同"要求的行业党外代表人士，培养一支有贡献、有影响的行业党外代表人士队伍。拓宽选人渠道，完善推荐程序，建立行业党组织定期向统战部门推荐输送行业党外代表人士的机制，重点从会计师事务所合伙人、业务骨干及后备人才中，有组织有计划地物色、选拔行业党外代表人士。各级行业党组织要充分利用各类资源加强行业党外代表人士培训培养，紧扣行业特点制定行业党外代表人士培训规划和培训大纲，充分发挥行业党校在行业党外代表人士培训中主阵地作用，分级分类、科学施训，注重提高行业党外代表人士的政治理论素养和参政议政能力。建立科学规范的提名考察机制，根据有关规定提名推荐行业党外代表人士参选人大代表、担任政协委员和政府参事等，支持行业党外代表人士担任群团组织的兼职领导、代表大会代表、委员会委员，到有关国际组织担任职务。

（五）着力推进行业青年素质提升工程

聚焦培养符合"信念坚定、重实重干、与时俱进"要求的行业青年人才，打造一支道德品行优秀、专业能力过硬的行业建设生力军。利用团中央基层团干部培训班和行业党校各类培训班，对各级行业团委干部、综合排名前100家事务所团干部、受表彰行业青年等开展培训，指导地方协会利用省级行业党校、团省委培训班等开展青年培训。持续开展行业"优秀共青团员、五四红旗团支部""青年文明号"等评比表彰，选树先优典型、发挥榜样作用。

六、组织保障

（一）坚持党的全面领导

在财政部党组和财政部人才工作领导小组领导下，切实加强各级行业党委和行业协会党组织建设，发挥党总揽全局、协调各方的领导作用，切实履行管宏观、管政策、管协调、管服务职责，做好新时代"两支队伍"建设的宏观谋划和顶层设计。各级行业党委和行业协会党组织要强化主体责任，完善党管人才工作格局，充分认识加强行业人才工作的重要性，加强对行业人才工作的领导，统筹推进人才工作重大举措落地生效；要结合实际研究制定实施意见，加强政策解读和舆论引导，形成关心支持行业人才发展的良好氛围；要定期研究行业人才发展体制机制改革中遇到的新情况新问题，及时制定修订制度，及时解决重大问题。

（二）强化服务保障

要持续改革完善行业人才治理架构，加强行业人才工作的组织保障、人力保障、资金保障和制度保障。要重视行业人才工作者队伍建设，以构建政治强、专业精、视野宽、本领高的"通才+专才"干部队伍为目标，健全各级注协干部考核评价体系和培训培养体系，强化干部队伍梯队建设，推动人力资源优化，提高服务保障能力。

（三）做好考核评估反馈

建立健全行业人才工作跟踪问效机制，细化任务分工、明确时间节点，加强工作中的督查督导，对发现的问题要及时纠偏，对工作不力的部门和个人要严肃问责。建立健全对行业人才工作的考核机制，以考核传导压力，以压力推动落实，并将贯彻落实本指导意见各项政策情况列入财政部门对注协领导班子工作考核的重要内容，将会计师事务所人才培养情况纳入会计师事务所党组织工作考核的重要内容，确保目标任务落到实处、取得实效。

9. 关于印发《国有企业、上市公司选聘会计师事务所管理办法》的通知

财会〔2023〕4号

各省、自治区、直辖市财政厅（局）、国资委，深圳市财政局，各计划单列市国资委，新疆生产建设兵团财政局、国资委，各证监局，有关国有企业、上市公司、会计师事务所：

为贯彻落实《国务院办公厅关于进一步规范财务审计秩序促进注册会计师行业健康发展的意见》（国办发〔2021〕30号）有关要求，完善国有企业、上市公司选聘会计师事务所有关规定，根据《中华人民共和国公司法》《中华人民共和国会计法》《中华人民共和国注册会计师法》等，我们制定了《国有企业、上市公司选聘会计师事务所管理办法》，现予印发，请遵照执行。

附件：国有企业、上市公司选聘会计师事务所管理办法

财政部
国务院国资委
证监会
2023年2月20日

附件：

国有企业、上市公司选聘会计师事务所管理办法

第一条 为规范国有企业、上市公司选聘会计师事务所行为，促进注册会计师行业公平竞争，推动提升审计质量，维护利益相关方和会计师事务所的合法权益，根据《中华人民共和国公司法》《中华人民共和国会计法》《中华人民共和国注册会计师法》及相关法律法规，制定本办法。

第二条 本办法适用于国有企业和上市公司。本办法所称国有企业，是指国务院和地方人民政府代表国家履行出资人职责的国有独资企业、国有独资公司、国有全资公司，以及国有控股公司。本办法所称上市公司，是指其股票在境内证券交易所上市交易的股份有限公司。

国有控股上市公司应当同时符合本办法中关于国有企业和上市公司的规定。

第三条 本办法所称选聘会计师事务所，是指国有企业、上市公司根据相关法律法规要求，聘任会计师事务所对财务会计报告发表审计意见、出具审计报告的行为。

国有企业、上市公司聘任会计师事务所从事除财务会计报告审计之外的其他法定审计业务的，可以比照本办法执行。

第四条 国有企业选聘会计师事务所，应当由董事会审计委员会（或者类似机构，下同）提出建议后，由股东（大）会或者董事会决定。

对于未设股东（大）会或者董事会的国有企业，由履行出资人职责的机构决定或者授权国有企业决定相关事项。

根据工作需要，履行出资人职责的机构可以直接选聘会计师事务所，对其出资的国有企业进行审计。

第五条 上市公司聘用或解聘会计师事务所，应当由审计委员会审议同意后，提交董事会审议，并由股东大会决定。

第六条 国有企业、上市公司选聘会计师事务所应当采用竞争性谈判、公开招标、邀请招标以及其他能够充分了解会计师事务所胜任能力的选聘方式，保障选聘工作公平、公正进行。

采用竞争性谈判、公开招标、邀请招标等公开选聘方式的，应当通过企业官网等公开渠道发布选聘文件，选聘文件应当包含选聘基本信息、评价要素、具体评分标准等内容。企业应当依法确定选聘文件发布后会计师事务所提交应聘文件的响应时间，确保会计师事务所有充足时间获取选聘信息、准备应聘材料。企业不得以不合理的条件限制或者排斥潜在拟应聘会计师事务所，不得为个别会计师事务所量身定制选聘条件。选聘结果应当及时公示，公示内容应当包括拟选聘会计师事务所和审计费用。

第七条 国有企业、上市公司应当细化选聘会计师事务所的评价标准，对会计师事务所的应聘文件进行评价，并对参与评价人员的评价意见予以记录并保存。

选聘会计师事务所的评价要素，至少应当包括审计费用报价、会计师事务所的资质条件、执业记录、质量管理水平、工作方案、人力及其他资源配备、信息安全管理、风险承担能力水平等。

选聘方应当对每个有效的应聘文件单独评价、打分，汇总各评价要素的得分。其中，质量管理水平的分值权重应不低于40%，审计费用报价的分值权重应不高于15%。

第八条 国有企业、上市公司评价会计师事务所的质量管理水平时，应当重点评价质量管理制度及实施情况，包括项目咨询、意见分歧解决、项目质量复核、项目质量检查、质量管理缺陷识别与整改等方面的政策与程序。

第九条 国有企业、上市公司评价会计师事务所审计费用报价时，应当将满足选聘文件要

求的所有会计师事务所审计费用报价的平均值作为选聘基准价，按照下列公式计算审计费用报价得分：

审计费用报价得分=（1-｜选聘基准价-审计费用报价｜/选聘基准价）×审计费用报价要素所占权重分值

第十条 国有企业、上市公司选聘会计师事务所原则上不得设置最高限价，确需设置的，应当在选聘文件中说明该最高限价的确定依据及合理性。

第十一条 聘任期内，国有企业、上市公司和会计师事务所可以根据消费者物价指数、社会平均工资水平变化，以及业务规模、业务复杂程度变化等因素合理调整审计费用。

审计费用较上一年度下降20%以上（含20%）的，上市公司应当按要求在信息披露文件中说明本期审计费用的金额、定价原则、变化情况和变化原因，国有企业应当及时向履行出资人职责的机构报送有关情况说明。

第十二条 国有企业连续聘任同一会计师事务所原则上不超过8年。国有企业因业务需要拟继续聘用同一会计师事务所超过8年的，应当综合考虑会计师事务所前期审计质量、股东评价、监管部门意见等情况，在履行法人治理程序及内部决策程序后，可适当延长聘用年限，但连续聘任期限不得超过10年。

第十三条 审计项目合伙人、签字注册会计师累计实际承担同一国有企业、上市公司审计业务满5年的，之后连续5年不得参与该国有企业、上市公司的审计业务。

审计项目合伙人、签字注册会计师由于工作变动，在不同会计师事务所为同一国有企业、上市公司提供审计服务的期限应当合并计算。

国有企业、上市公司发生重大资产重组、子公司分拆上市，为其提供审计服务的审计项目合伙人、签字注册会计师未变更的，相关审计项目合伙人、签字注册会计师在该重大资产重组、子公司分拆上市前后提供审计服务的期限应当合并计算。

审计项目合伙人、签字注册会计师在公司上市前后审计服务年限应当合并计算。审计项目合伙人、签字注册会计师承担首次公开发行股票或者向不特定对象公开发行股票并上市审计业务的，上市后连续执行审计业务的期限不得超过两年。

第十四条 国有企业、上市公司应当在年度财务决算报告或者年度报告中披露会计师事务所、审计项目合伙人、签字注册会计师的服务年限、审计费用等信息。

上市公司每年应当按要求披露对会计师事务所履职情况评估报告和审计委员会对会计师事务所履行监督职责情况报告，涉及变更会计师事务所的，还应当披露前任会计师事务所情况及上年度审计意见、变更会计师事务所的原因、与前后任会计师事务所的沟通情况等。国有企业应当按照履行出资人职责的机构要求报送有关情况说明。

国有企业、上市公司更换会计师事务所的，应当在被审计年度第四季度结束前完成选聘工作。

第十五条 国有企业、上市公司审计委员会负责选聘会计师事务所工作，并监督其审计工作开展情况。审计委员会应当切实履行下列职责：

（一）按照董事会的授权制定选聘会计师事务所的政策、流程及相关内部控制制度；

（二）提议启动选聘会计师事务所相关工作；

（三）审议选聘文件，确定评价要素和具体评分标准，监督选聘过程；

（四）提出拟选聘会计师事务所及审计费用的建议，提交决策机构决定；

（五）监督及评估会计师事务所审计工作；

（六）定期（至少每年）向董事会提交对受聘会计师事务所的履职情况评估报告及审计委员会履行监督职责情况报告；

（七）负责法律法规、章程和董事会授权的有关选聘会计师事务所的其他事项。

第十六条 国有企业、上市公司审计委员会应当对下列情形保持高度谨慎和关注：

（一）在资产负债表日后至年度报告出具前变更会计师事务所，连续两年变更会计师事务所，或者同一年度多次变更会计师事务所；

（二）拟聘任的会计师事务所近一年因执业质量被多次行政处罚或者多个审计项目正被立案调查；

（三）拟聘任原审计团队转入其他会计师事务所的；

（四）聘任期内审计费用较上一年度发生较大变动，或者选聘的成交价大幅低于基准价；

（五）会计师事务所未按要求实质性轮换审计项目合伙人、签字注册会计师。

第十七条 国有企业、上市公司和受聘会计师事务所对选聘、应聘、评审、受聘文件和相关决策资料应当妥善归档保存，不得伪造、变造、隐匿或者销毁。文件资料的保存期限为选聘结束之日起至少10年。

第十八条 国有企业、上市公司和会计师事务所应当提高信息安全意识，严格遵守国家有关信息安全的法律法规，认真落实监管部门对信息安全的监管要求，切实担负起信息安全的主体责任和保密责任。国有企业、上市公司在选聘时要加强对会计师事务所信息安全管理能力的审查，在选聘合同中应设置单独条款明确信息安全保护责任和要求，在向会计师事务所提供文件资料时加强对涉密敏感信息的管控，有效防范信息泄露风险。会计师事务所应履行信息安全保护义务，依法依规依合同规范信息数据处理活动。

第十九条 财政部门负责对会计师事务所参与应聘有关行为实施监督管理，履行出资人职责的机构以及证券监督管理机构按职责负责对国有企业、上市公司选聘行为实施监督管理。

财政部门可以对违反本办法规定的会计师事务所依法采取责令改正、监管谈话、出具问询函、出具警示函、责令公开说明、责令定期报告等管理措施。

履行出资人职责的机构可以对违反本办法规定的国有企业依法采取通报批评、考核扣分、责任追究、撤销选聘结果、责令更换审计机构等管理措施。

证券监督管理机构可以对违反本办法规定的上市公司依法采取责令改正、监管谈话、出具警示函等管理措施。

第二十条 国有金融企业选聘会计师事务所可以参照本办法执行，国务院财政部门另有规定的，从其规定。

第二十一条 本办法由财政部、国务院国资委、证监会负责解释。

第二十二条 本办法自印发之日起施行。《委托会计师事务所审计招标规范》（财会〔2006〕2号）、《关于会计师事务所承担中央企业财务决算审计有关问题的通知》（财会〔2011〕24号）有关规定与本办法不一致的，以本办法为准。

国有企业当前执行的会计师事务所轮换规定与本办法第十二条规定不一致的，或者没有规定的，由履行出资人职责的机构统筹安排，自本办法施行之日起两年内完成衔接工作。

10. 深圳经济特区注册会计师条例

省略，详见第一版《会计工作手册》（中国财政经济出版社，2019年5月），请登录会计新时代网站（http：//www.acctne.com/）——"其他管理制度→注册会计师管理制度"查询，或登录深圳市会计协会网站（http：//www.szkjxh.com）——"法规制度→其他管理制度→注册会计师管理制度"查询；或登录财政部深圳监管局子网站（http：//sz.mof.gov.cn/）——"财政预算监管→政策法规"查询。

第十部分

其他财会法规制度

1. 会计档案管理办法

详见第一部分。

2. 关于印发《民间非营利组织会计制度》的通知

财会〔2004〕7号

国务院有关部委、有关直属机构，各省、自治区、直辖市、计划单列市财政厅（局），新疆生产建设兵团财务局：

为了规范民间非营利组织的会计核算，提高会计信息质量，根据《中华人民共和国会计法》以及国家有关法律、行政法规，我部制定了《民间非营利组织会计制度》，现印发给你们，于2005年1月1日起执行。执行中有何问题，请及时反馈我部。

附件：
1.《民间非营利组织会计制度》
2.《民间非营利组织会计制度——会计科目和会计报表》（附件另发）

中华人民共和国财政部
二〇〇四年八月十八日

附件1：

民间非营利组织会计制度

第一章 总 则

第一条 为了规范民间非营利组织的会计核算，保证会计信息的真实、完整，根据《中华人民共和国会计法》及国家其他有关法律、行政法规的规定，制定本制度。

第二条 本制度适用于在中华人民共和国境内依法设立的符合本制度规定特征的民间非营利组织。民间非营利组织包括依照国家法律、行政法规登记的社会团体、基金会、民办非企业单位和寺院、宫观、清真寺、教堂等。

适用本制度的民间非营利组织应当同时具备以下特征：

（一）该组织不以营利为宗旨和目的；

（二）资源提供者向该组织投入资源不取得经济回报；

（三）资源提供者不享有该组织的所有权。

第三条 会计核算应当以民间非营利组织的交易或者事项为对象，记录和反映该组织本身的各项业务活动。

第四条 会计核算应当以民间非营利组织的持续经营为前提。

第五条 会计核算应当划分会计期间，分期结算账目和编制财务会计报告。

第六条 会计核算应当以人民币作为记账本位币。业务收支以人民币以外的货币为主的民间非营利组织，可以选定其中一种货币作为记账本位币，但是编制的财务会计报告应当折算为人民币。

民间非营利组织在核算外币业务时，应当设置相应的外币账户。外币账户包括外币现金、外币银行存款、以外币结算的债权和债务账户等，这些账户应当与非外币的各该相同账户分别设置，并分别核算。

民间非营利组织发生外币业务时，应当将有关外币金额折算为记账本位币金额记账。除另有规定外，所有与外币业务有关的账户，应当采用业务发生时的汇率。当汇率波动较小时，也可以采用业务发生当期期初的汇率进行折算。

各种外币账户的外币余额，期末时应当按照期末汇率折合为记账本位币。按照期末汇率折合的记账本位币金额与账面记账本位币金额之间的差额，作为汇兑损益计入当期费用。但是，属于在借款费用应予资本化的期间内发生的与购建固定资产有关的外币专门借款本金及其利息所产生的汇兑差额，应当予以资本化，计入固定资产成本。借款费用应予资本化的期间依照本制度第三十五条加以确定。

本制度所称外币业务是指以记账本位币以外的货币进行的款项收付、往来结算等业务。

本制度所称的专门借款是指为购建固定资产而专门借入的款项。

第七条 会计核算应当以权责发生制为基础。

第八条 民间非营利组织在会计核算时，应当遵循以下基本原则：

（一）会计核算应当以实际发生的交易或者事项为依据，如实反映民间非营利组织的财务状况、业务活动情况和现金流量等信息；

（二）会计核算所提供的信息应当能够满足会计信息使用者（如捐赠人、会员、监管者等）的需要；

（三）会计核算应当按照交易或者事项的实质进行，而不应当仅仅按照它们的法律形式作为其依据；

（四）会计政策前后各期应当保持一致，不得随意变更。如有必要变更，应当在会计报表附注中披露变更的内容和理由、变更的累积影响数，以及累积影响数不能合理确定的理由等；

（五）会计核算应当按照规定的会计处理方法进行，会计信息应当口径一致、相互可比；

（六）会计核算应当及时进行，不得提前或延后；

（七）会计核算和编制的财务会计报告应当清晰明了，便于理解和使用；

（八）在会计核算中，所发生的费用应当与其相关的收入相配比，同一会计期间内的各项收入和与其相关的费用，应当在该会计期间内确认；

（九）资产在取得时应当按照实际成本计量，但本制度有特别规定的，按照特别规定的计量基础进行计量。其后，资产账面价值的调整，应当按照本制度的规定执行；除法律、行政法规和国家统一的会计制度另有规定外，民间非营利组织一律不得自行调整资产账面价值；

（十）会计核算应当遵循谨慎性原则；

（十一）会计核算应当合理划分应当计入当期费用的支出和应当予以资本化的支出；

（十二）会计核算应当遵循重要性原则，对资产、负债、净资产、收入、费用等有较大影响，并进而影响财务会计报告使用者据以作出合理判断的重要会计事项，必须按照规定的会计方法和程序进行处理，并在财务会计报告中予以充分披露；对于非重要的会计事项，在不影响会计信息真实性和不致于误导会计信息使用者作出正确判断的前提下，可适当简化处理。

第九条 会计记账应当采用借贷记账法。

第十条 会计记录的文字应当使用中文。在民族自治地区，会计记录可以同时使用当地通用的一种民族文字。境外民间非营利组织在中华人民共和国境内设立的代表处、办事处等机构，也可以同时使用一种外国文字记账。

第十一条 民间非营利组织应当根据有关会计法律、行政法规和本制度的规定，在不违反本制度的前提下，结合其具体情况，制定会计核算办法。

第十二条 民间非营利组织填制会计凭证、登记会计账簿、管理会计档案等，按照《中华人民共和国会计法》《会计基础工作规范》和《会计档案管理办法》等规定执行。

第十三条 民间非营利组织应当根据国家有关法律、行政法规和内部会计控制规范，结合本单位的业务活动特点，制定相适应的内部会计控制制度，以加强内部会计监督，提高会计信息质量和管理水平。

第二章 资　产

第十四条 资产是指过去的交易或者事项形成并由民间非营利组织拥有或者控制的资源，该资源预期会给民间非营利组织带来经济利益或者服务潜力。资产应当按其流动性分为流动资产、长期投资、固定资产、无形资产和受托代理资产等。

第十五条 民间非营利组织应当定期或者至少于每年年度终了，对短期投资、应收款项、存货、长期投资等资产是否发生了减值进行检查，如果这些资产发生了减值，应当计提减值准备，确认减值损失，并计入当期费用。对于固定资产、无形资产等其他资产，如果发生了重大减值，也应当计提减值准备，确认减值损失，并计入当期费用。如果已计提减值准备的资产价值在以后会计期间得以恢复，则应当在该资产已计提减值准备的范围内部分或全部转回已确认的减值损失，冲减当期费用。

第十六条 对于民间非营利组织接受捐赠的现金资产,应当按照实际收到的金额入账。对于民间非营利组织接受捐赠的非现金资产,如接受捐赠的短期投资、存货、长期投资、固定资产和无形资产等,应当按照以下方法确定其入账价值:

(一)如果捐赠方提供了有关凭据(如发票、报关单、有关协议等)的,应当按照凭据上标明的金额作为入账价值。如果凭据上标明的金额与受赠资产公允价值相差较大,受赠资产应当以其公允价值作为其入账价值;

(二)如果捐赠方没有提供有关凭据的,受赠资产应当以其公允价值作为入账价值。

对于民间非营利组织接受的劳务捐赠,不予确认,但应当在会计报表附注中作相关披露。

第十七条 本制度中所称的公允价值是指在公平交易中,熟悉情况的交易双方自愿进行资产交换或者债务清偿的金额。公允价值的确定顺序如下:

(一)如果同类或者类似资产存在活跃市场的,应当按照同类或者类似资产的市场价格确定公允价值。

(二)如果同类或类似资产不存在活跃市场,或者无法找到同类或者类似资产的,应当采用合理的计价方法确定资产的公允价值。

在本制度规定应当采用公允价值的情况下,如果有确凿的证据表明资产的公允价值确实无法可靠计量,则民间非营利组织应当设置辅助账,单独登记所取得资产的名称、数量、来源、用途等情况,并在会计报表附注中作相关披露。在以后会计期间,如果该资产的公允价值能够可靠计量,民间非营利组织应当在其能够可靠计量的会计期间予以确认,并以公允价值计量。

第十八条 民间非营利组织如发生非货币性交易,应当按照以下原则处理:

(一)以换出资产的账面价值,加上应支付的相关税费,作为换入资产的入账价值;

(二)非货币性交易中如果发生补价,应区别不同情况处理:

1. 支付补价的民间非营利组织,应以换出资产的账面价值加上补价和应支付的相关税费,作为换入资产的入账价值。

2. 收到补价的民间非营利组织,应按以下公式确定换入资产的入账价值和应确认的收入或费用:

换入资产入账价值=换出资产账面价值-(补价÷换出资产公允价值)×换出资产账面价值-(补价÷换出资产公允价值)×应交税金+应支付的相关税费

应确认的收入或费用=补价×[1-(换出资产账面价值+应交税金)÷换出资产公允价值]

(三)在非货币性交易中,如果同时换入多项资产,应按换入各项资产的公允价值占换入资产公允价值总额的比例,对换出资产的账面价值总额和应支付的相关税费进行分配,以确定各项换入资产的入账价值。

本制度所称非货币性交易是指交易双方以非货币性资产进行的交换,这种交换不涉及或只涉及少量的货币性资产(即补价)。其中,货币性资产是指持有的现金及将以固定或可确定金额的货币收取的资产;非货币性资产是指货币性资产以外的资产。

第一节 流动资产

第十九条 流动资产是指预期可在1年内(含1年)变现或者耗用的资产,主要包括现金、银行存款、短期投资、应收款项、预付账款、存货、待摊费用等。

第二十条 民间非营利组织应当设置现金和银行存款日记账,按照业务发生顺序逐日逐笔登记。有外币现金和存款的民间非营利组织,还应当分别按人民币和外币进行明细核算。

现金的核算应当做到日清月结，其账面余额必须与库存数相符；银行存款的账面余额应当与银行对账单定期核对，并与按月编制的银行存款余额调节表调节相符。

本制度所称的账面余额是指会计科目的账面实际余额，不扣除作为该科目备抵的项目（如累计折旧、资产减值准备等）。

第二十一条 短期投资是指能够随时变现并且持有时间不准备超过1年（含1年）的投资，包括股票、债券投资等。

（一）短期投资在取得时应当按照投资成本计量。短期投资取得时的投资成本按以下方法确定：

1. 以现金购入的短期投资，按照实际支付的全部价款，包括税金、手续费等相关税费作为其投资成本。实际支付的价款中包含的已宣告但尚未领取的现金股利或已到付息期但尚未领取的债券利息，应当作为应收款项单独核算，不构成短期投资成本；

2. 接受捐赠的短期投资，按照本制度第十六条的规定确定其投资成本；

3. 通过非货币性交易换入的短期投资，按照本制度第十八条的规定确定其投资成本。

（二）短期投资的利息或现金股利应当于实际收到时冲减投资的账面价值，但在购买时已计入应收款项的现金股利或者利息除外。

（三）期末，民间非营利组织应当按照本制度第十五条的规定对短期投资是否发生了减值进行检查。如果短期投资的市价低于其账面价值，应当按照市价低于账面价值的差额计提短期投资跌价准备，确认短期投资跌价损失并计入当期费用。如果短期投资的市价高于其账面价值，应当在该短期投资期初已计提跌价准备的范围内转回市价高于账面价值的差额，冲减当期费用。

（四）处置短期投资时，应当将实际取得价款与短期投资账面价值的差额确认为当期投资损益。

本制度所称的账面价值是指某会计科目的账面余额减去相关的备抵项目后的净额。

民间非营利组织的委托贷款和委托投资（包括委托理财）应当区分期限长短，分别作为短期投资和长期投资核算和列报。

第二十二条 应收款项是指民间非营利组织在日常业务活动过程中发生的各项应收未收债权，包括应收票据、应收账款和其他应收款等。

（一）应收款项应当按照实际发生额入账，并按照往来单位或个人等设置明细账，进行明细核算。

（二）期末，应当分析应收款项的可收回性，对预计可能产生的坏账损失计提坏账准备，确认坏账损失并计入当期费用。

第二十三条 预付账款是指民间非营利组织预付给商品供应单位或者服务提供单位的款项。

预付账款应当按照实际发生额入账，并按照往来单位或个人等设置明细账，进行明细核算。

第二十四条 存货是指民间非营利组织在日常业务活动中持有以备出售或捐赠的，或者为了出售或捐赠仍在生产过程中的，或者将在生产、提供服务或日常管理过程中耗用的材料、物资、商品等。

（一）存货在取得时，应当以其实际成本入账。存货成本包括采购成本、加工成本和其他成本。其中，采购成本一般包括实际支付的采购价款、相关税费、运输费、装卸费、保险费以及其他可直接归属于存货采购的费用。加工成本包括直接人工以及按照合理方法分配的与存货加工有关的间接费用。其他成本是指除采购成本、加工成本以外的，使存货达到目前场所和状态所发生的其他支出。接受捐赠的存货，按照本制度第十六条的规定确定其成本。通过非货币性交易换入的存货，按照本制度第十八条的规定确定其成本。

（二）存货在发出时，应当根据实际情况采用个别计价法、先进先出法或者加权平均法，确定发出存货的实际成本。

（三）存货应当定期进行清查盘点，每年至少盘点一次。对于发生的盘盈、盘亏以及变质、毁损等存货，应当及时查明原因，并根据民间非营利组织的管理权限，经理事会、董事会或类似权力机构批准后，在期末结账前处理完毕。对于盘盈的存货，应当按照其公允价值入账，并确认为当期收入；对于盘亏或者毁损的存货，应先扣除残料价值、可以收回的保险赔偿和过失人的赔偿等，将净损失确认为当期费用。

（四）期末，民间非营利组织应当按照本制度第十五条的规定对存货是否发生了减值进行检查。如果存货的可变现净值低于其账面价值，应当按照可变现净值低于账面价值的差额计提存货跌价准备，确认存货跌价损失并计入当期费用。如果存货的可变现净值高于其账面价值，应当在该存货期初已计提跌价准备的范围内转回可变现净值高于账面价值的差额，冲减当期费用。

本制度所称的可变现净值是指在正常业务活动中，以存货的估计售价减去至完工将要发生的成本以及销售所必需的费用后的金额。

第二十五条　待摊费用是指民间非营利组织已经支出，但应当由本期和以后各期分别负担的、分摊期在1年以内（含1年）的各项费用，如预付保险费、预付租金等。

待摊费用应当按其受益期限在1年内分期平均摊销，计入有关费用。

第二节　长期投资

第二十六条　长期投资，是指除短期投资以外的投资，包括长期股权投资和长期债权投资等。

第二十七条　长期股权投资应当按照以下原则核算。

（一）长期股权投资在取得时，应当按取得时的实际成本作为初始投资成本。初始投资成本按以下方法确定：

1. 以现金购入的长期股权投资，按照实际支付的全部价款，包括税金、手续费等相关费用，作为初始投资成本。实际支付的价款中包含的已宣告但尚未领取的现金股利，应当作为应收款项单独核算，不构成初始投资成本。

2. 接受捐赠的长期股权投资，按照本制度第十六条的规定，确定其初始投资成本。

3. 通过非货币性交易换入的长期股权投资，按照本制度第十八条的规定确定其初始投资成本。

（二）长期股权投资应当区别不同情况，分别采用成本法或者权益法核算。如果民间非营利组织对被投资单位无控制、无共同控制且无重大影响，长期股权投资应当采用成本法进行核算；如果民间非营利组织对被投资单位具有控制、共同控制或重大影响，长期股权投资应当采用权益法进行核算。

采用成本法核算时，被投资单位经股东大会或者类似权力机构批准宣告发放的利润或现金股利，作为当期投资收益。

采用权益法核算时，按应当享有或应当分担的被投资单位当年实现的净利润或发生的净亏损的份额调整投资账面价值，并作为当期投资损益。按被投资单位宣告分派的利润或现金股利计算分得的部分，减少投资账面价值。

被投资单位宣告分派的股票股利不作账务处理，但应当设置辅助账进行数量登记。

本制度所称的控制是指有权决定被投资单位的财务和经营政策，并能据以从该单位的经营活动中获得利益；本制度所称的共同控制，是指按合同约定对某项经济活动所共有的控制；本制度所称的重大影响，是指对被投资单位的财务和经营政策有参与决策的权力，但并不决定这些政策。

（三）处置长期股权投资时，应当将实际取得价款与投资账面价值的差额确认为当期投资损益。

第二十八条 长期债权投资应当按照以下原则核算。

（一）长期债权投资在取得时，应当按取得时的实际成本作为初始投资成本。初始投资成本按以下方法确定：

1. 以现金购入的长期债权投资，按照实际支付的全部价款，包括税金、手续费等相关费用，作为初始投资成本。实际支付的价款中包含的已到付息期但尚未领取的债券利息，应当作为应收款项单独核算，不构成初始投资成本。

2. 接受捐赠取得的长期债权投资，按照本制度第十六条的规定确定其初始投资成本。

3. 通过非货币性交易换入的长期债权投资，按照本制度第十八条的规定确定其初始投资成本。

（二）长期债权投资应当按照票面价值与票面利率按期计算确认利息收入。长期债券投资的初始投资成本与债券面值之间的差额，应当在债券存续期间，按照直线法于确认相关债券利息收入时予以摊销。

（三）持有可转换公司债券的民间非营利组织，可转换公司债券在转换为股份之前，应当按一般债券投资进行处理。当民间非营利组织行使转换权利，将其持有的债券投资转换为股份时，应当按其账面价值减去收到的现金后的余额，作为股权投资的初始投资成本。

（四）处置长期债权投资时，应当将实际取得价款与投资账面价值的差额，确认为当期投资损益。

第二十九条 民间非营利组织改变投资目的，将短期投资划转为长期投资，应当按短期投资的成本与市价孰低结转。

第三十条 期末，民间非营利组织应当按照本制度第十五条的规定对长期投资是否发生了减值进行检查。如果长期投资的可收回金额低于其账面价值，应当按照可收回金额低于账面价值的差额计提长期投资减值准备，确认长期投资减值损失并计入当期费用。如果长期投资的可收回金额高于其账面价值，应当在该长期投资期初已计提减值准备的范围内转回可收回金额高于账面价值的差额，冲减当期费用。

本制度所称可收回金额是指资产的销售净价与预期从该资产的持续使用和使用寿命结束时的处置中形成的预计未来现金流量的现值两者之中的较高者，其中销售净价是指销售价值减资产处置费用后的余额。

第三节　固定资产

第三十一条 固定资产，是指同时具有以下特征的有形资产：

（一）为行政管理、提供服务、生产商品或者出租目的而持有的；

（二）预计使用年限超过1年；

（三）单位价值较高。

第三十二条 固定资产在取得时，应当按取得时的实际成本入账。取得时的实际成本包括买价、包装费、运输费、交纳的有关税金等相关费用，以及为使固定资产达到预定可使用状态前所必要的支出。固定资产取得时的实际成本应当根据具体情况分别确定：

（一）外购的固定资产，按照实际支付的买价、相关税费以及为使固定资产达到预定可使用状态前所发生的可直接归属于该固定资产的其他支出（如运输费、安装费、装卸费等）确定其成本。

如果以一笔款项购入多项没有单独标价的固定资产，按各项固定资产公允价值的比例对总成本进行分配，分别确定各项固定资产的成本。

（二）自行建造的固定资产，按照建造该项资产达到预定可使用状态前所发生的全部必要支出确定其成本。

（三）接受捐赠的固定资产，应当按照本制度第十六条的规定确定其成本。

（四）通过非货币性交易换入的固定资产，按照本制度第十八条的规定确定其成本。

（五）融资租入的固定资产，按照租赁协议或者合同确定的价款、运输款、途中保险费、安装调试费以及融资租入固定资产达到预定可使用状态前发生的借款费用等确定其成本。

第三十三条　在建工程，包括施工前期准备、正在施工中的建筑工程、安装工程、技术改造工程等。工程项目较多且工程支出较大的，应当按照工程项目的性质分项核算。

第三十四条　在建工程应当按照所建造工程达到预定可使用状态前实际发生的全部必要支出确定其工程成本，并单独核算。在建工程的工程成本应当根据以下具体情况分别确定：

（一）对于自营工程，按照直接材料、直接人工、直接机械使用费等确定其成本。

（二）对于出包工程，按照应支付的工程价款等确定其成本。

第三十五条　为购建固定资产而发生的专门借款的借款费用在规定的允许资本化的期间内，应当按照专门借款的借款费用的实际发生额予以资本化，计入在建工程成本。这里的借款费用包括因借款而发生的利息、辅助费用以及因外币借款而发生的汇兑差额。

只有在以下三个条件同时具备时，因专门借款所发生的借款费用才允许开始资本化：

（一）资产支出已经发生；

（二）借款费用已经发生；

（三）为使资产达到预定可使用状态所必要的购建活动已经开始。

如果固定资产的购建活动发生非正常中断，并且中断时间连续超过3个月（含3个月），应当暂停借款费用的资本化，将中断期间内所发生的借款费用确认为当期费用，直至资产的购建活动重新开始。但是，如果中断是使购建的固定资产达到预定可使用状态所必要的程序，则借款费用的资本化应当继续进行。

当所购建的固定资产达到预定可使用状态时，应当停止借款费用的资本化，之后所发生的借款费用应当于发生时计入当期费用。通常所购建的固定资产达到以下状态时，应当视为所购建的固定资产已经达到预定可使用状态：

（一）固定资产的实体建造（包括安装）工作已经全部完成或者实质上已经完成；

（二）所购建的固定资产与设计要求或者合同要求相符或者基本相符，即使有极个别与设计或者合同要求不相符的地方，也不影响其正常使用；

（三）继续发生在所购建固定资产上的支出金额很少或者几乎不再发生。

第三十六条　所购建的固定资产已达到预定可使用状态时，应当自达到预定可使用状态之日起，将在建工程成本转入固定资产核算。

第三十七条　民间非营利组织应当对固定资产计提折旧，在固定资产的预计使用寿命内系统地分摊固定资产的成本。

民间非营利组织应当根据固定资产的性质和消耗方式，合理地确定固定资产的预计使用年限和预计净残值。

民间非营利组织应当按照固定资产所含经济利益或者服务潜力的预期实现方式选择折旧方法，可选用的折旧方法包括年限平均法、工作量法、双倍余额递减法和年数总和法。折旧方法一经确定，不得随意变更。如果由于固定资产所含经济利益或者服务潜力预期实现方式发生重大改变而确实需要变更的，应当在会计报表附注中披露相关信息。

第三十八条　民间非营利组织应当按月提取折旧，当月增加的固定资产，当月不提折旧，从下月起计提折旧;当月减少的固定资产,当月照提折旧,从下月起不提折旧。

第三十九条 与固定资产有关的后续支出,如果使可能流入民间非营利组织的经济利益或者服务潜力超过了原先的估计,如延长了固定资产的使用寿命,或者使服务质量实质性提高,或者使商品成本实质性降低,则应当计入固定资产账面价值,但其增计后的金额不应当超过该固定资产的可收回金额。其他后续支出,应当计入当期费用。

第四十条 民间非营利组织由于出售、报废或者毁损等原因而发生的固定资产清理净损益,应当计入当期收入或者费用。

第四十一条 用于展览、教育或研究等目的的历史文物、艺术品以及其他具有文化或者历史价值并作长期或者永久保存的典藏等,作为固定资产核算,但不必计提折旧。在资产负债表中,应当单列"文物文化资产"项目予以单独反映。

第四十二条 民间非营利组织对固定资产应当定期或者至少每年实地盘点一次。对盘盈、盘亏的固定资产,应当及时查明原因,写出书面报告,并根据管理权限经董事会、理事会或类似权力机构批准后,在期末结账前处理完毕。盘盈的固定资产应当按照其公允价值入账,并计入当期收入;盘亏的固定资产在减去过失人或者保险公司等赔款和残料价值之后计入当期费用。

第四十三条 民间非营利组织对固定资产的购建、出售、清理、报废和内部转移等都应当办理会计手续,并应当设置固定资产明细账(或者固定资产卡片)进行明细核算。

第四节 无形资产

第四十四条 无形资产是指民间非营利组织为开展业务活动、出租给他人或为管理目的而持有的且没有实物形态的非货币性长期资产,包括专利权、非专利技术、商标权、著作权、土地使用权等。

第四十五条 无形资产在取得时,应当按照取得时的实际成本入账。

(一)购入的无形资产,按照实际支付的价款确定其实际成本;

(二)自行开发并按法律程序申请取得的无形资产,按依法取得时发生的注册费、聘请律师费等费用,作为无形资产的实际成本。依法取得前,在研究与开发过程中发生的材料费用、直接参与开发人员的工资及福利费、开发过程中发生的租金、借款费用等直接计入当期费用;

(三)接受捐赠的无形资产,按照本制度第十六条的规定确定其实际成本;

(四)通过非货币性交易换入的无形资产,按照本制度第十八条的规定确定其实际成本。

第四十六条 无形资产应当自取得当月起在预计使用年限内分期平均摊销,计入当期费用。如预计使用年限超过了相关合同规定的受益年限或法律规定的有效年限,该无形资产的摊销年限按如下原则确定:

(一)合同规定了受益年限但法律没有规定有效年限的,摊销期不应超过合同规定的受益年限;

(二)合同没有规定受益年限但法律规定了有效年限的,摊销期不应超过法律规定的有效年限;

(三)合同规定了受益年限,法律也规定了有效年限的,摊销期不应超过受益年限和有效年限两者之中较短者。

如果合同没有规定受益年限,法律也没有规定有效年限的,摊销期不应超过 10 年。

第四十七条 民间非营利组织处置无形资产,应当将实际取得的价款与该项无形资产的账面价值之间的差额,计入当期收入或者费用。

第五节　受托代理资产

第四十八条　受托代理资产是指民间非营利组织接受委托方委托从事受托代理业务而收到的资产。在受托代理过程中，民间非营利组织通常只是从委托方收到受托资产，并按照委托人的意愿将资产转赠给指定的其他组织或者个人。民间非营利组织本身只是在委托代理过程中起中介作用，无权改变受托代理资产的用途或者变更受益人。

民间非营利组织应当对受托代理资产比照接受捐赠资产的原则进行确认和计量，但在确认一项受托代理资产时，应当同时确认一项受托代理负债。

第三章　负　债

第四十九条　负债是指过去的交易或者事项形成的现时义务，履行该义务预期会导致含有经济利益或者服务潜力的资源流出民间非营利组织。负债应当按其流动性分为流动负债、长期负债和受托代理负债等。

第五十条　或有事项是指过去的交易或者事项形成的一种状况，其结果须通过未来不确定事项的发生或不发生予以证实。

如果与或有事项相关的义务同时符合以下条件，应当将其确认为负债，以清偿该负债所需支出的最佳估计数予以计量，并在资产负债表中单列项目予以反映：

（一）该义务是民间非营利组织承担的现时义务；

（二）该义务的履行很可能导致含有经济利益或者服务潜力的资源流出民间非营利组织；

（三）该义务的金额能够可靠地计量。

第五十一条　流动负债是指将在1年内（含1年）偿还的负债，包括短期借款、应付款项、应付工资、应交税金、预收账款、预提费用和预计负债等。

（一）短期借款是指民间非营利组织向银行或其他金融机构等借入的期限在1年以下（含1年）的各种借款；

（二）应付款项是指民间非营利组织在日常业务活动过程中发生的各项应付票据、应付账款和其他应付款等应付未付款项；

（三）应付工资是指民间非营利组织应付未付的员工工资；

（四）应交税金是指民间非营利组织应交未交的各种税费；

（五）预收账款是指民间非营利组织向服务和商品购买单位预收的各种款项；

（六）预提费用是指民间非营利组织预先提取的已经发生但尚未支付的费用，如预提的租金、保险费、借款利息等；

（七）预计负债是指民间非营利组织对因或有事项所产生的现时义务而确认的负债。

第五十二条　各项流动负债应当按实际发生额入账。

短期借款应当按照借款本金和确定的利率按期计提利息，计入当期费用。

第五十三条　长期负债是指偿还期限在1年以上（不含1年）的负债，包括长期借款、长期应付款和其他长期负债。

（一）长期借款是指民间非营利组织向银行或其他金融机构等借入的期限在1年以上（不含1年）的各种借款；

（二）长期应付款主要是指民间非营利组织融资租入固定资产发生的应付租赁款；

（三）其他长期负债是指除长期借款和长期应付款外的长期负债。

第五十四条 各项长期负债应当按实际发生额入账。

第五十五条 受托代理负债是指民间非营利组织因从事受托代理交易、接受受托代理资产而产生的负债。受托代理负债应当按照相对应的受托代理资产的金额予以确认和计量。

第四章 净资产

第五十六条 民间非营利组织的净资产是指资产减去负债后的余额。净资产应当按照其是否受到限制，分为限定性净资产和非限定性净资产等。

如果资产或者资产所产生的经济利益（如资产的投资收益和利息等）的使用受到资产提供者或者国家有关法律、行政法规所设置的时间限制或（和）用途限制，则由此形成的净资产即为限定性净资产，国家有关法律、行政法规对净资产的使用直接设置限制的，该受限制的净资产亦为限定性净资产；除此之外的其他净资产，即为非限定性净资产。

本制度所称的时间限制，是指资产提供者或者国家有关法律、行政法规要求民间非营利组织在收到资产后的特定时期之内或特定日期之后使用该项资产，或者对资产的使用设置了永久限制。

本制度所称的用途限制，是指资产提供者或者国家有关法律、行政法规要求民间非营利组织将收到的资产用于某一特定的用途。

民间非营利组织的董事会、理事会或类似权力机构对净资产的使用所作的限定性决策、决议或拨款限额等，属于民间非营利组织内部管理上对资产使用所作的限制，不属于本制度所界定的限定性净资产。

第五十七条 如果限定性净资产的限制已经解除，应当对净资产进行重新分类，将限定性净资产转为非限定性净资产。

当存在下列情况之一时，可以认为限定性净资产的限制已经解除：

（一）所限定净资产的限制时间已经到期；

（二）所限定净资产规定的用途已经实现（或者目的已经达到）；

（三）资产提供者或者国家有关法律、行政法规撤销了所设置的限制。

如果限定性净资产受到两项或两项以上的限制，应当在最后一项限制解除时，才能认为该项限定性净资产的限制已经解除。

第五章 收 入

第五十八条 收入是指民间非营利组织开展业务活动取得的、导致本期净资产增加的经济利益或者服务潜力的流入。收入应当按其来源分为捐赠收入、会费收入、提供服务收入、政府补助收入、投资收益、商品销售收入等主要业务活动收入和其他收入等。

（一）捐赠收入是指民间非营利组织接受其他单位或者个人捐赠所取得的收入；

（二）会费收入是指民间非营利组织根据章程等的规定向会员收取的会费；

（三）提供服务收入是指民间非营利组织根据章程等的规定向其服务对象提供服务取得的收入，包括学费收入、医疗费收入、培训收入等；

（四）政府补助收入是指民间非营利组织接受政府拨款或者政府机构给予的补助而取得的收入；

（五）商品销售收入是指民间非营利组织销售商品（如出版物、药品等）等所形成的收入；

（六）投资收益是指民间非营利组织因对外投资取得的投资净损益；

民间非营利组织如果有除上述捐赠收入、会费收入、提供服务收入、政府补助收入、商品销售收入、投资收益之外的其他主要业务活动收入，也应当单独核算。

（七）其他收入，是指除上述主要业务活动收入以外的其他收入，如固定资产处置净收入、无形资产处置净收入等。

对于民间非营利组织接受的劳务捐赠，不予确认，但应当在会计报表附注中作相关披露。

第五十九条 民间非营利组织在确认收入时，应当区分交换交易所形成的收入和非交换交易所形成的收入。

（一）交换交易是指按照等价交换原则所从事的交易，即当某一主体取得资产、获得服务或者解除债务时，需要向交易对方支付等值或者大致等值的现金，或者提供等值或者大致等值的货物、服务等的交易。如按照等价交换原则销售商品、提供劳务等均属于交换交易。

对于因交换交易所形成的商品销售收入，应当在下列条件下同时满足时予以确认：

1. 已将商品所有权上的主要风险和报酬转移给购货方；
2. 既没有保留通常与所有权相联系的继续管理权，也没有对已售出的商品实施控制；
3. 与交易相关的经济利益能够流入民间非营利组织；
4. 相关的收入和成本能够可靠地计量。

对于因交换交易所形成的提供劳务收入，应当按以下规定予以确认：

1. 在同一会计年度内开始并完成的劳务，应当在完成劳务时确认收入；
2. 如果劳务的开始和完成分属不同的会计年度，可以按完工进度或完成的工作量确认收入。

对于因交换交易所形成的因让渡资产使用权而发生的收入应当在下列条件同时满足时予以确认：

1. 与交易相关的经济利益能够流入民间非营利组织；
2. 收入的金额能够可靠地计量。

（二）非交换交易是指除交换交易之外的交易。在非交换交易中，某一主体取得资产、获得服务或者解除债务时，不必向交易对方支付等值或者大致等值的现金，或者提供等值或者大致等值的货物、服务等；或者某一主体在对外提供货物、服务等时，没有收到等值或者大致等值的现金、货物等。如捐赠、政府补助等均属于非交换交易。

对于因非交换交易所形成的收入，应当在同时满足下列条件时予以确认：

1. 与交易相关的含有经济利益或者服务潜力的资源能够流入民间非营利组织并为其所控制，或者相关的债务能够得到解除；
2. 交易能够引起净资产的增加；
3. 收入的金额能够可靠地计量。

一般情况下，对于无条件的捐赠或政府补助，应当在捐赠或政府补助收到时确认收入；对于附条件的捐赠或政府补助，应当在取得捐赠资产或政府补助资产控制权时确认收入，但当民间非营利组织存在需要偿还全部或部分捐赠资产（或者政府补助资产）或者相应金额的现时义务时，应当根据需要偿还的金额同时确认一项负债和费用。

第六十条 民间非营利组织对于各项收入应当按是否存在限定区分为非限定性收入和限定性收入进行核算。

如果资产提供者对资产的使用设置了时间限制或者（和）用途限制，则所确认的相关收入为限定性收入；除此之外的其他收入，为非限定性收入。

民间非营利组织的会费收入、提供服务收入、商品销售收入和投资收益等一般为非限定性收入，除非相关资产提供者对资产的使用设置了限制。民间非营利组织的捐赠收入和政府补助收入，应当视相关资产提供者对资产的使用是否设置了限制，分别限定性收入和非限定性收入进行核算。

第六十一条 期末,民间非营利组织应当将本期限定性收入和非限定性收入分别结转至净资产项下的限定性净资产和非限定性净资产。

第六章 费 用

第六十二条 费用是指民间非营利组织为开展业务活动所发生的、导致本期净资产减少的经济利益或者服务潜力的流出。费用应当按照其功能分为业务活动成本、管理费用、筹资费用和其他费用等。

(一)业务活动成本,是指民间非营利组织为了实现其业务活动目标、开展其项目活动或者提供服务所发生的费用。如果民间非营利组织从事的项目、提供的服务或者开展的业务比较单一,可以将相关费用全部归集在"业务活动成本"项目下进行核算和列报;如果民间非营利组织从事的项目、提供的服务或者开展的业务种类较多,民间非营利组织应当在"业务活动成本"项目下分别项目、服务或者业务大类进行核算和列报。

(二)管理费用,是指民间非营利组织为组织和管理其业务活动所发生的各项费用,包括民间非营利组织董事会(或者理事会或者类似权力机构)经费和行政管理人员的工资、奖金、福利费、住房公积金、住房补贴、社会保障费、离退休人员工资及补助,以及办公费、水电费、邮电费、物业管理费、差旅费、折旧费、修理费、租赁费、无形资产摊销费、资产盘亏损失、资产减值损失、因预计负债所产生的损失、聘请中介机构费和应偿还的受赠资产等。其中,福利费应当依法根据民间非营利组织的管理权限,按照董事会、理事会或类似权力机构等的规定据实列支。

(三)筹资费用,是指民间非营利组织为筹集业务活动所需资金而发生的费用,它包括民间非营利组织为了获得捐赠资产而发生的费用以及应当计入当期费用的借款费用、汇兑损失(减汇兑收益)等。民间非营利组织为了获得捐赠资产而发生的费用包括举办募款活动费、准备、印刷和发放募款宣传资料费以及其他与募款或者争取捐赠资产有关的费用。

(四)其他费用,是指民间非营利组织发生的、无法归属到上述业务活动成本、管理费用或者筹资费用中的费用,包括固定资产处置净损失、无形资产处置净损失等。

民间非营利组织的某些费用如果属于多项业务活动或者属于业务活动、管理活动和筹资活动等共同发生的,而且不能直接归属于某一类活动,应当将这些费用按照合理的方法在各项活动中进行分配。

第六十三条 民间非营利组织发生的业务活动成本、管理费用、筹资费用和其他费用,应当在发生时按其发生额计入当期费用。

第六十四条 期末,民间非营利组织应当将本期发生的各项费用结转至净资产项下的非限定性净资产,作为非限定性净资产的减项。

第七章 财务会计报告

第六十五条 财务会计报告是反映民间非营利组织财务状况、业务活动情况和现金流量等的书面文件。

第六十六条 财务会计报告分为年度财务会计报告和中期财务会计报告。以短于一个完整的会计年度的期间(如半年度、季度和月度)编制的财务会计报告称为中期财务会计报告。年度财务会计报告则是以整个会计年度为基础编制的财务会计报告。

第六十七条 财务会计报告由会计报表、会计报表附注和财务情况说明书组成。民间非营利组织对外提供的财务会计报告的内容、会计报表的种类和格式、会计报表附注应予披露的主要内容等,由本制度规定;民间非营利组织内部管理需要的会计报表由单位自行规定。

民间非营利组织在编制中期财务会计报告时,应当采用与年度会计报表相一致的确认与计量原则。中期财务会计报告的内容相对于年度财务会计报告而言可以适当简化,但仍应保证包括与理解中期期末财务状况和中期业务活动情况及其现金流量相关的重要财务信息。

第六十八条 民间非营利组织采用的会计政策前后各期应当保持一致,不得随意变更,除非符合下列条件之一:

(一)法律或会计制度等行政法规、规章的要求;

(二)这种变更能够提供有关民间非营利组织财务状况、业务活动情况和现金流量等更可靠、更相关的会计信息。

民间非营利组织应当采用追溯调整法核算会计政策的变更,如果追溯调整法不可行,则应当采用未来适用法核算;如果相关法律或会计制度等另有规定,则应当按照相关规定进行核算。

本制度中所称追溯调整法,是指对某项交易或者事项变更会计政策时,如同该交易或者事项初次发生时就开始采用新的会计政策,并以此对相关项目进行调整的方法。本制度所称未来适用法,是指对某项交易或者事项变更会计政策时,新的会计政策适用于变更当期及未来期间发生的交易或者事项的方法。

第六十九条 资产负债表日至财务会计报告批准报出日之间发生的需要调整或说明的有利或不利事项,属于资产负债表日后事项。对于资产负债表日后事项,应当区分调整事项和非调整事项进行处理。

调整事项,是指资产负债表日后至财务会计报告批准报出日之间发生的,为资产负债表日已经存在的情况提供了新的或进一步证据,有助于对资产负债表日存在情况有关的金额作出重新估计的事项。民间非营利组织应当就调整事项,对资产负债表日所确认的相关资产、负债和净资产,以及资产负债表日所属期间的相关收入、费用等进行调整。

非调整事项,是指资产负债表日后至财务会计报告批准报出日之间才发生的,不影响资产负债表日的存在情况,但不加以说明将会影响财务会计报告使用者作出正确估计和决策的事项。民间非营利组织应当在会计报表附注中披露非调整事项的性质、内容,以及对财务状况和业务活动情况的影响。如无法估计其影响,应当说明理由。

第七十条 财务会计报告中的会计报表至少应当包括以下三张报表:

(一)资产负债表;

(二)业务活动表;

(三)现金流量表。

第七十一条 会计报表附注至少应当包括下列内容:

(一)重要会计政策及其变更情况的说明;

(二)董事会(或者理事会或者类似权力机构)成员和员工的数量、变动情况以及获得的薪金等报酬情况的说明;

(三)会计报表重要项目及其增减变动情况的说明;

(四)资产提供者设置了时间或用途限制的相关资产情况的说明;

(五)受托代理交易情况的说明,包括受托代理资产的构成、计价基础和依据、用途等;

(六)重大资产减值情况的说明;

(七)公允价值无法可靠取得的受赠资产和其他资产的名称、数量、来源和用途等情况的说明;

(八)对外承诺和或有事项情况的说明;

（九）接受劳务捐赠情况的说明；

（十）资产负债表日后非调整事项的说明；

（十一）有助于理解和分析会计报表需要说明的其他事项。

第七十二条 财务情况说明书至少应当对下列情况作出说明：

（一）民间非营利组织的宗旨、组织结构以及人员配备等情况；

（二）民间非营利组织业务活动基本情况，年度计划和预算完成情况，产生差异的原因分析，下一会计期间业务活动计划和预算等；

（三）对民间非营利组织业务活动有重大影响的其他事项。

第七十三条 民间非营利组织对外投资，而且占对被投资单位资本总额50%以上（不含50%），或者虽然占该单位资本总额不足50%但具有实质上的控制权的，或者对被投资单位具有控制权的，应当编制合并会计报表。

第七十四条 民间非营利组织的年度财务会计报告至少应当于年度终了后4个月内对外提供。如果民间非营利组织被要求对外提供中期财务会计报告的，应当在规定的时间内对外提供。

会计报表的填列，以人民币"元"为金额单位，"元"以下填至"分"。

第七十五条 民间非营利组织对外提供的财务会计报告应当依次编定页数，加具封面，装订成册，加盖公章。封面上应当注明：组织名称、组织登记证号、组织形式、地址、报表所属年度或者中期、报出日期，并由单位负责人和主管会计工作的负责人、会计机构负责人（会计主管人员）签名并盖章；设置总会计师的单位，还应当由总会计师签名并盖章。

第八章 附 则

第七十六条 本制度自2005年1月1日起施行。

2004年10月28日

3.关于印发《代理记账行业协会管理办法》的通知

财会〔2018〕32号

各省、自治区、直辖市、计划单列市财政厅(局),新疆生产建设兵团财政局:

为加强代理记账行业协会管理,规范代理记账行业协会行为,根据《代理记账管理办法》及国家有关规定,我部制定了《代理记账行业协会管理办法》,现予印发,请遵照执行。

附件:代理记账行业协会管理办法

财政部
2018年11月13日

附件：

代理记账行业协会管理办法

第一章 总　则

第一条 为加强代理记账行业协会管理，规范代理记账行业协会行为，根据《代理记账管理办法》及国家有关规定，制定本办法。

第二条 本办法所称的代理记账行业协会（以下简称行业协会）是指由依法取得代理记账资格、从事代理记账业务的机构（以下简称代理记账机构）自愿发起，依法成立的非营利性法人。

第三条 行业协会应当加强行业诚信自律建设和会员服务，督促会员执业质量、职业道德，协调行业内、外部关系，维护社会公众利益、优化公平竞争环境、确保会员合法权益，促进行业健康有序发展。

第四条 行业协会应当遵循自主办会的原则，依据经登记管理机关核准的行业协会章程，实行会务自理、经费自筹、自律管理、自我服务，并使会员享有平等的权利和义务。

第五条 行业协会的活动应当符合国家法律法规以及行业的整体要求，不得损害社会公共利益。

第六条 行业协会应当加强党的组织建设，宣传和执行党的路线方针政策，领导本协会工会、共青团、妇联等群团组织，教育引导党员，团结凝聚群众，推动事业发展。

第七条 行业协会的负责人包括会长（理事长）、副会长（副理事长）、秘书长，其设立及人员配备应当符合国家有关规定。

第八条 行业协会应当依据有关法律法规及行业协会章程，建立健全法人治理结构及运行机制，完善各项内部管理制度，规范议事规则和工作程序。

行业协会不得限制会员开展正当的经营活动或参与其他社会活动；不得在会员之间实施歧视性政策。

第九条 县级以上地方人民政府财政部门是本地区行业协会的行业管理部门，应当加强对行业协会的业务指导和日常监管，引导行业协会健康发展。

跨行政区域的行业协会，由其登记管理机关的同级财政部门作为其行业管理部门。

第二章 自律管理和自我服务

第十条 行业协会应当加强下列自律管理：

（一）研究制定本协会的自律规约和职业道德准则；

（二）推行会员信用承诺，开展会员信用评价，建立健全会员信用档案；

（三）加强会员信用信息共享和应用，实行信息公开并自觉接受社会公众和会员的监督；

（四）督促指导会员遵守国家统一的会计制度；

（五）对违反国家法律法规、行业协会章程、自律规约和职业道德的会员进行惩戒；

（六）采取其他有助于本行业健康发展的自律措施。

第十一条 行业协会可以按照国家有关规定，协调相关市场主体共同制定满足市场和创新需要的执业规范和标准。行业协会制定的执业规范和标准应当符合国家法律法规及国家统一的会计制度的规定。

行业协会制定的执业规范和标准由本协会会员约定采用。

第十二条 行业协会应当建立健全行业诚信激励和失信惩戒机制，对遵纪守法、诚信执业并受到社会广泛认可的会员，行业协会可以给予奖励；对违反国家法律法规、行业协会章程、行业规范，严重损害行业整体形象的会员，行业协会应当按照行业协会章程、行业规范进行处理，并在有关处理决定作出后的15个工作日内向行业管理部门备案。

第十三条 行业协会应当做好会员服务，在政策咨询、法律维权、人员培训、经验交流、市场拓展、信息化建设等方面向会员提供必要的支持和便利。

第十四条 行业协会应当切实维护会员和行业的合法权益，向政府有关部门及时反映行业诉求。

第十五条 行业协会应当规范行业发展秩序，发挥专业调解作用，就行业经营活动中产生的争议事项制定具体的处置规则和程序，并可以对以下争议事项进行调解：

（一）会员之间的争议事项；

（二）会员与同业非会员单位之间的争议事项；

（三）会员与委托客户之间的争议事项；

（四）会员与其他经济组织之间的争议事项。

第三章 财务管理

第十六条 行业协会应当加强财务管理和内部控制建设，建立健全财务管理制度，经费使用应当符合行业协会章程规定的范围。

第十七条 行业协会的会费应当按照《社会团体登记管理条例》和行业协会章程的规定收取。会费的收取、使用应当接受会员代表大会和有关部门的监督，任何组织或者个人不得侵占、私分和挪用。

第十八条 行业协会资产管理和使用应当按照行业协会章程和财务管理制度执行。重大资产配置、处置应当经过会员代表大会、理事会审议。

第十九条 行业协会应当严格按照《中华人民共和国会计法》等法律法规以及《民间非营利组织会计制度》等规定，建立健全本协会的会计核算办法，依法进行会计核算，编制财务会计报告。

行业协会的年度财务会计报告应当按照国家有关规定，委托会计师事务所进行审计。

第四章 指导与监督

第二十条 行业管理部门应当加强对管辖区域内行业协会的政策和业务指导，建立健全工作联系机制，加强备案管理，监督、指导行业协会遵守国家法律法规和有关政策，依据行业协会章程开展活动。

第二十一条 登记管理机关准予登记的，行业协会应当在完成注册登记后的15个工作日内，向行业管理部门提交以下备案材料：

（一）行业协会负责人、理事、会员等的基本情况；

（二）行业协会章程、会费管理办法；

（三）《社会团体法人登记证书》相关信息。

第二十二条 行业协会应当于每年完成向登记管理机关报送年度工作报告后的15个工作日内，向同级行业管理部门报送年度工作报告。

第二十三条 登记管理机关准予变更登记或准予注销的,行业协会应当在办理完成后的15个工作日内,向行业管理部门进行备案。

第二十四条 行业协会进行换届、更换法定代表人,应当进行财务审计,并在取得审计报告后的15个工作日内将审计报告报送行业管理部门备案。

第二十五条 行业协会应当依法履行对年度工作报告、经审计的年度财务会计报告等信息的公开义务。

第二十六条 行业管理部门在制定涉及行业利益的政策措施、行业规范和标准时,应当发挥行业协会的职能作用,主动听取行业协会关于行业发展的意见和建议。

第二十七条 行业管理部门应当依法加强对行业协会活动的监管,定期对行业协会执行行业协会章程、开展自律管理、自我服务以及财务管理等情况进行监督检查。

第二十八条 行业管理部门应当鼓励和支持行业协会开展行业人才建设工作,积极提升行业从业人员的职业技能和道德水平。

第二十九条 行业管理部门对代理记账机构实施监管时,应当主动核实并运用行业协会的自律管理、信用档案、激励惩戒等信息,对违反《中华人民共和国会计法》以及国家统一的会计制度等法律法规的行为,应当及时依据有关法律法规进行处理。

第三十条 行业协会违反行业协会章程,造成恶劣社会影响的,行业管理部门应当及时进行约谈,责令其限期改正;逾期不改正的,列入重点关注名单,并向社会公示;同时违反国家有关规定,情节严重的,依据有关法律法规进行处理。

第三十一条 行业协会未按照本办法第十二条、第二十一条、第二十二条、第二十三条、第二十四条的规定按时报送相关材料的,由行业管理部门进行约谈,并责令其限期改正;逾期不改正的,列入重点关注名单,并向社会公示。

第三十二条 行业协会未按照本办法第二十五条的规定依法履行信息公开义务的,由行业管理部门进行约谈,并责令其限期改正;逾期不改正的,列入重点关注名单,并向社会公示;情节严重的,依据有关法律法规进行处理。

第三十三条 行业管理部门及其工作人员在监管过程中,滥用职权、玩忽职守、徇私舞弊的,依法给予行政处分;涉嫌犯罪的,移送司法机关处理。

第五章 附 则

第三十四条 本办法自2019年1月1日起施行。

4. 关于印发《工会会计制度》的通知

财会〔2021〕7号

中华全国总工会，各省、自治区、直辖市、计划单列市财政厅（局），新疆生产建设兵团财政局：

  为了适应工会组织财务改革的需要，进一步规范工会会计核算，提高会计信息质量，根据《中华人民共和国会计法》《中华人民共和国工会法》等法律法规，我们对2009年颁布的《工会会计制度》进行了修订，现予印发，自2022年1月1日起施行。

  执行中有何问题，请及时反馈我部。

  附件：工会会计制度（略，详见财政部会计司子网站）

财政部

2021年4月14日

5.财政部关于修改《代理记账管理办法》等2部部门规章的决定

《财政部关于修改〈代理记账管理办法〉等2部部门规章的决定》已经财政部部务会议审议通过，现予公布，自公布之日起施行。

部长　刘昆
2019年3月14日

财政部关于修改《代理记账管理办法》等2部部门规章的决定

财政部部务会议决定：
一、对《代理记账管理办法》作出修改
（一）将第四条修改为："申请代理记账资格的机构应当同时具备以下条件：
1. 为依法设立的企业；
2. 专职从业人员不少于3名；
3. 主管代理记账业务的负责人具有会计师以上专业技术职务资格或者从事会计工作不少于三年，且为专职从业人员；
4. 有健全的代理记账业务内部规范。
代理记账机构从业人员应当具有会计类专业基础知识和业务技能，能够独立处理基本会计业务，并由代理记账机构自主评价认定。
本条第一款所称专职从业人员是指仅在一个代理记账机构从事代理记账业务的人员。"
（二）将第五条修改为："申请代理记账资格的机构，应当向所在地的审批机关提交申请及下列材料，并对提交材料的真实性负责：
1. 统一社会信用代码；
2. 主管代理记账业务的负责人具备会计师以上专业技术职务资格或者从事会计工作不少于三年的书面承诺；
3. 专职从业人员在本机构专职从业的书面承诺；
4. 代理记账业务内部规范。"
（三）将第六条第（二）项中的"20日"修改为"10日"。
第（三）项修改为："（三）作出批准决定的，应当自作出决定之日起10日内向申请人发放代理记账许可证书，并向社会公示。审批机关进行全覆盖例行检查，发现实际情况与承诺内容不符的，依法撤销审批并给予处罚。"
（四）删去第八条第二款中的"提交营业执照复印件"。
（五）将第十七条改为第十六条。
（六）将第十六条改为第十七条，修改为："县级以上人民政府财政部门对代理记账机构及其从事代理记账业务情况实施监督，随机抽取检查对象、随机选派执法检查人员，并将抽查情况及查处结果依法及时向社会公开。

对委托代理记账的企业因违反财税法律、法规受到处理处罚的，县级以上人民政府财政部门应当将其委托的代理记账机构列入重点检查对象。

对其他部门移交的代理记账违法行为线索，县级以上人民政府财政部门应当及时予以查处。"

（七）增加一条，作为第十八条："公民、法人或者其他组织发现有违反本办法规定的代理记账行为，可以依法向县级以上人民政府财政部门进行举报，县级以上人民政府财政部门应当依法进行处理。"

（八）将第十八条改为第十九条，修改为："代理记账机构采取欺骗、贿赂等不正当手段取得代理记账资格的，由审批机关撤销其资格，并对代理记账机构及其负责人给予警告，记入会计领域违法失信记录，根据有关规定实施联合惩戒，并向社会公告。"

（九）将第二十一条改为第二十二条，修改为："代理记账机构违反本办法第七条、第八条、第九条、第十四条、第十六条规定，由县级以上人民政府财政部门责令其限期改正，拒不改正的，将代理记账机构及其负责人列入重点关注名单，并向社会公示，提醒其履行有关义务；情节严重的，由县级以上人民政府财政部门按照有关法律、法规给予行政处罚，并向社会公示。"

（十）增加一条，作为第二十三条："代理记账机构及其负责人、主管代理记账业务负责人及其从业人员违反规定出具虚假申请材料或者备案材料的，由县级以上人民政府财政部门予以警告，记入会计领域违法失信记录，根据有关规定实施联合惩戒，并向社会公告。"

（十一）将第二十三条改为第二十五条，删去本条中的"故意"。

（十二）将第二十四条改为第二十六条，修改为："未经批准从事代理记账业务的单位或者个人，由县级以上人民政府财政部门按照《中华人民共和国行政许可法》及有关规定予以查处。"

（十三）将附表"代理记账机构基本情况表"作相应修改。

二、对《会计基础工作规范》（详见第二部分4.会计基础工作规范）作出修改

（一）将第七条第二项修改为："具备会计师以上专业技术职务资格或者从事会计工作不少于三年"。

删去第三项。

（二）将第八条修改为："没有设置会计机构或者配备会计人员的单位，应当根据《代理记账管理办法》的规定，委托会计师事务所或者持有代理记账许可证书的代理记账机构进行代理记账。"

（三）将第十条修改为："各单位应当根据会计业务需要配备会计人员，督促其遵守职业道德和国家统一的会计制度。"

（四）将第二十四条第二款修改为："会计人员违反职业道德的，由所在单位进行处理。"

（五）删去第六十一条。

本决定自公布之日起施行。

《代理记账管理办法》《会计基础工作规范》根据本决定作相应修改，重新公布。

第十部分　其他财会法规制度

代理记账管理办法

（2016年2月16日财政部令第80号公布　根据2019年3月14日《财政部关于修改〈代理记账管理办法〉等2部部门规章的决定》修改）

第一条　为了加强代理记账资格管理，规范代理记账活动，促进代理记账行业健康发展，根据《中华人民共和国会计法》等法律、行政法规，制定本办法。

第二条　代理记账资格的申请、取得和管理，以及代理记账机构从事代理记账业务，适用本办法。

本办法所称代理记账机构是指依法取得代理记账资格，从事代理记账业务的机构。

本办法所称代理记账是指代理记账机构接受委托办理会计业务。

第三条　除会计师事务所以外的机构从事代理记账业务，应当经县级以上地方人民政府财政部门（以下简称审批机关）批准，领取由财政部统一规定样式的代理记账许可证书。具体审批机关由省、自治区、直辖市、计划单列市人民政府财政部门确定。

会计师事务所及其分所可以依法从事代理记账业务。

第四条　申请代理记账资格的机构应当同时具备以下条件：

（一）为依法设立的企业；

（二）专职从业人员不少于3名；

（三）主管代理记账业务的负责人具有会计师以上专业技术职务资格或者从事会计工作不少于三年，且为专职从业人员；

（四）有健全的代理记账业务内部规范。

代理记账机构从业人员应当具有会计类专业基础知识和业务技能，能够独立处理基本会计业务，并由代理记账机构自主评价认定。

本条第一款所称专职从业人员是指仅在一个代理记账机构从事代理记账业务的人员。

第五条　申请代理记账资格的机构，应当向所在地的审批机关提交申请及下列材料，并对提交材料的真实性负责：

（一）统一社会信用代码；

（二）主管代理记账业务的负责人具备会计师以上专业技术职务资格或者从事会计工作不少于三年的书面承诺；

（三）专职从业人员在本机构专职从业的书面承诺；

（四）代理记账业务内部规范。

第六条　审批机关审批代理记账资格应当按照下列程序办理：

（一）申请人提交的申请材料不齐全或不符合规定形式的，应当在5日内一次告知申请人需要补正的全部内容，逾期不告知的，自收到申请材料之日起即视为受理；申请人提交的申请材料齐全、符合规定形式的，或者申请人按照要求提交全部补正申请材料的，应当受理申请。

（二）受理申请后应当按照规定对申请材料进行审核，并自受理申请之日起10日内作出批准或者不予批准的决定。10日内不能作出决定的，经本审批机关负责人批准可延长10日，并应当将延长期限的理由告知申请人。

（三）作出批准决定的，应当自作出决定之日起10日内向申请人发放代理记账许可证书，并向社会公示。审批机关进行全覆盖例行检查，发现实际情况与承诺内容不符的，依法撤销审批并给予处罚。

（四）作出不予批准决定的，应当自作出决定之日起10日内书面通知申请人。书面通知应当说明不予批准的理由，并告知申请人享有依法申请行政复议或者提起行政诉讼的权利。

第七条 申请人应当自取得代理记账许可证书之日起20日内通过企业信用信息公示系统向社会公示。

第八条 代理记账机构名称、主管代理记账业务的负责人发生变更，设立或撤销分支机构，跨原审批机关管辖地迁移办公地点的，应当自作出变更决定或变更之日起30日内依法向审批机关办理变更登记，并应当自变更登记完成之日起20日内通过企业信用信息公示系统向社会公示。

代理记账机构变更名称的，应当向审批机关领取新的代理记账许可证书，并同时交回原代理记账许可证书。

代理记账机构跨原审批机关管辖地迁移办公地点的，迁出地审批机关应当及时将代理记账机构的相关信息及材料移交迁入地审批机关。

第九条 代理记账机构设立分支机构的，分支机构应当及时向其所在地的审批机关办理备案登记。

分支机构名称、主管代理记账业务的负责人发生变更的，分支机构应当按照要求向其所在地的审批机关办理变更登记。

代理记账机构应当在人事、财务、业务、技术标准、信息管理等方面对其设立的分支机构进行实质性的统一管理，并对分支机构的业务活动、执业质量和债务承担法律责任。

第十条 未设置会计机构或配备会计人员的单位，应当委托代理记账机构办理会计业务。

第十一条 代理记账机构可以接受委托办理下列业务：

（一）根据委托人提供的原始凭证和其他相关资料，按照国家统一的会计制度的规定进行会计核算，包括审核原始凭证、填制记账凭证、登记会计账簿、编制财务会计报告等；

（二）对外提供财务会计报告；

（三）向税务机关提供税务资料；

（四）委托人委托的其他会计业务。

第十二条 委托人委托代理记账机构代理记账，应当在相互协商的基础上，订立书面委托合同。委托合同除应具备法律规定的基本条款外，应当明确下列内容：

（一）双方对会计资料真实性、完整性各自应当承担的责任；

（二）会计资料传递程序和签收手续；

（三）编制和提供财务会计报告的要求；

（四）会计档案的保管要求及相应的责任；

（五）终止委托合同应当办理的会计业务交接事宜。

第十三条 委托人应当履行下列义务：

（一）对本单位发生的经济业务事项，应当填制或者取得符合国家统一的会计制度规定的原始凭证；

（二）应当配备专人负责日常货币收支和保管；

（三）及时向代理记账机构提供真实、完整的原始凭证和其他相关资料；

（四）对于代理记账机构退回的，要求按照国家统一的会计制度的规定进行更正、补充的原始凭证，应当及时予以更正、补充。

第十四条 代理记账机构及其从业人员应当履行下列义务：

（一）遵守有关法律、法规和国家统一的会计制度的规定，按照委托合同办理代理记账业务；

（二）对在执行业务中知悉的商业秘密予以保密；

（三）对委托人要求其作出不当的会计处理，提供不实的会计资料，以及其他不符合法律、法规和国家统一的会计制度行为的，予以拒绝；

（四）对委托人提出的有关会计处理相关问题予以解释。

第十五条 代理记账机构为委托人编制的财务会计报告，经代理记账机构负责人和委托人负责人签名并盖章后，按照有关法律、法规和国家统一的会计制度的规定对外提供。

第十六条 代理记账机构应当于每年4月30日之前，向审批机关报送下列材料：

（一）代理记账机构基本情况表（附表）；

（二）专职从业人员变动情况。

代理记账机构设立分支机构的，分支机构应当于每年4月30日之前向其所在地的审批机关报送上述材料。

第十七条 县级以上人民政府财政部门对代理记账机构及其从事代理记账业务情况实施监督，随机抽取检查对象、随机选派执法检查人员，并将抽查情况及查处结果依法及时向社会公开。

对委托代理记账的企业因违反财税法律、法规受到处理处罚的，县级以上人民政府财政部门应当将其委托的代理记账机构列入重点检查对象。

对其他部门移交的代理记账违法行为线索，县级以上人民政府财政部门应当及时予以查处。

第十八条 公民、法人或者其他组织发现有违反本办法规定的代理记账行为，可以依法向县级以上人民政府财政部门进行举报，县级以上人民政府财政部门应当依法进行处理。

第十九条 代理记账机构采取欺骗、贿赂等不正当手段取得代理记账资格的，由审批机关撤销其资格，并对代理记账机构及其负责人给予警告，记入会计领域违法失信记录，根据有关规定实施联合惩戒，并向社会公告。

第二十条 代理记账机构在经营期间达不到本办法规定的资格条件的，审批机关发现后，应当责令其在60日内整改；逾期仍达不到规定条件的，由审批机关撤销其代理记账资格。

第二十一条 代理记账机构有下列情形之一的，审批机关应当办理注销手续，收回代理记账许可证书并予以公告：

（一）代理记账机构依法终止的；

（二）代理记账资格被依法撤销或撤回的；

（三）法律、法规规定的应当注销的其他情形。

第二十二条 代理记账机构违反本办法第七条、第八条、第九条、第十四条、第十六条规定，由县级以上人民政府财政部门责令其限期改正，拒不改正的，将代理记账机构及其负责人列入重点关注名单，并向社会公示，提醒其履行有关义务；情节严重的，由县级以上人民政府财政部门按照有关法律、法规给予行政处罚，并向社会公示。

第二十三条 代理记账机构及其负责人、主管代理记账业务负责人及其从业人员违反规定出具虚假申请材料或者备案材料的，由县级以上人民政府财政部门给予警告，记入会计领域违法失信记录，根据有关规定实施联合惩戒，并向社会公告。

第二十四条 代理记账机构从业人员在办理业务中违反会计法律、法规和国家统一的会计制度的规定，造成委托人会计核算混乱、损害国家和委托人利益的，由县级以上人民政府财政部门依据《中华人民共和国会计法》等有关法律、法规的规定处理。

代理记账机构有前款行为的，县级以上人民政府财政部门应当责令其限期改正，并给予警告；有违法所得的，可以处违法所得3倍以下罚款，但最高不得超过3万元；没有违法所得的，可以处

1万元以下罚款。

第二十五条 委托人向代理记账机构隐瞒真实情况或者委托人会同代理记账机构共同提供虚假会计资料的，应当承担相应法律责任。

第二十六条 未经批准从事代理记账业务的单位或者个人，由县级以上人民政府财政部门按照《中华人民共和国行政许可法》及有关规定予以查处。

第二十七条 县级以上人民政府财政部门及其工作人员在代理记账资格管理过程中，滥用职权、玩忽职守、徇私舞弊的，依法给予行政处分；涉嫌犯罪的，移送司法机关处理。

第二十八条 代理记账机构依法成立的行业组织，应当维护会员合法权益，建立会员诚信档案，规范会员代理记账行为，推动代理记账信息化建设。

代理记账行业组织应当接受县级以上人民政府财政部门的指导和监督。

第二十九条 本办法规定的"5日""10日""20日""30日"均指工作日。

第三十条 省级人民政府财政部门可以根据本办法制定具体实施办法，报财政部备案。

第三十一条 外商投资企业申请代理记账资格，从事代理记账业务按照本办法和其他有关规定办理。

第三十二条 本办法自2016年5月1日起施行，财政部2005年1月22日发布的《代理记账管理办法》（财政部令第27号）同时废止。

附表：代理记账机构基本情况表（略）

6. 关于印发《〈民间非营利组织会计制度〉若干问题的解释》的通知

详见本书第二部分11。

7. 关于印发《农民专业合作社会计制度》的通知

财会〔2021〕37号

国务院有关部委、有关直属机构，各省、自治区、直辖市、计划单列市财政厅（局），新疆生产建设兵团财政局，财政部各地监管局，有关单位：

为了规范农民专业合作社（以下简称合作社）会计工作，加强合作社会计核算，保护合作社及其成员的合法权益，根据《中华人民共和国会计法》《中华人民共和国农民专业合作社法》等有关规定，我们对《农民专业合作社财务会计制度（试行）》（财会〔2007〕15号）进行了修订，制定了《农民专业合作社会计制度》，现予印发，请遵照执行。

执行中如有问题，请及时反馈我部。

附件：农民专业合作社会计制度（略，详见财政部会计司子网站）

财政部

2021年12月30日

8.关于印发《农村集体经济组织会计制度》的通知

财会〔2023〕14号

国务院有关部委、有关直属机构,各省、自治区、直辖市、计划单列市财政厅(局),新疆生产建设兵团财政局,财政部各地监管局,有关单位:

为规范农村集体经济组织会计工作,加强农村集体经济组织会计核算,根据《中华人民共和国会计法》等有关规定,我们对《村集体经济组织会计制度》(财会〔2004〕12号)进行了修订,现将修订后的《农村集体经济组织会计制度》印发,请遵照执行。

执行中如有问题,请及时反馈我部。

附件:农村集体经济组织会计制度(略,详见财政部会计司子网站)

财政部
2023年9月5日

第十一部分

相关税务政策

1. 中华人民共和国个人所得税法

中华人民共和国主席令第九号

《全国人民代表大会常务委员会关于修改〈中华人民共和国个人所得税法〉的决定》已由中华人民共和国第十三届全国人民代表大会常务委员会第五次会议于2018年8月31日通过，现予公布，自2019年1月1日起施行。

中华人民共和国主席　习近平
2018年8月31日

中华人民共和国个人所得税法

（1980年9月10日第五届全国人民代表大会第三次会议通过，根据1993年10月31日第八届全国人民代表大会常务委员会第四次会议《关于修改〈中华人民共和国个人所得税法〉的决定》第一次修正，根据1999年8月30日第九届全国人民代表大会常务委员会第十一次会议《关于修改〈中华人民共和国个人所得税法〉的决定》第二次修正，根据2005年10月27日第十届全国人民代表大会常务委员会第十八次会议《关于修改〈中华人民共和国个人所得税法〉的决定》第三次修正，根据2007年6月29日第十届全国人民代表大会常务委员会第二十八次会议《关于修改〈中华人民共和国个人所得税法〉的决定》第四次修正，根据2007年12月29日第十届全国人民代表大会常务委员会第三十一次会议《关于修改〈中华人民共和国个人所得税法〉的决定》第五次修正，根据2011年6月30日第十一届全国人民代表大会常务委员会第二十一次会议《关于修改〈中华人民共和国个人所得税法〉的决定》第六次修正，根据2018年8月31日第十三届全国人民代表大会常务委员会第五次会议《关于修改〈中华人民共和国个人所得税法〉的决定》第七次修正）

第一条 在中国境内有住所，或者无住所而一个纳税年度内在中国境内居住累计满一百八十三天的个人，为居民个人。居民个人从中国境内和境外取得的所得，依照本法规定缴纳个人所得税。

在中国境内无住所又不居住，或者无住所而一个纳税年度内在中国境内居住累计不满一百八十三天的个人，为非居民个人。非居民个人从中国境内取得的所得，依照本法规定缴纳个人所得税。

纳税年度，自公历一月一日起至十二月三十一日止。

第二条 下列各项个人所得，应当缴纳个人所得税：

（一）工资、薪金所得；

（二）劳务报酬所得；

（三）稿酬所得；

（四）特许权使用费所得；

（五）经营所得；

（六）利息、股息、红利所得；

（七）财产租赁所得；

（八）财产转让所得；

（九）偶然所得。

居民个人取得前款第一项至第四项所得（以下称"综合所得"），按纳税年度合并计算个人所得税；非居民个人取得前款第一项至第四项所得，按月或者按次分项计算个人所得税。纳税人取得前款第五项至第九项所得，依照本法规定分别计算个人所得税。

第三条 个人所得税的税率：

（一）综合所得，适用百分之三至百分之四十五的超额累进税率（税率表附后）；

（二）经营所得，适用百分之五至百分之三十五的超额累进税率（税率表附后）；

（三）利息、股息、红利所得，财产租赁所得，财产转让所得和偶然所得，适用比例税率，税率为百分之二十。

第四条 下列各项个人所得，免征个人所得税：

（一）省级人民政府、国务院部委和中国人民解放军军以上单位，以及外国组织、国际组织颁发的科学、教育、技术、文化、卫生、体育、环境保护等方面的奖金；

（二）国债和国家发行的金融债券利息；

（三）按照国家统一规定发给的补贴、津贴；

（四）福利费、抚恤金、救济金；

（五）保险赔款；

（六）军人的转业费、复员费、退役金；

（七）按照国家统一规定发给干部、职工的安家费、退职费、基本养老金或者退休费、离休费、离休生活补助费；

（八）依照有关法律规定应予免税的各国驻华使馆、领事馆的外交代表、领事官员和其他人员的所得；

（九）中国政府参加的国际公约、签订的协议中规定免税的所得；

（十）国务院规定的其他免税所得。

前款第十项免税规定，由国务院报全国人民代表大会常务委员会备案。

第五条 有下列情形之一的，可以减征个人所得税，具体幅度和期限，由省、自治区、直辖市人民政府规定，并报同级人民代表大会常务委员会备案：

（一）残疾、孤老人员和烈属的所得；

（二）因自然灾害遭受重大损失的。

国务院可以规定其他减税情形，报全国人民代表大会常务委员会备案。

第六条 应纳税所得额的计算：

（一）居民个人的综合所得，以每一纳税年度的收入额减除费用六万元以及专项扣除、专项附加扣除和依法确定的其他扣除后的余额，为应纳税所得额。

（二）非居民个人的工资、薪金所得，以每月收入额减除费用五千元后的余额为应纳税所得额；劳务报酬所得、稿酬所得、特许权使用费所得，以每次收入额为应纳税所得额。

（三）经营所得，以每一纳税年度的收入总额减除成本、费用以及损失后的余额，为应纳税所得额。

（四）财产租赁所得，每次收入不超过四千元的，减除费用八百元；四千元以上的，减除百分之二十的费用，其余额为应纳税所得额。

（五）财产转让所得，以转让财产的收入额减除财产原值和合理费用后的余额，为应纳税所得额。

（六）利息、股息、红利所得和偶然所得，以每次收入额为应纳税所得额。

劳务报酬所得、稿酬所得、特许权使用费所得以收入减除百分之二十的费用后的余额为收入额。稿酬所得的收入额减按百分之七十计算。

个人将其所得对教育、扶贫、济困等公益慈善事业进行捐赠，捐赠额未超过纳税人申报的应纳税所得额百分之三十的部分，可以从其应纳税所得额中扣除；国务院规定对公益慈善事业捐赠实行全额税前扣除的，从其规定。

本条第一款第一项规定的专项扣除，包括居民个人按照国家规定的范围和标准缴纳的基本养老保险、基本医疗保险、失业保险等社会保险费和住房公积金等；专项附加扣除，包括子女教育、继续教育、大病医疗、住房贷款利息或者住房租金、赡养老人等支出，具体范围、标准和实施步骤由国务院确定,并报全国人民代表大会常务委员会备案。

第七条 居民个人从中国境外取得的所得,可以从其应纳税额中抵免已在境外缴纳的个人所得税税额,但抵免额不得超过该纳税人境外所得依照本法规定计算的应纳税额。

第八条 有下列情形之一的,税务机关有权按照合理方法进行纳税调整:

(一)个人与其关联方之间的业务往来不符合独立交易原则而减少本人或者其关联方应纳税额,且无正当理由;

(二)居民个人控制的,或者居民个人和居民企业共同控制的设立在实际税负明显偏低的国家(地区)的企业,无合理经营需要,对应当归属于居民个人的利润不作分配或者减少分配;

(三)个人实施其他不具有合理商业目的的安排而获取不当税收利益。

税务机关依照前款规定作出纳税调整,需要补征税款的,应当补征税款,并依法加收利息。

第九条 个人所得税以所得人为纳税人,以支付所得的单位或者个人为扣缴义务人。

纳税人有中国公民身份号码的,以中国公民身份号码为纳税人识别号;纳税人没有中国公民身份号码的,由税务机关赋予其纳税人识别号。扣缴义务人扣缴税款时,纳税人应当向扣缴义务人提供纳税人识别号。

第十条 有下列情形之一的,纳税人应当依法办理纳税申报:

(一)取得综合所得需要办理汇算清缴的;

(二)取得应税所得没有扣缴义务人的;

(三)取得应税所得,扣缴义务人未扣缴税款的;

(四)取得境外所得;

(五)因移居境外注销中国户籍;

(六)非居民个人在中国境内从两处以上取得工资、薪金所得;

(七)国务院规定的其他情形。

扣缴义务人应当按照国家规定办理全员全额扣缴申报,并向纳税人提供其个人所得和已扣缴税款等信息。

第十一条 居民个人取得综合所得,按年计算个人所得税;有扣缴义务人的,由扣缴义务人按月或者按次预扣预缴税款;需要办理汇算清缴的,应当在取得所得的次年三月一日至六月三十日内办理汇算清缴。预扣预缴办法由国务院税务主管部门制定。

居民个人向扣缴义务人提供专项附加扣除信息的,扣缴义务人按月预扣预缴税款时应当按照规定予以扣除,不得拒绝。

非居民个人取得工资、薪金所得,劳务报酬所得,稿酬所得和特许权使用费所得,有扣缴义务人的,由扣缴义务人按月或者按次代扣代缴税款,不办理汇算清缴。

第十二条 纳税人取得经营所得,按年计算个人所得税,由纳税人在月度或者季度终了后十五日内向税务机关报送纳税申报表,并预缴税款;在取得所得的次年三月三十一日前办理汇算清缴。

纳税人取得利息、股息、红利所得,财产租赁所得,财产转让所得和偶然所得,按月或者按次计算个人所得税,有扣缴义务人的,由扣缴义务人按月或者按次代扣代缴税款。

第十三条 纳税人取得应税所得没有扣缴义务人的,应当在取得所得的次月十五日内向税务机关报送纳税申报表,并缴纳税款。

纳税人取得应税所得,扣缴义务人未扣缴税款的,纳税人应当在取得所得的次年六月三十日前,缴纳税款;税务机关通知限期缴纳的,纳税人应当按照期限缴纳税款。

居民个人从中国境外取得所得的,应当在取得所得的次年三月一日至六月三十日内申报纳税。

非居民个人在中国境内从两处以上取得工资、薪金所得的,应当在取得所得的次月十五日内申报纳税。

纳税人因移居境外注销中国户籍的,应当在注销中国户籍前办理税款清算。

第十四条 扣缴义务人每月或者每次预扣、代扣的税款,应当在次月十五日内缴入国库,并向税务机关报送扣缴个人所得税申报表。

纳税人办理汇算清缴退税或者扣缴义务人为纳税人办理汇算清缴退税的,税务机关审核后,按照国库管理的有关规定办理退税。

第十五条 公安、人民银行、金融监督管理等相关部门应当协助税务机关确认纳税人的身份、金融账户信息。教育、卫生、医疗保障、民政、人力资源社会保障、住房城乡建设、公安、人民银行、金融监督管理等相关部门应当向税务机关提供纳税人子女教育、继续教育、大病医疗、住房贷款利息、住房租金、赡养老人等专项附加扣除信息。

个人转让不动产的,税务机关应当根据不动产登记等相关信息核验应缴的个人所得税,登记机构办理转移登记时,应当查验与该不动产转让相关的个人所得税的完税凭证。个人转让股权办理变更登记的,市场主体登记机关应当查验与该股权交易相关的个人所得税的完税凭证。

有关部门依法将纳税人、扣缴义务人遵守本法的情况纳入信用信息系统,并实施联合激励或者惩戒。

第十六条 各项所得的计算,以人民币为单位。所得为人民币以外的货币的,按照人民币汇率中间价折合成人民币缴纳税款。

第十七条 对扣缴义务人按照所扣缴的税款,付给2%的手续费。

第十八条 对储蓄存款利息所得开征、减征、停征个人所得税及其具体办法,由国务院规定,并报全国人民代表大会常务委员会备案。

第十九条 纳税人、扣缴义务人和税务机关及其工作人员违反本法规定的,依照《中华人民共和国税收征收管理法》和有关法律法规的规定追究法律责任。

第二十条 个人所得税的征收管理,依照本法和《中华人民共和国税收征收管理法》的规定执行。

第二十一条 国务院根据本法制定实施条例。

第二十二条 本法自公布之日起施行。

个人所得税税率表1
（综合所得适用）

级数	全年应纳税所得额	税率（%）
1	不超过36000元的	3
2	超过36000元至144000元的部分	10
3	超过144000元至300000元的部分	20
4	超过300000元至420000元的部分	25
5	超过420000元至660000元的部分	30
6	超过660000元至960000元的部分	35
7	超过960000元的部分	45

注1：本表所称全年应纳税所得额是指依照本法第六条的规定，居民个人取得综合所得以每一纳税年度收入额减除费用六万元以及专项扣除、专项附加扣除和依法确定的其他扣除后的余额。

注2：非居民个人取得工资、薪金所得，劳务报酬所得，稿酬所得和特许权使用费所得，依照本表按月换算后计算应纳税额。

个人所得税税率表2
（经营所得适用）

级数	全年应纳税所得额	税率（%）
1	不超过30000元的	5
2	超过30000元至90000元的部分	10
3	超过90000元至300000元的部分	20
4	超过300000元至500000元的部分	30
5	超过500000元的部分	35

注：本表所称全年应纳税所得额是指依照本法第六条的规定，以每一纳税年度的收入总额减除成本、费用以及损失后的余额。

2.中华人民共和国个人所得税法实施条例

省略,详见第一版《会计工作手册》(中国财政经济出版社,2019年5月),请登录会计新时代网站(http://www.acctne.com/)——"其他管理制度→税务制度"查询,或登录深圳市会计协会网站(http://www.szkjxh.com)——"法规制度→其他管理制度→税务制度"查询,或登录国家税务总局网站(https://www.chinatax.gov.cn/)——"政策法规→行政法规"查询。

3.国务院关于印发《个人所得税专项附加扣除暂行办法》的通知

国发〔2018〕41号

各省、自治区、直辖市人民政府,国务院各部委、各直属机构:

现将《个人所得税专项附加扣除暂行办法》印发给你们,请认真贯彻执行。

国务院
2018年12月13日

个人所得税专项附加扣除暂行办法

第一章 总 则

第一条 根据《中华人民共和国个人所得税法》（以下简称个人所得税法）规定，制定本办法。

第二条 本办法所称个人所得税专项附加扣除，是指个人所得税法规定的子女教育、继续教育、大病医疗、住房贷款利息或者住房租金、赡养老人等6项专项附加扣除。

第三条 个人所得税专项附加扣除遵循公平合理、利于民生、简便易行的原则。

第四条 根据教育、医疗、住房、养老等民生支出变化情况，适时调整专项附加扣除范围和标准。

第二章 子女教育

第五条 纳税人的子女接受全日制学历教育的相关支出，按照每个子女每月1000元的标准定额扣除。

学历教育包括义务教育（小学、初中教育）、高中阶段教育（普通高中、中等职业、技工教育）、高等教育（大学专科、大学本科、硕士研究生、博士研究生教育）。

年满3岁至小学入学前处于学前教育阶段的子女，按本条第一款规定执行。

第六条 父母可以选择由其中一方按扣除标准的100%扣除，也可以选择由双方分别按扣除标准的50%扣除，具体扣除方式在一个纳税年度内不能变更。

第七条 纳税人子女在中国境外接受教育的，纳税人应当留存境外学校录取通知书、留学签证等相关教育的证明资料备查。

第三章 继续教育

第八条 纳税人在中国境内接受学历（学位）继续教育的支出，在学历（学位）教育期间按照每月400元定额扣除。同一学历（学位）继续教育的扣除期限不能超过48个月。纳税人接受技能人员职业资格继续教育、专业技术人员职业资格继续教育的支出，在取得相关证书的当年，按照3600元定额扣除。

第九条 个人接受本科及以下学历（学位）继续教育，符合本办法规定扣除条件的，可以选择由其父母扣除，也可以选择由本人扣除。

第十条 纳税人接受技能人员职业资格继续教育、专业技术人员职业资格继续教育的，应当留存相关证书等资料备查。

第四章 大病医疗

第十一条 在一个纳税年度内，纳税人发生的与基本医保相关的医药费用支出，扣除医保报销后个人负担（指医保目录范围内的自付部分）累计超过15000元的部分，由纳税人在办理年度汇算清缴时，在80000元限额内据实扣除。

第十二条 纳税人发生的医药费用支出可以选择由本人或者其配偶扣除；未成年子女发生的

医药费用支出可以选择由其父母一方扣除。

纳税人及其配偶、未成年子女发生的医药费用支出，按本办法第十一条规定分别计算扣除额。

第十三条 纳税人应当留存医药服务收费及医保报销相关票据原件（或者复印件）等资料备查。医疗保障部门应当向患者提供在医疗保障信息系统记录的本人年度医药费用信息查询服务。

第五章　住房贷款利息

第十四条 纳税人本人或者配偶单独或者共同使用商业银行或者住房公积金个人住房贷款为本人或者其配偶购买中国境内住房，发生的首套住房贷款利息支出，在实际发生贷款利息的年度，按照每月1000元的标准定额扣除，扣除期限最长不超过240个月。纳税人只能享受一次首套住房贷款的利息扣除。

本办法所称首套住房贷款是指购买住房享受首套住房贷款利率的住房贷款。

第十五条 经夫妻双方约定，可以选择由其中一方扣除，具体扣除方式在一个纳税年度内不能变更。

夫妻双方婚前分别购买住房发生的首套住房贷款，其贷款利息支出，婚后可以选择其中一套购买的住房，由购买方按扣除标准的100%扣除，也可以由夫妻双方对各自购买的住房分别按扣除标准的50%扣除，具体扣除方式在一个纳税年度内不能变更。

第十六条 纳税人应当留存住房贷款合同、贷款还款支出凭证备查。

第六章　住房租金

第十七条 纳税人在主要工作城市没有自有住房而发生的住房租金支出，可以按照以下标准定额扣除：

（一）直辖市、省会（首府）城市、计划单列市以及国务院确定的其他城市，扣除标准为每月1500元；

（二）除第一项所列城市以外，市辖区户籍人口超过100万的城市，扣除标准为每月1100元；市辖区户籍人口不超过100万的城市，扣除标准为每月800元。

纳税人的配偶在纳税人的主要工作城市有自有住房的，视同纳税人在主要工作城市有自有住房。

市辖区户籍人口，以国家统计局公布的数据为准。

第十八条 本办法所称主要工作城市是指纳税人任职受雇的直辖市、计划单列市、副省级城市、地级市（地区、州、盟）全部行政区域范围；纳税人无任职受雇单位的，为受理其综合所得汇算清缴的税务机关所在城市。

夫妻双方主要工作城市相同的，只能由一方扣除住房租金支出。

第十九条 住房租金支出由签订租赁住房合同的承租人扣除。

第二十条 纳税人及其配偶在一个纳税年度内不能同时分别享受住房贷款利息和住房租金专项附加扣除。

第二十一条 纳税人应当留存住房租赁合同、协议等有关资料备查。

第七章　赡养老人

第二十二条 纳税人赡养一位及以上被赡养人的赡养支出，统一按以下标准定额扣除：

（一）纳税人为独生子女的，按照每月2000元的标准定额扣除；

（二）纳税人为非独生子女的，由其与兄弟姐妹分摊每月2000元的扣除额度，每人分摊的额度不能超过每月1000元。可以由赡养人均摊或者约定分摊，也可以由被赡养人指定分摊。约定或者指定分摊的须签订书面分摊协议，指定分摊优先于约定分摊。具体分摊方式和额度在一个纳税年度内不能变更。

第二十三条 本办法所称被赡养人是指年满60岁的父母，以及子女均已去世的年满60岁的祖父母、外祖父母。

第八章　保障措施

第二十四条 纳税人向收款单位索取发票、财政票据、支出凭证，收款单位不能拒绝提供。

第二十五条 纳税人首次享受专项附加扣除，应当将专项附加扣除相关信息提交扣缴义务人或者税务机关，扣缴义务人应当及时将相关信息报送税务机关，纳税人对所提交信息的真实性、准确性、完整性负责。专项附加扣除信息发生变化的，纳税人应当及时向扣缴义务人或者税务机关提供相关信息。

前款所称专项附加扣除相关信息，包括纳税人本人、配偶、子女、被赡养人等个人身份信息，以及国务院税务主管部门规定的其他与专项附加扣除相关的信息。

本办法规定纳税人需要留存备查的相关资料应当留存五年。

第二十六条 有关部门和单位有责任和义务向税务部门提供或者协助核实以下与专项附加扣除有关的信息：

（一）公安部门有关户籍人口基本信息、户成员关系信息、出入境证件信息、相关出国人员信息、户籍人口死亡标识等信息；

（二）卫生健康部门有关出生医学证明信息、独生子女信息；

（三）民政部门、外交部门、法院有关婚姻状况信息；

（四）教育部门有关学生学籍信息（包括学历继续教育学生学籍、考籍信息）、在相关部门备案的境外教育机构资质信息；

（五）人力资源社会保障等部门有关技工院校学生学籍信息、技能人员职业资格继续教育信息、专业技术人员职业资格继续教育信息；

（六）住房城乡建设部门有关房屋（含公租房）租赁信息、住房公积金管理机构有关住房公积金贷款还款支出信息；

（七）自然资源部门有关不动产登记信息；

（八）人民银行、金融监督管理部门有关住房商业贷款还款支出信息；

（九）医疗保障部门有关在医疗保障信息系统记录的个人负担的医药费用信息；

（十）国务院税务主管部门确定需要提供的其他涉税信息。

上述数据信息的格式、标准、共享方式，由国务院税务主管部门及各省、自治区、直辖市和计划单列市税务局商有关部门确定。

有关部门和单位拥有专项附加扣除涉税信息，但未按规定要求向税务部门提供的，拥有涉税信息的部门或者单位的主要负责人及相关人员承担相应责任。

第二十七条 扣缴义务人发现纳税人提供的信息与实际情况不符的，可以要求纳税人修改。纳税人拒绝修改的，扣缴义务人应当报告税务机关，税务机关应当及时处理。

第二十八条 税务机关核查专项附加扣除情况时，纳税人任职受雇单位所在地、经常居住地、户籍所在地的公安派出所、居民委员会或者村民委员会等有关单位和个人应当协助核查。

第九章 附 则

第二十九条 本办法所称父母,是指生父母、继父母、养父母。本办法所称子女,是指婚生子女、非婚生子女、继子女、养子女。父母之外的其他人担任未成年人的监护人的,比照本办法规定执行。

第三十条 个人所得税专项附加扣除额一个纳税年度扣除不完的,不能结转以后年度扣除。

第三十一条 个人所得税专项附加扣除具体操作办法,由国务院税务主管部门另行制定。

第三十二条 本办法自2019年1月1日起施行。

4. 国务院关于提高个人所得税有关专项附加扣除标准的通知

国发〔2023〕13号

各省、自治区、直辖市人民政府，国务院各部委、各直属机构：

为进一步减轻家庭生育养育和赡养老人的支出负担，依据《中华人民共和国个人所得税法》有关规定，国务院决定，提高3岁以下婴幼儿照护等三项个人所得税专项附加扣除标准。现将有关事项通知如下：

一、3岁以下婴幼儿照护专项附加扣除标准，由每个婴幼儿每月1000元提高到2000元。

二、子女教育专项附加扣除标准，由每个子女每月1000元提高到2000元。

三、赡养老人专项附加扣除标准，由每月2000元提高到3000元。其中，独生子女按照每月3000元的标准定额扣除；非独生子女与兄弟姐妹分摊每月3000元的扣除额度，每人分摊的额度不能超过每月1500元。

四、3岁以下婴幼儿照护、子女教育、赡养老人专项附加扣除涉及的其他事项，按照《个人所得税专项附加扣除暂行办法》有关规定执行。

五、上述调整后的扣除标准自2023年1月1日起实施。

国务院
2023年8月28日

5. 国家税务总局关于贯彻执行提高个人所得税有关专项附加扣除标准政策的公告

国家税务总局公告2023年第14号

根据《国务院关于提高个人所得税有关专项附加扣除标准的通知》（国发〔2023〕13号，以下简称《通知》），现就有关贯彻落实事项公告如下：

一、3岁以下婴幼儿照护、子女教育专项附加扣除标准，由每个婴幼儿（子女）每月1000元提高到2000元。

父母可以选择由其中一方按扣除标准的100%扣除，也可以选择由双方分别按50%扣除。

二、赡养老人专项附加扣除标准，由每月2000元提高到3000元，其中，独生子女每月扣除3000元；非独生子女与兄弟姐妹分摊每月3000元的扣除额度，每人不超过1500元。

需要分摊享受的，可以由赡养人均摊或者约定分摊，也可以由被赡养人指定分摊。约定或者指定分摊的须签订书面分摊协议，指定分摊优先于约定分摊。

三、纳税人尚未填报享受3岁以下婴幼儿照护、子女教育、赡养老人专项附加扣除的，可以在手机个人所得税APP或通过扣缴义务人填报享受，系统将按照提高后的专项附加扣除标准计算应缴纳的个人所得税。

纳税人在2023年度已经填报享受3岁以下婴幼儿照护、子女教育、赡养老人专项附加扣除的，无需重新填报，系统将自动按照提高后的专项附加扣除标准计算应缴纳的个人所得税。纳税人对约定分摊或者指定分摊赡养老人专项附加扣除额度有调整的，可以在手机个人所得税APP或通过扣缴义务人填报新的分摊额度。

四、《通知》发布前，纳税人已经填报享受专项附加扣除并扣缴个人所得税的，多缴的税款可以自动抵减纳税人本年度后续月份应纳税款，抵减不完的，可以在2023年度综合所得汇算清缴时继续享受。

五、纳税人对专项附加扣除信息的真实性、准确性、完整性负责，纳税人情况发生变化的，应当及时向扣缴义务人或者税务机关报送新的专项附加扣除信息。对虚假填报享受专项附加扣除的，税务机关将按照《中华人民共和国税收征收管理法》《中华人民共和国个人所得税法》等有关规定处理。

六、各级税务机关要切实提高政治站位，积极做好政策解读、宣传辅导和政策精准推送工作，便利纳税人享受税收优惠，确保减税红利精准直达。

七、个人所得税专项附加扣除标准提高涉及的其他管理事项，按照《国务院关于印发个人所得税专项附加扣除暂行办法的通知》（国发〔2018〕41号）、《国家税务总局关于修订发布〈个人所得税专项附加扣除操作办法（试行）〉的公告》（2022年第7号）等有关规定执行。

八、本公告自2023年1月1日起施行。

特此公告。

国家税务总局
2023年8月30日

6.国家税务总局关于修订发布《个人所得税专项附加扣除操作办法（试行）》的公告

国家税务总局公告2022年第7号

为贯彻落实新发布的《国务院关于设立3岁以下婴幼儿照护个人所得税专项附加扣除的通知》（国发〔2022〕8号），保障3岁以下婴幼儿照护专项附加扣除政策顺利实施，国家税务总局相应修订了《个人所得税专项附加扣除操作办法（试行）》及《个人所得税扣缴申报表》。现予以发布，自2022年1月1日起施行。《国家税务总局关于发布〈个人所得税专项附加扣除操作办法（试行）〉的公告》（2018年第60号）、《国家税务总局关于修订个人所得税申报表的公告》（2019年第7号）附件2同时废止。

特此公告。

附件：
1. 个人所得税专项附加扣除信息表（略）
2. 个人所得税扣缴申报表（略）

国家税务总局
2022年3月25日

个人所得税专项附加扣除操作办法（试行）

第一章 总　则

第一条　为了规范个人所得税专项附加扣除行为，切实维护纳税人合法权益，根据《中华人民共和国个人所得税法》及其实施条例、《中华人民共和国税收征收管理法》及其实施细则、《国务院关于印发个人所得税专项附加扣除暂行办法的通知》（国发〔2018〕41号）、《国务院关于设立3岁以下婴幼儿照护个人所得税专项附加扣除的通知》（国发〔2022〕8号）的规定，制定本办法。

第二条　纳税人享受子女教育、继续教育、大病医疗、住房贷款利息或者住房租金、赡养老人、3岁以下婴幼儿照护专项附加扣除的，依照本办法规定办理。

第二章　享受扣除及办理时间

第三条　纳税人享受符合规定的专项附加扣除的计算时间分别为：

（一）子女教育。学前教育阶段，为子女年满3周岁当月至小学入学前一月。学历教育，为子女接受全日制学历教育入学的当月至全日制学历教育结束的当月。

（二）继续教育。学历（学位）继续教育，为在中国境内接受学历（学位）继续教育入学的当月至学历（学位）继续教育结束的当月，同一学历（学位）继续教育的扣除期限最长不得超过48个月。技能人员职业资格继续教育、专业技术人员职业资格继续教育，为取得相关证书的当年。

（三）大病医疗。为医疗保障信息系统记录的医药费用实际支出的当年。

（四）住房贷款利息。为贷款合同约定开始还款的当月至贷款全部归还或贷款合同终止的当月，扣除期限最长不得超过240个月。

（五）住房租金。为租赁合同（协议）约定的房屋租赁期开始的当月至租赁期结束的当月。提前终止合同（协议）的，以实际租赁期限为准。

（六）赡养老人。为被赡养人年满60周岁的当月至赡养义务终止的年末。

（七）3岁以下婴幼儿照护。为婴幼儿出生的当月至年满3周岁的前一个月。

前款第一项、第二项规定的学历教育和学历（学位）继续教育的期间，包含因病或其他非主观原因休学但学籍继续保留的休学期间，以及施教机构按规定组织实施的寒暑假等假期。

第四条　享受子女教育、继续教育、住房贷款利息或者住房租金、赡养老人、3岁以下婴幼儿照护专项附加扣除的纳税人，自符合条件开始，可以向支付工资、薪金所得的扣缴义务人提供上述专项附加扣除有关信息，由扣缴义务人在预扣预缴税款时，按其在本单位本年可享受的累计扣除额办理扣除；也可以在次年3月1日至6月30日内，向汇缴地主管税务机关办理汇算清缴申报时扣除。

纳税人同时从两处以上取得工资、薪金所得，并由扣缴义务人办理上述专项附加扣除的，对同一专项附加扣除项目，一个纳税年度内，纳税人只能选择从其中一处扣除。

享受大病医疗专项附加扣除的纳税人，由其在次年3月1日至6月30日内，自行向汇缴地主管税务机关办理汇算清缴申报时扣除。

第五条　扣缴义务人办理工资、薪金所得预扣预缴税款时，应当根据纳税人报送的《个人所得税专项附加扣除信息表》（以下简称《扣除信息表》，见附件）为纳税人办理专项附加扣除。

纳税人年度中间更换工作单位的，在原单位任职、受雇期间已享受的专项附加扣除金额，不得在新任职、受雇单位扣除。原扣缴义务人应当自纳税人离职不再发放工资薪金所得的当月起，停止为其办理专项附加扣除。

第六条 纳税人未取得工资、薪金所得，仅取得劳务报酬所得、稿酬所得、特许权使用费所得需要享受专项附加扣除的，应当在次年3月1日至6月30日内，自行向汇缴地主管税务机关报送《扣除信息表》，并在办理汇算清缴申报时扣除。

第七条 一个纳税年度内，纳税人在扣缴义务人预扣预缴税款环节未享受或未足额享受专项附加扣除的，可以在当年内向支付工资、薪金的扣缴义务人申请在剩余月份发放工资、薪金时补充扣除，也可以在次年3月1日至6月30日内，向汇缴地主管税务机关办理汇算清缴时申报扣除。

第三章 报送信息及留存备查资料

第八条 纳税人选择在扣缴义务人发放工资、薪金所得时享受专项附加扣除的，首次享受时应当填写并向扣缴义务人报送《扣除信息表》；纳税年度中间相关信息发生变化的，纳税人应当更新《扣除信息表》相应栏次，并及时报送给扣缴义务人。

更换工作单位的纳税人，需要由新任职、受雇扣缴义务人办理专项附加扣除的，应当在入职的当月，填写并向扣缴义务人报送《扣除信息表》。

第九条 纳税人次年需要由扣缴义务人继续办理专项附加扣除的，应当于每年12月份对次年享受专项附加扣除的内容进行确认，并报送至扣缴义务人。纳税人未及时确认的，扣缴义务人于次年1月起暂停扣除，待纳税人确认后再行办理专项附加扣除。

扣缴义务人应当将纳税人报送的专项附加扣除信息，在次月办理扣缴申报时一并报送至主管税务机关。

第十条 纳税人选择在汇算清缴申报时享受专项附加扣除的，应当填写并向汇缴地主管税务机关报送《扣除信息表》。

第十一条 纳税人将需要享受的专项附加扣除项目信息填报至《扣除信息表》相应栏次。填报要素完整的，扣缴义务人或者主管税务机关应当受理；填报要素不完整的，扣缴义务人或者主管税务机关应当及时告知纳税人补正或重新填报。纳税人未补正或重新填报的，暂不办理相关专项附加扣除，待纳税人补正或重新填报后再行办理。

第十二条 纳税人享受子女教育专项附加扣除，应当填报配偶及子女的姓名、身份证件类型及号码、子女当前受教育阶段及起止时间、子女就读学校以及本人与配偶之间扣除分配比例等信息。

纳税人需要留存备查资料包括：子女在境外接受教育的，应当留存境外学校录取通知书、留学签证等境外教育佐证资料。

第十三条 纳税人享受继续教育专项附加扣除，接受学历（学位）继续教育的，应当填报教育起止时间、教育阶段等信息；接受技能人员或者专业技术人员职业资格继续教育的，应当填报证书名称、证书编号、发证机关、发证（批准）时间等信息。

纳税人需要留存备查资料包括：纳税人接受技能人员职业资格继续教育、专业技术人员职业资格继续教育的，应当留存职业资格相关证书等资料。

第十四条 纳税人享受住房贷款利息专项附加扣除，应当填报住房权属信息、住房坐落地址、贷款方式、贷款银行、贷款合同编号、贷款期限、首次还款日期等信息；纳税人有配偶的，填写配偶姓名、身份证件类型及号码。

纳税人需要留存备查资料包括：住房贷款合同、贷款还款支出凭证等资料。

第十五条 纳税人享受住房租金专项附加扣除，应当填报主要工作城市、租赁住房坐落地址、出租人姓名及身份证件类型和号码或者出租方单位名称及纳税人识别号（社会统一信用代码）、租赁起止时间等信息；纳税人有配偶的，填写配偶姓名、身份证件类型及号码。

纳税人需要留存备查资料包括：住房租赁合同或协议等资料。

第十六条 纳税人享受赡养老人专项附加扣除，应当填报纳税人是否为独生子女、月扣除金额、被赡养人姓名及身份证件类型和号码、与纳税人关系；有共同赡养人的，需填报分摊方式、共同赡养人姓名及身份证件类型和号码等信息。

纳税人需要留存备查资料包括：约定或指定分摊的书面分摊协议等资料。

第十七条 纳税人享受大病医疗专项附加扣除，应当填报患者姓名、身份证件类型及号码、与纳税人关系、与基本医保相关的医药费用总金额、医保目录范围内个人负担的自付金额等信息。

纳税人需要留存备查资料包括：大病患者医药服务收费及医保报销相关票据原件或复印件，或者医疗保障部门出具的纳税年度医药费用清单等资料。

第十八条 纳税人享受3岁以下婴幼儿照护专项附加扣除，应当填报配偶及子女的姓名、身份证件类型（如居民身份证、子女出生医学证明等）及号码以及本人与配偶之间扣除分配比例等信息。

纳税人需要留存备查资料包括：子女的出生医学证明等资料。

第十九条 纳税人应当对报送的专项附加扣除信息的真实性、准确性、完整性负责。

第四章　信息报送方式

第二十条 纳税人可以通过远程办税端、电子或者纸质报表等方式，向扣缴义务人或者主管税务机关报送个人专项附加扣除信息。

第二十一条 纳税人选择纳税年度内由扣缴义务人办理专项附加扣除的，按下列规定办理：

（一）纳税人通过远程办税端选择扣缴义务人并报送专项附加扣除信息的，扣缴义务人根据接收的扣除信息办理扣除。

（二）纳税人通过填写电子或者纸质《扣除信息表》直接报送扣缴义务人的，扣缴义务人将相关信息导入或者录入扣缴端软件，并在次月办理扣缴申报时提交给主管税务机关。《扣除信息表》应当一式两份，纳税人和扣缴义务人签字（章）后分别留存备查。

第二十二条 纳税人选择年度终了后办理汇算清缴申报时享受专项附加扣除的，既可以通过远程办税端报送专项附加扣除信息，也可以将电子或者纸质《扣除信息表》（一式两份）报送给汇缴地主管税务机关。

报送电子《扣除信息表》的，主管税务机关受理打印，交由纳税人签字后，一份由纳税人留存备查，一份由税务机关留存；报送纸质《扣除信息表》的，纳税人签字确认、主管税务机关受理签章后，一份退还纳税人留存备查，一份由税务机关留存。

第二十三条 扣缴义务人和税务机关应当告知纳税人办理专项附加扣除的方式和渠道，鼓励并引导纳税人采用远程办税端报送信息。

第五章　后续管理

第二十四条 纳税人应当将《扣除信息表》及相关留存备查资料，自法定汇算清缴期结束后保存五年。

纳税人报送给扣缴义务人的《扣除信息表》，扣缴义务人应当自预扣预缴年度的次年起留存五年。

第二十五条 纳税人向扣缴义务人提供专项附加扣除信息的，扣缴义务人应当按照规定予以扣除，不得拒绝。扣缴义务人应当为纳税人报送的专项附加扣除信息保密。

第二十六条 扣缴义务人应当及时按照纳税人提供的信息计算办理扣缴申报，不得擅自更改纳税人提供的相关信息。

扣缴义务人发现纳税人提供的信息与实际情况不符，可以要求纳税人修改。纳税人拒绝修改的，扣缴义务人应当向主管税务机关报告，税务机关应当及时处理。

除纳税人另有要求外，扣缴义务人应当于年度终了后两个月内，向纳税人提供已办理的专项附加扣除项目及金额等信息。

第二十七条 税务机关定期对纳税人提供的专项附加扣除信息开展抽查。

第二十八条 税务机关核查时，纳税人无法提供留存备查资料，或者留存备查资料不能支持相关情况的，税务机关可以要求纳税人提供其他佐证；不能提供其他佐证材料，或者佐证材料仍不足以支持的，不得享受相关专项附加扣除。

第二十九条 税务机关核查专项附加扣除情况时，可以提请有关单位和个人协助核查，相关单位和个人应当协助。

第三十条 纳税人有下列情形之一的，主管税务机关应当责令其改正；情形严重的，应当纳入有关信用信息系统，并按照国家有关规定实施联合惩戒；涉及违反税收征管法等法律法规的，税务机关依法进行处理：

（一）报送虚假专项附加扣除信息；

（二）重复享受专项附加扣除；

（三）超范围或标准享受专项附加扣除；

（四）拒不提供留存备查资料；

（五）税务总局规定的其他情形。

纳税人在任职、受雇单位报送虚假扣除信息的，税务机关责令改正的同时，通知扣缴义务人。

第三十一条 本办法自2022年1月1日起施行。

7.关于个人所得税法修改后有关优惠政策衔接问题的通知

财税〔2018〕164号

各省、自治区、直辖市、计划单列市财政厅（局），国家税务总局各省、自治区、直辖市、计划单列市税务局，新疆生产建设兵团财政局：

为贯彻落实修改后的《中华人民共和国个人所得税法》，现将个人所得税优惠政策衔接有关事项通知如下：

一、关于全年一次性奖金、中央企业负责人年度绩效薪金延期兑现收入和任期奖励的政策

（一）居民个人取得全年一次性奖金，符合《国家税务总局关于调整个人取得全年一次性奖金等计算征收个人所得税方法问题的通知》（国税发〔2005〕9号）规定的，在2021年12月31日前，不并入当年综合所得，以全年一次性奖金收入除以12个月得到的数额，按照本通知所附按月换算后的综合所得税率表（以下简称月度税率表），确定适用税率和速算扣除数，单独计算纳税。计算公式为：

应纳税额=全年一次性奖金收入×适用税率-速算扣除数

居民个人取得全年一次性奖金，也可以选择并入当年综合所得计算纳税。

自2022年1月1日起，居民个人取得全年一次性奖金，应并入当年综合所得计算缴纳个人所得税。

（二）中央企业负责人取得年度绩效薪金延期兑现收入和任期奖励，符合《国家税务总局关于中央企业负责人年度绩效薪金延期兑现收入和任期奖励征收个人所得税问题的通知》（国税发〔2007〕118号）规定的，在2021年12月31日前，参照本通知第一条第（一）项执行；2022年1月1日之后的政策另行明确。

二、关于上市公司股权激励的政策

（一）居民个人取得股票期权、股票增值权、限制性股票、股权奖励等股权激励（以下简称股权激励），符合《财政部 国家税务总局关于个人股票期权所得征收个人所得税问题的通知》（财税〔2005〕35号）、《财政部 国家税务总局关于股票增值权所得和限制性股票所得征收个人所得税有关问题的通知》（财税〔2009〕5号）、《财政部 国家税务总局关于将国家自主创新示范区有关税收试点政策推广到全国范围实施的通知》（财税〔2015〕116号）第四条、《财政部 国家税务总局关于完善股权激励和技术入股有关所得税政策的通知》（财税〔2016〕101号）第四条第（一）项规定的相关条件的，在2021年12月31日前，不并入当年综合所得，全额单独适用综合所得税率表，计算纳税。计算公式为：

应纳税额=股权激励收入×适用税率-速算扣除数

（二）居民个人一个纳税年度内取得两次以上（含两次）股权激励的，应合并按本通知第二条第（一）项规定计算纳税。

（三）2022年1月1日之后的股权激励政策另行明确。

三、关于保险营销员、证券经纪人佣金收入的政策

保险营销员、证券经纪人取得的佣金收入，属于劳务报酬所得，以不含增值税的收入减除20%

的费用后的余额为收入额，收入额减去展业成本以及附加税费后，并入当年综合所得，计算缴纳个人所得税。保险营销员、证券经纪人展业成本按照收入额的25%计算。

扣缴义务人向保险营销员、证券经纪人支付佣金收入时，应按照《个人所得税扣缴申报管理办法（试行）》（国家税务总局公告2018年第61号）规定的累计预扣法计算预扣税款。

四、关于个人领取企业年金、职业年金的政策

个人达到国家规定的退休年龄，领取的企业年金、职业年金，符合《财政部 人力资源社会保障部 国家税务总局关于企业年金 职业年金个人所得税有关问题的通知》（财税〔2013〕103号）规定的，不并入综合所得，全额单独计算应纳税款。其中按月领取的，适用月度税率表计算纳税；按季领取的，平均分摊计入各月，按每月领取额适用月度税率表计算纳税；按年领取的，适用综合所得税率表计算纳税。

个人因出境定居而一次性领取的年金个人账户资金，或个人死亡后，其指定的受益人或法定继承人一次性领取的年金个人账户余额，适用综合所得税率表计算纳税。对个人除上述特殊原因外一次性领取年金个人账户资金或余额的，适用月度税率表计算纳税。

五、关于解除劳动关系、提前退休、内部退养的一次性补偿收入的政策

（一）个人与用人单位解除劳动关系取得一次性补偿收入（包括用人单位发放的经济补偿金、生活补助费和其他补助费），在当地上年职工平均工资3倍数额以内的部分，免征个人所得税；超过3倍数额的部分，不并入当年综合所得，单独适用综合所得税率表，计算纳税。

（二）个人办理提前退休手续而取得的一次性补贴收入，应按照办理提前退休手续至法定离退休年龄之间实际年度数平均分摊，确定适用税率和速算扣除数，单独适用综合所得税率表，计算纳税。计算公式：

应纳税额={〔（一次性补贴收入÷办理提前退休手续至法定退休年龄的实际年度数）－费用扣除标准〕×适用税率－速算扣除数}×办理提前退休手续至法定退休年龄的实际年度数

（三）个人办理内部退养手续而取得的一次性补贴收入，按照《国家税务总局关于个人所得税有关政策问题的通知》（国税发〔1999〕58号）规定计算纳税。

六、关于单位低价向职工售房的政策

单位按低于购置或建造成本价格出售住房给职工，职工因此而少支出的差价部分，符合《财政部 国家税务总局关于单位低价向职工售房有关个人所得税问题的通知》（财税〔2007〕13号）第二条规定的，不并入当年综合所得，以差价收入除以12个月得到的数额，按照月度税率表确定适用税率和速算扣除数，单独计算纳税。计算公式为：

应纳税额=职工实际支付的购房价款低于该房屋的购置或建造成本价格的差额×适用税率－速算扣除数

七、关于外籍个人有关津补贴的政策

（一）2019年1月1日至2021年12月31日期间，外籍个人符合居民个人条件的，可以选择享受个人所得税专项附加扣除，也可以选择按照《财政部 国家税务总局关于个人所得税若干政策问题的通知》（财税〔1994〕20号）、《国家税务总局关于外籍个人取得有关补贴征免个人所得税执行问题的通知》（国税发〔1997〕54号）和《财政部 国家税务总局关于外籍个人取得港澳地区住房等补贴征免个人所得税的通知》（财税〔2004〕29号）规定，享受住房补贴、语言训练费、子女教育费等津补贴免税优惠政策，但不得同时享受。外籍个人一经选择，在一个纳税年度内不得变更。

（二）自2022年1月1日起，外籍个人不再享受住房补贴、语言训练费、子女教育费津补贴免税优惠政策，应按规定享受专项附加扣除。

八、除上述衔接事项外，其他个人所得税优惠政策继续按照原文件规定执行

九、本通知自2019年1月1日起执行。下列文件或文件条款同时废止：

（一）《财政部 国家税务总局关于个人与用人单位解除劳动关系取得的一次性补偿收入征免个人所得税问题的通知》（财税〔2001〕157号）第一条；

（二）《财政部 国家税务总局关于个人股票期权所得征收个人所得税问题的通知》（财税〔2005〕35号）第四条第（一）项；

（三）《财政部 国家税务总局关于单位低价向职工售房有关个人所得税问题的通知》（财税〔2007〕13号）第三条；

（四）《财政部 人力资源社会保障部 国家税务总局关于企业年金 职业年金个人所得税有关问题的通知》（财税〔2013〕103号）第三条第1项和第3项；

（五）《国家税务总局关于个人认购股票等有价证券而从雇主取得折扣或补贴收入有关征收个人所得税问题的通知》（国税发〔1998〕9号）；

（六）《国家税务总局关于保险企业营销员（非雇员）取得的收入计征个人所得税问题的通知》（国税发〔1998〕13号）；

（七）《国家税务总局关于个人因解除劳动合同取得经济补偿金征收个人所得税问题的通知》（国税发〔1999〕178号）；

（八）《国家税务总局关于国有企业职工因解除劳动合同取得一次性补偿收入征免个人所得税问题的通知》（国税发〔2000〕77号）；

（九）《国家税务总局关于调整个人取得全年一次性奖金等计算征收个人所得税方法问题的通知》（国税发〔2005〕9号）第二条；

（十）《国家税务总局关于保险营销员取得佣金收入征免个人所得税问题的通知》（国税函〔2006〕454号）；

（十一）《国家税务总局关于个人股票期权所得缴纳个人所得税有关问题的补充通知》（国税函〔2006〕902号）第七条、第八条；

（十二）《国家税务总局关于中央企业负责人年度绩效薪金延期兑现收入和任期奖励征收个人所得税问题的通知》（国税发〔2007〕118号）第一条；

（十三）《国家税务总局关于个人提前退休取得补贴收入个人所得税问题的公告》（国家税务总局公告2011年第6号）第二条；

（十四）《国家税务总局关于证券经纪人佣金收入征收个人所得税问题的公告》（国家税务总局公告2012年第45号）。

附件：按月换算后的综合所得税率表

财政部
税务总局
2018年12月27日

附件：

按月换算后的综合所得税率表

级数	全月应纳税所得额	税率（%）	速算扣除数
1	不超过3000元的	3	0
2	超过3000元至12000元的部分	10	210
3	超过12000元至25000元的部分	20	1410
4	超过25000元至35000元的部分	25	2660
5	超过35000元至55000元的部分	30	4410
6	超过55000元至80000元的部分	35	7160
7	超过80000元的部分	45	15160

8. 中华人民共和国增值税暂行条例

（1993年12月13日中华人民共和国国务院令第134号公布 2008年11月5日国务院第34次常务会议修订通过 根据2016年2月6日《国务院关于修改部分行政法规的决定》第一次修订 根据2017年11月19日《国务院关于废止〈中华人民共和国营业税暂行条例〉和修改〈中华人民共和国增值税暂行条例〉的决定》第二次修订）

第一条 在中华人民共和国境内销售货物或者加工、修理修配劳务（以下简称劳务），销售服务、无形资产、不动产以及进口货物的单位和个人，为增值税的纳税人，应当依照本条例缴纳增值税。

第二条 增值税税率：

（一）纳税人销售货物、劳务、有形动产租赁服务或者进口货物，除本条第二项、第四项、第五项另有规定外，税率为17%；

（二）纳税人销售交通运输、邮政、基础电信、建筑、不动产租赁服务，销售不动产，转让土地使用权，销售或者进口下列货物，税率为11%：

1. 粮食等农产品、食用植物油、食用盐；
2. 自来水、暖气、冷气、热水、煤气、石油液化气、天然气、二甲醚、沼气、居民用煤炭制品；
3. 图书、报纸、杂志、音像制品、电子出版物；
4. 饲料、化肥、农药、农机、农膜；
5. 国务院规定的其他货物。

（三）纳税人销售服务、无形资产，除本条第一项、第二项、第五项另有规定外，税率为6%；

（四）纳税人出口货物，税率为零；但是，国务院另有规定的除外；

（五）境内单位和个人跨境销售国务院规定范围内的服务、无形资产，税率为零。

税率的调整，由国务院决定。

第三条 纳税人兼营不同税率的项目，应当分别核算不同税率项目的销售额；未分别核算销售额的，从高适用税率。

第四条 除本条例第十一条规定外，纳税人销售货物、劳务、服务、无形资产、不动产（以下统称应税销售行为），应纳税额为当期销项税额抵扣当期进项税额后的余额。应纳税额计算公式：

应纳税额＝当期销项税额－当期进项税额

当期销项税额小于当期进项税额不足抵扣时，其不足部分可以结转下期继续抵扣。

第五条 纳税人发生应税销售行为，按照销售额和本条例第二条规定的税率计算收取的增值税额，为销项税额。销项税额计算公式：

销项税额＝销售额×税率

第六条 销售额为纳税人发生应税销售行为收取的全部价款和价外费用，但是不包括收取的销项税额。

销售额以人民币计算。纳税人以人民币以外的货币结算销售额的，应当折合成人民币计算。

第七条 纳税人发生应税销售行为的价格明显偏低并无正当理由的，由主管税务机关核定其销售额。

第八条 纳税人购进货物、劳务、服务、无形资产、不动产支付或者负担的增值税额，为进项税额。

下列进项税额准予从销项税额中抵扣：

（一）从销售方取得的增值税专用发票上注明的增值税额；

（二）从海关取得的海关进口增值税专用缴款书上注明的增值税额；

（三）购进农产品，除取得增值税专用发票或者海关进口增值税专用缴款书外，按照农产品收购发票或者销售发票上注明的农产品买价和11%的扣除率计算的进项税额，国务院另有规定的除外。进项税额计算公式：

进项税额＝买价×扣除率

（四）自境外单位或者个人购进劳务、服务、无形资产或者境内的不动产，从税务机关或者扣缴义务人取得的代扣代缴税款的完税凭证上注明的增值税额。

准予抵扣的项目和扣除率的调整，由国务院决定。

第九条 纳税人购进货物、劳务、服务、无形资产、不动产，取得的增值税扣税凭证不符合法律、行政法规或者国务院税务主管部门有关规定的，其进项税额不得从销项税额中抵扣。

第十条 下列项目的进项税额不得从销项税额中抵扣：

（一）用于简易计税方法计税项目、免征增值税项目、集体福利或者个人消费的购进货物、劳务、服务、无形资产和不动产；

（二）非正常损失的购进货物，以及相关的劳务和交通运输服务；

（三）非正常损失的在产品、产成品所耗用的购进货物（不包括固定资产）、劳务和交通运输服务；

（四）国务院规定的其他项目。

第十一条 小规模纳税人发生应税销售行为，实行按照销售额和征收率计算应纳税额的简易办法，并不得抵扣进项税额。应纳税额计算公式：

应纳税额＝销售额×征收率

小规模纳税人的标准由国务院财政、税务主管部门规定。

第十二条 小规模纳税人增值税征收率为3%，国务院另有规定的除外。

第十三条 小规模纳税人以外的纳税人应当向主管税务机关办理登记。具体登记办法由国务院税务主管部门制定。

小规模纳税人会计核算健全，能够提供准确税务资料的，可以向主管税务机关办理登记，不作为小规模纳税人，依照本条例有关规定计算应纳税额。

第十四条 纳税人进口货物，按照组成计税价格和本条例第二条规定的税率计算应纳税额。组成计税价格和应纳税额计算公式：

组成计税价格＝关税完税价格+关税+消费税

应纳税额＝组成计税价格×税率

第十五条 下列项目免征增值税：

（一）农业生产者销售的自产农产品；

（二）避孕药品和用具；

（三）古旧图书；

（四）直接用于科学研究、科学试验和教学的进口仪器、设备；

（五）外国政府、国际组织无偿援助的进口物资和设备；

（六）由残疾人的组织直接进口供残疾人专用的物品；

（七）销售的自己使用过的物品。

除前款规定外，增值税的免税、减税项目由国务院规定。任何地区、部门均不得规定免税、减税项目。

第十六条 纳税人兼营免税、减税项目的，应当分别核算免税、减税项目的销售额；未分别核算销售额的，不得免税、减税。

第十七条 纳税人销售额未达到国务院财政、税务主管部门规定的增值税起征点的，免征增值税；达到起征点的，依照本条例规定全额计算缴纳增值税。

第十八条 中华人民共和国境外的单位或者个人在境内销售劳务，在境内未设有经营机构的，以其境内代理人为扣缴义务人；在境内没有代理人的，以购买方为扣缴义务人。

第十九条 增值税纳税义务发生时间：

（一）发生应税销售行为，为收讫销售款项或者取得索取销售款项凭据的当天；先开具发票的，为开具发票的当天；

（二）进口货物，为报关进口的当天。

增值税扣缴义务发生时间为纳税人增值税纳税义务发生的当天。

第二十条 增值税由税务机关征收，进口货物的增值税由海关代征。

个人携带或者邮寄进境自用物品的增值税，连同关税一并计征。具体办法由国务院关税税则委员会会同有关部门制定。

第二十一条 纳税人发生应税销售行为，应当向索取增值税专用发票的购买方开具增值税专用发票，并在增值税专用发票上分别注明销售额和销项税额。

属于下列情形之一的，不得开具增值税专用发票：

（一）应税销售行为的购买方为消费者个人的；

（二）发生应税销售行为适用免税规定的。

第二十二条 增值税纳税地点：

（一）固定业户应当向其机构所在地的主管税务机关申报纳税。总机构和分支机构不在同一县（市）的，应当分别向各自所在地的主管税务机关申报纳税；经国务院财政、税务主管部门或者其授权的财政、税务机关批准，可以由总机构汇总向总机构所在地的主管税务机关申报纳税。

（二）固定业户到外县（市）销售货物或者劳务，应当向其机构所在地的主管税务机关报告外出经营事项，并向其机构所在地的主管税务机关申报纳税；未报告的，应当向销售地或者劳务发生地的主管税务机关申报纳税；未向销售地或者劳务发生地的主管税务机关申报纳税的，由其机构所在地的主管税务机关补征税款。

（三）非固定业户销售货物或者劳务，应当向销售地或者劳务发生地的主管税务机关申报纳税；未向销售地或者劳务发生地的主管税务机关申报纳税的，由其机构所在地或者居住地的主管税务机关补征税款。

（四）进口货物，应当向报关地海关申报纳税。

扣缴义务人应当向其机构所在地或者居住地的主管税务机关申报缴纳其扣缴的税款。

第二十三条 增值税的纳税期限分别为1日、3日、5日、10日、15日、1个月或者1个季度。纳税人的具体纳税期限，由主管税务机关根据纳税人应纳税额的大小分别核定；不能按照固定期限纳税的，可以按次纳税。

纳税人以1个月或者1个季度为1个纳税期的，自期满之日起15日内申报纳税；以1日、3日、5日、10日或者15日为1个纳税期的，自期满之日起5日内预缴税款，于次月1日起15日内申报纳税并结清上月应纳税款。

扣缴义务人解缴税款的期限，依照前两款规定执行。

第二十四条 纳税人进口货物，应当自海关填发海关进口增值税专用缴款书之日起15日内缴纳税款。

第二十五条 纳税人出口货物适用退（免）税规定的，应当向海关办理出口手续，凭出口报关单等有关凭证，在规定的出口退（免）税申报期内按月向主管税务机关申报办理该项出口货物的退（免）税；境内单位和个人跨境销售服务和无形资产适用退（免）税规定的，应当按期向主管税务机关申报办理退（免）税。具体办法由国务院财政、税务主管部门制定。

出口货物办理退税后发生退货或者退关的，纳税人应当依法补缴已退的税款。

第二十六条 增值税的征收管理，依照《中华人民共和国税收征收管理法》及本条例有关规定执行。

第二十七条 纳税人缴纳增值税的有关事项，国务院或者国务院财政、税务主管部门经国务院同意另有规定的，依照其规定。

第二十八条 本条例自2009年1月1日起施行。

9.中华人民共和国企业所得税法(2018年修订)

(2007年3月16日第十届全国人民代表大会第五次会议通过 根据2017年2月24日第十二届全国人民代表大会常务委员会第二十六次会议《关于修改〈中华人民共和国企业所得税法〉的决定》第一次修正 根据2018年12月29日第十三届全国人民代表大会常务委员会第七次会议《关于修改〈中华人民共和国电力法〉等四部法律的决定》第二次修正)

第一章 总 则

第一条 在中华人民共和国境内,企业和其他取得收入的组织(以下统称企业)为企业所得税的纳税人,依照本法的规定缴纳企业所得税。

个人独资企业、合伙企业不适用本法。

第二条 企业分为居民企业和非居民企业。

本法所称居民企业,是指依法在中国境内成立,或者依照外国(地区)法律成立但实际管理机构在中国境内的企业。

本法所称非居民企业,是指依照外国(地区)法律成立且实际管理机构不在中国境内,但在中国境内设立机构、场所的,或者在中国境内未设立机构、场所,但有来源于中国境内所得的企业。

第三条 居民企业应当就其来源于中国境内、境外的所得缴纳企业所得税。

非居民企业在中国境内设立机构、场所的,应当就其所设机构、场所取得的来源于中国境内的所得,以及发生在中国境外但与其所设机构、场所有实际联系的所得,缴纳企业所得税。

非居民企业在中国境内未设立机构、场所的,或者虽设立机构、场所但取得的所得与其所设机构、场所没有实际联系的,应当就其来源于中国境内的所得缴纳企业所得税。

第四条 企业所得税的税率为25%。

非居民企业取得本法第三条第三款规定的所得,适用税率为20%。

第二章 应纳税所得额

第五条 企业每一纳税年度的收入总额,减除不征税收入、免税收入、各项扣除以及允许弥补的以前年度亏损后的余额,为应纳税所得额。

第六条 企业以货币形式和非货币形式从各种来源取得的收入,为收入总额。包括:

(一)销售货物收入;

(二)提供劳务收入;

(三)转让财产收入;

(四)股息、红利等权益性投资收益;

(五)利息收入;

(六)租金收入;

(七)特许权使用费收入;

(八)接受捐赠收入;

(九)其他收入。

第七条 收入总额中的下列收入为不征税收入：

（一）财政拨款；

（二）依法收取并纳入财政管理的行政事业性收费、政府性基金；

（三）国务院规定的其他不征税收入。

第八条 企业实际发生的与取得收入有关的、合理的支出，包括成本、费用、税金、损失和其他支出，准予在计算应纳税所得额时扣除。

第九条 企业发生的公益性捐赠支出，在年度利润总额12%以内的部分，准予在计算应纳税所得额时扣除。

第十条 在计算应纳税所得额时，下列支出不得扣除：

（一）向投资者支付的股息、红利等权益性投资收益款项；

（二）企业所得税税款；

（三）税收滞纳金；

（四）罚金、罚款和被没收财物的损失；

（五）本法第九条规定以外的捐赠支出；

（六）赞助支出；

（七）未经核定的准备金支出；

（八）与取得收入无关的其他支出。

第十一条 在计算应纳税所得额时，企业按照规定计算的固定资产折旧，准予扣除。

下列固定资产不得计算折旧扣除：

（一）房屋、建筑物以外未投入使用的固定资产；

（二）以经营租赁方式租入的固定资产；

（三）以融资租赁方式租出的固定资产；

（四）已足额提取折旧仍继续使用的固定资产；

（五）与经营活动无关的固定资产；

（六）单独估价作为固定资产入账的土地；

（七）其他不得计算折旧扣除的固定资产。

第十二条 在计算应纳税所得额时，企业按照规定计算的无形资产摊销费用，准予扣除。

下列无形资产不得计算摊销费用扣除：

（一）自行开发的支出已在计算应纳税所得额时扣除的无形资产；

（二）自创商誉；

（三）与经营活动无关的无形资产；

（四）其他不得计算摊销费用扣除的无形资产。

第十三条 在计算应纳税所得额时，企业发生的下列支出作为长期待摊费用，按照规定摊销的，准予扣除：

（一）已足额提取折旧的固定资产的改建支出；

（二）租入固定资产的改建支出；

（三）固定资产的大修理支出；

（四）其他应当作为长期待摊费用的支出。

第十四条 企业对外投资期间，投资资产的成本在计算应纳税所得额时不得扣除。

第十五条 企业使用或者销售存货，按照规定计算的存货成本，准予在计算应纳税所得额时扣除。

第十六条 企业转让资产，该项资产的净值，准予在计算应纳税所得额时扣除。

第十七条 企业在汇总计算缴纳企业所得税时，其境外营业机构的亏损不得抵减境内营业机构的盈利。

第十八条 企业纳税年度发生的亏损，准予向以后年度结转，用以后年度的所得弥补，但结转年限最长不得超过五年。

第十九条 非居民企业取得本法第三条第三款规定的所得，按照下列方法计算其应纳税所得额：

（一）股息、红利等权益性投资收益和利息、租金、特许权使用费所得，以收入全额为应纳税所得额；

（二）转让财产所得，以收入全额减除财产净值后的余额为应纳税所得额；

（三）其他所得，参照前两项规定的方法计算应纳税所得额。

第二十条 本章规定的收入、扣除的具体范围、标准和资产的税务处理的具体办法，由国务院财政、税务主管部门规定。

第二十一条 在计算应纳税所得额时，企业财务、会计处理办法与税收法律、行政法规的规定不一致的，应当依照税收法律、行政法规的规定计算。

第三章 应纳税额

第二十二条 企业的应纳税所得额乘以适用税率，减除依照本法关于税收优惠的规定减免和抵免的税额后的余额，为应纳税额。

第二十三条 企业取得的下列所得已在境外缴纳的所得税税额，可以从其当期应纳税额中抵免，抵免限额为该项所得依照本法规定计算的应纳税额；超过抵免限额的部分，可以在以后五个年度内，用每年度抵免限额抵免当年应抵税额后的余额进行抵补：

（一）居民企业来源于中国境外的应税所得；

（二）非居民企业在中国境内设立机构、场所，取得发生在中国境外但与该机构、场所有实际联系的应税所得。

第二十四条 居民企业从其直接或者间接控制的外国企业分得的来源于中国境外的股息、红利等权益性投资收益，外国企业在境外实际缴纳的所得税税额中属于该项所得负担的部分，可以作为该居民企业的可抵免境外所得税税额，在本法第二十三条规定的抵免限额内抵免。

第四章 税收优惠

第二十五条 国家对重点扶持和鼓励发展的产业和项目，给予企业所得税优惠。

第二十六条 企业的下列收入为免税收入：

（一）国债利息收入；

（二）符合条件的居民企业之间的股息、红利等权益性投资收益；

（三）在中国境内设立机构、场所的非居民企业从居民企业取得与该机构、场所有实际联系的股息、红利等权益性投资收益；

（四）符合条件的非营利组织的收入。

第二十七条 企业的下列所得，可以免征、减征企业所得税：

（一）从事农、林、牧、渔业项目的所得；

（二）从事国家重点扶持的公共基础设施项目投资经营的所得；

（三）从事符合条件的环境保护、节能节水项目的所得；

（四）符合条件的技术转让所得；

（五）本法第三条第三款规定的所得。

第二十八条 符合条件的小型微利企业，减按20%的税率征收企业所得税。

国家需要重点扶持的高新技术企业，减按15%的税率征收企业所得税。

第二十九条 民族自治地方的自治机关对本民族自治地方的企业应缴纳的企业所得税中属于地方分享的部分，可以决定减征或者免征。自治州、自治县决定减征或者免征的，须报省、自治区、直辖市人民政府批准。

第三十条 企业的下列支出，可以在计算应纳税所得额时加计扣除：

（一）开发新技术、新产品、新工艺发生的研究开发费用；

（二）安置残疾人员及国家鼓励安置的其他就业人员所支付的工资。

第三十一条 创业投资企业从事国家需要重点扶持和鼓励的创业投资，可以按投资额的一定比例抵扣应纳税所得额。

第三十二条 企业的固定资产由于技术进步等原因，确需加速折旧的，可以缩短折旧年限或者采取加速折旧的方法。

第三十三条 企业综合利用资源，生产符合国家产业政策规定的产品所取得的收入，可以在计算应纳税所得额时减计收入。

第三十四条 企业购置用于环境保护、节能节水、安全生产等专用设备的投资额，可以按一定比例实行税额抵免。

第三十五条 本法规定的税收优惠的具体办法，由国务院规定。

第三十六条 根据国民经济和社会发展的需要，或者由于突发事件等原因对企业经营活动产生重大影响的，国务院可以制定企业所得税专项优惠政策，报全国人民代表大会常务委员会备案。

第五章　源泉扣缴

第三十七条 对非居民企业取得本法第三条第三款规定的所得应缴纳的所得税，实行源泉扣缴，以支付人为扣缴义务人。税款由扣缴义务人在每次支付或者到期应支付时，从支付或者到期应支付的款项中扣缴。

第三十八条 对非居民企业在中国境内取得工程作业和劳务所得应缴纳的所得税，税务机关可以指定工程价款或者劳务费的支付人为扣缴义务人。

第三十九条 依照本法第三十七条、第三十八条规定应当扣缴的所得税，扣缴义务人未依法扣缴或者无法履行扣缴义务的，由纳税人在所得发生地缴纳。纳税人未依法缴纳的，税务机关可以从该纳税人在中国境内其他收入项目的支付人应付的款项中，追缴该纳税人的应纳税款。

第四十条 扣缴义务人每次代扣的税款，应当自代扣之日起七日内缴入国库，并向所在地的税务机关报送扣缴企业所得税报告表。

第六章　特别纳税调整

第四十一条 企业与其关联方之间的业务往来，不符合独立交易原则而减少企业或者其关联方应纳税收入或者所得额的，税务机关有权按照合理方法调整。

企业与其关联方共同开发、受让无形资产，或者共同提供、接受劳务发生的成本，在计算应纳税所得额时应当按照独立交易原则进行分摊。

第四十二条　企业可以向税务机关提出与其关联方之间业务往来的定价原则和计算方法，税务机关与企业协商、确认后，达成预约定价安排。

第四十三条　企业向税务机关报送年度企业所得税纳税申报表时，应当就其与关联方之间的业务往来，附送年度关联业务往来报告表。

税务机关在进行关联业务调查时，企业及其关联方，以及与关联业务调查有关的其他企业，应当按照规定提供相关资料。

第四十四条　企业不提供与其关联方之间业务往来资料，或者提供虚假、不完整资料，未能真实反映其关联业务往来情况的，税务机关有权依法核定其应纳税所得额。

第四十五条　由居民企业，或者由居民企业和中国居民控制的设立在实际税负明显低于本法第四条第一款规定税率水平的国家（地区）的企业，并非由于合理的经营需要而对利润不作分配或者减少分配的，上述利润中应归属于该居民企业的部分，应当计入该居民企业的当期收入。

第四十六条　企业从其关联方接受的债权性投资与权益性投资的比例超过规定标准而发生的利息支出，不得在计算应纳税所得额时扣除。

第四十七条　企业实施其他不具有合理商业目的的安排而减少其应纳税收入或者所得额的，税务机关有权按照合理方法调整。

第四十八条　税务机关依照本章规定作出纳税调整，需要补征税款的，应当补征税款，并按照国务院规定加收利息。

第七章　征收管理

第四十九条　企业所得税的征收管理除本法规定外，依照《中华人民共和国税收征收管理法》的规定执行。

第五十条　除税收法律、行政法规另有规定外，居民企业以企业登记注册地为纳税地点；但登记注册地在境外的，以实际管理机构所在地为纳税地点。

居民企业在中国境内设立不具有法人资格的营业机构的，应当汇总计算并缴纳企业所得税。

第五十一条　非居民企业取得本法第三条第二款规定的所得，以机构、场所所在地为纳税地点。非居民企业在中国境内设立两个或者两个以上机构、场所，符合国务院税务主管部门规定条件的，可以选择由其主要机构、场所汇总缴纳企业所得税。

非居民企业取得本法第三条第三款规定的所得，以扣缴义务人所在地为纳税地点。

第五十二条　除国务院另有规定外，企业之间不得合并缴纳企业所得税。

第五十三条　企业所得税按纳税年度计算。纳税年度自公历1月1日起至12月31日止。

企业在一个纳税年度中间开业，或者终止经营活动，使该纳税年度的实际经营期不足十二个月的，应当以其实际经营期为一个纳税年度。

企业依法清算时，应当以清算期间作为一个纳税年度。

第五十四条　企业所得税分月或者分季预缴。

企业应当自月份或者季度终了之日起十五日内，向税务机关报送预缴企业所得税纳税申报表，预缴税款。

企业应当自年度终了之日起五个月内，向税务机关报送年度企业所得税纳税申报表，并汇算清缴，结清应缴应退税款。

企业在报送企业所得税纳税申报表时，应当按照规定附送财务会计报告和其他有关资料。

第五十五条　企业在年度中间终止经营活动的，应当自实际经营终止之日起六十日内，向税务机关办理当期企业所得税汇算清缴。

企业应当在办理注销登记前，就其清算所得向税务机关申报并依法缴纳企业所得税。

第五十六条 依照本法缴纳的企业所得税，以人民币计算。所得以人民币以外的货币计算的，应当折合成人民币计算并缴纳税款。

第八章 附 则

第五十七条 本法公布前已经批准设立的企业，依照当时的税收法律、行政法规规定，享受低税率优惠的，按照国务院规定，可以在本法施行后五年内，逐步过渡到本法规定的税率；享受定期减免税优惠的，按照国务院规定，可以在本法施行后继续享受到期满为止，但因未获利而尚未享受优惠的，优惠期限从本法施行年度起计算。

法律设置的发展对外经济合作和技术交流的特定地区内，以及国务院已规定执行上述地区特殊政策的地区内新设立的国家需要重点扶持的高新技术企业，可以享受过渡性税收优惠，具体办法由国务院规定。

国家已确定的其他鼓励类企业，可以按照国务院规定享受减免税优惠。

第五十八条 中华人民共和国政府同外国政府订立的有关税收的协定与本法有不同规定的，依照协定的规定办理。

第五十九条 国务院根据本法制定实施条例。

第六十条 本法自2008年1月1日起施行。1991年4月9日第七届全国人民代表大会第四次会议通过的《中华人民共和国外商投资企业和外国企业所得税法》和1993年12月13日国务院发布的《中华人民共和国企业所得税暂行条例》同时废止。

10.中华人民共和国企业所得税法实施条例

中华人民共和国国务院令〔2007〕512号

省略,详见第一版《会计工作手册》(中国财政经济出版社,2019年5月),请登录会计新时代网站(http://www.acctne.com/)——"其他管理制度→税务制度"查询,或登录深圳市会计协会网站(http://www.szkjxh.com)——"法规制度→其他管理制度→税务制度"查询;或登录国家税务总局网站(https://www.chinatax.gov.cn/)——"政策法规→行政法规"查询。

第十二部分

相关审计政策

1. 中华人民共和国审计法（2021）

（1994年8月31日第八届全国人民代表大会常务委员会第九次会议通过　根据2006年2月28日第十届全国人民代表大会常务委员会第二十次会议《关于修改〈中华人民共和国审计法〉的决定》第一次修正　根据2021年10月23日第十三届全国人民代表大会常务委员会第三十一次会议《关于修改〈中华人民共和国审计法〉的决定》第二次修正）

第一章　总　则

第一条　为了加强国家的审计监督，维护国家财政经济秩序，提高财政资金使用效益，促进廉政建设，保障国民经济和社会健康发展，根据宪法，制定本法。

第二条　国家实行审计监督制度。坚持中国共产党对审计工作的领导，构建集中统一、全面覆盖、权威高效的审计监督体系。

国务院和县级以上地方人民政府设立审计机关。

国务院各部门和地方各级人民政府及其各部门的财政收支，国有的金融机构和企业事业组织的财务收支，以及其他依照本法规定应当接受审计的财政收支、财务收支，依照本法规定接受审计监督。

审计机关对前款所列财政收支或者财务收支的真实、合法和效益，依法进行审计监督。

第三条　审计机关依照法律规定的职权和程序，进行审计监督。

审计机关依据有关财政收支、财务收支的法律、法规和国家其他有关规定进行审计评价，在法定职权范围内作出审计决定。

第四条　国务院和县级以上地方人民政府应当每年向本级人民代表大会常务委员会提出审计工作报告。审计工作报告应当报告审计机关对预算执行、决算草案以及其他财政收支的审计情况，重点报告对预算执行及其绩效的审计情况，按照有关法律、行政法规的规定报告对国有资源、国有资产的审计情况。必要时，人民代表大会常务委员会可以对审计工作报告作出决议。

国务院和县级以上地方人民政府应当将审计工作报告中指出的问题的整改情况和处理结果向本级人民代表大会常务委员会报告。

第五条　审计机关依照法律规定独立行使审计监督权，不受其他行政机关、社会团体和个人的干涉。

第六条　审计机关和审计人员办理审计事项，应当客观公正，实事求是，廉洁奉公，保守秘密。

第二章　审计机关和审计人员

第七条　国务院设立审计署，在国务院总理领导下，主管全国的审计工作。审计长是审计署的行政首长。

第八条　省、自治区、直辖市、设区的市、自治州、县、自治县、不设区的市、市辖区的人民政府的审计机关，分别在省长、自治区主席、市长、州长、县长、区长和上一级审计机关的领导下，负责本行政区域内的审计工作。

第九条　地方各级审计机关对本级人民政府和上一级审计机关负责并报告工作，审计业务以上级审计机关领导为主。

第十条　审计机关根据工作需要，经本级人民政府批准，可以在其审计管辖范围内设立派出机构。

派出机构根据审计机关的授权，依法进行审计工作。

第十一条　审计机关履行职责所必需的经费，应当列入预算予以保证。

第十二条　审计机关应当建设信念坚定、为民服务、业务精通、作风务实、敢于担当、清正廉洁的高素质专业化审计队伍。

审计机关应当加强对审计人员遵守法律和执行职务情况的监督，督促审计人员依法履职尽责。

审计机关和审计人员应当依法接受监督。

第十三条　审计人员应当具备与其从事的审计工作相适应的专业知识和业务能力。

审计机关根据工作需要，可以聘请具有与审计事项相关专业知识的人员参加审计工作。

第十四条　审计机关和审计人员不得参加可能影响其依法独立履行审计监督职责的活动，不得干预、插手被审计单位及其相关单位的正常生产经营和管理活动。

第十五条　审计人员办理审计事项，与被审计单位或者审计事项有利害关系的，应当回避。

第十六条　审计机关和审计人员对在执行职务中知悉的国家秘密、工作秘密、商业秘密、个人隐私和个人信息，应当予以保密，不得泄露或者向他人非法提供。

第十七条　审计人员依法执行职务，受法律保护。

任何组织和个人不得拒绝、阻碍审计人员依法执行职务，不得打击报复审计人员。

审计机关负责人依照法定程序任免。审计机关负责人没有违法失职或者其他不符合任职条件的情况的，不得随意撤换。

地方各级审计机关负责人的任免，应当事先征求上一级审计机关的意见。

第三章　审计机关职责

第十八条　审计机关对本级各部门（含直属单位）和下级政府预算的执行情况和决算以及其他财政收支情况，进行审计监督。

第十九条　审计署在国务院总理领导下，对中央预算执行情况、决算草案以及其他财政收支情况进行审计监督，向国务院总理提出审计结果报告。

地方各级审计机关分别在省长、自治区主席、市长、州长、县长、区长和上一级审计机关的领导下，对本级预算执行情况、决算草案以及其他财政收支情况进行审计监督，向本级人民政府和上一级审计机关提出审计结果报告。

第二十条　审计署对中央银行的财务收支，进行审计监督。

第二十一条　审计机关对国家的事业组织和使用财政资金的其他事业组织的财务收支，进行审计监督。

第二十二条　审计机关对国有企业、国有金融机构和国有资本占控股地位或者主导地位的企业、金融机构的资产、负债、损益以及其他财务收支情况，进行审计监督。

遇有涉及国家财政金融重大利益情形，为维护国家经济安全，经国务院批准，审计署可以对前款规定以外的金融机构进行专项审计调查或者审计。

第二十三条　审计机关对政府投资和以政府投资为主的建设项目的预算执行情况和决算，对其他关系国家利益和公共利益的重大公共工程项目的资金管理使用和建设运营情况，进行审计监督。

第二十四条 审计机关对国有资源、国有资产，进行审计监督。

审计机关对政府部门管理的和其他单位受政府委托管理的社会保险基金、全国社会保障基金、社会捐赠资金以及其他公共资金的财务收支，进行审计监督。

第二十五条 审计机关对国际组织和外国政府援助、贷款项目的财务收支，进行审计监督。

第二十六条 根据经批准的审计项目计划安排，审计机关可以对被审计单位贯彻落实国家重大经济社会政策措施情况进行审计监督。

第二十七条 除本法规定的审计事项外，审计机关对其他法律、行政法规规定应当由审计机关进行审计的事项，依照本法和有关法律、行政法规的规定进行审计监督。

第二十八条 审计机关可以对被审计单位依法应当接受审计的事项进行全面审计，也可以对其中的特定事项进行专项审计。

第二十九条 审计机关有权对与国家财政收支有关的特定事项，向有关地方、部门、单位进行专项审计调查，并向本级人民政府和上一级审计机关报告审计调查结果。

第三十条 审计机关履行审计监督职责，发现经济社会运行中存在风险隐患的，应当及时向本级人民政府报告或者向有关主管机关、单位通报。

第三十一条 审计机关根据被审计单位的财政、财务隶属关系或者国有资源、国有资产监督管理关系，确定审计管辖范围。

审计机关之间对审计管辖范围有争议的，由其共同的上级审计机关确定。

上级审计机关对其审计管辖范围内的审计事项，可以授权下级审计机关进行审计，但本法第十八条至第二十条规定的审计事项不得进行授权；上级审计机关对下级审计机关审计管辖范围内的重大审计事项，可以直接进行审计，但是应当防止不必要的重复审计。

第三十二条 被审计单位应当加强对内部审计工作的领导，按照国家有关规定建立健全内部审计制度。

审计机关应当对被审计单位的内部审计工作进行业务指导和监督。

第三十三条 社会审计机构审计的单位依法属于被审计单位的，审计机关按照国务院的规定，有权对该社会审计机构出具的相关审计报告进行核查。

第四章 审计机关权限

第三十四条 审计机关有权要求被审计单位按照审计机关的规定提供财务、会计资料以及与财政收支、财务收支有关的业务、管理等资料，包括电子数据和有关文档。被审计单位不得拒绝、拖延、谎报。

被审计单位负责人应当对本单位提供资料的及时性、真实性和完整性负责。

审计机关对取得的电子数据等资料进行综合分析，需要向被审计单位核实有关情况的，被审计单位应当予以配合。

第三十五条 国家政务信息系统和数据共享平台应当按照规定向审计机关开放。

审计机关通过政务信息系统和数据共享平台取得的电子数据等资料能够满足需要的，不得要求被审计单位重复提供。

第三十六条 审计机关进行审计时，有权检查被审计单位的财务、会计资料以及与财政收支、财务收支有关的业务、管理等资料和资产，有权检查被审计单位信息系统的安全性、可靠性、经济性，被审计单位不得拒绝。

第三十七条 审计机关进行审计时，有权就审计事项的有关问题向有关单位和个人进行调查，并取得有关证明材料。有关单位和个人应当支持、协助审计机关工作，如实向审计机关反映情况，提供有关证明材料。

审计机关经县级以上人民政府审计机关负责人批准，有权查询被审计单位在金融机构的账户。

审计机关有证据证明被审计单位违反国家规定将公款转入其他单位、个人在金融机构账户的，经县级以上人民政府审计机关主要负责人批准，有权查询有关单位、个人在金融机构与审计事项相关的存款。

第三十八条 审计机关进行审计时，被审计单位不得转移、隐匿、篡改、毁弃财务、会计资料以及与财政收支、财务收支有关的业务、管理等资料，不得转移、隐匿、故意毁损所持有的违反国家规定取得的资产。

审计机关对被审计单位违反前款规定的行为，有权予以制止；必要时，经县级以上人民政府审计机关负责人批准，有权封存有关资料和违反国家规定取得的资产；对其中在金融机构的有关存款需要予以冻结的，应当向人民法院提出申请。

审计机关对被审计单位正在进行的违反国家规定的财政收支、财务收支行为，有权予以制止；制止无效的，经县级以上人民政府审计机关负责人批准，通知财政部门和有关主管机关、单位暂停拨付与违反国家规定的财政收支、财务收支行为直接有关的款项，已经拨付的，暂停使用。

审计机关采取前两款规定的措施不得影响被审计单位合法的业务活动和生产经营活动。

第三十九条 审计机关认为被审计单位所执行的上级主管机关、单位有关财政收支、财务收支的规定与法律、行政法规相抵触的，应当建议有关主管机关、单位纠正；有关主管机关、单位不予纠正的，审计机关应当提请有权处理的机关、单位依法处理。

第四十条 审计机关可以向政府有关部门通报或者向社会公布审计结果。

审计机关通报或者公布审计结果，应当保守国家秘密、工作秘密、商业秘密、个人隐私和个人信息，遵守法律、行政法规和国务院的有关规定。

第四十一条 审计机关履行审计监督职责，可以提请公安、财政、自然资源、生态环境、海关、税务、市场监督管理等机关予以协助。有关机关应当依法予以配合。

第五章 审计程序

第四十二条 审计机关根据经批准的审计项目计划确定的审计事项组成审计组，并应当在实施审计三日前，向被审计单位送达审计通知书；遇有特殊情况，经县级以上人民政府审计机关负责人批准，可以直接持审计通知书实施审计。

被审计单位应当配合审计机关的工作，并提供必要的工作条件。

审计机关应当提高审计工作效率。

第四十三条 审计人员通过审查财务、会计资料，查阅与审计事项有关的文件、资料，检查现金、实物、有价证券和信息系统，向有关单位和个人调查等方式进行审计，并取得证明材料。

向有关单位和个人进行调查时，审计人员应当不少于二人，并出示其工作证件和审计通知书副本。

第四十四条 审计组对审计事项实施审计后，应当向审计机关提出审计组的审计报告。审计组的审计报告报送审计机关前，应当征求被审计单位的意见。被审计单位应当自接到审计组的审计报告之日起十日内，将其书面意见送交审计组。审计组应当将被审计单位的书面意见一并报送审计机关。

第四十五条 审计机关按照审计署规定的程序对审计组的审计报告进行审议，并对被审计单位对审计组的审计报告提出的意见一并研究后，出具审计机关的审计报告。对违反国家规定的财政收支、财务收支行为，依法应当给予处理、处罚的，审计机关在法定职权范围内作出审计决定；需要移送有关主管机关、单位处理、处罚的，审计机关应当依法移送。

审计机关应当将审计机关的审计报告和审计决定送达被审计单位和有关主管机关、单位，并报上一级审计机关。审计决定自送达之日起生效。

第四十六条 上级审计机关认为下级审计机关作出的审计决定违反国家有关规定的，可以责成下级审计机关予以变更或者撤销，必要时也可以直接作出变更或者撤销的决定。

第六章 法律责任

第四十七条 被审计单位违反本法规定，拒绝、拖延提供与审计事项有关的资料的，或者提供的资料不真实、不完整的，或者拒绝、阻碍检查、调查、核实有关情况的，由审计机关责令改正，可以通报批评，给予警告；拒不改正的，依法追究法律责任。

第四十八条 被审计单位违反本法规定，转移、隐匿、篡改、毁弃财务、会计资料以及与财政收支、财务收支有关的业务、管理等资料，或者转移、隐匿、故意毁损所持有的违反国家规定取得的资产，审计机关认为对直接负责的主管人员和其他直接责任人员依法应当给予处分的，应当向被审计单位提出处理建议，或者移送监察机关和有关主管机关、单位处理，有关机关、单位应当将处理结果书面告知审计机关；构成犯罪的，依法追究刑事责任。

第四十九条 对本级各部门（含直属单位）和下级政府违反预算的行为或者其他违反国家规定的财政收支行为，审计机关、人民政府或者有关主管机关、单位在法定职权范围内，依照法律、行政法规的规定，区别情况采取下列处理措施：

（一）责令限期缴纳应当上缴的款项；
（二）责令限期退还被侵占的国有资产；
（三）责令限期退还违法所得；
（四）责令按照国家统一的财务、会计制度的有关规定进行处理；
（五）其他处理措施。

第五十条 对被审计单位违反国家规定的财务收支行为，审计机关、人民政府或者有关主管机关、单位在法定职权范围内，依照法律、行政法规的规定，区别情况采取前条规定的处理措施，并可以依法给予处罚。

第五十一条 审计机关在法定职权范围内作出的审计决定，被审计单位应当执行。

审计机关依法责令被审计单位缴纳应当上缴的款项，被审计单位拒不执行的，审计机关应当通报有关主管机关、单位，有关主管机关、单位应当依照有关法律、行政法规的规定予以扣缴或者采取其他处理措施，并将处理结果书面告知审计机关。

第五十二条 被审计单位应当按照规定时间整改审计查出的问题，将整改情况报告审计机关，同时向本级人民政府或者有关主管机关、单位报告，并按照规定向社会公布。

各级人民政府和有关主管机关、单位应当督促被审计单位整改审计查出的问题。审计机关应当对被审计单位整改情况进行跟踪检查。

审计结果以及整改情况应当作为考核、任免、奖惩领导干部和制定政策、完善制度的重要参考；拒不整改或者整改时弄虚作假的，依法追究法律责任。

第五十三条 被审计单位对审计机关作出的有关财务收支的审计决定不服的，可以依法申请行政复议或者提起行政诉讼。

被审计单位对审计机关作出的有关财政收支的审计决定不服的，可以提请审计机关的本级人民政府裁决，本级人民政府的裁决为最终决定。

第五十四条 被审计单位的财政收支、财务收支违反国家规定，审计机关认为对直接负责的主管人员和其他直接责任人员依法应当给予处分的，应当向被审计单位提出处理建议，或者移送监察机关和有关主管机关、单位处理，有关机关、单位应当将处理结果书面告知审计机关。

第五十五条 被审计单位的财政收支、财务收支违反法律、行政法规的规定，构成犯罪的，依法追究刑事责任。

第五十六条 报复陷害审计人员的，依法给予处分；构成犯罪的，依法追究刑事责任。

第五十七条 审计人员滥用职权、徇私舞弊、玩忽职守或者泄露、向他人非法提供所知悉的国家秘密、工作秘密、商业秘密、个人隐私和个人信息的，依法给予处分；构成犯罪的，依法追究刑事责任。

第七章 附 则

第五十八条 领导干部经济责任审计和自然资源资产离任审计，依照本法和国家有关规定执行。

第五十九条 中国人民解放军和中国人民武装警察部队审计工作的规定，由中央军事委员会根据本法制定。

审计机关和军队审计机构应当建立健全协作配合机制，按照国家有关规定对涉及军地经济事项实施联合审计。

第六十条 本法自1995年1月1日起施行。1988年11月30日国务院发布的《中华人民共和国审计条例》同时废止。

2.中华人民共和国国家审计准则

省略，详见第一版《会计工作手册》（中国财政经济出版社，2019年5月），请登录会计新时代网站（http：//www.acctne.com/）——"其他管理制度→审计制度"查询，或登录深圳市会计协会网站（http：//www.szkjxh.com）——"法规制度→法律法规"查询，或登录国家审计署网站（https：//www.audit.gov.cn/）——"审计之窗→法律法规"查询。

3.中华人民共和国审计法实施条例

省略，详见第一版《会计工作手册》（中国财政经济出版社，2019年5月），请登录会计新时代网站（http：//www.acctne.com/）——"其他管理制度→审计制度"查询，或登录深圳市会计协会网站（http：//www.szkjxh.com）——"法规制度→法律法规"查询，或登录国家审计署网站（https：//www.audit.gov.cn/）——"审计之窗→法律法规"查询。

第十三部分

相关资产评估政策

1. 中华人民共和国资产评估法

（2016年7月2日第十二届全国人民代表大会常务委员会第二十一次会议通过）

第一章　总　则

第一条　为了规范资产评估行为，保护资产评估当事人合法权益和公共利益，促进资产评估行业健康发展，维护社会主义市场经济秩序，制定本法。

第二条　本法所称资产评估（以下称评估），是指评估机构及其评估专业人员根据委托对不动产、动产、无形资产、企业价值、资产损失或者其他经济权益进行评定、估算，并出具评估报告的专业服务行为。

第三条　自然人、法人或者其他组织需要确定评估对象价值的，可以自愿委托评估机构评估。

涉及国有资产或者公共利益等事项，法律、行政法规规定需要评估的（以下称法定评估），应当依法委托评估机构评估。

第四条　评估机构及其评估专业人员开展业务应当遵守法律、行政法规和评估准则，遵循独立、客观、公正的原则。

评估机构及其评估专业人员依法开展业务，受法律保护。

第五条　评估专业人员从事评估业务，应当加入评估机构，并且只能在一个评估机构从事业务。

第六条　评估行业可以按照专业领域依法设立行业协会，实行自律管理，并接受有关评估行政管理部门的监督和社会监督。

第七条　国务院有关评估行政管理部门按照各自职责分工，对评估行业进行监督管理。

设区的市级以上地方人民政府有关评估行政管理部门按照各自职责分工，对本行政区域内的评估行业进行监督管理。

第二章　评估专业人员

第八条　评估专业人员包括评估师和其他具有评估专业知识及实践经验的评估从业人员。

评估师是指通过评估师资格考试的评估专业人员。国家根据经济社会发展需要确定评估师专业类别。

第九条　有关全国性评估行业协会按照国家规定组织实施评估师资格全国统一考试。

具有高等院校专科以上学历的公民，可以参加评估师资格全国统一考试。

第十条　有关全国性评估行业协会应当在其网站上公布评估师名单，并实时更新。

第十一条　因故意犯罪或者在从事评估、财务、会计、审计活动中因过失犯罪而受刑事处罚，自刑罚执行完毕之日起不满五年的人员，不得从事评估业务。

第十二条　评估专业人员享有下列权利：

（一）要求委托人提供相关的权属证明、财务会计信息和其他资料，以及为执行公允的评估程序所需的必要协助；

（二）依法向有关国家机关或者其他组织查阅从事业务所需的文件、证明和资料；

（三）拒绝委托人或者其他组织、个人对评估行为和评估结果的非法干预；

（四）依法签署评估报告；

（五）法律、行政法规规定的其他权利。

第十三条 评估专业人员应当履行下列义务：

（一）诚实守信，依法独立、客观、公正从事业务；

（二）遵守评估准则，履行调查职责，独立分析估算，勤勉谨慎从事业务；

（三）完成规定的继续教育，保持和提高专业能力；

（四）对评估活动中使用的有关文件、证明和资料的真实性、准确性、完整性进行核查和验证；

（五）对评估活动中知悉的国家秘密、商业秘密和个人隐私予以保密；

（六）与委托人或者其他相关当事人及评估对象有利害关系的，应当回避；

（七）接受行业协会的自律管理，履行行业协会章程规定的义务；

（八）法律、行政法规规定的其他义务。

第十四条 评估专业人员不得有下列行为：

（一）私自接受委托从事业务、收取费用；

（二）同时在两个以上评估机构从事业务；

（三）采用欺骗、利诱、胁迫，或者贬损、诋毁其他评估专业人员等不正当手段招揽业务；

（四）允许他人以本人名义从事业务，或者冒用他人名义从事业务；

（五）签署本人未承办业务的评估报告；

（六）索要、收受或者变相索要、收受合同约定以外的酬金、财物，或者谋取其他不正当利益；

（七）签署虚假评估报告或者有重大遗漏的评估报告；

（八）违反法律、行政法规的其他行为。

第三章 评估机构

第十五条 评估机构应当依法采用合伙或者公司形式，聘用评估专业人员开展评估业务。

合伙形式的评估机构，应当有两名以上评估师；其合伙人三分之二以上应当是具有三年以上从业经历且最近三年内未受停止从业处罚的评估师。

公司形式的评估机构，应当有八名以上评估师和两名以上股东，其中三分之二以上股东应当是具有三年以上从业经历且最近三年内未受停止从业处罚的评估师。

评估机构的合伙人或者股东为两名的，两名合伙人或者股东都应当是具有三年以上从业经历且最近三年内未受停止从业处罚的评估师。

第十六条 设立评估机构，应当向工商行政管理部门申请办理登记。评估机构应当自领取营业执照之日起三十日内向有关评估行政管理部门备案。评估行政管理部门应当及时将评估机构备案情况向社会公告。

第十七条 评估机构应当依法独立、客观、公正开展业务，建立健全质量控制制度，保证评估报告的客观、真实、合理。

评估机构应当建立健全内部管理制度，对本机构的评估专业人员遵守法律、行政法规和评估准则的情况进行监督，并对其从业行为负责。

评估机构应当依法接受监督检查，如实提供评估档案以及相关情况。

第十八条 委托人拒绝提供或者不如实提供执行评估业务所需的权属证明、财务会计信息和其他资料的,评估机构有权依法拒绝其履行合同的要求。

第十九条 委托人要求出具虚假评估报告或者有其他非法干预评估结果情形的,评估机构有权解除合同。

第二十条 评估机构不得有下列行为:

(一)利用开展业务之便,谋取不正当利益;

(二)允许其他机构以本机构名义开展业务,或者冒用其他机构名义开展业务;

(三)以恶性压价、支付回扣、虚假宣传,或者贬损、诋毁其他评估机构等不正当手段招揽业务;

(四)受理与自身有利害关系的业务;

(五)分别接受利益冲突双方的委托,对同一评估对象进行评估;

(六)出具虚假评估报告或者有重大遗漏的评估报告;

(七)聘用或者指定不符合本法规定的人员从事评估业务;

(八)违反法律、行政法规的其他行为。

第二十一条 评估机构根据业务需要建立职业风险基金,或者自愿办理职业责任保险,完善风险防范机制。

第四章 评估程序

第二十二条 委托人有权自主选择符合本法规定的评估机构,任何组织或者个人不得非法限制或者干预。

评估事项涉及两个以上当事人的,由全体当事人协商委托评估机构。

委托开展法定评估业务,应当依法选择评估机构。

第二十三条 委托人应当与评估机构订立委托合同,约定双方的权利和义务。

委托人应当按照合同约定向评估机构支付费用,不得索要、收受或者变相索要、收受回扣。

委托人应当对其提供的权属证明、财务会计信息和其他资料的真实性、完整性和合法性负责。

第二十四条 对受理的评估业务,评估机构应当指定至少两名评估专业人员承办。

委托人有权要求与相关当事人及评估对象有利害关系的评估专业人员回避。

第二十五条 评估专业人员应当根据评估业务具体情况,对评估对象进行现场调查,收集权属证明、财务会计信息和其他资料并进行核查验证、分析整理,作为评估的依据。

第二十六条 评估专业人员应当恰当选择评估方法,除依据评估执业准则只能选择一种评估方法的外,应当选择两种以上评估方法,经综合分析,形成评估结论,编制评估报告。

评估机构应当对评估报告进行内部审核。

第二十七条 评估报告应当由至少两名承办该项业务的评估专业人员签名并加盖评估机构印章。

评估机构及其评估专业人员对其出具的评估报告依法承担责任。

委托人不得串通、唆使评估机构或者评估专业人员出具虚假评估报告。

第二十八条 评估机构开展法定评估业务,应当指定至少两名相应专业类别的评估师承办,评估报告应当由至少两名承办该项业务的评估师签名并加盖评估机构印章。

第二十九条 评估档案的保存期限不少于十五年,属于法定评估业务的,保存期限不少于三十年。

第三十条 委托人对评估报告有异议的,可以要求评估机构解释。

第三十一条 委托人认为评估机构或者评估专业人员违法开展业务的,可以向有关评估行政管理部门或者行业协会投诉、举报,有关评估行政管理部门或者行业协会应当及时调查处理,并答复委托人。

第三十二条 委托人或者评估报告使用人应当按照法律规定和评估报告载明的使用范围使用评估报告。

委托人或者评估报告使用人违反前款规定使用评估报告的,评估机构和评估专业人员不承担责任。

第五章 行业协会

第三十三条 评估行业协会是评估机构和评估专业人员的自律性组织,依照法律、行政法规和章程实行自律管理。

评估行业按照专业领域设立全国性评估行业协会,根据需要设立地方性评估行业协会。

第三十四条 评估行业协会的章程由会员代表大会制定,报登记管理机关核准,并报有关评估行政管理部门备案。

第三十五条 评估机构、评估专业人员加入有关评估行业协会,平等享有章程规定的权利,履行章程规定的义务。有关评估行业协会公布加入本协会的评估机构、评估专业人员名单。

第三十六条 评估行业协会履行下列职责:

(一)制定会员自律管理办法,对会员实行自律管理;

(二)依据评估基本准则制定评估执业准则和职业道德准则;

(三)组织开展会员继续教育;

(四)建立会员信用档案,将会员遵守法律、行政法规和评估准则的情况记入信用档案,并向社会公开;

(五)检查会员建立风险防范机制的情况;

(六)受理对会员的投诉、举报,受理会员的申诉,调解会员执业纠纷;

(七)规范会员从业行为,定期对会员出具的评估报告进行检查,按照章程规定对会员给予奖惩,并将奖惩情况及时报告有关评估行政管理部门;

(八)保障会员依法开展业务,维护会员合法权益;

(九)法律、行政法规和章程规定的其他职责。

第三十七条 有关评估行业协会应当建立沟通协作和信息共享机制,根据需要制定共同的行为规范,促进评估行业健康有序发展。

第三十八条 评估行业协会收取会员会费的标准,由会员代表大会通过,并向社会公开。不得以会员交纳会费数额作为其在行业协会中担任职务的条件。

会费的收取、使用接受会员代表大会和有关部门的监督,任何组织或者个人不得侵占、私分和挪用。

第六章 监督管理

第三十九条 国务院有关评估行政管理部门组织制定评估基本准则和评估行业监督管理办法。

第四十条 设区的市级以上人民政府有关评估行政管理部门依据各自职责,负责监督管理评估行业,对评估机构和评估专业人员的违法行为依法实施行政处罚,将处罚情况及时通报有关评估行业协会,并依法向社会公开。

第四十一条　评估行政管理部门对有关评估行业协会实施监督检查，对检查发现的问题和针对协会的投诉、举报，应当及时调查处理。

第四十二条　评估行政管理部门不得违反本法规定，对评估机构依法开展业务进行限制。

第四十三条　评估行政管理部门不得与评估行业协会、评估机构存在人员或者资金关联，不得利用职权为评估机构招揽业务。

第七章　法律责任

第四十四条　评估专业人员违反本法规定，有下列情形之一的，由有关评估行政管理部门予以警告，可以责令停止从业六个月以上一年以下；有违法所得的，没收违法所得；情节严重的，责令停止从业一年以上五年以下；构成犯罪的，依法追究刑事责任：

（一）私自接受委托从事业务、收取费用的；

（二）同时在两个以上评估机构从事业务的；

（三）采用欺骗、利诱、胁迫，或者贬损、诋毁其他评估专业人员等不正当手段招揽业务的；

（四）允许他人以本人名义从事业务，或者冒用他人名义从事业务的；

（五）签署本人未承办业务的评估报告或者有重大遗漏的评估报告的；

（六）索要、收受或者变相索要、收受合同约定以外的酬金、财物，或者谋取其他不正当利益的。

第四十五条　评估专业人员违反本法规定，签署虚假评估报告的，由有关评估行政管理部门责令停止从业两年以上五年以下；有违法所得的，没收违法所得；情节严重的，责令停止从业五年以上十年以下；构成犯罪的，依法追究刑事责任，终身不得从事评估业务。

第四十六条　违反本法规定，未经工商登记以评估机构名义从事评估业务的，由工商行政管理部门责令停止违法活动；有违法所得的，没收违法所得，并处违法所得一倍以上五倍以下罚款。

第四十七条　评估机构违反本法规定，有下列情形之一的，由有关评估行政管理部门予以警告，可以责令停业一个月以上六个月以下；有违法所得的，没收违法所得，并处违法所得一倍以上五倍以下罚款；情节严重的，由工商行政管理部门吊销营业执照；构成犯罪的，依法追究刑事责任：

（一）利用开展业务之便，谋取不正当利益的；

（二）允许其他机构以本机构名义开展业务，或者冒用其他机构名义开展业务的；

（三）以恶性压价、支付回扣、虚假宣传，或者贬损、诋毁其他评估机构等不正当手段招揽业务的；

（四）受理与自身有利害关系的业务的；

（五）分别接受利益冲突双方的委托，对同一评估对象进行评估的；

（六）出具有重大遗漏的评估报告的；

（七）未按本法规定的期限保存评估档案的；

（八）聘用或者指定不符合本法规定的人员从事评估业务的；

（九）对本机构的评估专业人员疏于管理，造成不良后果的。

评估机构未按本法规定备案或者不符合本法第十五条规定的条件的，由有关评估行政管理部门责令改正；拒不改正的，责令停业，可以并处一万元以上五万元以下罚款。

第四十八条　评估机构违反本法规定，出具虚假评估报告的，由有关评估行政管理部门责令停业六个月以上一年以下；有违法所得的，没收违法所得，并处违法所得一倍以上五倍以下罚款；

情节严重的，由工商行政管理部门吊销营业执照；构成犯罪的，依法追究刑事责任。

第四十九条 评估机构、评估专业人员在一年内累计三次因违反本法规定受到责令停业、责令停止从业以外处罚的，有关评估行政管理部门可以责令其停业或者停止从业一年以上五年以下。

第五十条 评估专业人员违反本法规定，给委托人或者其他相关当事人造成损失的，由其所在的评估机构依法承担赔偿责任。评估机构履行赔偿责任后，可以向有故意或者重大过失行为的评估专业人员追偿。

第五十一条 违反本法规定，应当委托评估机构进行法定评估而未委托的，由有关部门责令改正；拒不改正的，处十万元以上五十万元以下罚款；情节严重的，对直接负责的主管人员和其他直接责任人员依法给予处分；造成损失的，依法承担赔偿责任；构成犯罪的，依法追究刑事责任。

第五十二条 违反本法规定，委托人在法定评估中有下列情形之一的，由有关评估行政管理部门会同有关部门责令改正；拒不改正的，处十万元以上五十万元以下罚款；有违法所得的，没收违法所得；情节严重的，对直接负责的主管人员和其他直接责任人员依法给予处分；造成损失的，依法承担赔偿责任；构成犯罪的，依法追究刑事责任：

（一）未依法选择评估机构的；

（二）索要、收受或者变相索要、收受回扣的；

（三）串通、唆使评估机构或者评估师出具虚假评估报告的；

（四）不如实向评估机构提供权属证明、财务会计信息和其他资料的；

（五）未按照法律规定和评估报告载明的使用范围使用评估报告的。

前款规定以外的委托人违反本法规定，给他人造成损失的，依法承担赔偿责任。

第五十三条 评估行业协会违反本法规定的，由有关评估行政管理部门给予警告，责令改正；拒不改正的，可以通报登记管理机关，由其依法给予处罚。

第五十四条 有关行政管理部门、评估行业协会工作人员违反本法规定，滥用职权、玩忽职守或者徇私舞弊的，依法给予处分；构成犯罪的，依法追究刑事责任。

第八章 附 则

第五十五条 本法自2016年12月1日起施行。

2.财政部关于印发《资产评估基本准则》的通知

财资〔2017〕43号

党中央有关部门,国务院各部委、各直属机构,全国人大常委会办公厅,全国政协办公厅,高法院,高检院,各民主党派中央,有关人民团体,各省、自治区、直辖市、计划单列市财政厅(局),新疆生产建设兵团财务局,有关单位:

为规范资产评估执业行为,保护资产评估当事人合法权益和公共利益,维护社会主义市场经济秩序,根据《中华人民共和国资产评估法》等有关规定,财政部制定了《资产评估基本准则》,现予印发,自2017年10月1日起施行。

附件:资产评估基本准则

财政部

2017年8月23日

附件：

资产评估基本准则

第一章 总　则

第一条 为规范资产评估行为，保证执业质量，明确执业责任，保护资产评估当事人合法权益和公共利益，根据《中华人民共和国资产评估法》《资产评估行业财政监督管理办法》等制定本准则。

第二条 资产评估机构及其资产评估专业人员开展资产评估业务应当遵守本准则。法律、行政法规和国务院规定由其他评估行政管理部门管理，应当执行其他准则的，从其规定。

第三条 本准则所称资产评估机构及其资产评估专业人员是指根据资产评估法和国务院规定，按照职责分工由财政部门监管的资产评估机构及其资产评估专业人员。

第二章 基本遵循

第四条 资产评估机构及其资产评估专业人员开展资产评估业务应当遵守法律、行政法规的规定，坚持独立、客观、公正的原则。

第五条 资产评估机构及其资产评估专业人员应当诚实守信，勤勉尽责，谨慎从业，遵守职业道德规范，自觉维护职业形象，不得从事损害职业形象的活动。

第六条 资产评估机构及其资产评估专业人员开展资产评估业务，应当独立进行分析和估算并形成专业意见，拒绝委托人或者其他相关当事人的干预，不得直接以预先设定的价值作为评估结论。

第七条 资产评估专业人员应当具备相应的资产评估专业知识和实践经验，能够胜任所执行的资产评估业务，保持和提高专业能力。

第三章 资产评估程序

第八条 资产评估机构及其资产评估专业人员开展资产评估业务，履行下列基本程序：明确业务基本事项、订立业务委托合同、编制资产评估计划、进行评估现场调查、收集整理评估资料、评定估算形成结论、编制出具评估报告、整理归集评估档案。

资产评估机构及其资产评估专业人员不得随意减少资产评估基本程序。

第九条 资产评估机构受理资产评估业务前，应当明确下列资产评估业务基本事项：

（一）委托人、产权持有人和委托人以外的其他资产评估报告使用人；

（二）评估目的；

（三）评估对象和评估范围；

（四）价值类型；

（五）评估基准日；

（六）资产评估报告使用范围；

（七）资产评估报告提交期限及方式；

（八）评估服务费及支付方式；

（九）委托人、其他相关当事人与资产评估机构及其资产评估专业人员工作配合和协助等需要明确的重要事项。

资产评估机构应当对专业能力、独立性和业务风险进行综合分析和评价。受理资产评估业务应当满足专业能力、独立性和业务风险控制要求，否则不得受理。

第十条　资产评估机构执行某项特定业务缺乏特定的专业知识和经验时，应当采取弥补措施，包括利用专家工作等。

第十一条　资产评估机构受理资产评估业务应当与委托人依法订立资产评估委托合同，约定资产评估机构和委托人权利、义务、违约责任和争议解决等内容。

第十二条　资产评估专业人员应当根据资产评估业务具体情况编制资产评估计划，包括资产评估业务实施的主要过程及时间进度、人员安排等。

第十三条　执行资产评估业务，应当对评估对象进行现场调查，获取资产评估业务需要的资料，了解评估对象现状，关注评估对象法律权属。

第十四条　资产评估专业人员应当根据资产评估业务具体情况收集资产评估业务需要的资料。包括：委托人或者其他相关当事人提供的涉及评估对象和评估范围等资料；从政府部门、各类专业机构以及市场等渠道获取的其他资料。

委托人和其他相关当事人依法提供并保证资料的真实性、完整性、合法性。

第十五条　资产评估专业人员应当依法对资产评估活动中使用的资料进行核查和验证。

第十六条　确定资产价值的评估方法包括市场法、收益法和成本法三种基本方法及其衍生方法。

资产评估专业人员应当根据评估目的、评估对象、价值类型、资料收集等情况，分析上述三种基本方法的适用性，依法选择评估方法。

第十七条　资产评估专业人员应当在评定、估算形成评估结论后，编制初步资产评估报告。

第十八条　资产评估机构应当对初步资产评估报告进行内部审核后出具资产评估报告。

第十九条　资产评估机构应当对工作底稿、资产评估报告及其他相关资料进行整理，形成资产评估档案。

第四章　资产评估报告

第二十条　资产评估机构及其资产评估专业人员出具的资产评估报告应当符合法律、行政法规等相关规定。

第二十一条　资产评估报告的内容包括：标题及文号、目录、声明、摘要、正文、附件。

第二十二条　资产评估报告正文应当包括下列内容：

（一）委托人及其他资产评估报告使用人；

（二）评估目的；

（三）评估对象和评估范围；

（四）价值类型；

（五）评估基准日；

（六）评估依据；

（七）评估方法；

（八）评估程序实施过程和情况；

（九）评估假设；

(十) 评估结论；
(十一) 特别事项说明；
(十二) 资产评估报告使用限制说明；
(十三) 资产评估报告日；
(十四) 资产评估专业人员签名和资产评估机构印章。

第二十三条 资产评估报告载明的评估目的应当唯一。

第二十四条 资产评估报告应当说明选择价值类型的理由，并明确其定义。

第二十五条 资产评估报告载明的评估基准日应当与资产评估委托合同约定的评估基准日一致，可以是过去、现在或者未来的时点。

第二十六条 资产评估报告应当以文字和数字形式表述评估结论，并明确评估结论的使用有效期。

第二十七条 资产评估报告的特别事项说明包括：
(一) 权属等主要资料不完整或者存在瑕疵的情形；
(二) 未决事项、法律纠纷等不确定因素；
(三) 重要的利用专家工作情况；
(四) 重大期后事项。

第二十八条 资产评估报告使用限制说明应当载明：
(一) 使用范围。
(二) 委托人或者其他资产评估报告使用人未按照法律、行政法规规定和资产评估报告载明的使用范围使用资产评估报告的，资产评估机构及其资产评估专业人员不承担责任。
(三) 除委托人、资产评估委托合同中约定的其他资产评估报告使用人和法律、行政法规规定的资产评估报告使用人之外，其他任何机构和个人不能成为资产评估报告的使用人。
(四) 资产评估报告使用人应当正确理解评估结论。评估结论不等同于评估对象可实现价格，评估结论不应当被认为是对评估对象可实现价格的保证。

第二十九条 资产评估报告应当履行内部审核程序，由至少2名承办该项资产评估业务的资产评估专业人员签名并加盖资产评估机构印章。

法定评估业务资产评估报告应当履行内部审核程序，由至少2名承办该项资产评估业务的资产评估师签名并加盖资产评估机构印章。

第五章 资产评估档案

第三十条 资产评估档案包括工作底稿、资产评估报告以及其他相关资料。
资产评估档案应当由资产评估机构妥善管理。

第三十一条 工作底稿应当真实完整、重点突出、记录清晰，能够反映资产评估程序实施情况、支持评估结论。工作底稿分为管理类工作底稿和操作类工作底稿。

管理类工作底稿是指在执行资产评估业务过程中，为受理、计划、控制和管理资产评估业务所形成的工作记录及相关资料。

操作类工作底稿是指在履行现场调查、收集资产评估资料和评定估算程序时所形成的工作记录及相关资料。

第三十二条 资产评估档案保存期限不少于15年。属于法定资产评估业务的，不少于30年。

第三十三条 资产评估档案的管理应当严格执行保密制度。除下列情形外，资产评估档案不得对外提供：

（一）财政部门依法调阅的；

（二）资产评估协会依法依规调阅的；

（三）其他依法依规查阅的。

第六章　附　则

第三十四条　中国资产评估协会根据本准则制定资产评估执业准则和职业道德准则。资产评估执业准则包括各项具体准则、指南和指导意见。

第三十五条　本准则自2017年10月1日起施行。2004年2月25日财政部发布的《关于印发〈资产评估准则——基本准则〉和〈资产评估职业道德准则——基本准则〉的通知》（财企〔2004〕20号）同时废止。

3. 资产评估行业财政监督管理办法

（2017年4月21日财政部令第86号公布 根据2019年1月2日《财政部关于修改〈会计师事务所执业许可和监督管理办法〉等2部部门规章的决定》修改）

第一章 总 则

第一条 为了加强资产评估行业财政监督管理，促进资产评估行业健康发展，根据《中华人民共和国资产评估法》（以下简称资产评估法）等法律、行政法规和国务院的有关规定，制定本办法。

第二条 资产评估机构及其资产评估专业人员根据委托对单项资产、资产组合、企业价值、金融权益、资产损失或者其他经济权益进行评定、估算，并出具资产评估报告的专业服务行为和财政部门对资产评估行业实施监督管理，适用本办法。

资产评估机构及其资产评估专业人员从事前款规定业务，涉及法律、行政法规和国务院规定由其他评估行政管理部门管理的，按照其他有关规定执行。

第三条 涉及国有资产或者公共利益等事项，属于本办法第二条规定范围有法律、行政法规规定需要评估的法定资产评估业务（以下简称法定资产评估业务），委托人应当按照资产评估法和有关法律、行政法规的规定，委托资产评估机构进行评估。

第四条 财政部门对资产评估行业的监督管理，实行行政监管、行业自律与机构自主管理相结合的原则。

第五条 财政部负责统筹财政部门对全国资产评估行业的监督管理，制定有关监督管理办法和资产评估基本准则，指导和督促地方财政部门实施监督管理。

财政部门对资产评估机构从事证券期货相关资产评估业务实施的监督管理，由财政部负责。

第六条 各省、自治区、直辖市、计划单列市财政厅（局）（以下简称省级财政部门）负责对本行政区域内资产评估行业实施监督管理。

第七条 中国资产评估协会依照法律、行政法规、本办法和其协会章程的规定，负责全国资产评估行业的自律管理。

地方资产评估协会依照法律、法规、本办法和其协会章程的规定，负责本地区资产评估行业的自律管理。

第八条 资产评估机构从事资产评估业务，除本办法第十六条规定外，依法不受行政区域、行业限制，任何组织或者个人不得非法干预。

第二章 资产评估专业人员

第九条 资产评估专业人员包括资产评估师（含珠宝评估专业，下同）和具有资产评估专业知识及实践经验的其他资产评估从业人员。

资产评估师是指通过中国资产评估协会组织实施的资产评估师资格全国统一考试的资产评估专业人员。

其他资产评估从业人员从事本办法第二条规定的资产评估业务，应当接受财政部门的监管。除从事法定资产评估业务外，其所需的资产评估专业知识及实践经验，由资产评估机构自主评价认定。

由其他评估行政管理部门管理的其他专业领域评估师从事本办法第二条规定的资产评估业务，按照本条第三款规定执行。

第十条 资产评估专业人员从事资产评估业务，应当加入资产评估机构，并且只能在一个资产评估机构从事业务。

资产评估专业人员应当与资产评估机构签订劳动合同，建立社会保险缴纳关系，按照国家有关规定办理人事档案存放手续。

第十一条 资产评估专业人员从事资产评估业务，应当遵守法律、行政法规和本办法的规定，执行资产评估准则及资产评估机构的各项规章制度，依法签署资产评估报告，不得签署本人未承办业务的资产评估报告或者有重大遗漏的资产评估报告。

未取得资产评估师资格的人员，不得签署法定资产评估业务资产评估报告，其签署的法定资产评估业务资产评估报告无效。

第十二条 资产评估专业人员应当接受资产评估协会的自律管理和所在资产评估机构的自主管理，不得从事损害资产评估机构合法利益的活动。

加入资产评估协会的资产评估专业人员，平等享有章程规定的权利，履行章程规定的义务。

第三章 资产评估机构

第一节 机构自主管理

第十三条 资产评估机构应当依法采用合伙或者公司形式，并符合资产评估法第十五条规定的条件。

不符合资产评估法第十五条规定条件的资产评估机构不得承接资产评估业务。

第十四条 资产评估机构从事资产评估业务，应当遵守资产评估准则，履行资产评估程序，加强内部审核，严格控制执业风险。

资产评估机构开展法定资产评估业务，应当指定至少两名资产评估师承办。不具备两名以上资产评估师条件的资产评估机构，不得开展法定资产评估业务。

第十五条 法定资产评估业务资产评估报告应当由两名以上承办业务的资产评估师签署，并履行内部程序后加盖资产评估机构印章，资产评估机构及签字资产评估师依法承担责任。

第十六条 资产评估机构应当遵守独立性原则和资产评估准则规定的资产评估业务回避要求，不得受理与其合伙人或者股东存在利害关系的业务。

第十七条 资产评估机构应当建立健全质量控制制度和内部管理制度。其中，内部管理制度包括资产评估业务管理制度、业务档案管理制度、人事管理制度、继续教育制度、财务管理制度等。

第十八条 资产评估机构应当指定一名取得资产评估师资格的本机构合伙人或者股东专门负责执业质量控制。

第十九条 资产评估机构根据业务需要建立职业风险基金管理制度，或者自愿购买职业责任保险，完善职业风险防范机制。

资产评估机构建立职业风险基金管理制度的，按照财政部的具体规定提取、管理和使用职业风险基金。

第二十条 实行集团化发展的资产评估机构，应当在质量控制、内部管理、客户服务、企业形象、信息化等方面，对设立的分支机构实行统一管理，或者对集团成员实行统一政策。

分支机构应当在资产评估机构授权范围内，依法从事资产评估业务，并以资产评估机构的名义出具资产评估报告。

第二十一条 资产评估机构和分支机构加入资产评估协会，平等享有章程规定的权利，履行章程规定的义务。

第二十二条 资产评估机构和分支机构应当在每年3月31日之前，分别向所加入的资产评估协会报送下列材料：

（一）资产评估机构或分支机构基本情况；

（二）上年度资产评估项目重要信息；

（三）资产评估机构建立职业风险基金或者购买职业责任保险情况。购买职业责任保险的，应当提供职业责任保险保单信息。

第二节 机构备案管理

第二十三条 省级财政部门负责本地区资产评估机构和分支机构的备案管理。

第二十四条 资产评估机构应当自领取营业执照之日起30日内，通过备案信息管理系统向所在地省级财政部门备案，提交下列材料：

（一）资产评估机构备案表；

（二）统一社会信用代码；

（三）资产评估机构合伙人或者股东以及执行合伙事务的合伙人或者法定代表人三年以上从业经历、最近三年接受处罚信息等基本情况；

（四）在该机构从业的资产评估师、其他专业领域的评估师和其他资产评估从业人员情况；

（五）资产评估机构质量控制制度和内部管理制度。

第二十五条 资产评估机构的备案信息不齐全或者备案材料不符合要求的，省级财政部门应当在接到备案材料5个工作日内一次性告知需要补正的全部内容，并给予指导。资产评估机构应当根据要求，在15个工作日内补正。逾期不补正的，视同未备案。

第二十六条 备案材料完备且符合要求的，省级财政部门收齐备案材料即完成备案，并在20个工作日内将下列信息以公函编号向社会公开：

（一）资产评估机构名称及组织形式；

（二）资产评估机构的合伙人或者股东的基本情况；

（三）资产评估机构执行合伙事务的合伙人或者法定代表人；

（四）申报的资产评估专业人员基本情况。

对于资产评估机构申报的资产评估师信息，省级财政部门应当在公开前向有关资产评估协会核实。

第二十七条 资产评估机构设立分支机构的，应当比照本办法第二十四条至第二十六条的规定，由资产评估机构向其分支机构所在地省级财政部门备案，提交下列材料：

（一）资产评估机构设立分支机构备案表；

（二）分支机构统一社会信用代码；

（三）资产评估机构授权分支机构的业务范围；

（四）分支机构负责人三年以上从业经历、最近三年接受处罚信息等基本情况；

（五）在该分支机构从业的资产评估师、其他专业领域评估师和其他资产评估从业人员情况。

完成分支机构备案的省级财政部门应当将分支机构备案情况向社会公开，同时告知资产评估机构所在地省级财政部门。

第二十八条 资产评估机构的名称、执行合伙事务的合伙人或者法定代表人、合伙人或者股东、分支机构的名称或者负责人发生变更,以及发生机构分立、合并、转制、撤销等重大事项,应当自变更之日起15个工作日内,比照本办法第二十四条至第二十六条的规定,向有关省级财政部门办理变更手续。需要变更工商登记的,自工商变更登记完成之日起15个工作日内向有关省级财政部门办理变更手续。

第二十九条 资产评估机构办理合并或者分立变更手续的,应当提供合并或者分立协议。合并或者分立协议应当包括以下事项:

(一)合并或者分立前资产评估机构评估业务档案保管方案;

(二)合并或者分立前资产评估机构职业风险基金或者执业责任保险的处理方案;

(三)合并或者分立前资产评估机构资产评估业务、执业责任的承继关系。

第三十条 合伙制资产评估机构转为公司制资产评估机构,或者公司制资产评估机构转为合伙制资产评估机构,办理变更手续应当提供合伙人会议或股东(大)会审议通过的转制决议。

转制决议应当载明转制后机构与转制前机构的债权债务、档案保管、资产评估业务、执业责任等承继关系。

第三十一条 资产评估机构跨省级行政区划迁移经营场所,应当书面告知迁出地省级财政部门。

资产评估机构在办理完迁入地工商登记手续后15个工作日内,比照本办法第二十四条至第二十六条的规定,向迁入地省级财政部门办理迁入备案手续。

迁入地省级财政部门办理迁入备案手续后通知迁出地的省级财政部门,迁出地的省级财政部门应同时予以公告。

第三十二条 已完成备案的资产评估机构或者分支机构有下列行为之一的,省级财政部门予以注销备案,并向社会公开:

(一)注销工商登记的;

(二)被工商行政管理机关吊销营业执照的;

(三)主动要求注销备案的。

第三十三条 注销备案的资产评估机构及其分支机构的资产评估业务档案,应当按照《中华人民共和国档案法》和资产评估档案管理的有关规定予以妥善保存。

第三十四条 财政部建立统一的备案信息管理系统。备案信息管理系统实行全国联网,并与其他相关行政管理部门实行信息共享。

第三十五条 资产评估机构未按本办法规定备案的,依法承担法律责任。

第四章　资产评估协会

第三十六条 资产评估协会是资产评估机构和资产评估专业人员的自律性组织,接受有关财政部门的监督,不得损害国家利益和社会公共利益,不得损害会员的合法权益。

第三十七条 资产评估协会通过制定章程规范协会内部管理和活动。协会章程应当由会员代表大会制定,经登记管理机关核准后,报有关财政部门备案。

第三十八条 资产评估协会应当依法履行职责,向有关财政部门提供资产评估师信息,及时向有关财政部门报告会员信用档案、会员自律检查情况及奖惩情况。

第三十九条 资产评估协会对资产评估机构及其资产评估专业人员进行自律检查。资产评估机构及其资产评估专业人员应当配合资产评估协会组织实施的自律检查。

资产评估协会应当重点检查资产评估机构及其资产评估专业人员的执业质量和职业风险防范机制。

第四十条 资产评估协会应当结合自律检查工作，对资产评估机构及其分支机构按照本办法第二十二条规定报送的材料进行分析，发现不符合法律、行政法规和本办法规定的情况，及时向有关财政部门报告。

第四十一条 资产评估协会应当与其他评估专业领域行业协会加强沟通协作，建立会员、执业、惩戒等相关信息的共享机制。

中国资产评估协会应当会同其他评估专业领域行业协会根据需要制定共同的行为规范，促进评估行业健康有序发展。

第五章 监督检查

第四十二条 财政部统一部署对资产评估行业的监督检查，主要负责以下工作：

（一）制定资产评估专业人员、资产评估机构、资产评估协会和相关资产评估业务监督检查的具体办法；

（二）组织开展资产评估执业质量专项检查；

（三）监督检查资产评估机构从事证券期货相关资产评估业务情况；

（四）检查中国资产评估协会履行资产评估法第三十六条规定的职责情况，并根据工作需要，对地方资产评估协会履行职责情况进行抽查；

（五）指导和督促地方财政部门对资产评估行业的监督检查，并对其检查情况予以抽查。

对本条第一款第三项进行监督检查，必要时，财政部可以会同其他有关部门进行。

第四十三条 省级财政部门开展监督检查，包括年度检查和必要的专项检查，对本行政区域内资产评估机构包括分支机构下列内容进行重点检查，并将检查结果予以公开，同时向财政部报告：

（一）资产评估机构持续符合资产评估法第十五条规定条件的情况；

（二）办理备案情况；

（三）资产评估执业质量情况。

对本条第一款第一项进行检查，必要时，有关财政部门可以会同其他相关评估行政管理部门进行。

第四十四条 省级财政部门对地方资产评估协会实施监督检查，并将检查情况向财政部汇报，重点检查资产评估协会履行以下职责情况：

（一）地方资产评估协会章程的制定、修改情况；

（二）指导会员落实准则情况；

（三）检查会员执业质量情况；

（四）开展会员继续教育、信用档案、风险防范等情况；

（五）机构会员年度信息管理情况。

第四十五条 财政部门开展资产评估行业监督检查，应当由本部门两名以上执法人员组成检查组。具体按照财政检查工作的有关规定执行。

第四十六条 检查时，财政部门认定虚假资产评估报告和重大遗漏资产评估报告，应当以资产评估准则为依据，组织相关专家进行专业技术论证，也可以委托资产评估协会组织专家提供专业技术支持。

第四十七条 检查过程中，财政部和省级财政部门发现资产评估专业人员、资产评估机构和资产评估协会存在违法情形的，应当依照资产评估法等法律、行政法规和本办法的规定处理、处罚。涉嫌犯罪的，移送司法机关处理。

当事人对行政处理、行政处罚决定不服的，可以依法申请行政复议或者提起行政诉讼。

第六章 调查处理

第四十八条 资产评估委托人或资产评估报告使用人对资产评估机构或资产评估专业人员的下列行为，可以向对该资产评估机构备案的省级财政部门进行投诉、举报，其他公民、法人或其他组织可以向对该资产评估机构备案的省级财政部门举报：

（一）违法开展法定资产评估业务的；

（二）资产评估专业人员违反资产评估法第十四条规定的；

（三）资产评估机构未按照本办法规定备案或备案后未持续符合资产评估法第十五条规定条件的；

（四）资产评估机构违反资产评估法第二十条规定的；

（五）资产评估机构违反本办法第十六条规定的；

（六）资产评估机构违反本办法第二十条第二款规定的。

资产评估委托人或资产评估报告使用人投诉、举报资产评估机构出具虚假资产评估报告或者重大遗漏的资产评估报告的，可以先与资产评估机构进行沟通。

第四十九条 在法定资产评估业务中，委托人或被评估单位有资产评估法第五十二条规定行为的，资产评估的相关当事人可以向委托人或被评估单位所在地省级财政部门进行投诉、举报，其他公民、法人或其他组织可以向委托人或被评估单位所在地省级财政部门举报。

由于委托人或被评估单位的行政管理层级不匹配或存在其他原因超出省级财政部门处理权限的，省级财政部门可以申请由财政部受理。

向财政部门投诉、举报事项涉及资产评估机构从事证券期货相关资产评估业务的，由财政部受理。

第五十条 投诉、举报应当通过书面形式实名进行，并如实反映情况，提供相关证明材料。

第五十一条 财政部门接到投诉、举报的事项，应当在15个工作日内作出是否受理的书面决定。投诉、举报事项属于财政部门职责的，财政部门应当予以受理。不予受理的，应当说明理由，及时告知实名投诉人、举报人。

第五十二条 投诉、举报事项属于下列情形的，财政部门不予受理：

（一）投诉、举报事项不属于财政部门职责的；

（二）已由公安机关、检察机关立案调查或者进入司法程序的；

（三）属于资产评估协会自律管理的。

投诉人、举报人就同一事项向财政部门和资产评估协会投诉、举报的，财政部门按照本办法第五十一条和本条第一款的规定处理。

第五十三条 财政部门受理投诉、举报，应当采用书面审查的方式及时进行处理，必要时可以成立由本部门两名以上执法人员和聘用的专家组成的调查组，进行调查取证。有关当事人应当如实反映情况，提供相关材料。

调查组成员与当事人有直接利害关系的，应当回避；对调查工作中知悉的国家秘密和商业秘密，应当保密。

受理的投诉、举报事项同时涉及其他行政管理部门职责的，应当会同其他行政管理部门进行处理。

第五十四条 对投诉、举报的调查，调查组有权进入被投诉举报单位现场调查，查阅、复印有关凭证、文件等资料，询问被投诉举报单位有关人员，必要时按照资产评估业务延伸调查，并将调查内容与事项予以记录和摘录，编制调查工作底稿。

调查组在调查中取得的证据、材料以及工作底稿，应当有提供者或者被调查人的签名或者盖章。未取得提供者或者被调查人签名或者盖章的材料，调查组应当注明原因。

第五十五条 在有关证据可能灭失或者以后难以取得的情况下，经财政部门负责人批准，调查组可以先行登记保存，并应当在7个工作日内及时作出处理决定。被调查人或者有关人员不得销毁或者转移证据。

第五十六条 针对资产评估协会的投诉、举报，财政部和省级财政部门应当及时调查处理。

第五十七条 调查时，财政部门认定虚假资产评估报告和重大遗漏资产评估报告，按照本办法第四十六条规定执行。

第五十八条 经调查发现资产评估专业人员、资产评估机构和资产评估协会存在违法情形的，财政部和省级财政部门按照本办法第四十七条规定予以处理。

第五十九条 财政部门根据调查处理具体情况，应当采取书面形式答复实名投诉人、举报人。

第六十条 对其他有关部门移送的资产评估违法线索或案件，或者资产评估协会按照本办法第四十条规定报告的情况，有关财政部门应当比照本办法第五十二条至第五十八条的规定依法调查处理，并将处理结果告知移送部门或者资产评估协会。

第七章 法律责任

第六十一条 资产评估专业人员有下列行为之一的，由有关省级财政部门予以警告，可以责令停止从业六个月以上一年以下；有违法所得的，没收违法所得；情节严重的，责令停止从业一年以上五年以下；构成犯罪的，移送司法机关处理：

（一）违反本办法第十条第一款的规定，同时在两个以上资产评估机构从事业务的；

（二）违反本办法第十一条第一款的规定，签署本人未承办业务的资产评估报告或者有重大遗漏的资产评估报告的。

资产评估专业人员违反本办法第十二条第一款、第三十九条第一款规定，不接受行业自律管理的，由资产评估协会予以惩戒，记入信用档案；情节严重的，由资产评估协会按照规定取消会员资格，并予以公告。

第六十二条 有下列行为之一的，由对其备案的省级财政部门对资产评估机构予以警告，可以责令停业一个月以上六个月以下；有违法所得的，没收违法所得，并处违法所得一倍以上五倍以下罚款；情节严重的，通知工商行政管理部门依法处理；构成犯罪的，移送司法机关处理：

（一）违反本办法第十一条第二款规定，未取得资产评估师资格的人员签署法定资产评估业务资产评估报告的；

（二）违反本办法第十五条规定，承办并出具法定资产评估业务资产评估报告的资产评估师人数不符合法律规定的；

（三）违反本办法第十六条规定，受理与其合伙人或者股东存在利害关系业务的。

第六十三条 资产评估机构违反本办法第十七条、第十八条、第十九条、第二十条第一款、

第二十八条、第三十一条第一款和第二款规定的，由资产评估机构所在地省级财政部门责令改正，并予以警告。

第六十四条 资产评估机构违反本办法第二十条第二款规定造成不良后果的，由其分支机构所在地的省级财政部门责令改正，对资产评估机构及其法定代表人或执行合伙事务的合伙人分别予以警告；没有违法所得的，可以并处资产评估机构一万元以下罚款；有违法所得的，可以并处资产评估机构违法所得一倍以上三倍以下、最高不超过三万元的罚款；同时通知资产评估机构所在地省级财政部门。

第六十五条 资产评估机构未按照本办法第二十四条规定备案或者备案后不符合资产评估法第十五条规定条件的，由资产评估机构所在地省级财政部门责令改正；拒不改正的，责令停业，可以并处一万元以上五万元以下罚款，并通报工商行政管理部门。

资产评估机构未按照本办法第二十七条第一款规定办理分支机构备案的，由其分支机构所在地的省级财政部门责令改正，并对资产评估机构及其法定代表人或者执行合伙事务的合伙人分别予以警告，同时通知资产评估机构所在地的省级财政部门。

第六十六条 资产评估协会有下列行为之一的，由有关财政部门予以警告，责令改正；拒不改正的，可以通报登记管理机关依法处理：

（一）章程不符合资产评估法和本办法规定的；

（二）资产评估协会未依照资产评估法、本办法和其章程的规定履行职责的。

第六十七条 有关财政部门对资产评估机构、资产评估专业人员和资产评估协会的财政处理、处罚情况，应当在15个工作日内向社会公开。

第六十八条 财政部门工作人员在资产评估行业监督管理工作中滥用职权、玩忽职守、徇私舞弊的，按照《中华人民共和国公务员法》《中华人民共和国行政监察法》等国家有关规定追究相应责任；涉嫌犯罪的，移送司法机关处理。

第八章 附 则

第六十九条 本办法所称资产评估行业、资产评估专业人员、资产评估机构和资产评估协会是指根据资产评估法和国务院规定，按照职责分工由财政部门监管的资产评估行业、资产评估专业人员、资产评估机构和资产评估协会。

第七十条 外商投资者在中华人民共和国境内设立、参股、入伙资产评估机构或者开展法定资产评估业务，应当依法履行国家安全审查程序。

第七十一条 省级财政部门可结合实际制定具体的实施办法。设区的市级财政部门可以对本行政区域内资产评估行业实施监督管理，具体由省级财政部门根据当地资产评估行业发展状况和设区的市级财政部门具备的监管条件确定。

第七十二条 本办法自2017年6月1日起施行。财政部2011年8月11日发布的《资产评估机构审批和监督管理办法》（财政部令第64号）同时废止。

4.国有资产评估管理办法

（1991年11月16日中华人民共和国国务院令第91号公布　根据2020年11月29日《国务院关于修改和废止部分行政法规的决定》修订）

第一章　总　则

第一条　为了正确体现国有资产的价值量，保护国有资产所有者和经营者、使用者的合法权益，制定本办法。

第二条　国有资产评估，除法律、法规另有规定外，适用本办法。

第三条　国有资产占有单位（以下简称占有单位）有下列情形之一的，应当进行资产评估：

（一）资产拍卖、转让；

（二）企业兼并、出售、联营、股份经营；

（三）与外国公司、企业和其他经济组织或者个人开办外商投资企业；

（四）企业清算；

（五）依照国家有关规定需要进行资产评估的其他情形。

第四条　占有单位有下列情形之一，当事人认为需要的，可以进行资产评估：

（一）资产抵押及其他担保；

（二）企业租赁；

（三）需要进行资产评估的其他情形。

第五条　全国或者特定行业的国有资产评估，由国务院决定。

第六条　国有资产评估范围包括：固定资产、流动资产、无形资产和其他资产。

第七条　国有资产评估应当遵循真实性、科学性、可行性原则，依照国家规定的标准、程序和方法进行评定和估算。

第二章　组织管理

第八条　国有资产评估工作，按照国有资产管理权限，由国有资产管理行政主管部门负责管理和监督。

国有资产评估组织工作，按照占有单位的隶属关系，由行业主管部门负责。

国有资产管理行政主管部门和行业主管部门不直接从事国有资产评估业务。

第九条　持有国务院或者省、自治区、直辖市人民政府国有资产管理行政主管部门颁发的国有资产评估资格证书的资产评估公司、会计师事务所、审计事务所、财务咨询公司，经国务院或者省、自治区、直辖市人民政府国有资产管理行政主管部门认可的临时评估机构（以下统称资产评估机构），可以接受占有单位的委托，从事国有资产评估业务。

前款所列资产评估机构的管理办法，由国务院国有资产管理行政主管部门制定。

第十条　占有单位委托资产评估机构进行资产评估时，应当如实提供有关情况和资料。资产评估机构应当对占有单位提供的有关情况和资料保守秘密。

第十一条　资产评估机构进行资产评估，实行有偿服务。资产评估收费办法，由国务院国有资产管理行政主管部门会同财政部门、物价主管部门制定。

第三章 评估程序

第十二条 国有资产评估按照下列程序进行：
（一）申请立项；
（二）资产清查；
（三）评定估算；
（四）验证确认。

第十三条 依照本办法第三条、第四条规定进行资产评估的占有单位，经其主管部门审查同意后，应当向同级国有资产管理行政主管部门提交资产评估立项申请书，并附财产目录和有关会计报表等资料。

经国有资产管理行政主管部门授权或者委托，占有单位的主管部门可以审批资产评估立项申请。

第十四条 国有资产管理行政主管部门应当自收到资产评估立项申请书之日起十日内进行审核，并作出是否准予资产评估立项的决定，通知申请单位及其主管部门。

第十五条 国务院决定对全国或者特定行业进行国有资产评估的，视为已经准予资产评估立项。

第十六条 申请单位收到准予资产评估立项通知书后，可以委托资产评估机构评估资产。

第十七条 受占有单位委托的资产评估机构应当在对委托单位的资产、债权、债务进行全面清查的基础上，核实资产账面与实际是否相符，经营成果是否真实，据以作出鉴定。

第十八条 受占有单位委托的资产评估机构应当根据本办法的规定，对委托单位被评估资产的价值进行评定和估算，并向委托单位提出资产评估结果报告书。

委托单位收到资产评估机构的资产评估结果报告书后应当报其主管部门审查；主管部门审查同意后，报同级国有资产管理行政主管部门确认资产评估结果。

经国有资产管理行政主管部门授权或者委托，占有单位的主管部门可以确认资产评估结果。

第十九条 国有资产管理行政主管部门应当自收到占有单位报送的资产评估结果报告书之日起四十五日内组织审核、验证、协商，确认资产评估结果，并下达确认通知书。

第二十条 占有单位对确认通知书有异议的，可以自收到通知书之日起十五日内向上一级国有资产管理行政主管部门申请复核。上一级国有资产管理行政主管部门应当自收到复核申请之日起三十日内作出裁定，并下达裁定通知书。

第二十一条 占有单位收到确认通知书或者裁定通知书后，应当根据国家有关财务、会计制度进行账务处理。

第四章 评估方法

第二十二条 国有资产重估价值，根据资产原值、净值、新旧程度、重置成本、获利能力等因素和本办法规定的资产评估方法评定。

第二十三条 国有资产评估方法包括：
（一）收益现值法；
（二）重置成本法；
（三）现行市价法；

（四）清算价格法；

（五）国务院国有资产管理行政主管部门规定的其他评估方法。

第二十四条 用收益现值法进行资产评估的，应当根据被评估资产合理的预期获利能力和适当的折现率，计算出资产的现值，并以此评定重估价值。

第二十五条 用重置成本法进行资产评估的，应当根据该项资产在全新情况下的重置成本，减去按重置成本计算的已使用年限的累积折旧额，考虑资产功能变化、成新率等因素，评定重估价值；或者根据资产的使用期限，考虑资产功能变化等因素重新确定成新率，评定重估价值。

第二十六条 用现行市价法进行资产评估的，应当参照相同或者类似资产的市场价格，评定重估价值。

第二十七条 用清算价格法进行资产评估的，应当根据企业清算时其资产可变现的价值，评定重估价值。

第二十八条 对流动资产中的原材料、在制品、协作件、库存商品、低值易耗品等进行评估时，应当根据该项资产的现行市场价格、计划价格，考虑购置费用、产品完工程度、损耗等因素，评定重估价值。

第二十九条 对有价证券的评估，参照市场价格评定重估价值；没有市场价格的，考虑票面价值、预期收益等因素，评定重估价值。

第三十条 对占有单位的无形资产，区别下列情况评定重估价值。

（一）外购的无形资产，根据购入成本及该项资产具有的获利能力；

（二）自创或者自身拥有的无形资产，根据其形成时所需实际成本及该项资产具有的获利能力；

（三）自创或者自身拥有的未单独计算成本的无形资产，根据该项资产具有的获利能力。

第五章 法律责任

第三十一条 占有单位违反本办法的规定，提供虚假情况和资料，或者与资产评估机构串通作弊，致使资产评估结果失实的，国有资产管理行政主管部门可以宣布资产评估结果无效，并可以根据情节轻重，单处或者并处下列处罚：

（一）通报批评；

（二）限期改正，并可以处以相当于评估费用以下的罚款；

（三）提请有关部门对单位主管人员和直接责任人员给予行政处分，并可以处以相当于本人三个月基本工资以下的罚款。

第三十二条 资产评估机构作弊或者玩忽职守，致使资产评估结果失实的，国有资产管理行政主管部门可以宣布资产评估结果无效，并可以根据情节轻重，对该资产评估机构给予下列处罚：

（一）警告；

（二）停业整顿；

（三）吊销国有资产评估资格证书。

第三十三条 被处罚的单位和个人对依照本办法第三十一条、第三十二条规定作出的处罚决定不服的，可以在收到处罚通知之日起十五日内，向上一级国有资产管理行政主管部门申请复议。上一级国有资产管理行政主管部门应当自收到复议申请之日起六十日内作出复议决定。申请人对复议决定不服的，可以自收到复议通知之日起十五日内，向人民法院提起诉讼。

第三十四条 国有资产管理行政主管部门或者行业主管部门工作人员违反本办法，利用职权谋取私利，或者玩忽职守，造成国有资产损失的，国有资产管理行政主管部门或者行业主管部门可以按照干部管理权限，给予行政处分，并可以处以相当于本人三个月基本工资以下的罚款。

违反本办法，利用职权谋取私利的，由有查处权的部门依法追缴其非法所得。

第三十五条 违反本办法，情节严重，构成犯罪的，由司法机关依法追究刑事责任。

第六章 附 则

第三十六条 境外国有资产的评估，不适用本办法。

第三十七条 有关国有自然资源有偿使用、开采的评估办法，由国务院另行规定。

第三十八条 本办法由国务院国有资产管理行政主管部门负责解释。本办法的施行细则由国务院国有资产管理行政主管部门制定。

第三十九条 本办法自发布之日起施行。

5.企业并购投资价值评估指导意见

第一章 总 则

第一条 为规范和指导资产评估机构及其资产评估专业人员执行企业并购投资价值评估业务行为,制定本指导意见。

第二条 本指导意见所称企业并购,是企业合并和收购的简称。合并是指两家或者两家以上的独立企业合并组成一家企业,包括吸收合并和新设合并两种形式。收购是指一家企业通过现金、股份支付或者其他方式,取得另一家企业的控制权。

第三条 本指导意见所称企业并购投资价值,是指并购标的资产在明确的并购双方基于特定目的、考虑协同效应和投资回报水平的情况下,在评估基准日的价值估算数额。

第四条 本指导意见所称协同效应,是指外部协同效应,具体是指在企业并购中,由并购双方基于特定并购目的、就并购标的资产实施并购并进行整合产生的、超过或者低于并购整合前并购标的资产独立运营的经济效益。

本指导意见将协同效应分为管理协同效应、经营协同效应、财务协同效应和其他协同效应四类。

(一)管理协同效应,主要指并购给企业管理活动带来的效率提高所产生的效益。具体表现为节省管理费用等方面。

(二)经营协同效应,主要指并购给企业生产经营活动带来的效率提高所产生的效益。具体表现为并购产生的规模经济、市场份额扩大、更全面的服务等。

(三)财务协同效应,主要指企业因获得并购资金所带来的融资成本降低、通过并购提升信用等级所带来的融资能力提高、通过并购实现业务整合所带来的税务优化等。

(四)其他协同效应,指未包含在上述三种类型之内的协同效应的统称。

第五条 本指导意见所称投资价值评估,是指资产评估机构及其资产评估专业人员依据法律、行政法规和资产评估准则,对企业并购标的资产的投资价值进行评定、估算,并出具投资价值评估报告的专业服务行为。

第六条 本指导意见仅适用于第二条、第三条、第五条定义的投资价值评估业务,并按照《资产评估执业准则——资产评估报告》编制出具资产评估报告的资产评估业务类型。

本指导意见定义的企业并购以外的其他企业并购和投资行为,本指导意见定义的投资价值评估以外的企业并购前期和中期的评估业务以及相关价值测算分析等其他业务,本指导意见定义的投资价值评估以外出具其他专业意见的业务,不受本指导意见的规范或者约束。

第二章 基本遵循

第七条 资产评估机构及其资产评估专业人员执行企业并购投资价值评估业务,应当遵守中国相关法律、行政法规和资产评估准则。

并购标的资产所在地在境外时,应当考虑标的资产、并购各方所在地的相关法律对评估的影响。

第八条 资产评估机构及其资产评估专业人员执行企业并购投资价值评估业务,不得同时接受利益冲突双方的委托，除应当对相关法律、行政法规规定的、资产评估过程中知悉的国家秘密、商业秘密和个人隐私予以保密外，还应当对投资价值测算结果、评估结论以及与此相关联的交易价格决策信息予以保密，未得到委托人的同意，不得与任何组织或者个人沟通。相关法律、行政法规另有规定的除外。

第九条 资产评估机构及其资产评估专业人员执行企业并购投资价值评估业务，应当完整、准确把握委托人的并购意图，全面理解委托人的并购方案，关注委托人对标的资产的整合考虑，为委托人提供符合并购方案的评估结论。

第十条 资产评估机构及其资产评估专业人员执行企业并购投资价值评估业务，可以利用委托人聘请的其他专业顾问和委托人的尽职调查报告及其有关结论。

受聘于并购方的评估业务，可以利用并购对方聘请的资产评估机构或者其他估值顾问获取的第三方资料或者专业报告，但是应当分析判断该资料或者专业报告的专业判断结论和有关测算的合理性。

委托人有合理合法要求，可以恰当考虑其要求。有并购项目适用的法律法规，从其规定。

第十一条 对具有多种经营业务类型或者多种商业模式、涉及多种行业的标的资产，可以根据企业并购方案、支付方式，确定业务单元，结合收集资料情况，采用适宜的口径进行评估。

第十二条 委托人能够提供相应审计报告的，资产评估专业人员应当：

（一）依据正式出具的审计报告；

（二）境外标的资产，依据符合境外会计准则的审计报告以及中外会计准则的转换会计报表和差异说明或者其他类似报告；

（三）了解审计过程的相关情况，合理利用审计报告，在委托人的协调下，做好与其他相关专业机构的沟通。

第十三条 资产评估机构及其资产评估专业人员执行企业并购投资价值评估业务，应当获取并购方案或者企业并购可行性研究报告，或者主要内容是企业并购的类似报告作为评估的主要依据，并合理利用其确定相关评估事项和评估参数。

第十四条 协同效应分析中使用的收益和成本等指标资料，由委托人提供的，资产评估专业人员应当完整了解并购整合具体措施，以及协同效应实现的条件与基础，对相关数据的合理性进行分析判断。

第三章 操作要求

第十五条 资产评估专业人员执行企业并购投资价值评估业务，应当根据企业并购方案、并购类型或者方式，明确具体的评估目的，并完整披露。

第十六条 资产评估机构及其资产评估专业人员执行企业并购投资价值评估业务，应当明确评估对象和评估范围。

（一）评估对象通常包括单（多）项业务单元、已（待）开发项目（有时含负债）、企业整体、股东权益、各种权利义务等。有时，并购标的资产不对应于会计核算科目或者资产负债表。

（二）评估对象应当由委托人根据并购方案确定，并在资产评估委托合同中予以约定。

（三）评估对象为企业整体、股东权益时，应当根据会计政策、企业并购后未来经营模式等，对因并购方案带来的标的公司资产负债表的表内以及表外资产进行识别，根据企业并购价格支付口径，要求委托人明确是否将其纳入评估范围。

（四）评估对象为企业整体、股东权益时，应当特别关注相关审计报告的审计目标、审计范围和审计意见;关注并披露评估对象涉及的资产、负债与已经审计或者审阅财务报表之间的对应关系。

(五)评估基准日至交割日期间,交易日后标的公司/业务为建立独立业务所产生的费用、存货变化、尚未支付的与员工相关的补偿款、退休金以及其他法定费用、交易日前实际承担尚未支付的各类负债、应交税费等,应当明确得到委托人对该类事项在交易价格中作出的调整或者安排。

第十七条 资产评估专业人员执行企业并购投资价值评估业务,应当明确评估基准日。评估基准日应当由委托人确定,并在资产评估委托合同中予以约定。

应当特别关注评估基准日至评估报告日之间的影响评估结论的重大期后事项。

第十八条 委托人为并购方的投资价值评估业务,资产评估程序可能受到诸多限制,资产评估专业人员应当采取弥补措施,例如利用尽职调查报告,满足评估工作需要,满足资产评估报告使用的需要。因法律法规规定、客观条件限制无法实施核查验证的事项,资产评估专业人员应当在工作底稿中予以说明,分析其对评估结论的影响程度,并在资产评估报告中予以披露。如果上述事项对评估结论产生重大影响或者无法判断其影响程度,资产评估机构不得出具资产评估报告。

第十九条 资产评估专业人员应当根据企业并购方案确定评估假设。按照企业并购方案完成并购且在并购整合后持续经营,各种协同效应在并购方案拟定的整合措施以及预定的整合时间发挥作用,是投资价值评估中的重要假设内容。

资产评估专业人员执行企业并购投资价值评估业务,应当与委托人就评估假设的合理性进行充分沟通。

第二十条 资产评估专业人员执行企业并购投资价值评估业务,应当在综合分析市场法、收益法和资产基础法等基本方法的使用前提和适用范围、企业并购类型或者并购方式、并购对象和并购方相关资源的特点、并购项目阶段等因素的基础上,恰当选择资产评估方法。

第二十一条 采用收益法评估投资价值,应当依据并购方案拟定的并购整合后公司未来的经营模式、资本结构、经济环境,进行收益指标预测、测算。

第二十二条 采用收益法评估投资价值,应当考虑并购方给标的公司带来的价值贡献,或者并购双方各种资源重新整合形成的运营价值贡献;对预期收益的预测,应当以增量资产为出发点,反映的是并购、并购整合后持续生产经营前提下的未来收益。

第二十三条 投资价值评估收益法常用的收益指标为自由现金流量和扣除利息、所得税、折旧、摊销之前的利润。资产评估专业人员应当根据标的资产目前或者并购整合后所处行业、经营模式、资本结构、发展趋势等,恰当使用收益指标。

第二十四条 资产评估专业人员应当关注未来收益预测中经营管理、业务架构、主营业务收入、毛利率、营运资金、资本性支出等主要评估参数与并购方案以及整合措施的一致性。

第二十五条 投资价值收益法评估参数确定,应当考虑下列因素:

(一)以明确的并购方案为基础;

(二)以明确的协同效应类型、协同效应发挥作用的时间为依据;

(三)确保评估参数与具体协同效应类型相对应。

第二十六条 确定详细预测期,除考虑营运资金变动、资本追加,以及各种法定因素和资源因素外,还需要考虑下列因素:

(一)预测期应当涵盖并购整合期限;

(二)预测期应当涵盖所有协同效应的实现时间;

（三）预测期应当考虑并购标的资产允许和计划持有的时间；

（四）预测期应当考虑标的公司在研或者在建项目所对应的研发、产品商业化、投产、达产、销售的时间。

第二十七条 确定折现率，应当综合考虑评估基准日的利率水平、投资回报水平、并购整合后标的公司的资本结构等信息，以及并购整合后公司的特定风险等客观性因素。

折现率中的债务和权益资本成本、资本结构，可以结合并购方案中的融资计划，参照委托人提出的合理资本结构和资本成本计划确定。

第二十八条 资产评估专业人员应当根据并购整合后公司进入稳定期的因素分析详细预测期后的收益趋势、终止经营后的处置方式等，选择恰当的方法估算详细预测期后的价值。

第二十九条 采用收益法进行投资价值评估，应当明确并购交易资产边界或者并购价格支付对应的资产边界，考虑并购方案中并购双方不准备纳入交易价格中的非经营性资产、溢余资产等，谨慎确定经营性资产收益折现值之外的加回项目，以确保投资价值评估结论合理反映投资并购交易对象。

第三十条 采用市场法进行投资价值评估，应当根据并购整合后公司的情况，选择与并购整合后公司进行比较分析的可比公司或者交易案例。

第三十一条 选择可比公司或者交易案例，应当考虑下列因素：

（一）业务结构、经营模式、企业规模、资产配置和使用情况；

（二）企业所处经营阶段、成长性、经营风险、财务风险。

第三十二条 采用市场法进行投资价值评估，可以选择与评估对象价值口径一致的指标作为分子，以与评估对象相关的财务或者行业特征指标作为分母，构建符合标的资产行业特点的价值比率。

第三十三条 价值比率的分母应当是并购整合后公司的指标，应当考虑企业并购协同效应。

第三十四条 股权价值评估，价值比率的分子采用股权价值，分母应当采用考虑协同效应、反映股权价值的财务指标和非财务特征指标。

第三十五条 采用资产基础法进行投资价值评估，应当明确并购交易资产边界或者并购价格支付对应的资产边界，即评估范围。

第三十六条 采用资产基础法进行投资价值评估，应当明确并购方案不准备纳入交易范围的非经营性资产、溢余资产等，并在资产评估委托合同中予以约定。

第三十七条 采用资产基础法进行投资价值评估，对各单项资产采用相应资产评估方法评估时，应当考虑企业并购整合后，可能涉及新的运营模式、新的产品或者服务类型，甚至新的核算方式对资产价值的影响，恰当选取评估参数。

第三十八条 资产评估专业人员执行企业并购投资价值评估业务，应当考虑并购后可能带来的因税收、员工安置、环保义务或者其他监管问题等经济法律事项产生的或有负债对评估结论产生的影响，在切实可行的情况下，评估专业人员可以与管理层以及相关中介机构讨论，对这些可以量化的或有负债进行估计和量化。

第三十九条 资产评估专业人员执行企业并购投资价值评估业务，可以采用一些分析方法或者工具，作为确定评估结论过程中的分析手段。例如退出倍数法、财务净现值法、情景分析法、敏感性分析法等。

第四十条 经与委托人沟通，投资价值评估结论可以是区间值或者其他形式的专业意见。

根据委托人的要求，可以同时在资产评估报告中载明标的资产并购前独立的市场价值测算结果，应当同时在资产评估报告中载明投资价值最大可能值并载明具体的协同效应类型。

第四章 资产评估报告及其披露要求

第四十一条 资产评估专业人员执行投资价值评估业务，应当在履行必要的资产评估程序后，编制出具资产评估报告，并进行恰当披露，使委托人能够理解资产评估报告内容，使用资产评估报告的评估结论。

第四十二条 资产评估专业人员执行企业并购投资价值评估业务，应当在资产评估报告中重点披露下列内容：

（一）并购方案的主要内容；
（二）评估分析得出的协同效应类型；
（三）投资价值类型及其定义；
（四）设定的相关评估假设；
（五）资产评估程序履行受到的限制；
（六）资产评估报告使用限制说明；
（七）评估结论区间值，最大可能值。

第四十三条 评估的基本假设通常包括：

（一）本次评估以按计划实施并购方案为基础；
（二）假设评估基准日经济环境不变，并购标的资产和并购方所在国家或者地区现行的宏观经济不发生不可预见的重大变化；
（三）标的公司所执行的税种、税率等均依照并购方案无重大变化；
（四）并购整合后公司未来的经营管理机构尽职，并按并购方案载明的经营管理模式运行；
（五）投资并购整合进度按照并购方案整合措施完整、按时执行；
（六）评估范围以委托人提供的、并购支付价格对应的资产范围为准，未考虑其他可能存在的或有资产和或有负债。

第四十四条 资产评估报告使用限制说明通常包括：

（一）资产评估报告仅供报告中载明的评估报告使用人在本次并购过程中使用；
（二）资产评估报告只能在报告中披露的并购阶段使用。

第五章 附 则

第四十五条 本指导意见自2021年3月1日起施行。

6.国有资产评估违法行为处罚办法

财政部令第15号

第一条 为规范国有资产评估行为,加强国有资产评估管理,保障国有资产权益,维护社会公共利益,根据《国有资产评估管理办法》《国务院办公厅转发财政部〈关于改革国有资产评估行政管理方式加强资产评估监督管理工作意见〉的通知》(国办发〔2001〕102号)及其他有关法律、行政法规的规定,制定本办法。

第二条 资产评估机构在国有资产评估活动中违反有关法律、法规和规章,应予行政处罚的,适用本办法。

第三条 省级人民政府财政部门(国有资产管理部门,下同)负责对本地区资产评估机构(包括设在本地区的资产评估分支机构)的违法行为实施处罚。对严重评估违法行为,国务院财政部门可以直接进行处罚。

第四条 资产评估机构违法行为的处罚种类:

(一)警告;

(二)罚款;

(三)没收违法所得;

(四)暂停执行部分或者全部业务,暂停执业的期限为三至十二个月;

(五)吊销资产评估资格证书。

第五条 资产评估机构与委托人或被评估单位串通作弊,故意出具虚假报告的,没收违法所得,处以违法所得一倍以上五倍以下的罚款,并予以暂停执业;给利害关系人造成重大经济损失或者产生恶劣社会影响的,吊销资产评估资格证书。

第六条 资产评估机构因过失出具有重大遗漏的报告的,责令改正,情节较重的,处以所得收入一倍以上三倍以下的罚款,并予以暂停执业;

第七条 资产评估机构冒用其他机构名义或者允许其他机构以本机构名义执行评估业务的,责令改正,予以警告。

第八条 资产评估机构向委托人或者被评估单位索取、收受业务约定书约定以外的酬金或者其他财物,或者利用业务之便,谋取其他不正当利益的,责令改正,予以警告。

第九条 资产评估机构有下列情形之一的,责令改正,并予以警告:

(一)对其能力进行虚假广告宣传的;

(二)向有关单位和个人支付回扣或者介绍费的;

(三)对委托人、被评估单位或者其他单位和个人进行胁迫、欺诈、利诱的;

(四)恶意降低收费的。

第十条 资产评估机构与委托人或者被评估单位存在利害关系应当回避没有回避的,责令改正,并予以警告。

第十一条 资产评估机构泄露委托人或者被评估单位商业秘密的,予以警告。

第十二条 本办法第七条至十一条所列情形,有违法所得的,处以违法所得三倍以下的罚款,但最高不得超过三万元;没有违法所得的,处以一万元以下的罚款。

第十三条 资产评估机构不按照执业准则、职业道德准则的要求执业的,予以警告。

第十四条 资产评估机构拒绝、阻挠财政部门依法实施检查的,予以警告;

第十五条 资产评估机构有下列情形之一的,应当从轻、减轻处罚:

(一)主动改正违法行为或主动消除、减轻违法行为危害后果的;

(二)主动向有关部门报告其违法行为的;

(三)主动配合查处违法行为的;

(四)受他人胁迫有违法行为的;

(五)其他应予从轻、减轻处罚的情形。

第十六条 资产评估机构有下列情形之一的,应当从重处罚:

(一)同时具有两种或两种以上应予处罚的行为的;

(二)在两年内发生两次或两次以上同一性质的应予处罚的行为的;

(三)对投诉人、举报人、证人等进行威胁、报复的;

(四)违法行为发生后隐匿、销毁证据材料的;

(五)其他应予从重处罚的情形。

第十七条 省级人民政府财政部门作出本办法第四条第(二)至第(五)项处罚决定的,应当在作出处罚决定之日起15日内报送国务院财政部门备案。

第十八条 省级以上人民政府财政部门作出行政处罚决定之前,应当告知资产评估机构作出行政处罚决定的事实、理由及依据,并告知当事人依法享有的权利;作出较大数额罚款、暂停执业和吊销资产评估资格证书的处罚决定之前,应当告知资产评估机构有要求举行听证的权利。

第十九条 资产评估机构要求听证的,拟作出行政处罚的省级以上人民政府财政部门应当按照《财政部门行政处罚听证程序实施办法》的有关规定组织听证。

第二十条 资产评估机构对处罚决定不服的,可以依法申请行政复议或提起行政诉讼。

第二十一条 注册资产评估师在国有资产评估中有违法行为的,按照有关规定处理。

第二十二条 本办法自2002年1月1日起施行。

财政部

2001年12月31日

第十四部分

主要财会及相关事项服务指南

1. 会计人员职称评价基本标准条件

略，详见第八部分5——附件：会计人员职称评价基本标准条件。

2. 会计专业技术资格考试报考主要程序

略，详见财政部网站每年发布的"关于××年度全国会计专业技术资格考试考务日程安排及有关事项的通知"，并根据各省市自治区财政厅（局）相关通知，具体办理报考程序。

3. 注册会计师全国统一考试办法
（征求意见稿）

财办会〔2022〕44号

第一条 为规范注册会计师全国统一考试工作，根据《中华人民共和国注册会计师法》，制定本办法。

第二条 各级财政部门应当加强对注册会计师全国统一考试工作的领导，并对注册会计师全国统一考试具体组织实施工作监督、指导和支持，确保考试平稳有序。

第三条 财政部成立注册会计师考试委员会（以下简称财政部考委会），组织领导注册会计师全国统一考试工作。财政部考委会主任由财政部分管注册会计师考试工作的领导兼任。财政部考委会设立注册会计师考试委员会办公室（以下简称财政部考办），组织实施注册会计师全国统一考试工作。财政部考办设在中国注册会计师协会。

各省、自治区、直辖市财政厅（局）成立地方注册会计师考试委员会（以下简称地方考委会），组织领导本地区注册会计师全国统一考试工作。地方考委会主任由各省、自治区、直辖市财政厅（局）主要领导或者分管注册会计师考试工作的领导兼任。地方考委会设立地方注册会计师考试委员会办公室（以下简称地方考办），组织实施本地区注册会计师全国统一考试工作。地方考办设在各省、自治区、直辖市注册会计师协会。

第四条 财政部考委会确定考试组织工作原则，制定考试工作方针、政策，审定考试大纲，确定考试命题原则，处理考试组织工作的重大问题，指导地方考委会工作。

地方考委会贯彻、实施财政部考委会的决定，处理本地区考试组织工作的重大问题。

第五条 符合下列条件的中国公民，可以报名参加注册会计师全国统一考试：

（一）具有完全民事行为能力；

（二）具有高等专科以上学校毕业学历，或者具有会计或者相关专业中级以上技术职称。

第六条 有下列情形之一的人员，不得报名参加注册会计师全国统一考试：

（一）被吊销注册会计师证书自处罚决定之日起至报名截止日止不满5年者；

（二）参加注册会计师全国统一考试违规受到停考处理，期限未满者。

第七条 考试划分为专业阶段考试和综合阶段考试。考生在通过专业阶段考试的全部科目后，才能参加综合阶段考试。

专业阶段考试设会计、审计、财务成本管理、公司战略与风险管理、经济法、税法6个科目；综合阶段考试设职业能力综合测试1个科目。

每科目考试的具体时间，在各年度财政部考委会发布的报名简章中明确。

考试范围在各年度财政部考委会发布的考试大纲中确定。

第八条 考试为闭卷，采用计算机化考试方式或者纸笔考试方式。

第九条 报名参加考试的人员报名时需要交纳考试报名费。报名费标准按各省、自治区、直辖市价格主管部门、财政部门制定的相关规定执行。

第十条 报名的具体时间在各年度财政部考委会发布的报名简章中规定，地方考委会应当据此确定本地区具体报名日期，并向社会公告。

第十一条 报名人员可以在一次考试中同时报考专业阶段考试6个科目，也可以选择报考部分科目。

第十二条 具有会计或者相关专业高级技术职称的人员，可以申请免予专业阶段考试1个专长科目的考试。

第十三条 应考人员答卷由财政部考办集中组织评阅，考试成绩由财政部考委会负责认定，由财政部考办发布。

每科考试均实行百分制，60分为成绩合格分数线。

考生对考试成绩有异议的，可向报名地的地方考办提出成绩复核申请，由财政部考办统一组织成绩复核。复核后的成绩为最终成绩。

第十四条 专业阶段考试的单科考试合格成绩5年内有效。对在连续5个年度考试中取得专业阶段考试全部科目考试合格成绩的考生，财政部考委会颁发注册会计师全国统一考试专业阶段考试合格证书。

对取得综合阶段考试科目考试合格成绩的考生，财政部考委会颁发注册会计师全国统一考试全科合格证书。

第十五条 参加注册会计师全国统一考试的人员及组织考试相关人员，必须遵守注册会计师全国统一考试的相关规则、守则等，违者按照《注册会计师全国统一考试违规行为处理办法》（财政部令第57号）予以处理。

第十六条 注册会计师全国统一考试启用前的试题、参考答案和评分标准按照国家秘密管理，保密期限从该科目当年命题开始至该科目考试结束前允许考生离开考场的时间止。

注册会计师全国统一考试结束后，试题、参考答案、评分标准（细则）、应考人员的考试成绩、试卷及其他有关情况和数据等，均属于工作秘密，未经财政部考委会批准不得公开。

命题人和评卷人信息，属于工作过程中的内部管理信息，按照工作秘密管理，不对外公开。

第十七条 香港特别行政区、澳门特别行政区、台湾地区居民及外国人参加注册会计师全国统一考试办法，由财政部另行规定。

第十八条 本办法自印发之日起施行。2014年4月23日财政部印发的《注册会计师全国统一考试办法》（财政部令第75号）同时废止。

4.会计师事务所设立申报程序

略,详见第一部分10。可在所在省市政务服务网"会计师事务所执业许可审批"相关栏目查询申报。

5.注册会计师注册办法

省略,详见第九部分6。

6. 主要财政会计管理部门

序号	会计管理部门名称	地址	邮编
1	北京市财政局	北京市通州区承安路3号院	101160
2	天津市财政局会计处	天津市和平区曲阜道4号	300042
3	河北省财政厅会计处	石家庄市桥西区泰华街48号	050051
4	山西省财政厅会计处	太原市小店区学府街41号	030000
5	内蒙古自治区财政厅会计处	呼和浩特市赛罕区敕勒川大街19号	010040
6	辽宁省财政厅财政会计处	沈阳市皇姑区北陵大街45-13号	110032
7	大连市财政局会计处	大连市中山区长江路138号	116001
8	吉林省财政厅会计处	长春市人民大街3646号	130021
9	黑龙江省财政厅会计处	哈尔滨市南岗区建设街146号	150001
10	上海市财政局会计处	上海市肇嘉浜路800号	200030
11	江苏省财政厅会计处	南京市北京西路63号	210013
12	浙江省财政厅会计处	杭州市环城西路37号	310012
13	宁波市财政局会计处	宁波市海曙区中山西路19号	315010
14	安徽省财政厅会计处	合肥市阜南西路238号	230061
15	福建省财政厅会计处	福州市鼓楼区中山路5号	350003
16	厦门市财政局会计处	厦门市湖滨北路98号	361012
17	江西省财政厅会计处	南昌市南昌县芳湖路2166号	330052
18	山东省财政厅会计处	济南市市中区济大路3号	250002
19	青岛市财政局会计处	青岛市市南区宁夏路208号	266072
20	河南省财政厅会计处	郑州市金水区经三路北25号	450008
21	湖北省财政厅会计处	武汉市武昌区中北路8号	430071
22	湖南省财政厅会计处	长沙市城南西路1号	410015
23	广东省财政厅会计处	广州市越秀区北京路376号	510030
24	深圳市财政局会计处	深圳市福田区景田东路9号	518034
25	广西壮族自治区财政厅会计处	南宁市桃源路69号	530021
26	海南省财政厅会计处	海口市滨海大道109号	570105
27	重庆市财政局会计处	重庆市渝北区洪湖西路1号	401121
28	四川省财政厅会计处	成都市南新街37号	610020
29	贵州省财政厅会计处	贵阳市中华北路242号	550004
30	云南省财政厅会计处	昆明市华山南路130号	650021
31	西藏自治区财政厅会计处	拉萨市城关区北京西路23号	851411
32	陕西省财政厅会计处	西安市冰窖巷6号	710002
33	甘肃省财政厅会计处	兰州市城关区东岗西路696号	730030
34	青海省财政厅会计处	西宁市黄河路30号	810001
35	宁夏回族自治区财政厅会计处	银川市解放西街416号	750001
36	新疆维吾尔自治区财政厅会计处	乌鲁木齐市明德路16号	830002
37	新疆生产建设兵团财政局会计管理处	乌鲁木齐市光明路196号	830002

7. 全国主要会计及相关网站

1. 中华人民共和国财政部网站：http://www.mof.gov.cn
2. 中华人民共和国审计署网站：http://audit.gov.cn
3. 国家税务总局网站：http://www.chinatax.gov.cn
4. 中国证券监督管理委员会网站：http://www.csrc.gov.cn/
5. 财政部会计准则委员会网站：https://www.casc.org.cn/
6. 财政部会计财务评价中心：http://kzp.mof.gov.cn/
7. 中国会计学会网站：http://www.asc.net.cn/
8. 中国注册会计师协会网站：http://www.cicpa.org.cn
9. 中国资产评估协会网站：http://www.cas.org.cn/index.htm
10. 中国税务师协会网站：http://www.cctaa.cn/
11. 中国内部审计协会网站：http://www.ciia.com.cn/index.html
12. 国家税务总局12366纳税服务平台：http://chinatax.gov.cn
13. 国家税务总局全国增值税发票查验平台：https://inv-veri.chinatax.gov.cn/index.html
14. 全国一般纳税人资格查询网站：http://www.foochen.com/zty/ybnsr/yibannashuiren.html
15. 国家企业信用信息公示系统网站：https://www.gsxt.gov.cn/index
16. 企查查网站：https://www.qcc.com/
17. 天眼查网站：https://www.tianyancha.com
18. 新浪财经网站：https://finance.sina.com.cn/
19. 网易财经网站：https://money.163.com/
20. 巨潮资讯网：http://www.cninfo.com.cn/new/index
21. 东方财富网：https://www.eastmoney.com/
22. 新财富网站：https://www.xcf.cn/s/index.html
23. 新理财网站：http://www.xinlicai.com.cn/
24. 中国会计视野网站：https://www.esnai.com/?mobile&
25. 中国会计网：http://www.canet.com.cn/
26. 财新网：https://www.caixin.com/
27. 会计新时代网站：http://acctne.com/
28. 新时代会计网络学院网站：https://www.kjwlxy.com/
29. 财会管理师网站：http://www.ckfmc.com
30. 深圳市会计管理综合平台网站：https://public.szfb.sz.gov.cn/zhcz-accountant/#/portal/entrance
31. 深圳市会计协会网站：http://www.szkjxh.com/
32. 金蝶网站：https://www.kingdee.com
33. 深圳市云石企业服务有限公司网站：http://www.orancrab.com
34. 深圳市成功快车科技有限公司网站：https://www.cgkc.com/

8.全国主要会计类公众号

1. 财政部公众号：mofczb（中华人民共和国财政部主办）
2. 审计署公众号：cnaobgt（中华人民共和国审计署主办）
3. 国家税务总局公众号：chinatx008
4. 证监会发布公众号：csrcfabu（中国证券监督管理委员会主办）
5. 财政部会计准则委员会公众号：gh_22481e24f4ee
6. 会计财务评价中心公众号：czbkzp（财政部会计财务评价中心主办）
7. 中国会计学会公众号：Accounting-China1
8. 中国注册会计师协会公众号：CICPAWX
9. 中国资产评估协会公众号：CAS-ZCPG
10. 中国注册税务师协会公众号：CCTAAWX
11. 中国内部审计协会公众号：ACIIA_CHINA
12. 企查查公众号：qcc365
13. 天眼查公众号：tianyancha
14. 新浪财经公众号：sinacaijing
15. 网易财经公众号：money-163
16. 巨潮资讯公众号：ssicninfo
17. 东方财富网公众号：eastmoneynews
18. 新财富网站公众号：newfortune
19. 新理财公众号：xinlicai2013
20. 中国会计视野公众号：esnaicom
21. 中国会计报公众号：Accounting-News
22. 中国会计网公众号：mycanet
23. 新时代会计公众号：ACCTINE
24. 财会管理师公众号：FMC-Service
25. 深圳市会计管理综合平台公众号：gh_5a0e9cc747c0
26. 深圳市会计协会公众号：szkjxh
27. 金蝶公众号：kingdee_268
28. 深圳市云石企业服务有限公司公众号：orancrab
29. 成功快车公众号：chenggongkuaiche

9.全国主要财经类出版社

1. 中国财政经济出版社
2. 经济科学出版社
3. 中国经济出版社
4. 经济管理出版社
5. 经济日报出版社
6. 东方出版社
7. 中国时代经济出版社
8. 中国金融出版社
9. 首都经济贸易大学出版社
10. 上海财经大学出版社

10.全国主要财会类刊物

1. 《中国财政》：国际刊号：ISSN 1007-645X；国内刊号：CN11-4109/F
2. 《会计研究》：国际刊号：1003-2886；国内刊号：11-1078/F
3. 《财务与会计》：国际刊号：1003-286X；国内刊号：11-1177/F
4. 《税务研究》：国际刊号：1003-448X；国内刊号：11-1011/F
5. 《中国审计》：国际刊号：1002-5049；国内刊号：11-1241/F
6. 《中国评估》：国内刊号：11-3768/F；国际刊号：1007-0265
7. 《中国注册会计师》：国际刊号：1009-6345；国内刊号：11-4552/F
8. 《中国金融》：国际刊号：0578-1485；国内刊号：11-1267/F
9. 《财会月刊》：国际刊号：ISSN 1004-0994；国内刊号：CN 42-1290/F
10. 《会计之友》：国际刊号：1004-5937；国内刊号：14-1063/F
11. 《会计师》：国际刊号：ISSN 1672-6723；国内刊号：CN36-1268/F
12. 《财会学习》：国际刊号：ISSN 1673-4734；国内刊号：CN11-5460/F
13. 《财务研究》：国际刊号：ISSN 2095-8838；国内刊号：CN10-1242/F
14. 《财务管理研究》：国际刊号：ISSN 2096-7152；国内刊号：CN 10-1644/F2
15. 《时代财会》：国际刊号：1004-0803；国内刊号：43-1348/F
16. 《财经界》：国际刊号：1009-2781；国内刊号：11-4098/F
17. 《新财富》：国际刊号：1671-1319；国内刊号：44-1477/F
18. 《新财经》：国际刊号：1009-4202；国内刊号11-4459/F
19. 《财经》：国际刊号：1671-4725；国内刊号：11-4568/F
20. 《西部财会》：国际刊号：ISSN 1671-877；国内刊号：CN 61-1401/F
21. 《财税与会计》：国际刊号：1003-2428；国内刊号：41-1018/F
22. 《世界经济》：国际刊号：1002-9621；国内刊号：11-1138/F

11. 全国主要财会类报纸

1. 《中国会计报》
2. 《经济日报》
3. 《21世纪经济报道》
4. 《中国税务报》
5. 《中国财经报》
6. 《中国证券报》
7. 《金融时报》
8. 《证券时报》
9. 《证券日报》
10. 《每日经济新闻》
11. 《经济观察报》
12. 《中国经营报》
13. 《第一财经日报》

12. 全国主要财会类社会组织

1. 中国会计学会
2. 中国注册会计师协会
3. 中国总会计师协会
4. 中国税务协会
5. 中国内部审计协会
6. 中国资产评估协会
7. 全国预算与会计研究会
8. 中国建设会计学会
9. 中国交通会计学会
10. 中国医药会计学会
11. 中国金融会计学会
12. 中国教育会计学会
13. 中国对外经济贸易会计学会
14. 深圳市会计协会
15. 广东省管理会计师协会

13.国际及中国香港主要财会类社会组织

1. 特许公认会计师公会（ACCA）
2. 国际会计师联合会（IFAC）
3. 国际会计师公会（AIA）
4. 国际内部控制协会（ICI）
5. 国际注册职业会计师协会（IACPA）
6. 国际特许会计师协会（AACA）
7. 国际会计师联合会（IFAC）
8. 国际会计准则委员会（IASC）
9. 国际审计实务委员会（IAPC）
10. 经济合作发展组织OECD会计工作组
11. 全球会计联盟（GAA）
12. 美国会计协会（CAA或AAA）
13. 美国管理会计师协会（IMA）
14. 美国注册会计师协会（AICPA）
15. 美国审计总署（AAA）
16. 美国内部审计师协会（IIA）
17. 美国投资管理与研究协会（AIMR）
18. 反虚假财务报告委员会（Treadway Commission）
19. COSO委员会
20. 加拿大注册会计师协会（CGA）
21. 加拿大特许专业会计师协会（CPA）
22. 澳大利亚公共会计师协会（IPA AU）
23. 澳大利亚及新西兰特许会计师公会（CAANZ）
24. 澳洲注册会计师公会（CPA AU）
25. 香港华人会计师公会（SCAA）
26. 香港注册会计师公会（HKICPA）
27. 美中专业会计师协会（AUCPA）

14. 最新全国会计师事务所排名

中国注册会计师协会发布2022年度会计师事务所综合评价百家排名（2023年10月18日）。

序号	事务所名称（分所）
1	普华永道中天会计师事务所（特殊普通合伙）
2	安永华明会计师事务所（特殊普通合伙）
3	毕马威华振会计师事务所（特殊普通合伙）
4	德勤华永会计师事务所（特殊普通合伙）
5	立信会计师事务所（特殊普通合伙）
6	天健会计师事务所（特殊普通合伙）
7	容诚会计师事务所（特殊普通合伙）
8	信永中和会计师事务所（特殊普通合伙）
9	致同会计师事务所（特殊普通合伙）
10	天职国际会计师事务所（特殊普通合伙）
11	大华会计师事务所（特殊普通合伙）
12	中审众环会计师事务所（特殊普通合伙）
13	大信会计师事务所（特殊普通合伙）
14	中兴华会计师事务所（特殊普通合伙）
15	中汇会计师事务所（特殊普通合伙）
16	上会会计师事务所（特殊普通合伙）
17	中审华会计师事务所（特殊普通合伙）
18	苏亚金诚会计师事务所（特殊普通合伙）
19	众华会计师事务所（特殊普通合伙）
20	利安达会计师事务所（特殊普通合伙）
21	北京中天恒会计师事务所（特殊普通合伙）
22	中勤万信会计师事务所（特殊普通合伙）
23	北京兴华会计师事务所（特殊普通合伙）
24	中喜会计师事务所（特殊普通合伙）
25	中审亚太会计师事务所（特殊普通合伙）
26	北京大地泰华会计师事务所（特殊普通合伙）
27	中瑞诚会计师事务所（特殊普通合伙）
28	立信中联会计师事务所（特殊普通合伙）
29	天衡会计师事务所（特殊普通合伙）
30	中证天通会计师事务所（特殊普通合伙）

续表

序号	事务所名称（分所）
31	中天运会计师事务所（特殊普通合伙）
32	湘能卓信会计师事务所（特殊普通合伙）
33	公证天业会计师事务所（特殊普通合伙）
34	华兴会计师事务所（特殊普通合伙）
35	新联谊会计师事务所（特殊普通合伙）
36	和信会计师事务所（特殊普通合伙）
37	亚太（集团）会计师事务所（特殊普通合伙）
38	广东中职信会计师事务所（特殊普通合伙）
39	永拓会计师事务所（特殊普通合伙）
40	中兴财光华会计师事务所（特殊普通合伙）
41	希格玛会计师事务所（特殊普通合伙）
42	鹏盛会计师事务所（特殊普通合伙）
43	广东中天粤会计师事务所（特殊普通合伙）
44	广东诚安信会计师事务所（特殊普通合伙）
45	四川华信（集团）会计师事务所（特殊普通合伙）
46	浙江至诚会计师事务所（特殊普通合伙）
47	北京国富会计师事务所（特殊普通合伙）
48	中准会计师事务所（特殊普通合伙）
49	祥浩（广西）会计师事务所（特殊普通合伙）
50	浙江天平会计师事务所（特殊普通合伙）
51	北京中路华会计师事务所有限责任公司
52	天圆全会计师事务所（特殊普通合伙）
53	重庆康华会计师事务所（特殊普通合伙）
54	四川中衡安信会计师事务所有限公司
55	中天浩会计师事务所有限公司
56	天津中审联有限责任会计师事务所
57	上海玛泽会计师事务所（普通合伙）
58	湖南建业会计师事务所（特殊普通合伙）
59	上海财瑞会计师事务所有限公司
60	江苏华星会计师事务所有限公司
61	云南中天正和会计师事务所有限公司
62	山东天元同泰会计师事务所（特殊普通合伙）
63	恒信弘正会计师事务所有限责任公司
64	上海公信会计师事务所有限公司
65	中一会计师事务所有限责任公司
66	江苏苏港会计师事务所（特殊普通合伙）

续表

序号	事务所名称（分所）
67	浙江科信会计师事务所（特殊普通合伙）
68	天华（宁夏）会计师事务所（特殊普通合伙）
69	江苏益诚会计师事务所（普通合伙）
70	上海上咨会计师事务所有限公司
71	湖南天平正大会计师事务所（特殊普通合伙）
72	山西天正会计师事务所（有限公司）
73	宁波世明会计师事务所有限公司
74	上海沪港金茂会计师事务所有限公司
75	浙江中兴会计师事务所（特殊普通合伙）
76	北京和兴会计师事务所有限责任公司
77	上海文汇会计师事务所有限公司
78	北京中名国成会计师事务所（特殊普通合伙）
79	广东中恒信会计师事务所（特殊普通合伙）
80	北京中光华会计师事务所有限责任公司
81	浙江同方会计师事务所有限公司
82	北京中天银会计师事务所（特殊普通合伙）
83	浙江德威会计师事务所（特殊普通合伙）
84	北京东审鼎立国际会计师事务所有限责任公司
85	广东岭南智华会计师事务所（特殊普通合伙）
86	天津倚天会计师事务所有限公司
87	北京恒诚信会计师事务所有限公司
88	徐州方正会计师事务所有限公司
89	河北金诚会计师事务所有限公司
90	江苏天宏华信会计师事务所有限公司
91	上海华安会计师事务所有限公司
92	上海琳方会计师事务所有限公司
93	新疆驰远天合有限责任会计师事务所
94	新疆宏昌天圆有限责任会计师事务所
95	湖南天信兴业会计师事务所有限责任公司
96	上海瑞德会计师事务所有限公司
97	浙江中永中天会计师事务所有限公司
98	浙江浙经天策会计师事务所有限公司
99	尤尼泰振青会计师事务所（特殊普通合伙）
100	山西中强审计事务所（有限公司）

15. 最新全国律师事务所排名

以司法部所主办全国律师执业诚信信息公示平台所载律师人数为依据，新则（公众号）推出中国规模最大100家律师事务所排名，希望在规模化大势的背景下，为行业提供参考。

排名	律所	律师人数	分支机构数量	总所所在地区
1	盈科	14570	111	北京
2	大成	7845	48	北京
3	京师	5996	53	北京
4	德恒	4998	41	北京
5	锦天城	4204	25	上海
6	国浩	3789	31	北京
7	炜衡	3542	43	北京
8	泰和泰	2978	23	四川
9	中银	2319	37	北京
10	德和衡	2259	29	北京
11	隆安	1939	33	北京
12	中伦	1763	11	北京
13	华商	1732	43	广东
14	康达	1597	21	北京
15	金诚同达	1519	15	北京
16	金杜	1479	18	北京
17	天驰君泰	1455	28	北京
18	浩天	1442	29	北京
19	建纬	1373	30	上海
20	中闻	1316	17	北京
21	中伦文德	1307	25	北京
22	观韬中茂	1232	19	北京
23	海华永泰	1190	26	上海
24	段和段	1136	24	上海
25	汇业	1041	33	上海
26	广和	1025	23	广东
27	广信君达	989	19	广东
28	中联	966	20	上海
29	恒都	924	28	北京
30	明炬	852	21	四川

续表

排名	律所	律师人数	分支机构数量	总所所在地区
31	金桥百信	831	12	广东
32	众成清泰	774	21	山东
33	惠诚	757	22	北京
34	京衡	756	9	浙江
35	泽大	736	18	浙江
36	法制盛邦	735	6	广东
37	申浩	723	10	上海
38	汉盛	708	21	上海
39	天元	707	14	北京
40	君合	700	9	北京
41	两高	700	4	北京
42	兰迪	697	29	上海
43	国晖	671	32	广东
44	君泽君	642	17	北京
45	竞天公诚	632	9	北京
46	六和	627	8	浙江
47	金州	612	13	湖南
48	卓建	611	17	广东
49	兰台	605	16	北京
50	齐鲁	602	13	山东
51	万商天勤	599	12	北京
52	德衡	586	24	山东
53	东卫	584	14	北京
54	发现	576	12	四川
55	华泰	558	30	北京
56	方达	541	5	上海
57	海润天睿	540	11	北京
58	京都	524	9	北京
59	法德东恒	516	16	江苏
60	协力	506	18	上海
61	天地人	500	6	湖南
62	百瑞	497	20	北京
63	尚公	494	14	北京
64	旷真	487	27	湖南
65	今天	481	9	湖北

续表

排名	律所	律师人数	分支机构数量	总所所在地区
66	金鹏	474	14	广东
67	良承	473	15	河南
68	正策	467	7	上海
69	通商	460	8	北京
70	百君	455	6	重庆
71	天册	454	5	浙江
72	天达共和	451	10	北京
73	冠领	447	5	北京
74	弘一	437	10	湖南
75	天外天	435	12	云南
76	鑫诺	431	10	北京
77	汉坤	431	5	北京
78	普罗米修	429	24	广东
79	安理	426	12	北京
80	康桥	426	15	山东
81	贵达	425	16	贵州
82	邦信阳	422	9	上海
83	环球	421	4	北京
84	天衡联合	417	5	福建
85	信实	409	12	福建
86	国信信扬	398	12	广东
87	冀华	391	8	河北
88	金道	391	8	浙江
89	德禾翰通	389	8	上海
90	联盛	371	12	江苏
91	华炬	371	4	山西
92	文康	357	14	山东
93	芙蓉	349	18	湖南
94	圣典	348	21	江苏
95	商达	347	14	广东
96	北斗鼎铭	331	7	北京
97	坤源衡泰	329	6	重庆
98	和义观达	329	6	浙江
99	信达	327	7	广东
100	凌云	324	18	云南

16. 最新全国资产评估机构排名

根据《资产评估机构综合评价办法》等文件办法，中国资产评估协会开展了2021年资产评估机构综合评价工作。2021年资产评估机构综合评价综合得分前百家机构名单公告如下。

序号	资产评估事务所名称
1	中联资产评估集团有限公司
2	北京中企华资产评估有限责任公司
3	北京天健兴业资产评估有限公司
4	银信资产评估有限公司
5	深圳市鹏信资产评估土地房地产估价有限公司
6	上海东洲资产评估有限公司
7	北京北方亚事资产评估事务所（特殊普通合伙）
8	中和资产评估有限公司
9	中瑞世联资产评估集团有限公司
10	北京中同华资产评估有限公司
11	上海立信资产评估有限公司
12	国众联资产评估土地房地产估价有限公司
13	北京国融兴华资产评估有限责任公司
14	中水致远资产评估有限公司
15	沃克森（北京）国际资产评估有限公司
16	中通诚资产评估有限公司
17	坤元资产评估有限公司
18	正衡房地资产评估有限公司
19	北京华亚正信资产评估有限公司
20	开元资产评估有限公司
21	北京中天华资产评估有限责任公司
22	中瑞国际房地产土地资产评估有限公司
23	中铭国际资产评估（北京）有限责任公司
24	北京卓信大华资产评估有限公司
25	上海德勤资产评估有限公司
26	北京亚超资产评估有限公司
27	北京亚太联华资产评估有限公司
28	上海申威资产评估有限公司
29	厦门市大学资产评估土地房地产估价有限责任公司
30	江苏华信资产评估有限公司

续表

序号	资产评估事务所名称
31	北京中天和资产评估有限公司
32	万隆（上海）资产评估有限公司
33	深圳市国策房地产土地估价有限公司
34	福建联合中和资产评估土地房地产估价有限公司
35	天源资产评估有限公司
36	江苏中企华中天资产评估有限公司
37	广东信德资产评估与房地产土地估价有限公司
38	中京民信（北京）资产评估有限公司
39	中威正信（北京）资产评估有限公司
40	同致信德（北京）资产评估有限公司
41	北京仁达房地产土地资产评估有限公司
42	建银（浙江）房地产土地资产评估有限公司
43	北京中林资产评估有限公司
44	上海众华资产评估有限公司
45	天津华夏金信资产评估有限公司
46	重庆华康资产评估土地房地产估价有限责任公司
47	福建中兴资产评估房地产土地估价有限责任公司
48	中联国际评估咨询有限公司
49	北京中锋资产评估有限责任公司
50	湖北众联资产评估有限公司
51	南京长城土地房地产资产评估造价咨询有限公司
52	万邦资产评估有限公司
53	中资资产评估有限公司
54	广东联信资产评估土地房地产估价有限公司
55	深圳中联资产评估有限公司
56	天津中联资产评估有限责任公司
57	北京华源龙泰房地产土地资产评估有限公司
58	昆山信衡土地房地产评估造价咨询有限公司
59	坤信国际资产评估（山东）集团有限公司
60	北京天圆开资产评估有限公司
61	厦门中利资产评估土地房地产估价有限公司
62	云南中和金乾房地产土地资产评估有限公司
63	山东正源和信资产评估有限公司
64	广东中企华正诚资产房地产土地评估造价咨询有限公司
65	广东惠正资产评估与房地产土地估价有限公司

续表

序号	资产评估事务所名称
66	北京中金浩资产评估有限责任公司
67	北京国友大正资产评估有限公司
68	金证（上海）资产评估有限公司
69	上海财瑞资产评估有限公司
70	广东中广信资产评估有限公司
71	江苏苏信房地产评估咨询有限公司
72	广东卓越土地房地产评估咨询有限公司
73	重庆天健资产评估土地房地产估价有限公司
74	四川天健华衡资产评估有限公司
75	青岛振青资产评估有限责任公司
76	辽宁众华资产评估有限公司
77	新兰特资产评估有限公司
78	广州业勤资产评估土地房地产估价有限公司
79	山东中新资产评估有限公司
80	中发国际资产评估有限公司
81	辽宁中联资产评估有限责任公司
82	深圳市世联资产房地产土地评估有限公司
83	中建银（北京）资产评估有限公司
84	中致信国际土地房地产资产评估（北京）有限公司
85	辽宁元正资产评估有限公司
86	中证房地产评估造价集团有限公司
87	湖北永业行资产评估咨询有限公司
88	四川华文房地产土地评估有限公司
89	广东国众联行资产评估土地房地产估价规划咨询有限公司
90	江苏象仁土地房地产资产评估有限公司
91	福建华审资产评估房地产土地估价有限责任公司
92	青岛天和资产评估有限责任公司
93	普华永道（上海）资产评估事务所（普通合伙）
94	浙江中联耀信资产评估有限公司
95	中都国脉（北京）资产评估有限公司
96	武汉中信联合资产评估有限公司
97	北京晟明资产评估有限公司
98	中天成土地房地产资产评估（北京）有限公司
99	四川信合资产评估有限责任公司
100	浙江天平资产评估有限公司

17. 最新全国税务师事务所排名

中国注册税务师协会依据2021年度税务师事务所经营收入，结合会员纳税信用、依法诚信经营等因素，排出税务师行业经营收入前百家税务师事务所。

序号	事务所名称
1	上海德勤税务师事务所有限公司
2	中税网税务师事务所集团有限公司
3	京洲联信税务师事务所集团有限公司
4	中汇税务师事务所有限公司
5	中瑞税务师事务所集团有限公司
6	北京华政税务师事务所有限公司
7	大信税务师事务所集团有限公司
8	中瑞岳华税务师事务所集团有限公司
9	北京天职税务师事务所有限公司
10	亚太鹏盛税务师事务所股份有限公司
11	立信税务师事务所有限公司
12	国富浩华（北京）税务师事务所有限公司
13	国融兴华税务师事务所有限责任公司
14	尤尼泰税务师事务所有限公司
15	中税科信税务师事务所有限公司
16	信永中和（北京）税务师事务所有限责任公司
17	致同（北京）税务师事务所有限责任公司
18	北京中翰税务师事务所集团有限公司
19	北京永大税务师事务所有限公司
20	华税税务师事务所有限公司
21	北京审信国际税务师事务所有限责任公司
22	浙江知联税务师事务所有限公司
23	中鸿税务师事务所集团有限公司
24	容诚税务师事务所（北京）有限公司
25	大华（北京）税务师事务所有限公司
26	安永（上海）税务师事务所有限公司
27	上海毕马威税务师事务所有限公司
28	北京致通振业税务师事务所有限公司
29	天健税务师事务所有限公司
30	普华永道税务师事务所（上海）有限公司

续表

序号	事务所名称
31	中联税务师事务所有限公司
32	北京中税网通税务师事务所有限公司
33	北京华泰恒瑞税务师事务所有限公司
34	山东百丞税务师事务所有限公司
35	中金税税务师事务所有限公司
36	四川万和润沣税务师事务所有限公司
37	北京竟数圣税务师事务所有限公司
38	中税标准税务师事务所有限公司
39	江苏方正税务师事务所有限公司
40	宁波阳明税务师事务所有限责任公司
41	北京天扬君合税务师事务所有限责任公司
42	晖帆税务师事务所有限公司
43	上海骁天税务师事务所有限责任公司
44	广东正中国穗税务师事务所有限公司
45	广州中韬华益税务师事务所有限公司
46	宁波正源税务师事务所有限公司
47	北京大信中和税务师事务所有限公司
48	四川金普林税务师事务所有限公司
49	北京铸源茂达税务师事务所有限责任公司
50	浙江正大联合税务师事务所有限公司
51	北京利安达税务师事务所有限责任公司
52	浙江正瑞税务师事务所有限公司
53	北京东审鼎立国际税务师事务所有限公司
54	浙江鸿瑞税务师事务所有限公司
55	浙江佳信税务师事务所有限公司
56	江苏大公税务师事务所有限公司
57	北京德润税务师事务所有限公司
58	北京智方圆税务师事务所有限公司
59	上海东尊税务师事务所有限公司
60	四川精财信税务师事务所有限公司
61	浙江中瑞税务师事务所有限公司
62	北京智墨税务师事务所（普通合伙）
63	南宁汉鼎税务师事务所有限责任公司
64	北京诚裕汇科税务师事务所有限责任公司
65	金华中瑞税务师事务所有限责任公司

续表

序号	事务所名称
66	杭州余杭东方税务师事务所有限责任公司
67	河北国兴税务师事务所有限公司
68	山东启阳税务师事务所有限公司
69	安徽和讯税务师事务所有限公司
70	山东长恒信税务师事务所有限责任公司
71	宁波中瑞税务师事务所有限公司
72	北京中烨泽瑞税务师事务所有限责任公司
73	北京浩信税务师事务所有限公司
74	瑞安新一税务师事务所有限责任公司
75	四川天健税务师事务所有限公司
76	天岳税务师事务所（山东）集团有限公司
77	四川兴瑞税务师事务所有限责任公司
78	四川祥瑞泰税务师事务所有限责任公司
79	无锡宝光税务师事务所有限公司
80	北京睿和税务师事务所有限公司
81	北京中利信源税务师事务所有限责任公司
82	河瑞河北税务师事务所有限公司
83	陕西公正税务师事务所有限公司
84	余姚中禾信税务师事务所有限公司
85	北京国佳中天宝通税务师事务所有限公司
86	上海立信诚瑞税务师事务所有限公司
87	慈溪三北税务师事务所有限公司
88	杭州大驰税务师事务所有限公司
89	厦门市国正税务师事务所有限公司
90	浩智税务师事务所有限公司
91	北京大有宏业税务师事务所有限责任公司
92	深圳市盛天诚税务师事务所有限责任公司
93	浙江通达税务师事务所有限公司
94	广东恒生税务师事务所有限公司
95	青岛正业税务师事务所有限责任公司
96	北京欣洪海明珠税务师事务所有限公司
97	江阴市长江税务师事务所有限公司
98	北京盈科瑞诚税务师事务所有限公司
99	天赋兴瑞（苏州）税务师事务所有限公司
100	重庆睿捷税务师事务所有限公司

18. 全国财经类高校名单

序号	高校名称
1	中央财经大学
2	对外经济贸易大学
3	上海财经大学
4	西南财经大学
5	中南财经政法大学
6	东北财经大学
7	江西财经大学
8	首都经济贸易大学
9	浙江工商财经大学
10	北京工商大学
11	南京财经大学
12	浙江财经大学
13	上海对外经贸大学
14	南京审计大学
15	山东财经大学
16	天津财经大学
17	安徽财经大学
18	广东财经大学
19	河南财经政法大学
20	山西财经大学
21	北京物资学院
22	重庆工商大学
23	湖南工商大学
24	上海立信会计金融学院
25	湖北经济学院
26	吉林财经大学
27	河北经贸大学
28	天津商业大学
29	西安财经大学
30	哈尔滨商业大学
31	贵州财经大学

续表

序号	高校名称
32	河北地质大学
33	云南财经大学
34	郑州航空工业管理学院
35	内蒙古财经大学
36	山东工商学院
37	上海商学院
38	广东金融学院
39	新疆财经大学
40	湖南财政经济学院
41	广西财经学院
42	兰州财经大学
43	福建江夏学院
44	武汉商学院
45	河北金融学院
46	福建商学院
47	贵州商学院
48	桂林旅游学院
49	哈尔滨金融学院
50	湖南财政经济学院
51	吉林工商学院
52	嘉兴南湖学院
53	铜陵学院
54	新疆科技学院

19. 全国著名会计软件公司

1. 金蝶软件（中国）有限公司
2. 用友网络科技股份有限公司
3. 浪潮集团有限公司
4. 北京久其软件股份有限公司
5. 深圳市中兴新云服务有限公司

第十五部分

主要文件索引

1. 财会文件索引

序号	文件名	发文单位	文号	发文日期
管理会计文件索引				
1	关于开展管理会计案例征集工作的通知	财政部	财办会〔2023〕13号	2023/06/27
2	关于全面推进管理会计体系建设的指导意见	财政部	财会〔2014〕27号	2014/10/27
3	财政部会计司有关负责人就《关于全面推进管理会计体系建设的指导意见》答记者问	财政部会计司		2014/11/26
4	关于印发《管理会计基本指引》的通知	财政部	财会〔2016〕10号	2016/06/22
5	财政部会计司有关负责人就《管理会计基本指引》答记者问	财政部会计司		2016/06/24
6	关于印发《管理会计应用指引第100号——战略管理》等22项管理会计应用指引的通知	财政部	财会〔2017〕24号	2017/09/29
7	财政部会计司有关负责人就《管理会计应用指引第100号——战略管理》等22项管理会计应用指引答记者问	财政部会计司		2017/10/19
8	关于印发《管理会计应用指引第202号——零基预算》等7项管理会计应用指引的通知	财政部	财会〔2018〕22号	2018/08/17
9	关于印发《管理会计应用指引第204号——作业预算》等5项管理会计应用指引的通知	财政部	财会〔2018〕38号	2018/12/27
10	全面深化管理会计应用 积极推动会计职能拓展——《会计改革与发展"十四五"规划纲要》系列解读之九	财政部会计司		2022/04/01
11	大交流 大碰撞 积极推动理论建设——《财政部关于全面推进管理会计体系建设的指导意见》系列解读之二	财政部会计司		2014/12/22
12	指引体系为保障 指导实践应用——《财政部关于全面推进管理会计体系建设的指导意见》系列解读之三	财政部会计司		2015/01/04
13	人才培养是关键 提升核心竞争力——《财政部关于全面推进管理会计体系建设的指导意见》系列解读之四	财政部会计司		2015/01/12
14	信息化为支撑 提升管理效率——《财政部关于全面推进管理会计体系建设的指导意见》系列解读之五	财政部会计司		2015/01/19
15	发展管理会计咨询服务 推动会计服务转型升级——《财政部关于全面推进管理会计体系建设的指导意见》系列解读之六	财政部会计司		2015/01/26
16	明确职责 密切合作 共同推进管理会计体系建设——《财政部关于全面推进管理会计体系建设的指导意见》系列解读之七	财政部会计司		2015/02/02
会计人员和会计师事务所管理监督索引				
1	关于印发《会计人员职业道德规范》的通知	财政部	财会〔2023〕1号	2023/02/01

续表

序号	文件名	发文单位	文号	发文日期
2	2021年度会计师事务所从事证券服务业务基本信息	财政部会计司		2022/11/25
3	关于印发《会计人员继续教育专业科目指南（2022年版）》的通知	财政部	财会〔2022〕35号	2022/12/30
4	关于印发会计师事务所一体化管理评估指标评价标准的通知	财政部办公厅	财办会〔2022〕20号	2022/07/08
5	关于印发《会计师事务所监督检查办法》的通知	财政部	财办〔2022〕23号	2022/05/16
6	关于印发《会计行业人才发展规划（2021—2025年）》的通知	财政部	财会〔2021〕34号	2021/12/23
7	关于印发《会计师事务所自查自纠报告管理办法》的通知	财政部	财会〔2022〕2号	2022/02
8	关于加强会计师事务所执业管理 切实提高审计质量的实施意见	财政部	财会〔2020〕14号	2020/10/26
9	关于印发《会计师事务所从事证券服务业务备案管理办法》的通知	财政部	财会〔2020〕11号	2020/07/24
10	人力资源社会保障部 财政部 关于深化会计人员职称制度改革的指导意见	人社部 财政部	人社部〔2019〕8号	2019/01/11
11	关于印发《会计人员管理办法》的通知	财政部	财会〔2018〕33号	2018/12/06
12	财政部会计司有关负责人就出台《会计人员管理办法》答记者问	财政部会计司		2018/12/13
13	关于加强会计人员诚信建设的指导意见	财政部	财会〔2018〕9号	2018/04/19
14	关于印发《会计专业技术人员继续教育规定》的通知	财政部	财会〔2018〕10号	2018/05/19
15	关于印发《全国会计领军人才培养工程发展规划》的通知	财政部	财会〔2016〕20号	2016/10/09
16	人力资源和社会保障部办公厅关于在部分职称系列设置正高级职称有关问题的通知人社厅发	人社部办公厅	人社厅发〔2017〕139号	2017/11/01
17	就《关于在部分系列设置正高级职称有关问题的通知》答记者问	人社部办公厅		2017/11/08
18	财政部门实施会计监督办法	财政部	中华人民共和国财政部令第10号	2001/02/20
19	关于开展2017年度全国会计领军（后备）人才（企业类）选拔培养的通知	财政部	财会〔2017〕6号	2017/03/14
20	关于开展2017年度全国会计领军人才培养工程特殊支持计划选拔工作的通知	财政部	财会〔2017〕2号	2017/02/04
21	关于印发《全国会计领军人才培养工程发展规划》的通知	财政部	财会〔2016〕20号	2016/10/09
22	会计师事务所执业许可和监督管理办法	财政部	中华人民共和国财政部令第97号	2019/01/02
23	关于印发会计从业资格考试大纲（修订）的通知	财政部办公厅	财办会〔2016〕34号	2016/08/11

续表

序号	文件名	发文单位	文号	发文日期
企业会计准则索引				
1	关于修改《企业会计准则——基本准则》的决定	财政部	中华人民共和国财政部令第76号	2014/07/23
2	关于印发《企业会计准则第1号——存货》等38项具体准则的通知	财政部	财会〔2006〕3号	2006/02/15
3	关于印发修订《企业会计准则第2号——长期股权投资》的通知	财政部	财会〔2014〕14号	2014/03/13
4	关于印发修订《企业会计准则第7号——非货币性资产交换》的通知	财政部	财会〔2019〕8号	2019/05/17
5	关于印发修订《企业会计准则第9号——职工薪酬》的通知	财政部	财会〔2014〕8号	2014/01/27
6	关于印发修订《企业会计准则第12号——债务重组》的通知	财政部	财会〔2019〕9号	2019/05/30
7	关于修订印发《企业会计准则第14号——收入》的通知	财政部	财会〔2017〕22号	2017/07/05
8	关于印发修订《企业会计准则第16号——政府补助》的通知	财政部	财会〔2017〕15号	2017/05/10
9	关于修订印发《企业会计准则第21号——租赁》的通知	财政部	财会〔2018〕35号	2018/12/07
10	关于印发修订《企业会计准则第22号——金融工具确认和计量》的通知	财政部	财会〔2017〕7号	2017/03/31
11	关于印发修订《企业会计准则第23号——金融资产转移》的通知	财政部	财会〔2017〕8号	2017/03/31
12	关于印发修订《企业会计准则第24号——套期会计》的通知	财政部	财会〔2017〕9号	2017/03/31
13	关于印发修订《企业会计准则第25号——保险合同》的通知	财政部	财会〔2020〕20号	2020/12/24
14	关于印发修订《企业会计准则第30号——财务报表列报》的通知	财政部	财会〔2014〕7号	2014/01/26
15	关于印发修订《企业会计准则第33号——合并财务报表》的通知	财政部	财会〔2014〕10号	2014/02/17
16	关于印发修订《企业会计准则第37号——金融工具列报》的通知	财政部	财会〔2017〕114号	2014/05/15
17	关于印发《企业会计准则第39号——公允价值计量》的通知	财政部	财会〔2014〕6号	2014/01/26
18	关于印发《企业会计准则第40号——合营安排》的通知	财政部	财会〔2014〕11号	2014/02/17
19	关于印发《企业会计准则第41号——在其他主体中权益的披露》的通知	财政部	财会〔2014〕16号	2014/03/14
20	关于印发《企业会计准则第42号——持有待售的非流动资产、处置组和终止经营》的通知	财政部	财会〔2017〕13号	2017/04/28

续表

序号	文件名	发文单位	文号	发文日期
21	关于印发《企业会计准则解释第1号》的通知	财政部	财会〔2007〕14号	2007/11/06
22	关于印发《企业会计准则解释第2号》的通知	财政部	财会〔2008〕11号	2008/08/07
23	关于印发《企业会计准则解释第3号》的通知	财政部	财会〔2009〕8号	2009/06/11
24	关于印发《企业会计准则解释第4号》的通知	财政部	财会〔2010〕15号	2010/07/14
25	关于印发《企业会计准则解释第5号》的通知	财政部	财会〔2012〕19号	2012/11/05
26	关于印发《企业会计准则解释第6号》的通知	财政部	财会〔2014〕1号	2014/01/17
27	关于印发《企业会计准则解释第7号》的通知	财政部	财会〔2015〕19号	2015/11/04
28	关于印发《企业会计准则解释第8号》的通知	财政部	财会〔2015〕23号	2015/12/16
29	关于印发《企业会计准则解释第9号——关于权益法下有关投资净损失的会计处理》的通知	财政部	财会〔2017〕16号	2017/06/12
30	关于印发《企业会计准则解释第10号——关于以使用固定资产产生的收入为基础的折旧方法》的通知	财政部	财会〔2017〕17号	2017/06/12
31	关于印发《企业会计准则解释第11号——关于以使用无形资产产生的收入为基础的摊销方法》的通知	财政部	财会〔2017〕18号	2017/06/12
32	关于印发《企业会计准则解释第12号——关于关键管理人员服务的提供方与接受方是否为关联方》的通知	财政部	财会〔2017〕19号	2017/06/12
33	关于印发《企业会计准则解释第13号》的通知	财政部	财会〔2019〕21号	2019/12/16
34	关于印发《企业会计准则解释第14号》的通知	财政部	财会〔2021〕1号	2021/02/02
35	关于印发《企业会计准则解释第15号》的通知	财政部	财会〔2021〕32号	2021/10/08
36	关于印发《企业会计准则解释第16号》的通知	财政部	财会〔2022〕31号	2022/04/07
37	财政部会计司发布新保险合同会计准则（财会〔2020〕20号）实施问答	财政部会计司		2023/03/13
38	关于修订印发合并财务报表格式（2019版）的通知	财政部	财会〔2019〕16号	2019/09/27
39	财政部会计司发布2022年第二批企业会计准则实施问答	财政部会计司		2022/06/22
40	财政部会计司发布2021年第五批企业会计准则实施问答	财政部会计司		2021/11/04
41	财政部会计司发布PPP项目合同社会资本方会计处理实施问答和应用案例	财政部会计司		2021/08/10
42	财政部会计司发布2021年第二期实施问答	财政部会计司		2021/04/26
43	财政部会计司发布2021年第一期企业会计准则实施问答	财政部会计司		2021/03/03
44	关于进一步贯彻落实新金融工具相关会计准则的通知财会〔2020〕22号	财政部 银保监会	财会〔2020〕22号	2020/12/30

续表

序号	文件名	发文单位	文号	发文日期
\multicolumn{5}{c}{内部控制索引}				
1	关于进一步提升上市公司财务报告内部控制有效性的通知	财政部 证监会	财会〔2022〕8号	2022/03/21
2	关于开展2022年度行政事业单位内部控制报告编报工作的通知	财政部	财会〔2023〕6号	2023/04/19
3	关于深交所主板与中小板合并后原中小板上市公司实施企业内部控制规范体系的通知	财政部 证监会	财会〔2021〕3号	2021/04/08
\multicolumn{5}{c}{其他会计法规制度索引}				
1	关于修订印发2023年度保险公司财务报表格式的通知	财政部	财会〔2022〕37号	2022/12/27
2	关于印发《道路交通事故社会救助基金会计核算办法》的通知	财政部	财会〔2022〕15号	2022/06/23
3	关于印发《资产管理产品相关会计处理规定》的通知	财政部	财会〔2022〕14号	2022/06/02
4	关于适用《新冠肺炎疫情相关租金减让会计处理规定》相关问题的通知	财政部	财会〔2022〕13号	2022/05/27
5	关于印发《农民专业合作社新旧会计制度有关衔接问题的处理规定》的通知	财政部	财会〔2021〕38号	2022/01/18
6	关于印发《农民专业合作社会计制度》的通知	财政部	财会〔2021〕37号	2022/01/17
7	关于进一步加强水利基础设施政府会计核算的通知	财政部	财会〔2021〕29号	2021/12/13
8	关于印发《事业单位成本核算具体指引——公立医院》的通知	财政部	财会〔2021〕26号	2021/11/22
9	关于印发《律师事务所相关业务会计处理规定》的通知	财政部	财会〔2021〕22号	2021/10/11
10	关于印发《企业产品成本核算制度——油气管网行业》的通知	财政部	财会〔2021〕21号	2021/10/08
11	关于印发《机关事业单位职业年金基金相关业务会计处理规定》的通知	财政部	财会〔2021〕19号	2021/09/13
12	关于做好《工会会计制度》贯彻实施准备工作的通知	财政部办公厅 全国总工会办公厅	财办会〔2021〕29号	2021/09/23
13	关于印发《工会新旧会计制度有关衔接问题的处理规定》的通知	财政部	财会〔2021〕16号	2021/07/07
14	关于深化代理记账行业"证照分离"改革进一步激发市场主体发展活力的通知	财政部办公厅	财办会〔2021〕20号	2021/07/28
15	关于印发《工会会计制度》的通知	财政部	财会〔2021〕7号	2021/04/22
16	关于印发《银行审计函证数据标准（试行版）》的通知	财政部会计司	财会便〔2021〕7号	2021/02/04
17	关于进一步加强公路水路公共基础设施政府会计核算的通知	财政部	财会〔2020〕23号	2021/01/05

续表

序号	文件名	发文单位	文号	发文日期
18	关于推进会计师事务所函证数字化相关工作的指导意见	财政部等7部门	财会〔2020〕13号	2020/09/16
19	关于印发《银行函证及回函工作操作指引》的通知	财政部 银保监会	财办会〔2020〕21号	2020/08/28
20	关于进一步规范银行函证及回函工作的通知	财政部 银保监会	财会〔2020〕12号	2020/08/28
21	关于规范电子会计凭证报销入账归档的通知	财政部	财会〔2020〕6号	2020/04/03
22	关于印发《〈民间非营利组织会计制度〉若干问题的解释》的通知	财政部	财会〔2020〕9号	2020/06/19
23	关于印发境外会计组织申请明确业务主管单位办事指南的通知	财政部	财办会〔2019〕34号	2019/12/31
24	关于印发《碳排放权交易有关会计处理暂行规定》的通知	财政部	财会〔2019〕22号	2019/12/25
25	关于认可英国会计师事务所从事沪伦通中国存托凭证相关审计业务有关事项的通知	财政部 证监会	财会〔2019〕11号	2019/08/15
26	关于印发《境外会计师事务所从事全国银行间债券市场境外机构债券发行相关财务报告审计业务报备暂行办法》的通知	财政部	财会〔2019〕4号	2019/04/11
27	关于印发《代理记账行业协会管理办法》的通知	财政部	财会〔2018〕32号	2018/11/13
28	财政部会计司有关负责人就出台《代理记账行业协会管理办法》答记者问	财政部会计司		2018/11/16
29	会计档案管理办法	财政部 国家档案局	中华人民共和国财政部 国家档案局令第79号	2015/12/11
30	关于认真贯彻实施《民间非营利组织会计制度》的通知	财政部 民政部	财会〔2004〕17号	2004/10/28
31	关于印发《民间非营利组织会计制度》的通知	财政部	财会〔2004〕7号	2004/08/18
32	企业财务通则	财政部	中华人民共和国财政部令第41号	2006/12/04
33	关于印发《会计改革与发展"十三五"规划纲要》的通知	财政部	财会〔2016〕19号	2016/10/08
34	关于印发《规范"三去一降一补"有关业务的会计处理规定》的通知	财政部	财会〔2016〕17号	2016/09/22
深圳特区法规制度索引				
1	深圳经济特区注册会计师条例（第二次修订）	深圳市人大	深圳市第六届人大常务委员会公告第61号	2017/05/16
2	关于印发《〈深圳经济特区注册会计师条例〉罚款处罚实施标准》的通知	深圳市财政局		2007/03/29
3	深圳市财政委员会关于征求《深圳经济特区注册会计师条例（修订草案）》意见的通知	深圳市财政委员会	深财会函〔2017〕3581号	2017/10/21

续表

序号	文件名	发文单位	文号	发文日期
政府会计准则及制度				
1	《政府会计准则——基本准则》	财政部	中华人民共和国财政部令第78号	2015/10/23
2	关于印发《政府会计准则第1号——存货》等4项具体准则的通知	财政部	财会〔2016〕12号	2016/07/06
3	关于印发《政府会计准则第5号——公共基础设施》的通知	财政部	〔2017〕11号	2017/04/17
4	关于印发《政府会计准则第6号——政府储备物资》的通知	财政部	财会〔2017〕23号	2017/07/28
5	关于印发《政府会计准则第7号——会计调整》的通知	财政部	财会〔2018〕28号	2018/10/21
6	关于印发《政府会计准则第8号——负债》的通知	财政部	财会〔2018〕31号	2018/11/09
7	关于印发《政府会计准则第3号——固定资产》应用指南的通知	财政部	财会〔2017〕4号	2017/02/21
8	财政部关于印发《政府会计准则第9号——财务报表编制和列报》的通知	财政部	财会〔2018〕37号	2018/12/26
9	财政部关于印发《政府会计准则第10号——政府和社会资本合作项目合同》的通知	财政部	财会〔2019〕23号	2019/12/17
10	关于印发《〈政府会计准则第10号——政府和社会资本合作项目合同〉应用指南》的通知	财政部	财会〔2020〕19号	2020/12/17
11	财政部会计司有关负责人就印发《政府会计准则第7号——会计调整》答记者问	财政部会计司		2018/11/01
12	财政部会计司有关负责人就印发《政府会计准则第8号——负债》答记者问	财政部会计司		2018/11/15
13	关于贯彻实施政府会计准则制度的通知	财政部	财会〔2018〕21号	2018/08/16
14	财政部会计司有关负责人就印发《政府会计制度——行政事业单位会计科目和报表》答记者问	财政部会计司		2017/11/09
15	关于印发测绘事业单位执行《政府会计制度——行政事业单位会计科目和报表》的衔接规定的通知	财政部	财会〔2018〕16号	2018/07/22
16	关于印发地质勘查事业单位执行《政府会计制度——行政事业单位会计科目和报表》的衔接规定的通知	财政部	财会〔2018〕17号	2018/07/22
17	关于印发高等学校执行《政府会计制度——行政事业单位会计科目和报表》的补充规定和衔接规定的通知	财政部	财会〔2018〕19号	2018/08/14
18	关于印发中小学校执行《政府会计制度——行政事业单位会计科目和报表》的补充规定和衔接规定的通知	财政部	财会〔2018〕20号	2018/08/14
19	关于印发科学事业单位执行《政府会计制度——行政事业单位会计科目和报表》的补充规定和衔接规定的通知	财政部	财会〔2018〕23号	2018/08/20

续表

序号	文件名	发文单位	文号	发文日期
20	关于印发医院执行《政府会计制度——行政事业单位会计科目和报表》的补充规定和衔接规定的通知	财政部	财会〔2018〕24号	2018/08/27
21	关于印发基层医疗卫生机构执行《政府会计制度——行政事业单位会计科目和报表》的补充规定和衔接规定的通知	财政部	财会〔2018〕25号	2018/08/31
22	关于印发彩票机构执行《政府会计制度——行政事业单位会计科目和报表》的补充规定和衔接规定的通知	财政部	财会〔2018〕26号	2018/08/31
23	关于印发国有林场和苗圃执行《政府会计制度——行政事业单位会计科目和报表》的补充规定和衔接规定的通知	财政部	财会〔2018〕11号	2018/07/12
24	财政部会计司发布2022年第一批政府会计准则制度实施问答	财政部会计司		2022/07/06
25	财政部会计司发布2022年第一批政府会计准则制度应用案例	财政部会计司		2022/07/07
26	财政部会计司发布2022年第二批政府会计实施问答	财政部会计司		2022/11/15
27	关于印发《行政事业单位划转撤并相关会计处理规定》的通知	财政部	财会〔2022〕29号	2022/10/18
28	关于进一步加强市政基础设施政府会计核算的通知	财政部 住房和城乡建设部等六部门	财会〔2022〕38号	2023/01/11
29	关于印发《事业单位成本核算具体指引——科学事业单位》的通知	财政部	财会〔2022〕27号	2022/10/10
30	关于印发《事业单位成本核算具体指引——高等学校》的通知	财政部	财会〔2022〕26号	2022/10/09
31	关于印发《事业单位成本核算基本指引》的通知	财政部	财会〔2019〕25号	2019/12/25
主要法规制度索引				
1	中华人民共和国会计法（2017年第二次修正）	全国人大常委会	中华人民共和国主席令第81号	2017/11/04
2	《中华人民共和国注册会计师法》	全国人大常委会	中华人民共和国主席令第13号	1993/10/31
3	企业财务会计报告条例	国务院	国务院令第287号	2000/06/21
4	关于印发《会计基础工作规范》的通知	财政部	财会〔1996〕19号	1996/06/17
5	关于修改《企业会计准则——基本准则》的决定	财政部	中华人民共和国财政部令第76号	2014/07/23
6	关于印发《会计改革与发展"十四五"规划纲要》的通知	财政部	财会〔2021〕27号	2021/11/29
7	关于印发《会计专业技术人员继续教育规定》的通知	财政部	财会〔2018〕10号	2018/05/19
8	关于印发《会计人员管理办法》的通知	财政部	财会〔2018〕33号	2018/12/06

续表

序号	文件名	发文单位	文号	发文日期
9	会计档案管理办法	财政部 国家档案局	中华人民共和国财政部 国家档案局令第79号	2015/12/11
10	会计师事务所执业许可和监督管理办法	财政部	中华人民共和国财政部令第89号	2017/08/20
注册会计师文件索引				
1	中国注册会计师协会关于印发《会计师事务所综合评价排名办法》的通知	中国注册会计师协会		2023/05/17
2	中国注册会计师协会关于印发《注册会计师审计数据规范 公共基础》等4项注册会计师审计数据规范的通知	中国注册会计师协会		2023/03/27
3	关于印发《中国注册会计师鉴证业务基本准则》等11项准则的通知	财政部	财会〔2022〕1号	2022/01/07
4	关于印发《中国注册会计师审计准则第1601号——审计特殊目的财务报表的特殊考虑》等三项准则的通知	财政部	财会〔2021〕31号	2021/12/21
5	财政部关于印发《中国注册会计师审计准则第1211号——重大错报风险的识别和评估》等准则的通知	财政部	财会〔2022〕36号	2022/12/22
6	中国注册会计师协会关于印发《〈中国注册会计师审计准则第1101号——注册会计师的总体目标和审计工作的基本要求〉应用指南》等34项应用指南的通知	中国注册会计师协会		2023/04/10
7	关于印发《中国注册会计师审计准则第1101号——注册会计师的总体目标和审计工作的基本要求》等18项审计准则的通知	财政部	财会〔2019〕5号	2019/04/09
8	中国注册会计师审计准则问题解答第14号——关键审计事项	中国注册会计师协会		2018/04/15
9	中国注册会计师审计准则问题解答第15号——其他信息	中国注册会计师协会		2018/04/15
10	关于加强注册会计师行业监管有关事项的通知	财政部	财会〔2018〕8号	2018/03/15
11	《会计师事务所执业许可和监督管理办法》	财政部	中华人民共和国财政部令第89号	2017/08/20
12	关于印发《其他专业资格人员担任特殊普通合伙会计师事务所合伙人暂行办法》的通知	财政部	财会〔2018〕4号	2018/02/06
13	关于印发《关于推动有限责任会计师事务所转制为合伙制会计师事务所的暂行规定》的通知	财政部	财会〔2018〕5号	2018/04/03
14	中国注册会计师协会关于印发《〈中国注册会计师审计准则第1504号——在审计报告中沟通关键审计事项〉应用指南》等16项应用指南的通知	中国注册会计师协会	会协〔2017〕11号	2017/02/28
15	关于大力支持香港澳门特别行政区会计专业人士担任内地会计师事务所合伙人有关问题的通知	财政部	财会〔2016〕9号	2016/05/16

续表

序号	文件名	发文单位	文号	发文日期
16	财政部关于印发《中国注册会计师审计准则第1504号——在审计报告中沟通关键审计事项》等12项准则的通知	财政部	财会〔2016〕24号	2016/12/23
17	关于做好会计师事务所工商登记后置审批改革政策衔接工作的通知	财政部	财会〔2014〕30号	2014/12/11
18	关于调整完善注册会计师行业有关行政管理事项的通知	财政部	财会〔2014〕28号	2014/11/06
19	关于印发《财政部关于科学引导小型会计师事务所规范发展的暂行规定》的通知	财政部	财会〔2010〕13号	2010/07/05
20	关于印发《会计师事务所财务管理暂行办法》的通知	财政部	财会〔2010〕14号	2010/06/13
21	《注册会计师、会计师事务所证券、期货相关业务许可证年检办法》	财政部 证监会	财会〔2001〕1069号	2001/09/13
22	《注册会计师执行证券、期货相关业务管理规定》的补充规定	财政部 证监会	财会〔2003〕22号	2003/07/30
23	《关于会计师事务所从事证券、期货相关业务有关问题的通知》	财政部 证监会	财会〔2007〕6号	2007/04/09
24	财政部关于印发《中国注册会计师审计准则第1101号——注册会计师的总体目标和审计工作的基本要求》等38项准则的通知	中国注册会计师协会	财会〔2010〕21号	2010/11/01
25	财政部关于印发中国注册会计师执业准则的通知	中国注册会计师协会	财会〔2006〕4号	2006/02/15
26	中国注册会计师协会关于印发《中国注册会计师审计准则问题解答第1号——职业怀疑》等六项审计准则问题解答的通知	中国注册会计师协会	会协〔2013〕77号	2013/10/31
27	中国注册会计师协会关于印发《中国注册会计师审计准则问题解答第7号——会计分录测试》等七项审计准则问题解答的通知	中国注册会计师协会	会协〔2014〕76号	2014/12/31
28	《中国注册会计师职业道德守则》	中国注册会计师协会		2009/10/14
29	《中国注册会计师职业道德守则问题解答》	中国注册会计师协会		2014/11/01
30	国务院办公厅转发财政部《关于加快发展我国注册会计师行业的若干意见》	国务院办公厅	国办发〔2009〕56号	2009/10/03
31	《关于不再实施特定上市公司特殊审计要求的通知》	证监会	证监会计字〔2007〕12号	2007/03/08
32	中国注册会计师协会关于当前经济形势下服务经济发展大局 促进行业平稳发展的意见	中国注册会计师协会	会协〔2009〕26号	2009/04/07
33	中国注册会计师协会关于印发《中国注册会计师协会关于加强会计师事务所业务质量控制制度建设的意见》的通知	中国注册会计师协会	会协〔2010〕8号	2010/02/09
34	国家外汇管理局综合司《关于进一步完善2010年外商投资企业外汇年检工作有关问题的通知》	国家外汇管理局综合司	汇综发〔2010〕40号	2010/03/19

续表

序号	文件名	发文单位	文号	发文日期
35	关于印发企业内部控制配套指引的通知	财政部 证监会审计署 银监会 保监会	财会〔2010〕11号	2010/04/15
36	《国际审计准则项目研究组工作规程》	中国注册会计师协会	会协〔2012〕29号	2012/01/21
37	《外商投资企业外方权益确认表审核指导意见》	中国注册会计师协会	会协〔2012〕121号	2012/04/30
38	《关于不再实施特定上市公司特殊审计要求的通知》	证监会	证监会计字〔2007〕12号	2007/03/08
39	《企业内部控制审计问题解答》	中国注册会计师协会	会协〔2015〕7号	2015/02/05
40	《企业内部控制审计指引实施意见》	中国注册会计师协会	会协〔2011〕66号	2011/10/11
41	《高新技术企业认定专项审计指引》	中国注册会计师协会	会协〔2008〕83号	2008/11/12
42	《会计师事务所财政支出绩效评价业务指引》	中国注册会计师协会	会协〔2016〕10号	2016/04/06
43	《商业银行审计指引》	中国注册会计师协会	会协〔2014〕77号	2014/12/31
44	《高等学校财务报表审计指引》	中国注册会计师协会	会协〔2014〕71号	2014/12/09
45	注册会计师职业判断指南	海峡两岸及港澳地区会计师行业交流研讨会发布		2014/10/13

最新会计文件索引

序号	文件名	发文单位	文号	发文日期
1	关于印发《企业数据资源相关会计处理暂行规定》的通知	财政部	财会〔2023〕11号	2023/08/21
2	中共中央办公厅 国务院办公厅印发《关于进一步加强财会监督工作的意见》	中共中央办公厅 国务院办公厅		2023/02/15
3	关于做好2023年代理记账行业管理工作的通知	财政部办公厅	财办会〔2023〕4号	2023/03/14
4	关于做好会计师事务所2022年度报备工作的通知	财政部办公厅	财办会〔2023〕5号	2023/03/13
5	关于印发《会计人员职业道德规范》的通知	财政部	财会〔2023〕1号	2023/02/01
6	关于加快推进银行函证规范化、集约化、数字化建设的通知	财政部 银保监会	财会〔2022〕39号	2023/12/30
7	关于加大审计重点领域关注力度 控制审计风险 进一步有效识别财务舞弊的通知	财政部	财会〔2022〕28号	2022/10/14
8	关于印发《会计师事务所一体化管理办法》的通知	财政部	财会〔2022〕12号	2022/06/01
9	关于印发《会计师事务所监督检查办法》的通知	财政部	财办〔2022〕23号	2022/05/16

续表

序号	文件名	发文单位	文号	发文日期
10	关于进一步提升上市公司财务报告内部控制有效性的通知	财政部 证监会	财会〔2022〕8号	2022/03/21
11	财政部办公厅关于做好2022年代理记账行业管理工作的通知财办会〔2022〕7号	财政部办公厅	财办会〔2022〕7号	2022/03/18
12	关于印发《会计改革与发展"十四五"规划纲要》的通知	财政部	财会〔2021〕27号	2021/11/29
13	关于印发《会计信息化发展规划（2021—2025年）》的通知	财政部	财会〔2021〕36号	2021/12/30
14	关于印发《事业单位成本核算基本指引》的通知	财政部	财会〔2019〕25号	2019/12/25
15	关于加强国家统一的会计制度贯彻实施工作的指导意见	财政部	财会〔2019〕17号	2019/10/31
相关金融保险文件				
1	金融企业财务规则	财政部	财政部令第42号	2006/12/07
2	关于进一步加强金融企业财务管理若干问题的通知	财政部	财金〔2008〕12号	2008/01/28
3	关于保险公司执行新金融工具相关会计准则有关过渡办法的通知	财政部	财会〔2017〕20号	2017/06/22
4	国家税务总局关于印发《金融保险业营业税申报管理办法》的通知	国家税务总局	国税发〔2002〕9号	2002/01/30
5	财政部关于印发《金融企业财务规则——实施指南》的通知	财政部	财金〔2007〕23号	2007/03/30

2.税务文件索引

序号	标题	文号	发文日期
	车船税		
1	国家发展改革委等12部门关于印发促进工业经济平稳增长的若干政策的通知	发改产业〔2022〕273号	2022/02/18
2	中华人民共和国工业和信息化部 财政部 税务总局关于调整享受车船税优惠的节能新能源汽车产品技术要求的公告	工业和信息化部公告2022年第2号	2022/01/20
3	享受车船税减免优惠的节约能源 使用新能源汽车车型目录（第十六批）	工业和信息化部 国家税务总局公告2020年第24号	2020/06/05
4	工业和信息化部 国家税务总局关于发布《享受车船税减免优惠的节约能源 使用新能源汽车车型目录》（第十五批）的公告	工业和信息化部 国家税务总局公告2020年第18号	2020/04/24
5	工业和信息化部 国家税务总局关于发布《享受车船税减免优惠的节约能源 使用新能源汽车车型目录》（第十四批）的公告	工业和信息化部 国家税务总局公告2020年第10号	2020/03/11
6	中华人民共和国工业和信息化部 国家税务总局关于享受车船税减免优惠的节约能源使用新能源汽车车型目录（第十批）、汽车生产企业名称变更名单的公告	工业和信息化部公告2019年第31号	2019/08/28
7	中华人民共和国工业和信息化部 国家税务总局关于发布《享受车船税减免优惠的节约能源 使用新能源汽车车型目录（第九批）》的公告	工业和信息化部公告2019年第25号	2019/07/01
8	中华人民共和国工业和信息化部 国家税务总局关于发布《享受车船税减免优惠的节约能源 使用新能源汽车车型目录（第八批）》的公告	工业和信息化部公告2019年第18号	2019/05/17
	车辆购置税		
1	工业和信息化部 国家税务总局关于发布《享受车船税减免优惠的节约能源 使用新能源汽车车型目录》（第十五批）的公告	工业和信息化部 国家税务总局公告2020年第18号	2020/04/24
2	工业和信息化部 国家税务总局关于发布《享受车船税减免优惠的节约能源 使用新能源汽车车型目录》（第十四批）的公告	工业和信息化部 国家税务总局公告2020年第10号	2020/03/11
3	中华人民共和国工业和信息化部 国家税务总局关于享受车船税减免优惠的节约能源使用新能源汽车车型目录（第十批）、汽车生产企业名称变更名单的公告	工业和信息化部公告2019年第31号	2019/08/28
4	中华人民共和国工业和信息化部 国家税务总局关于发布《享受车船税减免优惠的节约能源 使用新能源汽车车型目录（第九批）》的公告	工业和信息化部公告2019年第25号	2019/07/01
5	中华人民共和国工业和信息化部 国家税务总局关于发布《享受车船税减免优惠的节约能源 使用新能源汽车车型目录（第八批）》的公告	工业和信息化部公告2019年第18号	2019/05/17

续表

序号	标题	文号	发文日期
6	工业和信息化部 国家税务总局关于发布《享受车船税减免优惠的节约能源 使用新能源汽车车型目录》(第十五批)的公告	工业和信息化部 国家税务总局公告2020年第18号	2020/04/24
7	工业和信息化部 国家税务总局关于发布《享受车船税减免优惠的节约能源 使用新能源汽车车型目录》(第十四批)的公告	工业和信息化部 国家税务总局公告2020年第10号	2020/03/11
8	中华人民共和国工业和信息化部 国家税务总局关于享受车船税减免优惠的节约能源使用新能源汽车车型目录(第十批)、汽车生产企业名称变更名单的公告	工业和信息化部公告2019年第31号	2019/08/28
9	财政部 税务总局 工业和信息化部关于延续新能源汽车免征车辆购置税政策的公告	财政部 税务总局 工业和信息化部公告2022年第27号	2022/09/18
10	财政部 税务总局关于减征部分乘用车车辆购置税的公告	财政部 税务总局公告2022年第20号	2022/05/31
11	商务部等17部门关于搞活汽车流通 扩大汽车消费若干措施的通知	商消费发〔2022〕92号	2022/07/05
12	财政部 税务总局关于减征部分乘用车车辆购置税的公告	财政部税务总局公告2022年第20号	2022/05/31
13	国家税务总局 工业和信息化部关于发布《免征车辆购置税的设有固定装置的非运输专用作业车辆目录》(第五批)的公告	国家税务总局 工业和信息化部公告2022年第8号	2022/04/21
14	国家税务总局 工业和信息化部关于发布《免征车辆购置税的设有固定装置的非运输专用作业车辆目录》(第四批)的公告	国家税务总局 工业和信息化部公告2021年第32号	2021/12/14
15	国家税务总局 工业和信息化部关于发布《免征车辆购置税的设有固定装置的非运输专用作业车辆目录》(第三批)的公告	国家税务总局 工业和信息化部公告2021年第29号	2021/09/22
16	国家税务总局 工业和信息化部关于发布《免征车辆购置税的设有固定装置的非运输专用作业车辆目录》(第二批)的公告	国家税务总局 工业和信息化部公告2021年第14号	2021/06/03
17	中华人民共和国工业和信息化部 财政部 税务总局关于调整免征车辆购置税新能源汽车产品技术要求的公告	中华人民共和国工业和信息化部 财政部 税务总局公告2021年第13号	2021/04/30
18	国家税务总局 工业和信息化部关于发布《免征车辆购置税的设有固定装置的非运输专用作业车辆目录》(第一批)的公告	国家税务总局 工业和信息化部公告2021年第7号	2021/03/31
19	国家税务总局 工业和信息化部关于设有固定装置的非运输专用作业车辆免征车辆购置税有关管理事项的公告	国家税务总局 工业和信息化部公告2020年第20号	2020/12/05
20	财政部 税务总局 工业和信息化部关于设有固定装置的非运输专用作业车辆免征车辆购置税有关政策的公告	财政部 税务总局 工业和信息化部公告2020年第35号	2020/07/01
21	工业和信息化部 国家税务总局关于发布《免征车辆购置税的新能源汽车车型目录》(第三十一批)的公告	工业和信息化部 国家税务总局公告2020年第16号	2020/04/20

续表

序号	标题	文号	发文日期
22	财政部　税务总局　工业和信息化部关于新能源汽车免征车辆购置税有关政策的公告	财政部公告2020年第21号	2020/04/16
23	工业和信息化部　国家税务总局关于发布《免征车辆购置税的新能源汽车车型目录》（第三十批）的公告	工业和信息化部　国家税务总局公告2020年第11号	2020/03/12
24	国家税务总局关于应用机动车销售统一发票电子信息办理车辆购置税业务的公告	国家税务总局公告2020年第3号	2020/01/21
25	中华人民共和国工业和信息化部　国家税务总局关于发布《免征车辆购置税的新能源汽车车型目录》（第二十七批）的公告	工业和信息化部公告2019年第45号	2019/10/25
26	中华人民共和国工业和信息化部　国家税务总局关于发布《免征车辆购置税的新能源汽车车型目录（第二十六批）、汽车生产企业名称变更名单、撤销《免征车辆购置税的新能源汽车车型目录》的车型名单》的公告	工业和信息化部公告2019年第32号	2019/08/30
27	国家税务总局关于废止《车辆购置税征收管理办法》的决定	国家税务总局令第47号	2019/07/01
28	财政部　税务总局关于继续执行的车辆购置税优惠政策的公告	财政部　税务总局公告2019年第75号	2019/06/28
29	国家税务总局关于车辆购置税征收管理有关事项的公告	国家税务总局公告2019年第26号	2019/06/21
30	中华人民共和国工业和信息化部　国家税务总局关于发布《免征车辆购置税的新能源汽车车型目录》（第二十五批）的公告	工业和信息化部公告2019年第21号	2019/06/12
31	国家税务总局　交通运输部关于城市公交企业购置公共汽电车辆免征车辆购置税有关事项的公告	国家税务总局　交通运输部公告2019年第22号	2019/06/06
32	财政部　税务总局关于车辆购置税有关具体政策的公告	财政部　税务总局公告2019年第71号	2019/05/23
城市维护建设税			
1	国家税务总局关于城市维护建设税征收管理有关事项的公告	国家税务总局公告2021年第26号	2021/08/31
2	财政部　税务总局关于城市维护建设税计税依据确定办法等事项的公告	财政部　税务总局公告2021年第28号	2021/08/26
3	财政部　税务总局关于继续执行的城市维护建设税优惠政策的公告	财政部　税务总局公告2021年第27号	2021/08/24
4	财政部　税务总局关于城市维护建设税计税依据确定办法等事项的公告	财政部　税务总局公告2021年第28号	2021/08/24
5	中华人民共和国城市维护建设税法		2020/08/11
城镇土地使用税			
1	财政部　税务总局关于继续实施公共租赁住房税收优惠政策的公告	财政部　税务总局公告2023年第33号	2023/08/18
2	财政部　税务总局关于继续实施物流企业大宗商品仓储设施用地城镇土地使用税优惠政策的公告	财政部　税务总局公告2023年第5号	2023/03/26

续表

序号	标题	文号	发文日期
3	财政部 税务总局关于延长部分税收优惠政策执行期限的公告	财政部 税务总局公告2022年第4号	2022/01/29
4	财政部 税务总局 关于继续实施物流企业大宗商品仓储设施用地城镇土地使用税优惠政策的公告	财政部 税务总局公告2020年第16号	2020/03/13
5	国家税务总局关于修订城镇土地使用税和房产税申报表单的公告	国家税务总局公告2019年第32号	2019/09/23
6	财政部 税务总局 科技部 教育部关于科技企业孵化器 大学科技园和众创空间税收政策的通知	财税〔2018〕120号	2018/11/01
7	财政部 税务总局关于去产能和调结构房产税 城镇土地使用税政策的通知	财税〔2018〕107号	2018/09/30
8	财政部 税务总局关于物流企业承租用于大宗商品仓储设施的土地城镇土地使用税优惠政策的通知	财税〔2018〕62号	2018/06/01
房产税			
1	财政部 税务总局关于继续实施公共租赁住房税收优惠政策的公告	财政部 税务总局公告2023年第33号	2023/08/18
2	国家税务总局关于修订城镇土地使用税和房产税申报表单的公告	国家税务总局公告2019年第32号	2019/09/23
3	财政部 税务总局关于延续供热企业增值税 房产税 城镇土地使用税优惠政策的通知	财税〔2019〕38号	2019/04/03
4	财政部 税务总局关于高校学生公寓房产税 印花税政策的通知	财税〔2019〕14号	2019/01/31
5	财政部 税务总局 科技部 教育部关于科技企业孵化器 大学科技园和众创空间税收政策的通知	财税〔2018〕120号	2018/11/01
6	财政部 税务总局关于去产能和调结构房产税 城镇土地使用税政策的通知	财税〔2018〕107号	2018/09/30
个税			
1	国家税务总局关于贯彻执行提高个人所得税有关专项附加扣除标准政策的公告	国家税务总局公告2023年第14号	2023/08/30
2	财政部 税务总局 中国证监会关于延续实施支持原油等货物期货市场对外开放个人所得税政策的公告	财政部 税务总局 中国证监会公告2023年第26号	2023/08/21
3	财政部 税务总局 中国证监会关于延续实施沪港、深港股票市场交易互联互通机制和内地与香港基金互认有关个人所得税政策的公告	财政部 税务总局 中国证监会公告2023年第23号	2023/08/21
4	财政部 税务总局关于延续实施上市公司股权激励有关个人所得税政策的公告	财政部 税务总局公告2023年第25号	2023/08/18
5	财政部 税务总局关于延续实施粤港澳大湾区个人所得税优惠政策的通知	财税〔2023〕34号	2023/08/18
6	国家税务总局关于进一步落实支持个体工商户发展个人所得税优惠政策有关事项的公告	国家税务总局公告2023年第12号	2023/08/02
7	国家税务总局关于落实支持个体工商户发展个人所得税优惠政策有关事项的公告	国家税务总局公告2023年第5号	2023/03/26

续表

序号	标题	文号	发文日期
8	国家税务总局关于办理 2022 年度个人所得税综合所得汇算清缴事项的公告	国家税务总局公告 2023 年第 3 号	2023/02/02
9	财政部 税务总局关于延续实施有关个人所得税优惠政策的公告	财政部 税务总局公告 2023 年第 2 号	2023/01/16
10	财政部 税务总局关于个人养老金有关个人所得税政策的公告	财政部 税务总局公告 2022 年第 34 号	2022/11/03
11	财政部 税务总局关于支持居民换购住房有关个人所得税政策的公告	财政部 税务总局公告 2022 年第 30 号	2022/09/30
12	国家税务总局关于支持居民换购住房个人所得税政策有关征管事项的公告	国家税务总局公告 2022 年第 21 号	2022/09/30
13	财政部 税务总局 银保监会关于进一步明确商业健康保险个人所得税优惠政策适用保险产品范围的通知	财税〔2022〕21 号	2022/05/31
14	国家税务总局关于修订发布《个人所得税专项附加扣除操作办法（试行）》的公告	国家税务总局公告 2022 年第 7 号	2022/03/25
15	国家税务总局关于办理 2021 年度个人所得税综合所得汇算清缴事项的公告	国家税务总局公告 2022 年第 1 号	2022/02/08
16	财政部 税务总局关于延续实施全年一次性奖金等个人所得税优惠政策的公告	财政部 税务总局公告 2021 年第 42 号	2021/12/31
17	财政部 税务总局关于延续实施外籍个人津补贴等有关个人所得税优惠政策的公告	财政部 税务总局公告 2021 年第 43 号	2021/12/31
18	财政部 税务总局关于权益性投资经营所得个人所得税征收管理的公告	财政部 税务总局公告 2021 年第 41 号	2021/12/30
19	国家税务总局关于办理 2020 年度个人所得税综合所得汇算清缴事项的公告	国家税务总局公告 2021 年第 2 号	2021/02/08
20	国家税务总局关于进一步简便优化部分纳税人个人所得税预扣预缴方法的公告	国家税务总局公告 2020 年第 19 号	2020/12/04
21	国家税务总局关于完善调整部分纳税人个人所得税预扣预缴方法的公告	国家税务总局公告 2020 年第 13 号	2020/07/28
22	财政部 税务总局 关于海南自由贸易港高端紧缺人才个人所得税政策的通知	财税〔2020〕32 号	2020/06/23
23	财政部 税务总局关于境外所得有关个人所得税政策的公告	财政部 税务总局公告 2020 年第 3 号	2020/01/17
24	国家税务总局关于办理 2019 年度个人所得税综合所得汇算清缴事项的公告	国家税务总局公告 2019 年第 44 号	2019/12/31
25	财政部 税务总局关于公益慈善事业捐赠个人所得税政策的公告	财政部 税务总局公告 2019 年第 99 号	2019/12/30
26	财政部 税务总局关于远洋船员个人所得税政策的公告	财政部 税务总局公告 2019 年第 97 号	2019/12/29
27	财政部 税务总局关于个人所得税综合所得汇算清缴涉及有关政策问题的公告	财政部 税务总局公告 2019 年第 94 号	2019/12/07
28	中华人民共和国个人所得税法		2018/08/31

续表

序号	标题	文号	发文日期
耕地占用税			
1	国家税务总局关于耕地占用税征收管理有关事项的公告	国家税务总局公告2019年第30号	2019/08/30
2	财政部 税务总局 自然资源部 农业农村部 生态环境部关于发布《中华人民共和国耕地占用税法实施办法》的公告	财政部公告2019年第81号	2019/08/29
环境保护税			
1	生态环境部 财政部 税务总局关于发布计算环境保护税应税污染物排放量的排污系数和物料衡算方法的公告	生态环境部 财政部 税务总局公告2021年第16号	2021/04/28
2	财政部 税务总局 生态环境部关于明确环境保护税应税污染物适用等有关问题的通知	财税〔2018〕117号	2018/10/25
3	财政部 税务总局 生态环境部关于环境保护税有关问题的通知	财税〔2018〕23号	2018/03/30
4	中华人民共和国环境保护税法实施条例	国务院令第693号	2017/12/25
5	中华人民共和国环境保护税法		2016/12/25
进出口税收			
1	财政部 海关总署 税务总局关于延续实施跨境电子商务出口退运商品税收政策的公告	财政部 海关总署 税务总局2023年第34号	2023/08/22
2	财政部 海关总署 税务总局关于调整海南自由贸易港交通工具及游艇"零关税"政策的通知	财关税〔2023〕14号	2023/08/15
3	财政部 海关总署 税务总局关于2023年中国进出口商品交易会展期内销售的进口展品税收优惠政策的通知	财关税〔2023〕5号	2023/04/15
4	海关总署 财政部 税务总局关于增加海南离岛免税购物"担保即提"和"即购即提"提货方式的公告	海关总署 财政部 税务总局公告2023年第25号	2023/03/18
5	国家税务总局关于发布出口退税率文库2023A版的通知	税总货劳函〔2023〕12号	2023/02/13
6	财政部 海关总署 税务总局关于跨境电子商务出口退运商品税收政策的公告	财政部 海关总署 税务总局公告2023年第4号	2023/01/30
7	国家税务总局关于阶段性加快出口退税办理进度有关工作的通知	税总货劳函〔2022〕83号	2022/06/14
8	国家税务总局关于进一步便利出口退税办理 促进外贸平稳发展有关事项的公告	国家税务总局公告2022年第9号	2022/04/29
9	税务总局等十部门关于进一步加大出口退税支持力度 促进外贸平稳发展的通知	税总货劳发〔2022〕36号	2022/04/20
10	科技部等五部门关于发布"十四五"期间免税进口科普用品清单(第一批)的通知	国科发才〔2022〕26号	2022/03/04
11	财政部 海关总署 税务总局关于陆路启运港退税试点政策的通知	财税〔2022〕9号	2022/02/28

续表

序号	标题	文号	发文日期
12	国家税务总局关于发布出口退税率文库2022A版的通知	税总货劳函〔2022〕20号	2022/02/21
13	财政部 海关总署 税务总局关于调整海南自由贸易港自用生产设备"零关税"政策的通知	财关税〔2022〕4号	2022/02/11
14	财政部 海关总署 税务总局关于调整海南自由贸易港原辅料"零关税"政策的通知	财关税〔2021〕49号	2021/12/21
15	工业和信息化部等五部门关于调整重大技术装备进口税收政策有关目录的通知	工信部联重装〔2021〕198号	2021/12/10
16	财政部 海关总署 税务总局关于"十四五"期间进口科学研究、科技开发和教学用品免税清单（第一批）的通知	财关税〔2021〕44号	2021/10/29
17	科技部 财政部 海关总署 税务总局关于印发《科研院所等科研机构免税进口科学研究、科技开发和教学用品管理细则》的通知	国科发政〔2021〕270号	2021/09/30
18	海关总署等十部门关于进一步深化跨境贸易便利化改革优化口岸营商环境的通知	署岸发〔2021〕85号	2021/08/20
19	国家税务总局关于发布出口退税率文库2021C版的通知	税总货劳函〔2021〕217号	2021/07/29
20	财政部 税务总局关于取消钢铁产品出口退税的公告	财政部 税务总局公告2021年第25号	2021/07/28
21	国家税务总局关于优化整合出口退税信息系统 更好服务纳税人有关事项的公告	国家税务总局公告2021年第15号	2021/06/03
22	国家税务总局关于发布出口退税率文库2021B版的通知	税总函〔2021〕77号	2021/04/27
23	财政部 税务总局关于取消部分钢铁产品出口退税的公告	财政部 税务总局公告2021年第16号	2021/04/26
24	财政部 海关总署 税务总局关于中国国际消费品博览会展期内销售的进口展品税收优惠政策的通知	财关税〔2021〕32号	2021/04/26
25	财政部 海关总署 税务总局关于"十四五"期间种子种源进口税收政策的通知	财关税〔2021〕29号	2021/04/21
26	财政部等六部门关于"十四五"期间能源资源勘探开发利用进口税收政策管理办法的通知	财关税〔2021〕18号	2021/04/16
27	财政部等十一部门关于"十四五"期间支持科技创新进口税收政策管理办法的通知	财关税〔2021〕24号	2021/04/16
28	财政部 海关总署 税务总局关于"十四五"期间支持科技创新进口税收政策的通知	财关税〔2021〕23号	2021/04/15
29	财政部 海关总署 税务总局关于"十四五"期间能源资源勘探开发利用进口税收政策的通知	财关税〔2021〕17号	2021/04/12
30	财政部 海关总署 税务总局关于"十四五"期间中西部地区国际性展会展期内销售的进口展品税收优惠政策的通知	财关税〔2021〕21号	2021/03/31
31	财政部 国家发展改革委 工业和信息化部 海关总署 税务总局关于2021—2030年支持新型显示产业发展进口税收政策管理办法的通知	财关税〔2021〕20号	2021/03/31

续表

序号	标题	文号	发文日期
32	财政部 海关总署 税务总局关于2021—2030年支持新型显示产业发展进口税收政策的通知	财关税〔2021〕19号	2021/03/31
33	财政部 海关总署 税务总局关于2021—2030年抗艾滋病病毒药物进口税收政策的通知	财关税〔2021〕13号	2021/03/29
34	财政部 国家发展改革委 工业和信息化部 海关总署 税务总局关于支持集成电路产业和软件产业发展进口税收政策管理办法的通知	财关税〔2021〕5号	2021/03/22
35	商务部 发展改革委 财政部 海关总署 税务总局 市场监管总局关于扩大跨境电商零售进口试点、严格落实监管要求的通知	商财发〔2021〕39号	2021/03/18
36	财政部 海关总署 税务总局关于支持集成电路产业和软件产业发展进口税收政策的通知	财关税〔2021〕4号	2021/03/16
37	国家税务总局关于发布出口退税率文库2021A版的通知	税总函〔2021〕39号	2021/03/11
38	财政部 海关总署 税务总局关于增加海南离岛旅客免税购物提货方式的公告	财政部 海关总署 税务总局公告2021年第2号	2021/02/02
39	财政部办公厅 海关总署办公厅 税务总局办公厅关于有关出版物进口单位更名后继续享受"十三五"期间支持科技创新进口税收政策的通知	财办关税〔2020〕95号	2020/11/20
40	工业和信息化部等部门关于印发《重大技术装备进口税收政策管理办法实施细则》的通知	工信部联财〔2020〕118号	2020/07/24
41	财政部等部门关于适当延长《进口不予免税的重大技术装备和产品目录（2018年修订）》适用时间的通知	财关税〔2020〕28号	2020/06/24
42	财政部 海关总署 税务总局关于取消陆上特定地区石油（天然气）开采项目免税进口额度管理的通知	财关税〔2020〕6号	2020/03/20
43	财政部 税务总局关于提高部分产品出口退税率的公告	财政部 税务总局公告2020年第15号	2020/03/17
44	国家税务总局关于做好新型冠状病毒感染的肺炎疫情防控期间出口退（免）税有关工作的通知	税总函〔2020〕28号	2020/02/20
45	财政部 海关总署 税务总局关于取消"十三五"进口种子种源税收政策免税额度管理的通知	财关税〔2020〕4号	2020/02/18
46	财政部 工业和信息化部 海关总署 税务总局 能源局关于印发《重大技术装备进口税收政策管理办法》的通知	财关税〔2020〕2号	2020/01/08
47	财政部 海关总署 税务总局关于取消新型显示器件进口税收政策免税额度管理的通知	财关税〔2019〕50号	2019/12/17
48	财政部 科技部 发展改革委 海关总署 税务总局关于取消科技重大专项进口税收政策免税额度管理的通知	财关税〔2019〕52号	2019/12/17
49	财政部 海关总署 税务总局关于有源矩阵有机发光二极管显示器件项目进口设备增值税分期纳税政策的通知	财关税〔2019〕47号	2019/12/16

续表

序号	标题	文号	发文日期
50	财政部 工业和信息化部 海关总署 税务总局 能源局关于调整重大技术装备进口税收政策有关目录的通知	财关税〔2019〕38号	2019/11/26
51	工业和信息化部办公厅 财政部办公厅 海关总署办公厅 税务总局办公厅关于公布享受支持科技创新进口税收政策的国家中小企业公共服务示范平台（技术类）（2019年批次及2017年批次复审合格）名单的通知	工信厅联企业〔2019〕77号	2019/11/11
企税			
1	财政部 税务总局 国家发展改革委 生态环境部关于从事污染防治的第三方企业所得税政策问题的公告	财政部 税务总局 国家发展改革委 生态环境部公告2023年第38号	2023/08/24
2	财政部 税务总局 国家发展改革委 中国证监会关于延续实施创业投资企业个人合伙人所得税政策的公告	财政部 税务总局 国家发展改革委 中国证监会公告2023年第24号	2023/08/21
3	财政部 税务总局 中国证监会关于继续实施创新企业境内发行存托凭证试点阶段有关税收政策的公告	财政部 税务总局 中国证监会公告2023年第22号	2023/08/21
4	财政部 税务总局关于进一步支持小微企业和个体工商户发展有关税费政策的公告	财政部税务总局公告2023年第12号	2023/08/02
5	国家税务总局关于落实小型微利企业所得税优惠政策征管问题的公告	国家税务总局公告2023年第6号	2023/03/27
6	财政部 税务总局关于小微企业和个体工商户所得税优惠政策的公告	财政部税务总局公告2023年第6号	2023/03/26
7	国家发展改革委等部门关于做好2023年享受税收优惠政策的集成电路企业或项目、软件企业清单制定工作有关要求的通知	发改高技〔2023〕287号	2023/03/17
8	国家税务总局 关于企业所得税年度纳税申报有关事项的公告	国家税务总局公告2022年第27号	2022/12/30
9	财政部 税务总局关于企业投入基础研究税收优惠政策的公告	财政部 税务总局公告2022年第32号	2022/09/30
10	国家税务总局关于企业预缴申报享受研发费用加计扣除优惠政策有关事项的公告	国家税务总局公告2022年第10号	2022/05/20
11	国家税务总局关于小型微利企业所得税优惠政策征管问题的公告	国家税务总局公告2022年第5号	2022/03/22
12	财政部 税务总局关于进一步实施小微企业所得税优惠政策的公告	财政部 税务总局公告2022年第13号	2022/03/14
13	财政部 税务总局关于中小微企业设备器具所得税税前扣除有关政策的公告	财政部 税务总局公告2022年第12号	2022/03/02
14	国家税务总局关于企业所得税年度汇算清缴有关事项的公告	国家税务总局公告2021年第34号	2021/12/31
15	市场监管总局等五部门关于发布《企业注销指引（2021年修订）》的公告	市场监管总局 人力资源社会保障部 商务部 海关总署 税务总局公告2021年第48号	2021/12/28

续表

序号	标题	文号	发文日期
16	财政部等四部门关于公布《环境保护、节能节水项目企业所得税优惠目录（2021年版）》以及《资源综合利用企业所得税优惠目录（2021年版）》的公告	财政部 税务总局 发展改革委 生态环境部公告2021年第36号	2021/12/16
17	财政部 税务总局关于延续境外机构投资境内债券市场企业所得税、增值税政策的公告	财政部 税务总局公告2021年34号	2021/11/22
18	国家税务总局 财政部关于制造业中小微企业延缓缴纳2021年第四季度部分税费有关事项的公告	国家税务总局公告2021年第30号	2021/10/29
19	国家税务总局关于企业所得税若干政策征管口径问题的公告	国家税务总局公告2021年第17号	2021/06/22
20	国家税务总局关于落实支持小型微利企业和个体工商户发展所得税优惠政策有关事项的公告	国家税务总局公告2021年第8号	2021/04/07
21	财政部 税务总局关于实施小微企业和个体工商户所得税优惠政策的公告	财政部 税务总局公告2021年第12号	2021/04/02
22	财政部 税务总局 民政部关于生产和装配伤残人员专门用品企业免征企业所得税的公告	财政部 税务总局 民政部公告2021年第14号	2021/04/02
23	财政部 税务总局关于进一步完善研发费用税前加计扣除政策的公告	财政部 税务总局公告2021年第13号	2021/03/31
24	国家税务总局关于发布《中华人民共和国企业所得税月（季）度预缴纳税申报表（A类）》的公告	国家税务总局公告2021年第3号	2021/03/15
25	国家税务总局关于修订企业所得税年度纳税申报表的公告	国家税务总局公告2020年第24号	2020/12/30
26	财政部 税务总局 发展改革委 工业和信息化部关于促进集成电路产业和软件产业高质量发展企业所得税政策的公告	财政部 税务总局 发展改革委 工业和信息化部公告2020年第45号	2020/12/11
27	财政部 税务总局关于广告费和业务宣传费支出税前扣除有关事项的公告	财政部 税务总局公告2020年第43号	2020/11/27
28	财政部 税务总局关于中国（上海）自贸试验区临港新片区重点产业企业所得税政策的通知	财税〔2020〕38号	2020/07/13
29	财政部 税务总局关于海南自由贸易港企业所得税优惠政策的通知	财税〔2020〕31号	2020/06/23
30	财政部 税务总局 国家发展改革委关于延续西部大开发企业所得税政策的公告	财政部公告2020年第23号	2020/04/23
31	国家税务总局关于修订企业所得税年度纳税申报表有关问题的公告	国家税务总局公告2019年第41号	2019/12/09
32	国家税务总局关于跨境电子商务综合试验区零售出口企业所得税核定征收有关问题的公告	国家税务总局公告2019年第36号	2019/10/26
33	财政部 税务总局关于确认中国红十字会总会等群众团体2019年度公益性捐赠税前扣除资格的公告	财政部 税务总局公告2019年第89号	2019/10/18
34	财政部 税务总局关于金融企业贷款损失准备金企业所得税税前扣除有关政策的公告	财政部 税务总局公告2019年第86号	2019/08/23
35	财政部 税务总局关于金融企业涉农贷款和中小企业贷款损失准备金税前扣除有关政策的公告	财政部 税务总局公告2019年第85号	2019/08/23
36	财政部 税务总局关于集成电路设计和软件产业企业所得税政策的公告	财政部 税务总局公告2019年第68号	2019/05/17

续表

序号	标题	文号	发文日期
契税			
1	财政部 税务总局关于契税法实施后有关优惠政策衔接问题的公告	财政部 税务总局公告2021年第29号	2021/08/27
2	国家税务总局关于契税纳税服务与征收管理若干事项的公告	国家税务总局公告2021年第25号	2021/08/26
3	财政部 税务总局关于贯彻实施契税法若干事项执行口径的公告	财政部 税务总局公告2021年第23号	2021/06/30
4	财政部 税务总局关于继续执行企业 事业单位改制重组有关契税政策的公告	财政部 税务总局公告2021年第17号	2021/04/26
5	中华人民共和国契税法		2020/08/11
6	财政部 税务总局关于继续支持企业 事业单位改制重组有关契税政策的通知	财税〔2018〕17号	2018/03/02
土地增值税			
1	财政部 税务总局关于继续实施企业改制重组有关土地增值税政策的公告	财政部 税务总局公告2021年第21号	2021/05/31
2	财政部 税务总局关于继续实施企业改制重组有关土地增值税政策的通知	财税〔2018〕57号	2018/05/16
3	财政部 国家税务总局关于供热企业增值税 房产税 城镇土地使用税优惠政策的通知	财税〔2016〕94号	2016/08/24
4	财政部 国家税务总局关于营改增后契税 房产税 土地增值税 个人所得税计税依据问题的通知	财税〔2016〕43号	2016/04/25
消费税			
1	国家发展改革委等部门印发《关于促进汽车消费的若干措施》的通知	发改就业〔2023〕1017号	2023/07/20
2	财政部 税务总局关于部分成品油消费税政策执行口径的公告	财政部 税务总局公告2023年第11号	2023/06/30
3	国家税务总局关于电子烟消费税征收管理有关事项的公告	国家税务总局公告2022年第22号	2022/10/25
4	国家税务总局关于增值税 消费税与附加税费申报表整合有关事项的公告	国家税务总局公告2021年第20号	2021/07/09
5	财政部 海关总署 税务总局关于对部分成品油征收进口环节消费税的公告	财政部 海关总署 税务总局公告2021年第19号	2021/05/12
6	国家税务总局关于发布《海南离岛免税店销售离岛免税商品免征增值税和消费税管理办法》的公告	国家税务总局公告2020年第16号	2020/09/29
烟叶税			
1	国家税务总局关于发布《烟叶税纳税申报表》的公告	国家税务总局公告2018年第39号	2018/07/11
2	财政部 税务总局关于明确烟叶税计税依据的通知	财税〔2018〕75号	2018/06/29
3	中华人民共和国烟叶税法		2017/12/27

续表

序号	标题	文号	发文日期
印花税			
1	财政部　税务总局关于减半征收证券交易印花税的公告	财政部　税务总局公告2023年第39号	2023/08/27
2	中华人民共和国印花税法		2021/06/10
3	国家税务总局关于实施《中华人民共和国印花税法》等有关事项的公告	国家税务总局公告2022年第14号	2022/06/28
4	财政部　税务总局关于印花税法实施后有关优惠政策衔接问题的公告	财政部　税务总局公告2022年第23号	2022/06/27
5	财政部　税务总局关于印花税若干事项政策执行口径的公告	财政部　税务总局公告2022年第22号	2022/06/12
6	国家税务总局关于发行2021年印花税票的通告	国家税务总局通告2021年第3号	2021/06/28
7	国家税务总局关于发行2020年印花税票的通告	国家税务总局通告2020年第1号	2020/12/30
8	国家税务总局关于发行2019年印花税票的公告	国家税务总局公告2019年第42号	2019/12/25
9	财政部　税务总局关于全国社会保障基金有关投资业务税收政策的通知	财税〔2018〕94号	2018/09/10
10	财政部　税务总局关于对营业账簿减免印花税的通知	财税〔2018〕50号	2018/05/03
增值税			
1	财政部　税务总局关于先进制造业企业增值税加计抵减政策的公告	财政部　税务总局公告2023年第43号	2023/09/03
2	财政部　税务总局关于支持货物期货市场对外开放有关增值税政策的公告	财政部　税务总局公告2023年第21号	2023/08/17
3	财政部　海关总署　税务总局关于调整海南自由贸易港交通工具及游艇"零关税"政策的通知	财关税〔2023〕14号	2023/08/15
4	财政部　税务总局　人力资源社会保障部　农业农村部关于进一步支持重点群体创业就业有关税收政策的公告	财政部　税务总局　人力资源社会保障部　农业农村部公告2023年第15号	2023/08/02
5	财政部　税务总局关于延续执行农户、小微企业和个体工商户融资担保增值税政策的公告	财政部　税务总局公告2023年第18号	2023/08/01
6	财政部　税务总局关于金融机构小微企业贷款利息收入免征增值税政策的公告	财政部　税务总局公告2023年第16号	2023/08/01
7	关于增值税小规模纳税人减免增值税政策的公告	财政部　税务总局公告2023年第19号	2023/08/01
8	关于发布第二批适用杭州2022年亚运会和亚残运会赞助服务免征增值税政策企业名单的公告	财政部　税务总局公告2023年第20号	2023/07/30
9	关于调整铁路和航空运输企业汇总缴纳增值税分支机构名单的通知	财税〔2023〕15号	2023/04/07
10	国家税务总局关于增值税小规模纳税人减免增值税等政策有关征管事项的公告	国家税务总局公告2023年第1号	2023/01/09

续表

序号	标题	文号	发文日期
11	国家税务总局关于优化若干税收征管服务事项的通知	税总征科发〔2022〕87号	2022/12/29
12	关于民用飞机增值税适用政策的公告	财政部 税务总局公告2022年第38号	2022/12/20
13	国家税务总局关于调整增值税纸质专用发票防伪措施有关事项的公告	国家税务总局公告2022年第25号	2022/12/15
14	关于发布第三批适用增值税政策的抗癌药品和罕见病药品清单的公告	财政部 海关总署 税务总局 药监局公告2022年第35号	2022/11/14
15	关于发布第三批适用增值税政策的抗癌药品和罕见病药品清单的公告	财政部 海关总署 税务总局 药监局公告2022年第35号	2022/11/14
16	关于新增下达增值税留抵退税转移支付预算的通知	财预〔2022〕110号	2022/08/08
17	财政部 税务总局关于法律援助补贴有关税收政策的公告	财政部 税务总局公告2022年第25号	2022/08/05
18	家税务总局关于延长2022年7月份增值税留抵退税申请时间的公告	国家税务总局公告2022年第15号	2022/07/08
19	关于切实落实燃煤发电企业增值税留抵退税政策做好电力保供工作的通知	财税〔2022〕25号	2022/06/24
20	关于扩大全额退还增值税留抵税额政策行业范围的公告	财政部 税务总局公告2022年第21号	2022/06/07
21	关于进一步持续加快增值税期末留抵退税政策实施进度的公告	财政部 税务总局公告2022年第19号	2022/05/17
22	关于快递收派服务免征增值税政策的公告	财政部 税务总局公告2022年第18号	2022/04/29
23	关于进一步加快增值税期末留抵退税政策实施进度的公告	财政部 税务总局公告2022年第17号	2022/04/17
24	关于对增值税小规模纳税人免征增值税的公告	财政部 税务总局公告2022年第15号	2022/03/24
25	财政部 税务总局关于进一步加大增值税期末留抵退税政策实施力度的公告	财政部 税务总局公告2022年第14号	2022/03/21
26	关于进一步加大增值税期末留抵退税政策实施力度的公告	财政部 税务总局公告2022年第14号	2022/03/21
27	关于出口货物保险增值税政策的公告	财政部 税务总局公告2021年第37号	2021/12/22
28	关于调整铁路和航空运输企业汇总缴纳增值税分支机构名单的通知	财税〔2021〕51号	2021/09/05
29	关于继续实施企业改制重组有关土地增值税政策的公告	财政部 税务总局公告2021年第21号	2021/05/31
30	关于明确先进制造业增值税期末留抵退税政策的公告	财政部 税务总局公告2021年第15号	2021/04/23
31	关于明确增值税小规模纳税人免征增值税政策的公告	财政部 税务总局公告2021年第11号	2021/03/31

续表

序号	标题	文号	发文日期
32	关于进一步扩大增值税电子发票电子化报销、入账、归档试点工作的通知	档办发〔2021〕1号	2021/02/22
33	关于继续执行边销茶增值税政策的公告	财政部 税务总局公告2021年第4号	2021/02/19
34	关于发布第二批适用北京2022年冬奥会、冬残奥会和测试赛企业赞助增值税政策的企业名单的公告	财政部 税务总局公告2020年第42号	2020/11/14
35	关于航空运输企业汇总缴纳增值税总分机构名单的通知	财税〔2020〕30号	2020/06/04
36	关于延长小规模纳税人减免增值税政策执行期限的公告	财政部 税务总局公告2020年第24号	2020/04/30
37	关于二手车经销有关增值税政策的公告	财政部 税务总局公告2020年第17号	2020/04/08
38	关于支持个体工商户复工复业增值税政策的公告	财政部 税务总局公告2020年第13号	2020/02/28
39	关于支持货物期货市场对外开放增值税政策的公告	财政部 税务总局公告2020年第12号	2020/02/18
40	关于明确国有农用地出租等增值税政策的公告	财政部 税务总局公告2020年第2号	2020/01/20
41	关于调整完善增值税留抵退税地方分担机制及预算管理有关事项的通知	财预〔2019〕205号	2019/12/04
42	关于继续执行研发机构采购设备增值税政策的公告	财政部 商务部 税务总局公告2019年第91号	2019/11/11
43	关于资源综合利用增值税政策的公告	财政部 税务总局公告2019年第90号	2019/10/24
44	关于明确生活性服务业增值税加计抵减政策的公告	财政部 税务总局公告2019年第87号	2019/09/30
45	关于明确部分先进制造业增值税期末留抵退税政策的公告	财政部 税务总局公告2019年第84号	2019/08/31
46	关于继续执行边销茶增值税政策的公告	财政部 税务总局公告2019年第83号	2019/08/28
47	国家税务总局关于大连商品交易所铁矿石期货保税交割业务增值税管理问题的公告	国家税务总局公告2018年第19号	2018/04/20
48	国家税务总局关于统一小规模纳税人标准等若干增值税问题的公告	国家税务总局公告2018年第18号	2018/04/20
49	国家税务总局关于调整增值税纳税申报有关事项的公告	国家税务总局公告2018年第17号	2018/04/19
50	财政部 税务总局关于延续动漫产业增值税政策的通知	财税〔2018〕38号	2018/04/19
51	财政部 税务总局关于调整增值税税率的通知	财税〔2018〕32号	2018/04/04
52	财政部 税务总局关于统一增值税小规模纳税人标准的通知	财税〔2018〕33号	2018/04/04
53	国家税务总局关于《增值税纳税申报比对管理操作规程（试行）》执行有关事项的通知	税总函〔2018〕94号	2018/02/27

续表

序号	标题	文号	发文日期
资源税			
1	国家税务总局关于资源税征收管理若干问题的公告	国家税务总局公告 2020 年第 14 号	2020/08/28
2	财政部 税务总局关于资源税有关问题执行口径的公告	财政部 税务总局公告 2020 年第 34 号	2020/06/28
3	财政部 税务总局关于继续执行的资源税优惠政策的公告	财政部 税务总局公告 2020 年第 32 号	2020/06/24
4	国家税务总局关于发布《资源税征收管理规程》的公告	国家税务总局公告 2018 年第 13 号	2018/03/30
5	财政部 税务总局关于对页岩气减征资源税的通知	财税〔2018〕26 号	2018/03/29
6	财政部 税务总局关于调整湖南省砂石资源税适用税率的批复	财税〔2018〕9 号	2018/01/25
增补内容			
1	关于保障性住房有关税费政策的公告	财政部 税务总局 住房城乡建设部公告 2023 年第 70 号	2023/09/28
2	关于继续对废矿物油再生油品免征消费税的公告	财政部 税务总局公告 2023 年第 69 号	2023/09/28
3	关于铁路债券利息收入所得税政策的公告	财政部 税务总局公告 2023 年第 64 号	2023/09/28
4	关于继续实施企业、事业单位改制重组有关契税政策的公告	财政部 税务总局公告 2023 年第 49 号	2023/09/28
5	关于继续实施高校学生公寓房产税、印花税政策的公告	财政部 税务总局公告 2023 年第 53 号	2023/09/28
6	关于继续实施对城市公交站场、道路客运站场、城市轨道交通系统减免城镇土地使用税优惠政策的公告	财政部 税务总局公告 2023 年第 52 号	2023/09/28
7	关于延续实施医疗服务免征增值税等政策的公告	财政部 税务总局公告 2023 年第 68 号	2023/09/28
8	关于继续实施部分国家商品储备税收优惠政策的公告	财政部 税务总局公告 2023 年第 48 号	2023/09/28
9	关于保险保障基金有关税收政策的通知	财政部 税务总局公告 2023 年第 44 号	2023/09/28
10	关于继续实施农村饮水安全工程税收优惠政策的公告	财政部 税务总局公告 2023 年第 58 号	2023/09/28
11	关于延续实施中国邮政储蓄银行三农金融事业部涉农贷款增值税政策的公告	财政部 税务总局公告 2023 年第 66 号	2023/09/28
12	关于延续实施金融机构农户贷款利息收入免征增值税政策的公告	财政部 税务总局公告 2023 年第 67 号	2023/09/28
13	关于继续实施企业改制重组有关土地增值税政策的公告	财政部 税务总局公告 2023 年第 51 号	2023/09/28
14	关于延续实施小额贷款公司有关税收优惠政策的公告	财政部 税务总局公告 2023 年第 54 号	2023/09/28

续表

序号	标题	文号	发文日期
15	关于延续实施供热企业有关税收政策的公告	财政部 税务总局公告2023年第56号	2023/09/27
16	关于继续实施农产品批发市场和农贸市场房产税、城镇土地使用税优惠政策的公告	财政部 税务总局公告2023年第50号	2023/09/27
17	关于生产和装配伤残人员专门用品企业免征企业所得税的公告	财政部 税务总局 民政部公告2023年第57号	2023/09/27
18	关于继续执行部分行政事业性收费、政府性基金优惠政策的公告	财政部 国家发展改革委公告2023年第45号	2023/09/27
19	关于继续实施页岩气减征资源税优惠政策的公告	财政部 税务总局公告2023年第46号	2023/09/27
20	关于延续实施宣传文化增值税优惠政策的公告	财政部 税务总局公告2023年第60号	2023/09/27
21	关于延续实施支持农村金融发展企业所得税政策的公告	财政部 税务总局公告2023年第55号	2023/09/27
22	关于继续对挂车减征车辆购置税的公告	财政部 税务总局 工业和信息化部公告2023年第47号	2023/09/27
23	关于延续实施二手车经销有关增值税政策的公告	财政部 税务总局公告2023年第63号	2023/09/27
24	关于延续实施边销茶增值税政策的公告	财政部 税务总局公告2023年第59号	2023/09/26
25	关于延续实施支持文化企业发展增值税政策的公告	财政部 税务总局公告2023年第61号	2023/09/26
26	关于延续免征国产抗艾滋病病毒药品增值税政策的公告	财政部 税务总局公告2023年第62号	2023/09/26
27	财政部 税务总局关于继续实施银行业金融机构、金融资产管理公司不良债权以物抵债有关税收政策的公告	财政部 税务总局公告2023年第35号	2023/08/21
28	关于《实施税收协定相关措施以防止税基侵蚀和利润转移的多边公约》适用中国与保加利亚等国双边税收协定的公告	国家税务总局公告2023年第9号	2023/05/31
29	关于落实小型微利企业所得税优惠政策征管问题的公告	国家税务总局公告2023年第6号	2023/03/27
30	关于进一步实施部分税务证明事项告知承诺制的公告	国家税务总局公告2023年第2号	2023/01/05
31	关于部分税务事项实行容缺办理和进一步精简涉税费资料报送的公告	国家税务总局公告2022年第26号	2022/12/20
32	关于公布全文和部分条款失效废止的税务规范性文件目录的公告	国家税务总局公告2022年第24号	2022/11/27
33	关于电子烟消费税征收管理有关事项的公告	国家税务总局公告2022年第22号	2022/10/25
34	关于优化纳税人延期缴纳税款等税务事项管理方式的公告	国家税务总局公告2022年第20号	2022/09/28

续表

序号	标题	文号	发文日期
35	关于实施《中华人民共和国印花税法》等有关事项的公告	国家税务总局公告2022年第14号	2022/06/28
36	关于简化办理市场主体歇业和注销环节涉税事项的公告	国家税务总局公告2022年第12号	2022/06/14
37	关于企业预缴申报享受研发费用加计扣除优惠政策有关事项的公告	国家税务总局公告2022年第10号	2022/05/20
38	关于进一步便利出口退税办理促进外贸平稳发展有关事项的公告	国家税务总局公告2022年第9号	2022/04/29
39	关于修订发布《个人所得税专项附加扣除操作办法（试行）》的公告	国家税务总局公告2022年第7号	2022/03/25
40	关于进一步实施小微企业"六税两费"减免政策有关征管问题的公告	国家税务总局公告2022年第3号	2022/03/04
41	关于纳税信用评价与修复有关事项的公告	国家税务总局公告2021年第31号	2021/11/15
42	关于进一步落实研发费用加计扣除政策有关问题的公告	国家税务总局公告2021年第28号	2021/09/13
43	关于修订部分税务执法文书的公告	国家税务总局公告2021年第23号	2021/07/16
44	国家税务总局关于公布全文和部分条款失效废止的税务规范性文件目录的公告	国家税务总局公告2021年第22号	2021/07/09
45	关于部分税务证明事项实行告知承诺制进一步优化纳税服务的公告	国家税务总局公告2021年第21号	2021/06/30
46	关于企业所得税若干政策征管口径问题的公告	国家税务总局公告2021年第17号	2021/06/22
47	关于修订发布《研发机构采购国产设备增值税退税管理办法》的公告	国家税务总局公告2021年第18号	2021/06/22
48	关于明确先进制造业增值税期末留抵退税征管问题的公告	国家税务总局公告2021年第10号	2021/04/28
49	关于简并税费申报有关事项的公告	国家税务总局公告2021年第9号	2021/04/12
50	关于发布《国际运输船舶增值税退税管理办法》的公告	国家税务总局公告2020年第18号	2020/12/02
51	关于修订《涉税专业服务机构信用积分指标体系及积分规则》的公告	国家税务总局公告2020年第17号	2020/10/30
52	关于纳税信用管理有关事项的公告	国家税务总局公告2020年第15号	2020/09/13
53	中华人民共和国契税法	第十三届全国人民代表大会常务委员会第二十一次会议通过	2020/08/11
54	关于《内地和澳门特别行政区关于对所得避免双重征税和防止偷漏税的安排》第四议定书生效执行的公告	国家税务总局公告2020年第11号	2020/05/25

续表

序号	标题	文号	发文日期
55	关于明确二手车经销等若干增值税征管问题的公告	国家税务总局公告2020年第9号	2020/04/23
56	关于公布一批全文失效废止的税务规范性文件目录的公告	国家税务总局公告2020年第8号	2020/04/15
57	关于支持新型冠状病毒感染的肺炎疫情防控有关税收征收管理事项的公告	国家税务总局公告2020年第4号	2020/02/10
58	关于水利建设基金等政府非税收入项目征管职责划转有关事项的公告	国家税务总局公告2020年第2号	2020/01/19
59	关于取消增值税扣税凭证认证确认期限等增值税征管问题的公告	国家税务总局公告2019年第45号	2019/12/31
60	关于进一步完善涉税专业服务监管制度有关事项的公告	国家税务总局公告2019年第43号	2019/12/27
61	关于开具《无欠税证明》有关事项的公告	国家税务总局公告2019年第47号	2019/12/06
62	关于异常增值税扣税凭证管理等有关事项的公告	国家税务总局公告2019年第38号	2019/11/22
63	关于跨境电子商务综合试验区零售出口企业所得税核定征收有关问题的公告	国家税务总局公告2019年第36号	2019/10/26
64	关于发布《非居民纳税人享受协定待遇管理办法》的公告	国家税务总局公告2019年第35号	2019/10/14
65	关于增值税发票管理等有关事项的公告	国家税务总局公告2019年第33号	2019/10/09
66	关于国内旅客运输服务进项税抵扣等增值税征管问题的公告	国家税务总局公告2019年第31号	2019/09/16
67	国家税务总局财政部海关总署关于在综合保税区推广增值税一般纳税人资格试点的公告	国家税务总局公告2019年第29号	2019/08/08
68	国家税务总局关于修订《中华人民共和国政府和印度共和国政府关于对所得避免双重征税和防止偷漏税的协定》的议定书生效执行的公告	国家税务总局公告2019年第28号	2019/07/09
69	国家税务总局关于修订《纳税服务投诉管理办法》的公告	国家税务总局公告2019年第27号	2019/06/26
70	关于调整部分政府性基金有关征管事项的公告	国家税务总局公告2019年第24号	2019/06/18
71	中华人民共和国个人所得税法实施条例	中华人民共和国国务院令第707号	2018/12/18
72	中华人民共和国车辆购置税法	第十三届全国人大会常委员会第七次会议通过	2018/12/29
73	中华人民共和国耕地占用税法	第十三届全国人大会常委员会第七次会议通过	2018/12/29
74	关于取消20项税务证明事项的公告	国家税务总税总公告2018年第65号	2018/12/28
75	关于个人所得税法修改后有关优惠政策衔接问题的通知	财政部税务总局财税〔2018〕164号	2018/12/27

续表

序号	标题	文号	发文日期
76	关于发行2018年印花税票的公告	国家税务总局税总公告2018年第64号	2018/12/27
77	关于自然人纳税人识别号有关事项的公告	国家税务总局税总公告2018年第59号	2018/12/17
78	关于印发个人所得税专项附加扣除暂行办法的通知	国务院国发〔2018〕41号	2018/12/13
79	关于发布《个人所得税专项附加扣除操作办法（试行）》的公告	国家税务总局税总公告2018年第60号	2018/12/21
80	关于个人所得税自行纳税申报有关问题的公告	国家税务总局税总公告2018年第62号	2018/12/21
81	中华人民共和国增值税暂行条例	中华人民共和国国务院令第691号	2017/11/19

3. 审计文件索引

序号	文件名	发文单位	文号	发文日期
1	中华人民共和国审计法（2021）	全国人大会常务委员会	根据2021年10月23日第十三届全国人民代表大会常务委员会第三十一次会议《关于修改〈中华人民共和国审计法〉的决定》第二次修正	2021/10/23
2	关于印发《中国注册会计师审计准则第1101号——注册会计师的总体目标和审计工作的基本要求》等18项审计准则的通知	财政部	财会〔2019〕5号	2019/02/20
3	关于印发《境外会计师事务所从事全国银行间债券市场境外机构债券发行相关财务报告审计业务报备暂行办法》的通知	财政部	财会〔2019〕4号	2019/03/26
4	2018年第四季度国家重大政策措施落实情况跟踪审计结果	审计署	2019年第1号公告	2019/04/02
5	关于印发2019年度内部审计工作指导意见的通知	审计署办公厅		2019/04/25
6	第2309号内部审计具体准则——内部审计业务外包管理	中国内部审计师协会		2019/05/06
7	民政部关于开展2019年社会组织抽查审计的通知	民政部办公厅	民办便函〔2019〕457号	2019/05/22
8	2019年第二季度国家重大政策措施落实情况跟踪审计结果	审计署	审计署2019年第8号公告	2019/08/23
9	关于打赢疫情防控阻击战强化疫情防控重点保障企业资金支持的紧急通知	财政部 发展改革委 工业和信息化部 人民银行 审计署	财金〔2020〕5号	2020/02/07
10	2020年第一季度国家重大政策措施落实情况跟踪审计结果	审计署	2020年第4号公告	2020/07/17
11	2020年第一季度国家重大政策措施落实情况跟踪审计结果公告解读	审计署		2020/07/18
12	审计署办公厅关于印发政府财务报告审计办法（试行）的通知	审计署	审办财发〔2020〕74号	2020/09/24
13	关于加强会计师事务所执业管理 切实提高审计质量的实施意见	财政部	财会〔2020〕14号	2020/09/25
14	关于印发《关于深化中央企业内部审计监督工作的实施意见》的通知	国资委	国资发监督规〔2020〕60号	2020/09/28
15	2020年第二季度国家重大政策措施落实情况跟踪审计结果公告解读	审计署		2020/10/22

续表

序号	文件名	发文单位	文号	发文日期
16	财政部、国务院国资委、银保监会有关负责人就印发《关于加强会计师事务所执业管理 切实提高审计质量的实施意见》答记者问	财政部		2020/10/26
17	人力资源社会保障部 审计署关于深化审计专业人员职称制度改革的指导意见	人力资源社会保障部 审计署	人社部发〔2020〕84号	2020/11/04
18	2020年第三季度国家重大政策措施落实情况跟踪审计结果	审计署	2021年第1号公告	2021/01/05
19	2020年第三季度国家重大政策措施落实情况跟踪审计结果公告解读	审计署		2021/01/05
20	第2205号内部审计具体准则——经济责任审计	中国内部审计师协会		2021/02/01
21	2020年第四季度国家重大政策措施落实情况跟踪审计结果	审计署	2021年第2号公告	2021/03/19
22	中央审计委员会办公室、审计署关于印发《"十四五"国家审计工作发展规划》的通知	中央审计委员会办公室 审计署		2021/06/22
23	关于进一步规范财务审计秩序促进注册会计师行业健康发展的意见	国务院办公厅	国办发〔2021〕30号	2021/07/30
24	国务院办公厅关于进一步规范财务审计秩序促进注册会计师行业健康发展的意见	财政部	国办发〔2021〕30号	2021/08/23
25	2021年第二季度国家重大政策措施落实情况跟踪审计结果	审计署	2021年第4号公告	2021/10/29
26	2021年第二季度国家重大政策措施落实情况跟踪审计结果公告解读	审计署		2021/10/30
27	审计机关审计听证规定	审计署	中华人民共和国审计署令（第14号）	2021/11/19
28	关于印发《中国注册会计师审计准则第1601号——审计特殊目的财务报表的特殊考虑》等三项准则的通知	财政部	财会〔2021〕31号	2021/12/09
29	社会组织评比达标表彰活动管理办法	中国内部审计师协会	国评组发〔2022〕3号	2022/04/16
30	审计署 人力资源社会保障部关于印发《审计专业技术资格规定》和《审计专业技术资格考试实施办法》的通知	审计署 人力资源社会保障部	审人发〔2022〕18号	2022/07/05
31	关于加大审计重点领域关注力度 控制审计风险进一步有效识别财务舞弊的通知	财政部	财会〔2022〕28号	2022/09/30
32	关于印发《中国注册会计师审计准则第1211号——重大错报风险的识别和评估》等准则的通知	财政部	财会〔2022〕36号	2022/12/22
33	关于印发培养审计业务骨干人才和审计专业领军人才实施意见的通知	审计署	审人发〔2015〕18号	2015/02/27
34	中央预算执行情况审计监督暂行办法	审计署	中华人民共和国国务院令（第181号）	1995/07/19

续表

序号	文件名	发文单位	文号	发文日期
35	《中华人民共和国审计法实施条例》（2010年修订）	国务院	中华人民共和国国务院令第571号	2010/02/11
36	关于加强审计监督进一步推动财政资金统筹使用的意见	审计署	审办财发〔2015〕122号	2015/09/09
37	关于印发进一步加大审计力度促进稳增长等政策措施落实意见的通知	审计署	审政研发〔2015〕58号	2015/12/23
38	中华人民共和国国家审计准则	国务院　审计署	中华人民共和国审计署令第8号	2018/04/03
39	关于印发《深入开展贯彻执行中央八项规定严肃财经纪律和"小金库"专项治理工作方案》的通知	财政部　审计署	财监〔2014〕19号	2014/07/28
40	关于审计工作更好地服务于创新型国家和世界科技强国建设的意见	审计署	审政研发〔2016〕61号	2016/06/03
41	《党政主要领导干部和国有企业领导人员经济责任审计规定实施细则》	审计署	审经责发〔2014〕102号	2014/07/27
42	关于适应新常态践行新理念更好地履行审计监督职责的意见	审计署	审政研发〔2016〕20号	2016/02/05
43	《审计署关于内部审计工作的规定》	审计署	审计署令第11号	2018/01/12
44	审计机关审计档案工作准则	审计署	中华人民共和国审计署令第3号	2001/08/01
45	《审计机关审计档案管理规定》	审计署	审计署　国家档案局令第10号	2013/03/01
46	《审计机关封存资料资产规定》	审计署	审计署令第9号	2010/12/30
47	中央企业内部审计管理暂行办法	国务院国有资产监督管理委员会	国务院国有资产监督管理委员会令第8号	2004/08/23
48	关于印发烟草行业内部审计工作暂行规定的通知	国家烟草专卖局 中国烟草总公司	国烟审〔2009〕401号	2009/10/15
49	关于印发商业银行内部审计指引的通知	中国银监会	银监发〔2016〕12号	2016/04/16
50	保险公司内部审计指引（试行）	保监会	保监发〔2007〕26号	2007/04/09
51	中国证监会、财政部规范上市公司内控信息披露行为	证监会	公告〔2014〕第1号	2014/01/03
52	关于印发《小企业内部控制规范（试行）》的通知	财政部	财会〔2017〕21号	2017/06/29
53	《审计署关于内部审计工作的规定》	审计署	审计署令第11号	2018/01/12
54	第2308号内部审计具体准则——审计档案工作	中国内部审计师协会	中国内容审计公告2013年第1号	2013/08/20
55	第2307号内部审计具体准则——评价外部审计工作质量	中国内部审计师协会	中国内容审计公告2013年第1号	2013/08/20
56	第2306号内部审计具体准则——内部审计质量控制	中国内部审计师协会	中国内容审计公告2013年第1号	2013/08/20

续表

序号	文件名	发文单位	文号	发文日期
57	第2305号内部审计具体准则——人际关系	中国内部审计师协会	中国内容审计公告2013年第1号	2013/08/20
58	第2304号内部审计具体准则——利用外部专家服务	中国内部审计师协会	中国内容审计公告2013年第1号	2013/08/20
59	第2303号内部审计具体准则——内部审计与外部审计的协调	中国内部审计师协会	中国内容审计公告2013年第1号	2013/08/20
60	第2302号内部审计具体准则——与董事会或者最高管理层的关系	中国内部审计师协会	中国内容审计公告2013年第1号	2013/08/20
61	第2301号内部审计具体准则——内部审计机构的管理	中国内部审计师协会	中国内容审计公告2013年第1号	2013/08/20
62	第2205号内部审计具体准则——经济责任审计	中国内部审计师协会	中国内容审计公告2013年第1号	2013/08/20
63	第2204号内部审计具体准则——对舞弊行为进行检查和报告	中国内部审计师协会	中国内容审计公告2013年第1号	2013/08/20
64	第2203号内部审计具体准则——信息系统审计	中国内部审计师协会	中国内容审计公告2013年第1号	2013/08/20
65	第2202号内部审计具体准则——绩效审计	中国内部审计师协会	中国内容审计公告2013年第1号	2013/08/20
66	第2201号内部审计具体准则——内部控制审计	中国内部审计师协会	中国内容审计公告2013年第1号	2013/08/20
67	第2109号内部审计具体准则——分析程序	中国内部审计师协会	中国内容审计公告2013年第1号	2013/08/20
68	第2108号内部审计具体准则——审计抽样	中国内部审计师协会	中国内容审计公告2013年第1号	2013/08/20
69	第2107号内部审计具体准则——后续审计	中国内部审计师协会	中国内容审计公告2013年第1号	2013/08/20
70	第2106号内部审计具体准则——审计报告	中国内部审计师协会	中国内容审计公告2013年第1号	2013/08/20
71	第2105号内部审计具体准则——结果沟通	中国内部审计师协会	中国内容审计公告2013年第1号	2013/08/20
72	第2104号内部审计具体准则——审计工作底稿	中国内部审计师协会	中国内容审计公告2013年第1号	2013/08/20
73	第2103号内部审计具体准则——审计证据	中国内部审计师协会	中国内容审计公告2013年第1号	2013/08/20
74	第2102号内部审计具体准则——审计通知书	中国内部审计师协会	中国内容审计公告2013年第1号	2013/08/20
75	第2101号内部审计具体准则——审计计划	中国内部审计师协会	中国内容审计公告2013年第1号	2013/08/20
76	第1201号——内部审计人员职业道德规范	中国内部审计师协会	中国内容审计公告2013年第1号	2013/08/20
77	第1101号——内部审计基本准则	中国内部审计师协会	中国内容审计公告2013年第1号	2013/08/20

续表

序号	文件名	发文单位	文号	发文日期
78	关于印发《中国注册会计师审计准则问题解答第7号——会计分录测试》等七项审计准则问题解答的通知	中国注册会计师协会	会协〔2014〕76号	2015/01/05
79	关于印发中国注册会计师执业准则的通知	财政部	财会〔2006〕4号	2006/02/15
80	中国注册会计师审计准则第1502号——在审计报告中发表非无保留意见（新颁布）	财政部	财会〔2006〕4号	2006/02/15
81	中国注册会计师审计准则第1501号——对财务报表形成审计意见和出具审计报告（新颁布）	财政部	财会〔2006〕4号	2006/02/15
82	中国注册会计师审计准则第1341号——书面声明（新颁布）	财政部	财会〔2006〕4号	2006/02/15
83	中国注册会计师审计准则第1332号——期后事项（新颁布）	财政部	财会〔2006〕4号	2006/02/15
84	中国注册会计师审计准则第1324号——持续经营（新颁布）	财政部	财会〔2006〕4号	2006/02/15
85	中国注册会计师审计准则第1301号——审计证据（新颁布）	财政部	财会〔2006〕4号	2006/02/15
86	中国注册会计师审计准则第1151号——与治理层的沟通（新颁布）	财政部	财会〔2006〕4号	2006/02/15
87	中国注册会计师审计准则第1131号——审计工作底稿（新颁布）	财政部	财会〔2006〕4号	2006/02/15
88	中国注册会计师相关服务准则第4111号——代编财务信息	财政部	财会〔2006〕4号	2006/02/15
89	中国注册会计师相关服务准则第4101号——对财务信息执行商定程序	财政部	财会〔2006〕4号	2006/02/15
90	中国注册会计师其他鉴证业务准则第3111号——预测性财务信息的审核	财政部	财会〔2006〕4号	2006/02/15
91	中国注册会计师其他鉴证业务准则第3101号——历史财务信息审计或审阅以外的鉴证业务	财政部	财会〔2006〕4号	2006/02/15
92	中国注册会计师审阅准则第2101号——财务报表审阅	财政部	财会〔2006〕4号	2006/02/15
93	会计师事务所质量控制准则第5101号——业务质量控制	财政部	财会〔2006〕4号	2006/02/15
94	中国注册会计师审计准则第1633号——电子商务对财务报表审计的影响	财政部	财会〔2006〕4号	2006/02/15
95	中国注册会计师审计准则第1632号——衍生金融工具的审计	财政部	财会〔2006〕4号	2006/02/15
96	中国注册会计师审计准则第1631号——财务报表审计中对环境事项的考虑	财政部	财会〔2006〕4号	2006/02/15
97	中国注册会计师审计准则第1621号——对小型被审计单位审计的特殊考虑	财政部	财会〔2006〕4号	2006/02/15

续表

序号	文件名	发文单位	文号	发文日期
98	中国注册会计师审计准则第1613号——与银行监管机构的关系	财政部	财会〔2006〕4号	2006/02/15
99	中国注册会计师审计准则第1612号——银行间函证程序	财政部	财会〔2006〕4号	2006/02/15
100	中国注册会计师审计准则第1611号——商业银行财务报表审计	财政部	财会〔2006〕4号	2006/02/15
101	中国注册会计师审计准则第1602号——验资	财政部	财会〔2006〕4号	2006/02/15
102	中国注册会计师审计准则第1601号——对特殊目的审计业务出具审计报告	财政部	财会〔2006〕4号	2006/02/15
103	中国注册会计师审计准则第1521号——含有已审计财务报表的文件中的其他信息（已废除）	财政部	财会〔2006〕4号	2006/02/15
104	中国注册会计师审计准则第1511号——比较数据	财政部	财会〔2006〕4号	2006/02/15
105	中国注册会计师审计准则第1421号——利用专家的工作	财政部	财会〔2006〕4号	2006/02/15
106	中国注册会计师审计准则第1411号——考虑内部审计工作	财政部	财会〔2006〕4号	2006/02/15
107	中国注册会计师审计准则第1401号——利用其他注册会计师的工作	财政部	财会〔2006〕4号	2006/02/15
108	中国注册会计师审计准则第1331号——首次接受委托时对期初余额的审计	财政部	财会〔2006〕4号	2006/02/15
109	中国注册会计师审计准则第1324号——持续经营（已废除）	财政部	财会〔2006〕4号	2006/02/15
110	中国注册会计师审计准则第1323号——关联方	财政部	财会〔2006〕4号	2006/02/15
111	中国注册会计师审计准则第1322号——公允价值计量和披露的审计	财政部	财会〔2006〕4号	2006/02/15
112	中国注册会计师审计准则第1321号——会计估计的审计	财政部	财会〔2006〕4号	2006/02/15
113	中国注册会计师审计准则第1314号——审计抽样和其他选取测试项目的方法	财政部	财会〔2006〕4号	2006/02/15
114	中国注册会计师审计准则第1313号——分析程序	财政部	财会〔2006〕4号	2006/02/15
115	中国注册会计师审计准则第1312号——函证	财政部	财会〔2006〕4号	2006/02/15
116	中国注册会计师审计准则第1311号——存货监盘	财政部	财会〔2006〕4号	2006/02/15
117	中国注册会计师审计准则第1301号——审计证据（已废除）	财政部	财会〔2006〕4号	2006/02/15
118	中国注册会计师审计准则第1231号——针对评估的重大错报风险实施的程序	财政部	财会〔2006〕4号	2006/02/15

续表

序号	文件名	发文单位	文号	发文日期
119	中国注册会计师审计准则第1221号——重要性	财政部	财会〔2006〕4号	2006/02/15
120	中国注册会计师审计准则第1212号——对被审计单位使用服务机构的考虑	财政部	财会〔2006〕4号	2006/02/15
121	中国注册会计师审计准则第1211号——了解被审计单位及其环境并评估重大错报风险	财政部	财会〔2006〕4号	2006/02/15
122	中国注册会计师审计准则第1201号——计划审计工作	财政部	财会〔2006〕4号	2006/02/15
123	中国注册会计师审计准则第1152号——前后任注册会计师的沟通	财政部	财会〔2006〕4号	2006/02/15
124	中国注册会计师审计准则第1151号——与治理层的沟通（已废除）	财政部	财会〔2006〕4号	2006/02/15
125	中国注册会计师审计准则第1142号——财务报表审计中对法律法规的考虑	财政部	财会〔2006〕4号	2006/02/15
126	中国注册会计师审计准则第1141号——财务报表审计中对舞弊的考虑	财政部	财会〔2006〕4号	2006/02/15
127	中国注册会计师审计准则第1121号——历史财务信息审计的质量控制	财政部	财会〔2006〕4号	2006/02/15
128	中国注册会计师审计准则第1101号——财务报表审计的目标和一般原则	财政部	财会〔2006〕4号	2006/02/15

4. 评估文件索引

序号	文件名	发文单位	文号或备注	发文日期
1	中评协关于印发《数据资产评估指导意见》的通知	中国资产评估协会	中评协〔2023〕17号	2023/09/08
2	中评协关于印发《资产评估执业准则——知识产权》的通知	中国资产评估协会	中评协〔2023〕14号	2023/08/21
3	中评协关于印发《资产评估准则术语2020》的通知	中国资产评估协会	中评协〔2020〕31号	2020/11/25
4	关于向社会公开征求《中华人民共和国资产评估法(修订征求意见稿)》意见的通告	财政部办公厅	财办资〔2022〕19号	2022/11/29
5	财政部资产管理司关于做好资产评估机构从事证券服务业务2022年度备案工作的通知	财政部资产管理司	财资便函〔2023〕25号	2023/03/27
6	关于联合印发《资产评估机构从事证券服务业务备案办法》的通知	财政部 证监会	财资〔2020〕114号	2020/11/03
7	2022年度证券资产评估市场分析报告	证监会		2023/09/06
8	关于开展资产评估行业专项整治工作的通知	财政部	财资函〔2021〕12号	2021/10/21
9	关于印发《加强资产评估行业联合监管若干措施》的通知	财政部	财办监〔2021〕7号	2021/02/19
10	国有资产评估管理办法	国务院	1991年11月16日中华人民共和国国务院令第91号公布 根据2020年11月29日《国务院关于修改和废止部分行政法规的决定》修订	2020/11/29
11	中评协关于印发《企业并购投资价值评估指导意见》的通知	中国资产评估协会	中评协〔2020〕30号	2020/11/25
12	中评协关于印发《资产评估执业准则——资产评估方法》的通知	中国资产评估协会	中评协〔2019〕35号	2019/12/04
13	资产评估行业财政监督管理办法	财政部	财政部令第86号(根据2019年1月2日《财政部关于修改〈会计师事务所执业许可和监督管理办法〉等2部部门规章的决定》修订)	2019/04/21
14	中评协关于印发修订《资产评估执业准则——资产评估档案》的通知	中国资产评估协会	中评协〔2018〕37号	2018/10/30
15	中评协关于印发修订《资产评估执业准则——资产评估程序》的通知	中国资产评估协会	中评协〔2018〕36号	2018/10/30
16	中评协关于印发修订《资产评估执业准则——资产评估报告》的通知	中国资产评估协会	中评协〔2018〕35号	2018/10/30

续表

序号	文件名	发文单位	文号或备注	发文日期
17	最高人民法院关于人民法院确定财产处置参考价若干问题的规定	最高人民法院	法释〔2018〕15号	2018/08/28
18	中评协关于印发修订《企业国有资产评估报告指南》的通知	中国资产评估协会	中评协〔2017〕42号	2017/09/08
19	中评协关于印发修订《资产评估执业准则——企业价值》的通知	中国资产评估协会	中评协〔2018〕38号	2018/10/30
20	中评协关于印发《资产评估专家指引第14号——科创企业资产评估》的通知	中国资产评估协会	中评协〔2021〕32号	2021/12/31
21	中评协关于印发《资产评估专家指引第13号——境外并购资产评估》的通知	中国资产评估协会	中评协〔2021〕31号	2021/12/31
22	中评协关于印发《资产评估专家指引第11号——商誉减值测试评估》的通知	中国资产评估协会	中评协〔2020〕37号	2021/01/04
23	中评协关于印发《资产评估专家指引第12号——收益法评估企业价值中折现率的测算》的通知	中国资产评估协会	中评协〔2020〕38号	2021/01/04
24	中评协关于印发《资产评估专家指引第9号——数据资产评估》的通知	中国资产评估协会	中评协〔2019〕40号	2020/01/09
25	财政部关于印发《资产评估基本准则》的通知	财政部	财资〔2017〕43号	2017/08/23
26	中华人民共和国资产评估法	中华人民共和国主席令第46号	2016年7月2日第十二届全国人民代表大会常务委员会第二十一次会议通过	2016/07/02
27	金融企业国有资产评估监督管理暂行办法	财政部	财政部令第47号	2007/10/12
28	企业国有资产评估管理暂行办法	国务院国有资产监督管理委员会	国务院国有资产监督管理委员会令第12号	2005/08/25
29	国有资产评估违法行为处罚办法	财政部	财政部令第15号	2001/12/31

后 记

经济越发展，会计工作越重要。根据广大会计管理工作者和会计行业从业人员的需要，深圳市会计协会2019年组织编写了《会计工作手册》（第一版），作为从事会计工作的法规制度依据和实务操作指南，也可作为各项会计考试和评价的参考用书。随着我国迈进改革开放和经济发展的新时代、新征程，新的会计法规制度不断出台，我们在《会计工作手册》（第一版）的基础上，进行了补充、删减、更新和完善，编写了《会计工作手册》（第二版）。

本书不仅汇集了我国现行及经典的会计法律、法规和制度，还汇集了现行的财务、税务、审计和评估等相关法规制度。由于篇幅的限制和方便会计者携带，本书对《会计工作手册》（第一版）篇幅较长的内容进行了简化，直接标明具体查询出处。同时对不重要和时限较长的大量会计相关法规制度以索引的形式列入书中或附于书后，便于参考查阅。

本书汇集法规制度的截止日期为2023年10月底，由于成书时间仓促，错漏之处在所难免，希望各位专家和使用者提出宝贵意见。同时，因本书的覆盖领域较大，收集相关制度范围较广，可能会有些法规制度遗漏未能编入，在此深表歉意。

最后，特别致谢财政部、审计署、国家税务总局、各级财政厅（局）、中国注册会计师协会、立信会计师事务所（特殊普通合伙）深圳分所、宁波银行股份有限公司深圳分行、兴业银行股份有限公司深圳分行、广东华兴银行股份有限公司深圳分行和中国深圳先行示范区财会专家库及深圳会计行业专家库专家的支持！

深圳市会计协会

2023年10月31日